朝鮮飢饉史

조선기근사

吳浩成 지음

경인문화사

머리말

저자는 2005년 성균관대학교를 정년퇴직한 후 조선시대의 쌀문제를 주제로 연구를 시작하였다. 그동안 4권의 저작물을 출간하였으나 아직 풀지 못한 의문이 남아 있었다. 그것은 조선 건국 초부터 500년 간 계속되어온 백성들의 가난과 굶주림 문제였다. 조선시대에는 흉년이 많았다. 흉년과 기근은 하늘 만의 탓인가. 정부의 정책 실패가 문제를 악화시키지는 않았는가.

조선 역사 가운데 영조와 정조 시기는 한국사의 르네상스기로 평가받고 있다. 이 시대는 정치는 안정되고 경제도 번창하고 문화는 창달되었다고 교과서에 쓰여있다. 영조는 탕평책을 실시하여 인재를 고르게 등용하였다. 균역법을 실시하여 백성들의 군역 부담을 반으로 줄였다. 흉년에 대비하기 위한 환곡의 비축량도 사상 최대로 늘렸다.

정조는 규장각을 설치하여 학문을 진흥시키고 서얼도 등용하였다. 시전 상인들의 금난전권을 철폐하여 상업의 자유화를 유도하였다. 바다와 큰 강을 낀 포구와 장시는 전국의 상인과 물산으로 흥청대었다. 이 시대는 단원 김홍도, 혜원 김윤복, 겸재 정선 같은 뛰어난 화가를 배출하였다. 정조의 능행도 같은 화려한 두루마리 그림을 보면 당시 백성들은 태평성대를 누리고 살았던 것이 틀림없어 보인다.

그러나 영명한 임금으로 알려진 영조 때에도 아사한 백성들이 수십 만에서 백만 명 가까이 나왔다면 믿을 수 있겠는가. 개혁 군주로 평가받는 정조 때에도 빌려 먹은 환곡을 갚지 못해 야반도주하는 백성들이 줄을 잇고, 이들의 밀린 세금을 받아내기 위한 인징(隣徵), 족징(族徵), 황구첨정(黃口簽丁), 백골징포(白骨徵布)가 다반사로 일어났다면 사실로 인정될까.

정약용이 33세 때 정조의 명으로 암행어사가 되어 경기도 적성을 지나다 지었다는 이 시는 조선의 전성시대인 18세기 백성들의 생활이 얼마나 고달팠는지 짐작하게 해준다.

積城村에서

시냇가 헌 집 한 채 뚝배기 같고
북풍에 이영 걷혀 서까래만 앙상하네
묵은 재에 눈이 덮혀 부엌은 차디차고
체눈처럼 뚫린 벽에 별빛만 비쳐드네
집안에 있는 물건 쓸쓸하기 짝이 없어
모두 팔아도 칠팔푼이 안 되겠네
개꼬리 같은 조 이삭 세 줄기
닭 창자같이 비틀어진 고추 한 꿰미(---)
어린것 해진 옷은 어깨 팔뚝 다 나왔고
날 때부터 바지 버선 걸쳐보지 못하였네
큰 아이 다섯 살에 기병(騎兵)으로 등록되고
세살난 작은놈 군적에 올라 있어
두 아들 세공(歲貢)으로 오백푼 물고 나니
빨리 죽기 바라는데 옷이 다 무엇이랴(---)
지난봄 꾸어먹은 환자미(還子米)가 닷말인데
금년에도 이 꼴이니 무슨 수로 산단말인가
오호라 이런 집이 천지에 가득한데
구중궁궐 깊고 멀어 어찌 다 살펴보랴.
　　　　　　　　　(『茶山詩選』, 송재소 역)

　정약용이 1803년 강진으로 귀양온 지 3년째 되던 해에 지었다는 「애절양(哀絶陽)」은 더욱 쇼킹한 내용이다. 피가 뚝뚝 떨어지는 남편의 양물(陽物)을 들고 관아의 대문 앞에서 울부짖는 촌부의 절규는 옮기기에도 망서려 진다.

　흉작이 심했던 현종·숙종·영조 때는 기민들이 살아날 방도가 없다고 보면 배고프다고 우는 아이를 나무에 묶어 놓고, 부잣집 문 앞에 버리고 도망가는 일이 부지기수였다. 나라에서는 유기아가 하도 많아 길가에 버린 아이를 데려다 죽는 것을 면하게 해주면 평생 노비로 삼는 것을 허용했다.

이 아이가 커서 자식을 낳으면 그 자식도 노비가 되도록 하여 주었다. 흉년에 버려진 아이를 몇 달 거두어 먹이고 그의 자식들까지 노비로 삼는 것을 국가에서 권장하는 것이 말이나 되는 일인가.

조선은 농본주의와 빈민구제를 경제정책의 근간으로 삼았다. 조선의 왕은 매년 정초가 되면 권농교서를 발표하였다. 세종은 "먹는 것은 백성의 근본이고, 백성은 나라의 근본이며, 나라는 임금의 근본이다"라며 일선 수령들의 권농을 독려하였다. 조선 왕들은 농사철에 백성들이 때를 놓치지 않도록 하고 종자가 없는 백성들에게는 종자와 소를 빌려주도록 하라는 지시를 매년 반복하였다. 역대의 왕들은 많은 재정을 투입하여 흉년에 기민들을 무료로 먹이고 가난한 농민들에게는 식량과 종자를 빌려주는 구휼제도를 열심히 실천하였다.

임진왜란 이후 세입은 늘지 않는데 정부의 지출이 크게 증가하였다. 정부는 가난한 백성들의 부담을 줄이기 위해 대동법과 영정법·균역법 개혁을 단행하였으나 그 효과는 잠시뿐이었다. 현종·숙종때의 대기근 이후 정부는 구휼정책을 대폭 확대하였다. 과세기반이 취약한 가운데 정부는 세수 부족을 해결하기 위해 온갖 편법을 동원하였다. 그 결과 정부의 재정시스템은 무질서와 혼란에 빠졌다.

조선시대는 1인당 농업 생산성은 거의 늘지 않은 것으로 보인다. 조선시대에는 실질 경제 성장이 사실상 없었다. 백성들은 수백 년 동안 흉년에 시달리고 굶주림의 고통 속에서 살았다. 거의 같은 집에서 살고, 같은 옷을 입고, 같은 것을 먹고, 배고픈 일상을 반복하였다. 굶주림은 사람이 겪는 고통 가운데 가장 견디기 어려운 것이라는데 조선시대는 왜 이런 일이 계속 일어났을까.

결국 조선의 진휼정책은 국가 재정의 총체적 난맥이라는 수렁에 빠져 다른 경제정책과 함께 그 기능을 상실하게 되었다. 농업생산과 과세 대상이 늘지 않는 가운데 급격히 증가하는 재정수요와 조세부담이 재정체계의 문란과 부실을 가져왔다고 보면 이 같은 일이 초래된 근본적인 원인은 농업 생산성의 정체에 있지 않을까.

저자는 위와 같은 의문에 답하기 위해 『조선기근사』를 집필하였다. 연구의 범위는 조선시대의 흉년과 기근에서 일어나는 문제의 경제적 측면으로 국한하려 하였는데 조사 분석의 범위가 재정사 전반으로 확대되었다. 이 때문에 간결하고 분명한 해답을 얻지 못했다. 이 책을 쓰는 과정에서 독립적 연구 공간을 사용할 수 있게 배려해준 국립중앙도서관 연구정보실에 감사의 뜻을 전한다.

2022년 7월 15일

오호성, 82세 생일에

목차

12

제1장

조선시대 흉황년의 특징

1. 기근의 원인과 피해의 확산

흉황(凶荒)이란 흉작으로 농사를 망치는 것을 의미하고, 기근(饑饉)이란 극도로 식량이 부족하여 굶주린 상태가 계속되는 것을 말한다. 기근은 자연재해, 전염병, 전쟁 또는 정부의 정책 실패 등에 의해 발생한다. 기근은 보통 자연재해에 의해 시작되지만 두세 가지 다른 요인이 복합적으로 작용하여 그 피해가 확대되기도 한다.

농업이 중심인 전통사회에서는 대규모 가뭄이나 홍수 같은 자연재해가 발생하면 흉년이 된다. 흉년에는 곡가가 폭등한다. 흉작의 정도가 심하면 기근이 된다. 기근 상태가 계속되면 기민들은 내년 농사를 위한 종자도 먹어버린다. 굶주린 사람들은 소와 말을 비롯한 가축도 모두 잡아먹는다. 이들은 초근목피로 연명하다가 더 감당할 수 없으면 처자식을 팔거나 길가에 버린다. 또 스스로 남의 집에 종이 되기도 한다. 이 단계에서 대책이 없으면 기민들이 아사(餓死)하기 시작한다.

기근 지역의 농민들은 다음 해의 농사에 충실할 수 없게 된다. 노동력의 감소는 농사의 조방화(粗放化)를 불러온다. 종자와 우마의 부족은 다음 해의 농사에 큰 지장을 준다. 여기에 조금이라고 일기가 불순하면 다시 흉작으로 이어진다. 속담에 흉년은 2년간 계속된다는 말이 있다.

기근이 발생하면 기민들의 영양 상태가 나빠진다. 각종 질병에 대한 면역력이 떨어지면 역병에 쉽게 걸린다. 조선시대는 전염병의 원인을 몰라 모두 역병으로 취급하였다. 기근으로 아사자가 증가하면 전염병으로 인한 사망자도 증가한다. 이 같은 경우 사망의 원인이 아사인지 병사인지 구별하기 어렵게 된다. 지방 행정기관에서는 책임을 모면하기 위해 모두 병사자로 보고하는 경우가 많았다.

정부의 구휼대책이 없으면 기근 지역의 주민들은 생존을 위해 식량이 있는 곳을 찾아 다른 지방으로 이동한다. 난민이 대량으로 빠져나가면 그 지역의 국가 행정체계는 붕괴한다. 먹을 것을 구하지 못한 난민들은 도적이 되기 쉽다. 도둑이 모이면 화적패가 된다. 화적패가 생긴 지역은 정부의 치안유지 능력이 마비된다.

기근은 전쟁·내란·정변 등의 정치적 원인으로 발생하기도 한다. 전쟁이 일어나면 정상적인 농사와 상업 활동이 불가능해진다. 싸움터가 된 지역 또는 적군이 점령한 곳은 피난민의 발생으로 민생이 황폐화된다. 전쟁과 내란은 각종 사회·경제 시스템을 마비시켜 식량의 공급을 어렵게 하거나 불가능하게 한다. 전쟁이나 내란 또는 국제 교역 환경의 악화로 수많은 사람들이 아사한 경우를 국내외의 역사에서 쉽게 찾아볼 수 있다.

기근 또는 흉황의 발단은 주로 자연적 요인에 의해 시작되는 현상이나 사회·경제적 요인에 의해 피해가 증폭되거나 감소되는 특성이 있다. 기근을 단순하게 보면 흉작으로 인한 식량의 공급 부족을 의미하지만 그것만으로 설명할 수 없는 부분도 상당히 크다. 식량의 공급 부족에 대한 사회적 경제적 대응 시스템이 원활하게 작동하지 않는 경우 기근 피해는 몇 배로 확대될 수 있다.

기근의 규모와 피해의 정도는 수리 시설과 방재 능력, 흉년에 대비한 준비 및 식량 비축체계, 식량의 보관과 수송 능력, 곡물 시장과 유통 시스템의 발달 정도, 외환 사정과 같은 한 나라의 경제·사회적 인프라와 대응 능력과도 밀접히 관련되어 있다. 정부가 정치적 목적 달성을 위하여 잘못된 정책을 추진할 경우에 생기는 정책 실패도 기근을 부른다. 정부가 기근 퇴치를 위하여 잘못 대처하면 흉황의 규모가 증폭된다.

2. 연구의 목적과 방법론

조선시대에도 기근은 수없이 많았다. 조선시대의 기근에 관한 연구도

적지 않다. 그러나 조선시대의 기근에 관한 기존의 연구는 특정 시기에 발생하였던 기근의 상황에 관한 것이 많고 기근을 구제하기 위한 장치인 환곡이나 진휼청 같은 정책적 수단에 한한 것이 대부분이다. 조선시대의 기근에 대한 전체적인 조감이나 추세·유형에 관한 분석은 거의 없었다. 기근의 복합적 원인에 대한 고찰과 기근의 피해를 줄이기 위한 경제적 정책수단과 그 결과에 종합적 분석도 찾기 어려웠다.

조선 반도는 동서의 폭이 1천 리 정도로 좁은 데 비해 남북의 길이는 3천 리가 넘을 만큼 길다. 조선은 서쪽과 남쪽에 큰 강이 흘러 평야가 발달하고 기후는 온난하여 농사가 발달하였다. 동쪽과 북쪽은 높은 산이 첩첩이 이어지고 골짜기는 깊어 넓은 평야가 거의 없다. 기후가 한랭하여 농사에 적당하지 않다.

이와 같은 지리적 특색 때문에 조선 8도가 동시에 가뭄이 든다거나 풍·수해를 입는 일은 많지 않았다. 마찬가지 이유로 전국에 동시적으로 눈·서리·우박이 오는 일도 거의 없다. 눈과 서리 우박은 가뭄이나 수재에 비해 국지적이다. 병충해는 훨씬 더 제한적이다. 조선에서 농작물에 큰 피해를 가져오는 자연적 원인은 가뭄과 수재 그리고 냉해로 알려져 있다. 큰 흉년에는 가뭄과 수재 냉해 등 흉작의 원인이 일 년의 농사철에 한 가지만 오는 것이 아니라 두 가지 또는 세 가지 재해가 동시 또는 시차를 두고 오기도 한다.

이 연구는 조선시대의 전 기간에 걸친 흉황년의 흐름을 조사하고 시대적 상황에 따른 경제적 정치적 변화가 구휼제도에 미치는 영향을 검토하여 「조선기근사」를 정리하는 데 있다. 구체적인 목적은 첫째, 조선시대 500년 동안 발생한 기근의 원인과 추세 및 유형을 조사하고 둘째, 기근에 대처하기 위한 정부의 사회·경제적 수단의 변화와 그 원인에 대해 분석한다. 셋째, 기근을 대규모로 증폭시킨 정치적 군사적 요인을 찾아 이에 대해 분석 평가하고자 하였다.

이 연구는 처음에 『조선왕조실록』의 기록 가운데 '흉년', '기근', '흉황',

'가뭄', '구황', '아사' 등 기근의 의미가 있는 낱말의 출현 빈도를 색인을 통해 조사하였다. 이들 용어는 흉년의 규모가 클수록 많은 빈도를 예상했으나 기대와 어긋났다. 이 작업의 문제점은 키워드와 비슷한 용어가 너무 많았고 시대에 따라 작성자가 달랐고 또 작성자의 수가 많아 의미의 일관성을 유지하기 어려웠기 때문으로 생각된다.

이 연구는 방법을 바꾸어 『조선왕조실록』『비변사등록』등 연대기와『증보문헌비고』등을 조사하여 먼저 흉황년의 연표를 작성하는 것으로 변경하였다. 연표는『조선왕조실록』『비변사등록』등의 연대기에서 기근이 있던 해 피해 지역의 수령이나 감사가 정부에 보고한 흉황 상황, 정부의 구휼 지원 결정과 그 내용, 그리고 해당 년에 지방의 수령이 보고하는 그 지역의 기상 상황과 피해 등을 수록하여 기근의 정도와 연속성을 파악고자 하였다. 이렇게 하여 조선 역사 518년 중 흉황이 있었던 363년간의 연표를 만들었다. 조선시대의 흉황 및 기근연표는 이 책의 부표에 A, B, C, D, E로 나누어 정리하였다.

큰 흉년이 들었을 때 지방관들은 중앙정부에 여러 차례 재해의 원인과 피해 보고와 함께 지원요청을 한다. 중앙정부는 진휼 자원의 조성과 이전, 각종 부세의 견감 등 대책을 세우기 위해 호조와 진휼청, 비변사 등 관계 기관의 의사결정 과정에 관한 기사가 수 주 또는 몇 달에 걸쳐 연대기에 비교적 자세하게 실려 있기 때문이다.

이 연구에서 흉황년은 다음과 같은 해로 정의했다. 첫째, 흉황년 집계의 지리적 단위를 道로 하되 조선 8도 가운데 2개 도 이상이 심한 자연재해로 인해 농사가 흉작이 된 해. 둘째, 흉작이 기근으로 이어져 아사자가 발생하고 많은 백성들이 고향을 떠나 유랑한 해. 셋째, 심한 전염병이 유행하여 병사자와 아사자가 많이 발생한 해. 넷째, 전쟁·내란·반정 등 군사적 정치적인 원인으로 식량의 생산과 분배가 왜곡되어 아사자가 많이 발생한 해로 정의했다.[1)

이 연구는『조선왕조실록』등에 재이(災異)로 자주 기록되는 태백성의 출현, 혜성의 목격 등과 같은 성변(星變)과 월변(月變)·지진·해일·천둥·번개와 안개·햇무리·달무리 등은 농사에 별로 영향을 주지 않는 것으로 보고 분석에서 제외했다. 병·충해는 농사에 영향을 주는 요인이나 발생의 빈도가 낮고 피해 지역은 극히 국지적이라고 판단하여 고려에서 제외했다. 농작물의 병해는『실록』등에 거의 나타나지 않는다.

이 연구에서 흉작과 기근의 원인으로 최근 일부 학자들이 거론하고 있는 소빙기(小氷期) 설은 제외하였다. 17세기 조선에서 일어났던 병자호란, 현종과 숙종 대의 대기근 등은 세계적인 소빙기 현상에 의한 기온 하강이 원인이라는 가설은 충분히 입증되지 않았다는 판단 때문이다.2) 한반도 소빙기 설을 입증하기 위해서는 먼저 한반도를 비롯한 동아시아의 기후변동과 기온 하강에 대한 횡적 종적 자료의 분석이 선행되어야 하고, 17세기 또는

---

1) 기존 연구에는 기근이 어떤 해인지 정의가 불분명하거나 각기 다른 경우가 많다. 이 때문에 조선시대에 기근이 몇 번 있었느냐 혹은 기근의 빈도에 대한 집계가 큰 폭으로 다르게 나타난다. 예를 들면 정형지는 3~4년에 한번 기근이 왔고 조광은 17세기 중엽부터 19세기 중엽에는 평균 3.6년마다 기근이 있었다고 보고 있다. 정형지, "조선시대 기근과 정부의 대책",『이화사학연구』, 30, 2003, p.254; 조광, "19세기 민란의 사회적 배경",『19세기 한국전통사회의 변모와 민중의식』, 고려대민족문화 연구소, 1982, p.188.

2) 소빙기 가설은 17세기 유럽의 여러 지역에서 일어난 전쟁과 혁명, 기근 등의 원인은 소빙기가 가져온 한랭한 기후에 의한 흉작과 기근이 사회의 위기를 촉발하였다는 설명이다. 한국사에서 소빙기 연구는 대체로 17세기에 있었던 현종과 숙종 연간의 대기근에 한정되어 있는데 이 당시 일어난 흉작과 기근의 원인은 세계적으로 동시에 일어난 소빙기에 의한 기온 저하 때문이라는 주장이다. 대표적인 연구는 이태진, "소빙기의 천변재이 연구와 조선왕조실록",『역사학보』149, 1996, pp.203-236: 이태진, "소빙기와 조선중기의 자연재해",『한국사』30 (조선중기의 정치와 경제), 국사편찬위원회, 1998; 김문기, "17세기 중국과 조선의 소빙기 기후변동,『역사와 경계』77, 2010 등이 있다.
박성래는 한국사의 문헌에 나타나는 일기, 재이 기록은 그 시대의 윤리관과 작성자의 주관과 판단을 반영하고 있으므로 과학적이 아니라고 이태진 등과 다른 견해를 가지고 있다. 朴星來,『과학사상사』, 책과함께, 2012, pp.586-592.

그 이전이나 이후의 기후는 정상적이거나 호전되었기 때문에 전쟁, 기근이 소멸되거나 줄어들었다는 가설을 논증해야 되는데 그런 증거는 찾을 수 없기 때문이다.

3. 조선시대 흉황년의 시기별 지역별 횟수와 그 원인

1) 조선시대 시기별 원인별 흉황년수 및 시기별 흉황년 비율

<표 1-1>에서 보는 것처럼 조선왕조의 27대 왕 518년 동안 흉황 년으로 기록된 해 수는 363년이다. 조선 시기를 전체적으로 볼 때 흉황 년이 된 비율은 무려 70%로 추정된다. 부표 A, B, C, D, E를 분석한 결과 조선시대에는 해마다 흉황 년이 될 확률이 70%였고, 평년 또는 풍년이 될 확률은 30%에 불과했다는 의미이다. 이 연구의 결과는 흉년은 3~4년에 한 번씩 온다는 기존의 통념과는 크게 다르다. 조선시대에는 거의 매년이 식량 부족에 시달리는 흉작과 기아의 해였다고 볼 수 있다.

조선 시기 흉황 년의 단일 원인으로 가장 많은 것은 가뭄이었다. 가뭄으로 흉년이 된 해수는 98년이었다. 두 번째로 많은 단일 원인은 수재로 53년으로 기록되었다. 자연재해는 1년에 한 가지 원인이 한 번만 나타나는 것이 아니다. 가뭄 끝에 수재가 일어난다든지, 봄철에 가물다가 여름에 수재, 가을철에 때 이른 서리나 우박 등으로 인한 냉해로 농사를 망치는 경우가 상당히 있었다.

자연재해가 1년 동안 복수로 나타난 것 가운데 가장 많은 것이 가뭄과 수재였다. 이는 봄철에 가뭄이 들었다가 여름 또는 가을에 수재를 입어 흉년이 든 해를 의미하는데 39년으로 가장 많았다. 그 다음이 가뭄과 냉해로 인한 것이 19년, 가뭄과 수재 그리고 냉해의 세 가지 자연적 요인에 의한 것이 14회였다.

흉황 년 가운데 가장 큰 규모의 피해를 가져오는 해는 자연재해와 역병이 동시에 발생한 해로 보인다. 이런 해는 흉작에 의한 기아뿐만 아니라 역병의 유행으로 많은 사람이 병사 또는 아사하였다. 여기서 자연재해란 가뭄과 수재, 냉해가 한, 두 가지 또는 세 가지가 같은 해에 발생하였는데, 여기에 전염병까지 유행하여 농사를 망치고 사람이 많이 아사 또는 병사한 해를 의미한다. 조선시대에는 이와 같이 복합적 원인에 의한 흉황 년이 114년으로 가장 많았다. 이는 흉황의 원인이 단순 가뭄에 의한 98회보다 많았다.

시기(왕대)별로 재위기간 동안 흉황 년 비율이 100%로 해마다 빠짐없이 흉황 년을 경험한 왕은 태조·인조·효종이었다(재위 기간 5년 미만인 왕은 제외). 재위기간 동안 흉황 년의 비율이 70% 이상인 왕은 태종·세종·현종·숙종·정조·철종·고종이었다. 이 가운데 흉황 년 비율이 80% 이상으로 사실상 매년 흉황을 경험했던 시대는 태종·세종·인조·효종·현종·숙종 때였다.

흉황 년이 연속하여 가장 길었던 시기는 인조 때로 그의 재위 기간 26년이 모두 흉황 년이었다. 좀더 자세히 관찰하여 보면 광해군 11년(1619)에 시작된 흉황은 인조 26(1648)년까지 거르지 않고 연속 30년이 흉황이라는 기록을 세웠다. 여기에 효종대에 발생한 연속 10년간의 흉년까지 포함하면 무려 40년 동안 흉황이 계속되었다.

〈표 1-1〉 시기(王代)별 원인별 흉황년수 및 흉황년 비율

시기	재위 년수	가뭄	수재	가뭄· 수재	가뭄· 냉해	가·냉 ·수	재해· 역병	재해· 병화	미상· 기타	흉황년 합계	흉황년 비율 (%)
태조	6	4		2						6	100
정종	2			1			1			2	100
태종	18	4	2	3	2		4			15	83
세종	32	12	2	2	1		9			26	81
문종	2	1					1			2	100

										합계	
단종	3	3								3	100
세조	13	4	3	1			1			9	69
예종	1	1								1	100
성종	25	8		1		1	1	2		13	52
연산군	12	4	1	1			1		1	8	67
중종	38	10		4		3	6			23	61
인종	1										0
명종	22	1		3			7	1		12	55
선조	41	8	2	1			4	3	1	19	46
광해군	15	3					3	2		8	53
인조	26	2	2	3	3	3	5	8		26	100
효종	10	2		2			6			10	100
현종	15	1			2	1	8			12	80
숙종	46	2		2	9	5	20			38	83
경종	4	1		1						2	50
영조	52	8	3	2			19	1		33	63
정조	24	3	4	3			8		1	19	79
순조	34	5	6	3		1	4	2	1	22	65
헌종	15	5	4							9	60
철종	14	1	7	1			2			11	79
고종	44	5	17	3	2		5	1		33	75
순종	3						1			1	33
합계	518	98	53	39	19	14	115	21	4	363	70

출전: 부표 A, B, C, D, E에서 작성.

비고: 가뭄·수재는 가뭄과 수재가 함께 흉황의 원인이 되었던 해, 가뭄·냉해는 가뭄과 냉해가 번갈아 내습하여 흉작이 있었던 해, 가·냉·수는 가뭄과 수재가 있었는데 또 냉해가 겹쳐서 흉작이 된 해를 의미한다. 재해·역병은 가뭄이나 수재, 또는 냉해 등의 자연재해가 있는데 또 역병이 유행하여 흉황이 된 해를 뜻한다. 재해·병화는 자연재해가 있었는데 여기에 전쟁 또는 전쟁을 준비하기 위한 행위, 내란과 같은 군사행동이 함께 일어나 흉황이 된 해를 의미한다. 이 표에 원인으로 분류한 가뭄·수재 등과 복합적 요인의 의미는 표 1-2, 1-3, 1-4에서도 동일하다.

2) 조선시대 시기별 도별 흉황년수

시기별 도별 흉황 년 수를 살펴보면 <표 1-2>와 같다. 도별 흉황 년 수의 합계는 <표 1-1>의 흉황 년 합계보다 3배 가까이 많다. 이처럼 두 표의 합계에 큰 차이가 나는 이유는 한 해의 흉년에 여러 도가 포함된 경우가 많은 현상을 반영하기 때문이다.

<표 1-2>에 따르면 조선시대 518년 동안 대체로 경기·충청·경상·전라도의 각 도별 흉황 년 수는 대략 120회 내외로 별 차이가 없다. 이는 전국 규모의 흉황이 123회인 것과 비슷하다. 그러나 같은 기간 동안 강원·평안·함경도의 흉황 년은 70~90여 회로 중·남부지방의 그것보다는 적게 나타났다. 이는 조선 반도의 지역적 기상학적 특성을 반영한 것으로 해석할 수 있다. 즉 농업지대인 중·남부 지방이 산악지역인 북부지방보다 계절풍과 장마전선 등의 영향을 더 많이 받아 한발과 홍수에 취약하다는 것을 나타낸다고 볼 수 있다.

이 표에서 볼 때 전국 규모의 흉황이 가장 많이 일어났던 시기는 영조, 순조, 고종, 세종 때로 나타났다.

〈표 1-2〉 시기(왕대)별 도별 흉황년수

시기	서울·경기	강원도	충청도	전라도	경상도	황해도	평안도	함경도	미상	전국규모	합계
태조	2	1	2	1	4	1	1	1	2		15
정종			1	1		2	1	1			6
태종	6	5	1	4	2	8	5	6		5	42
세종	11	9	7	7	11	9	6	9	2	6	77
문종		1		2	1	1	1				6
단종	1	1	2	2	2	1	1	1			11
세조	4	5	7	4	4	4	4			1	33
예종							1				1
성종	8	5	6	5	4	6	1	3		2	40
연산군	2		3	2	3	2		2	2	2	18
중종	7	1	7	6	6	6	3	4		8	48

인종											
명종	1	1	1	3	3			1		6	16
선조	2			3	2	2	2	1	1	8	21
광해군		1	1	1				2		4	9
인조	3	2	3	5	4	4	8	4		13	46
효종	3	1	3	5	5	5	4	4		1	31
현종	1		1	1	1	1	1			10	16
숙종	7	4	4	5	2	7	7	7		23	66
경종										1	1
영조	12	5	13	16	14	4	3	7		9	83
정조	6	5	11	13	11	5	3	5		1	60
순조	13	8	12	13	13	7	5	7		2	80
헌종	4	1	6	2	5	2	3	3		1	27
철종	3	1	7	5	7	5	5	5	1		39
고종	6	3	11	15	10	6	8	8	1	11	79
순종	1										1
합계	103	59	109	121	115	88	73	81	9	114	872

출전: 부표 A, B, C, D, E에서 작성.

3) 조선시대 전·중·후기로 본 흉황년의 원인과 회수

<표 1-3>은 조선시대를 전기·중기·후기로 나누어 각기별로 흉황 년의 햇수와 그 원인을 나타냈다.[3] 이 표에서 전기는 태조 원년-명종 말(1392~

---

3) 이 연구에서 조선시대를 전·중·후기로 나눈 것은 자연재해와 기근의 발생 빈도 등을 조사하기 위한 것이다. 조선의 전 기간을 산술적으로 3등분한 후 끝 년도 왕의 재위 연도를 참고하여 기간을 정하였다. 현행 고등학교 국사 교과서는 한국사의 시대구분을 조선 전기와 후기로 나누고 있다. 조선 전기와 후기는 임진왜란을 기준으로 나누는데 태조부터 명종까지를 전기로, 광해군부터 조선말까지를 후기로 보고 있다. 임진왜란을 겪은 선조는 16세기부터 17세기까지 걸쳐 있어 구분이 애매하나 이 연구에서는 조선 중기에 속하는 것으로 취급하였다. 조선은 임진왜란 이후부터 정치적, 경제적, 사회적 제도와 분위기가 전기에 비해 많이 변화하였다. 조선 말 흥선 대원군의 집권을 기준으로 조선의 멸망까지를 개항기 또는 근대기로 별도로 구분하기도 한다.

1567)까지 175년간을, 중기는 선조 원년-경종 말(1568~1724)까지 157년간을, 후기는 영조 원년-순종 말(1725~1910)까지 186년간으로 구분하였다. 조선시대 전·중·후기의 기간이 173년으로 동일하지 않은 것은 각 기간의 시작과 끝을 왕의 재위 기간과 일치시켰기 때문이다.

〈표 1-3〉 조선시대 전·중·후기로 본 흉황년수와 원인

시기	기간	가뭄	수재	가뭄·수재	가뭄·냉해	가·냉·수	재해·역병	재해·병화	기타	흉황년계
전기	175	52	8	18	3	4	30	4	1	120
중기	157	19	4	9	14	9	46	13	1	115
후기	186	27	41	12	2	1	39	4	2	128
합계	518	98	53	39	19	14	115	21	4	363

출전: 부표 A, B, C, D, E에서 작성

조선시대 흉황 년 수를 전·중·후기별로 나누어 보면 각 기의 흉황 년 수가 120회 전후로 별 차이가 없다. 그러나 각 기별로 나타난 흉황의 주요 원인에는 상당한 차이기 보인다. 조선 전기에는 가뭄에 의한 흉황이 압도적으로 많았다. 반면에 후기에는 가뭄이 줄고 수재에 의한 흉황이 전기에 비해 크게 증가했다. 중기에는 냉해가 전·후기에 비해 훨씬 많았다. 또 역병과 전화(戰禍)에 의한 피해도 전·후기에 비해 컸다.

조선 전기에 흉황의 원인으로 가뭄이 많았던 것은 이 시기에는 밭농사가 많아 수리를 천수에 의존하거나 관개 기술이 부족했던 것으로 해석할 수 있고, 후기의 흉황 원인으로 수해가 많았던 것은 그동안 논농사가 많이 증가했는데 적절한 수리시설이 부족한데다가 산림 파괴가 심했던 것이 중요한 원인으로 판단된다.

중기에는 자연재해와 병화(兵禍)에 의한 기근과 역병도 다른 시기보다 많았다. 이 시기에는 전쟁과 전쟁 준비를 위한 인력 동원과 식량 징발로 기근이 많았다. 임진왜란, 정묘호란, 병자호란 등이 있었고 명과 청의 요청에 의한 여러 차례의 해외파병이 있었다. 이 기간 동안 전국적 규모의 냉해도 자

주 있었는데 소빙기 설이 주장하는 것처럼 냉해가 단독으로 흉작의 원인이
되었다기보다는 가뭄과 수재 등 다른 자연재해와 함께 온 경우가 많았다.

뿐만 아니라 이 기간에는 역병도 자주 나타났는데 역병은 기근과 함께
오거나 또는 기근의 후유증으로 뒤따라온 것이 많았다고 판단된다. 역병이
단독으로 흉황의 원인이 된 해는 8~9년에 불과하고 대부분 기근과 함께
또는 기근 후에 나타난 것으로 보인다.

4) 조선시대 도별 원인별 흉황년수

조선시대 도별로 흉황 년의 원인과 회수를 살펴본 것이 <표 1-4>이다.
이 표에는 불가피하게 이중 계산이 포함되어 있다. 예를 들면 어떤 해의
가뭄이 경기도와 충청도에서 동시에 발생하였다면 1회의 가뭄이 경기도와
충청도에서 각각 발생한 것으로 계산된다. 또 다른 해에 경기 충청 전라
경상도에 걸친 큰 가뭄이 발생하였다면 이 가뭄은 경기도 등 4개 도의 흉
황 원인으로 집계된다.

〈표 1-4〉 조선시대 도별 원인별 흉황년수

구분	서울·경기	강원도	충청도	전라도	경상도	황해도	평안도	함경도	전국합계
가뭄	69	42	69	60	69	51	42	43	445
수재	21	16	34	30	28	19	25	21	194
가뭄·수재	23	16	27	25	25	19	18	23	176
가뭄·냉해	9	6	7	10	7	9	8	8	64
냉해·수재	3	4	2	4	3	2	2	3	23
가·냉·수	13	12	10	13	12	15	12	12	99
역병	8	7	6	7	6	8	5	8	55
재해·역병	70	63	67	71	68	65	63	71	538
병화·재해	14	13	15	17	15	18	15	14	121
합계	230	179	237	237	233	206	190	203	1715

출전: 부표 A, B, C, D, E에서 작성.

이 때문에 <표 1-4>의 합계에서 흉황 년 수가 1715년으로 과대 계산되고 <표 1-1>의 조선시대의 총 흉황 년수 363년과 달리 나타난다. <표1-4>의 전국 합계는 별 의미가 없다. 그러나 각 도와 군현에서는 흉황대책의 수립과 집행에 더욱 분주하였을 것임을 짐작할 수 있다.

조선시대 도별로 볼 때 이런 원인으로 흉황 년이 된 해가 총 1,715회였는데 이 가운데 흉황 년의 원인으로 가장 많이 나타난 것이 자연재해와 함께 역병이 유행한 해가 583회로 제일 많았다. 두 번째 원인은 가뭄으로 445회, 세 번째는 수재로 194회였다.

도별로 볼 때 흉황 년의 원인으로 가장 많이 지목된 것이 재해와 역병이 함께 왔던 해이다. 즉 가뭄·수재·냉해 등의 자연재해가 한두 가지 또는 모두 발생하였는데 여기에 전염병까지 겹친 해이다. 재해·역병은 각도의 흉황에 거의 비슷한 영향을 미쳤다고 볼 수 있다. 이 가운데서도 역병이 더 치명적인 역할을 했을 것으로 판단된다. 역질은 조선 반도의 남북을 막론하고 심각한 인명피해를 수반하기 때문이다. 자연재해로 농사를 망쳤는데 여기에 전염병까지 겹쳤으니 그 파괴력은 짐작할 만하다.

조선시대에 있었던 흉황 년의 횟수를 각도별로 나누어 살펴보면 충청도 경상도 전라도 경기도가 평균 234회로 가장 많은 도였다. 이에 비해 강원도 황해도 평안도 함경도는 평균 195회로 농사가 중심인 남도보다 적었다.

이것은 같은 규모의 강우량 부족으로 인한 가뭄일지라도 농사를 주업으로 경지면적이 많은 남도에 더 피해를 끼치고 나무가 많은 산악지역 또는 추운 지역은 상대적으로 강우량 부족에 덜 영향을 받기 때문이라고 해석할 수 있다.

흉황년의 심도를 연도별로 또는 기간별로 비교하는 것은 쉽지 않다. 결국은 흉년을 당한 지역의 크기, 흉년의 기간, 기민의 숫자, 구휼곡의 공급량, 아사자와 병사자의 숫자, 인육식(人肉食)의 빈도 등을 비교의 지표로 삼을 수 있을 것이다. 그러나 조선시대 관리들에 의한 각종 보고서와 기록,

개인의 일기와 문집에 나타나는 숫자에 관한 기록은 형식에 통일성이 없고 구체적이지 않으며 주관적인 평가가 대부분이다. 조선시대의 인구, 농업생산량, 기민의 수, 병사자의 수 등을 통해 흉황년의 크기를 절대적으로 비교하기는 어렵다.

제2장

조선의 대기근

1. 선조대기근

부표 A, B, C, D, E를 인명 피해의 규모, 기근의 지속성, 구휼의 규모라는 관점에서 분석한 결과 조선에서는 네 차례에 걸친 대기근이 있었던 것으로 밝혀졌다. 선조 때, 인조 때, 현종 때, 그리고 숙종 때 각기 수년씩 지속하며 대규모의 아사자를 낸 대형 기근이 존재하였다.[1] 그리고 조선의 4대 기근에는 포함되지 않았으나 영조 때에도 1백만에 가까운 아사자와 병사자가 발생하는 대형 기근이 있었다.

선조대기근은 선조 25년(1592)부터 선조 27년(1594)사이에 있었던 3년 간의 흉황을 말한다. 임진왜란 때문에 일어난 이 기근은 조선이 건국 이래 처음 경험한 극심한 시련이었다. 왜군이 조선 반도의 대부분을 점령하고 병량과 군수물자를 현지에서 조달하였다. 왜군들은 이 과정에서 조선 백성을 무수히 살상하고 재물을 약탈하였다. 조선 백성들은 전란을 피해 산속에 숨느라고 농사를 제대로 지을 수 없었다. 조선 백성들은 명군과 조선군의 군량을 공급하기 위하여 남은 식량마저 징발당하는 일이 허다하였다.

각종 문헌과 선행 연구에서는 이 당시의 기근을 선조 26년(癸巳, 1593)과 선조 27년(甲午, 1594) 간지의 첫 자를 따서 계갑(癸甲)대기근으로 부르고 있다. 계갑대기근은 일어났던 시기를 간지로 나타내어 조선 역사 500년 가운데 어떤 시기를 특정하기 어려울뿐더러 선조 25년부터 3년간 계속되었던 기근의 기간을 2년으로 오해할 소지가 크다. 따라서 이 연구에서는 계갑대기근 대신 선조대기근이라는 용어를 사용한다. 선조대기근의 상황을 연도별로 정리하면 다음과 같다.

---

1) 제2장에 나오는 주요 사건의 출처 가운데 註로 잡히지 않은 것은 부록 A, B, C, D, E에 나오는 註를 참조할 것.

1) 선조 25년의 재난

(1) 임진왜란의 발발

선조 25년(1592) 4월 14일 임진왜란이 일어났다. 약 16만의 왜군이 경상·충청좌도·경기·강원·황해·평안·함경도를 성난 파도와 같이 휩쓸고 지나갔다. 왜군들은 지나는 곳마다 조선 백성을 살상하고 식량을 약탈해갔다. 각 군현의 창고에 저장되어 있던 식량도 모두 탈취해갔다. 조선 백성들은 왜군을 피해 산속으로 숨는 바람에 농사를 거의 짓지 못하였다. 이로 인해 농지의 약 3분의 2가 황폐화되었다.

선조는 의주로 피난하여 명나라에 원군을 청하였다. 급히 몽진하느라 아무것도 가져오지 못하였다. 식량이 부족하여 왕을 호위하는 병사들의 요첩(料帖)을 제한하고 회수하지 않으면 안 될 정도였다. 도처에 낙오한 조선군 군사들은 식량이 없어 아사자가 속출하였다. 평안도로 간 왕을 호종하기 위하여 약 1만 병력을 이끌고 올라오던 전라병사 최원은 강화도에 고립되어 오도 가도 못하였다. 겨울철이 다가오는데 병사들에게 입힐 옷도 식량도 없는 난감한 상황에 처하였다2)

명나라에서 원군을 보낸다는 소식이 왔다. 조선은 명군 선발대가 도착하면 우선 먹일 군량도 전혀 준비되지 않았다. 조선은 우선 수만 명의 군사가 2개월 정도 먹을 군량을 준비하는 것이 급선무였다. 호조 판서를 시켜 적병이 들어오지 않은 평양 이북의 군현에 있는 곡식을 다 긁어 모았는데 10만 군사의 10일 치 식량밖에 되지 않았다.3) 정부는 민간으로부터 식량을 구하기 위해 공명첩·면천첩·면역첩·허통첩 등을 다량으로 발행하여 각 도에 뿌렸다.

이 해는 가물었는데 그보다는 왜군의 침략으로 농사를 제대로 짓지 못

---

2) 『선조실록』, 선조 25년 10월 13일; 12월 1일.
3) 『선조실록』, 선조 25년 10월 19일.

하였다. 수확도 거의 없는데 남은 식량을 왜군이 약탈해가고 조선 관리들이 징발해 가서 백성들은 굶어죽는 사람이 셀 수 없이 많았다. 식량이 고갈되어 모속사(募粟使)가 가지고 온 공명첩은 거의 팔리지 않았다.[4] 이해 겨울 강화도에서 대책 없이 굶주리던 최원의 부대 1만여 명은 풀 옷을 입고 추위에 떨다가 겨울이 다 가기 전에 거의 죽었다는 소식이 왔다.

(2) 적치하의 생활, 경상도 선산과 인동의 경우

오늘날 경상북도 구미시를 구성하고 있는 선산과 인동은 부산에서 서울을 잇는 영남대로 상에 있었다. 이 길은 부산에서 서울에 이르는 최단 거리로 전략적으로 중요한 위치에 있었다. 조선을 침략한 일본군 선봉장 고니시 유키나가(小西行長)의 제1군도 이 길을 따라 서울로 진격하였다.

4월 24일 선산을 점령한 일본군 주력은 그날로 상주를 향해 떠나고 후속부대 일부가 잔류하였다. 선산에 잔류한 일본군은 그 지역의 치안 확보와 군량과 무기 수송 및 후속부대와의 연락 업무 등을 담당하였다. 선산부 창고에 보관 중이던 조선의 군량미는 왜군들이 옮겨갔다.[5]

조선인들을 향도(嚮導)로 내세운 점령군들은 인근의 산과 계곡을 수색하여 무기를 숨기고 있거나 의관을 착용한 사족들은 반드시 죽였다. 이들은 젊은 남자들을 닥치는 대로 잡아다가 저들의 수송부대에 편입시키고, 젊은 여자들은 성 노리개로 삼았다. 이들은 값진 재물이나 소와 말을 닥치는 대로 잡아갔다. 왜군들은 피난민들을 닥치는 대로 살해하여 서북쪽의 주아리 주민들은 일본군에 의해 단 한 사람도 피하지 못한 채 몰살되었다.[6]

---

4) 『선조실록』, 선조 25년 12월 11일.
5) 임진왜란이 일어나기 1년 전부터 경상도도 왜란에 대비하기 위한 준비에 착수하였다. 善山府도 임란 직전까지 군량미 12만 석과 군사 2천 300명을 확보하였다. 丁景達, 『盤谷日記』1592년 4월; 김성우, "임진왜란 시기 구미지역의 참상과 전쟁의 극복 양상", 『역사학보』 320, 2016. p.5.
6) 崔晛, 『一善志』, 坊里.

왜군들이 한차례 지나가고 나면 뒤이어 일본 옷차림을 한 조선인 부왜배(附倭輩)들이 마을과 산을 뒤져 닥치는 대로 약탈해갔다. 이들의 만행은 왜군들보다 훨씬 심했다고 인동의 사족 장현광은 그의 피난 일기에 기록하였다.[7] 당시 인동과 선산의 주민 수백 명은 깊은 산속에 있는 도선굴로 피난하였다. 일본군이 사방에서 경계를 펴는 상황에서 외부로부터의 식량의 반입은 불가능했다. 피난 2개월이 지난 6월부터 식량부족과 음용수의 부족이 심각한 문제로 떠올랐다.

오랜 굶주림과 영양부족에 시달리던 피난민들은 탈진하기 시작하였고 체력이 떨어진 기민들 사이에 전염병이 퍼지기 시작하였다. 7월 하순부터 전염병 사망자가 나오기 시작하였다. 당시 이곳 도선굴로 피난한 김취문 일가 10명 가운데 4명이 죽고 6명이 살아남았다.[8]

경상도 중부지역의 성주목, 대구부, 인동현의 변방은 7월 중순까지 일본군이 침입하지 않았다. 이곳의 주민들은 대부분 피난을 가지 않고 평상시와 다름없이 농사를 지었다. 그해 가을로 접어들면서 성주와 인동에 주둔하던 일본군들이 이곳 마을을 차례로 접수하였다. 일본군은 가을에 수확한 식량을 거의 전부 징발하여 갔다. 10월부터 기근과 추위에 대한 공포가 엄습하였다. 주민들에게 가장 절박한 것은 양식의 확보였다.

겨울로 접어들면서 아사자와 동사자가 나타나기 시작하였다. 이해 겨울부터 일부 기민들은 무리를 지어 식량이 남아있는 사람들을 공격하기 시작하였다. 기민들은 추위와 굶주림, 전염병, 토적 떼들을 피하기 위하여 식량 확보가 가능하다고 보이는 지방으로 남부여대하여 유랑 길을 떠났다.

1592년 겨울 경상도 중부지역의 기민들이 집단으로 이주를 시도한 지역은 일본군의 침략을 받지 않은 전라도였다. 이들이 전라도로 가는 길은 성

---

7) 張顯光, 『避亂錄』, 1592년 4월 23일.
8) 김성우, "임진왜란 시기 구미지역의 참상과 전쟁의 극복 양상", 『역사학보』320, 2016. p.12; 김성우, "임진왜란과 1593~1594년 계갑대기근 - 경상도 성주 도세순 집안을 중심으로 -, 『한국사연구』, 188, 2020.

주의 증산에서 가야산을 지나 소백산맥을 넘는 길이었다. 엄동설한에 노인들을 부축이고 어린애는 업고 산속 길을 찾아가다 걷지 못하거나 병에 걸린 사람은 길가에 버리고 떠났다. 가야산 해인사에는 지쳐 쓰러져 죽는 사람의 시체가 하루에 7, 8구씩이나 나왔다.[9]

1592년 8월에 시작된 도선굴의 참변은 1593년 1월에 경상도 전역으로 확대되었다. 1593년 봄철에 이르러 기민들의 목숨을 위협하는 최대 요인은 전염병이었다. 이때 유행한 전염병이 어찌나 독했던지 걸리면 누구든지 죽음의 문턱을 오르내렸다. 사망자는 대부분 굶주림과 전염병으로 죽었기 때문에 사인이 딱 어느 것이라고 지목하기 어려운 상황이었다.

1593년 3월 장현광이 성주-의성을 여행했는데 그는 길가에 쓰러져 죽어가는 사람, 구렁에 떨어져 죽은 사람들의 시체를 수없이 목도하였다. 기아를 이기지 못한 당시 선산에서는 사람이 사람을 잡아먹는 식인 행위를 쉽게 목격할 수 있었다.[10] 또 그해 5월 의병 활동을 하던 박수일(朴遂一)이 선산 고촌을 방문했을 때도 주민들이 거의 사라지고 해골만이 굴러다니고 있는데, 살아남은 사람들끼리 서로 잡아먹는 끔찍한 참상을 보았다.[11]

2) 선조 26년의 재난

(1) 명량(明糧) 수송의 어려움

선조 26년(1593) 1월 명의 군량 13만 석이 한겨울에 의주에 도착하였다. 전쟁 지역까지의 군량과 마초의 수송은 조선 측이 책임졌다. 조선은 남녀노소, 양반 상인을 모두 동원하여 등짐으로 지어 나르게 하였다. 엄동설한에 길과 강이 얼어붙어 군량 수송이 지지부진하였다. 평안도와 황해도 연도의 백성들은 끝없이 계속되는 사역에 농사 준비 등 다른 일은 뒷전이었

---

9) 張顯光, 『避亂錄』, 1592년 10월 하순.
10) 崔晛, 『一善志』城柵.
11) 朴遂一, 『健齋逸稿』.

다. 언제 끝날지 모르는 명량(明糧) 수송에 동원되어 길가에서 얼어 죽은
백성과 곡식을 훔치거나 도망가는 백성들이 수도 없이 많았다.

왜군들이 지나온 경상·경기·충청좌도·강원·황해·함경·평안도의 백성
들은 이들의 분탕질로 일찌감치 식량이 동났을 뿐만 아니라 봄철에 뿌릴
종자도 없었다. 호조는 전라도와 충청우도의 보리 종자를 시급히 각지로
이송하라는 지시를 내렸으나 길이 멀고, 인부가 모자라는데다가 왜군들이
도처에서 길을 막고 있어 명령을 제대로 이행할 수 없었다.12)

평양성 전투에서 승리한 명군이 도성을 향해 진격하였다. 그러나 군량과
마초의 수송이 명군의 진격 속도를 따라가지 못하였다. 이 때문에 황해도에
서 명군의 인마가 수없이 아사하였다.13) 벽제관에서 대패한 명군은 군량이
따라오지 않아 전쟁을 계속할 수 없다는 구실로 평양으로 철수하였다.

평양에서 패전한 왜군과 함경도에서 철수한 왜군이 서울로 몰려들자 부
족한 군량 사정이 더욱 악화되었다. 왜군은 서울을 비롯 경기도와 강원도
일대에 식량 보급부대를 편성하여 대대적 약탈에 나섰으나 성과가 없었다.
식량을 가지고 있는 조선인은 거의 없었기 때문이다.

이해 초여름 일본군은 명군과 임시휴전에 합의하고 경상도 남해안 일대
로 철수하였다. 선조는 이때가 왜군을 공격할 수 있는 호기라고 보고 각지
에 흩어져 있는 조선군에게 왜군을 추격하여 섬멸하라는 명령을 내렸다.
이항복은 조선군이 모두 2~3천에 불과한데 군량을 주지 못하여 도망병이
속출하고 있어 싸울 형편이 아니라고 보고하였다.14) 이에 앞서 도원수 김
명원은 조선군이 오랫동안 먹지 못하여 아사자와 도망자가 속출하여 전투
가 불가능한 상태라고 보고서를 올렸다.15)

---

12) 『선조실록』, 선조 26년 2월 3일.
13) 오호성, 『임진왜란과 조·명·일의 군수시스템』, 경인문화사, 2017. pp.61-64 참조.
14) 『선조실록』, 선조 26년 5월 4일.
15) 『선조실록』, 선조 26년 2월 24일.

(2) 휴전후 조선군의 사정

선조 28년(1595) 초여름 명군은 일본군과의 휴전 합의에 따라 소규모 병력만 남기고 본국으로 모두 철수하였다. 일본군도 경상도 남해안으로 내려가 성을 쌓고 농성상태에 들어갔다. 조정 대신들은 명군이 철수했으므로 남해안에 있는 왜군들이 다시 북상할 것이라고 믿었다. 조선은 남해안에 주둔하고 있는 왜군을 방비하지 않으면 안 되었다. 군량과 군사를 모집하기 위하여 사방으로 검찰사와 검사관·종사관을 파견하였으나 별 성과를 거두지 못하였다. 군량을 조달하기 위하여 전라도에 내려와 있던 호조 판서 이성중이 현지에서 과로로 사망하였다.

이때 조선군의 본진은 경상도 함양에 있었다. 선조는 선전관 조방안(趙邦安)에게 조선군의 실태를 살펴보고 오라는 명령을 내렸다. 조방안은 조선군은 함안 일대에 나누어 주둔하고 있는데 군량이 보급되지 않아 4~5일씩 굶고 있고, 형편이 나은 곳은 가끔 죽을 끓여 먹기 때문에 도망병이 속출하고 있다고 보고서를 올렸다. 조선군은 모두 6~7천인데 한 장수가 거느린 부대가 6~7인에 불과한 곳도 있고, 각 진에 있는 활을 모두 합해도 1백여 개 뿐이라 싸울 준비가 되어 있지 않다고 복명하였다.[16]

조방안은 왕명을 받고 함안을 오가며 목격한 백성들의 실상도 보고하였다. 그는 서울에서 밀양까지 들판에는 쑥대만 자라고 마을에는 인적이 없고, 적이 주둔했던 곳에는 곳곳에 백골이 쌓여있다고 하였다. 또한 금년에도 농사를 짓지 못해 아사한 시체가 들판에 가득하며, 백성들은 먹을 것이 없어 서로 잡아먹고 있다고 보고하였다.[17]

이해 가을, 피난 갔던 선조의 귀경을 앞두고 대사헌 김응남이 먼저 서울에 들어와 현지의 사정을 왕에게 보고하였다. "종묘·사직·궁궐이 모두 불타버렸습니다. 민가도 거의 불타고 무너져 연기만 자욱하고 백골이 사방에

---

16) 『선조실록』, 선조 26년 5월 4일; 6월 24일.
17) 오호성, 『임진왜란과 조·명·일의 군수시스템』, 경인문화사, 2017. pp.210-220.

흩어져 있습니다. 죽은 시체가 길에 가득하고 썩은 살점이 시냇물을 가로
막고 있습니다. 살아남은 사람들은 모두 귀신같은 몰골을 하고 있는데 이
들은 결국에는 죽게 될 것이라고 스스로 생각하고 있습니다. 숨어있던 백
성들이 왕이 돌아온다는 말을 듣고 돌아오기도 하는데 창고에는 곡식이
한 톨도 없습니다."[18]

선조가 10월 2일 서울로 돌아왔다. 궁궐이 불타버려 정릉에 있는 월산
대군의 집을 행궁으로 삼아 짐을 풀었다. 왕은 대가(大駕)가 들어올 때 곡
식을 풀어 기민을 구제하라고 전교했는데 전혀 조치가 되지 않았다고 화
를 냈다. 선조가 서울로 들어오는데 성문은 부서진 채 수리되지 않았고 그
대신 쑥대와 새끼줄로 얽어놓은 채 있었다.

왕이 환도한 지 며칠이 지나지 않았는데 위졸 가운데서 250여 명이 도
망갔다고 병조에서 보고하였다. 이들은 대부분 식량을 지참하지 않고 상경
했다가 굶주림과 추위에 몰리자 도주했다는 것이다[19]. 비변사는 근일 서
울의 진제장에서 사망하는 사람이 셀 수 없이 많아 매일 그 시체를 도로에
끌어다 놓는데, 굶주린 사람들이 시체의 살을 베어간다고 보고하였다.[20]
이해도 종자와 사람이 없어 농사를 거의 짓지 못하였는데 가뭄과 장마까
지 겹쳐 작황은 대흉년이었다.

3) 선조 27년의 재난

(1) 인상식(人相食)의 참상

선조 26년(1593) 가을부터 백성들이 굶주린 끝에 죽은 사람의 고기를
먹고 심지어는 지나가는 사람을 잡아먹는 참상이 전국적으로 벌어졌다. 사
람이 사람의 고기를 먹고 있다는 소문은 임금에게도 보고되었다.

---

18) 『선조실록』, 선조 26년 9월 2일.
19) 『선조실록』, 선조 26년 10월 6일.
20) 『선조실록』, 선조 26년 12월 10일.

선조 27년(1594) 1월 사헌부는 기근이 극도에 이르러 사람들이 인육을 먹으면서도 괴이하게 생각하지 않으며 길가에 버려져 있는 시체에 살점이 오려져 있고 일부 기민들은 산 사람을 습격하여 내장과 골수까지 먹고 있다고 보고하였다.21)

도체찰사 유성룡도 경기도 수백 리 안에 남은 곡식이 없다고 하였다. 그는 백성들이 마치 길바닥에 마차가 지나간 자국에 고인 물속에 갇힌 물고기 신세가 되어 죽을 날만 고대하고 있다고 임금에게 보고하였다.

유성룡은 또 경릉과 창릉 근처에 행인을 잡아먹는 자가 있는데 그 근처에 거주하는 둔전관도 무서워서 목책을 세우고 있다며 인상식(人相食)의 실태를 보고하였다.22) 비변사도 요사이 도둑이 극성하여 사람들의 재물을 약탈하고 있을뿐 아니라 산 사람도 서슴없이 잡아먹는다고 보고하였다. 비변사는 서울과 근교에서 굶어 죽은 사람의 수를 기록할 수 없을 정도라고 임금에게 알렸다.

(2) 화적패의 발호

선조가 선전관 유몽룡에게 영남에 있는 조선 군사들이 많이 굶어 죽고 있다는데 호조에서는 왜 군량을 대지 않는지 조사하여 보고하라는 명령을 내렸다. 유몽룡은 각 고을은 명군의 식량을 대느라고 탕진된 상태이고, 조선군을 위한 군량은 제대로 보급하지 못하여 사졸들이 죽어가고 있다고 복명하였다.23)

그는 순찰사가 각 고을을 돌며 군사를 뽑아 보내라고 재촉하고 있지만 해당 고을은 관내에 사람이 없다며 보내지 않으며, 간혹 보내주는 사람이 있어도 이들은 늙고 병들어 10리만 행군해도 쓰러지는 자가 10중 7, 8이라

---

21) 『선조실록』, 선조 27년 1월 17일.
22) 『선조실록』, 선조 27년 3월 4일.
23) 『선조실록』, 선조 27년 3월 10일; .

고 보고하였다. 진중에 있는 군사들은 소나무와 느릅나무 껍질을 가루로
만들어 연명하고 있는 형편이었다.

이때 경상 좌병영의 진중에는 전염병이 크게 돌아 목숨을 잃는 병사가
많았다. 당시 후방에서는 군량과 무기, 군복 등 어느 것도 조치하지 않고
사람만 뽑아 보내는 일을 계속하였다. 이에 대해 병조가 아뢰었다.[24]

> "군사를 파견하는 일은 먼저 확정된 계획이 있어야 합니다. 공격을
> 하던 수비를 하던 몇 명이 필요하고 군량은 얼마를 지탱할 수 있는지를
> 헤아린 다음에 군사를 선발하여야 백성들을 번거롭게 하지 않고 일을
> 성사시킬 수 있습니다. 그렇지 않으면 징발된 신병들이 오가는 사이에
> 지방을 소란스럽게 하고 내려간 다음에는 군량을 대어줄 길이 없어 인
> 근의 굶주린 백성들만 괴롭히고 폐단을 끼칠 뿐입니다."

이순신도 전라좌수영에서 전염병이 돌아 사망자가 속출하고 있는데 군
량이 부족하여 굶주린 끝에 병에 걸리면 반드시 죽는다고 장계를 올렸다.
이순신이 거느린 병력은 원래 6천 2백 명이었는데 병사자가 6백여 명이라
고 보고하였다. 살아 남아있는 군사들도 조석으로 먹는 것이 하루 2~3홉뿐
이라 활을 당기고 노를 젓는 것도 감당하지 못할 지경이라고 덧붙여 설명
하였다.[25]

이해에는 전국 각지에서 명화적이 출몰하였다. 천안에서는 송유진이 기
민들을 모아 반란을 획책하다가 적발되었다. 전라 감사 이정암이 급보를
올렸다. 그는 전라도 내 나주·남평·광주·임실·전주·김제 등 전 고을에서
수백 명씩 떼를 이룬 도둑들이 나타나 대낮에도 사람을 죽이고 재물을 빼
앗아가고 있는데, 지금 옥에는 도둑으로 가득 차 있다고 보고하였다.[26] 경

---

24) 오호성, 위의 책, pp.213-214.
25) 李舜臣, 『壬辰壯草』, 선조 27년 8월 10일 啓.
26) 『선조실록』, 선조 27년 5월 15일.

상도의 깊은 산속과 충청도의 속리산에도 수백 명의 기민들이 화적패를
만들어 인명을 살상하고 재물을 약탈하였다.

2. 인조대기근

조선시대 최장의 연속 기근은 40년간 계속된 광해군 11년(1619)~효종
10년(1659)간의 기근이다. 이 기근의 원인은 한발이나 수해 등 자연재해에
의한 것뿐만 아니라 전염병·전화(戰禍)·전쟁 준비를 위한 백성들의 고초
와 학정으로 인한 백성들의 고난 등을 모두 망라한 것으로 복합적이다. 이
기간은 광해군 11년(1619)부터 인조 재위 전기간(1623~1648)과 효종 10년
에 걸치는 3대 40년 간인데, 한해도 빠짐없이 흉황이 계속되었다. 조선 역
사상 유례가 없는 이 장기간의 흉황은 대부분 인조 때 일어났으므로 이 연
구에서는 인조대기근으로 명명하였다. 이 연구에서는 40년에 걸친 장기간
의 기근을 요약하기 위해 6개의 기간으로 나누었다.

1) 광해군 11년~14년의 재난

광해군 11년(1619) 건주여진의 추장 누루하치가 청나라 요동지방의 요
충지인 무순을 함락시켰다. 다급해진 명은 서진 중인 여진을 막기 위하여
조선에 원병을 보내줄 것을 요청하였다. 조선은 강홍립(姜弘立)을 대장으
로 병마 1만 4천 명과 군량미 1만 2천 석을 주어 요동으로 파병하였다.[27]
조선군은 심하(深河, 사르후)전투에서 여진군에 대패하여 병력의 대부분
을 잃고 강홍립은 적군에게 항복하였다.

광해군 11년(1619)과 12년(1620)은 가뭄과 홍수로 흉년이 들었다. 광해
군 11년에 있었던 파병과 군량미의 공급에 흉작까지 겹쳐서 전국에서 기

---

27) 『光海君日記』, 광해군 11년 2월 22일.

민과 유랑민이 대량 발생하였다. 굶주림으로 역졸들이 달아나 역로(驛路)의 숙식 기능이 단절되고 공문의 전달이 불가능해졌다.

진휼청 당상 박홍구가 경창에 쌀이 없다며 진휼을 중지하였다. 이 때문에 지방에서 도성으로 몰려온 유민 수백 명이 아사하였다. 의금부 감옥에 갇혀있는 250여 명의 죄수들 가운데서도 아사자가 속출하였다[28]. 지방에서 상번(上番)하러 올라오는 군사들이 구걸하다가 굶어 죽는 사람이 많았다. 서울에 있는 금군·충의군들도 요미를 받지 못해 아사하는 사람이 다수 발생하였다.[29] 이 시기에 전국에 전염병까지 돌아 사태를 악화시켰다.

광해군 13년(1621) 요양성(遼陽城)이 후금에게 함락되었다. 요양성을 지키던 부총병 모문룡(毛文龍)이 부하 약 1만 2천 명을 이끌고 조선으로 탈출했다. 요동의 명나라 백성 수만 명이 모군을 따라 조선으로 피난해 들어왔다.[30] 이해 후금은 요양으로 수도를 옮겼다.

모문룡이 이끄는 명군은 후금의 후방에서 게릴라전을 하겠다며 평안도 철산군 앞바다에 있는 조선의 영토인 가도(椵島)에 들어가 교두보를 마련하였다. 광해군은 모군에게 군량을 공급하기 위하여 임시로 평안도와 황해도의 토지 1결에 쌀 3두, 삼남의 토지에는 1두 5승씩을 부가하는 모량세(毛糧稅)를 신설하였다.

광해군 13, 14년에도 극심한 가뭄으로 가을 작물의 파종이 어려웠고, 8월 이후에는 큰 장마로 하천이 범람하고 산사태가 일어나 흉년이 되었다. 이 해도 전염병이 창궐하여 사망자가 속출하였다. 감옥에 들어가기만 하면 전염병과 기아로 죽어버려 중죄인을 제외하고 모두 석방하였다.[31]

---

28) 『光海君日記』, 광해군 12년 2월 3일; 3월 24일.
29) 『光海君日記』, 광해군 12년 2월 3일; 5월 4일.
30) 『光海君日記』, 광해군 13년 7월 26일.
31) 『光海君日記』, 광해군 14년 8월 3일.

2) 인조 1년~인조 6년의 재난

인조 1년(1623) 3월, 서인을 중심으로 한 반정 세력이 인조반정을 일으켰다. 광해군이 실각하고 수많은 사람들이 처형되었다. 인조 2년(1624) 이괄(李适)의 난이 일어났다. 평안도 국경 수비군 부원수 겸 평안병사 이괄은 반정의 논공행상에 불만을 품고 국경에 배치된 군사 1만여 명을 데리고 거병하여 질풍같이 도성에 접근했다. 인조가 공주로 피난하자 난민들이 궁궐에 불을 질렀다. 이괄의 난이 진압되자 또 많은 사람이 처형되었다. 평안도의 국경 수비군은 사실상 와해되었다.

인조 3년(1625) 공주에서 돌아온 인조에게 평안 감사가 긴급 보고하였다. 모문룡이 명의 피난민을 선천·정주·철산 등지에 보내 둔전을 조성하고 있으니 시급히 이를 막아 달라는 요청이었다. 정부는 모군에게 쌀 2만 6천 석을 보내 주고 둔전 조성을 중지하도록 설득했다.[32]

조선으로 피난 온 명나라 백성들이 어느새 10만으로 늘어났다. 이들은 서북의 각 군에 흩어져 민가를 약탈하는가 하면 보리 싹을 뜯어 먹고 밭에 뿌린 곡식의 씨앗까지 파먹었다. 명의 난민들은 기근으로 굶어 죽은 백성이 있으면 다투어 살점을 베어 먹었다.[33]

인조 4년(1626) 모군이 군량이 한 톨도 없으니 쌀 5만 석을 빨리 보내라고 요구해 왔다. 조선은 모군에게 공급하는 군량을 1년에 5만 석으로 정했다.[34] 불안해진 인조는 인조 4년 수도 방위와 왕권을 강화하기 위하여 새 군부대 수어청(守禦廳)을 설치하였다. 인조 4년(1626)에는 모군에게 보낸 식량이 15만 석에 달하였다. 이는 조선이 지탱할 수 없는 막대한 양이라고 비변사가 보고하였다.[35]

---

32) 『인조실록』, 인조 3년 5월 25일.
33) 『인조실록』, 인조 2년 5월 25일.
34) 『인조실록』, 인조 4년 10월 11일.
35) 『인조실록』, 인조 4년 8월 6일.

인조 5년(1627) 후금이 군사 3만을 동원하여 조선을 침략, 정묘호란(丁
卯胡亂)이 일어났다.36) 인조는 장만(張晩)을 4도도체찰사로, 김상용(金尙
容)을 유도(留都)대장으로 임명한 후 강화로 피신하였다. 적군이 임진강을
건넜다는 소문이 돌자 유도대장 김상용은 도성을 버리고 달아나고, 도적으
로 돌변한 난민들이 호조와 선혜청을 불태웠다.37)

한강과 임진강을 방어하기 위해 급파된 부대에게 군량을 보내지 못하자
군사들이 마을을 돌아다니며 구걸하는 일이 벌어졌다. 군량이 고갈되어 10
일 후에는 아군은 스스로 무너질 판이라며 휴전을 해야 한다는 화친파의
주장이 힘을 받았다.38) 적병이 황해도 평산에 이르렀을 때 조선은 왕제(王
弟)를 볼모로 보내기로 하고 후금과 휴전하였다.

인조 6년(1628) 정묘호란으로 양서지방이 텅 비고 나머지 6도도 수해와
가뭄으로 흉년을 맞았다. 혹심한 기근과 호란의 여파로 각처에 많은 사람
이 죽었다. 굶주리는 백성들이 늘어나자 충청도와 전라도에 떼도둑이 일어
나 살인과 강도를 일삼았다.

3) 인조 7년〜인조 13년의 재난

인조 7년(1629) 가뭄으로 평안·함경·황해·경기도의 밀과 보리가 다 말
랐다. 전라도는 비 피해로 농사가 흉작이 되었다. 이해 여름 명의 요동경략
(遼東經略) 원숭환(遠崇煥)이 모문룡이 사리사욕만 채우고 반란의 기미를
보인다는 이유로 선참(先斬)하고 사후에 황제에게 보고하였다.39) 명은 새
사령관을 임명하여 가도로 보냈다. 인조 8년(1630) 가도에 주둔하던 명군의
부장(副將) 유흥치(劉興治)가 새로 임명된 주장을 죽이고 반란을 일으켰다.

---

36) 『인조실록』, 인조 5년 1월 17일.
37) 『인조실록』, 인조 5년 2월 12일.
38) 『인조실록』, 인조 5년 2월 7일; 2월 22일.
39) 『인조실록』, 인조 7년 4월 15일.

인조는 가도의 반란을 진압시켜 명나라의 은혜에 보답하겠다며 출병을
선언하였다.[40] 인조는 완풍부원군 이서(李曙)를 가도 정벌군 사령관에 임
명하고, 전라·충청도에 각각 병선 15척과 수군을 동원할 것, 2개월 치의
군량을 싣고 강화도 교동 앞바다에 집합할 것 등을 명령하였다. 동원된 조
선 수군들이 교동 앞바다의 배 위에서 대기하다 지쳐 쓰러지는 자가 속출
하였다. 인조는 가도 정벌을 강행할 수 없다고 보고 명령을 취소하였다.

인조 9년(1631) 가도의 명군 수장 유흥치가 후금에 투항하려다가 부하
들에게 살해되었다. 명은 가도의 새 사령관으로 도독 황룡을 보냈다. 이 해
는 중국도 흉년이라 가도에 군량을 보내지 못하였다. 명군은 굶주리다가
도독 황룡의 인수를 빼앗고 구금하는 변란을 일으켰다. 조선은 천자가 보
낸 사령관을 쫓아낸 반란군에게 식량을 보낼 수 없다며 가도의 명군에게
식량 원조를 거절하였다.[41]

후금의 칸(汗)이 가도의 식량 공급을 끊으라고 조선에 요구해왔다. 불응
시 군대를 보내겠다고 협박하더니, 군사 1만 명을 보내 평안도 가산(嘉山)
서쪽을 봉쇄하였다.[42] 비변사는 후금이 불시에 침입할 가능성이 있으니
각도에서 군사 1만 명을 선발하여 훈련시키고 이들을 통솔할 장수도 미리
정해두자고 임금에게 건의하였다.

인조 11년(1633) 정월 후금이 가도의 명군 정벌을 위해 필요하니 대형
선박 3백 척을 의주로 보내라고 조선에 통지해 왔다. 인조는 후금과의 전
쟁을 결심하고 김시양(金時讓)을 4도도원수로, 임경업(林慶業)을 청북지
방 방어사로 임명하였다.[43] 비변사는 군량 모집을 위해 서울의 상호(上戶)
는 쌀 5두, 중호(中戶)는 3두, 하호(下戶)는 1두씩 내게 하였다. 평안도와
황해도는 1결당 쌀 3두, 나머지 6도는 2두씩 할당하였다.[44]

40) 『인조실록』, 인조 7년 4월 29일.
41) 『인조실록』, 인조 9년 11월 5일.
42) 『인조실록』, 인조 10년 6월 8일.
43) 『인조실록』, 인조 11년 1월 23일; 2월 6일.

　서울에서 모은 쌀이 모두 1천 700여 석에 불과하였다. 군량 책임자 박추는 최소한 1개월에 1만 석의 군량이 필요한데 조달할 방안이 없다고 보고하였다.[45] 인조는 내수사의 쌀 100석을 군량으로 평안도 변경의 군대에 보냈다. 인조는 도원수 김시양이 군량이 모자라 전쟁에 이길 수 없다고 하자 그를 하옥시키고 김자점을 도원수에 임명하였다. 이해 여름 후금은 여순(旅順)을 함락시켰다.

　인조 12년(1634) 봄철 가뭄이 심하여 여러 차례 기우제를 지냈다. 7월에 홍수가 있었다. 이해에 明이 조선에 은 4천 냥과 물자 2천 냥을 보내고 급히 병선을 만들어 보내달라고 요구해왔다.[46] 조선은 병선을 척당 1백 냥씩 계산하여 40척을 건조해 주기로 하고 각 도에 건조 척수를 배정하였다. 백성들이 굶주리자 경상도와 전라도 각지에서 떼도둑이 일어났다. 서울에서도 화적 떼가 횡행하여 왕족의 집까지 피해를 보았다.

4) 인조 14년~인조 20년의 재난

　인조 14년(1636) 후금의 사자가 국호를 淸으로 정하고, 홍타이치가 황제가 되었다는 내용의 국서를 들고 왔다. 조선은 이를 물리치고 받지 않았다.[47] 신하들이 오랑캐의 침략이 목전에 있으니 군사를 뽑고 군량을 준비하라고 왕에게 요청했으나 인조는 소극적인 반응을 보였다. 이해 겨울 병자호란(丙子胡亂)이 발발하였다. 약 4만 5천 명의 청군이 전광석화같이 진격하여 8일 만에 도성을 점령하였다. 인조는 남한산성에서 청군에 포위되었다.[48]

---

44) 『인조실록』, 인조 11년 1월 29일.
45) 『인조실록』, 인조 11년 5월 24일.
46) 『비변사등록』, 인조 12년 9월 12일.
47) 『인조실록』, 인조 14년 3월 24일.
48) 『인조실록』, 인조 14년 12월 14일.

인조 15년(1637) 연초 청군은 강화도를 함락시키고 세자 이하 3공 6경의 가족들을 모두 포로로 잡았다. 남도에서 올라오던 구원병들이 잇따라 청군에 의해 패퇴되었다. 남한산성의 군량관 나만갑이 남은 식량은 10여일 분 뿐이라고 왕에게 보고하였다. 인조와 신하들은 송파의 삼전도에서 청 태종에게 항복 의식을 행하였다.49) 조선은 매년 막대한 양의 세폐(歲幣)를 바치기로 약속하였다.

서울을 점령한 청군은 민가에 불을 지르고 살인과 약탈을 자행하였다. 수많은 시체가 길거리 사방에 널렸고 서울에 남아있던 고위 관리들의 처자식들이 인질로 잡혀갔다. 남아있는 사람은 10세 미만의 어린이와 70세 이상의 노인들 뿐이라고 호조가 보고하였다. 청군은 본국으로 철수하면서 가도에 들어가 명군을 격파하였다. 명군의 도독 심세괴를 비롯하여 가도의 명군 1만여 명이 전사하였다.50)

인조 17년(1639) 지난해의 혹심한 기근과 돌림병으로 정월부터 사망자가 나오기 시작하였다. 함경도와 충청도에는 역병으로 죽은 자가 매우 많았다. 서울에서도 기민이 속출하고 매일 500명 가량이 아사하였다.

온 나라가 청나라에 바칠 세폐를 마련하기 위해 고심하고 있는데 청이 조선에 칙사를 보내왔다. 청나라의 요구는 북경을 공략하기 위해 필요한 전선(戰船) 100척과 수군 6천 명, 그들이 1년 동안 먹을 군량을 준비하여 안주 앞바다에 집합시키라는 것이었다.51) 또 내년도 세폐미 1만 석은 요동의 삼차하(三叉河)로 수송하라는 주문도 곁들었다.

인조 18년(1640) 금주(錦州)를 공략하는 청군을 돕기 위해 임경업을 원군 사령관에 임명하였다.

인조 19년(1641) 망종(芒種)이 지났는데도 비가 오지 않아 낙동강 물이 모두 말랐다. 양맥이 마르고 추곡도 파종하지 못하였다. 비변사는 가뭄으

---

49) 『인조실록』, 인조 15년 1월 15일.
50) 『인조실록』, 인조 15년 4월 18일.
51) 『인조실록』, 인조 17년 11월 26일.

로 전국이 4년째 연속 흉년이라고 왕에게 보고하였다. 6월에는 전국에 서리와 눈이 내리는 곳이 많아 살아남은 곡식도 얼어 죽었다[52]

명·청간에 금주성 공방전이 9개월간 계속되었다. 파견군 사령관 임경업은 부대를 이탈하여 청군에게 체포되었다. 인조는 임경업을 파직하였다. 금주 파견군의 교체를 위해 매년 병력 1천 500명과 말 500필을 보내기로 결정하였다. 유림(柳琳)을 금주위 영병대장(領兵大將)에 임명하였다.[53] 금주로 가는 군량미의 수송이 힘들어 일부는 요동에서 구입하고 청군의 군량을 대여받기로 결정하였다.

금주로 보내는 군량을 확보하기 위하여 조선은 면사첩·면천첩 등을 대량으로 발행하였다. 예를 들면 참(斬)할 죄인 12석, 교(絞)할 죄인 10석을 내면 사형을 면해주고, 서얼은 쌀 2~3석을 내면 허통해주는 납속사목을 발표하였다.[54]

5) 인조 21년~인조 26년의 재난

인조 21년(1643) 정초부터 국경을 넘어 요동의 여순으로 보낼 보충병을 뽑고 군량을 마련하느라 정신이 없었다. 가뭄과 전염병으로 보리·밀이 흉작이 되고 벼도 제대로 심지 못하였다. 전염병이 전국에 창궐, 열 집에 아홉 집 꼴로 사망자가 발생하였다, 전라도에서만 역병과 기근으로 죽은 사람이 1만을 넘었다. 비변사가 역병이 병란과 다름이 없을 정도라고 보고하였다.

인조 22년(1644) 봄부터 계속되는 가뭄으로 보리는 수확하지 못하고 가을 농사를 위한 파종도 못하였다. 5월에는 경상·전라·충청도에 서리, 평안도에는 우박이 내렸다[55] 이해 청군이 북경에 입성하였다.

---

52) 『인조실록』, 인조 19년 6월 13일.
53) 『비변사등록』, 인조 19년 6월 22일.
54) 『인조실록』, 인조 19년 12월 29일.
55) 『인조실록』, 인조 22년 5월 10일.

이해 8도에 전염병이 창궐하였다. 전염병의 주요 통로는 전국의 포구·여각·주막·활인서·설죽소·감옥 등으로 밝혀졌다. 인조 21년 봄부터 22년 4월까지 역병 사망자는 4만 200여 명으로 집계되었다.[56]

인조 23년(1645) 청의 사신을 접대하기 위한 비용이 없어 서울의 각사와 아문 및 8도의 감사·병사·수사에게 쌀을 바치도록 지시하였다. 청이 수도를 북경으로 옮긴 후 각종 세폐를 줄여 주었으나 남정(南征)을 위한 군량미로 쌀 20만 석을 새로 요구하였다. 놀란 조선은 필사적인 외교 교섭을 벌려 이것을 10만 석으로 줄였다.[57]

쌀을 북경(天津 寧遠衛)으로 운반할 때 필요한 배 300척의 건조를 각도에 배정하였다. 척당 16명의 선원과 사수와 포수 5명씩을 승선시키기로 하였다. 이들에게 여비로 지급할 면포가 모두 15만 필이었다. 백성들이 흉년에 북경에 보낼 쌀을 조달하고 선원을 징발하느라고 극도의 고통을 받았다. 백성들의 민력이 다하여 곳곳에 텅 빈 마을이 생길 지경이었다.

인조 25년(1647) 가뭄이 심해 금강에 물이 흐르지 않았다. 밀·보리가 말라 죽고 벼는 파종도 하지 못하였다. 이번에는 장마 비가 그치지 않아 각지에서 강이 범람하였고 6월에는 서리와 우박이 많이 내려 큰 흉년이 되었다.[58] 도적 떼가 경기와 충청도에 많이 생겨 거리를 다닐 수 없을 정도였다. 나라에 저축이 없어 백관의 녹봉을 감하고, 군사들에게는 급료를 줄 수 없었다. 정부는 어영군의 상번(上番)을 정지하고, 속오군 선발을 1년간 중지시켰다.

6) 효종 1년~효종 10년의 재난

인조가 죽고 효종이 왕위에 오르자 효종은 북벌을 정책의 최우선 순위

---

56) 『비변사등록』, 인조 22년 6월 26일.
57) 『인조실록』, 인조 23년 2월 22일.
58) 『인조실록』, 인조 24년 7월 1일.

로 정하였다. 병자호란때 인조가 청나라에 항복한 치욕을 씻자는 것이었
다. 효종은 재위 3년째인 1652년부터 어영군을 북벌 주력군으로 삼기로
하고 병력을 증강하는 한편 어영청을 신설하였다. 효종은 5년(1654) 지방
군의 훈련을 강화하기 위하여 영장제(營將制)를 실시하였다. 영장제는 그
동안 지방 수령이 담당하던 지방군의 훈련을 직업군인인 영장을 파견하여
실시하도록 하는 것이었다.

효종은 6년(1655) 강화도의 수비를 증강하기 위해 4개의 진보를 더 설
치하고 금군을 1천 명으로 증원하였다. 효종은 또 부족한 재정을 충당하기
위하여 노비추쇄도감(奴婢推刷都監)을 설치하고 달아난 노비들을 모두
잡아 오도록 지시하였다. 이는 노비신공(奴婢身貢)을 더 받아 재정을 보
충하려는 것이었다. 각 관청의 노비안에 등재된 공노비의 수는 19만 명인
데 임란이후 모두 도망가고 2만 7천밖에 남아 있지 않았다.

효종은 재위 8년(1657)에 훈련대장 이완(李浣)에게 훈련도감 군을 1만
으로. 어영군을 2만으로 증원하라고 지시하였다. 뿐만 아니라 훈련도감 군
의 조총병을 5천으로 확충하고 기마병의 수도 대폭 늘리라고 명령하였으
나 지시가 재대로 이행되지 않았다. 효종 연간에도 해마다 흉년과 역병으
로 많은 백성들이 죽고 재정사정이 매우 나빴다. 비변사를 비롯하여 원로
대신 김육·송시열·이경여 등이 군비증강과 영장제를 반대하는 상소를 연
달아 올렸다. 효종이 갑자기 죽는 바람에 북벌계획은 중지되었다.

3. 현종대기근

현종대기근은 현종 11년(1670)부터 현종 13년(1672)까지 3년간 계속된
기근을 말한다. 기존 문헌과 연구에는 이 당시의 기근을 경신(庚辛)대기근
으로 표기하고 있다. 이는 현종 12년이 경술년(庚戌年)이고 현종 13년이
신해년(辛亥年)이므로 경술년과 신해년의 첫 자를 따서 경신(庚辛)대기근

이라고 부른다. 그러나 이때의 기근은 2년간의 기근이 아니고 3년간의 기
근이며, 경신대기근의 시기가 언제인지 간지로 얼른 알아볼 수 없다는 단
점이 있다. 이 연구에서는 이 당시의 기근이 현종 때 발생하였고 3년간의
기근이므로 현종대기근이라고 표기한다.

1) 현종 11년의 재난

(1) 기상

가. 가뭄

현종11년(1670)에는 2월 초부터 가물더니 봄 농사철인 3월이 다 가도록
비가 오지 않았다. 가뭄이 심하다는 보고가 각지에서 올라오자 예조가 임
금에게 기우제를 청하였다. 지평 유연도 가뭄 해소를 위해 임진왜란 때 죽
은 군사들의 제사를 지내자고 청했다.[59] 3월 하순에 첫 번째와 두 번째 기
우제를 지냈다.

4월이 다 가도록 비 소식은 없었다.[60] 가벼운 죄수의 석방을 명하고 5
월에도 여러 차례의 기우제를 지냈다 경상도와 평안도에서 모가 다 말라
죽었다는 보고가 올라오고, 전라도에서도 가뭄 피해가 참혹하다는 장계가
올라왔다.[61]

나. 냉해

봄철 내내 가뭄이 심한 가운데 찬바람이 불고 기온이 내려가 농작물이
자라지 못하였다. 4월에 들어오자 전국 각지에서 우박과 서리가 내렸다.
경기도·강원도·경상도·전라도·평안도·함경도에 눈과 서리·우박이 내려

---

59) 『현종실록』, 현종 11년 3월 25일.
60) 『현종실록』, 현종 11년 4월 27일.
61) 『현종실록』, 현종 11년 5월 16일.

작물이 많이 죽고 곡식이 상하였다. 여름철이 왔는데도 평안도의 영변 등 다섯 고을에 연일 우박이 내려 반자나 쌓였다.

이 해의 우박은 심상치 않았다. 평안도에 크기가 오리알만한 우박이 반자나 내렸다. 네 살 된 아이가 우박에 맞아 즉사하고, 꿩·까마귀·까치들도 많이 죽었다. 평안도 강서·중화·선천·곽산·등지에서는 벼가 남김없이 피해를 받았다고 평안 감사가 장계하였다.62) 한 여름철인 7월에도 강원도 원주 등 영서(嶺西)의 여러 고을에 서리와 우박이 내렸다. 경기도 각 고을에 여름철 된서리가 연일 내려 벼가 말라 죽었다.

함흥과 북청에도 비와 우박이 번갈아 내렸는데 큰 것은 달걀만 하고 작은 것은 새알만한 우박이 쏟아져 전답이 일시에 텅 비게 되었다. 우박에 맞아 12살 된 아이가 죽고 많은 사람이 다쳤다. 새와 짐승까지도 많이 죽었다.63) 함경도 남·북관의 각 고을이 모두 가뭄, 수해, 바람, 우박의 재난을 당하여 각종 곡식은 거둘 것이 없게 되었다. 심지어는 상수리 열매까지도 익지 않았다. 농민들이 통곡하는 소리가 들판을 진동시켰다.64)

다. 수재

6월 초에 와서 비가 내렸다, 전라·경상·경기·충청 감사가 연달아 관내의 수재 상황이 심각하다고 보고하였다. 비는 양동이의 물을 퍼붓듯 그치지 않아 삼남과 경기의 전답이 침수되지 않은 곳이 없었다.65)경상도 낙동강 일대에 큰물이 들어 밀양의 영남루 아래 백 년된 큰 나무들이 거의 다 떠내려가고, 언양 등 여섯 고을은 수백여 채의 집이 무너지고 물에 빠져 죽은 자가 50여 명이 넘었다. 남해, 양산 등지에는 산사태로 깔려 죽은 자도 많았다.66)

---

62) 『현종실록』, 현종 11년 5월 17일.
63) 『현종실록』, 현종 11년 8월 9일.
64) 『현종실록』, 현종 11년 8월 11일.
65) 『현종실록』, 현종 11년 5월 22일.
66) 『현종실록』, 현종 11년 8월 11일.

전라도의 용담 등 여러 고을에서도 큰바람이 불고 비가 내렸으며 또 서리가 일찍 내렸다. 영하(嶺下)의 여러 고을에 찬비가 물을 퍼붓듯 하였고 동풍이 불어 지붕을 날렸으며, 벼가 모두 쓰러졌다가 햇볕을 보자 곧 말라 버렸다.67)

전라도 화순에 강풍이 불어 9세 된 아이가 바람에 날렸다가 떨어져 죽었다. 제주도에는 강풍과 폭우가 일시에 닥쳐, 하룻밤 사이에 수구(水口)의 홍성(虹城)과 누각이 무너져 바다로 떠내려갔다. 성난 파도가 바위를 때리자 포말이 비처럼 흩날려 온 산과 들을 적셨다. 이로 인해 초목은 소금에 절인 것 같이 되었고 귤·유자·소나무 등이 말라 죽지 않은 것이 없었다. 각종 나무 열매는 거의 다 떨어지고 서속·콩 등 농작물은 줄기와 잎이 모두 말라 죽었다.68)

라. 가뭄, 수재와 냉해

이 해의 기후는 대체로 먼저 가뭄이 있은 다음에 냉해가 오고, 그 다음에 수재가 왔다는 것이 특이한 점이었다. 수재 속에서 심한 바람이 불고 우박이 내린 경우도 있었다. 평안 감사는 평안도에 비바람이 심하게 불면서 우뢰와 우박이 번갈아 내려 곡식이 많이 상했다고 알려왔다.69) 함경도에 큰비가 계속 내려 곳곳에 전답이 모래로 뒤덮였고 삼수·갑산 등지에는 7월에 서리가 눈같이 내렸다. 나머지 고을에도 모두 서리가 일찍 내렸다.

(2) 역병과 우역

현종 10년(1669) 연초에 일부 지방에서 발생한 역병이 현종 11년(1670) 들어 빠른 속도로 전국으로 퍼졌다. 전염병은 충청·평안·경상·전라도에

---

67) 『현종실록』, 현종 11년 8월 10일.
68) 『현종실록』, 현종 11년 9월 9일.
69) 『현종실록』, 현종 11년 7월 11일.

퍼지더니 2월에 1천 400여 명의 사망자를 냈다.[70] 이 역병은 3, 4월에도 각 도에서 창궐하였다. 가을에 들어와 기근으로 아사자가 발생하면서 전염병 사망자도 급격히 증가하였다. 기근에 전염병까지 겹쳤으므로 사망자 발생 보고가 거의 없는 날이 없었다.[71]

이 해에는 소의 역병까지 유행하였다. 황해도는 우역(牛疫)이 번져 한 달 동안에 8천여 두의 소가 죽었다.[72] 경기도와 강원·충청도에서도 소가 죽었다는 보고가 없는 날이 거의 없었다. 소가 많이 죽어 농가에서는 사람이 소 대신 밭을 갈았는데, 사람 9명의 힘으로 겨우 소 한 마리의 일을 해낼 수 있었으므로 처음부터 가을갈이를 제대로 할 수 없었다.[73]

(3) 작황과 기근상황

가뭄과 수재 그리고 냉해가 연이어 거둘 것이 없게 된 백성들은 남아있던 곡식이 떨어지자 7월부터 전국에서 아사자가 발생하기 시작하였다. 8월 이후 전국 각지에서 백성들이 굶어 죽고 있다는 보고가 잇따랐다.

전라도에서는 유랑하는 기민들이 무리를 지어 약탈에 나섰다. 이들은 조금이라도 익으려는 곡식이 있으면 전답의 주인을 묶어 놓고 공공연히 곡식을 베어가고, 들판에 방목하는 소와 말을 대낮에 잡아먹지만 아무도 대들지 못하였다.[74] 경상도 대구 등지에도 떠도는 기민들이 길에 가득했는데 죽는 자가 매우 많았다. 유랑하는 빈민들이 먹고 살길이 없자 어린아이들을 길가에 버리는 일이 수없이 일어났다.[75]

경상도 곳곳에서 도적이 일어나, 서울로 보내는 각 고을의 세폐방물(歲

---

70) 『현종실록』, 현종 11년 2월 15일.
71) 『현종실록』, 현종 11년 12월 11일.
72) 『현종실록』, 현종 11년 8월 28일.
73) 『현종실록』, 현종 11년 8월 15일.
74) 『현종실록』, 현종 11년 8월 10일.
75) 『현종실록』, 현종 11년 8월 17일.

幣方物)과 군포(軍布)를 약탈하였다. 길가에서는 강도가, 마을에는 명화적
이 횡행하었다.

함경도에는 세종 때부터 변경을 개척하기 위하여 삼남 지방의 백성들을
강제로 6진(鎭)을 비롯한 변경에 이주시켰다. 함경도의 변경은 인가가 드
물고 풍토가 농사에 적당하지 않아 흉년이 닥치면 이들이 먼저 희생되었
다. 현종 때 함경도로 정배된 죄인이 그 가속을 합하여 2천여 명이나 되었
는데 이들을 6진과 삼수·갑산에 나누어 살게 하었다. 현종기근 때 정배된
죄인들이 아사지경에 빠지게 되자 잇따라 도망하였다. 이들을 감시하던 토
졸들도 죄를 받을까 두려워 모두 도망쳤다.76)

(4) 황정대책

현종이 대신들과 기근대책을 협의하였다. 이 자리에서 각사의 비용과
백관의 금년 녹봉을 줄여 미곡 3만 6천 760석, 목면 98동(同) 40필, 포 7동
30필, 은 7천 100냥을 마련하기로 결정하였다. 일선 군현에 지시하여 공명
첩을 팔아 구휼 자원을 마련하였다. 영직(影職)·노직(老職)·증직(贈職) 및
각종 첩문을 발행하였는데 민간에 기근이 들어 응하는 자가 적었다.77) 기
근으로 떠도는 유민들이 어린아이들을 길가에 버리는 일이 많았다. 현종이
버려진 아이들을 거두어 기르는 사람에게는 그 아이를 노비로 삼고 그의
자식들도 노비를 삼을 수 있도록 하라고 지시하였다.

경기도와 충청도 및 전라도는 당년도 전세 가운데 절반만 받도록 조치
하였다.78) 제주의 여름철 기민 구제를 위해 통영의 쌀 2천 석, 벼 3천 석
을 배로 실어다 구제하였다. 제주의 가을 대풍 피해가 심하자 조정에서는
전라도로 하여금 벼 5천 석을 이전하여 구제하고 또 명년 봄의 종자로 각

---

76) 『현종실록』, 현종 11년 9월 25일.
77) 『현종실록』, 현종 11년 9월 10일.
78) 『현종실록』, 현종 11년 10월 16일.

종 씨앗 1천 500석을 보내주었다.[79]

2) 현종 12년의 재난

(1) 기상

현종 12년(1671)은 현종 11년만큼의 심한 재해와 기상 이변은 보고되지 않았다. 그러나 이해도 역시 봄철에 가뭄이 있었고 5월에 때 아닌 서리와 우박이 내려 전국에서 보리와 밀농사를 거의 망쳤다.[80] 제주에서 눈 폭풍이 사납게 일어 눈이 한 길이나 쌓였다. 산에 올라가 열매를 줍던 사람이 미처 돌아오지 못하고 얼어 죽은 자가 91명이었으며, 기근 중에 여역이 심하게 번져 죽은 사람이 많았다.

(2) 전염병

작년부터 유행하기 시작한 역병은 기민들의 영양실조와 아사자의 시체처리가 허술해짐에 따라 더욱 심하게 번졌다. 1월부터 각 도에서 아사자와 병사자 동사자가 수백 명씩 발생하고 있다는 보고가 올라왔다. 전국에서 굶주린 백성들이 아사하는 것과 전염병이 창궐하여 병사하는 것이 동시적으로 일어났다. 각 고을에서는 아사자와 병사자 동사자의 수를 구분하여 발표하였는데 사실상 사망 원인을 구분한다는 것이 거의 불가능하였다.

2월이 되자 아사자와 병사자의 수는 더욱 증가하기 시작하였다. 서울에서만 2월 한 달 동안 구호한 기민이 2만여 명이었다. 죽은 사람은 60여 명이었다. 기민 2만 여 명에게 먹이는 곡식은 하루 30~40석인데 하루에 두 번씩 죽을 끓여 급식하였다. 매일 닭이 울 때 시작하여 한낮에 끝나고, 한낮부터 다시 쑤어 밤이 깊어서야 파하였다.[81]

---

79) 『현종실록』, 현종 11년 12월 27일.
80) 『현종실록』, 현종 12년 5월 9일.

경기도에는 정월 말까지 죽을 먹으러 온 기민이 10만여 명이었다.[82] 역병으로 죽은 사람은 같은 기간 동안 220여 명이었다. 강원도에서는 설죽소에 나온 기민이 9천 450여 명이었고, 역병으로 죽은 사람은 119명이었다. 황해도의 기민은 1만 5천 500인이었고, 역병으로 사망한 사람이 40여 명, 굶거나 얼어 죽은 사람도 많았다.[83]

(3) 아사자와 병사자

현종 11년의 흉황에 의한 기근은 현종 12년 정초부터 본격화되었다. 전국 각지에서 기민들이 고향을 버리고 떠돌기 시작하였고 아사자가 다량으로 발생하였다. 8도에서 기아와 역병으로 죽은 백성의 수를 다 기록할 수 없는 정도였는데 3남이 더욱 심하였다. 수령이 보고한 것은 죽을 쑤어 먹이는 곳에서 죽은 자만 거론하였을 뿐이고 촌락에서 굶어 죽고 길에서 굶어 죽은 자는 대부분 기록하지 않았다.

수령들은 서로가 경쟁적으로 덮어두고 사실대로 보고하지 않았으므로 보고한 숫자는 겨우 열에 한 둘이었다[84]. 5월이 되자 각 도의 기민을 구휼하는 일을 중지하였다. 안팎의 저축이 다 떨어졌기 때문이었다. 5월에 아사하거나 병들어 죽은 사람은 8도에서 모두 1만 3천 420여 명이고, 서울에서 죽은 사람은 3천 120여 명이었다.[85]

연이은 흉작과 기근, 그리고 전염병으로 나라의 형세가 매우 위태로운 지경에 처했다. 경창은 물론 강화도와 남한산성의 비상용 군량도 바닥이 났다. 당시 서울에서 쌀 1석의 값이 은 3냥으로 올랐다. 사대부의 집에서는 앞을 다투어 옷가지와 은그릇 기타 노리개를 팔려고 내놓았으나 사는

---

81) 『현종실록』, 현종 12년 2월 29일.
82) 『현종실록』, 현종 12년 2월 20일.
83) 『현종실록』, 현종 12년 2월 25일.
84) 『현종실록』, 현종 12년 2월 29일.
85) 『현종실록』, 현종 12년 5월 29일.

사람이 없었다. 저자에 팔려고 내놓은 쌀은 많아야 10여 두에 지나지 않았고 적으면 단지 한 말의 쌀 뿐이었다.

사람들은 앉아서 죽기만을 기다리는 형편이었다. 사대부로서 벼슬이 낮아 봉록이 박한 자는 태반이 굶주렸고, 각 사의 역원들도 녹봉을 받지 못해 낯빛이 누렇게 뜬 채 공무를 수행하지 못할 지경이었다. 영남의 역졸이 거의 다 굶어 죽어서 국가의 명령을 전하지 못하게 되었다는 보고도 올라왔다.[86]

(4) 기근의 참상

가. 전라 감사의 보고

전라 감사 오시수(吳始壽)는 현종 12년(1671) 전라도의 기근 실상에 대해 임금에게 여러 차례 장계를 올렸다.

"전라도에서는 민간에서 밥 짓는 연기가 끊어진 지 오래고 쓰러진 주검이 길바닥에 즐비합니다. 도내 각 고을에서 죽을 쑤어 기민을 구휼하고 있는데 얼굴이 누렇게 뜬 사람들은 진휼장에서 잇따라 죽고 있습니다. 2월 초 눈이 내리고 찬바람이 불자 낯빛이 누렇게 뜬 백성들이 모여서 추위와 굶주림에 울부짖고 있는데 그 소리가 몇 리 밖까지 들립니다. 사족의 부녀들도 날마다 관아의 뜰에 가득히 모여 헝크러진 머리를 한 채 살려 달라고 애걸하고 있습니다. 먹을 것이 없는 기민들이 갓난아이를 도랑에 버리고, 강물에 던지는 일이 도처에서 일어나고 있습니다."

"기민들은 유랑하며 걸식을 하는데 입을 옷이 없어 모두 짚을 엮어 배와 등을 가린 채 떨며 지냅니다. 이들은 떡진 머리를 풀어헤친 채 귀신의 형상을 하고 실오라기 같은 목숨을 이어가고 있습니다. 전라감영과 가까운 마을에서 굶어 죽고 얼어 죽은 수가 무려 190명이나 됩니다."

"기민들은 굶주림과 추위가 절박하므로 서로 모여 도둑질을 하고 있

---

86) 『현종개수실록』, 현종 12년 6월 14일.

습니다. 그리하여 집에 조금이라도 양식이 있는 자의 집에 들어가 약탈
하고 지나가는 사람이 몸에 헌 베옷이라도 걸치고 있으면 무조건 빼앗
는데 조금이라도 반항하면 죽입니다."

"보성군의 노비 2명과 남원부의 어영군(御營軍) 1명이 추위와 굶주
림을 이기지 못하자 남의 묘를 파헤치고 관을 부신 후 시체의 수의를
벗겨 팔다가 발각되었습니다".87)

오시수는 또 다른 보고서에서 전라도의 역(驛)과 원(院)에 배치된 역졸
들이 굶주리다 못해 모두 달아나 국가의 명령을 전달하지 못하게 되었고,
지방 관아에서도 굶주린 관속들이 마음대로 흩어져서 관아가 제 기능을
하지 못하고 있다고 장계를 올렸다. 그는 또 "죄를 지은 사람도 흉년이라
하여 용서해 주지 않는데 한 번 옥에 들어가면 굶어 죽고 얼어 죽고 또 돌
림병으로 전염병으로 모두 죽고 있다"88) 며 흉년에 감옥 운영상의 문제점
에 대해 보고하였다.

나. 제주 목사의 보고

기근이 심하여 백성의 형세가 날로 위급해지자 제주 목사 노정(盧錠)이
치계(馳啓)하였다. "본도의 세 고을 민생은 이미 극도에 이르렀습니다. 모
든 백성이 산에 올라가 나무 열매를 줍는데 나무 열매가 이미 다하였고 내
려가 들나물을 캐는데 풀뿌리가 이미 없어졌으므로 마소를 죽여서 배를
채우고 있습니다. 무뢰한 자들은 곳곳에서 무리를 지어 공사간의 마소를
훔쳐서 잡아먹는 일이 부지기수입니다. 이제 사람들이 서로 잡아먹을 걱정
이 조석에 닥쳤으니 비참한 모습을 차마 말할 수 없습니다."89)

조정에서는 제주도의 구휼을 위해 호조와 상평청·통영 및 양남(兩南)의

---

87) 『현종실록』, 현종 12년 2월 29일.
88) 『현종실록』, 현종 12년 6월 15일.
89) 『현종실록』, 현종 12년 1월 30일.

사복시 목장 곡식 7천 석을 긁어모아 전라수영의 병선으로 실어 보내게 하였다. 그러나 해로가 멀고 풍파에 막혀서 지난해 초겨울에 부친 장계가 이제야 도착했고, 곡식을 나르는 배도 제때 도착하지 못하여 굶어 죽은 백성이 더욱 늘어나게 되었다.[90] 제주는 전라도 소속이지만 본토와 멀리 떨어져 있는 섬인데다가 곡식을 자급할 수 없는 지방이었다. 제주는 뱃길이 험하여 본토에서 구휼곡을 보내 주려해도 바다가 잠잠하지 않으면 보내줄 수 없는 곳이었다.

노정은 다른 장계를 통해, "지금 섬이 온통 굶주리고 있는 상황이며, 굶주리거나 여역으로 죽은 자가 이미 437인에 이르렀습니다. 이제부터는 공사 간의 곡식이 다 떨어져서 구제하여 살릴 방책이 없습니다. 쌀과 곡식이 들어오지 않으면 수만의 목숨이 눈앞에서 죽어가게 될 것입니다. 매우 근심되고 답답하여 어찌할 바를 모르겠습니다." 노정이 조천관(朝天館) 앞에 나와 곡물을 실어 오는 배를 기다리자 굶주린 백성도 뒤를 따랐다. 배 하나가 멀리서 가까이 오면 급히 가서 보고 곡물을 실은 배가 아니자 노정이 통곡하면서 돌아오자 굶주린 백성도 한꺼번에 울부짖었다.[91]

다. 경상 감사의 보고

경상 감사 민시중(閔蓍中)이 보고하였다. 경상우도의 각 고을은 닭과 개를 죄다 잡아먹고 우마까지 잡아먹고 있는데 굶주린 창자에 고기를 먹자 설사병이 일어나 죽는 자가 잇따르고 있는데 형세의 급함이 사람들이 서로 잡아먹기 직전이라는 것이었다.

"우역으로 죽은 소의 고기는 사람에게 해로울까 염려하여 파묻게 하고 있습니다. 그럼에도 불구하고 굶주린 백성들이 밤을 틈타 몰래 파내

---

90) 『현종실록』, 현종 12년 1월 30일.
91) 『현종실록』, 현종 12년 2월 15일.

어 먹고는 죽은 자가 매우 많습니다. 각 고을의 굶주린 백성들이 날마다 구름처럼 관아에 모이는데 진휼곡이 떨어져서 간혹 보리죽을 먹이고 있으나 이질이 전염되면 즉시 죽습니다."[92)]

라. 간관의 보고

헌납 윤경교(尹敬敎)는 현종 12년(1671)에 기근과 여역으로 죽은 사람의 수가 거의 백만 명에 이른다고 임금에게 보고하였다. 그는 상소문을 통해 심지어는 한마을이 모두 죽은 경우가 비일비재하며 쪽박을 들고 설죽소에서 얻어먹던 기민들은 진휼을 그치자 먹을 곳이 없어 거의 모두가 죽었다고 하였다. 그는 계사년(1671)의 기근은 임진왜란 때보다도 훨씬 참혹했다고 주장하였다.[93)]

(5) 황정대책

서울의 기근이 날로 심하여 쌀 한 섬의 값이 은 3냥으로 올랐다. 진휼청이 쌀 8천 300여 석을 내어 석당 1냥 8전으로 발매하였다. 이때 상인이나 부자들이 쌀을 많이 구입하는 것을 막기 위해 1인당 1냥 이상을 사가지 못하게 하였다. 또 쌀 1만 2천 800여 석을 내어 서울 백성에게 대여하였다. 이때는 호수(戶數)와 등급을 따져 쌀을 판매하였다. 대호(大戶)는 1석, 중호는 10두, 소호는 5두, 독호(獨戶)는 2두를 주었다. 봉료(俸料)를 받는 군사는 대호·중호·소호를 막론하고 모두 3두씩을 주었다.[94)]

3) 현종 13년의 재난

현종 11년에 시작된 기근은 현종 12년에 들어와 그 피해가 본격적으로

---

92) 『현종개수실록』, 현종 12년 7월 5일.
93) 『현종개수실록』, 현종 12년 5월 4일.
94) 『현종실록』, 현종 12년 2월 10일.

나타나기 시작하였다. 현종 13년도 흉년이었다. 현종대기근은 3년간 계속된 대참화였다. 흉황이 3년간 계속된 사례는 여러 차례 있었으나 조선 8도가 이처럼 참혹한 기근을 겪고 이처럼 많은 백성들이 죽은 일은 전례를 찾기 어려울 정도였다.

(1) 기상

가. 냉해

현종 13년(1672)에도 4, 5월 농사철에 들어오자 전국 각지에 서리와 우박·눈이 내렸다. 4월에 경기도 양주 등 여러 고을에 나흘 밤 연속 서리가 내렸다. 개성지방과 수원 등 10여 고을에는 우박이 쏟아졌다. 강원도에도 눈·서리·우박이 내렸다. 황해도 평산 등 5고을에도 서리가 내렸다.[95] 충청도 공주와 청주 등 여러 고을에 서리와 우박이 내렸다. 함경도 각지에도 서리와 눈이 내렸다.[96]

전라도 곡성·광양 등 10여 고을에 여름 우박이 내려 작물이 많이 상했다. 경상도에도 서리가 내리고 문수산·태백산 등 높은 산에는 눈이 내렸다. 평안도 덕천·운산 등 여러 고을에 우박이 쏟아져 하루가 지나도 녹지 않았다.[97] 6월 한여름 철에 평안도 벽동군과 강원도 춘천부 등지에 비둘기알만한 우박이 쏟아져 기장·콩·피 등이 심한 손상을 입었다.

나. 수재

7월부터 삼남 지방과 강원도에 비가 계속 내려 홍수 피해가 심했다. 삼남 지방의 들판이 강물로 가득찬 것처럼 변했다.[98]

---

95) 『현종실록』, 현종 13년 4월 19일.
96) 『현종실록』, 현종 13년 4월 28일.
97) 『현종실록』, 현종 13년 5월 7일.
98) 『현종실록』, 현종 13년 윤7월 29일.

(2) 역병

현종 11년(1670)과 현종 12년(1671)의 두 해의 역병은 선례를 찾기 힘들 정도로 심하였는데, 현종 13년에도 그 기세가 누그러지지 않았다. 각도의 감사는 지난 연말에서 2월까지 경기도 300여 명, 강원도 100여 명, 충청도 260여 명, 황해도 420여 명, 경상도 500여 명, 전라도 430여 명, 평안도 400여 명, 함경도 720여 명이 역병과 굶주림으로 사망하였다고 보고하였다.[99]

전염병에 걸린 환자들은 활인서에 수용하는데 현종 13년 4월 현재 1천 800여 명이 수용되어 있었다. 활인서의 시설이 부족하자 환자의 가족들이 사람이 잘 다니지 않는 시냇가에 피막을 세우고 환자를 격리하였다. 성문 밖 후미진 곳에는 피막이 줄지어 들어서 있다. 한 피막에는 보통 3~4명씩을 수용하였다.

진휼청에서는 죽미를 공급하고 병자가 죽으면 활인서를 통해 무명과 돗자리, 빈 볏섬 등의 물품을 나누어 주었다. 한성부는 병자가 죽으면 감관을 보내 묻어주게 하였다. 겨울과 봄 사이에 떠돌아다니다가 죽은 시체가 길가에 즐비하였는데 진휼청과 한성부에서 그 시체를 수습하여 동서 근교에 매장하였다. 매장한 시체가 3천 600구였다.[100] 사간원에서 전염병으로 죽은 사람의 시체처리와 관련해서 한성부와 진휼청을 탄핵하는 상소를 올렸다.

"요즈음 도성 안에는 역병이 유행하여 죽는 자가 계속 나오고 있습니다. 외방의 기민들은 거의 죽게 된 목숨을 연명하기 위하여 설죽소에 모여듭니다. 기민들은 매일 밤 노숙하는데 추위와 굶주림이 뼈에 사무친 나머지 풍상과 냉기가 쌓여 조금이라도 병에 감염되면 죽습니다. 길거리에는 굶어 죽고 병들어 죽은 시체가 즐비하여 수레에 실어 성문 밖에 그대로 버리는데 모든 도랑에 가득하다고 합니다"[101]

---

99) 『현종실록』, 현종 13년 3월 29일.
100) 『현종실록』, 현종 13년 4월 12일.

(3) 기근 상황

백성들은 얻어먹을 곳이 없자 서로 모여 도둑질을 하였다. 사람을 죽이고 재물을 빼앗는 강도가 곳곳에서 발생하였다. 화적패들은 장사꾼이 한 말 정도밖에 되지 않는 곡식을 가지고 있어도 서로 다투어 죽이고 식량을 빼앗았다. 명화적 패가 가장 많은 곳은 영남과 호남의 사이였다. 충청도 청주 등지에서도 한 달 동안 열네 곳에서 인명이 살상되었다.102)

사간원은 정부가 함경도의 6鎭에 강제로 이주시킨 남도 출신 백성들이 겪는 기근이 가장 참혹하다며 시급히 대책을 세워야 한다고 상소하였다.

> "이곳에 보낸 백성들은 아무것도 가진 것이 없어 옥수수 대를 가루로 만들어 풀과 섞어 먹고 있습니다. 이것으로 잠시 연명할 수 있으나 불과 한 달도 버티지 못하고 모두 죽어버립니다. 6진은 국가의 울타리로 임금의 교화가 먼 곳이어서 어사를 파견하여 임금의 덕을 보여야 합니다. 그러나 어사를 파견하여도 창고에 곡식이 없고 또 옮겨줄 형편도 안 된다면 큰 문제입니다."103)

사간원은 또 감옥에 수감된 사람이 병에 감염되어 죽는 사람이 많으니 옥사를 지체시키지 말라고 왕에게 건의하였다. 감옥이 전염병의 발원지가 되어 옥에 수감된 사람은 굶다가 병에 걸리면 그대로 죽어 나가는 것이 당시의 사정이었다.

(4) 흉황대책

흉년으로 올 봄에 거둘 경기·충청·전라도의 세미에서 1결 당 쌀 2두씩을 감하고 각사의 노비 추쇄를 당분간 정지하기로 하였다.104) 경상도에는

---

101) 『현종실록』, 현종 13년 4월 3일.
102) 『현종실록』, 현종 13년 3월 29일.
103) 『현종실록』, 현종 13년 4월 5일.

50여 종의 공물은 면제해주고, 함경도와 황해도는 전세·공물·신역을 감면하기로 하였다. 현종 7년(1666) 이전에 빌려준 환곡 10만 석은 사실상 받을 길이 없으므로 전부 탕감해 주었다.[105] 상평청 곡식 외에 각사와 각영 그리고 일선 고을에서 빌려준 곡식도 모두 탕감하였다.

흉년으로 많은 사람이 죽어 각 군부대의 충원이 어려운 상황에 처했다. 영의정 허적이 8도의 군병 가운데 죽거나 흩어진 자들이 태반이나 되니 군사를 대신 채워 넣는 일을 3년 동안 중지하자고 제안하였다. 정부는 군역 행정을 3년 뒤에 재개하기로 결정하였다.[106]

경기도와 황해도에서 많은 농가가 종자가 없어 파종을 하지 못하자 정부에서 황해도의 군량 6천 석을 가져다주어 씨를 뿌릴 수 있게 하였다. 제주도의 기민을 구제하기 위해 진휼청의 곡물 6천 석과 황해도의 곡물 1만 4천 석을 보냈다.

4. 숙종대기근

숙종대기근은 숙종 21년(1695)부터 숙종 25년(1699)에 있었던 5년간의 연속적 기근을 말한다. 기존 문헌에는 숙종 21년과 숙종 22년에 있었던 기근을 을병(乙丙)대기근이라고 부르고 있다. 숙종 21년이 을해년(乙亥年)이고 숙종 22년이 병자년(丙子年)이므로 을해년의 첫 자와 병자년의 첫 자를 따서 을병(乙丙)대기근이라고 하였다. 이 때문에 을병기근은 2년간의 기근이라고 오해하기 쉬운데 이 당시의 기근은 숙종 21년부터 5년간 계속된 기근이었다. 이 연구에서는 을병기근이 숙종 때 있었으므로 숙종대기근이라 표기한다.

숙종 시대는 당파싸움이 가장 치열하던 시기였다. 숙종 대에는 서인·남

---

104) 『현종실록』, 현종 13년 1월 4일.
105) 『현종실록』, 현종 13년 3월 9일.
106) 『현종실록』, 현종 13년 3월 6일.

인 간에 정권교체가 세 번 일어났다. 이 당시 가뭄과 수재 등이 일어나는 것은 반대당의 실정과 악행 때문에 일어나는 것이며, 반대당의 영수를 처벌하지 않으면 재이가 계속될 것이라고 임금을 압박하였다. 숙종 연간의 흉황은 유례를 찾기 어려울 정도였는데 치열한 당파싸움으로 기근 대책을 제대로 세울 수 없을 지경이었다.

1) 숙종 21년의 재난

(1) 기상

가. 가뭄과 냉해

이른 봄부터 날씨가 서늘한 가운데 극심한 가뭄이 계속되었다. 4월 초에 한랭한 기운이 돌며 전국적으로 서리가 내렸다.[107]. 평안도 강계 지역에 서리가 눈처럼 내리고 위원·영변·귀성 등지에는 우박이 내렸다. 경기도와 충청도·평안도 지방에 밤마다 바람이 불고 서리와 우박이 내렸다. 비가 오지 않는 가운데 찬바람이 연이어 불고 서리가 내리자 보리와 밀이 자라지 않고 다른 초목도 말라 죽어갔다.

5월에 들어와서도 비는 오지 않았고 서리는 그치지 않았다. 벼의 파종 시기도 놓쳤다. 강원도 평창과 함경도 길주에 새알만한 우박이 내렸다. 함경도 단천·삼수 등지에 우박이 쏟아졌다. 정부는 가을 농사를 포기할 수 없어 5월에 연거푸 여섯 차례의 기우제를 지냈다. 일곱 번째의 기우제는 임금이 자신을 책망하는 내용의 제문을 지었다.

나. 수재와 냉해

6월에 들어와도 비는 내리지 않고 냉해는 계속되었다. 황해도와 평안도 지방에 우박과 눈과 서리가 내렸다. 6월 중순부터 기다리던 비가 내리기

---

107) 『숙종실록』, 숙종 21년 4월 13일.

시작하였는데 이번에는 비가 그치지 않고 너무 많이 내렸다.[108] 충청도와 전라도 해안의 논에는 게가 많이 들어와 어린싹을 잘라 먹었다. 비가 그치지 않아 사대문 밖에서 기청제를 지냈다.

7월 상순에 비는 그쳤으나 경기·충청·경상·전라도에 다시 냉해가 시작되었다. 경기도 파주·고양·안산·적성·교하·과천 등지에 밤마다 서리가 내렸다. 전라도는 영암·장흥·운봉·장수를 비롯하여 7읍에 서리가 내렸고, 경상도는 용천 등 14읍에 밤마다 서리가 내렸다.[109] 8월 초에는 전국적으로 이틀 밤 동안 계속 서리가 왔다.

(2) 재해와 작황

가. 대흉작

4월부터 극심한 가뭄과 서리·우박 등 냉해가 동시에 발생하여 봄 농사는 보리와 밀을 망치고 추곡의 파종 시기까지 놓쳤다. 6월엔 장마가 심했고 7월 중순에 장마가 겨우 걷히자 전국 각지에서 서리, 우박, 눈 피해가 다시 시작되었다. 이상 저온이 8, 9월까지 계속되자 한창 발육, 생장기에 있던 벼를 비롯한 가을 작물들이 고사하는 사태가 벌어졌다.

호조 판서 이세화는 가을걷이가 시작되기도 전에 금년 농사는 대흉년이라고 임금에게 보고했다.[110] 들판의 곡물은 싹이 자라다 말거나 이삭이 나오다 멈추어 거둘 수 있는 것이 거의 없었다. 숙종 21년의 농사는 대흉작이었다. 정언 유홍이 금년의 흉작은 신해년(현종 12)에 비해 그 정도가 갑절이나 심하니 공구수성으로 모범을 보이라고 왕에게 상소하였다.

---

108) 『숙종실록』, 숙종 21년 6월 14일.
109) 『숙종실록』, 숙종 21년 7월 28일.
110) 『숙종실록』, 숙종 21년 7월 28일.

나. 아사자의 대량 발생

이해 가을 정부는 기근 상태가 현종 때의 경술년(현종 12년), 신해년(현종 13년)보다 심할 것이라고 우려하기 시작했다. 흉년이 들자 도성 내의 쌀값이 오르기 시작하였다. 쌀 한 말 값이 5냥으로 뛰었다. 숙종 22년 봄에는 20냥으로 폭등하였다.[111]

수확 시기에 벌써 굶어 죽은 사람이 나타나기 시작했다. 12월, 경상도에서 54명의 아사자가 나오고 446명의 유걸인이 발생하였다.[112] 경기도에서도 다수의 아사자가 발생하였는데 수령들은 보고하지 않았다. 겨울에 접어들자 각도에서 사망자가 줄을 이었다. 이해에 아사자가 많았지만 제대로 보고되지 않아 중앙에서는 정확한 실상을 알지 못하였다.

(3) 흉황대책

영의정 남구만, 좌의정 유상운, 우의정 신익상은 임금을 만나 재해를 그치게 할 방안을 논의하였으나 뚜렷한 대책을 세우지 못하였다. 왕이 한발의 극복을 위하여 공구수성(恐懼修省)하고 구언(求言)을 하자 서인인 남구만·유상운 등은 한재가 심하니 지난해 조정에서 축출된 서인들을 다시 등용해야 한다고 주청하였다.[113] 왕이 구속된 신하들을 석방하려 하였으나 남인이 포진한 삼사(三司)의 간관들이 극력 반대하여 한 사람밖에 석방시키지 못하였다.

숙종 대에는 한발 등 재이가 심각하여 왕이 구언하면 신하들은 재이의 원인이 당파가 다른 정적을 축출한 인사 때문이라며 퇴출한 사람을 복권하지 않으면 재이가 가시지 않을 것이라며 임금을 압박하였다.

기근이 심하여 진휼하는 일의 비중이 커지자 숙종 21년(1695)에 상평청

---

111) 『숙종실록』, 숙종 22년 8월 30일.
112) 『숙종실록』, 숙종 21년 12월 19일.
113) 『숙종실록』, 숙종 21년 4월 29일.

에 흡수 폐지시켰던 진휼청을 다시 복설하였다.114) 진휼청의 진곡(賑穀)
이 고갈되고 각 도의 진휼곡이 소진되어 더 이상 설진을 할 수 없게 되었
다. 좌의정 유상운이 화폐를 주조하여 그 돈으로 구휼곡을 마련하자고 주
장하였다. 이 안이 채택되어 상평청에서 40~50만 냥을 주조하여 시장에서
곡식을 구입하여 한동안 구휼을 계속하였다.115) 어영청에서도 곡식이 없
어 그동안 미루어 오던 군사의 급료를 지급하기 위해 동전을 발행하였다.

기민들이 굶주리자 버리고 간 유기아(遺棄兒)의 수가 부쩍 늘어났다.
진휼청이 건의하여 유기아 수용사목을 제정하여 8도에 반포하였다. 떠돌
아다니는 고아를 먹여 살려주면 12세까지로 한정하여 노비로 삼을 수 있
고, 노비 입안을 받아주는 기간은 병자년(숙종 22) 1월 1일부터 동년 5월
30일까지로 제한하였다.116)

2) 숙종 22년의 재난

(1) 기상

가. 가뭄과 냉해

숙종 21년(1695) 겨울과 숙종 22년(1696) 초에는 날씨가 따뜻하여 눈이
오지 않았다. 겨울 가뭄이 계속되자 기설제(祈雪祭)를 지냈다. 봄철이 되
자 지난해와 마찬가지로 가뭄이 든 가운데 전국 각지에서 눈과 서리·우박
이 내렸다.117) 영의정 남구만, 우의정 신익상 등이 가뭄과 냉해에 대한 책
임을 지고 왕에게 사직서를 제출했으나 받아들여지지 않았다.

---

114) 『비변사등록』, 숙종 21년 8월 6일.
115) 『숙종실록』, 숙종 21년 9월 30일.
116) 『숙종실록』, 숙종 21년 12월 19일.
117) 『숙종실록』, 숙종 22년 4월 2일.

나. 수재와 냉해

여름이 되자 지난해처럼 비가 많이 내리면서 그치지 않았다. 수재를 입은 곳이 많아 기청제를 지냈다.[118] 가을에는 각지에서 우박과 서리가 내렸는데, 경기도를 비롯한 여러 도에서 심한 냉해로 농사 피해가 컸다.[119] 숙종 22년의 재해는 숙종 21년과 대체로 유사한 패턴을 보였다.

(2) 역병과 아사자

숙종 22년의 기근은 숙종 21년의 기근과 겹쳐서 나타났다. 연초부터 아사자가 전국에서 발생하고 전염병도 뒤따라왔다. 각지에서 고향을 버리고 타향을 떠도는 기민들도 대량으로 발생하였다. 서울로 흘러들어온 유민의 수가 부쩍 늘어났다. 정부는 정초부터 기민을 구제하기 위해 동·서 활인서에 설죽소를 차렸다.

기민들이 몰려들자 활인서에서 역병이 발생하여 사방으로 전염되었다. 정부는 설죽소를 홍제원으로 옮기고 동대문 밖에 하나 더 설치하였다. 서울에서 걸식하는 유랑민의 수가 점점 많아지자 굶어 죽고 추위와 전염병으로 죽는 사람이 걷잡을 수 없이 증가하였다. 3월 초 서울의 설죽소에서 아사자가 200명을 넘었다.[120]

8도에서도 설죽소를 차려 기민을 구제하였다. 경기도 백성으로 서울로 죽을 먹으러 오는 사람이 1만 명이 넘었다. 영남에도 죽을 먹으러 오는 사람이 56만여 명, 그 가운데 죽은 사람이 수만 명에 이른다는 보고를 올렸다.[121] 특히 평안도의 용천·철산·선천·곽산 등 청천강 북쪽 지방에서는 7월 이후 두 달 동안 아사자가 1천 500여 명이 나왔다.

---

118) 『숙종실록』, 숙종 22년 7월 15일.
119) 『숙종실록』, 숙종 22년 10월 27일.
120) 『숙종실록』, 숙종 22년 3월 3일.
121) 『숙종실록』, 숙종 22년 3월 12일.

(3) 人肉食

2년간 연속 흉년으로 식량이 턱없이 부족하자 백성들을 대부분 영양실조에 걸렸다. 병에 대한 저항력이 약해지면서 전염병은 더욱 극성을 부렸다. 함경도 문천 등 6 고을에서는 괴질이 발생하여 많은 사람이 죽었다. 9월 이후 평안도에서만 605명이 전염병으로 사망하였다. 가을과 겨울철에도 전국에서 아사자와 역병 사망자가 끊임없이 나왔다.

평안도에 사는 이어둔(李於屯)이라는 백성이 굶주림을 참지 못해 인육(人肉)을 먹었다고 평안 감사가 보고하였다. 임금은 그가 몹시 굶주려 실성한 것이니 사형은 면제시켜주라는 지시를 내렸다.122) 함경도 온성에 사는 연추선이라는 백성이 굶주림을 이기지 못해 국경을 넘어 여진 땅으로 들어가 상수리를 줍다가 발각되었다. 당시 월경한 죄는 사형이었으나 임금이 사형만은 면제시켜주라는 지시를 내렸다.

(4) 흉황대책

흉년으로 8도의 당년도 전세를 반으로 줄여 주었다.123) 연초부터 각 도에서도 진휼곡을 요청하여 왔다. 이로 인해 경외(京外)의 관아와 산성에 있는 군량이 다 없어지고 호조의 경비가 탕진되었다.

경기도에서 농민들의 봄철에 농사지을 종자가 없다고 구원을 요청하자 파종을 돕기 위해 진휼청이 보유하고 있는 종자곡 1만 1천 석을 대여해주었다. 진휼청에서 기민들의 신역(身役)을 덜어주기 위해 각사와 각 군문에 동전을 보내주어 신포(身布)를 대신 사들이도록 하였다.124) 계속되는 흉년 구제로 각지의 창고에 보관하던 곡식이 거의 다 떨어졌다.

---

122) 『숙종실록』, 숙종 22년 2월 5일.
123) 『숙종실록』, 숙종 22년 1월 7일.
124) 『숙종실록』, 숙종 22년 4월 8일.

3) 숙종 23년의 재난

(1) 기상

가. 가뭄과 냉해

숙종 23년(1697) 연초에 눈이 내리지 않아 봄철에 논밭이 모두 메말랐다. 3월에 날씨가 몹시 추어 가을갈이한 보리와 밀이 거의 다 얼어 죽었다. 4월이 되어도 추운 날씨는 가시지 않았다. 전라도와 경상도 일대의 지리산에 눈이 많이 내려 날씨가 겨울과 다름이 없었다.[125] 남쪽 전라도 금산군에 우박이 오고, 북쪽의 평안도에도 비와 우박이 번갈아 내렸다. 5월에도 평안도의 운산·귀성·희천 등지에도 강풍과 더불어 우박이 쏟아졌다.[126]

날씨는 차가운데 비가 내리지 않아 전국에 가뭄과 냉해 피해가 심했다. 이조 참판 오도일은 왕이 직접 주재하는 기우제를 설행해 달라고 주청했다. 지사 신한은 비를 얻기 위해 임금에게 쌍령(雙嶺)과 험천(險川)에서 아사한 백성들과 전사한 군인들을 위한 제사를 지내자고 상소하였다.[127]

임금은 중신들을 보내 풍운·뇌우·산천·우사·삼각산·목멱산 등지에서 기우제를 지내고, 또 8도에 명하여 사전(祀典)에 기재되어있는 모든 영험한 장소에서 기우제를 지내도록 지시하였다. 그리고 숙종이 직접 사직단에 나아가 기우제를 지냈으나 비를 얻지 못하였다.[128]

나. 수재와 냉해

여름 장마철이 되자 비가 내리기 시작하였으나 그치지 않았다. 이번에는 각지에서 수재가 발생하였다. 강원도는 날씨가 추운 가운데 영동과 영

---

125) 『숙종실록』, 숙종 23년 4월 9일.
126) 『숙종실록』, 숙종 23년 5월 16일.
127) 『숙종실록』, 숙종 23년 4월 17일.
128) 『숙종실록』, 숙종 23년 4월 22일.

서 모두가 한 달이 넘도록 비가 그치지 않았다. 충청·전라·경상·평안도에
도 거센 바람이 연달아 불고 비와 서리가 내렸다.129) 가을에는 황해도에
눈과 비가 내리고 강원도 원주와 영월에도 눈과 비가 번갈아 내렸는데 눈
이 쌓인 것이 겨울 같았다는 보고가 올라왔다.130)

(2) 재해와 기근의 실태

가. 기근과 역병의 동시 진행

이해에도 8도의 농사가 흉작이었다. 전국에 기근이 왔는데 숙종 23년의
기근은 숙종 22년보다 훨씬 심각하였다. 이 영향을 받아 10월부터 도성 안
에 아사자와 병사자의 시체가 산더미처럼 쌓였다.131) 역병도 마찬가지 상황
이었다. 3년째 계속되는 기근의 참상은 필설로 표현하기 어려울 정도였다.

정월달부터 굶어 죽고, 얼어 죽은 사람의 시체가 길가에 즐비하였다. 평
안도 성천 등지에서 전염병으로 40여 명이 죽고, 경기도 광주 분원에서는
도자기를 굽던 백성 39명이 아사하였다.132) 함경도 덕원 등 7 고을에서도
150명이 아사하였다.

5월 이후 평안도와 함경도에서 아사하고 병사한 사람이 각각 1천 명에
이른다고 해당 감사들이 보고해왔다. 임금도 비망기(備忘記)을 통해 평안
도와 함경도에서만 사망한 백성이 1만 명을 넘었다고 말하였다.133)

나. 人肉食

이 해에는 굶주림이 극심하여 인육을 먹는 사건이 여러 곳에서 일어났
다. 평안도 용천부에서 금춘과 예합이라는 두 여자가 굶주리다 못해 을생

129) 『숙종실록』, 숙종 23년 7월 17일.
130) 『숙종실록』, 숙종 23년 8월 27일.
131) 『숙종실록』, 숙종 23년 10월 23일.
132) 『숙종실록』, 숙종 23년 윤3월 6일.
133) 『숙종실록』, 숙종 23년 7월 5일.

이라는 여자를 속여 죽인 다음 그 고기를 먹었다.134) 강원도 금성의 한 기민이 가장(假葬)한 시체를 꺼내 먹는 참사가 일어났다.135) 도적 이억금이 초장한 시체를 파내고 수의를 벗겨 입은 사건도 발생하였다.

거듭 기근이 들어 살 수 없게 된 백성들이 곳곳에서 도둑질하고, 사람을 죽이고 재물을 약탈하는 일이 일어났다. 심지어 도둑들은 숭릉·장릉 등 왕릉과 경덕궁 등지에 들어가 기물을 훔치고, 이들을 잡으려는 토포관(討捕官)을 살해하는 일도 있었다.136) 금강산의 운부라는 중이 제자들과 함께 명화적 장길산(張吉山)과 결탁하여 역모를 꾀한다는 고변이 들어오기도 했다.137)

정부는 도성에 들어온 유민들이 거지 노릇과 도둑질을 하여 시민들을 불안하게 한다고 병조 판서를 도성 내 유랑민 주관 당상으로 임명하고 유걸인을 모두 경기도의 외딴섬 율도(栗島)에 격리 수용하기로 했다. 정부는 유걸인 875명을 잡아 이들을 율도에 강제 추방하였다.138) 별다른 대책 없이 약간의 식량만을 받은 채 쫓겨 온 기민들 가운데 170여 명이 두 달만에 굶주림과 추위로 죽었다. 정부는 할 수 없이 이들을 풀어주고 고향으로 돌아가도록 조치하였다.

심한 흉년으로 충청·경상·전라·황해도의 대부분 고을이 지난해의 전세(田稅)를 상납하지 못하였다. 나라 살림을 제대로 운영할 수 없게 된 임금이 화를 내며 세금을 바치지 못한 수령은 모두 조사하여 처벌할 것을 지시하였다. 세금을 미납한 수령들은 분주하게 중앙에 있는 소속 당파의 유력자들을 찾아다니며 로비를 하였다. 그 결과 7고을의 수령에게만 장형(杖刑)을 집행하였을 뿐이었다.139)

---

134) 『숙종실록』, 숙종 23년 4월 29일.
135) 『숙종실록』, 숙종 23년 윤3월 26일
136) 『숙종실록』, 숙종 23년 윤3월 16일.
137) 『숙종실록』, 숙종 23년 1월 10일.
138) 『숙종실록』, 숙종 23년 3월 6일.
139) 『숙종실록』, 숙종 23년 7월 1일.

(3) 흉황대책

가. 동전의 발행

정부는 흉년으로 종자를 다 먹어버려 씨앗이 없는 강원도에 보리 종자 600석을 보내주었다. 충청도는 감사 민진후의 장계에 따라 충주·아산·안흥 지방의 창고에 있는 저치미(儲置米)를 해당 고을의 진휼미로 사용하였다. 정부는 흉년으로 이른 봄에 바쳐야 할 경기도의 대동미를 가을까지 연기해주고[140], 강원도의 기민 구호를 위해 충주목의 대동미 500석과 남한산성과 강화도의 군량미 1천 500석을 보내주었다. 대동미도 구휼 자원으로 사용하였다.

숙종 23년, 구휼을 위한 정부의 가용자원이 고갈되었다. 각도에서 진휼곡 대여 신청이 쇄도했지만 예년과 같이 진곡을 빌려줄 수 없었다. 정부는 동전을 발행하여 진자로 사용하였다. 경기도가 흉년의 참상을 보고하자 정부는 돈 2만 5천 냥을 진자로 지급하였다.[141]

병조는 흉년으로 상번 군사들이 굶주리게 되자 금위영·총융청 군사의 상번을 정지하고, 호조는 경기·충청·황해·강원도의 쌀로 상환해야 하는 환곡의 절반을 좁쌀로 대납하게 하였다. 평안도와 황해도는 중앙의 허락을 얻어 해당 도의 공천과 사천에게 면천첩(免賤帖)을 팔아 그 대금으로 기민을 위한 진구 자원을 마련하였다.

나. 청국미의 수입 요청

기근 상황이 악화되자 대사간 박태순(朴泰淳)이 의주의 중강에서 호시(互市)가 열릴 때 종이·가죽 등을 주고 청의 쌀을 교환해다가 관서 지방의 기민을 구제하자고 제안하였다.[142] 대신들은 논의 끝에 북경에 간 주청사(奏請使)가 돌아오면 청의 사정을 알아본 후 다시 논의하기로 하였다. 주

---

140) 『숙종실록』, 숙종 23년 2월 16일.
141) 『숙종실록』, 숙종 23년 윤3월 23일.
142) 『숙종실록』, 숙종 23년 5월 12일.

청사가 돌아온 후 중국의 쌀 수입 문제를 재론하였다. 오랑캐의 쌀을 먹을 수 없다며 반대하는 의견이 많았지만 영의정 유상운(柳尙運)이 앞장서서 반대론을 잠재우고 청나라에 사신을 보내 쌀의 수출을 요청하기로 결론을 내렸다.143)

4) 숙종 24년의 재난

(1) 기상

숙종 24년(1698)에도 눈이 오지 않은 채 봄 가뭄이 계속되어 밀과 보리가 손상되었다. 가뭄을 해소하기 위해 종묘와 사직에서 기설제를 지냈다. 7월에는 비가 그치지 않아 기청제를 지냈다.144) 9월에는 철 이른 눈이, 10월에는 우박이 많이 내렸다. 경기와 호서에서는 혹독한 재해로 수확한 작물이 없다고 했다. 연이은 흉년으로 곡가는 급등하여 숙종 24년 6월 곡가는 네 배가 급등했다. 관서는 전후 6년간 흉년으로 쑥대밭이 되었다. 전국에서 수만 명이 기근과 전염병으로 고통받고 사망하였다.

(2) 역병

이해에도 봄부터 겨울까지 전국에 역병이 치성하여 성한 마을이 없었다. 7월에 역병이 심하게 돌아 죽은 사람이 대단히 많았다. 전염병이 심해지자 서울의 동·서 교외에 병막(病幕)을 수백 채 짓고 병자를 수용하였다. 역병으로 죽은 사람이 팔을 베고 연달아 누어있는 상태였다.145) 전국에서 수만 명이 기근과 전염병으로 고통받고 사망하였다. 임금은 남교에서 친히 여제(厲祭)를 지낸 후 근시를 보내 동·서·남 교외에서 굶어 죽은 백성들

---

143) 『숙종실록』, 숙종 23년 9월 21일.
144) 『숙종실록』, 숙종 24년 7월 18일.
145) 『숙종실록』, 숙종 24년 10월 21일.

의 혼을 달래는 제사를 지냈다.

사간원은 "성안의 후미진 곳에 죽은 사람의 시체가 산더미를 이루고 있는데 시체를 교외에 매장하지 않고 있다. 이 일을 담당한 한성부와 매장꾼들은 시체를 끌고 가 골짜기에 그대로 던져버리고 온다"며 한성부를 탄핵하였다. 사간원은 또 죽은 사람의 옷을 벗겨 팔아먹은 사람들을 적발하여 처벌하지 않는다고 포도대장을 탄핵하였다.146)

남한산성 군사들이 흉년으로 많이 굶어 죽었다. 또 굶주리다가 도망가는 병사들이 많아 가을군사훈련을 할 수가 없었다. 이 해 8도에서 사망한 사람은 2만 1천 546명으로 집계되었다. 그러나 지방에서 보고하는 숫자는 열에 두 셋도 안 되게 축소된 것이라는 비난이 일어났다, 사관(史官)은 기근과 전염병의 참혹함이 전고에 없었다고 실록에 기록하였다.147)

(3) 흉황대책과 청미의 수입

청나라는 지난해 가을 조선이 요청한 쌀 수출을 수락하였다. 강희제는 청국미 2만 석을 조선으로 수송하여 판매하도록 허가하였다. 강희제는 이와는 별도로 이부시랑(吏部侍郎) 도대(陶垈)를 시켜 태창미(太倉米) 1만 석을 무상으로 조선에 보내주었다.148)

우의정 최정석(崔鼎錫)이 사은사로 중강에 나와 청나라 대표단을 맞았다. 이 소식을 접한 사헌부를 비롯한 삼사의 관리들은 원수들의 쌀을 받아서는 안된다며 맹렬하게 쌀 수입을 반대하였다. 삼사의 간관들은 우의정 최성정과 호조판서 이유를 파직시키고 형신을 가하라고 주장하였다. 이 때문에 최정석이 파직되었다. 이때 수입한 청미는 주로 평안도와 황해도에 배분되었다.

---

146) 『비변사등록』, 숙종 23년 12월 10일.
147) 『숙종실록』, 숙종 24년 12월 28일.
148) 『숙종실록』, 숙종 24년 1월 2일; 2월 7일.

5) 숙종 25년의 재난

(1) 기상

숙종 25년(1699) 봄에도 날씨가 서늘한데 비가 계속 오지 않아 가뭄이 심했다. 강원도 철원·금성에 우박이 내리고, 평안도 강계·창성에서는 눈과 우박이 내렸다. 황해도 수안·장연에서는 서리가 내리고, 충청도 한산과 경기도 강화에는 바람이 불고 해일이 일어났다.149)

5월부터 6월 초까지 친제를 포함하여 기우제를 다섯 차례나 지냈다. 또 역병까지 수그러들지 않아 기우제와 여제(厲祭)를 차례로 지냈다. 6월 중순에 전국에 큰비가 내렸다. 비는 윤 7월에 들어서야 그쳤다. 경기와 호서에서는 혹독한 재해로 수확할 작물이 없다고 했다.

(2) 전염병

숙종 25년(1699) 초, 숙종은 지난해 역병의 참상에 대해 비망록을 내렸다. "전염병이 8도에 두루 퍼져 마을에 완전한 가호가 없는가 하면 백에 하나도 치유된 사람이 없었다. 그 가운데 온 집안이 몰살당하는 경우도 많았다. 병화(兵禍)의 급박함을 어찌 여기에 비할 것인가. 지난해는 논밭에서 일할 백성들이 너무 많이 죽고 농우와 농량도 없으니 올해의 농사가 걱정이다"라고 한탄하였다.

이해에도 여역이 계속 치열하여 서울에서 사망한 사람이 3천 900여 명이고, 각 도의 사망자는 25만 700여 명이었다.150) 사람들이 하도 많이 죽어 면포를 짜지 못하니 포(布)의 값이 날개 돋친 듯 뛰어올랐다. 관아에서는 배정된 포의 수량을 채우기 위해 황구(黃口)와 백골(白骨)에게 신포를 징수하고 인징(隣徵)과 족징(族徵)으로 이웃에게 연대책임을 지우니 백성

---

149) 『숙종실록』, 숙종 25년 5월 2일.
150) 『숙종실록』, 숙종 25년 12월 30일.

들의 원망이 하늘에 닿았다고 『실록』이 기록하였다.151)

(3) 재해

연이은 흉년으로 곡가는 급등하여 숙종 24년 6월 곡가는 400% 급등했다. 관서는 전후 6년간 흉년으로 쑥대밭이 되었다. 전국에서 수만 명이 기근과 전염병으로 고통받고 사망하였다. 입추에 날씨가 개이고 농사가 정상적으로 돌아오자 임금은 정전(正殿)으로 돌아오고 상선을 평상시대로 회복하였다.152)

(4) 숙종대기근 시기의 인명피해

기록적인 흉년에 뒤이은 전염병의 창궐은 숙종 26년을 기점으로 점차 진정 단계에 들어갔다. 숙종 26년(1700)은 5년 만에 풍년이 들어 숙종 21년 이래 정지했던 왕실의 삭선이 복구되는 등 점차 정상을 되찾아갔다.

숙종 21년(1696)에 호구조사를 하다가 잇따른 흉년으로 중지하였는데 숙종 25년(1699)에 조사가 완료되었다. 이 결과 숙종 25년(1699)의 호수가 129만 3천 83호이고, 인구는 577만 2천 300인으로 집계되었다.153) 이것을 숙종 19년(1693)의 호구와 비교하여 보면 6년 동안 호수는 25만 3천 391호가 감소하였고, 인구는 141만 6천 274명이 줄어들었다. 불과 7년 만에 인구의 19.7%가 감소되었다(호구는 16.39% 감소).

그러나 이 시대의 호수와 인구의 개념이 지금과는 다르고 아사자와 병사자를 확실하게 구분하지 않았기 때문에 정확하게 몇 명이 죽고 또 기아와 역병으로 각각 몇 명이 사망하였는지는 알 수 없다. 기근과 여역이 참혹하였기 때문에 조선시대에 가장 많은 아사자가 발생하여 인구가 크게

---

151) 『숙종실록』, 숙종 25년 4월 16일.
152) 『숙종실록』, 숙종 24년 7월 12일.
153) 『숙종실록』, 숙종 24년 11월 16일.

줄어들었다고 말할 수밖에 없다.

김성우는 현종대기근시 희생된 자들의 예상 수치를 140여만 명으로 보았다. 반면 5년여에 걸쳐 계속된 숙종 21~25년의 숙종대기근으로 인한 희생자의 수는 경신대기근의 그것보다 훨씬 많았을 것으로 추정하고 있다. 그는 당시 아약자, 노비의 다수가 호적에 등재되지 않았을 것임을 예상한다면 이 시기 희상자의 예상 수치는 당시 인구가 최소 1천 2백만~최대 1천 6백만에 이른다고 가정했을 때 전체인구의 25~33% 정도인 300만 내지 400여만 명이 이 시기에 희생되었을 것이라는 것이다.154)

---

154) 김성우, "17세기 위기와 숙종대 사회상", 『역사와 현실』 25, 1997. pp.35-37.

제3장

조선과 중국의 구휼철학과 구황제도 개관

1. 조선의 통치이념과 경제사상

1) 유학의 정치이념과 농본주의

조선시대의 정치이념은 민본주의와 덕치주의였다. 백성들이 나라의 주인이고 통치의 목적은 부국강병이 아니라 백성들의 안녕을 보살피는 것이었다. 왕은 덕치로 백성들을 교화하여 인의(仁義)가 구현되는 세상을 건설한다는 것이 정치의 목적이었다. 인의가 구현되는 세상을 만들기 위해서는 먼저 백성들의 생활이 안정되어야 하는데 이를 달성하는 길은 농본주의를 경제정책으로 채택해야 한다고 믿었다.

농본주의 경제정책은 권농정책과 구휼정책의 두 갈래로 구현될 수 있다. 권농정책은 백성들에게 농사를 권장하여 식량을 풍족하게 생산하는 것이고 구황정책은 흉년이 들었을 경우 백성들이 굶주리지 않도록 하고 다음 해의 농사를 계속할 수 있도록 종자와 식량을 빌려주는 정책이다. 권농정책과 구황정책은 별개의 정책이 아니라 동전의 앞면과 뒷면과 같은 관계이다.

농본주의 사상의 요점은 단순한 경제정책이 아니라 농업 진흥을 통해 백성들의 의식을 충족시키고 가난한 사람을 구제하여 그 기반 위에서 풍속을 순화시키고 백성들을 교화시켜 요순시대와 같은 이상사회를 건설한다는 것이다. 조선의 유학자들은 지방의 수령들이 권농을 잘하면 농업생산이 증가하고 가계에 여유가 생겨 흉년에 잘 대비할 수 있다고 생각하였다.

농본주의 사상은 한 걸음 더 나아가 농업 증산을 통해 가난하고 어려운 백성들을 도우며 모든 백성이 함께 잘사는 사회를 이룩할 수 있다고 믿었다. 따라서 농업의 진흥이 국가를 운영하는 경제정책의 기본 방향이 되어야 하며, 농업을 진흥시키기 위해서는 지나친 상업과 수공업의 발전을 억제해야 한다는 것 등으로 요약할 수 있다.[1]

조선의 관리와 유학자들은 임금이 나라를 다스리고 농정을 수행하는 데 있어서 그들이 본받을 수 있는 행위의 규범을 유학의 경전과 중국의 사서에서 찾았다. 국왕이 본받아야 할 모범으로서는 신농(神農) 이래 농사의 발전에 힘쓴 요·순·우(堯·舜·禹)를 비롯한 성군의 농정을 들고 있다.

유학자들은 그 가운데서도 특히 주(周) 나라가 농사로 나라를 일으켜 8백 년간의 태평성대의 업을 달성한 것에서 교훈을 얻으려 하였다. 주나라는 농사의 신으로 추앙받고 있는 후직(后稷)²⁾을 선조로 하고 있는데 나라도 잘 운영하여 국가 경영의 모범이 되었다. 공자를 비롯한 유학자들은 주나라 때 덕치를 통해 태평성대를 이룩하였으므로 주의 정치와 문물제도를 가장 이상적인 것으로 보아 후세에도 본받아야 한다고 평가하였다.

2) 농본주의의 실천과 국왕의 임무

조선의 군왕들은 백성들에게 농사짓는 것을 권장하고 농업을 진흥시키기 위해 매년 적전(籍田)에서 몸소 밭을 가는 행사를 거행하는 것을 원칙으로 정했다. 왕비도 후원에서 뽕을 따고 누에를 키우는 시범을 보였다. 국왕이 매년 풍년이 들어 백성들이 잘살 수 있도록 하늘과 땅에 제사를 지내는 것도 농사와 통치를 위한 중요한 의식의 하나였다.

이를 위해 임금은 나라를 상징하는 사직단(社稷壇)에서 정기적으로 기곡제(祈穀祭)를 지내고, 가뭄이 계속될 때는 선농단(先農壇)이나 우사단(雩祀壇)에서 우순풍조하기를 비는 것이 상례였다. 국왕이 앞장서서 권농을 장려하는 것과 재해를 만났을 때 국왕이 그 책임을 자신에게 돌리고 정

---

1) 제3장은 吳浩成, 『朝鮮時代의 農本主義思想과 經濟改革論』, 경인문화사, 2009, pp.9-40을 많이 참조하였다.
2) 后稷은 원래 중국 고대에 농사일을 맡아보던 관직의 이름이었다. 周나라의 先祖 棄가 농사일을 잘 다스렸으므로 舜 임금이 그를 후직을 삼았는데 이것이 나중에 그의 대명사가 되었다. 후직은 백성들에게 농사를 잘 가르친 공로로 봉토를 받았는데 이것이 周나라의 기원이 되었다.

치에 잘못은 없는지 반성하며 이재민들의 구호에 나서는 것, 그리고 기우제(祈雨祭) 또는 기청제(祈晴祭)를 지내는 것은 별도의 정책 개념이 아니라 농본주의 가운데 포함되는 의식이었다

조선 건국의 이데올로기와 통치제도를 만든 정도전은 『조선경국전(朝鮮經國典)』에서 "농사는 만사의 근본이고 임금이 적전을 경작하는 것은 권농의 근본"이라고 말하였다.[3] 그는 "농사를 통해서만 국가와 군대의 재정을 조달하고 종묘의 제사에 필요한 제수를 마련할 수 있으며, 백성들이 농사를 열심히 지을 때 풍속이 순후하여진다. 그렇기 때문에 농업은 만사의 근본이다. 농업의 진흥을 위해서는 임금이 친히 먼저 적전을 경작하는 것이고 적전을 경작하는 것이 권농의 근본이다"라고 하여 권농의 중요성을 강조하였다.

2. 유학의 자연관과 재이사상

1) 전통사회의 자연관과 자연재해

전통 시대에는 가뭄과 홍수 등 자연재해로 인한 흉작과 기근 그리고 전염병 등은 일상생활의 안녕과 질서를 파괴하고 백성들의 생명을 위협하는 중대한 사태였다. 전근대사회에서는 자연재해가 발생하는 원인을 몰라 이를 하늘 또는 신의 의지로 받아들였다. 사람들은 신이 노하여 비를 내리지 않거나 홍수를 일으키는 것으로 보고 하늘이나 귀신에게 위기를 벗어나게 해달라고 비는 수밖에 없었다. 가뭄이 계속되면 사람들은 기우제를 지냈다.

기우제는 비를 기다리는 백성들의 열망을 모아 신에게 비를 내려달라고 비는 의식을 말한다. 기곡제 또는 풍년제는 한 해 동안의 농사를 탈 없이 마무리 지어 풍년이 되도록 해달라고 비는 의식으로 기우제와 마찬가지로

---

3) 鄭道傳, 『朝鮮經國典』, 籍田. "農者萬事之本也 籍者勸農之本也 蓋宗廟之粢盛軍國之財用 皆出於農而生以之而蕃庶 風俗以之而淳厚 故曰 農者萬事之本也 以先於農 人君親耕籍 而下民皆曰 … 故曰籍者勸農之本也".

역사시대 이전의 오랜 옛날부터 존재하였다.

한반도에서 풍년제와 기우제는 고려시대에 들어와 그 종류와 형식이 많아졌다. 그 가운데 불교의 연등회와 팔관회는 풍년을 비는 농경제(農耕祭)의 성격이 강하였고, 중앙정부와 각 지방의 지방관과 호족들은 각기 별도로 산천신(山川神)이나 고을의 수호신 기타 잡귀신에게 비와 풍년을 비는 제사를 지냈다.

유학을 숭상하여 유교적 정치제도를 대폭적으로 받아드린 고려 성종은 유학의 가르침에 따라 불교와 도교 의식을 통해 비를 비는 제사를 음사(淫祀)로 규정하고 이를 금지하는 한편 유교식 제사로 통일하도록 하였다.4) 그러나 성종의 음사 금지는 한 세대를 버티지 못하고 다시 옛날로 돌아가 전통적 제사와 함께 유교적 의식이 동거하는 형태로 더욱 복잡하게 되었다. 이 때문에 고려시대의 기우 의식은 제사의 대상이 다양한데다가 의식의 방법도 다르고 중첩되는 일이 많아 비용이 2중, 3중으로 드는 등 낭비가 많아 폐해로 지적되었다.

2) 천인감응론과 재이론

중국의 유학은 자연재해와 같은 비정상적 자연현상에 대해 독특한 해석과 대응체계를 갖고 있었다. 유학자들은 가뭄이나 홍수, 냉해처럼 상도에서 벗어난 자연현상을 재이(災異)로 이해하였다. 재이란 통치자인 군주가 정치를 잘못하였을 때 하늘이 이를 경고하기 위해 나타내는 이변을 뜻한다.

재이가 발생하면 군주는 정치에 잘못이 있는지 반성하고 백성을 보살피는 여러 가지 정치적 조치를 내렸다. 그래도 비가 오지 않거나 그치지 않으면 기우제나 기청제를 올리는 것이 순서였다. 이와 같은 대응은 유학의 재이론(災異論)에 근거를 둔 것이다. 재이론은 한(漢)나라 때의 거유(巨

---

4) 『高麗史』, 世家, 成宗 2년 정월.

儒) 동중서(董仲舒)에 의해 천인감응설(天人感應說)과 함께 도입된 학설로 한당유학(漢唐儒學)의 중요한 특색을 구성하고 있는 사상이다.

재이론에 따르면 하늘은 그 의지를 자연현상을 통해 나타내는데 만일 군주의 통치가 천도를 어기고 민생을 돌보지 않는 경우, 음양오행의 운행이 조화를 잃게 되어 자연계에 여러 가지 이상이 나타나게 된다는 주장이다. 동중서는 천지 만물의 질서는 음양오행의 조화에 의해 운행되는데 인간 사이의 사회적 관계에도 음양오행의 원칙이 적용된다고 생각하였다. 동중서는 인간 사이의 사회적 관계가 상도를 벗어나면 음양오행의 운행이 파행적으로 움직이게 되고 이 때문에 비정상적인 재이가 나타난다고 설명하였다.5)

동중서는 음양오행이 조화와 질서를 잃게 되면 가뭄과 홍수 등 재이가 나타나게 되는데 이것은 하늘이 천명을 부여한 임금의 실정을 문책하기 위한 것이라고 보았다. 그는 하늘이 재이를 일으켜 임금을 견책함에도 불구하고 잘못을 반성하지 않으면 하늘은 일식이나 혜성이 나타나게 하거나 지진을 일으키는 등 괴이(怪異)를 내려 경고하게 되고 그래도 군주가 계속 천도를 어기면 하늘은 임금에게 내린 천명을 거두어 그 나라를 망하게 한다고 주장하였다.6)

동중서의 재이론과 천인감응설이 유가의 중요한 정치사상으로 발전한 것은 전한 말 소제(昭帝) 때의 '염철론(鹽鐵論)'논쟁 이후부터였다. 한 무제(武帝)의 정복과 전쟁의 시대가 지나가고 평화가 계속되자 한나라는 새로운 시대의 통치이념이 필요하게 되었다. 동중서의 제자들은 재빨리 시대의 변화를 감지하고 전쟁 시대의 통치이념으로 중요한 역할을 해오던 상홍양(桑弘羊)의 법가적 부국강병론을 비판하면서 백성들을 위한 민본주의적 통치로 전환할 것을 주장하였다. 유생들은 한 걸음 더 나아가 전제군주

---

5) 權延雄, "朝鮮前期 經筵의 災異論", 『歷史敎育論集』 13·14, 1990.
6) 『漢書』, 董仲舒傳.

의 일탈을 견제하고 백성들을 위한 정치를 유도하기 위하여 천인감응설과 재이론을 강조하기 시작하였다.

한나라 성제(成帝) 때 곡영(谷永)은 재이 문제를 왕권의 견제와 민본문 제로 연결시킨 전형적인 유학자였다. 그는 군주는 천도를 받들고 이에 순응하는 정치를 하고 민생을 돌보아야 한다면서 그렇지 못할 경우, 하늘은 재이를 내려 경고한다고 강론하였다.7) 곡영은 재이를 방지하기 위해 평소에 군주는 ①검소한 생활을 하고 ②권농정책을 실시하며 ③홀아비와 과부 고아와 자식 없는 노인(鰥·寡·孤·獨)등 의지할 곳 없는 가난한 사람을 돌보고, ④농사철에 백성을 동원하지 말 것 등 전형적인 유가의 농업정책과 구휼정책(救恤政策)의 실시를 주장하였다.

3) 조선왕의 공구수성과 기우칠사

조선의 유생들도 재이론을 받아들였다. 이들은 재이론을 홍수, 한발, 냉해 등 자연재해와 그에 따른 기근과 전염병이 유행할 때 유교의 정치적 이상을 달성하기 위해 또는 정파의 이익을 달성하기 위한 수단으로 적극 활용하기 시작하였다. 이들은 가뭄 또는 홍수와 같은 재이가 나타나는 것은 정치를 잘못하여 생겼으므로 군주는 하늘의 경고를 공구수성(恐懼修省, 잘못을 두려워하고 이를 반성함)해야 한다고 주장하였다. 왕은 잘못을 반성하기 위해서 신하들로부터 피전(避殿)·감선(減膳)·구언(求言)·구현(求賢)·소결(疏決)·철악(撤樂)·물격고(勿擊鼓)·금주(禁酒) 등 일련의 정치적인 조치를 취하도록 권고받았다.

조선시대에는 가뭄이 들었다고 먼저 기우제를 지내지 않았다. 관리들과 유학자들은 심한 가뭄과 홍수 등이 오면 이것을 재이로 보고 먼저 임금에게 공구수성을 요구하였다. 임금은 마음가짐과 행동을 조심하면서 피전·

---

7) 『漢書』 谷永傳.

감선·구언 등의 반성적인 조치를 취하였다. 그 후에도 비가 오지 않으면 비로소 기우제를 지냈다.

조선 전기의 임금들 가운데 태종과 세종은 재이에 대해 민감한 반응을 보인 통치자였다. 태종은 재임기간 동안 여러 차례 비를 빌기 위해 공구수성을 하고 기우제를 지내는 한편 온갖 수단을 동원하여 가뭄을 물리치고자 하였다.

태종은 하루 한 끼만 먹고 뙤약볕에 나가 앉아 정사를 보고 구언 교서를 내리는가 하면 권근(權近)에게 명하여 집권 과정에서 저지른 잘못을 뉘우치는 장문의 제문을 짓게 하였다. 태종은 또 의정부사 성석린(成石璘)을 원구단에 보내 하늘에 제사를 지내고 비를 빌었다. 태종은 원구단에서의 기우제 제문을 통해 자기가 저지른 네 가지의 죄를 솔직하게 자복하였다.

태종이 잘못했다는 네 가지의 잘못은 동기를 죽이고 부왕을 놀라게 하여 마음을 상하게 한 일, 적장자인 상왕을 추대하여 종사가 안정되었는데 간신들이 형제를 이간하여 이 때문에 회안대군을 귀양 가게 한 일, 상왕이 젊은 나이에 갑자기 태종에게 양위하였는데 그 진실된 마음을 알지 못하고 스스로 편하지 못한 일, 훈구이며 인척인 이거이 부자를 말을 잘못하였다고 귀양을 보낸 일이었다. 태종은 이 네 가지 죄를 기우 제문에 자세하게 고백하고 잘못한 것은 본인이니 벌은 왕에게만 내리고 죄 없는 백성들을 불쌍히 여겨 비를 내려달라고 빌었다.

세종도 농본주의 정책을 적극적으로 추진한 임금으로 백성들과 함께 노고를 같이 하려고 애썼던 임금이다. 세종도 비가 오지 않으면 앞장서서 공구수성을 하고 기우제를 지내도록 하였다. 조선시대에 들어와 처음 소량(蕭梁)의 기우칠사(祈雨七事)[8]를 행한 사람은 세종으로 보인다. 세종은

---

8) 梁나라 蕭梁의 祈雨七事는 ①임금의 밥상에 오르는 반찬 수를 줄이고 음악을 금지하며, ②鰥·寡·孤·獨 등 어려운 사람을 보살피고, ③언로를 열고 어진 선비를 등용하며, ④세금과 부역을 경감하고, ⑤억울하게 옥살이하는 자를 풀어 주고 형벌을 가볍게 하며, ⑥탐욕스럽고 사특한 사람을 내치고, ⑦과년한 남녀의 짝을 지

재위 9년(1497)에 가뭄이 들자 예조 판서 신상의 건의에 따라 기우칠사를
행하였다.

4) 국행기우(國行祈雨)의 대상과 장소

조선 사회는 오직 유학만을 정학(正學)으로 인정하고 다른 학문은 인정
하지 않았다. 유학자들은 불교와 노자와 장자의 이론을 비판하고 이를 사
학(邪學)으로 간주하여 배척하였다. 정부의 관리와 유자들은 유학적 가치
에 입각한 삶과 그에 합당한 사회질서를 확보하기 위해 여러 가지 실천 예
법을 만들어 이를 지키려고 노력하였다.

이 가운데 제례 의식은 유학에서 강조하는 예(禮)와 보본반시(報本反
始) 즉 근본에 보답하고 시작을 되돌아 본다는 입장에서 대단히 중요한 의
미를 부여하였다. 따라서 조선 정부는 건국 직후부터 불교와 도교적 의식
과 무속을 음사로 규정하여 이를 금지시켰다.9) 반면 유교적 의례에 입각
한 제사만을 정사(正祀)로 지정하고 모든 제사를 유교식으로 통일하기 위
해 노력하였다.

조선시대에는 유학의 가르침에 따라 원칙적으로 천신과 조상신 그리고
역사적으로 큰 이름을 남긴 사람의 귀신(人鬼)만을 인정하였다. 여러 신
가운데 국가의 제사 대상으로 삼는 기준은 공덕이었다. 인간의 생존에 필
요한 것을 공급하여 주는 신, 백성들의 삶을 풍요롭게 해주는 신이나 인물,
나라에 공을 세운 인물 등을 제사 대상으로 사전(祀典)에 올렸다. 옛 성현
을 제사하는 것은 그들이 도를 세우거나 교훈을 내리고 재난을 막아 백성
들을 평안하게 하여주었기 때문이다.10)

조선은 이와 같은 노력의 결과로 세종 때 「오례의(五禮儀)」를 만들어

어준다는 내용이다.
 9)『太祖實錄』, 태조 원년 8월 11일; 9월 24일; 3년 4월 11일.
10) 鄭道傳,『三峯集』권7, 諸神祀典.

국가가 행하는 의식의 종류와 표준을 정하였다. 그 후 「오례의」는 더욱 보완되어 성종 5년(1474)에 「국조오례의(國朝五禮儀)」로 거듭나게 되었다. 「국조오례의」는 국가가 행하는 제사의 대상과 등급 및 체계를 정하는 한편 재난을 당하여 기도를 할 수 있는 귀신의 종류와 서열을 정하고 제사의 시기, 절차, 제물 등을 정하였다.

「국조오례의」는 농사와 관련하여 비를 내릴 능력이 있다고 보는 귀신과 기우제를 지내는 장소를 정해 놓았다. 비를 내리게 할 수 있는 귀신은 사직의 국토신과 곡식신, 종묘에 배향된 조상신 그리고 하늘에 있는 풍사·운사·뇌사·우사(風師·雲師·雷師·雨師)의 네 신, 雩祀(우사)에 배향한 여섯 신, 큰 산과 바다와 강의 신을 의미하는 악해독(嶽海瀆) 및 산천신이었다. 「국조오례의」는 국가가 주관하는 국행 기우제나 기청제, 기설제 등을 지낼 수 있는 장소도 지정하여 놓았는데, 사직단과 종묘 이외에 선농단, 풍운뇌우단, 우사단과 명산대천이 그 장소였다.

사직단은 국토의 신인 사(社, 后土)와 곡식의 신인 직(稷, 后稷)에게 제사를 올리는 장소이다. 사직단의 배향 신이 관장하는 국토와 오곡은 나라와 민생의 근본이므로 농업과 관련하여 특별한 의미를 부여하였다. 나라가 존재하기 위해서는 국토가 있어야 하고 백성들이 먹고 살 수 있기 위해서는 그 땅 위에서 오곡을 재배할 수 있어야 하기 때문이다. 농사를 짓지 않는 유목 민족에게는 사직은 필요 없는 상징이다.

5) 일부 잡신의 사전화(祀典化)

국왕이 공구수성을 하고 정사(正祀)에 따른 기우제를 지냈는데도 가뭄이 계속될 때는 국왕이 난감한 입장이 된다. 가뭄이 계속되는 다급한 상황에서는 민심을 달래고 안정시키지 않을 수 없게 된다. 이런 때는 민간에서 믿는 일부 잡신과 성황신에 대한 제사를 인정하지 않을 수 없다. 또 민간이 주술적인 기우제를 지내는데 이것을 막기도 어려웠다. 조선시대에는 이런 상황이 자주 연출되었다. 이런 경우에는 임금이 앞장서서 효험이 있는 모든 신에게 제사를 지내라고 주문하였다.

　백성들은 고려 때부터 산천신을 신앙의 대상으로 여겨 가뭄이 심하면 산천제를 지냈다. 산과 강의 신령인 산천신은 인간에게 곡식과 재물을 생산해주고 비를 내리게 할 수 있는 힘과 능력을 가지고 있다고 믿었다. 조선의 유학자들은 민간 신앙의 중요한 대상인 산천신과 마을을 지키는 성황신(城隍神) 같은 것을 완전히 폐지하는 대신 의식의 집전자를 무당과 승려로부터 관리로 교체하고 의례를 유교화하여 사전체계(祀典體系)에 편입시키는 것이 합리적이라고 보았다.

　또 농사를 망칠 수 있는 황충과 같은 해충을 막기 위해 포제(酺祭)를 지내고 제사를 받지 못하고 떠도는 원혼을 달래기 위한 여제(厲祭)도 유교적 제사가 아니라는 이유로 대안 없이 폐지하기 어려웠다. 정부의 음사(淫祀) 금지와 유교 의례에 대한 보급에도 불구하고 지방에서는 음사가 없어지지 않고 조선말까지 계속되었다.

6) 기우제, 기청제, 기설제의 순서와 내용

　풍운뇌우단은 비를 내려주는 천신인 풍사·운사·뇌사·우사(風師·雲師·雷師·雨師)를 배향하는 제단이므로 가뭄 때 풍운뇌우단에서 비를 비는 것은 자연스러운 일이었다. 풍운뇌우단에는 풍운뇌우신뿐 아니라 산천신과 성황신을 합사하였다. 우사단은 기우제를 지내기 위한 목적으로 만든 제단으로 태종 14년 흥인문 밖 동교에 만들었다. 우사의 제사 대상으로 모셔진 신은 순망(旬芒), 축융(祝融), 후토(后土), 욕수(蓐收), 현명(玄冥), 후직(后稷)으로 이 가운데 후토와 후직은 사직단에도 모셔진 농업 신으로 농사를 장려한 사람이었다. 우사단의 신들은 후직을 제외하고 모두 오제(五帝) 아래서 각 상제를 보좌하던 사람들로서 오행(五行)과 오방(五方)을 상징하여 비를 내려줄 수 있는 신으로 여겼다.

「오례의(五禮儀)」는 비가 오지 않을 때 기우제를 지낼 수 있는 명산대천도 지정하여 두었다. 명산대천은 목멱산, 감악산, 치악산, 계룡산, 죽령산, 우불산, 주흘산, 전주 성황, 금성산, 의관령, 영흥 성황, 양진, 청천강, 장진 명소, 장산곶, 아사진 송곶, 덕진 명소, 구진 약수, 비류수 등이다.[11]

기우제는 비가 오면 중지하지만 비가 오지 않으면 여러 차례 반복 거행하지 않을 수 없게 된다. 기우제는 12번을 1순(巡)으로 하였다. 12제 차의 기우제는 맨 처음 1차부터 5차까지는 서울 근교의 삼각산, 목멱산, 한강에서 지내고 그 다음에는 풍운뇌우, 산천, 우사, 사직, 종묘의 순서로 지위가 낮은 신부터 높은 신 차례로 제사를 지내고 6차부터 12차까지는 장소를 옮겨가며 한강 등지에서 화룡제(畫龍祭), 침호두(沈虎頭), 석척기우(蜥蜴祈雨), 오방토룡(五方土龍) 같은 무속적 신에 대한 기우가 추가되었다. 비가 오면 기우제는 중지되나 비가 오지 않으면 처음부터 다시 12제 차를 반복하였다.[12]

기우제와 기청제 기설제의 순서와 내용은 다음과 같다.[13]

(1) 기우제

제1차 기우제는 삼각산·목멱산과 한강에 당하의 3품관을 파견하여 지낸다.

제2차 기우제는 용산강과 저자도에 종2품관을 보내 거행한다.

제3차 기우제는 풍운뇌우·산천·우사에 종2품관을 파견하여 거행한다.

제4차 기우제는 북교에 종2품관을 파견하고, 사직에 정2품관을 보내 거행한다.

제5차 기우제는 종묘에 정2품관을 파견한다.

제6차 기우제는 삼각산·목멱산에 근시관을 보내 기우제를 지내고 한강에 호랑이 머리를 빠뜨리는 기우의식을 한다.

제7차 기우제는 용산강과 저자도에 정2품관을 파견하여 지낸다.

---

11) 『世宗實錄』, 五禮, 吉禮.
12) 『祈雨祭謄錄』; 최종성, 『기우제등록과 기후의례』, 서울대출판부, 2007.
13) 『續大典』, 禮典.

제8차 기우제는 풍운뇌우·산천·우사에 정2품관을 파견하여 지낸다.

제9차 기우제는 북교에 정2품관을 파송하고, 경회루 못가에서 동자를 시켜 석척기우를 하게 하고 종2품 무관을 보내 기우제를 거행한다.

제10차 사직에 의정(議政)을 파견하고, 경회루의 못가에서 동자로 하여금 석척하게 하고 종2품 무관을 보낸다.

제11차 종묘에 의정을 파견하고 춘당지 못가에서 동자 석척을 하고 종2품 무관을 보낸다. 또 남문을 폐쇄하고 북문을 열고 저자를 옮긴다.

제12차 당하의 3품관을 보내 오방토룡제를 지낸다.

기우제를 지낸 후 비가 오면 신에게 보답한다는 뜻에서 보사제(報祀祭)를 지내기도 하였다.

(2) 기청제

기청제(祈晴祭, 禜祭)는 비가 그치기를 비는 제사이다. 기청제는 숭례문·흥인문·돈의문·숙정문에 당하의 3품관을 보내 연속 3일간 설행한다. 효과가 없을 때는 3차에 한하여 4대문에서 다시 행한다.

(3) 기설제

기설제(祈雪祭)는 눈이 오게 해달라고 비는 제사이다. 기설제는 필요할 경우 수시로 지낸다.

제1차 기설제는 종묘·사직·북교에 정2품관을 보내 지낸다. 제2차 기설제는 풍운뇌우·산천·우사에 정2품관을 보내 거행하고 삼각산·목멱산·한강에는 근시관(近侍官)을 파견한다.

(4) 친향 기우제

친향(親享) 기우제란 임금이 직접 주재하는 기우제이다. 친향 기우제는 중종 22년(1527)에 처음 거행되었는데 2년째 계속되는 가뭄에 여러 차례의 기우제가 효험이 없자 대신들의 만류를 무릅쓰고 왕이 직접 나서서 종묘와 사직에서 기우제를 지냈다. 이것이 계기가 되어 조선 후기에는 친향 기우가 관례화되기 시작하였다14)

숙종은 재위기간 동안 30여 차례나 직접 제단에 나가 기우제를 지냈다. 숙종 9년(1683)에는 한 해에 8차례나 친향 기우제를 거행하기도 하였다. 숙종 때는 백만 명 이상의 인명이 희생되는 초대형 기근이 거의 연달아 있다시피 하였는데 민심 수습 차원에서 군왕이 참석하는 친향 기우제가 절실히 필요했던 것으로 보인다. 이후 군왕의 기우 의례가 공식적인 규범으로 채택된 것은 영조 20년(1744)의 「국조속오례의(國朝續五禮儀)」에서였다. 영조는 1년에 세 차례의 친향 기우제를 지낸 일도 있어 농사를 짓는 백성들과 노고를 함께 하려는 노력의 일환이었다.

농경사회에서 장기간의 가뭄은 치명적인 것이고 비를 바라는 백성들의 갈망은 절실한 것이기 때문에 효험이 없는 유교 의식만을 고집하기는 어려웠다. 상황이 급박해질 경우 일부 주술성이 강한 무속적 기우 방법도 동원하지 않을 수 없게 된다. 이리하여 12제 차의 연속적인 기우 행사에는 국가사전(國家祀典)에서 인정하지 않는 용신과 기타 잡신을 대상으로 하는 기우가 추가되었다. 그러나 이때의 행사에는 조선 초기에 성행하던 무당과 맹인의 참여는 배제되었다.

7) 불교식, 도교식 기우제와 민간 기우제

고려시대에는 가뭄이 들면 승려들이 비를 비는 법회를 열었다. 비를 기원하는 불교 의식에는 용왕도장(龍王道場), 운우도장(雲雨道場), 기우법석(祈雨法席) 등이 있었다. 도교식 초재(醮齋)도 열렸다. 무녀와 맹인 판

---

14) 李煜, "儒敎 祈禳儀禮에 관한 硏究", 서울대학교 박사학위논문, 2000.

수들로 하여금 비를 빌도록 하는 기우 의식도 성행하였다. 무당 200~300 명을 도성의 넓은 장소에 모이게 한 후 뙤약볕 아래 3~6일 동안 집단적으로 춤을 추며 주문을 외우는 의식을 행하였는데 이를 취무도우(聚巫禱雨)라고 하였다. 또 맹인 판수들로 하여금 흙으로 용을 만들고 비를 비는 의식도 행하였다.

유학을 국학으로 받아들인 조선은 이와 같은 행위를 음사로 규정하여 금지하였으나 조선 초에는 심한 가뭄이 계속될 때는 할 수 없이 무당, 소경 판수들로 하여금 우사단, 백악산당, 한강 등에서 기우제를 지내도록 하였다. 이와 같은 음사는 조선 후기에 들어와 쇠퇴하였으나 민간에서는 주술적 기우제가 계속 명맥을 유지해왔다.

(1) 용신기우

용신기우(龍神祈雨)란 용을 비와 바람을 일으키는 동물 또는 신으로 보고 물속에 숨어 있는 용을 자극하여 밖으로 나오게 하거나 승천시킴으로써 비를 얻는 의식을 의미한다. 용이 살만한 큰 강이나 못에 가서 용에게 비를 내리도록 해달라고 제사를 지낸다. 가뭄이 계속되면 종이에 용의 그림을 그리거나 풀이나 흙으로 용의 형상을 만들어 이를 뙤약볕 아래 노출시켜 승천을 자극하였다. 때로는 토룡을 만들어 이를 훼손시키거나 채찍을 가하여 용이 물속에서 나오도록 압박하였다.

(2) 석척기우

석척기우(蜥蜴祈雨)란 용 대신 용과 비슷하게 생긴 동물 즉 도마뱀이나 도룡뇽(蜥蜴)을 항아리에 넣고 물을 채운 다음 항아리를 두들겨 용을 놀라게 하여 비를 비는 의식이다. 보통 도교의 도사들이 용왕경을 읽고 징을 치면서 푸른 옷을 입은 동자 수십 명으로 하여금 버드나무 가지로 항아리를 치며 "도마뱀아 도마뱀아 구름을 일으키고 안개를 토하여라. 주룩주룩

비가 쏟아지게 하라. 그러면 너를 놓아주마." 하며 크게 소리치게 하였다.

(3) 호침기우

용이 가장 두려워하고 싫어하는 것이 호랑이다. 이와 같은 성질을 이용하여 호랑이를 그리거나 호랑이의 머리 형상을 만들어 이것을 물속에 넣어(虎沈) 용을 놀라게 하여 밖으로 나오게 하는 의식을 행하였다. 용이 살만한 큰 연못 주변에 섶을 쌓아 놓고 불을 질러 용을 놀라게 하여 밖으로 나오게 하는 것도 같은 원리이다.

(4) 물병기우

도성 안 1만 호의 집에서 호로 병에 물을 채우고 물병에 버드나무 가지를 꽂고 비를 빌었다. 이런 기우 습속은 불교에서 유래한 것으로 대자대비한 관세음보살이 괴로움과 어려움에 빠진 중생들을 구제하기 위해 버드나무 가지에 감로수를 적셔 뿌렸다는 설화에서 비롯된 것이다. 물병기우는 고려시대와 조선시대에 널리 행해졌다. 이와 비슷한 기우 습속으로 호로 병에 물을 가득 채운 후 소나무 잎으로 병 입구를 막은 후 대문 앞에 물병을 거꾸로 매다는 데 이는 솔잎 사이로 물방울이 떨어지게 함으로써 비를 부른다는 유감주술이다.

(5) 방뇨기우 및 기타 풍습

한 무리의 부녀자들이 산꼭대기에 올라가 앉아서 일제히 "쉬이" 소리를 내며 오줌을 누는 것으로 비를 비는 풍습도 있었다. 이것은 부녀자들이 강변에 가서 강물을 키에 떠 담고 백사장을 달림으로써 키 틈으로 새는 물로 달아오른 백사장을 식히듯이 비를 내려 달라는 유감주술과 같은 유형의 기우 의식이다. 일부 지방에서는 무당들을 모아 속바지를 벗게 한 후 집단으로 춤을 추게 하였다. 이는 가뭄이 양기가 성하여서 발생하는 것이므로 여자들의 강한 음기로서 가뭄의 원인인 양기를 중화시킬 수 있다는 음양론적 믿음에서 나온 의식이다.

8) 여제와 별여제

조선시대에는 역병(疫病)이 악귀에 의해 퍼지는 것으로 보았다. 따라서 전염병을 제사나 의식을 통해 퇴치하려는 노력이 별도로 존재하였다. 제사를 통해 전염병을 막으려는 방법은 여제(厲祭)와 별여제(別厲祭)를 지내는 것이었다. 조선 초기 전염병을 퇴치하려는 의식은 제단을 세우고 수륙재(水陸齋)나 여제를 설행 하였는데 점차 불교식인 수륙재는 줄어들고 대신 오례의에 나와 있는 여제로 대체되었다.

서울에서의 여제는 왕의 지시로 동교와 북교에서 역병을 일으키는 귀신을 받들어 지냈다. 각 도에서는 도사나 수령 가운데 제주를 차출하여 여제를 지냈는데 왕 또는 예조에서 향·초·제문을 보냈다. 여제는 일 년에 세 번씩 정기적으로 거행하였는데 전염병의 예방을 위한 조치라는 성격을 가졌다.

별여제는 전염병이 창궐하는 곳에서 임시로 지내는 제사를 말한다. 서울에서의 별여제는 주로 사교(四郊)에서 지내는데 임금이 중신을 보내 설행하였다. 이 시대에는 전염병의 창궐이 귀신의 분노에 의해 발생하는 것으로 생각하였다. 조정에서는 제사를 받아먹지 못하는 무사신(無祀神)이나 승천하지 못한 미명귀(未明鬼)들이 전염병을 퍼트린다고 보아 여제를 지내 귀신들을 달래야 한다고 생각하였다. 의약에 대해 잘 모르는 일반 백성들은 무당을 불러 푸닥거리나 굿을 하였다.

3. 중국의 구황철학과 구휼정책 개관

1) 『주례(周禮)』

(1) 황정 12조

중국은 요·순·우 시절부터 농사와 자연재해에 대처하기 위한 여러 가지 정책을 시행한 역사를 가지고 있다. 『주례(周禮)』는 황정(荒政) 대책을 구체적으로 설명한 것 가운데 가장 오래된 문헌이다. 『주례』는 주(周)나라의 관직 제도와 그 역할에 대해 서술한 책으로 주나라 초기 주공(周公)이 지었다는 설이 있다. 한(漢)나라를 비롯한 역대의 국가들도 황정의 기초를 『주례』에서 찾았다. 『주례』의 황정 12조는 중국의 역대 정부는 물론 조선에서도 구황 정책의 전범(典範)이 되었다.

『주례』의 지관(地官), 대사도(大司徒)에 나오는 황정 12조는 산리(散利), 박정(薄征), 완형(緩刑), 이력(弛力), 사금(舍禁), 거기(去幾), 생례(眚禮), 살애(殺哀), 번락(蕃樂), 다혼(多昏), 삭귀신(索鬼神), 제도적(除盜賊)의 열두 가지를 말한다.[15] 황정 12조의 각 항목을 좀 더 자세히 살펴보면 아래와 같다.

산리(散利)는 이익을 나눈다는 뜻인데 흉년에 식량과 종자를 대여해준다는 의미이다. 후한 말의 유학자이며 정치가였던 가규(賈逵)는 "풍년이 들었을 때 거두었다가 흉년이 들면 나누어 준다. 가진 것이 없는 백성은 국가에서 식량 또는 종자를 빌리는데 가을이 되면 국가에서 환수한다"라고 해석하였다.

박정(薄征)은 세금을 가볍게 하는 것인데 흉작이 심할 경우 재해 지역

---

15) 『周禮』 地官, 大司徒. "以荒政十有二聚萬民 一曰散利 二曰薄征 三曰緩刑 四曰弛力 五曰舍禁 六曰去幾 七曰眚禮 八曰殺哀 九曰蕃樂 十曰多昏婚 十有一曰索鬼神 十有二曰除盜賊".

의 부세(賦稅)를 감하여 주는 것을 뜻한다.

완형(緩刑)은 형벌을 완화하는 것인데 중범죄자의 형구를 느슨하게 풀어 주고 가벼운 죄는 사면해주는 것을 말한다.

이력(弛力)은 요역을 가볍게 하는 것인데 가규는 이력을 "요역을 가볍게 해주는 것뿐만 아니라 백성을 곡식이 있는 곳으로 이주시키고 그들에게 역역(力役)을 부과하지 않는다"고 설명하였다.

사금(舍禁)은 산림과 소택지 등의 이용에 대한 제한을 푸는 것이다. 사금은 흉년에는 백성들이 산림과 연못 등지에서 먹을 것 등을 채취하는 것을 허가하고 그에 대해서는 세금을 부과하지 않는 것을 의미한다.

거기(去幾)는 시장의 세금을 없애는 것이다. 시장과 관문에서의 과세를 철폐하여 주변 지역의 상인들을 재해 지역으로 끌어들여 식량과 물자를 공급할 수 있도록 하는 것을 말한다. 즉 시장기능을 활용하여 곡식과 먹을 것 기타 재화의 유통을 장려한다는 뜻이다.

생례(眚禮)는 예(禮)의 격식을 완화하는 것이고, 살애는 장례의 형식을 단순화하는 것이다. 번락이란 노래와 악기의 연주 등을 삼가는 것이고, 다혼은 혼례의 격식을 간소화하여 결혼을 장려하는 것이다.

삭귀신(索鬼神)은 소외된 귀신에게 제사를 올리는 것인데 과거 국가의 제사를 받던 귀신이 그 제사가 폐기되자 원한을 품고 자연재해를 일으키는 것으로 보았기 때문에 나온 정책이다.

제도적(除盜賊)은 형벌을 무겁게 하여 도적을 없애는 것인데 이것은 앞서 나온 형벌을 완화한다는 것과 모순되어 보인다. 가규는 이점에 유의하여 기근으로 도적 떼가 증가하면 엄한 형벌로 도적을 제거하지 않으면 안 된다고 해석하였다.16)

『주례』의 황정 12조는 흉황 시 이재민에 대한 종자와 식량의 공급을 비롯한 구호식량의 제공, 시장거래의 활성화를 통한 식량과 물자의 유입 촉진,

---

16) 김석우, 『자연재해와 유교국가』, 일조각, 2010, pp.29-33.

조세와 요역의 감면 등 부세의 경감, 자연에서 식량과 물자의 자유로운 채취 등 경제적 조치가 주류를 이루고 있다. 나머지는 예의 격식을 간소화하고, 소외된 귀신을 대접하고 치안 활동을 강화한다 등으로 구분할 수 있다.

(2) 구부환법(九府圜法)

흉년에 돈을 이용하여 백성을 구휼하는 방법은 주나라 때부터 실시한 것으로 보인다. 강태공(姜太公)이 주나라의 재상으로 임명되자 그는 처음으로 정부 내에 화폐의 주조와 유통을 관장하는 부서를 만들었다. 『주례』에 의하면 주나라는 행정기구를 업무 분야에 따라 아홉 개의 부를 두었는데 이를 구부(九府)라 하였다. 경제정책은 구부 가운데 태부(太府)에서 총괄하였다. 그 가운데 돈을 통용시키는 업무를 환법(圜法)이라고 하였다. 구부환법이란 화폐를 주조하고 통용시키는 업무를 의미한다.

2) 『관자(管子)』

(1) 6흥(六興)

춘추시대 제(齊)나라의 재상을 지낸 관중(管仲)은 법가(法家)의 시조이기도 하다. 관중은 그의 저서 『관자(管子)』를 통해 나라를 잘 다스리기 위한 다섯 가지의 조건을 덕·의·예·법·권(德·義·禮·法·權)이라고 하였다. 그는 덕에도 여섯 가지 흥(興)이 있다고 말하였다. 6흥이란 백성들이 생활 물자를 많이 생산하여 서로 유통하게 하고, 홍수를 막고, 운하를 준설하고, 다리를 놓아 교통을 편리하게 하고, 세금을 줄이고, 부역을 가볍게 하며, 의지할 데 없는 환·과·고·독(鰥·寡·孤·獨)을 도와주고, 재난을 당해 곤궁한 처지에 있는 사람을 도와주는 것이라고 설명하였다. 관중은 6흥을 아래와 같이 해설하였다.17)

---

17) 『管子』, 2篇, 外言.(신동준 역, 올재, 2019.).

첫째, 농토를 개간하고, 백성들을 옮겨 살게 하고, 농사를 장려하고, 담장과 지붕을 수리하는 것이다. 이를 일컬어 백성의 생활물자를 풍부하게 하는 후생(厚生)이라는 것이다. 둘째 미개발 자원을 개발하고, 적체된 물건을 수송하고, 도로를 닦고, 관문(關門)과 시장을 편리하게 하고, 객상(客商)의 송영(送迎)을 신중히 하는 것이다. 이를 일컬어 백성을 위해 재화를 수송하는 수재(輸財)라 한다.

셋째, 고인 물을 터서 통하게 하고, 막혀있는 도랑의 물을 트고, 범람하는 홍수를 막기 위해 제방을 터 흐르게 하고, 쌓여있는 진흙을 준설하고, 막혀있는 운하의 물을 소통시키고, 나루터의 다리를 수축한다. 이를 일컬어 백성들에게 편리를 제공하는 유리(遺利)라고 한다. 넷째, 세금을 줄이고, 부역을 가볍게 하고, 형벌을 느슨히 하고, 이미 범한 죄를 사면하고 작은 과실을 용서하는 것이다. 이를 일컬어 정사를 관대히 하는 관정(寬政)이라고 한다.

다섯째, 어른과 노인을 봉양하고 어린아이와 고아를 자애롭게 대하고, 홀아비와 과부를 긍휼히 여기고 병든 자를 문안하고, 재난과 초상을 당한 이를 위로하는 것이다. 미를 일컬어 백성의 위급 상황을 구제하는 광급(匡急)이라고 한다. 여섯째, 얼고 추운 자를 입혀주고, 주리고 목마른 이를 먹이고, 빈한한 자를 구제하고, 피폐해진 자를 진휼하고, 막다른 길에 이른 자를 도와주는 것이다. 이를 일컬어 곤궁한 처지에 놓인 백성을 구하는 진궁(賑窮)이라 한다.

관중은 이 여섯 가지를 덕이 흥하는 길이라고 설명하였다. 이들 여섯 가지 정책을 시행하면 백성은 바라는 바를 얻지 못하는 경우가 없게 된다. 백성은 자신들이 바라는 것을 얻은 뒤에야 군주를 따른다. 백성이 군주를 따른 뒤에야 비로소 정사를 잘 펼칠 수 있다. 관중은 구휼정책을 나라를 잘 다스리기 위한 조건의 하나로 설명하였다.

(2) 경중(輕重)

관중은 화폐의 사용을 통해 흉풍으로 인한 곡가와 기타 물가의 등락을 조절할 수 있다고 주장하였다. 법가의 황정 요체는 경중(輕重)이란 말로 요약할 수 있다. 경중이란 『관자』에 처음 나온 말로 화폐를 가리키는 말이다. 흉풍 등에 따라 발생하는 물가의 차이를 국가가 개입하여 물가를 조절하는 것을 의미한다. 관중은 화폐를 이용하여 물가를 조절하고, 흉년에 대비하여 미리 곡식을 비축하는 것이 나라를 부강하게 하는 요체라고 주장하였다.

그는 치국에 능한 군주는 비축한 재화로 백성의 부족을 채워 주고, 구매의 방식으로 민간의 여유분을 사들여 비축해 둔다. 백성이 보유한 재화가 남아돌면 가격이 내려가고 재화가 부족하면 가격이 오른다. 군주는 이 이치를 잘 이용하면 낮은 가격에 재화를 사들여 높은 가격에 팔 수 있으므로 차익을 얻을 수 있고 물가도 안정시킬 수 있다고 말하였다.[18]

관중의 화폐사상은 화폐를 이용하여 돈과 재물이 한 곳에 몰리지 않도록 조절함으로써 식량의 과부족을 비롯하여 재화와 이익의 집산을 조절할 수 있다는 것으로 요약할 수 있다. 관자는 화폐와 시장을 이용한 상평(常平)과 균수(均輸)를 주장한 최초의 인물로 보이는데 그의 주장은 상평법과 조적법(糶糴法)을 통해 중세와 근대의 황정 대책으로 이어지고 있다고 평가할 수 있다.

3) 의창과 상평창

(1) 의창

의창(義倉)은 수(隋)나라 문제 개황 5년(585) 탁지상서(度支尙書) 장손평(長孫平)에 의해 창시되었다. 당시에는 의창을 사창이라고도 불렀다. 의창은 풍년에 백성들이 쌀과 좁쌀을 내어 저축하여 두었다가 흉년을 만나

---

18) 管仲, 『管子』, 國蓄.

면 궁민들에게 약간의 이자를 받고 빌려주어 흉년을 넘기게 하는 비황제
도였다.

의창은 장손평이 창안하였다고 할지라도 그 근원은 『주례』의 대사도(大
司徒)에서 찾을 수 있다. 대사도는 주나라 수도 주변 수천 리 내의 일을
다스리는 관직을 의미한다. 대사도의 중요한 업무중의 하나가 궁민 구휼이
었다. 대사도는 황정 12조에 따라 구휼 행정을 펼쳤다. 황정 12조의 첫째
가 산리(散利)인데 이는 풍년이 들었을 때 식량을 저축하였다가 흉년에 빈
민들에게 식량과 종자를 빌려주고 가을에 회수한다는 뜻이다.

수나라가 망한 뒤 당(唐)나라에서도 의창을 계승하였다. 당대에도 의창
과 사창이라는 이름을 병용하였다. 당의 전성기에는 의창곡의 재고가 6천
3백 17만 석에 이르기도 하였다. 당나라가 멸망한 뒤 한동안 의창제도가
없어졌다가 송(宋)나라가 건국하면서 의창을 복원하여 운영하였다. 남송
때 거유(巨儒) 주희(朱子)가 사창(社倉)을 창시하여 성공한 후 의창과 사
창을 구별하기 시작하였다. 의창은 국가에서 운영하는 구휼기구, 사창은
민간이 자치적으로 운영하는 구휼기구를 의미하게 되었다.

(2) 상평창

상평창(常平倉)은 전국시대 위(魏)나라의 문후(文侯) 때 이회(李悝)가
실시한 조적법(糶糴法)에서 출발하였다. 이회는 공자의 제자인 자하(子夏)
의 제자로 문후를 도와 여러 가지 개혁 정책을 실시하였다. 그는 곡가가
지나치게 비싸면 소비자가 고통받고 지나치게 싸면 농민이 손해를 봄으로
곡가가 쌀 때 관에서 이를 구입하여 저장하였다가 곡가가 오르면 싼값에
판매하여 곡가의 평준을 유지해야 한다고 주장하였다.

상평창의 근원은 춘추시대 제나라의 관중이 저술한 『관자(管子)』에서
찾을 수 있다. 관중은 제후가 경중(輕重)의 권한을 이용하여 곡가가 지나
치게 오르거나 내릴 때 곡식을 사고 팔아 곡가의 조절을 통해 치국안민(治

國安民)에 이를 수 있다고 주장하였다.

　이회가 사용한 조적법은 한나라 선제 때 대사농 중승(大司農 中丞) 경수창(耿壽昌)이 상평창이란 기구를 설립하고 곡가조절을 하는 것으로 발전하였다. 경수창이 시작한 상평창은 후한 때도 계속되었고 수(隨)·당(唐)·송(宋) 때도 이어졌다. 상평창은 정부의 재력으로 곡물의 시장가격을 평준화하여 백성들의 생활을 안정시키는 것을 목적으로 한다. 이런 면에서 의창과 사창이 직접 빈민을 구휼하는 것과 다르다.

　송 대에는 상평창이 단경기에 농민이 정부에서 돈을 빌려 쓰고 양잠이 끝난 후 비단을 납입하는 화매견법(和買絹法)으로 발전하기도 하였다.[19] 또 송의 왕안석(王安石)은 상평제를 청묘법(青苗法)으로 발전시키기도 하였다. 청묘법은 봄철 단경기에 농민들에게 돈을 빌려주고 수확이 끝난 후에 이자를 보태 갚게 하는 제도로 일종의 미곡담보융자(米穀擔保融資)이다. 왕안석은 농민구제의 범위를 벗어나 상평창의 자금을 농지개간이나 수리시설의 건설에도 이용하게 하였다. 의창과 상평창은 명·청대에 들어와서 예비창이라는 이름으로 활동하였다.

　중국의 고전들은 한결같이 흉황 정책의 근본을 비축창고를 이용한 구휼과 진대, 시장기능의 조성, 화폐의 이용을 통한 구휼 자금의 조성 등 경제정책의 중요성을 강조하고 있다. 이와 같은 영향을 받은 명(明)·청(淸) 시대의 구황 정책을 살펴보면 다음과 같은 것들이 있다.

4) 명·청의 예비창 제도

(1) 명의 예비창

　명나라도 이전의 역대 왕조에서 사용하던 창저(倉儲)시스템을 도입하였

---

19) 金榮濟, "당·송대 上供의 증대과정 – 특히 송대의 상평창·和買·和糴을 중심으로 –", 『東洋史硏究』, 36, 1991, p.96.

다. 지방에 곡식을 저축하는 창고를 설치하여 흉년에 기민을 구제하였다. 홍무 초년에 전국의 주·현에 각기 네 개의 예비창을 설치하여 곡물을 저장하고 진휼과 구제를 예비하도록 하라는 명령이 내렸다.

매년 양식이 다 떨어지고 햇곡식이 나오기 전의 춘궁기에 예비창을 열어 곡식을 빌려주고, 가을철 곡식을 수확할 때 빌려준 곡식을 회수하여 다음의 흉년이나 춘궁기에 대비하는 제도를 말한다. 명의 초기에는 예비창의 곡물은 정부가 출자하여 사들인 곡물을 저장하였다. 그 후 명나라 정부는 범죄자들을 사면하고 그 대가로 받는 납속금과 각종 벌금, 부자들의 헌납 등을 이용하여 곡식을 사들였다.

명나라는 원칙적으로 주현의 예비창에 항상 2년분의 비축량을 유지하는 것을 원칙으로 하였으나 명대 중기 이후 재난과 흉년이 빈번해짐으로써 창고에 곡식이 비어 있는 경우가 자주 발생하였다. 이 때문에 조정에서는 지방관들에게 끊임없이 식량을 비축하도록 요구하였다. 홍치 3년(1490) 명 정부는 각 주현과 군위(軍衛)에 대해 의무 비축량을 지정하고 식량을 모을 것을 요구하였다. 주현은 크기가 각기 다르므로 매 10리마다 1만 5천 석의 비축을 의무화하고 군위는 1천 호마다 1만 5천 석의 비축을 의무화하였다.

가정 8년(1529)에는 10리 이하는 1만 5천 석, 20리 이하는 2만 5천 석, 30리 이하는 3만 석과 같이 거리별로 차등화하여 매 3년마다 한 번씩 1년치의 비축량을 구휼곡으로 사용할 수 있도록 비축량을 증가시키도록 강제하기도 하였다.[20]

그러나 이와 같은 수준의 비축 요구는 너무 높아 대부분의 주현에서는 목표를 달성할 수 없었다. 당시 예비창의 비축은 주로 범죄자들의 납속이나 부자들의 기부에 의존하였기 때문에 달성하기 어려웠다.

명나라는 예비창의 곡물 비축을 대단히 중요시하여 주현의 수령들이 이임할 때 비축량의 재고를 확인하여 후임에게 인계하도록 하였으나 늘 서

---

20) 『大明會典』, 預備倉.

류상의 재고보다 부족하였다. 이는 재해가 빈번하게 일어나 이재민들이 빌려간 곡식을 반납하지 않기 때문에 일어나는 현상으로 수령들은 항상 중앙에 재고가 있다는 식의 허위보고서를 만들었다.21)

(2) 청의 상평창

청나라는 17세기 정권이 안정된 후 향촌에 사창(社倉)이나 의창(義倉)을 설치하도록 장려하였다. 강희 18(1679)년 당시의 호부 기준에 의하면 향촌에 세운 것을 사창이라 하고 도시에 세운 것을 의창이라 하였다. 의창과 사창은 모두 빈민 구휼을 목적으로 세운 창으로 봄철 춘궁기에 곡식을 빌려주고 가을철 추수기에 상환받았는데 매 석(10두)당 1두의 이자를 받았다. 이자는 창의 관리와 운영비로 사용하였다. 의창·사창의 관리자는 해당 지방민을 임명하였으나 지방정부가 창의 운영을 감독하였다. 사실상 지방정부가 운영하는 것과 마찬가지였다.

18세기에 들어와 의창·사창은 경제가 발달된 지역에서는 그런대로 성공하여 운영이 되는 곳이 많았으나 농업지역이거나 경제가 침체된 지역에서는 성공하지 못하거나 아예 설치되지 않은 곳이 많았다. 의창·사창이 정부 주도로 운영됨에 따라 관리들의 부정으로 창곡이 줄어들고 인구가 증가함에 따라 대처가 늦어져 효과도 반감되었다.

청나라도 명의 예비창 제도를 이어나갔다. 그러나 청대에는 지방정부가 직접 창고의 비축을 관리하였기 때문에 성도(省都)와 주현에서는 상평창(常平倉)을 설치하였다. 상평창은 곡식의 가격이 비싸지는 단경기 때 창고의 곡물을 방출하여 가격을 안정시키고 수확 때 가격이 내려가면 곡물을 사들여 가격의 하락을 막는 제도이다. 그러나 청나라 때의 상평창은 재해나 기근이 발생하였을 때는 비축 곡물을 가난한 사람들에게 대여하여 구제하는 예비창 기능도 하였다.22)

---

21) 『明史』食貨志 3, 倉庫.

청대 상평창의 비축곡은 명대와 마찬가지로 범죄자들의 납속금이나 민간 부자들의 헌납으로 충당되었다. 청대의 지방관들도 향신(鄕紳)이나 사민(士民)들에게 자주 곡물의 기부를 요청하였다. 이런 정책에도 비축량이 부족하였기 때문에 청 후반기에는 농지 면적 매 4무(畝) 당 곡물 4홉(合)씩을 강제로 할당하기도 하였다.23)

청나라도 상평창의 비축에 수량 규정을 두었다. 강희 30년(1691) 각 주현의 비축량을 규모가 큰 현은 5천 석, 중간 현은 4천 석, 작은 현은 3천 석으로 규정하였다. 의무 비축량은 계속 증가하여 강희·옹정 연간에 19개 성의 비축 총량은 총 4천 4백만 석에 이르기도 하였다.24)

이 같은 수량은 명나라 때 다 10배 가량 증가한 것이다. 청의 비축 규모가 확대된 것은 청대의 인구가 급속히 증가하여 2~3억 규모에 이른 것이 원인이었다. 그러나 구휼의 중점이 명대의 곡물 대여로부터 청대에는 상평(常平)으로 이동하여 곡물을 싸게 팔고 비싸게 사들이기 위해 비축량이 더 필요하게 된 점도 중요한 요인이 되었다.

19세기에 들어와서는 사회가 동요하고 각지에서 내란이 일어나면서 비축곡의 수량이 빠른 속도로 감소하였다. 특히 군사 행동이 있을 때마다 각 성의 창저곡과 의창·사창 곡이 군량으로 사용된 데 큰 요인이 있었다. 뿐만 아니라 인구가 크게 증가하여 창곡의 수요가 늘어났고, 기근에 대한 대처가 늦어져 효과도 반감되었다. 특히 광서 연간에는 연달아 기근이 발생하여 하루에 1만 명씩 아사하는 사태로 곡물의 대출량이 많았으며 빌려간 창곡은 회수되지 않았다. 이리하여 청말에는 예비창을 비롯한 각지의 구휼창은 그 기능을 상실하게 되었다.

---

22) 『淸史稿』 食貨志 2, 倉庫.
23) 遠行霈, 『中華文化史』 4권, 동국대출판부, 2017.
24) 『淸史稿』 食貨志 2, 倉庫.

5) 『강제록(康濟錄)』의 황정대책

중국에는 『주례』이후 황정과 관련된 저술은 무수히 많다. 그러나 이것들은 대부분이 다른 주제 아래 황정의 내용으로 또는 다른 주제들과 섞여 있는 것이 대부분이다. 황정에 대한 전문적인 저술은 송대에 동위(董煟)가 지은 『구황활민서』가 처음이다. 이 책은 그 후 몇 사람의 손을 거쳐 개수되었는데, 명대에 진용정(陳龍正) 등이 『구황전법(救荒全法)』이라는 이름으로 다시 편찬하였다.25) 이 책은 황제로부터 지방 현령에 이르기까지 각급 행정책임자가 각자의 위치에 따라 취해야 할 황정 대책 60가지를 수록하였다. 동위의 저술은 다른 황정 연구서에 많은 영향을 주었다.

다른 하나의 전문 서적은 청대에 출판한 『강제록(康濟錄)』이다. 『강제록』은 청나라 건륭 4년(1739) 육증우(陸曾禹)가 찬술한 『구기보(救飢譜)』를 이과급사중(吏科給事中) 아국련(倪國璉)이 요점을 추려 다시 편찬한 책이다. 『강제록』의 황정 대책은 재해가 오기 전에 취해야 할 사전 대책, 재해 발생 시의 대책, 재해가 지나간 뒤의 사후 대책으로 구분되어 있다. 『강제록』에 실린 황정 대책은 대부분 한나라에서 송나라에 이르기까지 시행한 역사적 사실을 중심으로 기술되어 있다.26) 다음은 『강제록』에 나와 있는 황정대책이다.

(1) 재해에 대비하는 사전 대책

○ 농상(農桑)을 가르쳐 추위와 기근을 면하게 한다.
○ 수리시설을 정비하여 가뭄과 수재에 대비한다.
○ 사창을 세워 진대를 편하게 한다.

---

25) 김석우, 『자연재해와 유교국가, 한대의 재해와 황정연구』, 일조각, 2010, 중국의
   황정에 대한 역사적 검토가 자세히 실려 있다;『文淵閣 四庫全書』卷 668.
26) 김석우, 위의 책. pp.47-57

○ 백성을 보갑(保甲) 등의 조직으로 편제하여 간사한 무리를 경계한다.

○ 상공(上供) 물자를 남겨두어 긴급한 때에 대비한다.

○ 상평창에 곡식을 대비해두고 백성을 속이거나 침탈하는 것을 막는다.

(2) 재해 발생 시의 대책

○ 널리 유능한 인재를 구하여 재해의 피해를 막는다.

○ 조목별로 상주하여 언로를 연다.

○ 먼저 이재민의 실태를 정확하게 판별한다.

○ 창고에 있는 국가 곡물을 방출하여 적절한 가격에 판매한다.

○ 죄수의 실태를 조사하여 억울한 사람을 석방한다.

○ 재해 지역으로 식량이 유입되는 것을 막지 못하게 한다.

○ 창고에 비축된 곡식을 풀어 곤궁한 백성을 구제한다.

○ 설죽소(設粥所)를 열어 아사 직전의 사람을 살린다.

○ 유민(流民)을 구하고 안주하게 하여 위급한 상황을 면하게 한다.

○ 부자에게 기민을 구조하는데 협력하도록 한다.

○ 세금을 감하거나 면제하여 백성들의 급한 상황을 늦춘다.

○ 토목공사를 일으켜 굶주린 사람에게 일자리를 만든다.

○ 부모를 잃은 고아를 관아에서 양육한다.

○ 역병에 걸린 환자와 죽은 사람에게 필요한 조치를 한다.

○ 도적들을 달래 간특한 무리가 더 이상 생기지 않게 한다.

○ 지방관은 미리 황충을 박멸하여 농작물을 보호한다.

○ 종자와 경우(耕牛)를 대여하여 농사를 계속할 수 있도록 한다.

○ 구휼을 위하여 담당관이 황제의 허락 없이 조치를 취했을 경우 우호적으로 처리하여 구휼을 장려한다.

(3) 재해가 지나간 뒤의 대책

○ 기근 시에 팔려 가 종이 된 사람은 국가가 속면(贖免)하여 가족이 함께 살도록 한다.

○ 재해가 지나가면 백성들을 위무한다.

○ 재해 시 관리들의 행동에 대해 상과 벌을 분명히 하여 좋은 기풍이 계속되도록 한다.

○ 부족했던 것이 무엇인지 헤아려 기근의 재발에 대비한다.

○ 검약한 풍조를 유지하고 식량과 의복을 넉넉하게 비축한다.

○ 풍속을 교화하여 태평성세를 이룩하도록 한다.

제4장

구황정책의 종류와 진휼자원의 조달

1. 구황정책의 종류와 추진체계

1) 구황정책의 종류

구황(救荒)이란 흉년과 전염병 등 재해를 입은 백성들의 배고픔을 해소해 주고 생활 기반을 다시 찾을 수 있도록 국가가 경제적 지원하는 것을 말한다. 조선시대에는 굶주린 사람들을 구호하는 일련의 정책을 나타내는 말로 진휼(賑恤), 구제(救濟), 진구(賑救), 황정(荒政), 구황(救荒) 등의 용어가 사용되었다. 모두가 같은 뜻이다.

조선은 민본사상에 입각한 위민정치(爲民政治)를 통치 이념으로 삼았기 때문에 국민생활의 안정과 지속을 위해 권농(勸農)과 진휼(賑恤)을 경제정책의 양대 축으로 삼았다. 이런 생각의 근원은 "먹는 것은 백성이 근본이고, 백성은 나라의 근본이며, 나라는 임금의 근본이다"[1] 따라서 임금은 백성들이 굶주리지 않도록 권농과 진휼에 최선을 다해야 한다는 유학의 가르침에 따른 것이다.

조선시대는 자연재해로 인한 흉작과 전염병이 거의 매년 발생하였다. 이 때문에 유리 도산하고 죽는 백성들이 많이 생겼다. 뿐만 아니라 농업생산을 감소시켜 국가의 경제 기반인 재생산 구조의 유지를 어렵게 하였다. 정부는 농촌의 인구감소와 지역 사회공동체의 붕괴를 막고 국가의 경제기반을 보호하기 위해 여러 가지 황정 대책을 우선적으로 세우지 않으면 안 되었다.

조선의 재해대책은 두 갈래로 발전하였다. 첫 번째는 유학의 재이론(災異論)과 천인감응설(天人感應說)에 입각한 왕의 공구수성(恐懼修省)과

---

1) 漢나라 劉安이 편찬한 『淮南子』에 처음 나온 말이다.

기곡제·기우제·기청제·포제·여제 등을 설행하는 제의적(祭儀的) 대책이다. 두 번째는 기민에게 식량과 종자를 지급하는 진제(賑濟)와 진대(振貸), 그리고 각종 부세(賦稅)의 감면과 구휼곡의 이전과 수송 등을 비롯하여 곡가의 안정, 화폐의 발행 등 경제적 대책이다. 조선 전기에는 제의적 대책이 상대적으로 주종을 이루었다.2) 조선 중·후기부터는 경제적 대책이 주류가 되었다.

2) 구황정책의 추진체계

조선의 농정과 구휼 업무를 공식적으로 담당하고 있는 기구는 호조(戶曹)였다. 조선은 건국 초부터 19세기 말 갑오경장으로 호조가 폐지될 때까지 농정과 구휼 업무를 호조의 판적사(版籍司)에서 담당하였다. 판적사가 담당하는 업무는 호구, 농지, 조세, 부역, 공납, 풍흉의 조사, 진대와 구휼 등과 같이 정부의 재정 운용과 기민의 구호에 관련된 일이었다. 그러나 호조가 직접 구휼과 권농을 위한 정책을 입안하여 추진하는 일은 많지 않았다.

그 대신 진휼 정책의 방향이나 구체적인 내용은 의정부(議政府)나 비변사(備邊司), 또는 경연(經筵) 과정에서 논의하였다. 여기에서 논의되는 흉황 대책은 대체로 재해를 당한 농민들에게 전세와 공물, 군포와 신역 등을 어느 정도 감면해 줄 것인가, 이미 대부한 환곡의 반납을 어느 정도 연기해 줄 것인가, 현지에 곡식이 없다면 기민들에게 줄 식량을 어떻게 조달하고 수송할 것인가 등이었다.

기민(饑民)과 난민들에 대한 구호는 주로 일선 행정기관과 구휼을 담당하는 기구에서 집행하고 중앙정부는 재원의 조달과 구휼 행정을 지휘 감독하였다. 큰 흉년을 당하면 정부는 경차관(敬差官), 진휼사(賑恤使), 감진어사(監賑御使), 구황순찰사(救荒巡察使), 위유사(慰諭使) 등을 현지에

---

2) 제의적 대책은 제3장에서 다루었으므로 여기서는 경제적 대책에 중점을 둔다.

파견하여 구호 상황을 감독하고 수령이 진휼에 태만하거나 비위 사실이
있으면 적발하여 처벌할 수 있도록 하였다.

임금이 승인한 정부의 대책은 호조를 통해 도(道)와 일선 군현(郡縣)에
하달되었다. 구휼정책을 직접 담당하는 행정기구는 지방의 군현이었고 8
도의 감사는 필요에 따라 비축 곡물을 지원하고 일선 수령(守令)의 진휼
행정을 감찰하는 정도에 그쳤다.

중앙정부는 흉년이 계속되거나 대량으로 기민이 발생한 때, 또는 식량부
족으로 물가가 오르는 것이나 전염병을 막기 위해 전국적인 대책을 세우고
통제할 필요가 있을 때는 별도의 기구를 설립하여 업무를 담당하도록 하였
다. 예를 들면 의창, 상평창, 진휼청 같은 구휼 전담기관의 운영과 비상시
사용할 곡물을 비축하는 비축창(備蓄倉)제도 같은 것이다.

조선 초기에는 흉년에 구황을 잘못하여 아사자가 발생하면 지방관인 수
령에게 책임을 물어 퇴출시키는 것이 보통이었다.3) 세종은 기민의 발생
책임은 백성들을 직접 다스리는 수령들에게 있다고 보고 유랑민이나 걸인
이 발생하지 않도록 조치하고, 특히 굶어 죽는 사람이 생기지 않도록 독려
하였다. 만일 아사자가 생기면 엄하게 책임을 물었다. 세종 때는 관내에 아
사자가 생겼다는 이유로 많은 수령이 파직당하거나 감사한테 불려가 곤장
을 맞았다.4)

세종 19년(1437) 전국에 큰 흉년이 들었다. 세종은 안순을 충청도 진휼
사에 임명했다. 안순은 각 고을을 돌며 굶어 죽은 사람이 있으면 수령을 불

---

3) 『太祖實錄』, 태조 4년 7월 30일; 『太宗實錄』, 태종 15년 7월 10일.
4) 세종은 기민 구호를 제대로 하지 않은 철원부사 홍연안, 화주목사 허규 등 8명의
   수령에게 형장 100대 씩을 치고, 감고 10명에게는 장 10대 씩 때려 책임을 물었
   다. 『世宗實錄』, 세종 1년 8월 14일.
   세종은 또 관내에서 아사자가 발생한 홍천현감 장계호, 금성현령 이훈, 지곡산군
   수 유순도, 고양현감 김자강, 청주목사 진원기 등 8명의 수령을 파면하거나 형장
   90대를 때려 처벌하였다. 『世宗實錄』, 세종 5년 6월 6일; 부표 A, 세종 5년 기사
   참조.

러 곤장을 때렸다. 또 길가에 아사한 사람이 있으면 근처 주민들을 죄주었
다. 마을의 주민들은 죽은 사람이 있어도 서로 숨겨주고 보고하지 않았다.5)

세종은 재위 기간 동안 약 70여 명의 감사와 수령을 관내에서 아사자가
발생하였다는 이유로 책임을 추궁하고 처벌하였다. 이처럼 엄한 처벌이 내
려지자 일선 군현에서는 굶어 죽은 사람이 생겨도 상부에 보고하지 않았
다. 이 때문에 정부에서는 기근이 생겼는지 생겼다면 얼마나 심각한지 알
지 못하는 부작용이 생겼다.

2. 진제(賑濟)제도

1) 조선전기의 진제

(1) 賑濟의 결정

조선은 국초부터 어려움에 봉착한 백성들을 구제하기 위해 진제(賑濟)
제도와 진대(賑貸)제도를 운영하였다. 진제 또는 진급(賑給)이란 흉년을
맞아 부황이 나게 된 백성에게 죽을 끓여 주는 설죽(設粥)과 마른 곡식을
무상으로 나누어 주는 백급(白給)을 말한다. 백급과 설죽은 동시에 실시하
는 경우가 많았다.

진제를 통한 구휼을 실시하는 것을 설진(設賑)이라 하는데 이는 식량을
무료로 나누어주거나 죽을 끓여 배급하는 장소를 정하고 필요한 준비와
시설을 갖추는 것을 말한다. 진대(振貸)는 유상으로 운영하는 환곡(還穀)
제도를 의미한다.

흉년을 맞아 굶주리는 백성들에게 무상으로 식량을 주는 진제사업은 태
조 때부터 실시하였다. 지방의 수령은 한 해의 농사가 흉년이 되어 기민이
발생할 것으로 예상되면 중앙에 구휼을 신청하였다. 흉년 대책으로 진제장

---

5) 『세종실록』, 세종 19년 2월 9일.

제4장 구황정책의 종류와 진휼자원의 조달 107

을 운영하는 것은 조선 초부터 시작되었지만 운영 과정에 대해서 알려진 것은 많지 않다.

설진은 심한 흉년에 지방관의 요청이 있으면 정부가 결정을 내렸다. 정부는 무상으로 곡물을 나누어 주거나 죽을 쑬 경우 바로 재정 손실로 이어져 정부의 부담이 커지기 때문에 꼭 필요하다고 판단되는 경우가 아니면 허락하지 않았다. 일반적으로 설진의 시행 여부는 정부가 현지의 재해 상황과 피해 정도 등을 고려하여 결정하였다. 설진이 허락되면 지방 수령은 고을 내에 편리한 곳에 진제장을 설치하였다. 수령은 진휼의 전 과정에 대해 책임졌다.

진급(賑給)의 대상자는 실농한 조군(漕軍), 토지가 없는 양반, 먹지 못해 부황이 든 사람, 늙고 쇠약한 역리(驛吏), 늙고 병든 군사(軍士), 토지가 없어 농사를 지을 수 없는 빈궁민, 질병 등이 있어서 스스로 생계를 마련할 수 없는 사람 등이었다.6) 주변에 도와줄 사람이 없는 환(鰥)·과(寡)·고(孤)·독(獨)도 중요한 대상자였다. 수재나 화재로 집을 잃은 자, 먹을 것을 얻기 위해 떠도는 유걸인(流乞人)도 포함시켰다. 그러나 타처에서 흘러 들어온 유걸인은 구호대상자에서 제외시켰으나 조선 후기에 들어와서 포함시켰다. 유민을 제외시킨 이유는 그들이 고향에 남아있어야 농사를 계속할 수 있고, 또 기민들이 호적에서 이탈하여 각종 신역을 피하려는 것을 방지하기 위한 것이었다.

(2) 세종의 「진휼사목」

세종은 동왕 27년(1445) 경기도 기민 진제 경차관(敬差官)으로 임명한 군기부정(軍器副正) 권준(權蹲)에게 「진휼사목」을 교시하였는데 그 내용은 다음과 같다.7)

---

6) 李珉洙, 『朝鮮前期 社會福祉政策 硏究』, 혜안, 2000, pp.75-76.
7) 『世宗實錄』, 세종 27년 2월 3일.

○ 기민 가운데 나이가 들거나 몸이 아파서 관아에서 진제를 받을 수 없는 사람에게는 직접 진제곡을 가져다 준다.

○ 수령이 지난번의 환상(還上)을 허록(虛錄)한 것을 보충하기 위해 진제곡의 수량을 줄이는지 상세히 살핀다.

○ 봄철에는 부족한 진제미를 보충하기 위하여 구황식물인 산채나 채순을 섞어 먹인다.

○ 여러 날 굶은 사람은 장수(醬水)를 마시게 하면 즉사한다. 그러므로 먼저 죽수(粥水)를 식혀 천천히 먹여 공복을 면하게 한 다음 죽을 주어야 한다.

○ 행정구역상 관아와 먼 거리에 거주하는 기민은 근처 관아에서 진휼미를 받게 한다.

○ 관아와 멀리 떨어져 사는 기민에게 먼저 관심을 두어야한다.

○ 진휼하는 일에 힘쓰지 않는 감고나 색장은 즉시 결장하여 처벌하고, 당해 지역의 수령은 논죄한다.

세종의 「진휼사목」은 조선 초기에 진제 규정으로 사용된 것으로 보인다. 이 밖에 도의 감사나 도사가 바빠서 진휼사업의 감독을 할 수 없을 때는 중앙의 고위직에 가도사(假都事)라는 별직을 주어 감사의 지시를 받아 수령을 감독하였다. 진제를 잘못한 수령에 대한 가벼운 처벌은 중앙에서 파견된 진휼사 등이 했는데 중대한 잘못은 형조와 의금부 등에서 처리한 것으로 보인다.

기민에게 나누어 준 진제곡의 수량은 태종 때 성인은 1인 1일에 쌀 1되를 주고, 아동에게는 쌀 5홉(合)을 주었다. 세종 때는 장년 남녀에게는 1인 1일에 쌀 4홉, 콩 3홉, 콩자반 1홉을 주었다. 11세~15세까지의 소년에게는 쌀 2홉, 콩 1홉, 콩자반 반 홉을 주었다. 10세 이하의 어린이에게는 쌀 2홉, 콩자반 반 홉을 주었다.[8]

---

8) 李珉洙, 앞의 책, p.118.

(3) 의창과 군자창의 이용

가. 의창곡

설진에 필요한 식량은 우선 해당 군현의 수령이 마련하도록 하였다. 이때 사용한 곡식은 나중에 도나 중앙에서 지원해 주는 것이 상례였다. 중앙에서 재원을 공급하더라도 그것이 현지에 도착하기까지는 상당한 시일이 걸렸다. 해당 지방은 중앙의 곡물이 도착할 때까지 구호를 지연시킬 수 없기 때문에 급한 대로 현지에 보관하고 있는 식량을 먼저 사용하였다.9) 이때 수령이 손쉽게 사용할 수 있는 곡물은 해당 군현에 비축되어있는 의창곡(義倉穀)과 군자곡(軍資穀)이었다.

건국 시 조선은 고려의 구휼제도를 본받아 의창을 설립하였다. 조선은 고려 귀족의 사전(私田)을 몰수하여 거기서 나오는 조세로 각 군현에 의창을 세웠다.10) 조선 초기에 수령은 의창곡을 조성하기 위해 풍년에 백성으로부터 전세를 받을 때 여분을 더 거두었다. 또 관내의 부자들로부터 현물을 기부받아 의창에 보관하였다. 고려의 연호수미법(烟戶收米法)을 참고하여 전·현직 관리와 토지를 소유한 민호로부터 호당 1~10두씩의 쌀을 거두어 의창곡을 보충하기도 하였다.

의창의 실시 초기에는 진제 뿐만 아니라 환곡을 무상으로 대여하였다. 무상으로 빌려준 환곡은 잘 회수되지 않았다. 이 때문에 의창의 원곡이 차츰 감소하고 의창의 운영이 어려워졌다. 세종 때부터 의창곡이 부족하기 시작하였다. 의창 사업의 정지를 막기 위해 막기 위해 군자곡(軍資穀)을 전용하는 경우가 빈번하였다.

---

9) 정형지, "조선후기 진급운영에 대하여", 『梨大史苑』 26, 1992.

10) 菅野修一, "朝鮮初期における倉制の開始－國家の賑恤政策と煙戶米法", 『朝鮮學報』 153, 1994, pp.4-13.

나. 군자곡

군자곡은 군량미를 말한다. 호조는 전쟁 등 비상시의 군량 마련을 위하여 군사시설 또는 산성이 있는 지역 인근 고을의 전세를 저장하도록 하였는데 이것이 군량미이다. 군자곡은 전쟁 등 비상시를 대비한 것으로 다른 목적으로 사용하지 못하도록 되어 있으나 흉년이 들어 긴급히 기민 구제의 필요가 있으나 재원이 없을 때 임시로 돌려쓰기 시작하였다.

군자곡은 오래 보관하도록 되어 있으나 오래 보관하면 썩어서 먹을 수 없게 된다. 따라서 새 곡식이 나오면 일정 부분을 새 곡식으로 교환하여 둘 필요성이 있다. 이것을 개색(改色)이라 하는데 정부는 이 과정을 이용하여 임시로 재정 부족을 해소하기 위한 수단으로 사용하였다.

흉년이 들어 기민이 발생하면 군자곡의 개색(改色)할 부분을 빈민들에게 빌려주고 가을이 되면 새 곡식을 받아 부족분을 채우도록 하였다. 조선 초기에 군자곡은 대여 시 이자를 받지 않았다. 이 때문에 미납이 생기면 군자곡의 비축 수량이 빨리 감소하는 문제점이 있었다. 세조 10년(1464)부터 군자곡을 빌려줄 때 의창곡과 같이 10%의 이자를 받기 시작하였다.

수령은 의창곡을 흉년에 자유롭게 사용할 수 있는 권한을 가지고 있었다. 그러나 군자곡은 마음대로 전용할 수는 없었다. 군자곡의 이용은 중앙의 허가가 있어야 했다. 군자창을 열기 위해서는 왕에게 요청한 후 허가가 날 때까지 상당한 기일이 소요되었다. 이 때문에 시급을 다투는 기민들이 많이 죽었다. 세조 때 수령은 상부의 허가 없이도 군자창을 열어 기민을 먼저 구휼하고 사후에 보고할 수 있도록 제도를 개선하였다.

(3) 16세기의 진휼대책

의창곡의 수량은 세종때 200만석이 넘었다. 세조 후반기부터 16세기에는 의창곡의 수량이 감소하여 중종·명종때 바닥에 이르렀다.

16세기에는 계속되는 흉작과 잇따른 왜구와 여진의 침입, 그리고 임진왜란으로 국가의 재정이 심하게 쪼들렸다. 외적을 방비하고 요충지에 성을 쌓고 군량미와 군수품을 조달하느라고 여유가 없었다. 이 기간 동안 내정도 분열되어 士禍(사화)가 일어나고 과전법 토지 질서도 무너져 토지 사유화와 겸병(兼倂)이 시작되었다. 관리들의 부정부패도 심각하였다. 세금도 잘 걷히지 않아 흉년에도 진제(賑濟)는 물론 빈농에게 종자와 식량을 빌려주는 환곡도 제대로 운영할 수 없었다.

중종 5년(1510)에 삼포왜란(三浦倭亂)이 일어났다. 왜구 4~5천 명이 경상도 해안에 상륙하였다. 이들은 부산포와 염포·제포를 함락시키고 인명을 살상하며 마구잡이로 노략질을 하였다. 중종 7년(1512)에는 평안도와 함경도의 변경에 여진족이 침입하였다. 평안도 창성에는 야인 2천여 명이, 함경도 갑산에는 1천여 명이 국경을 넘어 조선으로 쳐들어왔다.[11] 중종 11년(1516)과 중종 20년(1525)에도 건주위 야인들이 평안도 국경을 넘어와 조선군 수백 명을 살해하였다.[12]

명종 연간에도 의창곡의 부족으로 기민 구휼을 제대로 하지 못하는 상태가 계속되었다. 명종 3년(1548)에는 8도에 아사자가 즐비하였으나 진구대책을 마련하지 못하였다.[13] 명종 10년(1555)에 을묘왜변(乙卯倭變)이 일어났다. 이해 11월 정부는 재정위기를 탈피하기 위하여 전제를 개정, 관수관급(官收官給)하던 직전제(職田制)도 폐지하였다. 민생이 극도의 곤궁에 시달리자 곳곳에서 도둑과 화적패가 나타났다. 명종 14년(1559) 임꺽정이 화적패를 결성하여 황해도 서홍·봉산·우봉·신계 등지를 누비며 백주에 관가를 습격하고 인마를 살상하였다.[14]

16세기 중종, 명종 때는 정부의 진휼곡이 고갈되자 의창의 운영이 정지되는 사태가 자주 일어났다. 정부는 의창의 대안으로 부민(富民)들이 곡식

---

11) 『중종실록』, 중종 7년 7월 3일; 7월 13일.
12) 『중종실록』, 중종 11년 8월 29일; 9월 15일.
13) 『명종실록』, 명종 3년 1월 19일.
14) 『명종실록』, 명종 14년 4월 19일; 4월 21일.

을 빌려주고 나중에 갚는 것을 정부가 보증하는 형식의 사적 구제에 크게 의존하였다. 즉 정부가 부자들의 사곡(私穀)을 강제로 기민들에게 대여해 주게 하고 기민들은 부자에게 빌린 곡식을 가을에 갚도록 주선하였다. 중종 때는 8도의 감사에게 지시하여 부자들의 곡식을 봉(封)하여 기민들에게 빌려주도록 하는 방법을 전국적으로 실시하기도 하였다.15) 수령이 부자들의 곡식을 봉하면 부자들은 곡식을 마음대로 처분하지 못한다.

2) 조선후기의 진제

(1) 설진규정의 정비

가. 설진규정

빈민구휼에 대한 제반 규정은 조선 후기에 들어와 확립되었다. 설진과 환곡 운영에 대한 규정은 주로 기근이 심하던 현종과 숙종, 영조 연간에 만들었다. 설진 규정은 현종 3년(1662)에 만든 「진휼사목(賑恤事目)」16)과 숙종 8년(1682)에 제정한 「황정사목(荒政事目)」17) 숙종 9년(1683)의 「수교집록(受敎輯錄)」이 대표적이다. 영조 15년(1739)에는 「신보수교집록(新補受敎輯錄)」을 반포하였다. 순조 8년(1808)에 간행한 「만기요람(萬機要覽)」에는 설진의 종류와 방법에 관한 규정을 수록하였다. 위의 자료 가운데 중복되는 부분은 제외하고 진제 대상자의 선정과 설진 과정에 관한 규칙을 정리하면 다음과 같다.

나. 구제 대상자의 자격

ㅇ기민(飢民)과 빈민에 대한 식량의 무료 지급(白給)은 국왕의 특별 지

---

15) 『중종실록』, 중종 7년 4월 5일.
16) 『備邊司謄錄』, 현종 3년 1월 10일.
17) 『備邊司謄錄』, 숙종 8년 1월 24일.

시가 있을 때만 실시한다. 구제 대상자는 다음과 같은 자에 한한다.

○ 농지가 없는 자로 병이 들어 스스로 생계를 마련할 수 없는 자.

○ 늙고 쇠약하여 환곡을 준다 할지라도 가을에 환곡을 갚을 수 없는 자.

○ 소출이 없는 화전민, 생계유지가 힘든 빈농으로 국가의 역(役)을 부담
하는 자.

○ 구제 대상이나 관가에 가서 구제곡 받기를 꺼리는 양반 또는 전염병
환자.

○ 곤궁한 사족(士族)과 환(鰥)·과(寡)·고(孤)·독(獨)은 별건으로 성책하
여 구제곡(白給)을 준다.

다. 대상자의 선정

○ 재해를 입은 고을은 각 면마다 진휼사를 선정하거나 이임(里任)으로
하여금 전 관리나 생원·진사를 막론하고 면내의 굶주린 백성을 가려
명부를 만든다.

○ 구제 대상자는 5가통(家統)을 기반으로 호별로 인구의 대소, 남녀와
노소로 구분하여 명부를 만든다.

○ 명부는 다시 빈부의 정도 등에 따라 대호·중호·소호·잔호로 나누는데
흉년이 심할 때는 면리별로 우심리(尤甚里)·지차리(之次里)·초실리
(稍實里)로 나누어 대상자 선정에 고려한다.

○ 타 지역에서 온 유걸인은 원래 백급 대상자에서 제외했으나 조선 후기
부터 약간의 식량을 주어 고향으로 보내기로 방침을 바꾸었다.

○ 거리가 멀어 가기 어려운 사람은 임시로 지은 가건물에 수용하여 길거
리에서 죽는 일이 없도록 한다.

라. 구제곡의 종류, 수량 및 지급기간

○ 기민들에게 나누어 주는 식량의 종류는 쌀·콩·보리·조 등이다.

○ 구제곡은 노인과 성인, 소아로 나누어 지급한다.

○ 남녀 15세부터 50세까지는 성인으로 하고, 51세 이상은 노인으로 하며, 15세 이하는 소아로 한다.

○ 식량의 지급 분량은 매 10일마다 성인 남자는 쌀 5되, 성인 여자와 노인은 4되, 남녀 어린이는 3되씩으로 한다.[18]

○ 이 밖에 성인 남자는 매 10일마다 장(醬) 3홉, 성인 여자와 노인은 2홉을 준다. 장이 준비되지 않았을 때는 1인당 소금 1홉을 지급하거나 적당량을 준다.

○ 진휼은 정월 보름부터 시작하여 4월 보리 수확 직전까지 시행한다. 만일 재해 우심지역으로 상황이 어려운 처지이면 5월까지 또는 그 이상까지도 연장할 수 있다.

○ 부황이 나서 위급한 자에게는 정월 보름 이전 12월 말에도 무상 구제곡을 방출할 수 있다. 단 그 비용은 감사가 부담한다.

마. 설죽소의 설치와 급식 횟수 및 기간

○ 기민이 무상 구제곡을 받는 날에는 진제장에 나온 기민들에게 죽을 쑤어 준다.

○ 설죽 급식은 하루 두 끼로 한다.

○ 설죽 급식의 기간도 매 10일마다 1회씩 실시한다.

○ 죽을 끓이는 데 사용하는 곡물의 양은 성인 남녀는 끼니마다 쌀 2홉, 노약자는 1홉 5작으로 한다.

○ 진장에는 천막을 치고 큰 가마솥을 건다. 가마솥은 근처의 절이나 민간에서 빌려온다.

○ 죽 끓이는 일은 관아의 사령과 관비(官婢)가 담당한다. 또 사찰의 승

---

18) 성인 남자 한 사람이 1월 15일부터 4월 말까지 매 10일마다 쌀 4승씩을 받으면 모두 10회에 걸쳐 쌀 5두를 받는 셈이다.

려를 불러와 일을 돕고 환자를 간호하게 한다.

○ 기민에게 죽을 끓여주는 설죽소는 작은 고을에서는 관문 앞에 설치한다.

○ 큰 고을은 두서너 곳에 급식소를 더 개설하여 외딴 고을의 지친 기민
 들이 왕래하면서 죽을 먹을 수 있도록 한다.

○ 구제 대상자로 뽑힌 사람은 진패(賑牌)를 준다. 진패는 구제 대상자임
 을 증명하는 것으로 진패를 가진 사람만 진제장에 들어갈 수 있게 한다.

○ 죽을 끓일 때는 수령이 살펴보도록 한다. 그렇지 않으면 아랫사람들이
 몰래 쌀을 축내고 물을 많이 탄 죽을 만든다. 미음(米飮)만 마시면 기
 민이 살 수 없다. 수령은 아침저녁 몸소 점검에 나서 이런 폐단이 생
 기지 않도록 해야 한다.

(2) 설진 장소와 전염병

설죽 구제는 굶주림에 지친 기민에 대한 긴급조치로서는 효과가 있었지
만 여러 가지 문제점이 뒤따랐다. 당시의 관계자들은 설죽기간 동안 배급
장소에 기민들이 서로 뒤섞이고 노숙하는 탓에 전염병이 옮기기 쉽다고
판단하였다.[19]

이 때문에 설죽의 대안으로 각자가 집에서 죽을 끓여 먹도록 곡식을 주
는 건량 지급이 해결책이라고 보았다. 건량 지급은 전염병의 확산을 막는
데도 효과가 있었다. 동시에 설죽 시 문제점으로 지적되었던 하리(下吏)들
의 곡물 횡령을 방지하는 데도 어느 정도 성과가 있었다. 이 때문에 조선
후기에는 백급이 증가하였다.

(3) 賑資의 조달

기민이 구제곡(白給)을 받는 날은 관아에서 기민들에게 죽을 쑤어 주었

---

19) 『備邊司謄錄』, 숙종 9년 1월 23일.

다. 죽을 쑤는데 들어가는 곡물, 미역, 장, 소금 등은 우선 수령이 마련하고 나중에 공곡(公穀)에서 차감하였다. 백급에 필요한 곡물은 각 읍의 수령이 준비한 자비곡(自備穀)을 먼저 사용하는 것이 원칙이었다.

곡식이 부족한 경우 해당 군현에 보관하고 있는 것 가운데 호조와 상평청 및 산성에 있는 상진곡(常賑穀), 군자곡, 그리고 감영, 병영, 수영, 통영이 보관하고 있는 영진곡(營賑穀)을 먼저 융통하여 구제하였다. 영진곡으로도 부족할 때는 각 아문에서 현지에 비축하고 있는 국곡(國穀)을 빌려 사용하였다.

국곡 가운데서 가장 먼저 빌릴 수 있는 것은 진휼청 곡이었다. 진휼청 곡은 진휼이 끝나면 다시 갚아야 하는 것이었으나 잘 회수되지 않아 항상 부족하였다. 정부는 진휼이 시급한데 진휼청에도 빌려줄 곡물이 없을 때는 강화도와 남한산성 등지에 있는 군자곡을 이전(移轉)하여 빌려주었다.

한편 정부는 설진하는 고을에 진자가 부족할 때는 경창으로 보내야 할 전삼세(田三稅, 전세·대동미·삼수미)를 현지에 남겨두고 이것을 융통하여 사용하도록 하였다. 현지에 보관한 전삼세를 설진에 사용하는 것을 유진(留賑)이라고 하였다. 유진은 명종 때 처음 기근이 심한 경상도의 세곡을 현지에 유치(留置)하여 사용하였으나 현종 11년(1671) 현종대기근 때는 전국의 전삼세를 유진하여 진자로 전용하였다.[20) 유진은 진자를 공급하는 데 시간을 줄일 수 있는 데다가 수송비도 줄일 수 있어 진휼을 책임지는 수령들이 선호하였다.

(4) 별진

도의 감사는 관내 군현의 설진을 감독하기 위하여 각 고을을 순행하는 경우가 많았다. 이때 감사가 도착하면 별진(別賑)을 실시하는 것이 관행이

---

20) 『명종실록』, 명종 8년 10월 2일; 9년 11월 12일; 『현종실록』, 현종 11년 12월 29일.

었다. 별진이란 감사가 지급하는 별도의 빈민구제를 말한다. 감사가 고을
에 이르면 때에 맞추어 감사의 온정을 표시하기 위해 굶주린 백성들에게
죽을 쑤어 주고 무상 구제곡을 방출하였다. 이때의 구제곡과 죽 쑤는 쌀은
감사가 부담하였다.

(5) 기타 조치

군현의 수령은 승려와 거사(居士)들을 설득하여 자선을 권장하여 곡식
을 모으고, 기민과 병자를 간호하고, 설죽소에서 봉사하도록 요청하였다.
착실히 일하여 인명을 구제한 공이 크면 사후에 신역이 있는 자는 신역을
면제해 주고 신역이 없는 자는 직첩을 주도록 하였다.

임금은 수령들에게 정성을 다하여 기민을 구제하도록 요구하였다. 각
도의 감사는 관내의 수령이 기민 구제에 공이 많으면 표창을 상신하였다.
조정에서는 성과에 따라 상전을 베풀었다. 만일 태만하여 기민을 굶어 죽
게 만든다면 수령에게 그 책임을 물었다.

곡물의 수량이 적어서 기민을 구제할 수 없는 고을은 그 고을 백성으로
하여금 인근 고을에 가 구제를 받도록 하는 규정도 있었다. 이때 그 고을
수령은 몸소 기민을 거느리고 가야 한다. 진휼이 끝나면 양쪽의 수령은 곡
물의 대차(貸借)를 보고하는데 이때 빌려준 곡물은 감사가 처리하도록 되
어있다. 이 규정은 실시된 기록이 한 번 밖에 보이지 않는데[21] 수령이 아
사 직전의 기민들을 데리고 타 지역으로 이동하는 것이 사실상 어렵기 때
문으로 보인다.

(6) 설진 방법의 개선

현종 12년(1671) 대기근 때 훈련원 설죽소에서 기민들이 서로 먼저 들

---

21) 태종 9년 함경도 안변에 기근이 들자 안변 백성들을 강원도 淮陽倉에 보내 진곡
을 받아 가게 하였다. 『태종실록』, 태종 9년 4월 24일.

어가려고 밀고 당기다가 80세의 노파가 넘어져 밟혀 죽는 사고가 일어났다.[22] 이는 진장에서의 혼란을 방지하기 위한 규정이 만들어지지 않아 일어난 비극이었다. 정약용은 조선에는 설진과 분배에 대한 자세한 규정이 없어 진장이 혼란스럽기 그지없고 이틈을 타 많은 곡식이 유실되고 부정행위가 일어나고 있어 개선이 필요하다고 지적하였다.

정약용은 중국에서의 진법(賑法)을 참고하여 진장에서의 질서 유지를 위한 방안을 제안하였다. 그 제안은 아래와 같다.[23] 이 가운데 일부는 이미 실시중인 것도 있고 영조 32년(1756) 강원도 통천군수 유정원이 실시한 것도 포함되어 있다.[24]

무상 구제곡을 지급할 때 가장 중요한 것은 대상자의 선정이었다. 이를 위해 지역 실정을 잘 아는 면임 또는 이임을 감관으로 삼아 주민의 가족수, 경제 상황 등 실상을 조사하여 꼭 받아야 할 사람을 뽑도록 하였다. 구제 대상으로 선발된 사람은 대략 다음과 같은 순서로 진장에 들어가 죽을 먹고 무상 곡물을 받도록 건의하였다.

　○ 각 군현은 구제 대상자로 뽑힌 사람에게 이를 증명하는 진패(賑牌)를 지급한다.
　○ 지급 당일 구제 대상자는 각 면리별로 지역을 표시한 깃발 아래 대기한다.
　○ 곡물을 분급 받을 때는 통수(統首)를 선두로 통민(統民)이 각자 진패를 지참하고 일렬로 줄을 서서 진장에 들어간다.
　○ 감색은 진패와 문서를 대조한 후 기민의 팔에 먹물로 확인 도장을 찍는다.
　○ 색리는 땅바닥에 거적을 깔아놓고 기민들을 신분과 남녀에 따라 앉게

---

22) 『현종실록』, 현종 12년 12월 25일.
23) 정약용, 『목민심서』, 진황 6조.
24) 정약용, 위의 책.

한 후 차례로 죽을 나누어 준다.

o 죽을 먹고 나면 색리가 이들을 진제곡을 나누어 주는 창고 앞으로 데리고 간다.

o 색리가 이 통은 몇 석이라고 외친다. 통민은 진패를 보여주고 창고에 들어가 그 수 대로 쌀섬을 들고나와 뜰에 내려놓는다.

o 관에서는 가마니의 곡물을 꺼내 멍석 위에 펴놓고 두량을 하게 한다.

o 수량이 맞으면 통수에게 통민을 데리고 진장의 한쪽에 가 관두(官斗)로 문건에 기재된 수량대로 나누어주게 한다.

o 이때 좌수와 별감이 분배과정을 감시하여 불공정한 일이 없도록 한다.

o 제1통이 두량을 하는 동안 제2통이 진장에 들어가는 순서로 하루 종일 분급한다.

3) 조선후기 진제 방식의 변화: 공진·사진·구급

(1) 진휼자원의 증가

정부의 진휼곡 운영은 18세기 후반 정조 때부터 큰 변화를 맞았다. 환곡의 총량은 18세기 초 500만 석으로부터 18세기 말 근 1천만 석으로 증가하였다. 먼저 진휼곡의 총량이 증가하여 진휼곡을 받아가기가 전보다 쉬워졌다. 다음으로 빈민을 위한 무상진제의 방식이 설죽 중심에서 백급 중심으로 전환되었다.

(2) 공진·사진·구급

환곡은 풍년에도 강제로 빌려주고 농민들이 원하지 않는데도 떠맡겼다. 원래부터 있던 농민의 재생산을 위한 구휼적 환곡 자금은 미납의 증가와 관리들의 횡령으로 점점 줄어들었다. 가난한 농가가 증가하자 흉년에 무료로 지급하는 진제(賑濟)에 대한 수요가 증가하였다.

정부는 나날이 증가하는 진제 수요에 대응할 수 없었다. 영조는 구휼 비용을 줄이기 위하여 수령들에게 자비곡(自備穀) 마련을 적극적으로 요구하였다. 영조는 매년 자비곡을 많이 조성한 수령을 표창하고 사곡을 많이 기부한 개인에게는 벼슬을 주어 출연을 장려하였다. 이것이 성과를 내어 수령들이 준비한 자비곡으로 기민들을 구휼할 여유가 어느 정도 생겼다.

가. 공진

18세기 후반 정조가 왕위에 오르자마자 진제제도를 개편하였다. 그는 번거롭기만하고 효과가 의심스러운 설죽제도를 폐지하고 곡물의 무상 분급을 공진(公賑)·사진(私賑)·구급(救急)으로 나누어 확대 실시하기로 방침을 정하였다.25) 정부는 이 무렵부터 구휼 대상을 환민(還民)과 진민(賑民)으로 명확히 구분하기 시작하였다.26)

공진(公賑)은 재해의 피해가 가장 심한 곳에 실시하는 것으로 설진 비용은 공곡(公穀)에서 지출하였다. 공진은 국가의 재정부담이 크기 때문에 재해의 피해 규모가 가장 심한 우심읍(尤甚邑) 가운데서도 피해가 큰 우심면(尤甚面)에 대해서만 실시하는 것이 원칙이었다. 공진은 식량의 무상 지급에 따른 재정적 부담을 감안해 부득이한 경우가 아니면 급작스레 거론하지 않았고, 공진의 재원은 공곡에서 충당하였다.

나. 사진

사진(私賑)은 재해의 피해가 크나 공진에서 제외된 지역에 실시하였다. 또 지차읍(之次邑)이나 공진의 혜택을 받지 못한 우심면에 대하여 실시하였다. 사진은 수령이 준비한 자비곡으로 진휼하였다. 자비곡이란 수령이 사비를 들여 마련한 곡식이 아니라 수령이 평소에 진휼을 위해 마련한 곡

---

25) 『朝鮮民俗資料』, 牧民篇, 四政考.
26) 『정조실록』, 정조 8년 3월 15일.

식을 뜻한다.

사진에는 여유가 있는 부자들이 이웃에게 곡식을 나누어 주는 것도 포함시켰는데 부자들이 직접 나누어 주는 것이 아니라 곡식을 관에 납부하도록 하였다. 수령은 이 곡식을 가지고 기민들을 구휼하도록 하였다. 수령이 자비곡을 마련하는 방법은 권분(勸分), 군내에 보관하고 있는 비축곡을 이용하여 지역간, 계절간 가격차를 이용한 매매를 통하여 만든 이익금 등이었다.

다. 구급

구급(救急)이란 당장 구제하지 않으면 생명을 부지하기 어려운 기민들을 긴급히 구원하는 것을 말한다. 구급은 진제를 시작하기 전이라도 지원을 받지 않으면 안 되는 기민들에게 곡식을 나누어주어 위급을 모면하게 하는 것이다. 예를 들면 새해가 시작되기 전에 벌써 절량(絶糧)이 되어 부황에 뜬 백성들은 정월에 시작되는 설진을 기다릴 수 없다. 이런 때에는 긴급구제에 나서야 한다. 구급은 보통 대상자의 수가 적고 긴급을 요하기 때문에 여기에 필요한 곡물은 수령의 자비곡을 이용하였다.

(3) 실시 결정과 결과

새로운 진제제도가 처음 실시된 것은 정조 1년(1777) 정월 함경도에 대한 구휼이었다. 이 당시 함경도의 진구(賑救)는 남관(南關)과 북관(北關)으로 나누어 실시하였는데 남관은 안변, 영흥, 정평, 함흥 등 13고을과 거산 등 2개 역, 함흥목장의 기민 46만 9천 21구(口)에 대해 진곡 3만 2천 759석을 나누어주었다. 북관에 대해서는 경성, 부령, 종성, 길주 등 10고을과 성진역, 수성역의 기민 20만 4천 460구에 대하여 진곡 1만 4천 265석을 사용하였다.27)

이때의 진제는 공진인지 사진인지의 구분은 알 수 없으나 설진한 고을의 이름이 모두 나오고 구제한 기민의 수가 연인원이라는 점, 지역별로 진구한 곡식의 총량을 기록하였다는 점에서 과거의 진휼기록과는 다르다.

정조 2년(1778)의 진구 기록은 경기도, 충청도, 경상도, 강원도에 대해서 실시하였는데 1월부터 4월까지 연 인원 10만 7천 822명의 기민에게 3만 7천 249석의 진곡을 나누어 주었다. 여기에 처음으로 경상도의 구휼을 공진과 구급으로 나누어 실시했다는 기록이 나온다.[28]

정조 3년(1779)에는 경기도 강원도, 충청도, 경상도, 평안도, 함경도의 총 80만 3천 443구에 대해, 총 16만 7천 545석의 진곡을 공급하였는데 경상도만 공진과 구급으로 구분하였다.[29] 경상도 이외의 도에서 실시한 진휼은 모두 사진으로 해석된다. 『정조실록』에 모든 진제를 공진, 사진, 구급으로 구분하여 연인원 146만 명의 기민에게 진곡을 나누어 준 기록이 처음 나타나기 시작한 것은 정조 8년(1784)부터이다.[30]

공진·사진의 결정은 일선 군현의 상신을 받아 중앙에서 결정하였다. 흉년이 크게 들면 도는 군현에 공문을 보내 군현의 재해 분등 상태와 기민의 수, 그리고 어느 정도 사진에 의존할 수 있으며 공진은 얼마나 희망하는지의 각 군현의 요망서를 받아 취합하여 중앙에 보냈다. 중앙은 재정 상태와 연분 등급을 고려하여 각 군의 요망서를 심사하여 공진과 사진의 규모를 결정하여 그 결과를 도를 통해 군현에 하달하였다.[31]

---

27) 『정조실록』, 정조 1년 6월 29일.
28) 『정조실록』, 정조 2년 5월 5일.
29) 『정조실록』, 정조 3년 5월 29일.
30) 『정조실록』, 정조 8년 4월 30일; 5월 22일; 6월 30일.
31) 정형지, 『조선후기 진휼정책연구: 18세기를 중심으로』, 이화여자대학교 박사학위
　　논문, 1992, p.169.

3. 진대(賑貸)제도

1) 환곡의 운영

조선시대의 대다수의 농민들은 경작면적이 작고 농업생산력이 낮아 소출이 적었다. 그나마 생산량의 절반 가량을 각종 세금과 토지 사용료를 수조권자(收租權者)나 지주에게 내고 나면 남는 것으로 생활하기 어려웠다. 소농들이 스스로 양식을 저축하여 흉년에 대비하고 춘궁기의 양식과 종자를 마련해 둔다는 것은 거의 불가능하였다.

이와 같은 사정을 고려하여 정부는 건국 초부터 가난한 농민들에게 춘궁기인 봄에 식량과 종자로 쓸 양곡을 대여하였다가 가을에 거두는 진대제도(賑貸制度)를 운영하였다. 진대는 흔히 환곡(還穀) 또는 환자(還子), 환상(還上), 조적(糶糴)이라고 불렀다. 농민들은 대부분 환곡에 의지하여 춘궁기에 명맥을 유지하는 경우가 많았다.

환곡의 제공은 거의 매년 실시하되 정월부터 시작하여 새 곡식인 보리가 나올 때까지 실시하는 것이 관례였다.[32] 환곡은 제도의 운영을 계속하기 위해 보통 10%의 이자를 받았는데 이것을 환모(還耗) 또는 모곡(耗穀)이라 하였다. 환모란 환곡을 보관·출납할 때 생기는 곡물의 감소분과 창고의 유지·관리를 위한 비용을 충당하기 위하여 원곡을 더 받는 이자를 말한다.

조선시대에는 흉년이 들면 소농이나 전호(佃戶, 소작농)들은 다음 농사의 종자를 마련하는 일이 쉽지 않았다. 세종 때 경기도 양주에서 종자를 스스로 준비하여 농사를 짓는 사람을 조사하였는데 두 집에 불과하였다.[33] 사정이 이러하기 때문에 소농의 종자곡은 대체로 정부가 준비하였다. 정부에서는 환곡을 되돌려 받을 때 명년의 종자용으로 사용하기 위해 겉곡식

---

32) 『朝鮮民俗資料』, 牧民篇, 政要, 糶法.
33) 양주에서 종자를 스스로 준비한 사람은 吳薄과 盧開 두 사람으로 종자는 모두 60석이었다. 『세종실록』, 세종 30년 4월 2일.

(벼와 겉보리)을 받아들이는 경우가 많았다.[34]

조선 초기에는 환곡을 빌려줄 때 식량(口食)은 주지 않았다. 식량이 모자라는 백성들이 뒷날은 생각하지 않고 종자를 먹어버리는 일이 많이 일어났다. 세조가 종자를 나누어 줄 때는 식구 수를 계산하여 먹을 양식까지 주어 농사를 제대로 지을 수 있도록 하라는 지시가 있어 농량(農糧)까지 빌려주게 되었다.[35] 식량과 종자를 정부에 의지하는 정도는 시기에 따라 차이가 있으나, 가난한 농민들이 종자와 식량을 국가에 의존하는 것은 조선왕조 전 기간에 걸친 것이었다.

정부가 비축하는 환곡은 평상시에는 종자와 농량으로, 흉년에는 기민 구제곡으로, 전시에는 군량미로 사용하였다. 따라서 정부는 빌려준 환곡은 반드시 회수하여 흉년과 비상시에 대비하여 일정량을 비축하지 않으면 안 되었다.

2) 환곡의 운영규정

(1) 환곡의 분급 대상자

환곡은 준비된 곡물의 수량보다 받기를 원하는 농민이 많기 때문에 일정한 자격 요건을 갖춘 농민들에게만 제공되었다. 환곡은 회수되어야만 지속될 수 있는 제도이기 때문에 환곡을 받으면 가을에 추수가 끝난 후 갚는 것을 전제로 하였다.

흉년이 들면 환곡을 받기 희망하는 사람이 부쩍 늘어났다. 소수의 대농을 제외한 대다수의 농민들은 환곡에 의해 연명하는 경우가 많았다. 농민들은 무상으로 주는 진급(賑給)을 원하지만 진자가 제한되어 있기 때문에 정부는 진민(賑民)의 수를 엄격하게 통제하였다. 진제곡을 받지 못한 농민

---

34)『세종실록』, 세종 7년 11월 22일.
35)『세조실록』, 세조 3년 1월 9일.

들은 대개 환곡을 받았는데 환곡을 받는 환민(還民)의 수는 무상 곡식을 받는 진민에 비해 10배 이상이 되는 경우도 많았다.36) 환곡은 개별 호를 대상으로 분급하였다.

환곡은 아무나 받을 수 있는 것이 아니므로 환민을 선발하기 위해 심사 과정을 거치지 않으면 안 되었다. 먼저 환곡의 양을 고려하여 환안(還案)을 작성하였다. 환안은 분급 대상자인 환호(還戶)를 어떻게 선정하여 이들의 등급과 분배량을 어떻게 할 것인가에 대한 계획서를 말한다. 환안의 작성은 전국적으로 통일된 것이 아니라 지역적인 사정을 고려하여 분급 형태와 분급량에 차이가 있었다.

정부에서 환곡을 주기로 결정하면 각 군현에서는 환곡 분급을 희망하는 사람의 명단을 정해진 기간까지 제출토록 각 면리에 공고했다. 이때 환곡의 신청 자격은 원칙적으로 해당 지역의 호적에 등재된 실호(實戶)로 농지를 소유하여 농사를 지어 소출을 낼 수 있는 사람을 원칙으로 하였다. 면리는 각 통에서 호적을 근거로 인구를 남녀노소로 구분한 후 다시 대·중·소·잔호로 가난의 정도를 나누어 명단을 작성하였다.

신청서의 기초 심사는 신청자가 거주하는 面里(면리)의 면임, 이임과 같은 사정을 잘 아는 사람을 통해 적격 여부를 판정하였다. 면임이 통별 명단을 거두어서 관에 바치면 군현에서는 이것을 호적과 대조한 후 환호의 등급을 확정하고 확정된 대상자 명단을 만들어 1부는 담당 아전이, 1부는 지방관이 보관하였다.37)

해당 관청은 환호(還戶)의 선정에 다음과 같은 사항을 고려하였다.

○ 환곡의 분급은 호(戶)를 기준으로 한다. 환호의 결정은 식구 수와 빈부의 정도에 따라 대·중·소·잔호(殘戶)로 한다.
○ 재해가 심한 해는 피해의 정도에 따라 면별로 우심(尤甚), 지차(之

---

36) 『승정원일기』, 순조 10년 1월 1일.
37) 『朝鮮民政資料』, 牧民篇, 政要 1, 糶法.

次), 초실(稍實)지역으로 등급을 더 세분화한다.[38] 여기서 최우심호, 우심호로 뽑힌 농가는 우선적으로 선정한다.
○ 등급 결정에는 이 밖에도 가산(家産)의 정도가 참작될 수 있고 그 결정도 통수와 향회를 거쳐 결정한다.[39]
○ 종자의 분배는 토지를 기준으로 한다.

환호를 심사할 때 자기 소유의 농지가 없는 자라도 다음에 해당하면 환곡을 받을 수 있었다. 반대로 환곡이 모자랄 때는 자기 농토가 있는 자라고 할지라도 환호에서 제외하였다.

○ 해당 지역에 전토의 소유 없이 남의 농토를 경작하는 자로 환곡을 상환할 수 있는 자에게는 환곡을 줄 수 있다.
○ 빌려줄 환곡이 넉넉하지 않을 때는 유전자라 할지라도 그해 농사가 조금은 된 자(稍實)는 제외한다.
○ 농사 이외에 상·공업 등 다른 수단으로 살 수 있는 자도 제외한다.
○ 평년에 환곡을 받지 않았던 자는 원 거주민이라 할지라도 제외한다.
○ 해당 고장에 거주하는 사람이라도 농토가 없는 사람은 제외한다.

조선 후기에 농민층의 분해가 가속되어 남의 토지를 경작하는 소작인이 증가하자 이들에게도 환곡을 분급하였다. 또 호적이 없는 사람일지라도 이들이 신역과 제반 잡역에 응하고 있다는 것을 통수와 면임 또는 이임이 보증하면 환곡을 빌려주었다.[40] 전통적으로 호환(戶還)으로 운영되던 환곡이 19세기 들어와 통환(統還)이나 결환(結還)으로 운영되면서 거의 모든 농가가 환곡 대상에 포함되었다.[41]

---

38) 양진석, "18·19세기 환곡에 대한 연구", 『한국사론』 21, 1989.
39) 『朝鮮民政資料』, 牧民篇, 政要 1, 糶法.
40) 『朝鮮民政資料』, 상동.
41) 환곡제도의 성격변화와 그 문제점에 대해서는 제10장에서 심도 있게 다룬다.

(2) 환곡의 시행과 분급기준

진대의 시행은 가을 추수 후 대개 식량이 떨어지는 다음 해 정월부터 시작하여 3월 하순에 마치는 것이 원칙이었다. 이는 4월이면 햇보리를 수확할 수 있기 때문이었다. 보리의 성숙은 흉풍에 따라 지역에 따라 다를 수 있어 보리 흉년이 들거나 보리의 성숙이 늦어지면 4월 또는 5월까지 분급을 연장하기도 하였다.

환곡은 한꺼번에 주는 것이 아니라 순차를 정하여 그에 따라 분급하였다. 환곡의 분급은 매월 3회, 10일 간격으로 하였다. 첫 번째의 분급을 1순(巡), 두 번째의 분급을 2순(巡), 마지막을 3순(巡)이라고 하였다. 매 순마다 10일간의 양식을 주었다. 진대는 정월 보름부터 시작하여 보리 수확 직전까지 하여 영농에 차질이 없도록 하는 것이 원칙이었다.

환곡의 분급량은 환곡의 총량, 환민의 수, 환호의 등급, 분급의 횟수에 따라 달랐다. 처음에는 기아를 면할 정도의 양식만 지급했으나 농사철이 다가오면 종자를 추가하기 때문에 분급량이 늘어났다.

예를 들면 영조 15년(1739) 충청도 임천군(林川郡)의 경우 1등급의 우심자에게 1월 초에 처음으로 줄 때 대호 3두, 중호 2두, 소·잔호 1두씩 주었다. 2월에는 대호 5두, 중호 4두, 소호 3두, 잔호 2두씩 지급하여 그 양을 늘려갔다. 이 당시 환호에게 지급된 환곡의 총량은 1등 우심 환호가 3월까지 받은 환곡의 총량은 대호 2.5석, 중호 2석 내외, 소·잔호 1~1.5석 정도로 추산된다.[42]

환곡은 각 고을에서 거두어 저장해 둔 의창곡(환곡)과 상평창 곡식을 먼저 사용하고, 각처의 산성(山城)에 있는 군자곡, 경상도와 전라도의 대동미 유치곡, 3남의 감영·병영·수영·통영곡을 이용하여 환곡으로 사용하였다.[43]

---

42) 정형지, "조선후기 진휼정책 연구, 18세기를 중심으로", 이화여대대학원 박사학위 논문, 1992, p.101.

43) 『비변사등록』, 현종 3년 1월 10일, 「賑恤事目」

(3) 별환

환곡의 분급 대상자는 엄격한 자격 제한이 있음에도 불구하고 흉년에는 자격이 없는 유력자들이 끼어들어 환곡을 받아 갔다. 즉 관내의 양반·토호·향리 등 세력자들은 자신들의 지위나 수령과의 사적인 관계를 내세워 불법적인 환곡을 타갔는데 이것을 별환(別還)이라고 하였다. 원래 별환이란 지역 거주민이 아니지만 상례(喪禮)를 치러야 할 사람이 통내에 노비나 친척이 있을 경우 통수의 확인서를 관에 제출하고 받는 환곡을 말한다.44)

서울에 사는 가난한 양반가가 자기의 노비를 전토가 있는 타도에 분가시켜 이들을 통해 환곡을 받는 일도 적지 않았다. 이처럼 세력가들은 별환을 이용하여 환곡을 받아 시중에 판매하기도 하였다. 정부에서는 이들에 대한 별환의 분급을 엄금하였으나 없어지지 않았다.

(4) 환곡 지급일의 분급절차

환곡의 지급일이 결정되면 수령은 환호에 대한 지급 곡의 종류와 분량을 기록한 서류를 작성하여 각 면리의 통수에게 전하고 분급 일자를 공고한다. 각 통수는 분급 일자와 분급 액의 규모를 통민에게 미리 공고하여 환민이 자신이 받을 환곡 액수를 미리 알게 했다. 이때 환곡을 받는 사람의 형세에 따라 사정이 급박한 사람은 먼저 환곡을 받게 고려하였다.

곡물을 분급 받을 때는 통수를 선두로 통민이 각자 지패(紙牌, 호적증명)을 지참하고 일렬로 줄을 서서 진장에 들어간다. 감색이 지패와 서류를 대조한 후 색리가 이 통은 몇 석이라고 외친다. 통민으로 하여금 창고에 들어가 색리가 외친 수대로 쌀 섬을 들고 나오게 하여 뜰에 내려놓는다.

관에서 섬의 곡물을 꺼내 퍼놓고 말질을 하게 한다. 수량이 맞으면 통수에게 통민을 데리고 진장의 한쪽 구석으로 가 문건에 기재된 대로 관두를

---

44) 『朝鮮民政資料』, 상동.

사용하여 나누어준다. 이때 좌수와 별감이 분배과정을 감시하여 불공정한 일이 없도록 한다.

제1통이 두량을 하는 동안 제2통이 진장으로 들어가는 순서로 하루 종일 분급을 계속한다. 분급이 끝나면 군관이 멀리 떨어진 곳까지 환곡을 호송해주어 중간에서 사고가 나지 않게 한다. 한편 양반 호가 환곡을 받아갈 때는 노비에게 주인의 호패를 주어 보낸다. 호패가 없거나 노비가 없을 때는 상전이 서명한 편지를 가지고 와 증명한다. 환곡의 분급 절차는 진제장에서의 진곡의 분급 절차와 거의 같다.

(5) 환곡의 수봉(收捧)과 대봉(代捧)

빌려준 환곡의 반납은 가을 농사가 끝나는 10월 초에 시작하여 12월에 마감하였다. 환곡은 빌려간 원곡과 함께 모곡(耗穀) 10%를 부가하여 납부하였다. 환곡은 개별적으로 납부하는 것이 원칙이었으나 개별적으로 납부할 경우 우마를 동원해야 하는 등 비용이 상당히 들었다. 환민들은 이 같은 문제점을 피하기 위하여 공동 납부하는 경우가 많았다. 이때는 통 단위로 통수가 공동 납부를 하였다.

환곡의 수납은 수령이 책임지고 납부를 받는 것이 원칙이나 군현의 담당 색리들이 받았다. 관은 환곡을 수납하면 영수증인 척문(尺文)을 발행하였다. 환곡은 이듬해에 종자와 농량으로 다시 대출해야 하기 때문에 정실(精實)한 본색(本色)으로 납부하여야 했다. 그러나 흉년이 심할 때는 원래의 곡식 대신 다른 곡식이나 돈으로 납부할 수 있도록 하였다.

다른 곡식으로 납부하는 것을 대봉(代捧)이라 하는데 정부는 이를 위해 다른 종류의 곡물과의 교환 비율을 정하는 한편 공정가격인 상정가(詳定價)도 함께 정하였다.[45] 동전이 본격적으로 유통되기 시작한 18세기 중반 이후에는 봄에 동전으로 주고 가을에 쌀로 거두는 전환(錢還)이 실시되기도 하였다.

---

45) 『大典會通』.

4. 물가안정을 위한 발매(發賣)

1) 상평창

상평창(常平倉)은 물가조절을 담당하는 기관이다. 상평창 또는 상평청 (常平廳)은 물가를 조절하여 백성들의 생활을 안정시키기 위한 기구로 풍 년에 곡가가 싸지면 시가보다 비싸게 곡식을 사들여 저장하였다가, 곡가가 오르면 시가보다 싼 값으로 판매하여 물가를 안정시키는 역할을 하였다.[46]

조선에서의 상평창은 세종 18년(1436)에 처음 설립되었다. 당시 충청 감사 정인지가 구황책으로 이 기구의 설립을 건의하여 경기도에 상평청, 그 외의 지역에 상평창을 두었으나 곧 폐지되었다.[47] 쌀값을 안정시키기 위한 발매(發賣)는 세종 27년(1445)에도 운영되었다. 이 해 흉년으로 쌀값 이 오르자 우선 의창곡 1천 석을 원본으로 삼아 삼남 지방에서 포와 곡물 의 교환을 실시하였다.[48]

세조 초기 흉작이 수년간 계속되자 곡가가 많이 오르고 기민이 발생하 였다. 세조는 동왕 4년(1458)에 한명회(韓明澮)를 삼도도순문진휼사(三道 都巡問賑恤使)로 임명하여 하삼도에 파견하였다. 한명회는 거듭되는 흉 년으로 의창의 재고가 소진되고 기민들이 빌려간 곡식이 만성적으로 미납 되는 것을 보았다.

이 때문에 군자곡을 전용하여 빌려주고 있는데 군자곡도 회수되지 않고 있었다. 한명회는 군자곡을 보호하면서 곡가를 안정시켜 기민을 도울 수 있는 상평창 제도를 도입할 것을 주청하였다.[49] 이 건의가 받아들여져 서

---

46) 상평창은 중국의 춘추전국시대 齊나라의 管仲이 주장한 斂散平準法에서 그 기원 을 찾을 수 있다. 상평창은 漢의 耿壽昌, 魏의 李희 등이 실시하였고, 고려에서는 성종 9년(990)에 운영한 기록이 있다.
47) 『세종실록』, 세종 18년 7월 21일.
48) 金玉根, 『朝鮮王朝 財政史研究』, 一潮閣, 1992. p.267.
49) 『세조실록』, 세조 4년 4월 15일.

울과 지방에 상평창이 설치되었다.50) 그 후 상평창은 계속되지 못하고 일시적 기구로 존폐를 거듭하였다.

2) 상평창의 문제점

한 해의 농사 결과가 판단되면 수령은 마땅히 상평창의 돈과 포목으로 풍년이 든 고을로 사람을 보내 곡식을 사들여야 한다. 수령은 이 곡식을 자기 고을로 수송하여 궁민들에게 싼값으로 발매(發賣)한다. 발매는 진조(賑糶)와 같은 뜻이다. 상평창이 좋은 뜻을 가졌음에도 불구하고 계속 실시되지 않고 일시적인 기구로 그치는 이유에 대해 세종 때의 영의정 황희가 설명하였다.51)

> "우리나라는 산천이 험준하고 토지는 척박하여, 농사의 풍년이 드문 편이라 조세로 들어오는 것이 매우 적습니다. 또 정부에 저축된 돈과 피륙도 적으므로, 국가의 경비에도 부족한 편이니 정부의 저축으로 쌀을 사들이는 밑천을 삼을 수도 없습니다. 지난번에 상평을 위해 민호(民戶)의 대소에 따라 베와 쌀을 거두게 하는 명령이 있었는데 당시에 거둔 곡식의 수량이 심히 적었고 백성들은 좋아하지 아니하여 이를 폐지하였습니다. 만약 정상적인 세금 이외에 별도로 해마다 토지 매 결마다 돈이나 베를 거두어서 쌀 사들이는 밑천으로 삼는다면, 백성들이 매우 싫어할 것이니 상평창을 계속 시행하기는 어려울 것입니다."

상평창을 항구적 제도로 실시하기 위해서는 막대한 자본이 필요한데 조선은 농업생산성이 낮아 세금을 더 거둘 수 없으므로 상평창을 상설기관으로 운영하기 어렵다는 뜻이다.

---

50) 『經國大典』에 "경외 각지에 상평창을 설치하고 곡물이 귀하면 값이 오르므로 곡물로 布를 사들이고, 곡물이 천하면 값이 떨어짐으로 布를 내어 곡물을 사들인다"고 하여 상평청에 물가조절 기능을 부여하고 있다.
51) 『世宗實錄』, 세종 18년 7월 21일.

재해와 흉년이 빈번히 일어나면서 의창(환곡)만으로 기민 구제사업이 한계에 이르게 되자 성종 23년(1492)에 상평창을 다시 설립하여 운영하였다. 성종은 상평창의 쌀을 풀 때 면포 1필에 대해 시가보다 쌀 한 말 닷 되의 가격을 더하여 녹봉이 없는 군사·녹사·생도(生徒)·나장(羅將)·조예(皁隸)·공천(公賤)에게 주고 이들로 하여금 쌀을 팔게 하여 급여가 없는 하리(下吏)들을 구제하였다.52)

중종 19년(1524)에 상평창이 다시 설립되었다. 성종 때 설립한 상평창은 곧 폐지된 것으로 보인다.53) 이때 설치된 상평창은 진휼청과 청사를 함께 사용하고 담당 관원은 두 기관의 사무를 겸직하였다. 뿐만 아니라 상평창의 원곡도 진휼청과 같이 광흥창과 풍저창의 미곡과 그 밖의 잉여 관곡으로 충당하도록 하였기 때문에 양청은 사실상 하나로 운영되었다.

흉년에는 진휼청의 이름으로 환곡의 대여와 빈민 구제사업을 하고, 평시에는 상평창의 이름으로 물가조절 시책을 폈다. 상평창은 임진왜란 이후 폐쇄 상태에 있다가 인조 16년(1638)에 진휼청과 함께 다시 복설되었다. 양청은 종전과 같이 명칭은 다르나 같은 청으로 존립해 오다가 숙종 13년(1687) 기근 때 진휼청과 함께 선혜청에 부속되었다.

3) 상평창의 발매규정

상평청의 이름과 관계없이 정부는 흉년을 맞아 곡가가 폭등하면 정부가 보유하고 있는 양곡이나 모곡을 싼 값으로 시중에 판매한 기록은 여러 차례 있다. 그러나 발매할 때 대상자를 어떻게 선발하고 어떻게 나누어주는지에 대한 기록은 거의 없다. 발매의 역사는 오래 되었지만 발매의 규칙이 정해져 있었던 것 같지는 않다. 현종 2년(1661) 흉년을 맞아 상평청에서 서울의 빈민을 위해 매일 1백 석씩, 1만 석의 쌀을 싼값으로 발매하였는데

52) 『성종실록』, 성종 23년 3월 17.
53) 『중종실록』, 중종 19년 4월 갑자.

그 혼란이 극심하였다. 다음은 비변사가 현종에게 보고한 내용이다.54)

"국가가 불행하여 연이어 흉년이 들었는데 금년의 기근은 작년보다 더 심하여 뭇사람이 굶주리게 됨은 전국이 같습니다. 다행히 성상께서 1만 석의 쌀을 풀어 도성의 백성이 살아날 수 있도록 하였습니다. 다만 쌀을 발매할 때 균등하게 하고자 하나 쌀은 적고 사람은 많아 좋은 계책을 내지 못하고 있습니다."

"처음에는 긴 나무 장대를 많은 사람이 모여 있는 곳에 던져 그 나무 장대를 잡은 자만 끌어 들이게 하였으니 그 수효가 몇이나 되겠습니까? 그것도 앞에서 부딪히고 뒤에서 채어 더러는 쌀과 바꿀 물건까지 잃어버린 일이 있기에 할 수 없이 사람이 새끼줄의 양 끝을 잡고 사람 속에 던져서 에워싸서 들이게 하니 그 속에 들을 수 있는 자가 역시 몇이나 되겠습니까. 남녀노소가 새끼줄을 잡고 서로 들어가려고 다투어 밑천을 잃어버리고 살이 찢어지고 하여 장대를 던지는 것과 다름이 없었습니다."

"이점을 염려하여 처음으로 다섯 군데로 나누어 첩지(帖紙, 배급표)를 발급하여 발매하니 이는 당초에 나누어 팔 때보다 약간 나았으나, 사람은 많고 첩지는 적어 얻기가 어려움으로, 여자와 아이들은 저자의 방에 들어가게 한 뒤에 들어갔던 자를 나오게 하여 나오는 순서대로 첩지를 주었으나 그 많은 사람 중에서 들어갈 수 있는 자가 또 몇이나 되었겠습니까"

"이런 연유로 힘이 센 자는 중복하여 받기도 하였으며 노약자나 병이 든 자는 끝까지 쌀을 살 수가 없었습니다. 오늘도 이러했고 내일도 이러하여 굶주림을 참고 사게 되기를 기다려 더러는 8, 9일씩 됐어도 결국 빈손으로 돌아가고 있습니다. 지방의 쌀장사들도 서울에서 공매한다는 기별을 듣고 올라오기는 했으나 관매(官買)하지도 못하고 사매(私買)도 하지 못하여 다급하고 경황없이 원망과 고초만이 길에 널렸습니다."

"상평청에서 시행하고자 하는 방안은 호적을 참조하여 표문을 내어주되 녹봉을 받는 집이나 쌀로 급료를 받는 사람, 부자집은 표문을 주

---

54) 『備邊司謄錄』, 현종 2년 2월 17일.

지 않고, 한 달에 세 번을 발매하되 보목(保木)과 상목(常木)의 다과가
고르지 않은 경우 이것도 참작하여 실행하고자 하는데 어떻겠습니까"

상평창에서 미곡을 시가보다 싸게 발매할 때 상인들과 부자들이 빈민을
제치고 뇌물과 연줄을 이용하여 쌀을 많이 사가는 문제점이 있었다. 이것
을 막기 위하여 표문(배급표)를 발행하여 기민들도 쌀을 살 수 있게 하였
다. 이후 한성부가 흉년을 맞아 곡식을 염가로 빈민에게 판매할 때는 먼저
빈한한 가호를 추려내어 명부를 작성하여 진휼청에 보고하였다. 이때 식구
수를 고려하여 가구를 대·중·소·독호(獨戶)의 4등급으로 나누었다.

표문을 받은 빈민들에게 판매 순번을 정해주고, 쌀을 판매할 때는 쌀 가
격을 시세보다 싼 진휼청 발매가로 하였다. 발매가격은 쌀 1석에 3냥, 좁
쌀은 1석에 2냥 7전 기준으로 하였다.

판매 상한은 식구가 많은 대호는 쌀 5두, 중호는 4두, 소호는 3두, 혼자
사는 독호 2두로 하였다.[55] 그러나 상평창에서 쌀을 싸게 판매하자 시중의
쌀 상인들이 도성으로 쌀을 반입하던 것을 중지하는 부작용이 나타났다.

성종 13년(1482) 이후 중종 대까지 40여 년 동안은 정부의 비축이 넉넉
하지 않아 상평창 중심의 진휼 정책이 실시되었다. 그러나 잦은 흉년으로
곡식을 충분히 사두지 못한 데다가 상인들은 상평창에서 싼값으로 쌀을 사
서 다른 지방에 고가로 파는 모리 행위를 중단하지 않았다. 오랫동안 재해
가 이어지면서 국가의 비축곡은 감소되고 상평창의 기능이 위축되어 갔다.

5. 부세의 견감

1) 전세의 감면

부세(賦稅)의 견감(蠲減)이란 흉년이 든 재해지 백성들에게 전세(田稅)

---

55) 『현종실록』, 현종 2년 1월 23일; 『萬機要覽』, 財用編, 救荒.

와 대동세, 공납, 신역과 군역 등의 부세와 환곡의 전부 또는 일부를 면제 또는 연기시켜 주어 백성들의 부담을 덜어주는 제도를 말한다. 견감정책에 는 재해와 기근이 든 지역의 전세를 면제해 주는 급재(給災)와 재해의 정 도에 따라 전세·대동을 부분 감면해주거나 납세를 연기해 주는 특별 견감, 각종 신역·신포를 부분 감면해주거나 납역(納役)을 연기해 주는 부역 견 감 등이 있다.

정부는 흉년을 맞아 백성들의 부담을 덜어주기 위해 전세 또는 전세의 감면 조치를 자주 취하였다. 조선전기에는 전세의 면제와 공납, 신역의 견 감이 중요한 황정 대책이었다. 구체적인 전결세의 면제 또는 견감 내용은 부세 수취체계의 변화에 따라 달랐다. 전결세의 수취체계는 조선 전기의 과전법과 공법(貢法)체계, 조선 후기의 영정법(永定法)과 비총법(備摠法) 에 따라 백성들에게 미치는 영향의 정도와 크기가 달랐다.

(1) 과전법

조선은 개국 시 모든 토지를 국유화하고 토지의 상속과 매매, 병작을 금 지하는 과전법(科田法)에 기초하여 토지개혁을 단행하였다. 과전법은 토 지를 공전과 사전으로 나누었다. 공전은 국가기관이 소유하는 농지를, 사 전은 공신과 관리들에게 분배한 농지를 말한다. 공신과 관리들에게 분배한 과전은 소유권을 준 것이 아니라 수조권(收租權)을 주었다. 토지를 받지 못한 일반 농민들은 공전이나 수조권자의 농지를 경작하였다.

과전법 체계 아래서 모든 농지에 대한 전세는 생산량의 10분의 1세(결 당 현미 30두)로 통일시켰다. 그러나 결당 30두의 조세는 작황이 가장 좋 은 상상년(上上年)의 풍년을 기준으로 하였다. 과전법은 흉풍의 정도를 10 등분(年分10等制)으로 나누고 재해로 인한 손실이 매 1분(10%)씩 늘어날 때마다 세금을 1분씩 감해주다가 8분(80%)의 손실을 입게 되면 세금을 모 두 면제시켜주었다. 즉 흉작으로 손실율(損失率)이 매 10%씩 증가할 때마

다 현미를 3두씩 체감하여 나가다가 손실율이 70%일 때 9두가 되고 손실
율이 80%(實收率20%)가 되면 세금을 전액 면제하였다.56)

<표 4-2> 과전법의 세율규정(현미)

實收率(分)	損失率(分)	세금 감면액(두/결)	수세액(두/결)
10	0	0	30
9	1	3	27
8	2	6	24
7	3	9	21
6	4	12	18
5	5	15	15
4	6	18	12
3	7	21	9
2	8	30(면세)	면세
1	9	30(면세)	면세

자료: 『經國大典』, 戶典, 收稅.

이 제도는 해마다 각 지방별, 필지별로 작황이 어느 정도인가를 사정하
는 일이 선행되어야 하는데 정부는 이 판단을 군현의 수령들이 담당하도
록 하였다. 이 제도는 농민들이 입은 재해의 정도를 현장 확인을 통해 결
정하는 것이므로 손실답험법(損失踏驗法)이라 하였다. 손실답험은 수령이
혼자 할 수 있는 일이 아니므로 향리와 지방 사족 등을 실무자로 내세워
이들로 하여금 현장을 답사하여 세액을 결정하도록 하였다. 손실답험은 향
리 등의 판단에 따르기 때문에 판단의 기준이 일정하지 않았고 이 때문에
뇌물·청탁·압력 등으로 공정한 과세가 어려웠다.

(2) 공법

공법(貢法)은 세종 26년(1444)에 답험손실제의 문제점을 시정하고 그동

---

56) 『經國大典』, 戶典, 收稅.

안의 정치권력의 안정과 농업생산력의 향상을 반영하기 위하여 만든 새로운 과세제도이다. 공법은 토지의 비옥도를 6등급(田分 6等制)으로 구분, 비옥도에 따라 1결의 면적을 달리하면서 전국적으로 양전을 다시 하였다.[57]

동시에 공법은 풍흉의 정도인 연분을 9등급(年分 9等制)으로 나눈 후 그해의 연분과 토지면적을 고려하여 전세 액을 결정하였다. 즉 전세 액은 최상의 풍년인 상상년에 1결당 현미 20두를 받았으나 연분이 낮아질수록 체감하여 수율(收率)이 20%가 안 되는 하하년(下下年)에는 4두만 받았다. 그리고 생산량이 10%가 안 되는 흉년일 때는 전세를 모두 면제하였다.[58]

<표 4-3> 공법의 세율규정

年分	實收率(分	세금감면액(두/결)	수세액(두/결)
上上年	10(全實)	0	20
上中年	9	2	18
上下年	8	4	16
中上年	7	6	14
中中年	6	8	12
中下年	5	10	10
下上年	4	12	8
下中年	3	14	6
下下年	2	16	4
1分實	1	20	0

자료: 『續大典』, 戶典, 收稅.

공법제 아래서는 지방 수령이 그 해의 연분을 결정하고 감사(관찰사)가

---

57) 과전법에 따른 토지 1결의 면적은 上田이 약 1,844 평, 中田이 약 2,897 평, 下田이 4, 184 평이었다. 현재 1정보의 면적이 약 3,000 평이므로 당시 중전 1결의 면적이 지금의 1정보와 비슷하다. 1정보는 1 ha와 거의 같다. 공법에서 1등전 1결의 면적은 약 2,753평, 2등전은 3,247평, 3등전 3,394평, 4등전 4,725평, 5등전 6,897평, 6등전은 약 11,036평이다.
58) 『續大典』, 戶典, 收稅.

재심하여 국왕에게 상신하면 호조에서 경차관(敬差官)을 일선에 파견하여 복심한 후에 세액을 확정하였다. 그러나 공법은 답험손실제의 문제점도 완전히 해소시키지 못했다. 공법은 숫자상 세율이 크게 감소한 것으로 보이나 1결의 면적을 축소하고 실제 적용 면에서 연분 등급에 차등을 별로 두지 않았기 때문에 경작자에 대한 세금이 줄었다고 보기 어려웠다.

(3) 영정법

임진란은 조선의 경제 기반을 초토화시켰다. 논밭은 장기간 방치되어 형질이 훼손되고 농지의 비옥도도 낮아졌다. 토지문서도 대부분 망실되었다. 따라서 임진란 직후의 전결 수는 30~50여만 결로 임란 전에 비해 약 3분의 1규모로 대폭 축소되었다.

뿐만 아니라 전후 대동법이 실시되어 결당 약 12~16두의 추가적 세금이 토지에 집중되었다. 여기에 더하여 임진왜란 중 훈련도감을 창설하고 신병력을 양성하기 위한 삼수미, 명나라의 유격부대인 모문룡(毛文龍) 군을 지원하기 위해 과세하던 모량미(毛糧米)에 전세까지 합하면 종전의 최고 세액인 결당 세금 20두를 훨씬 초과하는 상황이 되어 버렸다. 이런 조건 아래서 정부는 과거와 같은 방법으로 과세하기 어렵게 되었다. 전후 민심도 위무하지 않을 수 없어 최하의 연분으로 과세하다 보니 이것이 고착되어 결당 4두를 받는 것이 관행처럼 되었다.

결국 세제는 인조 12년(1634)에 흉풍에 관계없이 1결당 쌀 4두를 부과하는 정액세법인 영정법(永定法)으로 개정하였다. 이때부터 현미 대신 전답을 막론하고 모두 백미로 과세하게 되었다. 또 영정법은 밭에 대한 재해 면세를 철폐하였다. 과전법과 공법이 매년 변하는 수확량에 대해 일정한 세율로 과세하는 정률세(定率稅)라면 영정법은 정액세제(定額稅制)였다. 영정법이 시행되자 정부의 세수가 크게 줄게 되었다.

(4) 비총법

조선후기부터 대규모로 군영을 확대하여 재정 수요가 팽창하기 시작하였다. 17세기에 들어와 인조대기근, 현종대기근, 숙종대기근 등으로 재해의 규모와 빈도가 커지면서 구휼 재정의 규모가 확대되었다. 정부로서는 안정적 전세수입을 확보하기 위해서는 경지면적이 줄어드는 것을 막고, 흉년에 전세를 감면해주는 급재가 늘어나지 않도록 관리하지 않을 수 없었다.

정부는 영조 30년(1754)부터 전결세의 비총제(比摠定額制)를 도입하였다. 비총법(比摠法)은 호조에서 경차관을 파견하는 대신 각도 감사의 작황 보고에 따라 그것에 상당하는 과거 어느 연도의 수세액을 기준으로 하여 해당 도의 전세액과 급재결(給災結)수를 결정하는 제도이다.

비총제 이후 진휼대책으로서 전결세의 특별 견감은 전세보다 대동세를 중심으로 이루어졌다. 그러나 그 시행 빈도는 점차 줄어들었다. 18세기 이후 전세와 대동세를 동시에 감해주는 일은 거의 없었다. 시행 범위도 제한되어 극심한 흉년일지라도 전국이 동시에 혜택을 입은 일은 드물었으며, 국가 재정의 근간을 이루는 삼남지역의 전세를 감해주는 일도 드물게 되었다.

2) 군포의 견감

조선후기에 들어와 군포(軍布)는 국가의 중요한 재원으로 부상하였다. 정부는 기존 세제 아래서 5군영 체제의 운영을 위한 경비의 조달이 거의 불가능하였다. 병조를 비롯한 5군영과 지방의 영진 등은 운영 재원을 대부분 양역(良役) 대상자가 부담하는 군포에 의존하게 되었다. 군포가 국가재정에서 중요한 위치를 차지하자 정부는 군포의 부과 대상인 양정(良丁)의 확보에 주력하기 시작하였다.

조선전기에는 신역이 1가구당 1역이 원칙이었다. 후기에 신역(身役)의

포납화(布納化)가 일반화되면서 신역이 있는 가구 내의 모든 장정이 1인
당 군포 2~3필을 납부하지 않으면 안 되었다. 한집에 아버지와 아들 두명
이 살고 있으면 군포를 4~6필을 납부하였다. 1인 당 군포 2필은 보통 농가
에서 감당하기 어려운 수준의 세금이었다. 흉년이나 전염병이 유행할 때는
군포 부담이 더욱 고통스러웠다. 흉년으로 농민의 부담이 가중되는 상황이
오면 농민들은 양역에서 벗어나기 위해 피역하거나, 도망, 유망하는 경우
가 늘어났다.

정부는 농민층의 유망과 피역을 방지하기 위해 흉년에는 자주 군포와
신공을 감면하는 정책을 취했다. 그러나 국가재정에서 차지하는 비중이 높
은 군포의 견감은 병조와 각 군문의 경비 부족으로 이어졌다.

숙종 대에 들어와 대기근과 연이은 흉작으로 진휼청의 경비가 모자라
급대(給代)가 제대로 이루어지기 어려웠다. 정부는 정부의 재정이 급속히
악화되는 것을 방지하기 위해 군포와 신공의 견감 규정을 마련하고 흉풍
의 정도와 각 군현의 분등(分等)에 따라 차등 있게 감액하였다. 예를 들면
숙종 4년(1678)에 시행된 피재읍제반신역견감별단(被災邑諸般身役蠲減
別單)과 같은 것이 있다.[59) 그 내용은 아래와 같다.

(1) 우심읍(尤甚邑)의 경우

한발 등 재해시 우심읍으로 밝혀진 곳에서 신역으로 군포를 3필 이상
납부하는 자는 1필을 감해준다. 2필을 납부하는 자는 반 필을 감해주고, 1
필을 납부한 자에게는 견감하지 않는다. 과거 기병(騎兵)은 흉년에도 감액
하지 않았다. 그러나 기병도 숙종 3년 12월부터 상번(上番)을 정지하고 기
병과 그 보인의 번포(番布)는 1필만 거둔다.

어영군(御營軍)과 훈국(訓局) 별대(別隊)의 정초(精抄) 보인중 군보를
쌀로 납부하는 자는 그 절반을 삭감한다. 수군 중에서 납포하는 자는 3필

---

59) 『備邊司謄錄』, 숙종 4년 10월 17일.

가운데 1필을 감하고 입번의 횟수를 줄여준다. 노비신공(奴婢身貢) 가운데 1필을 납부하는 자는 반 필을 감하고, 반 필을 내는 자는 납부를 면제한다. 각 도의 감영, 병영, 수영에 납포한 자도 다른 신역을 부담하는 자와 똑같이 견감한다.

(2) 지차읍(之次邑)의 경우

각종 신역은 3필을 납부하는 자에 한해서 1필을 삭감해준다. 어영군과 훈국 별대의 정초(精抄) 보인중 쌀을 납부하는 자도 그 3분의 1을 감해준다.

(3) 초실읍(稍實邑)의 경우

초실읍에는 군포 등을 견감하지 않는다.

이와 같은 규정에도 불구하고 군포의 견감은 정부 재정의 악화 때문에 실시의 빈도는 점점 낮아졌다. 견감의 실행은 정부에서 군영 등 제 기관에 대한 급대(給代)를 전제로 하는 것이었기 때문에 신중을 기하지 않으면 안 되었다. 이 때문에 시간이 지날수록 견감의 폭이 줄어들었고 면제나 감액 대신에 연기를 택하는 경향을 보였다.

정부는 각 군문의 재정문제를 고려하여 군포의 견감은 억제하고 대신 환곡의 견감 비중을 높여갔다. 비록 흉년일지라도 당해 연도 군포는 가능한 한 수납하도록 했고, 부득이한 경우에는 오랫동안 걷지 못한 군포를 재해 등급 구분에 따라 분할하여 징수를 연기하거나 부분적으로 탕감(蕩減)하였다.

영조 26년(1750) 균역법(均役法)이 실시된 후 신역의 감면은 완전히 중단되었다. 균역법은 양역 해당자 1인의 군포 부담을 2필에서 1필로 반감하여 그동안 논란의 중심에 있던 군포 문제를 완전히 해결하려고 하였다. 그러나 균역법의 실시로 양인들의 군포 문제가 완전히 해결된 것은 아니었다. 큰 흉년이 들어 초근목피로 연명하는 빈궁민들이 1필의 군포를 내는 것도 어려웠다. 또 균역법 실시 이후 각 군현과 지방군영이 군사의 총수인 군액(軍額)을 증가시키는 방향으로 대처했기 때문에 농민들의 부담이 줄어든 것은 아니었다.

3) 환곡의 탕감과 정퇴

환곡은 춘궁기 농민들에게 농량과 종자를 대여하는 전형적인 진휼 정책이다. 조선 초기부터 정부는 흉년이 들었을 경우 환곡에 대해서도 견감 정책을 적용하여 농민들의 어려움을 덜어주려고 노력하였다. 이때 실시한 견감책은 금년에 빌려준 신환(新還)과 지난해에 대출한 구환(舊還)에 대한 연기(停退), 받을 수 없게 된 구환의 탕감(蕩減·면제), 그리고 서울 등지로 상납할 세곡을 현지에 보관해 두고 환곡의 자금으로 활용하는 것 등이 있었다.

환곡의 견감 가운데 신환에 대한 상환 연기는 재해의 경중에 따라 차등을 두어 실시하는 것이 원칙이었다.[60] 예를 들면 효종 3년(1652)에는 재해 피해가 가장 우심한 평안도와 함경도와 경상도와 전라도의 우심읍은 환곡의 3분의 2를 연기하고, 지차읍은 2분의 1, 초실읍은 연기 없이 전액 반납하도록 하였다. 이와 같은 원칙은 흉년이 아주 심한 해를 제외하고 숙종 때까지 대체로 지켜졌다.

영조 때 환곡의 원본이 부족한 상태에서 큰 흉년이 오자 환곡의 분급이 어렵게 되었다. 이때부터 환곡의 상환 연기는 조건이 강화되고 상환을 독촉하게 되었다. 그러나 흉년에 구환을 모두 수봉(收捧)하는 것이 어려워 심한 흉년에는 분등의 구별없이 상환을 연기하여 주었다.

그 대신 환곡의 상환을 면제해 주는 탕감(蕩減)은 거의 없었다. 예외적으로 극심한 흉년이 들었을 때나 나라에 경사가 있을 때 오래된 환곡을 대

---

60) 양진석, "17세기 후반 재실분등과 환곡의 환수책", 『규장각』 25, 2002, pp.125-127.

상으로 실시하였다.

탕감은 상환곡을 완전히 면제해 주는 것이기 때문에 환곡의 비축량 감소를 초래하는 일이었다. 숙종대기근 때 5년에 걸쳐 전국을 휩쓴 기근과 전염병으로 환곡을 받은 농민들이 죽거나 유망하여 미수된 환곡이 많았다. 숙종은 여러 차례에 걸쳐 이들의 환곡을 탕감하였다. 숙종 후반기의 연속적 탕감은 많은 부작용을 일으켰다.

예를 들면 환곡의 탕감령이 내릴 것을 예상하여 토호와 양반, 이서들이 타인의 명의로 환곡을 받고 반납하지 않는 일이 일어났다. 또 이서들이 흉년으로 탕감령이 내릴 것을 예상하면 미리 환곡을 독촉하여 수봉한 후 반납 보고를 하지 않고 시간을 끌다가 탕감령이 내리면 수봉한 환곡을 횡령하였다.61) 환곡 탕감령은 심한 제한을 받았고 급기야 영조 11년(1735)에는 구환의 탕감은 실시하지 않는 것으로 정식화(定式化)하였다.62)

6. 구휼기관과 비축창제도

1) 구휼기관

(1) 義倉

의창은 흉년에 농민들이 농사를 짓지 못하면 종자와 식량을 빌려주어 생업을 계속하게 하고 가을철에 빌려준 곡식을 회수하여 다음의 흉년에 대비하는 비축 제도이다. 의창은 또 기민 구제를 위한 무상 진제곡을 공급하기도 하였다. 의창제도는 중국 수(隋)나라에서 처음 시작하였다.

우리나라에서 의창은 고구려 고국천왕 때 재상 을파소의 제안으로 처음 실시되었다. 고려에서도 의창을 운영하였다. 조선조에 들어와서는 태조 원

---

61) 정약용, 『牧民心書』, 穀簿.
62) 『備邊司謄錄』, 영조 5년 12월 22일.

년 도평의사사(都評議使司) 배극렴과 조준 등의 주청에 따라 의창제도가 도입되었다.[63)

의창제도는 단순한 기민 구제사업이 아니었다. 의창은 농민들이 흉년과 기근으로 아사하거나 생업의 현장인 농촌을 떠나 유리하는 것을 방지하여 국가의 경제적 기반인 농업을 지속시키기 위한 측면이 컸다. 이런 점을 감안하여 의창은 농민들이 종자가 없을 때는 종자와 또 농사기간 동안 먹을 양식인 농량(農糧)도 빌려주었다.

의창제도의 또 다른 측면은 국토방위를 위해 변경지방에 강제 입주시킨 백성들의 상주(常住)를 위해 식량을 빌려주는 것이었다. 흉년과 기근으로 농민들이 일선 지방의 주거를 포기하면 국토방위에 큰 차질이 생기기 때문이다. 세종 때부터 함경도에 6진을 개척하고 그 지역에 백성들이 살지 않으면 국경을 지킬 수 없다고 보고 사민정책(徙民政策)을 실시하였다.

사민정책은 선조 때까지 약 150여 년간 계속되었는데 경상도와 전라도, 충청도 지방에서 강제적으로 이주민을 선발하여 함경도와 평안도의 변경으로 보냈다. 멀고 낯선 변경 지역에 보내진 백성들이 농지를 개간하고 정착하기까지는 상당한 시일이 걸렸다. 정부는 이들이 정착할 때까지 의창곡을 빌려주지 않으면 안 되었다.

조선 초기에는 한재와 수재로 거의 매년 흉년이 들었다. 이에 따라 백성들은 끼니를 제대로 이을 수 없었다. 흉년이 오면 농민들은 종자까지 먹는 일이 다반사였다. 이듬해 정부에서 종자를 대여해주지 않으면 농사를 지을 수 없는 상황이 자주 벌어졌다.[64)

한편 군자곡은 전쟁을 대비하여 장기간 보관해야 하는데 오래 보관하면 곡식이 썪어서 못쓰게 되는 특성이 있다. 보통 2~3년에 한 번씩 새 곡식으로 개색(改色) 하지 않으면 안 되었다. 이때 헌 곡식을 의창에 보내고 새

---

63) 『太祖實錄』, 태조 원년 9월 24일.
64) 『태종실록』, 태종 15년 7월 6일.

곡식을 받아 군자곡으로 저장하면 편리한 점이 있어 군자곡을 자주 의창곡으로 전용하기 시작하였다.

정부는 환곡제도의 지속성을 유지하기 위하여 빌려준 곡물에 대해 모곡(耗穀)이라는 이름의 이자를 부가하기 시작하였다. 초기에는 1석(15두)당 풍년에는 5승, 평년에는 3승을 받았다. 나중에는 1석당 15두(10%)의 이자를 받는 것을 원칙으로 하였다.

의창은 평소에 환곡을 지급하고 흉년에는 무상으로 곡식을 분급하였기 때문에 자연히 비축 곡물의 재고가 줄어들 수밖에 없었다. 정부는 의창 운영의 부족분을 군자곡으로부터 충당하지 않으면 안 되었다. 호조는 군자곡의 감소에 대해 빈번히 우려를 표명하였다.[65]

세종 22년(1440) 의정부 좌참찬 하연이 군자곡의 감소를 방지하고 동시에 의창의 자원을 충족시키기 위한 대책을 건의하였다.[66] 이에 따라 세종 30년(1448)에 군자곡(軍資穀) 1백만 석 이상을 의창곡에 보충하였지만 의창곡은 계속해서 줄어들었다. 세종 30년의 의창곡 규모는 <표 4-5>와 같다.

〈표 4-5〉 세종 30년(1448)의 의창곡 현황

府 및 道	本穀	추가곡	계	비고
한성부	7,812석 6두	2, 187석 6두	10,000석	군자감 의창
경기도	138,839석 7두	211, 160석 8두	350,000석	
충청도	180,030석 2두	169,969석 13두	350,000석	
전라도	107,691석 13두	242,308석 2두	350,000석	
경상도	256,891석 12구	143, 108석 7두	400,000석	
강원도	86,911석 12두	113,088석 3두	200,000석	
황해도	136,048석 2두	63,951석 13두	200,000석	
평안도	186,006석 5두	163,993석 10두	350,000석	
함경도	52,720석	147,280석	200,000석	
합계	1, 152,977석	1,257,075석	2,410,052석	

출전: 『세종실록』 세종 30년 4월 22일.

---

65) 『세종실록』, 세종 27년 7월 27일.
66) 『세종실록』, 세종 22년 3월 23일.

이 표에서 보는 것처럼 세종 22년경 의창 본곡은 115만 석이었으나 125만 석의 추가곡을 보충하여 세종 30년에는 합계 241만여 석으로 늘어났다. 도별로 볼 때 20만 내지 35만 석이 보통이지만 경상도가 40만 석으로 가장 많았다.

16세기에 들어와 외세의 잦은 국경 침탈과 양반·세가의 토지 겸병이 증가하면서부터 의창의 운영이 어렵게 되었다. 이때문에 의창을 중심으로 한 광범위한 무상 진급(賑給)의 시행은 위축되었다. 환곡은 중종 때부터 의창을 대신하여 상평창에서 취급하였다. 상평창은 쌀값을 조정하는 것이 설립 목적이었지만 환곡도 함께 취급하였다. 중종 6년(1511) 이후에는 진휼청에서 환곡을 취급하였다.

(2) 사창(社倉)

가. 정부의 社倉실험

사창(社倉)은 송(宋)나라의 주자(朱子)가 남강(南康)의 지방관으로 있을 때 흉년을 맞아 처음 설치하였다. 주자가 설치한 사창이 성공하였다고 하여 유학자들 사이에 흉년 대책으로 유명해졌다. 사창은 촌락의 백성들이 흉년에 대비하여 곡식을 저축하고 백성들이 운영한다는 점에서 정부에 의해 운영되는 의창과 구별된다.

조선에서 사창(社倉)이 처음 설립된 것은 세종대로 보인다. 사창 설립의 필요성에 대한 논의는 세종 10년(1428)에 호조가 그 필요성을 제기하여 의정부에서 논의하였는데 결론을 내지 못하였다. 그 후 충청 감사 정인지, 공조참판 이진 등이 사창의 설립을 주장하였으나 역시 실행에 이르지는 못하였다.

세종은 동왕 21년(1439)에 사창을 도입해보기로 '결심하고 의정부가 기안한 사창법의 절목을 집현전(集賢殿)에서 검토하도록 지시하였으나 그해 심한 가뭄이 들자 논의가 중단되었다.67) 세종은 다음 해인 22년(1440)에 집현전 직제학 이계전(李季甸)에게 사창법의 시행사목을 다시 만들도록 지시하였다. 이계전이 만든 「시행사목」의 요지는 다음과 같다.68)

> ○ 관청과의 거리가 30리 이상인 면에 사창을 설립하는 것을 원칙으로 하고 자본은 우선 의창곡을 빌려서 시작한다.
> ○ 사창은 가난하지 않은 사람에게는 곡식을 대출하지 않고 두 번 이상 연기한 사람도 빌려주지 않는다.
> ○ 사창의 관리자는 그 고장의 청렴한 품관으로 임명하고 창고지기는 부호로 삼는다.
> ○ 이자는 매 10두마다 2두로 하되 작은 흉년을 만나면 그 이자의 반을 감해주고 큰 흉년일 경우 모두 감면한다.
> ○ 사창곡을 걷고 나누어 주는 권한은 수령이 직접 시행하여야 하며 서리(胥吏)에게 위임해서는 안 된다.
> ○ 출납 회계는 의창의 예를 따르되 사창에서 거둔 수량이 의창에서 빌린 자본의 10배가 되면 의창에 원금을 갚아야 한다.

이계전이 만든 사창의 「시행사목」은 사창곡은 의창에서 빌려오고 출납을 수령이 직접 해야 한다는 점에서 전통적인 사창 개념과는 달랐다.

세종은 이계전이 올린 사창사목에 따라 사창을 설립하지는 못했다. 세종은 30년(1448)에 사창을 시험적으로 실시해 보기로 결심하고 지함양군사 이보흠(李甫欽)을 지대구군사로 발령하면서 군내 몇 군데를 골라 사창을 시험적으로 운영해 보라고 지시하였다.69) 세종은 이 지시를 내린 후 1년여 만에 사망하였다.

세종 때 빈민들은 식량과 종자의 공급을 의창곡에 의지하고 있었는데 흉년이 잦아 의창곡이 거의 소진되었다. 문종은 즉위(1451)하자 사창의 설

---

67) 『세종실록』, 세종 26년 7월 14일.
68) 『세종실록』, 세종 27년 7월 24일.
69) 『세종실록』, 세종 30년 1월 25일; 5월 15일.

치에 관심을 가졌다. 세종의 총애를 받던 이조 판서 권맹손과 중추원사 이 징석 등이 사창의 필요성을 강력하게 주장하고 나섰다. 이들은 의창이 곡 식을 내주고 받을 때 수령이 직접 하지 않고 향리에게 맡기므로 백성들이 부당하게 손해를 보고 있으며, 의창과 마을 간의 거리가 멀어 창곡의 출납 시 불편이 있으니 마을마다 사창을 세우자고 주장하였다.[70]

문종은 사창제도의 실시를 결정하기 전에 경상도 66군현에 사창의 도입 에 대한 의견을 조사하였다. 이때 사창의 설치를 찬성한 곳이 54군, 반대 한 곳이 12군이었다. 의정부에서는 그 이유를 의창에서는 이자를 받지 않 는데, 사창에서는 1석당 3두의 이식을 받으니 농민들이 원하지 않으며, 이 미 의창이 있는데 또 사창을 만든다면 번거로운 폐단을 만들 뿐이라고 설 명하였다.[71]

정부 주도의 사창 실험은 성공적이지 못한 것으로 보인다. 그 이유는 의 창의 군자곡은 이자를 받지 않는데 사창은 석 당 3두의 비싼 이자를 받는 다는 점, 사창의 사장을 수령이 임명하여 사실상 의창과 차이가 없다는 점, 사창을 새로 만들어 주민들에게 곡식을 수집하고, 내주고, 지키는 번거로 운 일이 새로 생겼기 때문으로 보인다.

일을 추진하던 문종은 몸이 약해 정사를 보지 못하는 날이 많았고, 2년 밖에 재위하지 못하여 추진 동력을 상실하였다는 점이 다른 이유였을 것 이다. 문종 사후에는 나이 어린 단종이 등극하여 사창의 설치 같은 일을 마무리하기에는 나라가 너무 어수선하였다.

나. 명망가들의 사창 실험

환곡에 문제가 생길 때마다 사창(社倉)을 대안으로 생각하는 관리와 유 학자들이 계속 나왔다. 사창은 송나라 때 주희(朱熹)가 설립하여 운영하였

---

70) 『문종실록』, 문종 즉위년 10월 8일; 10일.
71) 『문종실록』, 문종 1년 6월 2일.

기 때문이다. 은퇴한 정부 관리 또는 유학자가 개인적으로 사창을 설립하여 운영한 사례는 다수 존재한다. 그러나 존속기간이 길었던 사례는 없었다.

대표적인 것으로 선조 10년(1577) 율곡 이이(李珥)는 정부에서 물러난 후 해주의 석담(石潭)에 내려가 향약(鄕約)과 함께 사창을 운영하였다. 이 때 설치된 사창은 향약의 한 부분으로 마을의 상부상조와 빈민 구제를 위한 목적으로 설치되었다. 이율곡의 사창은 유향소(留鄕所)와 함께 운영하였는데 당시 사창의 규약은 대략 다음과 같다.[72)]

> ㅇ 사창곡은 부약장(副約長)이 유사(有司)가 되어 매년 가난한 사람에게 골고루 나누어 준다. 이자는 1두에 대해 2되를 받되 춘곡과 추곡이 나온 후 받아드린다.
> ㅇ 사창곡은 매년 정월 11일부터 매월 1·11·21일에 나누어준다. 받아들이는 것은 9월부터 11월까지 매 1·11·21일에 한다.
> ㅇ 출자하지 않은 사람도 곡식을 빌려갈 수 있으나 계원의 이름으로 해야 하며 만약 빌려간 사람이 납부하지 못할 때는 대신 납부하여야 한다.
> ㅇ 곡식을 파종하기 전에 사창곡을 빌려가려면 1두에 3승씩 이자를 내야 한다. 만약 풍년이 되면 사창곡을 빌려간 사람은 사창곡을 늘리기 위해서는 10두씩 더 비축해야 한다.
> ㅇ 사창에 가입하고자 하는 사람은 2석을 출자하고, 그렇지 않은 사람은 10두를 낸다.
> ㅇ 곡식을 빌려갈 때는 10집에서 한 사람씩 통주(統主)를 뽑아 통주가 통내의 모든 사람이 납부 기일을 지키도록 책임을 진다.
> ㅇ 사창에서 나누어 준 곡식은 채무로 징수할 수 없으며 위반자는 범법으로 다스린다.

이율곡의 사창은 향약의 한 부분으로 만들어졌기 때문에 덕업상권(德業相勸), 환난상휼(患難相恤) 등을 강조하였다. 그러므로 빈민은 사창의 계

---

72) 李珥,『栗谷全集』卷 16, 雜著 3.

원이 아니라도 사창곡을 빌려갈 수 있으며 통주 등이 연대책임을 져야 하는 등 향약적 성격이 다분히 있었다. 또 윤선거도 자신의 고향에서 잠시 사창을 운영한 일이 있다. 송시열도 회덕과 청주에서 사창을 만들었으나 오래가지 못했다.

그 뒤 숙종 8년(1682) 대사헌 이단하(李端夏)가 『예기(禮記)』에 나오는 3년 농사를 지으면 1년분의 저축이 생긴다는 고사를 들어 사창을 널리 도입하자면서 "지금부터 정부가 솔선하여 경비를 줄이고 검약한 기풍을 세우면 흉년을 만나도 재용을 이어갈 수 있으며 백성들도 살아갈 수 있다"고 상소하였다.73) 이단하는 부족한 국가재정의 확보책으로 사창제를 실시할 것을 구상하였다. 민간의 곡물을 이용하여 진휼에 사용함으로써 국가재정의 남용을 막고 수입을 늘릴 수 있다고 생각하였다. 이단하의 주장은 임금으로부터 긍정적인 반응을 끌어내었다. 이것이 단초가 되어 숙종 10년(1684) 예조 판서가 된 이단하가 발의하여 「사창절목(社倉節目)」이 제정되었다.74) 이때 만든 「사창절목」의 요지는 다음과 같다.

- ㅇ 이민(里民) 100호를 단위로 하여 1사(社)를 설립한다.
- ㅇ 사민(社民)의 공동 출역으로 창고를 건설한다.
- ㅇ 사민 각자가 응분의 곡물을 출자하여 이를 사민의 공동 저축으로 한다.
- ㅇ 사창의 곡물은 그 반을 거치하고 나머지 반을 빈궁한 사민에게 대출하여 가을 수확기에 연 10분의 2 이자를 받아 환곡하게 한다.
- ㅇ 만일, 대출받은 자가 도망하여 회수 가능성이 없을 때는 사민이 공동부담으로 그 원본을 보충한다.

이단하가 건의한 사창계획은 숙종의 미온적인 대처로 실시되지 못하였다. 사창은 리 단위로 설치되고 주민들의 연대책임 하에 운영되므로 적절하

---

73) 『숙종실록』, 숙종 8년 11월 19일.
74) 『숙종실록』, 숙종 10년 3월 13일.

고도 신속한 구제를 할 수 있다는 장점이 있다. 그러나 사창은 리 단위로 운영되므로 규모가 적어 흉년이 계속되면 대처하기가 어렵다는 점, 사창의 이자가 높은 점, 대부분이 정부의 출자에 기댄 점, 관리능력이 부족하여 정부의 간섭을 받다 보니 환곡과 차별화되지 않는 점 등으로 사창은 오래가지 못하였다. 사창은 환곡의 대안으로 많은 유학자들에 의해 주장되었으나 설립된 사례는 매우 적고, 마을별로 명망가의 유무와 그의 관심 여부에 따라 존폐를 거듭하였다.

(3) 진휼청

가. 진휼청의 약사

조선 초기에 빈민구제 활동은 진휼이라는 이름 아래 의창을 통하여 실시하였다. 기민을 구제하는 직접 행정은 지방 군현에서 담당하였다. 지방관은 관할 구역의 의창곡을 운영하는 책임을 졌다. 빈민들을 구제하고 춘궁기에 빈농들에게 식량과 종자를 대여하고, 가을에 원본을 회수하는 구휼정책을 집행하였다. 빈농 구제를 위한 환곡(의창)은 대여곡의 미납 등으로 인한 재정난으로 제 기능을 발휘하지 못하였다.

진휼청(賑恤廳)은 중종 6년(1511)에 처음 설치되었다. 이 해는 가뭄으로 하삼도와 경기도에 심한 흉년이 들었다. 정부는 서울의 동·서에 진제장을 설치하고 경기도의 기민을 위해 경창과 군자창의 양곡도 풀었으나 충분하지 않았다. 대사간 이세인이 각도에 지시하여 진휼책을 마련하고 왜구를 대비하여 진행 중인 축성과 함경도로 남도의 백성들을 강제로 이주시키는 사민정책을 당분간 정지하도록 진언하였다. 중종은 진휼청(賑恤廳)을 설치하고 김응기(金應箕)를 체찰사(體察使)로 임명하는 한편 각도의 감사에게 진휼 계획을 세우도록 지시하였다.[75]

---

75) 『중종실록』, 중종 6년 10월 4일.

중종 11년(1516)에도 전국에 흉년이 들어 백성들이 사방으로 흩어졌다. 지난해에 빌려준 환곡을 회수하지 못해 창고에는 곡식이 없었다. 중종은 8도의 감사들에게 기민 구제에 나서고, 기민과 아사한 사람의 수를 보고하라고 유시하였다. 중종은 진휼청을 설치하여 기민을 구제하도록 지시하고 종사관을 현지에 파견하였다.[76]

임진왜란이 끝나고 광해군 12년(1620)에 진휼청이 다시 설치되었다.[77] 광해군이 상번(上番) 군사들 가운데 아사자가 생긴다는 보고를 받고 진휼청을 조속히 설치하여 군사들과 기민의 구제를 논의하라고 지시하였다. 중종 때 진휼청을 설치하였다는 기사가 여러 번 반복되고 광해군 때 진휼청을 다시 설치하라는 기사가 나오는 것으로 보아 이때까지의 진휼청은 임시기구였던 것으로 보인다.

인조 4년(1626)에 비변사(備邊司)에서 관리하던 구황청(救荒廳)을 상평청과 합하여 선혜청(宣惠廳)에 이속시켰다. 구황청은 전국의 모곡을 발매(發賣)하고 설죽 등의 업무를 담당하도록 하면서 진휼청(賑恤廳)이라 칭하였다.[78] 이 당시의 진휼청은 선혜청의 산하 기구로 풍년이 들면 상평청이라는 이름으로 곡가조절에 대한 업무를 보다가, 흉년이 들면 기민들을 위한 진휼 업무를 담당하였다.

임시 관청으로 출발하여 설치와 폐지를 거듭하던 진휼청은 17세기 후반 인조 26년(1648)에 상설기구로 재편되었다. 진휼청은 영의정·좌의정·우의정이 번갈아 가며 도제조(都提調)가 되어 업무를 총괄하였다. 호조 판서와 선혜청 당상이 제조(提調)가 되어 실무를 지휘하고 그 밑에 여러 명의 낭관(郞官)과 산원(算員), 서리들로 구성된 조직을 갖추었다.[79]

일선의 각 군현에도 진휼청 업무를 담당하는 감관·서리·창고직 등을 배

---

76) 『중종실록』, 중종 11년 10월 10일.
77) 『광해군일기』, 광해군 12년 2월 8일.
78) 『度支志』, 經費司, 賑恤廳.
79) 『備邊司謄錄』, 인조 26년 6월 13일.

치하였다. 이로써 진휼청이 상평청과 결합 관계를 맺으며 재해 행정을 보다 적극적으로 할 수 있게 되었다. 그 뒤 흉황이 빈발하여 기민 구휼 및 진대 업무가 증가하자 현종 2년(1661)에 다시 진휼청을 분리하여 비변사에 소속시키고 진휼 업무만 담당하도록 하였다.[80]

나. 진휼청의 재정확보 기능

진휼청은 현종 이후 각 아문에서 쓰고 남은 재정을 가져다가 사용할 수 있도록 하는 조치를 계기로 어느 정도 독자적인 재정의 기초를 마련할 수 있게 되었다. 진휼청의 당상에 임명되는 사람은 대개 비변사의 당상을 겸했다. 따라서 진휼청의 운영은 권력 기구인 비변사와 밀접한 관계를 유지하면서 구휼 행정을 할 수 있었다. 이 때문에 조선 후기에는 중앙정부와 지방 군현이 보다 긴밀하게 재해 행정을 펼 수 있었다.[81]

17세기 후반에 들어와 기관의 위상이 높아진 진휼청은 자체의 재정을 확보한 기관으로 거듭났다. 진휼청은 전국의 진곡 확보 상황과 공명첩의 판매 상황, 진휼의 결과를 종합하여 왕에게 보고하였다. 진휼청은 또 전국의 모곡, 발매, 설죽 등을 지휘하였다. 진휼청은 구제곡의 확보를 가장 중요한 임무로 삼았다. 이를 위해 진휼청도 스스로 진자를 확보하여 환곡을 운영하였다. 진휼청은 서울과 지방관청이 보유하고 있는 진휼곡과 관곡을 기근이 심한 타도의 원격지로 이전하고 수송을 지휘하는 일도 맡았다.

진휼청은 서울을 비롯한 여러 곳의 설죽소에 식량을 공급하기도 하였다. 진휼청은 전염병 환자를 돌보는 기구에 식량을 보내주고, 고아들과 유기아를 돌보는데 자금을 지원하는 일도 하였다. 진휼청은 전국의 각 군현에서 보고하는 기민과 아사자·병사자의 숫자를 합산하여 기근의 실태를

---

80) 『增補文獻備考』, 職官考, 宣惠廳.

81) 원재영, "조선시대 재해행정과 17세기 후반 진휼청의 상설화", 『동방학지』 172, 2015, pp.133-167.

파악하여 상부에 보고하는 등 다양한 일을 하였다.[82]

진휼청은 숙종 13년(1687) 상평청과 함께 다시 선혜청에 예속되었다. 진휼청은 고종 31년(1894) 갑오개혁으로 폐지될 때까지 207년간 선혜청의 지휘 감독 아래 있었다. 18세기 후반부터 빈민구제를 위한 환곡제도가 각급 관청과 군영의 운영비를 마련하기 위한 사업으로 변질하면서 빈민 구휼과 진대 사업은 큰 제약을 받았다. 이 때문에 19세기부터 환곡이 갖고 있는 구휼 기능은 사실상 정지상태에 들어갔다.

(4) 상평청(倉)

상평창은 물가 조정기관으로 풍년에 시가보다 비싼 값으로 곡물을 사들이고, 흉년에는 시가보다 싼값으로 곡물을 내다 팔아 곡가의 안정을 통해 백성들의 생활을 안정시키는 기관이다. 세종 때 흉년으로 쌀값이 오르자 충청도와 경상도, 전라도에서 각각 의창곡 1천 석씩을 풀어 쌀값을 하락시킨 일이 있으나[83] 상평창의 설립으로 이어지지는 않았다.

세조 4년(1458) 전라도와 경상도 충청도를 비롯한 남서부 6개 도가 심한 가뭄으로 흉년이 들었다. 세조는 총신 한명회(韓明澮)를 삼도도순문진휼사로 임명하고 현지에 가서 진휼을 지휘하도록 하였다. 거듭되는 흉년에 의창의 재고가 없어 군자곡을 빌려주고 있는데, 군자곡도 빠른 속도로 고갈되고 있었다. 한명회는 군자곡이 더 이상 줄어들면 안 된다고 판단하였다.

한명회는 군자곡이 감소하는 것을 방지하고 동시에 기민도 구제하기 위해서는 상평창(常平倉)의 설립이 필요하다고 주청하였다.[84] 세조는 한명회의 건의를 받아들여 "군량미가 날로 줄어들어 위태로운 형편이니 이제부터는 아주 큰 흉년이 아니면 군자곡을 구휼미로 사용하면 엄벌하겠다"

---

82) 김호종, "17세기 진휼청과 진휼정책에 관한 연구", 『국사관논총』 57, 1994, pp.67-70.
83) 『세종실록』, 세종 27년 3월 20일.
84) 『세조실록』, 세조 4년 4월 15일.

며 상평창의 설립을 승인하였다.85)

조선 전기에는 왜구와 여진의 침탈이 심하였기 때문에 이들을 제어하기 위해 국방이 중요시되었다. 세조는 평소 군사 개혁에 관심이 많았다. 세조는 여러 개의 독립부대와 다양한 병종으로 구성되어 사병(私兵)에 가깝던 군사제도를 개혁하여 처음으로 병조와 도총부(都摠府)에 의해 통제되는 중앙군과 지방군 제도를 도입하였다. 그는 군량미의 비축에 힘써 말년에 90만 석에 이르는 군량미를 비축하였다. 이는 조선시대를 통틀어 가장 많은 수량의 비축 군량이었다.

상평은 시중의 곡가를 안정시키기 위해서는 정부가 사들여야 하는 자본곡의 수량이 많지 않으면 시행하기 어려운 정책이었다. 상평정책은 간헐적으로 조선 말기까지 이어졌으나 주로 농사를 짓지 않는 도성의 백성을 위한 정책이었다. 상평 정책은 재정 부족으로 자주 시행할 수 없었고, 그 규모도 크지 않았다.

2) 구휼자원의 조성과 비축창

진휼을 목적으로 진휼기관에서 곡물을 비축하는 창곡(倉穀)에는 의창곡, 진휼청곡, 상평창곡 등이 있다. 이들 진휼기관이 관리하는 창곡은 조선 전기부터 내려오던 것이다. 조선후기에는 군작미, 영진곡, 사진곡, 사비곡, 교제곡, 제민곡, 보환곡, 첩가곡 등 수십 가지의 창곡이 만들어 졌는데 이는 특정 구휼기관의 전용 비축곡이 되기보다는 진휼정책의 수행을 위한 범용 창곡이라고 볼 수 있다. 범용 창곡의 대부분은 17세기 이후 설치된 것이다. 특히 영조는 큰 흉년을 겪은 뒤 백성들의 피해를 줄이기 진휼곡의 비축 확대를 정사의 우선순위에 올리고 여러 가지 명목의 환곡을 설치한 대표적 임금이다.

---

85) 『세조실록』, 세조 5년 2월 22일.

(1) 유진곡

설진하는 고을에 진자가 부족할 때 정부의 허가를 얻어 각종 조세의 상납분을 현지에 남겨두고 진자로 사용하였다. 이것을 유진곡(留賑穀)이라 하는데 이 방법은 진자의 조달과 수송과정에 시간과 수송비용을 절약하는 장점이 있다.

이 방법은 세금을 바치는 고을의 수입 부족을 가져오는데 정부에서 급대(給代)를 받지 않으면 지속되기 어렵다는 점이다. 전세를 서울로 상납하지 않고 현지에서 사용하는 방법은 17세기의 대흉년인 현종 12년(1671)에 사용된 이래 큰 흉년이 들면 자주 사용하였다. 영조 이후에는 대동세도 현지에 남겨두고 진자로 사용할 수 있도록 하였다.

(2) 군작미

군작미(軍作米)는 18세기 영조 5년(1729)에 신설된 환곡으로 병조와 금위영, 어영청 등 군영이 경기도와 삼남지역에서 징수하던 군포를 쌀로 교환하여 설치한 환곡을 말한다. 군작미는 영조 5년, 영조 10년(1734), 영조 11년(1735), 영조 24년(1748), 영조 25년(1749), 영조 30년(1754), 영조 46년(1770) 7차례에 걸쳐 약 50만 석을 조성하였다. 군작미는 비교적 풍년이 들었을 때 흉년에 대비하기 위하여 사전에 조성하였다.

군작미는 풍년에는 미가가 낮기 때문에 비교적 쉽게 쌀을 살 수 있다는 점에 착안하여 만들었다. 군포를 납부하는 백성들의 입장에서 볼 때 풍년에는 미가가 내려가고 면포의 값이 오르는 시기에 군포 대신 쌀을 납부하도록 하였기 때문에 부담을 덜 수 있었다. 정부는 군작미는 귀한 것을 꺼내 천한 것을 취한다는 의미에서 '상평지도(常平之道)'에 입각한 세금이라고 스스로 평가하였다. 군작미의 조성은 각 도의 감사가 주관하여 실시하되 해당 읍에서 징수하여 읍창에 보관하였다. 경기도는 징수한 군작미를 진휼청이나 경창에 납부하도록 하였다.[86]

(3) 상진곡

상진곡(常賑穀)은 상진청(常賑廳)이 관리하던 환곡을 말한다. 상진청은 상평청과 진휼청의 기능을 하나의 기관으로 통합하며 만든 기구였다. 2개의 기관이 합쳐지면서 상평청과 진휼청에서 관리하던 상평곡과 진휼곡을 하나로 합쳐 상진곡이란 명칭으로 운영하였다.

상평곡은 원래 곡가조절을 위한 것으로 쌀값이 오르면 창고에 있는 쌀을 방출하여 포를 사들이고, 하락 시에는 포를 사용하여 쌀을 구입하여 쌀값의 하락을 막기 위한 역할을 하였다. 진휼곡은 굶주리는 백성을 구제할 목적으로 가난한 백성들에게 춘궁기에 식량과 종자를 빌려주고 가을에 회수하는 곡식을 말한다. 상진곡은 조선후기에 원회곡(元會穀/호조곡)·비변사곡(備邊司穀) 등과 함께 삼사곡(三司穀)으로 불렸을 만큼 중요한 환곡으로 사용되었다.

(4) 영진곡

영진곡(營賑穀)은 각 도에서 운영하는 환곡을 말한다. 인조 4년(1626) 진휼청의 곡물을 상평청에 이관시키고 그 이자로 곡식을 사들여 영진곡이라는 환곡을 창설하였다. 영진곡은 각 도의 감사가 운영하도록 하였는데 감사가 획급하는 대표적인 진휼곡이었다.

(5) 사비곡

영조는 우의정 송인명이 건의에 따라 동왕 12년(1736)에 「제도각읍저곡절목(諸道各邑儲穀節目)」을 반포하고 각 군현의 수령과 병사·수사에게 매년 자력으로 진휼곡을 마련하여 비축하도록 지시하였다. 이와 같은 정부

---

86) 문용식, "18세기 군작미의 설치와 운영", 『전주사학』 4, (유병기교수화갑기념논총). 1996.

의 방침에 따라 각 군현의 수령과 병사와 수사가 의무적으로 조성한 진휼곡을 사비곡(私備穀) 또는 사진곡(私賑穀)이라고도 하였다.

영조는 새로 조성한 수량을 연말마다 감영에서 비변사에 보고하게 하였는데, 가장 우수한 수령과 전혀 거행하지 않은 수령에게 상벌을 내리고 이를 인사고과의 주요 항목으로 삼았다. 또 비곡을 핑계로 부자들에게 권분을 요구하는 것도 금했다. 영조의 지시에 따라 각지의 수령들은 사비곡을 모았는데 1년 만에 10여만 석에 달하였다.[87]

(6) 교제곡

교제곡(交際穀)이란 경상도 동해안과 함경도 사이의 진휼곡 수송을 편리하게 하기 위하여 경상도 영일만에 포항창과 함경도에 원산창을 설립하여 비축한 곡물을 말한다. 함경도에 흉년이 들면 구휼곡을 수송하기 매우 어려웠다.

영조는 포항과 원산에 남북간 신속히 구휼곡을 이전할 수 있는 창고를 세우고 필요에 따라 곡식을 상호 이전하면 불필요한 인명 손실을 줄일 수 있겠다는 판단에서 교제창을 창설하고 운영자금을 얻기 위해 인근 읍에 환곡을 설치하였다.

(7) 제민곡

제민곡(濟民穀)은 경상도와 전라도, 충청도 간에 교제창의 역할을 하는 네트워크를 구성하는 여러 창고에 비축한 곡물을 뜻한다. 영조 20년(1744) 영의정 김재로가 김해에 산산창(蒜山倉)의 설치를 건의하여 성사되었고, 영조 39년(1763) 좌의정 홍봉한이 상주하여 사천창(泗川倉)을 설치하였다. 그 후 전라도의 순천과 나주에 각각 창을 더 설치하고 충청도 비인(庇

---

87) 『영조실록』, 영조 13년 9월 23일.

仁)에도 창을 설치하여 각각 3만 석을 저장하고 흉년에 진곡을 상호 이전하여 상당한 효과를 보았다. 제민곡이란 영남과 호남 호서에 있는 상호 교제용 창고에 비축한 곡물을 말한다.

(8) 보환곡

보환곡(補還穀)이란 정조 8년(1784)에 설치한 환곡이다. 정조 8년 봄에 흉년이 들자 충청 감사 신대승의 요청으로 균역청의 결전(結錢) 1만 냥과 위태(位太) 4천 900석을 진자로 떼어주었다. 진휼이 끝나고 곡식이 남자 정부는 결전 2만 냥과 해세 3천 냥을 더 주면서 환곡을 만들었는데, 이때 만든 환곡을 보환곡이란 이름을 붙였다.[88] 다른 여러 도에서도 보환곡을 만들었다.

(9) 회록곡

회록곡(會錄穀)이란 영조 28년(1752) 균역청을 설치하고 8도가 각기 곡물과 포를 저축하여 흉년에 대비하기 위하여 만든 환곡이다. 경상도는 매년 벼 4천 석, 충청도는 벼 7백 석, 전라도는 벼 5백 석씩을 회록하도록 하고 회록곡이란 이름의 환곡을 만들었다.

(10) 첩가곡

첩가곡(帖價穀)이란 영조 8년(1732) 흉년을 맞아 벼슬을 판매한 돈을 기금으로 하여 만든 환곡이다. 영조는 이때 가선대부(嘉善大夫), 절충장군(折衝將軍) 등의 벼슬을 주는 공명첩을 판매하여 진자에 보충하고 그 나머지 돈으로 쌀을 구입하여 회록한 것이다. 이후에도 공명첩을 판매한 돈과 쌀은 첩가곡에 보탰다.

---

88) 정형지, "조선후기 진자조달책", 『梨花史學硏究』 20·21,

7. 기타 구휼자금의 조성 방법

1) 납속과 공명첩

납속(納粟)이란 전쟁 또는 재해 등으로 식량이 부족할 때 곡물을 비롯한 재물을 국가에 헌납한 사람들에게 관직을 주거나 또는 역을 면제하거나 신분을 올려주는 것을 의미한다. 이 제도는 재정이 부족할 때 오래전부터 실시되었다. 조선에서는 임진왜란 때 군량을 마련하기 위하여 공명첩을 대량으로 발행한 이후 자주 실시하였다.

공명첩(空名帖) 또는 공명고신첩(空名告身帖)은 자금 마련의 시급성을 반영하여 관직을 받는 사람의 이름을 쓰지 않은 사령장(敎旨)을 말한다. 자금을 모집하는 사람이나 수령이 현지에서 곡식을 바친 사람의 이름을 써서 교지를 주었다. 고신첩은 헌납하는 곡물의 양에 따라 벼슬의 종류가 결정되는데 대부분 명예직이었다. 실직(實職)은 곡물의 양이 특별히 많은 경우에 한했다. 그러나 상인들은 벼슬을 받음으로써 양반이 되고 노비 등은 면천할 수 있었다.

조선후기 구휼 자금을 낸 납속자에 대한 논상은 진휼이 끝난 후 각 도에서 군현이 작성한 기부자 명단과 기부곡 수량을 중앙에 보고한 다음에 실시하였다. 정부는 각도에서 올라온 명단과 수량을 보고 논상을 일괄 처리하였다. <표 4-4>는 영조 8년(1732) 이후 논상의 기준이 된 임자정식(壬子定式)의 내용이다. 가장 많은 곡물을 낸 사람은 이조와 병조에서 실직으로 채용하였다.

〈표 4-4〉 영조 8년 권분에 대한 논상 기준

출연곡 수량	논상 내용	비고
1천석 이상	실직 제수	○實同知 實僉知 중 본래의 품계에 따라 陞差한다. ○武, 蔭官, 初入仕者는 그 위치에 따라 임명한다.

5백석 이상	賞加	○ 通政, 折衝 중에서 教旨를 주어 벼슬길에 나가게 한다. ○ 이미 正職 당상을 받은 자는 嘉善 교지 이상을 주고 軍職에 나가게 한다. ○ 이미 정직 가선 품계를 받은 자도 실동지에 임명한다. ○ 1천석, 5백석을 막론하고 전에 納粟加資를 받은 자는 본래의 품계에 따라 正資를 改授한다. ○ 良人은 벼슬길에 나갈 수 없으므로 동지 첨지의 첩문을 발급한다.
1백석 이상	散職帖 발급	○ 判官, 主簿, 察訪 가운데 加設帖을 발급한다. 이것을 원치 않는 자는 通德郎, 副司果 등 正職教旨를 改授한다. ○ 이상에 대해서는 모두 10년간 煙役을 면제한다. 혹 加資帖文을 받기 원하면 들어준다.
50석 이상	납속通政帖 발급	○ 이미 통정첩을 받은 자는 가선첩을 발급하고 첩문을 원하지 않는 자에게는 10년 煙役을 면제한다.
10석 이상	3년간 煙役면제	

출연곡의 석수는 모두 피잡곡으로 계산. 영조 8년(1782) 壬子定式.

2) 권분과 봉처분(封處分)

권분(勸分)이란 수령이 여유가 있는 관내의 부민(富民)들에게 권유하여 빈민들에게 곡식을 빌려주거나 무상으로 기부하게 하는 것을 말한다. 권분의 역사도 오래되어 조선 초기부터 실시하였다. 권분을 시행하는 방법은 부자가 수령의 제의를 받아들여 스스로 동리의 기민을 구제하거나, 관아에서 일정 수의 기민을 맡기면 부자가 기민들에게 곡식을 지급하는 방법을 취하였다. 조선 전기에는 권분을 통한 기민 구제가 많았다. 당시의 권분은 부자의 자율성이 많이 인정되었다.

정부에서 부민의 잉여곡 중 일정량을 봉(封)하여 주인이 마음대로 처분하지 못하도록 명령을 내린 후 관에서 그 곡물을 가져다가 빈민을 구제하는 방법도 사용되었다. 봉 처분에 의한 곡물에 대해서는 나중에 그 곡식을 먹은 빈민들이 부자에게 직접 갚도록 강제하였다. 조선 후기에는 부민이 일정량의 곡식을 관가에 기부하고 구제곡의 지급은 관에서 담당하는 형태로 변하였다.

영조 이후에는 수령의 강제적 권분을 금지하고 자발적 권분을 장려하는 방식으로 되돌아왔다. 정부는 권분에 응하여 상당량의 곡식을 기부한 부자들에게 벼슬을 제수하는 등 논상을 약속을 하였다. 그러나 이 약속이 제대로 이행되지 않자 권분에 응하는 부민이 점점 줄어들었다. 이 때문에 권분에 강제성이 가미되기 시작하였다. 영조 이후 수령들의 자비곡 비축이 강화되자 부자가 관아에 바친 곡물을 관에서 기민에게 나누어주는 형태로 바뀌어 갔다.

3) 내탕금

내탕금(內帑金)은 왕실의 사유재산을 의미한다. 정부에 자금이 없어 구휼을 하지 못할 때는 왕이 내탕금을 구휼 자금으로 내려 보내는 일이 자주 있었다. 왕은 백성을 하늘로 삼아야 한다는 유학의 가르침 때문에 정부에 돈이 없다고 수수방관할 수는 없는 일이었다.

내탕금은 거리가 먼 지역에 정부의 비축곡이 없을 때 사용하기도 하였다. 숙종 때 함경도 북관 지방에 큰 기근이 들었다. 함경도는 거리가 멀고 뱃길이 험하여 경상도나 강원도로부터 진곡의 수송이 어려웠다. 시간도 오래 걸릴뿐 아니라 해난사고도 많아 진휼곡의 수송시기를 노칠 때가 많았다. 숙종은 내탕금인 북관노비신공(北關奴婢身貢)을 구호자금으로 내주고 이 돈으로 도내의 곡식을 사 모으게 하였다.[89]

철종과 고종대에는 재정이 탕진되고 환곡이 소진되어 흉년에도 백성들을 구휼하기 어렵게 되었다. 이때부터 내탕금이 구휼을 위한 수단으로 자주 사용하게 되었다. 왕이 희사하는 내탕금은 대부분 은자, 후추, 백반, 비단, 단목과 같은 현물이 주종을 이루었다. 내탕금은 필요한 진휼 자금에 비해 극히 소액이었다.

---

89) 『備邊司謄錄』, 영조 1년 11월 28일.

백성들을 위해 나라를 다스린다는 유학이념을 받들어 온 임금과 집권 양반들은 어떤 상황에서도 임금의 적자인 기민을 외면해서는 안 된다는 생각을 갖고 있었다. 구휼 제도는 태조 때부터 계속해서 내려오는 국정의 중요 부분이므로 없애기 어려운 정책이었다.

조선 말기 내탕금을 이용하여 진자로 사용한 사례는 다음과 같다.

○ 철종 4년(1853): 경상도의 기민을 위해 내탕금에서 은 1천 냥, 단목 2천 근, 백반 3백 근을 하사하였다.[90]
○ 철종 7년(1856): 봄 가뭄 끝에 홍수로 경상·황해·평안도에 큰 피해를 입혀 흉작이 되었다. 철종은 황해도 평산 등 5 고을의 기민을 위해 내탕금에서 은자 1천 냥, 단목 1천 근, 호초 300근을, 영남의 수재민에 대해서는 은자 2천 냥, 단목 2천 근, 호초 200근을 하사하였다.[91].
○ 고종 2년(1865): 대왕대비, 내탕금 2천 냥을 제주에 하사(9/12). 각곡 1천 석을 제주에 보냈다.[92]
○ 고종 3년(1866): 내탕금 30만 냥을 평안도와 함경도를 제외한 6도에 분배하여 환곡의 출납을 복구하고 이를 병인 별비곡이라 하였다.[93]
○ 고종 22년(1885): 경상도 기민에게 내탕전 3만 냥을, 전라·강원·평안도의 기민에게 내탕금 1만 5천 냥을 보냈다.[94]
○ 고종 25년(1888): 정부 재정 부족으로 시전에 대금을 지급하지 못하여 상인들이 영락하고, 공인들에게도 공가(貢價)의 지급이 밀려 수습하기 어렵게 되자 내탕금에서 공가와 시가(市價)의 지불을 위해 10만 냥을 하사하였다.[95]
○ 고종 38년(1901): 고종, 갑오경장으로 폐지된 환곡제도를 대신하기 위해 만든 사환(社還)제도를 혁신하여 서울에 총혜민사를 설치하고

---

90) 『철종실록』, 고종 4년 12월 25일.
91) 『철종실록』, 철종 7년 8월 27일.
92) 『고종실록』, 고종 2년 9월 13일.
93) 『고종실록』, 고종 3년 5월 12일.
94) 『고종실록』, 고종 22년 8월 15일.
95) 『고종실록』, 고종 25년 2월 8일.

지방에 분혜민사를 두어 백성들이 운영하도록 지시하였다. 혜민사의 운영을 위해 고종이 내탕에서 1만 원, 동궁이 5천 원, 영친왕이 3천 원을 기부하였다.96)

8. 구황서적과 구황작물의 보급

1) 구황서적의 간행

흉년이 들었을 때 정부는 백성들에게 식량을 절약하기 위해 술과 떡을 만들어 먹지 말라고 금주령(禁酒令)을 내렸다. 금주령은 조선 초부터 수없이 내려졌으나 한 번도 성공하지 못했다. 금주령은 식량이 부족하다고 판단될 때마다 내렸지만 심한 흉년으로 백성들이 아사의 위기에 몰릴 때는 술을 빚을 수 있는 식량이 남아있지 않았다. 백성들에게는 먹을 것이 떨어졌을 때는 무엇을 먹어야 하며 어떻게 해야 안전한 구황식을 구할 수 있는지 등의 실제적인 정보가 필요하였다.

조선시대 이와 같은 필요성에 부응하여 가장 먼저 편찬된 구황서는 세종 때 간행된『구황벽곡방(救荒辟穀方)』이 있다. 구황벽곡방은 그 내용이 전해지지 않는다. 다만 식량이 없어 백성들이 굶주려 죽는데 앉아서 보고만 있을 수 없기 때문에 이 책을 저술하였다는 이야기만 전해온다.

중종 36년(1541)에 충주목사 안위(安瑋)와 통판 홍윤창이『충주구황절요(忠州救荒節要)』라는 책을 간행하였다.97) 이 책에는 구황에 필요한 대용식과 물자를 품목별로 정리한 후 백성들이 읽기 쉽도록 이두 문자를 사용하였다. 이 책에는 양식을 아끼는 법, 구황용 장 담그는 법, 아사에 직면한 사람에 대한 응급조치, 병든 사람에 대한 구활, 도둑에 대한 대책 등이 실려 있다.

---

96)『고종실록』, 고종 38년 12월 4일.
97)『중종실록』, 중종 37년 3월 26일.

명종 9년(1554) 주무관청인 진휼청이 『구황촬요(救荒撮要)』라는 서적을 간행하였다.98) 이 책은 백성들이 읽기 쉽게 구황에 필요한 사항을 정리하여 한글로 인쇄하였다. 구황촬요는 빈사 상태에 있는 사람을 소생시키는 법, 굶주려 부종이 난 사람을 치료하는 법, 솔잎과 느릅나무 껍질을 가루로 만드는 법, 솔잎으로 죽을 쑤는 법, 미수가루를 만드는 법 등을 소개하고 있다.

정부는 이 책을 전국에 보급시키기 위해 8도의 감사들에게 보냈다. 정부는 각 도의 감사들로 하여금 이 책을 별도로 인쇄하여 관내의 수령들에게 보내 백성들에게 알리도록 지시하였다. 또 지시의 이행을 소홀히 하는 수령은 적발하여 인사고과에 반영하라고 명령하였다.

현종 1년(1660)에 공주(公州)목사 신속(申洬)이 『신간구황촬요(新刊救荒撮要)』를 저술하였다. 신속은 기존의 『구황촬요』에 자신이 쓴 『구황보유방(救荒補遺方)』을 합본하여 책을 지었다.

신속은 이 책을 왕에게 바쳤고 현종은 이것을 인쇄하여 전국의 군현에 보냈다. 신속의 책에는 주변에서 쉽게 구할 수 있는 냉이·도라지·솔잎·칡뿌리·밤 등을 이용하여 구황식을 만드는 법, 천문동·연뿌리·둥글레 등을 먹는 법을 소개하였다. 진휼청에서는 현종대기근 때 이 책을 비롯하여 각종 구황법을 군현에 보내 백성들이 도움을 받을 수 있도록 계도하였다.

숙종 대 후반 이후 19세기까지는 독창적인 내용의 구황서적이 집필되지 않았다. 또 관 주도의 구황 관련 서적의 발간이나 보급 노력도 보이지 않는다.

다만 숙종 41년(1715) 홍만선의 『산림경제(山林經濟)』, 영조 42년(1776) 유중림의 『증보산림경제(增補山林經濟)』 순조 27년(1827) 서유구(徐有榘)의 『임원경제지(林園經濟志)』와 같은 개인이 편찬한 종합 농서 내지는 생활백과 같은 책에 구황법, 벽곡법 등의 항목이 포함되었을 뿐이다. 이 내용은 거의 다 신속의 『신간구황촬요』와 같거나 비슷하다고 볼 수 있다.99)

---

98) 『명종실록』, 명종 9년 11월 25일.

이처럼 정부 주도의 구황서적 편찬이 줄어든 것은 18세기 후반에 들어와 환곡의 비축량이 1천만 석에 도달하고 전국적인 구휼 식량의 이전과 수송 네트워크가 완성되어 아사자가 많이 줄어든 것이 원인으로 보인다. 뿐만 아니라 더욱 중요한 것은 18세기에 들어와 전국적으로 미곡시장이 발달하여 전국 각지에서 식량을 손쉽게 얻을 수 있게 되었다는 점에 영향을 받은 것으로 판단된다.

2) 구황작물, 고구마와 감자의 도입

(1) 고구마

식량이 떨어졌을 때 솔잎을 가루 내어 먹는 법, 곡기를 끊고도 일정 기간 동안 살아날 수 있는 법 등의 소개는 기민들에게는 실질적인 도움이 되지 않았다. 문자 그대로 초근목피(草根木皮)로 살아 부황이 난 사람들에게는 잘못하면 독이 될 수 있는 처방도 많았다.

18세기 일본에서 들어온 고구마는 획기적인 구황작물이었다. 고구마는 원래 남미가 원산지이다. 고구마는 스페인에 의해 필리핀으로 전해졌다. 그 후 고구마는 중국인에 의해 명나라에 이식되었다. 필리핀에서 중국으로 고구마가 전해진 시기는 대략 임진왜란 시기인 만력제 통치기간인 1594년 경으로 보고 있다. 필리핀에 간 중국 상인 진진용(陳振龍)이 고구마 종자를 복건성(福建省) 푸저우(福州)에 가져와 재배했다고 전해지고 있다. 고구마는 중국에서도 가뭄을 잘 견디고 수량과 맛도 좋아 기근 시 구황작물로 큰 환영을 받았다.

조선에서 고구마는 17세기 중엽부터 통신사나 조선에 표류한 왜인들을 통해 그 존재가 알려졌다. 조선에 고구마가 전래된 것은 영조 39년(1763) 일본에 통신사로 갔던 조엄(趙曮)이 대마도에서 고구마 종자를 들여온 것

---

99) 정형지, "조선시대 기근과 정부대책", 『이화사학연구』 30, 2003, p.252.

이 처음이다. 이 고구마 종자는 먼저 경상도 동래와 제주도에서 시험적으로 재배되었는데 결과는 성공적이었다. 고구마는 곧 경상도와 전라도 지방에서 재배되다가 충청도와 경기도, 강원도로 빠른 속도로 확산되었다. 고구마는 맛도 있고 수량도 많아 평년에도 구황식 이상의 식량작물로 자리 잡았다.

정조 18년(1794) 호남 위유사로 나간 서영보(徐榮輔)가 정조에게 전라도 연해 지방에서의 고구마 재배에 관한 상황을 보고하였다.[100]

　　　“연해 지방 고을에는 고구마라는 것을 재배하고 있는데 고구마는 명나라의 명신 서광계(徐光啓)가 지은 『농정전서(農政全書)』에 처음 나타납니다. 그가 말하기를 ‘고구마는 조금 심어도 수확이 많고, 농사에 지장을 주지 않으며, 가뭄이나 황충에도 재해를 입지 않으며, 달고 맛있기가 오곡 같으며 힘을 들이는 만큼 보람이 있으므로 풍년이든 흉년이든 이롭다’고 하였습니다. 고구마가 우리나라에 들어온 것이 갑신년이나 을유년 즈음이었는데 지금까지 30년이 되는 동안 연해 지역 백성들이 서로 전하여 심는 자가 매우 많았습니다.”

　　　“고구마가 기근 구제에 효과가 있는 것은 중국의 연해 지방과 마찬가지입니다. 다만 우리나라 풍속은 고구마를 처음 보는 것이어서 맛있는 군것질로만 여기고 있을 뿐 식량을 대신하여 흉년을 구제하지 못하고 있는 것이 한스럽습니다.--고구마가 연안 지방에 처음 들어 왔을 때 고구마를 처음 본 병영과 수영 그리고 각 군현의 관리들이 나와 고구마를 몇 백포기 또는 몇이랑 씩 거두어가니 백성들이 경계하여 고구마가 점점 줄어들어 이제는 희귀하게 되었습니다.”

　　　“신의 생각으로는 양남의 감사와 수령들에게 지시하여 고구마를 번식시키게 하고 관리들의 토색질을 금지시켜야 합니다. 그리고 삼남 지방에서 오곡을 심기에 적당하지 않은 돌밭에 심고 보급시키면 서북을 제외한 6도에 심지 못할 곳이 없습니다. 고구마를 재배하면 흉년을 당해 선박으로 각도에 양곡을 실어 나르는 폐단을 제거할 수 있을 것입니다.”

100) 『정조실록』, 정조 18년 12월 25일.

비변사도 서영보의 서면보고를 복계(復啓)하며 지금부터 고구마를 많이 심는 사람은 연역(烟役)을 감해주어 장려한다면 "곡식이 흙과 같이 천해질 것"이라며 고구마의 보급을 적극 지원하였다. 박제가(朴齊家)는『북학의(北學議)』에서 고구마가 한강의 뚝섬, 밤섬 등지에서도 경작되고 있다고 기록했다. 영조 42년 강필리는『감저보(甘藷譜)』라는 고구마 전문서를 지었고, 1813년에는 김장순과 선종한이『감저신보(甘藷新譜)』를 저술하였다. 서유구는 1834년 일본과 중국의 고구마 재배법을 참조하여『종저보(種藷譜)』라는 책을 지어 고구마 재배법을 소개하였다.

(2) 감자

감자는 고구마보다 수십 년 늦게 조선에 들어왔다. 감자는 북저(北藷) 또는 토감저로 불렸다. 감자의 유입에 대해서는 북방유입설과 남방유입설이 있다. 이규경이 지은『오주연문장전산고(五洲衍文長箋散稿)』에 의하면 감자는 순조 24년(1824) 경 두만강을 건너 함경도에 먼저 들어왔다고 한다. 인삼을 캐려고 국경을 넘어온 청나라 사람들이 밭에 감자를 심어놓고 간 것이 효시라는 것이다.

김창한(金昌漢)의『원저보(圓藷譜)』에 따르면 순조 32년(1832)년 영국의 상선이 전라북도 해안에서 약 1개월 동안 머물러있었는데 이때 이 배에 탄 네덜란드 선교사가 김창한의 아버지에게 씨감자를 나누어주고 재배법도 가르쳐 주었다는 것이다. 김창한은 아버지가 씨감자를 습득하게 된 경위와 그 재배법을 적어 철종 13년(1862)『원저보』라는 책을 세상에 내놓게 되었는데 그가 밝힌 내역이 우리나라에 감자가 들어오게 된 내력이라는 것이다.[101]

감자는 고구마보다 더 전국으로 퍼지게 되었고 특히 강원도에서 많이

---

101) 김창한,『圓藷譜』, 1862; 김태완,『한국의식주생활사전』, 식생활; 세계일보, 2017. 7. 12. "신병주 역사의 창"

재배되어 흉년에 기아를 면하는 구황작물로 각광을 받게 되었다. 고구마와 감자는 조선 후기에 외국에서 도입되었지만 구황작물의 선을 넘어, 평소의 식량작물로도 조선 백성들의 배고픔을 면하게 하는데 수훈 갑의 공을 세웠다.

9. 기타 사회보장 정책

1) 휼전

정부는 진대와 진제 이외에도 화재, 수해, 호환(虎患) 등으로 인하여 가옥이 소실되거나 유실된 자, 시기가 지나도록 미혼인 자, 집안이 가난하여 장례를 치르지 못하는 사람, 호랑이 피해를 입은 가족 등을 도와주고 흉년으로 유기(遺棄)한 아동 등을 구제하기 위해 휼전(恤典)제도를 두어 운영하였다. 휼전의 시행은 서울의 경우 호조와 진휼청에서 시행하고 지방은 각 도에서 거행하고 발생한 비용은 사후에 진휼청에 청구하였다.

조선 후기 휼전에 의한 구호의 대상과 금액은 다음과 같다. 화재로 집이 모두 소실되었을 경우 큰집(大戶)은 쌀 9두, 중호는 8두, 소호는 7두를 지급하였다. 홍수로 집이 모두 떠내려갔을 경우 벼 1석, 집이 무너져 내렸을 경우 벼 7두, 또 화재로 사람이 죽었을 경우, 물에 빠져 죽었을 경우, 호랑이에게 물려 죽었을 경우, 흙더미에 압사하였을 경우 각각 벼 1석씩을 주었다.

집안이 어려워 혼인을 못한 경우에는 돈 5냥과 무명 2필을 주고; 장사를 못 지내는 경우 돈 2냥과 속포 1필, 빈한한 종실의 자녀가 미혼인 경우 쌀 1석, 무명 2필, 돈 4냥; 민가가 무너져 내려 완파된 경우 돈 2냥; 반파 4승포 1필; 행걸아(行乞兒)는 10세 미만으로 한정하되 10세에서 7세까지는 매일 쌀 7홉, 장 2홉, 미역 2립(立); 6세부터 4세까지는 쌀 5홉, 장 1홉, 미역 1립을 지급하였다.102)

2) 유기아 대책

(1) 유기아 수양과 영구 노비화

심한 기근이나 전염병이 유행할 때 제일 먼저 피해를 입는 것은 어린 아이들이었다. 먹을 것이 없어 초근목피로 연명하는 부모는 우선 자기부터 살기 위해 아이들을 몰래 버리거나 떼어놓고 도망가는 경우가 적지 않았다. 부모가 아사하거나 병으로 사망하여 오갈 데 없게 된 아이들은 대개 길가에서 울다가 굶어 죽었다.

조선은 국초부터 진휼정책의 일환으로 유기아(遺棄兒), 행걸아(行乞兒)를 거두어 기르는 것을 장려하였다. 조선 전기에는 유기아 행걸아를 국가에서 기르거나 수양(收養)을 지원하는 사람에게 경제적 지원을 하였다. 『경국대전』 혜휼조에 '버리거나 잃어버린 어린이는 한성부 또는 본 읍에서 보호하며, 맡아서 기르기를 원하는 이가 있으면 그 사람에게 주고 의복과 먹을 것을 관급한다. 아이의 나이 10세가 넘어도 돌려달라고 신고하는 자가 없으면 양육인(養育人)이 사역시키는 것을 허락한다'는 내용이 실려 있다.[103]

경국대전이 편찬될 때까지만 해도 버려진 아이를 거두어 기르면 노비로 삼을 수 있다는 규정은 없었다. 유기아 수양에 관한 규정이 본격적으로 나타난 것은 조선 후기부터였다. 현종 때 대기근이 발생하면서 유기아, 행걸아가 대량으로 발생하였고 이들이 거리에서 굶어 죽는 일이 빈번하게 일어났다.

이때 정부는 「외방감진절목(外方監賑節目)」을 만들어 굶주려 죽게 된 어린이를 구제하여 살린 사람에게 구제된 사람을 노비로 삼을 수 있도록 하는 규정을 임시로 만들었다. 이 절목에는 13세 이하의 굶주린 아이를 거두어 60일 이상 기른 때에는 그 자손까지 노비를 만들고, 그 이상은 자

---

102) 『萬機要覽』, 財用篇 5, 恤典.
103) 『經國大典』 禮典, 恤典.

신에 한하여 노비로 만들 수 있다는 규정을 두었다.104)

숙종 21년(1695) 대기근 때에도 아사하는 백성이 많았다. 진휼청 당상 민진후(閔鎭厚)가 "내어버린 아이를 거두어 길러서 종으로 삼는 것을 속히 법으로 만들어 달라"고 상소하였다. 숙종은 동왕 21년 12월 「유기아수양법(遺棄兒修養法)」을 반포하였다.105)

유기아수양법은 양반, 양인(良人)을 막론하고 유리걸식하는 사람으로서 수양되어 머슴이 되기를 원하는 자는 가장이 서울은 한성부에, 지방은 거주하는 곳의 관아에 나아가 입양을 원하는 사람과 함께 진술서를 내면 증명서(立案)를 만들어 주고 호적에 등록한 뒤에 시행하도록 규정하였다. 이렇게 하여 수양된 사람은 자신에 한하여 노비가 되도록 하였다. 그러나 그가 낳은 자녀는 본래의 자기 신분을 유지하게 하였다.

그러나 권력과 부를 가진 집안에서 유기아라고 핑계 대고 본인의 뜻을 묻지 않고 억지로 위협하여 수양한 자와 타인이 이미 거두어 길러서 죽음을 면하게 된 뒤에 자기의 노비라고 주장하는 사람은 모두 죄를 묻도록 하였다. 반대로 유기아가 남에게 혜택을 입고 환난이 지나간 뒤에 노비가 되기 싫어 거스르고 반항하는 짓을 하는 자도 노비가 주인을 배반한 율로 논죄한다는 규정을 두었다.

(2) 유기아 수양과 당대에 한한 노비

정조 7년(1783)에는 과거에 실시한 휼양 제도를 종합하여 「자휼전칙(字恤典則)」을 제정하였다. 자휼전칙에는 흉년이 들어 기근이 심할 때 유기아, 몸을 가리고 입에 풀칠하는 것을 자력으로 해결할 수 없는 유랑아를 관가 또는 민가에서 수양하여 기를 수 있도록 하였다. 자휼전칙도 유기아 등을 수양한 사람에게는 유기아를 양자 또는 노비로 삼을 수 있도록 규정하였다. 그

---

104) 『續大典』惠恤. 현종 3년 1월 10일
105) 『續大典』.

러나 나중에 유기아가 낳은 자식을 노비로 삼는 것은 금지하였다.

「자휼전칙」은 구제 방법을 서울과 지방이 다르게 하였다. 서울에서는 5 부(部)에서 4~10세의 걸식아와 3세까지의 버려진 아이를 진휼청에 보고하면 진휼청에서는 이를 돌보되 걸식아는 흉년의 경우 보릿고개까지만 돌보고, 버려진 아이는 풍흉에 관계없이 돌보도록 했다.

걸식아들은 진휼청 밖의 빈터에 흙집을 지어 수용하고, 4세에서 10세까지 의탁할 곳이 없어 구걸하는 아이들은 공한지에 움막을 짓고 수용하게 하였다. 걸식아 가운데 4세부터 6세까지는 1일 1인당 쌀 5홉, 장 1홉, 미역 1립을 제공하도록 하였다. 7세 이상 10세까지는 1일 1인당 쌀 7홉, 장 2홉, 미역 2립을 주도록 규정하였다.[106]

강보에 싸인 아기는 발견 즉시 이임(里任)이나 진휼청에 보내고 지원자를 물색하거나 구걸하는 여자 가운데 젖이 나오는 사람을 찾아 본인의 아이와 함께 기르게 하였다. 유모에게는 하루에 쌀 1되 4홉, 장(된장) 3홉, 미역 3입을 주도록 하였다. 그리고 의복은 진휼청에서 마련해 주고 병에 걸리면 혜민서에서 구호하게 했다. 유기아를 구호하는데 들어가는 모든 비용은 상진곡(常賑穀)에서 충당하도록 하였다. 그러나 필요한 간장과 미역은 감영에서 담당하게 했다.

걸식아나 버려진 아이를 기르고자 하는 사람은 진휼청의 입안(立案)을 받아서 그 아이를 양자나 노비로 삼을 수 있게 하고, 부모나 친족 중에서 3개월 전에 찾아가는 자는 그동안에 들어간 비용을 물어내도록 하였다.

흉년에 버려진 아이를 몇 달 거두어 먹이고 평생 또는 그의 자식까지도 노비로 삼는다는 것은 오늘날의 시각에서 볼 때 언어도단의 인권유린이지만 당시의 사정에서는 죽을 사람을 살리는 자선 행위였다. 조선시대에는 유기아를 노비로 거두는 사람이 별로 없어 많은 어린이가 아사하였다. 나라에서는 제발 노비로 삼아서라도 사람을 살리고 보자는 입장이었다.「유

---

106) 「字恤典則」 정조 7년 11월 5일.

기아수용법」이나 「자휼전칙」은 국가나 개인이 모두 가난하던 당시에는 별로 성공한 입법으로 보이지 않는다.

3) 전염병 대책

조선시대에는 전염병을 역병(疫病)이라고 불렀다. 역병은 여역(癘疫), 역질(疫疾), 염병(染病), 괴질(怪疾) 등으로 불리기도 했다. 전염병은 한 번 발병하면 백성들에게 치명적 피해를 가져왔다. 유행병의 확산은 노동력의 부족과 농업 생산의 감소를 동반하기 일쑤였다. 이규근(李圭根)의 연구에 따르면 17세기 조선에서 전염병은 평균 2년에 1번 이상(54/100) 발생하였다.107) 그는 이 시기 전염병이 갑자기 증가한 것은 기근과 밀접한 관계가 있는데 굶주림으로 허약해진 사람들이 전염병에 쉽게 옮기기 때문이라고 보았다.

조선 정부는 기근과 함께 찾아오는 전염병의 예방과 치료를 위해 여러 가지 대응책을 마련하여 시행하였다. 먼저 역병의 예방과 치료를 위한 노력은 혜민서와 활인서와 같은 의료기관을 통해 대처하였다. 그러나 역병의 예방에 관한 시책은 당시 역병의 원인을 몰랐던 만큼 매우 제한적이었다. 정부는 혜민서와 활인서 의료기관에서 환자를 치료하고, 서적을 편찬하여 질병의 예방과 치료에 대한 처방과 약재 이용을 홍보하는 등 구료 정책을 펼쳤다.

반면 민간 차원에서는 민간 신앙에 따라 여귀를 위한 제사를 올려 질병을 물리치고 원혼을 위로하는 무속적인 방법을 시행하였다. 조선을 대표하는 의료기관으로 내의원, 전의감, 혜민서 등이 있었다. 내의원은 왕과 왕실의 의료를 담당하고, 전의감은 의약 행정, 약재에 대한 관리를 담당한 관아였다.

---

107) 이규근, "조선후기 질병사연구 - 조선왕조의 전염병 발생기록을 중심으로 -", 『國史館論叢』 96, 2004, p.14.

(1) 혜민서

혜민서(惠民署)는 본래 백성들의 질병을 치료하기 위한 기관으로 주로 도성 내 거주민의 질병을 담당하였는데 병가(病家)의 부름이 있을 때 찾아가 진료하기도 했다. 혜민서는 지방에 전염병이 발생하였을 때 경외별구료관(京外別求療官)이 조정의 명을 받아 진료하였다. 본래 혜민서의 역할은 약재를 구입하여 구급약 만들어 전매하는 것이었다. 국내산 약재의 공급과 사행을 통해 들어오는 외국산 약재를 구입하여 전매하고 이것을 원료로 하여 청심환 등의 구급약을 제조 판매하였다.

임란 이후 국토 황폐화, 흉작으로 등으로 약재 수확량 격감하고, 약재의 채집도 어렵게 되자 이런 상황에서 침과 같이 약재를 전혀 사용하지 않아도 치료가 가능한 치료법을 강구하였다. 조선 후기 혜민서에는 침의(鍼醫)와 치종의(治腫醫)가 배치되어 대민 치료를 하였다.

(2) 활인서

활인서(活人署)는 도성 주민들의 질병을 치료하기 위하여 만든 기관이었다. 그러나 심한 흉년이 왔을 때는 도성 백성들에 대한 구호사업을 담당하기도 하였다. 활인서는 서울에 진장을 설치할 때면 항상 설죽소로 이용되었다. 활인서는 평소 한성 주민의 질병을 의약으로 치료하다가 도성에서 전염병에 걸린 사람이 생기면 환자들을 성 밖으로 내보내어 격리 수용하였다.

활인서는 질병의 확산을 막고자 교외에 병막(病幕)을 세워 병자들을 수용, 치료하였다. 활인서는 전염병에 걸린 사람의 신분에 따라 초막(草幕), 질병가(疾病家) 등을 건립하여 격리하고 노비 등은 시냇가에 초막을 지어 격리시켰다. 왕, 왕족이 병에 걸리면 특별히 피병소를 마련하여 임금이 그곳으로 거처를 옮겼다. 비빈, 궁인이 병에 걸리면 질병가(疾病家)에 내보내 구료하도록 하여 궐내에 전염병의 확산을 방지하였다.

활인서는 혜민서에서 파견한 의원들이 근무하고 진료에 필요한 약물은 전의감과 혜민서에서 보급받았다. 한편 지방에는 전의감과 혜민서에서 전국 팔도에 종 9품 외관직 심약을 파견하여 국가 의료를 실행하도록 했다. 심약은 각도의 감영, 병영에 머물며 각 관아의 의료와 그 지역에 할당한 약재 수급을 책임졌다. 각도의 감영, 병영에는 심약당(審藥堂)이라는 일종의 약방이 설치되어 있었고 그곳에는 의생이 딸려 있었다.

제5장

화폐의 통용과 기민구제

1. 화폐의 통용과 경제활동

1) 자급자족형 현물경제의 문제점

조선시대 쌀은 가장 중요한 소비재인 식량이면서 동시에 현물 화폐였다. 쌀은 연간 공급량이 추수와 함께 확정된다. 그 해의 수확량은 흉·풍과 같은 자연적 요인에 의해 결정된다. 쌀은 공급량이 급격히 늘어날 수 없는 안전성이 높은 화폐였다. 그 대신 흉년이 들면 화폐의 공급량이 급격히 줄어들 수 있는 특이한 돈이었다.

현물 화폐인 쌀과 포는 농사의 흉풍에 따라 공급이 변한다. 심한 흉년을 맞아 쌀과 포의 공급이 줄어들 경우, 정부의 세입도 큰 폭으로 줄어든다. 세입이 줄어들면 재정지출도 줄일 수밖에 없다. 문무백관과 군사들에 대한 통상적인 녹봉과 料米의 지급이 어려워진다. 각사(各司)·각영(各營)에서 가져다 쓴 공물(貢物)에 대한 대가도 제때 지불할 수 없다. 정부의 재정에 의존하여 살아가는 관리, 관수용 물품을 제공하고 공가(貢價)를 받는 공인들은 소득이 감소하고 쌀값은 올라 어려운 형편이 된다.

쌀이 부족하면 물건이 팔리지 않는다. 상인들은 흉년이 오면 장사를 못하는데 쌀값은 올라 더욱 타격을 받았다. 흉년으로 발생한 굶주린 백성을 구제할 진휼 자원도 모을 수 없다. 흉년이 들면 쌀과 다른 곡식 뿐만 아니라 목화와 삼의 생산량도 줄어든다.

큰 흉년이 들어 유랑자와 아사자가 많이 생기면 노동력의 공급도 줄어든다. 대표적 노동집약적 생산물인 면포와 마포의 공급량이 줄고 질도 떨어진다. 흉년에는 쌀 뿐만 아니라 포(布)의 수세도 어려워진다. 경제 전체가 활력을 잃고 침체에 빠진다.

쌀은 식량이기 때문에 추수 후부터 재고가 서서히 줄어든다. 쌀은 연중

고른 수요를 보이면서 다음 추수 때까지 대부분 소진된다. 쌀의 공급량 감
소는 시중의 통화량 감소와 같은 역할을 한다.

풍년에 미(米)·포(布)를 낭비하면 흉년에 대책이 없다는 말이 당시 관청
의 재정 운영 사정을 말해준다. 화폐를 사용하면 흉년에 부족한 쌀과 포를
먹고 입는 본래의 용도에 사용할 수 있다. 따라서 미포의 낭비를 줄일 수
있고 경제가 침체에 빠지는 것을 예방할 수 있다. 정부는 큰 흉년이 들었
을 때 재정 부족에 대처하는 방법이 각종 지출을 줄이고 연기하는 것 이외
에도 화폐를 주조하는 것이 유용하다는 것을 인식하고 있었다.

2) 화폐와 진휼자원

(1) 역사적 사례

흉년에 돈을 이용하여 백성을 구휼하는 방법은 중국 주(周)나라 때부터
실시했던 것으로 보인다. 전국시대 제 나라의 관중(管仲)은 돈을 이용하여
곡식이 쌀 때 구입하였다가 비쌀 때 판매하면 물가를 조절할 수 있고 국가
도 부유해질 수 있다고 보았다. 관중은 경중(輕重)을 이용하면 식량의 과
부족을 조절할 수 있으며 흉년을 당해 굶주리는 백성을 도울 수 있다고 설
명하였다.

한나라의 상홍양(桑弘羊)도 『염철론(鹽鐵論)』을 통해 화폐를 이용한
균수와 평준으로 군사들에게 급료를 줄 수 있고, 가뭄과 수재의 피해를 입
은 백성들도 구제할 수 있다고 주장하였다.[1]

한나라의 정현(鄭玄)도 "금과 동에는 흉년이 없다. 물건이 귀하게 되면
돈을 많이 만들어 백성을 넉넉히 한다. 생각건대 위에 돈이 있어야 곡식을
옮겨올 수 있으며, 아래로 돈이 있어야 곡식을 가져올 수 있다. 흉년에 돈
을 만드는 것은 모두 이 때문이다"[2] 라고 하였다.

---

1) 『鹽鐵論』, 力耕 2.

숙종 17년(1691) 삼남에 흉년이 들었을 때 대사헌 이현일(李玄逸)이 경연에서 『주례』에 "흉년에 주조(鑄造)한다"는 글이 있다며 돈을 이용하여 구황해야 한다고 임금에게 진언하였다.[3] 지평 권업이 흉년을 맞아 가을에 환자를 돌려받을 때 미곡에 대한 작전가(作錢價)를 낮추어 돈으로 받아들여 백성들의 부담을 줄이자고 건의한 것도 같은 맥락이다.[4]

흉황을 맞은 백성들의 굶주림을 해결하는 데는 반드시 정부가 가지고 있는 창곡(倉穀)을 대부하여 주는 것만이 해결책이 아니다. 정부가 보유하고 있는 곡식을 기근 현장으로 옮기기 위해서는 상당한 시일과 비용이 든다. 수송 기일이 너무 오래 걸려 때를 놓치기도 한다. 곡식은 옮기는 과정에서 변질하거나 감량되기 일쑤이다.

(2) 화폐와 기근대책

화폐가 통용되는 사회에서는 기민들도 돈이 있으면 바로 곡식이 있는 집이나 가까운 장시에서 먹을 것을 살 수 있다. 또 흉년으로 백성들이 전세와 군포 등 부세의 현물납부가 어려울 때는 돈으로 납부할 수 있다. 백성들이 춘궁기에 받아 먹은 환곡의 현물납이 어려울 때도 돈으로 납부하는 것을 허용할 수도 있다.

정부 기관도 심한 흉년에는 세금이 잘 걷히지 않아 재정 궁핍에 빠진다. 이때 정부가 돈을 발행하여 재정난에 빠진 각급 기관의 운영비를 조달할 수 있다. 정부는 구휼 기관이나 일선 행정기관에 돈을 대여하여, 상인이나 부민에게 쌀을 구입하여 백성을 구휼할 수 있다. 정부는 어려운 사람들에게 직접 생계자금을 빌려줄 수도 있다. 장사가 잘 안 되는 상·공인에게는 낮은 이자로 생업자금을 빌려줄 수도 있다.

---

2) 정약용, 『經世遺表』, 지관수제, 부공제 3.
3) 李玄逸, 『葛庵集』, 숙종 17년 10월; 정수환, 『조선후기 화폐유통과 경제생활』, 경인문화사, 2013, p.77.
4) 『숙종실록』, 숙종 21년 11월 5일.

흉년으로 곡식이 없어 수세와 진휼이 어려울 때는 동전을 발행하여 각
사(各司)와 각영(各營)의 재정을 메우거나, 기민들에게 돈을 대여해주는
방법은 숙종 때 처음 도입된 이후 철종 때까지 40여 회이상 사용되었다.
화폐를 이용하는 기민 구호 방법을 더 사용하기 어렵게 된 것은 19세기 중
반 고종 때 이르러서였다. 고종 때 당백전, 당오전 등 고액전의 발행으로
돈의 가치가 폭락하면서 물가가 폭등하고 쌀 등 현물은 시장에서 거의 자
취를 감추었기 때문이다.

2. 조선전기의 화폐 발행

1) 임진왜란 이후의 동전유통

한국에서 화폐를 통용시킨 것은 고려 성종 15년(996) 때 철전(鐵錢)을
만든 것이 효시였다. 이후 동국통보, 해동중보 같은 동전을 만들었고 은전
과 은병(銀瓶)을 유통시키려는 노력이 있었으나 성공하지 못하였다. 공민
왕 때는 종이로 저화(楮貨)를 만들어 통용을 시도했으나 널리 사용되지 않
았다.

조선조에 들어와서도 화폐를 사용하려는 노력은 계속되었다. 태종 2년
(1402) 하륜(河崙)의 건의로 처음 저화를 발행하였다. 태종 때 철전도 만
들어 통용시키려 했으나 중도에 그만두었다. 세종 5년(1423)에 조선통보라
는 동전을 만들어 통용시키려 한 일이 있었다. 저화는 고관들에 녹봉의 일
부로 지급하였으나 일반에서는 사용되지 않았다.

조선전기에는 농업 중심의 자급자족 경제를 벗어나지 못하였기 때문에
타인과 교환할 잉여 생산물이 별로 없었다. 이 때문에 조선 초기에는 서울
의 시전 이외에는 시장이 존재하지 않았다. 장시는 15세기 중반 성종 때
가서야 흉년을 맞은 전라도 백성들이 자구책으로 서로 모여 물물 교환을
한 것이 효시였다. 당시는 사회경제적 여건이 성숙하지 않았기 때문에 사

실상 화폐의 필요성을 별로 느끼지 않았다. 이 시대에는 쌀과 포가 거래의 보조 수단으로 사용되었다.

조선에서 금속화폐의 유통정책이 다시 추진된 것은 임진왜란이 끝난 후였다. 선조 36년(1603) 경연에서 특진관 성영이 임금에게 동전의 발행과 유통을 제안했다. 그는 왜란 이후 국가의 재정이 탕진되어 군졸들에게 줄 요미와 각 궁에 진헌할 방물을 마련할 수 없으니 중국처럼 돈을 만들어 사용해보자고 진언하였다. 임금이 관심을 보이면서 호조와 주요 대신들에게 의견을 구했다.

호조는 임금의 자문에 응하여 화폐 사용의 필요성을 주달하였다. 호조는 "쌀과 베는 먹고 입는 데 사용하므로 가난한 사람들은 이것을 다 먹고 쓴 다음에는 곤궁해집니다. 반면 부자들은 입고 먹는 것이 남아서 이익을 독차지하게 됩니다. 공사가 곤궁하게 된 것은 이 때문입니다. 만일 입고 먹는 것 이외에 나라에서 별도로 돈을 주조하여 통용시키면 공사 간에 다 같이 사용할 수 있고 쌀과 베는 누구나 입고 먹는 데만 사용하여 국가의 재정이 풍족해지고 백성들의 생활은 넉넉해질 것입니다."[5] 라고 그 이유를 설명하였다.

선조는 전란으로 황폐해진 국가재정의 조달이 시급한 상황이라 호조에 동전의 주조와 유통에 관한 사목을 만들도록 지시하였다. 그러나 선조 때의 주전 시도는 주전의 원료인 구리(銅)가 부족하여 실행에 옮기지는 못하였다.

2) 인조 때 주전 시도

주전 논의는 인조가 반정(反正)으로 집권한 후 다시 제기되었다. 당시 정부 재정은 광해군 이래 계속되는 흉년에다가 이괄의 난을 겪고 난 후여서 대단히 어려운 상황이었다. 인조 3년(1625) 호조 판서 김신국(金藎國)

---

5) 『선조실록』, 선조 36년 5월 14일.

은 정부의 재정 궁핍을 끼니를 잇지 못하는 집에 비유하여 "지금 나라의 저축이 탕진되었는데 쓰임새는 제한이 없어 각사와 각궁의 하루 경비도 대기 어려운 형편이고, 이곳에서 쓴 외상값만도 은 5~6만 냥이 넘는다."[6] 면서 주전을 제안하였다.

인조는 인경궁에 주전청을 설치하고 동전을 만들도록 지시하였다.[7] 국가에서 동전을 발행하여 통용되도록 하기 위해서는 돈을 시전(市廛)에서 사용할 수 있어야 하고, 계속 통용되기 위해서는 국가에서 세금이나 벌금 등으로 동전을 항시 받아주어야 했다. 그러나 이 당시 발행한 돈은 불과 600관밖에 되지 않았다. 이것으로는 백관에게 녹봉을 줄 수도 없고 상대적으로 값이 비싼 집이나 토지, 우마(牛馬)를 매매하기에는 불가능한 실정이었다.

동전의 발행량이 적은 이유는 동전의 주원료인 구리가 부족하고, 주전 기술자도 모자랐기 때문이었다.[8] 동전의 주조를 위해서는 주원료인 구리를 확보하는 것이 선결문제였다. 당시 조선에서는 구리가 생산되지 않았다. 조선에서 사용되는 소량의 구리는 전량 일본으로부터 수입하였다.[9] 이 당시 결정적인 행전(行錢) 실패의 원인은 이듬해 정월 정묘호란이 일어나 나라가 위기에 처한 것이었다. 전란이 일어나자 동전의 통용정책을 중지하지 않을 수 없었다.

인조 11년(1633) 잇따른 흉년과 병란으로 쌀이 부족하게 되자 동전의 유통정책이 다시 논의되기 시작하였다. 호조는 인조 4년(1626)에 주조했던

---

6) 『인조실록』, 인조 3년 10월 27일.
7) 『인조실록』, 인조 3년 11월 17일.
8) 『인조실록』, 인조 4년 윤 6월 18일.
9) 동전을 유통시키는 데는 항상 원료인 구리의 확보가 제약 변수였다. 동의 확보를 위해 누각에 있는 종을 녹이거나 절에 있는 불상을 이용하자는 방안이 제기되기도 하였으나 현실성이 없었다. 영조 때에 이르러 일부 동광이 개발되었으나 채광량이 적어 실효성이 없었다. 정조 을사년의 주전에 비로소 永豊銅을 사용할 수 있었으나 공급량은 소량에 불과하였다.

동전의 재고가 아직 남아있고 그사이에 일본과 무역을 통하여 입수한 구리가 수만 근이 되니 동전의 유통을 다시 추진하자고 건의하였다. 새로운 행전사목(行錢事目)이 마련되고 상평청에서 조선통보(朝鮮通寶)라는 이름의 동전을 만들었다.10)

인조 12년(1634)에 동전의 유통이 개시되었다. 상평청에서 주조한 돈은 우선 훈련도감 군에게 지급되었다. 요미(料米)의 10분의 1만큼을 동전으로 받은 도감 군은 이 돈으로 쌀을 사러 상평창에 몰려갔으나 쌀의 재고가 없어 사지 못하였다. 정부의 약속과는 달리 쓸모없는 동전을 받은 도감 군사들이 큰 소동을 일으켰다.11) 전화의 통용은 명목만 있고 실제로는 유통되지 않았다. 정부는 동전유통의 준비가 없었고 백성들은 동전에 대한 믿음이 없었기 때문이었다.

인조 13년(1635) 호조 판서 최명길은 동전의 통용을 돕고 기민 구제를 위한 재원을 쉽게 마련하기 위하여 상평청의 운영 방법을 바꿀 것을 건의하였다. 즉 布를 이용하여 쌀값을 조절하는 방식을 버리고 대신 상평청에서 주조한 동전을 이용하여 풍년일 때 쌀을 비싼 값으로 사들이고 흉년일 때 쌀을 싼값으로 판매하여 쌀값을 조정하자는 것이었다.12))

정부는 호조의 건의에 따라 인조 13년「행전사목(行錢事目)」을 다시 보완하여 발표하였다.13)

　　○ 시정인(市井人) 가운데 자원하는 자는 별도로 전시(錢市)의 설치를 허가한다.
　　○ 각사(各司)와 아문(各衙門)에서는 속전(贖錢)과 작지가(作紙價)를 돈으로 받도록 한다.
　　○ 땔감이나 숯·야채 등 저자의 자잘한 물건을 사고팔 때는 반드시 돈으

10) 『인조실록』, 인조 11년 10월 15일; 11월 4일.
11) 『인조실록』, 인조 12년 2월 20일.
12) 『인조실록』, 인조 13년 5월 28일.
13) 『인조실록』, 인조 13년 7월 14일.

로 한다.

　ㅇ 도성과 외방에 점포를 내려는 사람이 있으면 설치를 허가한다.

　ㅇ 도성에서 우마(牛馬)를 매매할 때는 반드시 돈으로 거래한다.

　ㅇ 서울에서 팔도에 이르는 길 주변에 있는 각 관아는 반드시 점포를 설
　　치하여 백성들이 돈을 사용할 수 있도록 한다.

　인조 13년의 행전(行錢)계획도 돈의 발행량 부족과 준비의 미비로 제대
로 실시하지 못하였다. 이 당시 동전의 발행량은 약 2천여 관이었다.[14] 동
전을 교환해주는 전시의 설치는 충분하지 않았고 각사와 아문은 속전 등
을 돈으로 받으라는 지시를 제대로 수행하지 않았다. 민간에서는 동전의
유통에 대해 잘 알지 못하였고 지속적인 유통 가능성에 회의를 가져 동전
으로 물건을 거래하는 것을 꺼렸다. 8도에 이르는 대로에 점포를 설치하는
것도 한성 부근의 일부에만 그쳤다.

　인조 14년(1636)에 심한 흉년과 함께 병자호란이 일어나 나라가 쑥밭이
되었다. 전란으로 동전의 추가 주조와 동전을 이용한 국세의 납부가 불가능
해졌다. 화폐의 통용이 불가능해지자 인조 시대 행전의 추진은 중단되었다.

3) 효종 때 화폐 유통정책

(1) 화폐를 이용한 기민구휼

　인조가 죽고 효종이 즉위하자 1651년 황해도, 평안도, 함경도 지방에 큰
흉년과 함께 역병이 유행하였다. 특히 황해도와 평안도 양서(兩西)지방의
기근은 아주 심한 상태였다. 정부는 진휼 자원을 마련하지 못하자 백관의
녹봉을 삭감하였다. 평안도와 황해도는 청나라 사신이 왕래하는 길목이었
다. 병자호란 이후 청나라는 조선을 감시하기 위하여 사신을 빈번하게 파견
하였다. 당시 계속되는 흉년으로 평안도와 황해도의 기민을 구제하기 위한

---

14) 『승정원일기』, 인조 13년 9월 15.

재원과 청나라 사신단을 접대하기 위한 비용 마련이 시급한 실정이었다.

효종 2년(1651) 영의정이 된 김육(金堉)이 국가의 재정을 넉넉히 하고 백성들의 생활에 편의를 제공하기 위해서는 동전의 유통이 필요하다며 화폐의 사용 문제를 다시 들고 나왔다.[15] 김육은 효종에게 올린 상소를 통해서 "지금 흉년이 들어 백성들은 기진하고 공·사는 허갈한 상태입니다. 백성들은 흉년이 들면 먹을 것이 없어 죽음을 면치 못하고, 풍년에도 미·포를 낭비하게 되는데 이것은 화폐가 없기 때문입니다. … 천하에 통용되는 구부(九府)의 환법(圜法)[16]이 어째서 우리나라에서만 시행되기 어렵습니까"라며 화폐의 사용을 청했다.

김육은 황해도와 평안도의 기민을 구제하기 위하여 우선 양서 지방의 역참로를 중심으로 동전을 이용하자고 주장하였다.[17] 김육은 인조 때 발행한 동전이 개성 일대에서는 없어지지 않고 사용되고 있어서 화폐의 통용에 긍정적이라고 판단하였다.

김육의 주장에 호응하여 사헌부가 해서(海西)의 쌀 1만 4백여 석과 피곡(皮穀) 8만 2천 5백여 석을 서로(西路)의 역참과 인근 고을에 유상 또는 무상으로 나누어 주어 기민을 구호하자는 안을 냈다. 비변사에서 이 안을 논의한 결과 평양·의주·안주·정주 등 역참로가 지나는 고을과 인근의 기민들에게는 동전을 빌려주고 정부에서 할당한 구휼곡을 사게 하도록 의견을 모았다.[18]

효종이 이 안을 수락하면서 서로에서 동전을 다시 사용하게 되었다. 이때 사용된 동전은 김육이 진위사(陳慰使)로 청나라에 다녀올 때 자신의

15) 金堉, 『潛谷先生遺稿』 4, 疏箚. "兩西請用錢疏疏"(성균관대 대동문화연구원, 『潛谷全集』)

16) 周나라 姜太公이 화폐를 유통시키기 위하여 만든 제도. 九府는 太府·玉府·內府·外府·職金·職幣 등 아홉 개의 부서로 모두 화폐의 통용과 제조를 담당한 관청이다. 圜法은 화폐를 원활하게 유통시키는 방법을 말한다(『漢書』 食貨志).

17) 金堉, 『潛谷先生遺稿』 4, 疏箚. "請令戶兵曹同議行錢事箚"

18) 『효종실록』, 효종 2년 3월 10일.

노자로 사 온 명전(明錢) 15만 냥과 인조 때 주조한 조선통보로 보인다. 당시 청나라에서는 명전을 폐기하고 새로 주조한 청전(淸錢)을 사용하고 있어서 폐전을 손쉽게 구할 수 있었다. 동전을 사용한 결과 정부는 백성들이 화폐 이용의 편리함을 알게 되어 서로에서의 행전은 일단 성공한 것으로 판정하였다.

(2) 서울·경기에서의 화폐사용

양서(兩西) 지방에서의 동전 유통이 성공하자 서울에서도 동전의 유통 방안을 모색하기 시작하였다. 효종이 즉위하면서 추포(麤布)[19]의 통용을 금지시켰는데 시전 상인들을 사이에는 쌀과 포가 모자라 동전의 사용을 요청하는 분위기가 무르익었다. 당시 조정에서는 추포의 유통으로 인해 쌀값이 오르고 시장에서 재화가 거래되지 못하는 상황에 이른 것으로 파악했다. 정부는 서울에서의 동전 유통을 결정하고 효종 2년(1651) 10월 서울에서의 동전 유통을 위한 사목을 발표하였다.[20] 사목의 요점은 다음과 같다.

> ○ 서울에서도 모든 물품을 거래할 때는 돈을 사용한다.
> ○ 쌀 1승의 가격을 동전 3문으로 하되 동전의 가치는 계절과 물가에 따라 변할 수 있다.
> ○ 관에 납부하는 세금, 속전과 기타 수수료 및 공명첩, 허통첩, 면방첩 (免防帖) 등을 살때는 돈으로 내야 한다.

---

19) 麤布는 질이 나빠 쓸모없는 면포를 말한다. 쌀과 함께 돈으로 사용되던 면포는 조선 초기 이래 규정된 길이가 점점 짧아지고 질은 粗惡化되었다. 『經國大典』의 규정에 따르면 표준 면포는 5升에, 폭은 8촌, 길이는 35척인데, 효종 때 유통되는 추포는 3~4승에 길이는 20~30척으로 줄어들어 아무런 쓸모없는 포화가 되었다. 1 升 포는 80가닥으로 짠 포를 말한다. 5승 포는 400가닥으로 짠 폭 8촌의 포를 의미한다. 김수환, "효종조 행전사목과 행전책, 성과와 한계,", 『동양고전연구』, 74, 2018, p.163.

20) 『효종실록』, 효종 2년 10월 29일.

○돈이 필요한 사람은 상평청에 가 쌀을 주고 돈을 사며, 쌀이 필요한
사람도 상평청에 가서 돈을 주고 쌀을 교환할 수 있게 한다.

눈에 뜨이는 규정은 상평청이 동전 화폐의 유통에 있어 쌀로 태환을 보
증하는 은행의 역할을 하게 했다는 점이다. 돈이 필요한 사람은 작전가(作
錢價)에 따라 상평청에 쌀을 가져다 주고 돈을 받아 갔다. 서울에서의 행
전도 무난하게 실시되었다. 경기도에서의 화폐 유통은 효종 3년(1652)부터
추진하였는데 경기도의 동전 유통은 우선 대동미 8두 가운데 1두를 돈으
로 내도록 하였다. 경기도에서의 동전 유통도 상인들을 중심으로 먼저 실
시하였는데 큰 문제가 없었던 것으로 보인다.

(3) 삼남지방에서의 동전유통

삼남 지방에서의 화폐 유통은 효종 6년(1655)부터 추진하였다. 삼남 지
방은 아직 대동법(大同法)이 시행되기 전이고, 평야 지역과 산악지역의 농
사가 다른데 인구는 많아 처음부터 시행이 쉽지 않았다. 정부는 삼남 지방
의 경우 산군(山郡)에 먼저 동전을 유통시키기로 하였다.

인구가 많은 삼남 지역의 백성들은 동전을 접할 기회가 적었다. 정부는
동전의 공급을 늘리기 위해 훈련도감에도 주전을 허락하고 고액전도 발행하
였다. 뿐만 아니라 개인에게도 주전을 허가하였다. 화폐의 기준도 쌀에서 은
자(銀子)로 바꾸었다. 행전지역의 급격한 확대는 동전의 부족 사태를 야기
하였다. 당시는 구리의 공급이 불안정하여 동전의 지속적 공급이 어려웠다.

삼남 지역의 백성들은 자급자족적 생활에 큰 불편이 없었다. 동전의 가
치가 불안정하게 되자 민간에서 동전에 대한 신용을 잃게 되었다. 동전의
사용이 정착되지 못하자 동전의 가치가 흔들렸다. 동전의 실질 가치가 유
통 가치보다 크게 되자 동전의 부족은 더욱 심해졌다. 일부 장인들이 동전
을 사다가 녹여서 유기그릇을 만드는 일이 빈번하게 일어났다.[21] 정부 내

에서도 행전의 부작용을 둘러싸고 논쟁이 일어났다.

　정부 안팎에서 행전 노력에 대한 불만이 점점 커지고 동전의 유통은 지지부진해졌다. 유림과 정부 내에서도 동전의 유통이 본업(本業)인 농업에 도움을 주지 않고 말업(末業)인 상업만 흥하게 하여 나라의 풍속을 어지럽힌다는 반대론자의 목소리도 커졌다. 효종은 대신들의 의견을 일일이 듣고 난 후 근 10년 동안 기울인 동전 유통 노력이 나라에 보탬이 되지 않았다면서 동전의 유통을 중지하고 다시 미곡을 화폐로 사용하라는 지시를 내렸다.22)

3. 17세기 상평통보의 발행과 행전의 성공

1) 숙종의 상평통보 발행

　숙종이 1675년에 즉위하면서 내리 3년간 흉년이 들었다. 정부는 흉년 대책으로 전세를 탕감해주고 군포와 각종 신역도 감면하였다. 정부는 백성에게 빌려준 환곡을 다 회수하지 못한 채 새로운 환곡을 마련하지 않으면 안 되는 곤경에 처했다. 백관들은 구휼 자원을 마련하기 위해 녹봉에서 쌀 1석씩 감하기로 하였으나 그것으로 해결될 문제가 아니었다.

　숙종 4년(1678), 재정위기를 극복하기 위하여 영의정 허적(許積), 좌의정 권대운(權大運) 등이 다시 동전을 만들어 유통시키자고 제안하였다. 입시했던 신하들이 모두 찬성하였다. 정부는 「행전사목」을 다시 마련하였다.23)

　ㅇ 대명률과 송도에서 사용하는 규례를 참고하여 동전 400문의 가치를
　　 은 1냥에, 동전 40문을 은 1전으로, 4문을 은 1푼에 준하게 한다. 미
　　 가는 흉풍에 따라 가치가 다르니 잠정적으로 동전 40문에 1두, 4문에

---

21) 『효종실록』, 효종 6년 12월 13일.
22) 『효종실록』, 효종 7년 9월 25일.
23) 『비변사등록』, 숙종 4년 윤 3월 25일.

1승으로 준하도록 한다.24)

  ㅇ 각 아문에서 주조한 돈은 먼저 시전에 나누어주어 사용하게 한 후 3년이 지나서 본전만 회수한다.

  ㅇ 형조·사헌부·의금부·한성부의 각종 속전(贖錢)은 모두 돈으로 받는다.

  ㅇ 진휼청에서 환곡을 거두어 받을 때 돈으로 계산하여 받을 수 있게 한다.

  ㅇ 시전에서 상인들끼리 물력(物力)을 낼 일이 있을 때는 돈을 내어 사용한다.

임금은 호조·상평청·진휼청·어영청·사복시·훈련도감·수어청 등 7개 기관에 상평통보(常平通寶)를 주조하도록 명하고 숙종 4년(1678) 4월 1일부터 통용하도록 지시하였다.25) 효종이 행전 노력을 중지한 후 25년 만의 일이었다.

이때 만든 상평통보는 동전의 품질을 유지하기 위하여 주조 원료와 중량에 대한 규정도 만들고 개인의 주전은 금했다. 동전의 원료를 확보하기 위하여 일본으로부터 동을 수입하고 청나라에서는 주석을 수입했다. 또 민간이 가지고 있는 유기(鍮器)를 사들여 동전의 원료로 사용하고 유기의 제조를 금했다.

호조 판서 오정위(吳挺緯)는 같은 해 6월 지방에서는 동전이 매우 부족하다며 동전의 원활한 공급을 위해 전국의 감영과 병영에서도 주전을 할 수 있도록 요청하여 승인을 얻었다.26) 서울과 지방에서 동시에 주전이 확대됨에 따라 동전 부족으로 인한 행전의 문제점이 해소되었다. 이후 동전의 원료인 구리의 지속적인 확보도 일본과의 무역이 원만하게 진행되게 됨에 따라 큰 문제없이 공급할 수 있게 되었다.

---

24) 엽전의 단위: 엽전 1개=1푼(分)=1문(文); 10푼=1전(錢); 10전=1냥(兩); 10냥=1관(貫).

25) 『숙종실록』, 숙종 4년 1월 23일.

26) 『숙종실록』, 숙종 4년 6월 3일.

2) 대동법의 시행과 행전의 안정화

17세기 중반에 대동법(大同法)이 전국에 실시되었다. 복잡하던 조세체
계가 단순화되었다. 정부는 그동안 공납제로 운영해오던 관수물품의 조달
을 수공업자와 시장에서 구입하게 하였다. 자연히 화폐의 수용과 통용이
촉진되었다. 그 결과 상품 생산과 교환경제가 활성화되었다. 청국과 일본
과의 외교관계와 무역도 안정기에 들어갔다.

그러나 행전(行錢)을 둘러싸고 문제가 없었던 것은 아니었다. 행전 초기
동전의 공급을 전국적으로 확대하면서 동전이 흔하게 되자 동전의 가치가
하락하는 전천(錢賤)문제가 일어났다. 정부는 호조가 중심이 되어 중앙과
지방에서 주전량을 조절함으로써 이 문제를 해결하였다. 정부는 돈의 공급
량을 줄이기 위해 숙종 23년(1697)년부터 약 34년 간 상평통보의 발행을
중단하였다.

돈의 공급이 중단되자 돈의 가치가 점점 오르게 되었다. 그사이에 대동
법이 평안도와 함경도를 제외한 전국에 시행되어 상품의 제조와 유통이 활
발하게 되었다. 동전의 통용이 성공하면서 돈의 가치가 안정되자 일부 상인
들과 고위 관리들은 동전을 재산축적의 수단으로 삼아 퇴장시켰다. 동전은
고리대금으로 이용하기에도 좋았지만 엽관(獵官)이나 이권을 얻는 데 뇌물
로 사용하기에도 좋았다. 뿐만 아니라 일본으로부터 구리의 수입이 지속적
으로 늘어나지 못하자 동전이 상대적으로 귀하게 되었다. 돈의 유통량이 재
화의 공급량에 비해 줄어들자 이번에는 전황(錢荒)문제가 야기되었다.

영·정조 시대에는 화권재상(貨權在上)의 원칙에 따라 정부가 동전의 발
행량과 품질을 철저히 관리하기 시작하였다. 정조 때 동전의 발행을 다시
호조가 전관하고 불법 주조는 무거운 벌로 다스렸다. 이 원칙은 19세기 중
엽 철종 때까지 지켜졌다. 이 시기에는 동전의 가치가 안정되었다. 동전은
1678년 숙종의 상평통보로부터 시작하여 약 180년 가까이 흉황시 구휼 자
원으로, 동시에 흉년으로 겪게 되는 경기침체와 정부의 재정 결손도 보충

할 수 있는 중요한 재정수단이 되었다.

4. 화폐를 이용한 구휼과 재정운용의 사례

1) 진휼자원의 확보를 위한 주전

화폐는 숙종 4년(1678)부터 통용되기 시작하였으나, 진휼곡을 배분하기 위해 돈을 사용한 것은 효종 2년(1651)이 처음이었다. 당시 영의정이던 김육의 건의에 따라 황해도와 평안도의 기민들에게 청전(淸錢)과 인조 때 발행한 동전을 빌려주고 구휼곡을 구입하도록 한 것이 효시였다. 진휼 자원을 확보할 목적으로 동전을 주조한 것은 숙종 9년(1683)이 처음이었다. 다음은 진휼자원을 확보할 목적으로 주전을 실시한 사례이다.

○ 숙종 9년(1682): 삼남과 함경도에 큰 흉년이 들었는데 역병까지 창궐하였다. 아사자와 병사자가 잇따라 발생하는 가운데 대궐에도 전염병이 침입하는 사태가 일어났다. 호조에는 쌀과 콩이 다 소진되어 기민 구호를 위한 재원이 없었다. 이때 호조 판서 윤해(尹堦)가 동전을 주조하여 구휼 자원으로 쓰자고 임금에 청하여 성사되었다.[27]
○ 숙종 12년(1683): 진휼청이 기민 구제를 위해 빌려준 환곡을 현물로 회수하지 못하자 주전을 통하여 임시로 적자를 메웠다.[28]
○ 숙종 16년(1690): 다시 큰 흉년이 들었다. 호조의 물력이 소진되어 기민을 구제할 수 없게 되자 호조 판서 오시복(吳始復)이 동전을 주조하여 재원을 마련하자고 주청하였다. 숙종이 허락하여 동전을 발행하였다.
○ 숙종 19년(1693): 흉년을 맞자 이조 판서 오시복이 상평청에서 주전을 하여 그 돈으로 구휼 자원을 마련하자고 주청하여 성사되었다.[29]

---

27) 『숙종실록』, 숙종 9년 1월 13일; 이하 주는 부표 A, B, C, D, E에 수록되어 있다.
28) 『승정원일기』, 숙종 12년 11월 계묘)
29) 『숙종실록』, 숙종 16년 12월 28일; 비 숙종 19년 1월 5일.(?)

o 숙종 21년(1695): 대기근이 시작되자 좌의정 유상운의 주청에 따라 상평청에서 40~50만 냥을 주조해 각 도에 내려 보냈다.30) 이는 강원 감사 오도일이 흉년에 각 도의 창고에 곡식이 없으니 동전을 주조하여 현지에서 식량을 살 수 있도록 조치해 달라는 장계에 따른 것이었다.

o 숙종 21년(1695), 숙종 23년(1696): 숙종 대기근 시 진휼청은 교통이 불편하여 식량을 수송하기 어려운 함경도에 돈을 빌려주어 기민을 구제하였다. 진휼이 끝난 후 자금의 회수도 동전으로 하였다.31)

o 숙종 33년(1707): 여러 도에서 수재와 역병으로 수만 명이 사망하였다. 정부는 재해가 심한 평안도와 함경도에 은화 수천 냥을 보내 곡물을 구입하게 하고, 강원도와 함경도는 동전 5천 냥씩을 주어 현지에서 곡물을 구입하여 기민을 구제하였다.32)

o 숙종 42년(1716): 우의정 이이명이 흉년으로 기민들이 사방으로 유리하고 있는데 호조에 곡식이 없다고 보고하였다. 임금은 동전을 더 주조하여 구휼 자금으로 사용하라고 지시하였다.33)

o 영조 7년(1731): 가뭄으로 8도에 큰 흉년이 들었는데 비축된 곡식이 없었다. 가뭄대책을 토론하는 자리에서 영사 조문명과 선혜청 당상 송인명 등이 동전을 주조하자고 주장하였다. 영조는 동철(銅鐵)은 백성의 진구에 도움이 안 되고, 백관에게 돈으로 녹봉을 주는 것은 신하의 충신(忠信)을 소중히 여기는 뜻이 아니라며 반대 의견을 굽히지 않았다.

9월이 되자 사정이 급해졌다. 다시 가뭄 대책회의가 열렸다. 뚜렷한 방안을 찾지 못하자 호조 판서 김동필과 선혜청 당상 송인명 등이 숙종때의 주전을 통한 구민 정책의 성과를 설명하자 영조는 화폐의 역활에 대한 생각을 바꾸어 주전하기로 결정하였다.34)

o 영조 38년(1762): 흉년에 정부에 진자(賑資)가 없자 주전(鑄錢)을 지시하였다.35)

---

30) 『숙종실록』, 숙종 21년 9월 30일.
31) 『비변사등록』, 숙종 21년 5월 17일; 숙종 23년 11월 11일).
32) 『숙종실록』, 숙종 33년 11월 7일.
33) 『숙종실록』, 숙종 42년 11월 17일; 숙종 42년 12월 24일.
34) 『영조실록』, 영조 7년 9월 20일.

○ 영조 40년(1764): 호서와 경기도의 재해를 입은 지역에 진휼청의 돈 1만 냥씩을 보내 현지에서 곡식을 구입하여 진휼하였다.36)

○ 정조 7년(1783): 흉년에 진자가 부족하자 주전을 결정하였다.37)

○ 순조 7년(1807): 봄철 가뭄으로 삼남이 흉작이 되었다. 진곡이 부족하자 호조와 균역청에서 30만 냥을 급히 주전하였다.38)

○ 철종 3년(1852): 평안도의 기민 구제를 위해 선혜청의 돈 5만 냥과 사역원의 돈 6만 냥을 평안도에 대여하였다.39)

○ 고종 4년(1867): 철종 무렵부터 환정이 문란해져 환곡이 고갈되고 환정은 정지상태에 들어갔다. 집정 대원군은 환곡을 재건하기 위해 고종 3년(1866) 내탕금 30만 냥을 들여 경상도·전라도·충청도 등 6개도에 병인(丙寅) 별비곡(別備穀) 10만 석을 조성하였다. 고종 4년(1867)에는 당백전(當百錢) 1백 50만 냥을 들여 충청도·황해도 등 4개 도에 호조(戶曹) 별비곡(別備穀) 50만 석을 신설하였다.40) 이때 조성된 환곡의 이자는 모두 정부재정에 편입되었다.

동전을 발행하여 진자로 사용한 것은 숙종 연간에 자주 있었다. 그러나 영조는 54년 간이라는 조선 왕조 최장의 재위에 있었음에도 불구하고 주전을 통해 진자를 마련하는 일은 몇 번에 그쳤다. 이는 영조가 재위 초기에 화폐의 유통에 대해 부정적인 견해를 갖고 있었기 때문이다. 영조 1년(1725) 흉년이 들었을 때 진휼청에서 구휼자원을 조성하기 위해 주전을 청했으나 영조는 이를 단호하게 거절하였다. 그리고 숙종 때 동전의 제조를 위해 진휼청에서 사 모은 구리는 모두 삼군문(三軍門)으로 보내 무기를 제조하는 데 사용하라고 지시하였다.41)

---

35) 『영조실록』, 영조 38년 11월 29일.

36) 『영조실록』, 영조 40년 8월 20일.

37) 『정조실록』, 정조 7년 11월 29일.

38) 『순조실록』, 순조 7년 1월 13일.

39) 『철종실록』, 철종 3년 12월 25일.

40) 『고종실록』, 고종 4년 6월 3일.

41) 『영조실록』, 영조 1년 10월 19일.

영조 7년(1731) 가뭄으로 8도에 큰 흉년이 들었는데 비축된 곡식이 없었다. 가뭄대책을 토론하는 자리에서 영사 조문명과 선혜청 당상 송인명 등이 동전을 주조하자고 주장하였다. 이때 영조는 반대의 의견을 굽히지 않았다.42) 대신 영조는 현물로 환곡의 수량을 증가시키는 데 힘을 기울였다.

이 결과 그의 재임기간에는 물론 정조 순조 때까지 환곡의 양이 넉넉하여 진자 마련을 위해 주전을 하는 일은 많지 않았다. 영조는 나중에 화폐에 대한 생각을 바꾸어 화폐를 적극 이용하는 방향으로 경제 정책을 바꾸었다.

2) 재정 결손을 보충하기 위한 주전

정부기관이 세수의 부족, 백관에 대한 녹봉과 요미의 지급, 건설비용의 조달 등, 기타의 원인으로 재정압박을 받을 때면 주전을 통해 문제를 해결하였다. 숙종 때 돈을 이용하여 기민 구휼에 성공한 이후 화폐를 이용한 위기 극복 방법은 철종 때까지 꾸준히 사용하였다. 동전의 발행은 정부의 적자재정을 보충하기 위한 방법으로도 애용되었다. 정부기관이 재정 결손을 메우기 위하여 화폐를 발행한 주요 사례는 다음과 같다.

○ 숙종 10년(1684): 흉년으로 어영청이 상번(上番)하는 군사들에게 요미(料米)를 지급하지 못하자, 임금에게 동전의 주조를 주청하여 허락을 받았다.43)
○ 숙종 13년(1687): 경기도에 흉년이 들자 중앙 각사와 군문은 세금으로 받던 미·포를 동전으로 대신 받았다.44)
○ 숙종 19년(1693): 흉년으로 훈련도감 군사들에게 요미를 줄 수 없게 되자 정부는 훈련도감에서 동전을 주조하여 현물 대신 지급하였다. 같은 해 재정 부족에 시달리는 여러 아문과 군영에도 주전을 허락하였다.45)

---

42) 『영조실록』, 영조 7년 6월 2일.
43) 『비변사등록』, 숙종 10년 2월 14일.
44) 『훈국등록』, 숙종 13년 정묘; 10월 11일.

○ 숙종 21년(1695): 흉년으로 어영청 소속 군사들에게 요미를 지급할 수 없게 되자 정부는 어영청에 주전을 허락하였다. 어영청의 사례를 보고 각 군문도 다투어 주전을 요청하였다.46)

○ 숙종 22년(1696): 숙종 대기근 때 각 도에서 기민의 진구를 요청해왔으나 정부의 환곡과 군량미가 소진되고 호조의 경비도 탕진되었다. 정부는 다소나마 기민들의 신역 부담을 덜어주기로 하고 진휼청에 지시하여 각 사와 군문 돈을 보내주어 기민들의 신포(身布)를 대신 충당하게 하였다.47)

○ 영조 18년(1742): 예산이 부족하여 동전을 더 주조하였다.48)

○ 정조 21년(1797): 호조와 진휼청의 만성적 경비 부족을 보충하기 위해 매년 호조에서 10만 냥을 주조하도록 하였다.49)

○ 철종 3년(1852): 정부 여러 기관에서 경비가 부족하자 임금이 호조에 주전할 것을 지시하였다.50)

3) 화폐를 이용한 응급 재정지출

○ 고종 14년(1877): 지방에서 올라오는 조선(漕船)을 고의로 난파시키고 쌀을 빼돌리는 일이 자주 발생하여 정부가 예산을 제대로 집행할 수 없었다. 이해 훈련도감 군사들이 수개월 동안 급료를 받지 못했다고 정부를 비방하는 방(傍)을 붙이는 사건이 발생하였다.51) 일선 군현의 세금 미납으로 경향의 각 관청과 창고에 곡식이 없었다. 정부는 공전을 사용하여 삼남과 양서에서 쌀과 보리 각각 1만 5천 석씩을 사들여 기민을 구제하였다.52)

---

45) 『숙종실록』, 숙종19년 7월 3일.
46) 『숙종실록』, 숙종 21년 12월 10일.
47) 『숙종실록』, 숙종 22년 4월 8일.
48) 『영조실록』, 영조 18년 6월 19일; 6월 30일.
49) 『정조실록』, 정조 21년 9월 10일; 9월 28일.
50) 『철종실록』, 철종 3년 6월 10일.
51) 『고종실록』, 고종 14년 8월 10일.
52) 『고종실록』, 고종 14년 5월 16일.

○ 고종 35년(1898): 큰 흉년이 들었으나 나라에 곡식이 없어 진정을 수
행할 수 없었다. 정부는 기민들에게 돈을 빌려주기로 하고 탁지부의
예비금에서 경기도 6천 원, 충남 2천 원, 충북 2천 원, 강원 2천 원,
함북에 1천 원을 각각 배정하였다.53)

4) 교역을 통한 구휼자금의 조성

○ 영조 9년(1733): 진휼청 당상 송인명(宋寅明)이 정부에 남아있는 환
곡이 없어 기민 구호를 할 수 없으니 장사를 해 남는 돈으로 쌀을 구
입, 환곡의 밑천으로 삼을 것을 주청하였다. 그는 각 군영이 가지고
있는 군포의 일부를 팔아 돈을 만들고, 또 평안도와 황해도의 감사로
하여금 책문(柵門)에 가서 은화(銀貨)를 주고 청나라의 목면을 사다
국내에서 팔아서 남는 돈으로 쌀을 구입하여 환곡을 마련할 것을 주
청하여 승인을 얻었다.54)
○ 영조 10년(1734): 8도에 기근이 들자 호조와 진휼청에서 마련한 돈
10만 냥을 삼남에 나누어 주고 그 돈으로 쌀을 사다가 팔아 번 돈으
로 진휼하게 하였다.55)정부가 일부 지역에서 쌀 또는 포목 장사를 하
여 번 돈으로 기민을 구제하는 방법은 그 규모가 한정될 수밖에 없어
실효성은 매우 낮았던 것으로 보인다.
○ 순조 19년(1819): 호조 판서 김이양, 호조의 경비고갈을 보충하기 위해
금위영과 어영청의 향군에 1년간 상번을 정지시키고, 그 대신 향군으
로부터 번전(番錢) 4만 8천 냥, 쌀 5천 석을 거두어 경비에 보탰다.56)

5) 시전 상인과 공인·군인을 위한 대전(貸錢)

17세기까지 서울의 인구는 10여만 정도에 불과했다. 서울 인구는 벼슬

아치와 도성과 왕궁을 경비하는 군인, 시전 상인 그리고 각종 관수물품을 정부 기관에 납품하는 공인들과 그 가족들이 주류를 구성하였다. 도성에 거주하는 사람들은 농사를 짓는 사람이 적기 때문에 식량의 대부분을 지방에 의존하지 않을 수 없었다.

도성 백성들도 큰 흉년이 들면 지방에서 올라오는 쌀의 양이 감소하여 기근 피해자가 되었다. 그 가운데서도 벼슬아치나 군인들과 달리 정부에서 녹봉이나 요미(料米)를 받지 못하는 공인들과 상인들은 정부에서 밀린 공가(貢價)와 시가(市價)를 제때 주지 않으면 살아갈 일이 막막하였다.

화폐가 본격적으로 통용된 이후 정조 때부터 서울에 거주하는 공인·상인·군인들에게도 생활자금을 빌려주기 시작하였다. 공인과 상인에 대한 자금의 대출은 국가 경영과 서울 백성들의 생활에 필요한 물자의 원활한 조달과 공급을 가능하게 하는 공상인(貢商人)체제를 계속 유지하려는 정책이라고 할 수 있다.

공인과 상인들은 초기에 정부의 특권과 보호 지원이 있어서 성장을 계속할 수 있었으나 후기에 이르러서 공가와 시가가 싸게 책정되거나 무가(無價) 상납, 외상과 같은 공폐(貢弊)와 전폐(廛弊)가 빈번하게 일어나 공인과 상인들이 파산 위기에 몰리기도 하였다.

> ○ 정조 8년(1784): 정부는 흉년 대책으로 상인과 공인·군사들에게 돈을 빌려주었다. 111개 시전 점포에 동전 7만 냥, 80여 공인호(貢人戶)에는 1만 8천 냥을 이자 없이 빌려주어 생업을 이어나가게 하였다. 공가는 도성의 백성들이 살아가는 데 중요한 역할을 하였다. 또 2만여 명의 훈련도감과 금위영·어영청·수어청의 군사들에게는 생활비로 1년간 2만 6천 냥을 무이자로 빌려주어 흉년을 극복하게 하였다.57)
> ○ 순조 7년(1807): 흉년으로 관청 창고가 텅 비고 통용되는 돈도 부족한 상태에 있었다. 정부는 공인들의 파산을 방지하기 위해 내수사의

---

57) 『정조실록』, 정조 8년 3월 20일.

돈 2만 냥을 공인들에게 대여하였다.[58]

o 고종 20년(1883): 재정 부족으로 주지 못하고 있던 군량미 대금, 공가, 각 아문의 미불금 등을 새로 주조한 당오전(當五錢) 7만 냥을 주어 일부를 해결하였다.[59]

o 고종 22년(1885): 당오전을 너무 많이 발행하여 가치가 폭락하고 물가가 올라 각종 공물이 제대로 공급되지 않는 문제가 발생하였다. 고종은 내탕금 15만 냥을 호조와 선혜청에 주어 문제를 해결하도록 지시하였다.[60]

o 고종 23년(1886): 육의전 상인들이 물가가 너무 올라 정부에서 주는 수매가로는 몇 배의 손해를 보아 장사를 계속할 수 없다고 호소하고, 공장인(貢匠人)들도 현재의 공가로는 현상 유지가 안 된다며 대책을 요구하였다.[61]

o 고종 25년(1888): 정부의 재정 부족으로 오랫동안 시전과 공인들에게 대금을 지급하지 못하여 수습하기 어려울 정도가 되자 고종, 내탕금에서 10만 냥을 내려보내 밀린 공가(貢價)와 시가(市價)를 지불하도록 하였다.[62]

5. 조선말 화폐의 남발과 경제위기

1) 당백전의 주조와 재정위기

19세기 중반 철종 기에 이르러서 세도정치가 뿌리를 내리면서 국가의 의사결정과 명령체계가 무너지고 부정부패가 만연하기 시작하였다. 전정(田政), 환정(還政), 군정(軍政)을 의미하는 삼정의 문란으로 국가재정은 파탄 상태에 들어가고 백성들의 생활은 더욱 궁핍하게 되었다. 급기야 전

---

58) 『순조실록』, 순조 7년 12월 7일.
59) 『고종실록』, 고종 20년 5월 4일.
60) 『고종실록』, 고종 22년 7월 14; 7월 26일.
61) 『고종실록』, 고종 23년 11월 11일; 12월 10일.
62) 『고종실록』, 고종 25년 2월 8일.

국적으로 민란이 빈번하게 일어났다. 이 시기 동전 주조사업은 다시 여러 관청과 민간인에게까지 허락되면서 그 가치가 흔들리기 시작하였다.

철종이 죽고 고종이 즉위하면서 동전의 가치에 결정적인 문제가 발생하였다. 집정 대원군은 경복궁을 중건하고 이양선(異樣船)과 서양 오랑캐를 물리치기 위해 건설비와 군사비를 급격히 증강시켰다. 고종이 즉위한 후 거듭되는 흉년과 세수의 부진, 만성적인 환곡의 미납 등으로 나라의 재정이 몹시 곤궁해졌다. 국가의 재정은 팽창하는데 주전 원료의 부족으로 상평통보의 발행도 어려워졌다.

고종 3년(1866) 정부는 대원군의 주도로 당백전(當百錢)을 발행하였다. 당백전은 6개월 동안에 1천 600만 냥을 주조했는데 새 돈 한 닢이 엽전 100닢의 가치를 가진다고 해서 당백전이라고 했다. 당백전의 유통량이 많아지자 재화의 값이 폭등하는 악성 인플레이션이 시작되었다. 시장에서 당백전 한닢의 가치가 엽전 5닢 정도로 폭락하자 상인들은 당백전의 수취를 거부하였다. 놀란 정부는 발행 2년 만에 당백전을 폐지하였으나 혼란은 수습되지 않았다.

정부는 문제를 해결하기 위해 고종 4년(1867) 청나라에서 밀수입한 조악한 품질의 청전(淸錢)을 통용시켰다. 이 청전은 청나라에서 사용되지 않는 폐전이었다. 청전의 소재 가치인 구리의 함량은 상평통보의 절반 내지 3분의 1 정도였다. 청전이 통화 유통량의 40%를 차지하자 상평통보는 시중에서 사라지고 악화인 청전만 돌아다녔다. 다시 극심한 인플레에 시달리게 되자 정부는 고종 11년(1874) 청전의 유통을 금지시켰다. 갑자기 통화량이 줄어들자 경제활동이 침체되고 조세수입이 격감하였다. 정부는 헤어나기 어려운 재정위기를 자초하였다.

2) 당오전의 발행과 화폐가치의 하락

조선은 고종 13년(1876) 개항을 했다. 폐쇄경제로 운영하던 조선은 갑자기 개방체제로 전환하였다. 일본을 비롯한 열강과 통상관계를 맺게 되면서 일본·중국의 돈과 멕시코 은화, 미국의 달러화, 러시아의 루블화 등 여러 나라의 화폐가 무역 거래 시 결제 수단으로 사용되었다. 일부는 시중에서도 통용되었다.63)

고종 20년(1883) 민씨 정권은 계속되는 재정위기를 벗어나기 위해 당오전(當五錢)을 발행하였다. 새로 발행한 동전 1닢이 엽전 5닢의 가치를 가진다는 당오전은 시중에서 엽전 한 닢의 가치로 통용되었다. 지방 관리들은 농민들에게 각종 세금을 엽전(상평통보)으로 받고 중앙에는 당오전으로 납부했다. 정부의 창고에는 쓸모없는 당오전으로 가득했고 이로 인해 악성 인플레이션과 실물 투기가 번졌다. 정부는 다시 재정위기와 함께 대내외적으로 심각한 위기에 봉착하였다.

정부는 고종 31년(1894) 갑오개혁을 하면서 근대적 화폐제도를 도입하기로 하였다. 갑오개혁과 동시 조선의 환곡제도와 조운제도는 폐지되었다. 정부는 은본위제에 기초한 신식화폐장정을 제정하면서 당오전을 폐지하고 상평통보의 주전은 중단하였다. 정부는 은이 없어 은화는 발행하지 않고 보조 화폐인 백동화(白銅貨)와 적동화(赤銅貨)만 대량으로 발행하였다. 화폐가치가 폭락하면서 물가는 폭등하였다. 결국 조선 화폐제도의 문란은 러일전쟁 직후 1905년 일본인 재정 고문에 의해 단행된 화폐정리사업의 구실만 주었다. 조선의 엽전과 백동화는 통용이 중지되고 일본의 제일은행권으로 교환되는 운명을 맞았다.

---

63) 元裕漢, "朝鮮時代의 貨幣史期間 區分論", 『홍대논총』 13, 1981. p.16.

제6장

미곡시장과 진휼정책

1. 미곡시장과 유통의 주체

조선전기에는 쌀의 유통이 대부분 정부 주도로 이루어졌다. 조선전기에도 시장을 통한 쌀의 유통이 존재했으나 상인에 의한 곡물 유통은 매우 제한적이었다. 당시에는 농본억상(農本抑商)이 정부의 기본적 경제정책이기도 하였지만 생산력이 낮아 곡물 시장이 제대로 형성되지 않았다.

여기에는 인구의 부족과 교통수단의 열악 이외에도 기본적으로 그 시대의 경제가 자급자족적 상황에서 벗어나지 못했기 때문이다. 따라서 정부에 의한 전세의 수취와 수송, 저장, 배분, 구휼정책을 위한 곡물의 수집과 매입, 방출 등이 미곡 유통의 대부분을 차지하였다.

국초에는 군량미의 확보를 위한 납곡(納穀)과 유통이 평안도와 함경도 지방을 중심으로 일어났다. 변경 지방에는 많은 군사들이 주둔하고 있었으나 현지의 곡물 생산이 부족하였다. 반면 중남부 지방에서는 진휼곡의 확보와 이전을 중심으로 유통이 일어났다. 정부는 예기치 못한 흉년 등에 대비하기 위하여 의창을 운영하였다. 의창에 곡물이 모자랄 때는 군자창의 군량미를 전용하였다. 의창을 위한 곡물은 풍년에 전세에 부가하거나 부자들의 저축을 매입하여 확보하였다.

흉년으로 쌀값이 올라 도성의 소비자가 어려움을 겪게 되면 정부는 가끔 상평창을 개설하여 쌀을 싸게 판매하였다. 상평창에서 미곡을 발매(發賣)할 때는 상인들이 빈민을 가장하여 방출곡을 저가로 매입하는 사례가 많았다. 상평창 곡을 방출할 때는 포(布)를 받고 판매하였는데 상인들은 포가 없는 빈민들의 명의를 빌리거나, 하리들과 결탁하여 미곡을 매집하였다.

이들은 사들인 쌀을 다른 곳에 가서 팔거나 가격이 더 오를 때까지 기다렸다가 판매하였다. 상인들은 정부의 군자곡과 의창곡의 확보와 수송 그리고 어쩌다가 열리는 상평창을 통한 물가정책의 집행 과정에 참여하는 것이 중요한 이익 추구의 대상이었다.

조선전기에는 미곡 유통의 주체가 정부였다. 상인들은 정부의 관수양곡 조달과 곡가조절을 위한 정책 집행과정 등에 참여하는 형태로 참가하였다. 조선 후기에 들어와 상업과 수공업이 발전하면서 민간부문이 차지하는 비중이 커졌다. 시장을 통한 유통이 활성화되기 시작한 것은 17세기 후반부터였다.

도성의 인구가 늘어나 소비지 시장으로서의 규모가 형성되고 상·공업이 발전하기 시작하던 시기였다. 이때부터 시장에 의한 쌀 유통량이 관 주도의 유통량을 압도하게 되었다. 조선 후기에는 시장을 통한 거래가 유통의 주류를 이루었고 상인들이 시장을 주도하였다.

2. 조선전기의 미곡시장

1) 회환(回還)제도와 군량미의 확보

조선은 건국 초 평안도와 함경도 지방의 국경이 유동적이었다. 정부는 변경에 많은 수의 군사를 보내 국경을 개척하였다. 변경지역은 험한 산악지대로 상주인구가 희소하였다. 이 때문에 식량의 생산이 부족하였다. 교통이 발달하지 않은 당시에 삼남의 미곡을 양계지방으로 운반하는 것이 현실적으로 불가능하였다. 정부는 군량미의 확보를 위해 양계(兩界)지방의 농민들이 납부하는 전세를 전량 서울로 보내지 않고 현지에 유치하였다. 또 현지의 지주와 부자, 상인들로부터 곡물을 사들이지 않을 수 없었다.

이를 위해 정부는 평안도와 함경도 지방에서 생산되는 곡물의 타도 반출을 금지하였다. 정부는 현지에 사는 부자들의 곡식을 납입 받고 그 대신 경창(京倉) 또는 삼남에 있는 쌀을 내주는 회환제도(回換制度)를 운영하였다.

회환제도는 태조 때부터 실시되었다. 이 제도는 군량미를 남쪽으로부터 양계지방으로 수송해오기 어려운 실정을 감안, 필요한 수량의 군량미를 확보하고 원거리 수송문제를 동시에 해결하기 위한 것이었다. 회환제도는 평안도나 함경도에 미곡을 소유한 사람이 이것을 현지 관아에 납입하고 영수증을 받아 경창에 제시하면 동일한 양의 미곡과 적당한 이익을 붙여 내어주는 제도였다. 회환미의 양은 건당 1만여 석을 넘을 때도 있었고, 보통 1석을 납입하면 경창에서 1석 반을 받았다.[1] 회환은 오늘날 일종의 창고증권(倉庫證券)과 같은 것이었다.

대체로 조선전기 곡물 거래의 주역은 국가였고 상인들은 국가를 상대로 장사하였다. 공급 측면에서 볼 때 정부는 흉년이 들면 의창과 군자창을 열어 빈민들에게 진휼곡을 무상으로 주거나 또는 빌려주었다. 쌀값이 올랐을 때는 상평창에 보유하고 있는 곡물을 싼값으로 방출하였다. 이 당시 정부의 곡물 거래는 대부분 정부 재정운영의 일환으로 이루어졌다.

2) 농지의 확대와 항로의 개척

조선전기 서울과 지방을 연결하는 곡물의 공급 루트는 대단히 불안하였다. 교통 사정이 교역의 안정성을 가로막는 주요 요인이었다. 조선시대에는 육상 교통로가 발전하지 않았다. 지역 간의 상품 운송과 유통은 대부분 바다와 강의 수운(水運)을 이용하였다. 16세기 전까지는 도성과 지방을 연결하는 해운이 안정성을 확보하지 못하였다.

전라도와 경상도에서 서울을 연결하는 해로는 전라도 법성포 근해의 칠산 바다와 충청도 태안반도의 안흥량(安興梁)이 위험한 곳이었다. 평안도와 황해도 북부에서 서울로 가는 해로는 황해도 옹진반도의 장산곶이 암초와 빠른 해류 때문에 선박의 난파 사고가 빈번하게 일어나는 곳이었다.

정부는 건국 이후 국가적 차원에서 농지 확대정책을 취하였다. 15세기 이후 황해도, 평안도와 삼남 지방에 광대한 면적의 농지가 새로 개척되었

---

1) 박평식, "조선전기 양계지방의 회환제와 곡물유통", 『학림』 14, 1992, pp.19-30.

다. 이 농지들은 주로 개간 사업의 결과였는데 벼를 재배할 수 있는 논이 대부분이었다. 이에 따라 평안도와 황해도에서 미곡 생산이 증가하였다.

양계와 황해도에서 곡물의 대량 공급자는 현지에 농장을 소유하고 있는 궁가(宮家)와 양반 관료, 서울에 거주하는 현지 출신의 관료나 사대부들이 었다. 특히 왕실의 직계나 이들의 친·인척들은 황해도와 평안도에 농장을 개간하거나 하사받아 넓은 면적의 토지를 소유하고 있었다.[2]

15세기 말까지만 해도 서울의 강상(江商)들은 황해도 옹진반도의 험한 수로를 무사히 통과할 만한 항해술이 없었다. 간혹 평안도와 황해도 지방의 개인 곡식이 도성으로 반출되기는 하였으나 장산곶을 지나오는 것은 모험에 가까운 것이었다.

이 당시 양계와 황해도에서 생산되는 곡물은 대부분 회환(回換)이나 관의 무곡(貿穀)을 통해 현지에서 처분하는 것이 일반적이었다. 평안도와 황해도에 토지를 가지고 있는 왕실과 특권층 지주들은 회환제도(回換制度)를 이용하여 많은 이익을 챙겼다.

민간 차원의 곡물 교역 활동은 장산곶의 수로가 열린 후부터 활발해졌다. 16세기에 들어서면서 장산곶을 무사히 지나올 수 있을 만큼의 항해술이 발전하였다. 뱃길이 열리자 서울의 강상들은 북쪽 지방에 수요가 많은 면포를 이용하여 값싼 곡물을 매집하여 서울로 들여왔다. 선상들은 면포뿐만 아니라 신발과 빗·바늘·어염과 같은 잡물을 이용하여 교환한 곡물로 더 많은 이익을 남겼다.[3]

3) 장시의 발달과 선상의 출현

조선 초기에는 도성의 시전(市廛) 이외에는 시장이 없었다. 조선 초기의

---

2) 이태진, "16세기 연해지역의 언전개발 - 척신정치의 경제적 배경 - , 『한국사회사연구』, 1986, pp.236-238.
3) 박평식, "조선전기 양계지방의 회환제와 곡물유통", 『학림』 14, 1992, pp.32-33.

농민들은 자급자족적 경영을 하였고 필요한 물자는 물물교환의 형태로 얻었다. 장시(場市)는 15세기 성종 원년(1470)에 전라도 무안 지방에서 처음 생겼다. 큰 흉년을 맞아 농민들이 식량을 구하기 위해 길가에 나와 가지고 온 물건들을 서로 교환한 것이 장시의 시초였다.

장시로 인해 흉년에 많은 사람들이 목숨을 보전할 수 있었다. 정부는 건국이념을 유학에서 구하고 유학은 전통적으로 농업을 국가의 대본으로 생각했다. 처음 장시가 생겼을 때 관리들은 무본억말(務本抑末)의 입장에서 이를 막으려 했다. 상업은 생산하는 것 없이 사치만을 조장하는 직업이라고 보았다.

그러나 장시가 경제를 활성화하고 흉년에는 구휼 효과까지 얻을 수 있게 되자 장시를 허용해야 된다는 주장이 설득력을 얻게 되었다. 예를 들면 명종 1년(1546) 지경연사 이언적(李彦迪)은 근래에 명화적 패가 많아졌는데 이것은 장시를 금하지 않은 탓에 생긴 것이라며 장시를 계속 금지할 것을 주장하였다.[4] 이에 대해 시강관 이황(李滉)은 장시를 금한 이유는 장시가 상업을 장려하고 도둑을 성하게 만들기 때문에 금하였는데 금년과 같은 흉년에는 장시가 가난한 백성들을 살아가게 하는 터전이므로 허락해야 한다고 주장하였다.[5]

장시에 대한 관료들의 부정적인 시각은 명종 때쯤 되면 상당히 해소되었다. 오히려 호조가 나서 장시는 빈민들이 먹고사는 곳이므로 이를 금지해서는 안 되고 전국에 장시를 개설해야 한다는 입장을 취했다.[6]

초기의 장시는 한 달에 2회씩 열리다가 점점 회수가 늘어 16세기 초에는 5일장으로 정착되었다. 장시는 정부의 억제에도 불구하고 빠른 속도로 전파되어 17세기 초에는 전국에서 1천 개를 넘었다. 장시의 수가 늘어나자 농민들은 본업인 농을 버리고 말리(末利)를 택하는 사람이 늘어났다.

---

4) 『명종실록』, 명종 1년 2월 30일.
5) 『명종실록』, 명종 2년 9월 27일.
6) 『明宗實錄』, 명종 2년 9월 27일.

장시에서는 생활에 필요한 기본적 물품과 쌀을 중심으로 한 곡물이 거래의 주요 대상이었다. 특히 쌀은 이 시기 교환 경제에서 차지하는 가장 중요한 상품이었다. 장시가 생기면서 교환 과정에 참여하는 직업적 상인들이 생겨났다. 처음에 상인들은 인근에 있는 가까운 장시를 연결하여 물건을 팔았다. 일부 상인들은 이윤을 더 많이 얻기 위해 소를 팔고 말을 사서 행판(行販)에 나섰다. 소유 전답을 팔거나 병작을 시키고 배를 구입하여 장사 길에 나서는 선상(船商)도 생겼다.

3. 조선후기의 미곡시장

1) 도성의 인구증가와 미곡시장의 확대

개국 초 한적한 시골이었던 서울은 조금씩 인구가 늘어 인조 때 10만 명이 된 것으로 추정된다.[7] 도성(都城)으로의 인구집중은 16세기에 들어와 일어나기 시작하였다. 서울의 인구증가 현상은 중종·명종 이후 흉년과 기근으로 유랑하던 기민들이 도성으로 들어오기 시작하고, 과중한 부역을 피해 도망한 자들이 서울로 모였기 때문이다. 또 다른 이유는 토지의 겸병(兼倂)에 따라 농토를 잃은 소농민들이 살길을 찾아 서울로 몰려왔기 때문이었다.

성종 1년(1470) 과전법에 따른 직전제가 폐지되고 관수관급제(官收官給制)가 실시되자 왕가의 세력자, 양반, 관료, 부자들의 토지 수요가 급증하였다. 16세기에는 지주층이 폭넓게 형성되었다. 3남 지역에서는 만석군(萬石軍) 부자들이 나타났다.[8] 상인들에 의해 매집된 장시의 쌀과 지주의

---

7) 국사편찬위원회, 『한국사』 33, 조선후기의 경제, 1997, p.21.
8) 실록은 당시 만석꾼을 충청도 진천에 사는 재상 辛均, 상장군 吳有終, 충주에 사는 李福崇, 林川의 趙益相으로 기록하고 있다. 『성종실록』, 성종 16년 8월 2일; 전라도 순천에도 만석꾼이 있었다. 『중종실록』, 중종 13년 5월 27일.

농장 곡은 인근 도(道)로, 그리고 외방(外方)에서 도성으로 운반되어 처분되었다.

경강의 선상들은 삼남 지방에서 쌀을 구입하여 서울에 팔았다. 이들은 추수철에는 가까운 경기도의 쌀을 사두었다가 봄, 여름 춘궁기에 삼남 지방에 가서 매도하기도 하였으며 흉년으로 쌀값이 폭등한 지역을 찾아가 시세 차익을 벌었다.

도성의 인구증가는 자연히 미가의 등귀를 초래하였다. 도성의 인구집중과 곡물 가격의 상승은 지방의 미곡 반입을 활발하게 하였다. 도성에서의 곡가 상승은 중종 대 이래 폭등하는 양상을 보였다. 중종 때 서울의 미가는 외방에 비해 2배 이상 비싸졌다.[9] 당시 도성의 백성들은 타지에서 반입되는 곡식이 없으면 살아갈 수 없었고 서울의 쌀값은 선상들의 쌀 반입량에 의해 큰영향을 받았다. 선운 업자들의 무곡 활동은 무곡선상(貿穀船商)으로 발전하였다.

경강의 강상(江商)들은 원래 물고기를 잡거나 근거리 수송업을 하였다. 정부는 국가에서 운영하는 조선(漕船)이 부족하자 강상들에게 세곡의 일부를 수송하도록 용역을 주었다. 강상들은 조운할 때 국가의 미곡만 수송하지 않고 몰래 개인의 소작미를 싣거나 기타 잡물을 운반하여 축재하였다. 조운을 담당하던 사선(私船)들이 선상으로 전업하였다. 선상들은 국지적 유통에서 벗어나 하삼도로 양계지방으로 영업 구역을 넓혀갔다. 배를 이용한 원거리 상행위는 다른 수단에 비해 유통비용이 현저히 낮았다.

서울의 인구는 벼슬아치들과 양반 지주들을 제외하면 거의 상공업자와 노동에 종사하는 쌀의 소비자였다. 18세기 정조 때 좌승지 유의양(柳義養)은 한양의 연간 쌀 소비량은 약 100만 석으로 추정하였다. 이 근거는 한 사람이 하루 쌀 2되를 소비하는 것으로 보고 당시 도성의 인구가 20만 이므로 연간 100만 석의 쌀이 소비된다는 것이다.[10] 그는 100만 석 가운데

---

9) 이정수, "조선전기의 미가변동", 『부대사학』 17, 1993, pp.284-285.

20만 석은 관리들의 녹봉과 관에서 사용하는 물품 대금으로 지불되는 공가(貢價)이고, 다른 20만 석은 재경 지주들의 소작미 반입량으로 보면 나머지 60만 석은 미곡 상인에 의해 반입되는 쌀이라는 것이다.

2) 미곡선상과 여각주인

　도성인 서울로 공급되는 쌀은 세 개의 유통채널을 통해 들어왔다. 첫 번째는 관곡 유통채널이다. 관곡으로 도성에 들어오는 쌀은 왕족과 문무 관료와 군사들에게 주는 사미(賜米)와 녹봉·요미(料米) 그리고 정부의 각 기관이 필요로 하는 재화의 구입 대금으로 지출되는 공가(貢價)와 시가(市價)로 배분되었다.

　이 가운데 양반 관료들이 소비하고 남는 쌀과 공인들이 원료의 구입 대금으로 지급한 쌀의 일부가 시전의 미전(米廛)에 유입된 후 소비자들에게 팔렸다. 두 번째는 미곡 상인들에 의한 공급 루트이다. 경강상인들에 의해 삼남 지방과 황해도에서 올라오는 강상미(江上米)는 미전 상인을 통해 소비자들에게 공급되었다. 세 번째는 재경 지주들이 들어오는 소작미였다. 소작미도 미전 상인을 통해 유통되었다.

　한강을 통해 들어오는 쌀은 마포와 용산에서 하역하였다. 마포와 용산에는 조선 초부터 광흥창과 풍저창, 군자창 등 정부의 세곡 수납 창고가 밀집되어 있었다. 선상들도 마포와 용산의 포구를 이용하였고 선박을 이용해 운송하는 지주들의 소작미도 이곳을 통하였다. 시전상인들은 조선 초기부터 그들이 가진 특권을 이용하여 마포와 용산에 미전을 열었다. 이들은 임노동과 상업에 종사하는 주민들에게 쌀과 잡곡을 팔면서 선상들이 하역하는 쌀을 독점 구입하였다.

　조선 후기에 들어오면서 여각주인(旅閣主人)이 생겼다. 경강 선상들이

---

10) 『承政院日記』, 정조 7년 9월 9일.

지방에서 구입한 쌀은 모두 경강의 여각주인에게 넘겨야만 했다. 경강의 여각주인은 또는 경강주인으로 불리는데 경강주인은 거래 선상의 쌀을 독점 구입할 수 있는 권리를 갖게 되었다. 미곡의 거래량이 많아지면서 시전 상인들이 물량을 다 소화할 수 없게 되자 권리의 일부를 경강주인에게 넘겨주었다.

규모가 큰 경강상인은 대부분 경강주인이었다. 이들은 큰 배를 구입하고 여러 척의 선단을 형성하며 부상대고(富商大賈)로 성장하였다.11) 경강의 선상 가운데는 선인만 수백 명을 고용하는 선상도 나타났다.

조선왕조는 국초부터 도성의 종로 일대에 시전을 만들고 특정 재화에 대한 독점 판매권을 행사하게 하였다. 시전은 일물일시(一物一市)의 원칙으로 운영하였는데 미전의 경우만 이 원칙을 적용하지 않고 상미전, 하미전, 문외(門外)미전의 세 미전을 허가하였다. 17세기 후반에 들어 도성의 인구가 많이 늘어나자 서강 미전과 마포 미전을 추가로 허가하였고 남대문에도 간이 미전을 개설하였다.12)

3) 경강주인의 미가 담합과 매점·매석

원래 경강의 여각주인들은 미전에 부속되어 쌀을 매집하는 입장에 있었으나 정조 15년(1791) 금난전권(禁亂廛權)을 폐지한 신해통공(辛亥通共) 이후에 경강주인의 영향력이 미전 상인들을 압도하기 시작하였다. 이들은 18세기 후반 이후 차츰 미전을 제치고 독자적으로 쌀을 공급, 판매하는 위치를 확보하게 되었다.13)

경강주인들은 막대한 자본력과 전국의 시장 상황과 물가에 대한 빠른

---

11) 최완기, "조선 중기의 무곡선상 - 곡물의 매집 활동을 중심으로 -", 『한국학보』 30, 1983.
12) 『備邊司謄錄』, 정조 24년 2월 15일.
13) 고동환, "18·19세기 서울 경강지역의 상업 발달", 서울대학교 박사학위논문, 1993.

정보력을 바탕으로 시전 상인들을 누를 수 있게 되었다. 이들은 쌀의 운송 수단인 선박을 독점하고 대형 창고까지 보유하여 쌀을 장기간 매점할 수 있는 능력을 갖게 되었다.

경강주인과 대 선상들은 담합을 통해 도고(都賈)행위로 불리는 매점·매석과 가격 조작을 다반사로 삼았다. 이들은 쌀을 저장할 수 있는 대형 창고를 가지고 쌀을 바로 팔지 않고 쌀값이 오르기를 기다리는 일이 보통이었다. 경강주인들은 한 걸음 더 나아가 쌀을 매점하고 출하 시기와 양을 마음대로 조절하여 막대한 이익을 얻었다. 이들은 쌀을 사두고 값이 오를 때만 기다리지 않고 적극적 출하 조작을 통해 도성 내의 쌀값을 좌지우지하여 어떤 때는 10배에 이르는 독점적 이윤을 추구하기도 했다.14)

4) 서울의 쌀 폭동

순조 32년(1832)은 큰 흉년도 아닌데 새해가 되자 서울의 쌀값이 턱없이 올라 주민들이 쌀을 구할 수 없었다. 쌀값이 며칠 사이에 배로 뛰었는데 그나마도 쌀가게가 모두 문을 닫아버렸다.

순조 33년(1833) 3월 8일 분노한 서울 시민들이 거리로 쏟아져 나와 성내의 쌀가게에 불을 지르고 저잣거리에서 폭력을 휘두르며 닥치는 대로 부시고 떼 지어 행진하였다. 이들은 쌀의 공급을 줄인 배후를 쌀을 도매하는 경강의 여각주인과 강상(江商)으로 보고 이들이 소유하는 마포 강변 쌀 창고에 몰려가 창고 15채에 불을 지르고 상인들을 무차별 구타하였다.

쌀 폭동은 한사람이 호창(呼唱)하면 백 사람이 따라 그 기세를 저지할 수 없었다. 좌·우포도청에서 모든 군관과 포졸을 풀고, 어영청과 금위영 군사의 지원을 받아 막으려 했으나 그 세를 당할 수 없었다. 할 수 없이 마구잡이로 7명을 잡아 주동자로 몰아 참수하고 그 목을 효시한 다음에서

---

14) 『備邊司謄錄』, 정조 3년 1월 19일.

야 세가 꺾였다.[15)]

이후 정부는 쌀을 감추어두고 쌀에 물을 타서(和水) 팔던 경강주인 1명과 하미전 상인 1명을 추가로 사형에 처하고, 쌀에 물을 타고 되를 속여 팔던 잡곡전 상인 2명을 외딴 섬으로 귀양보냈다. 또 고의로 가게 문을 닫은 상인 수십 명을 처벌한 후 사건을 일단락 지을 수 있었다.

이 사건의 원인은 예년보다 선상들이 쌀을 너무 많이 반입하여 쌀값이 떨어지자 경강주인들이 쌀을 창고에 넣어둔 채 팔지 않고 윤번제로 한 군데씩만 창고를 열어 쌀값을 올렸다. 쌀을 사올 수 없게 된 소매상인들이 모두 쌀가게의 문을 닫자 분노한 시민들이 폭동을 일으켰다.

이 사건은 정부의 진정(賑政)이 그 기능을 잃고 쌀값 조절 능력이 무력화된 시기에 일어났다. 선상과 경강 주인들이 19세기에 들어와서는 흉·풍년을 가리지 않고 막대한 자본과 대형 창고를 이용해 한성의 쌀 공급 물량을 마음대로 조절할 수 있는 구매와 판매의 쌍방독점 체계를 구축할 수 있었음을 의미한다.[16)]

조선후기의 미곡시장은 이중적 구조를 갖고 있었다. 생산지 시장인 농촌은 완전경쟁시장에 가까웠으나 소비지 시장인 한양은 독점에 가까운 시장이었다. 미곡시장이 완전경쟁과 독점시장으로 나뉘어 존재할 수 있었던 것은 수송 애로와 가격 정보의 불완전 소통 때문이었다. 생산지인 삼남 지방의 쌀은 선박에 의해서만 수송이 가능했다. 경강의 선상과 주인들은 담합을 통해서 미곡의 구입과 운송, 판매에 이르기까지 거의 독점적 지위를 구축하였다.

경강주인들은 전국의 물화가 집산되는 경강에 자리 잡고 있어 전국의 시장과 물가 동향 및 지역별 풍·흉 상황에 대해 누구보다도 빠른 정보력을 갖고 있었다. 이들은 쌀의 유일한 운송 수단인 선박을 독점하고 막대한 자

---

15) 『備邊司謄錄』, 순조 33년 3월 9일; 『純祖實錄』 순조 33년 3월 8일; 3월 10일; 3월 12일.

16) 오호성, 『조선시대의 미곡유통시스템』, 경인문화사, 2007. p.298.

본 동원력을 함께 갖고 있었다. 경강주인들은 경강에 대형 창고까지 보유하여 쌀을 장기간 보관할 수 있는 능력도 갖게 되었다. 경강주인과 선상들은 쌀을 사두고 값이 오를 때만 기다리지 않고 적극적으로 출하 조작을 통해 도성 내의 쌀값을 좌지우지할 수 있는 능력을 보유하게 되었다.

4. 조운제도의 실패와 세곡의 연체

1) 세곡의 연체

숙종 이후 화폐의 유통은 상거래를 촉진하고 경제를 활성화하는 데 많은 기여를 하였다. 이 때문에 미곡시장도 발달하여 조선 중기와 같은 수십만에서 수백 만에 이르는 대량 아사자는 발생하지 않았다. 그러나 18세기 이후 전통적인 현물 재정의 기반 위에 화폐의 통용이 일반화되자 부작용이 나타나기 시작하였다.

17세기 후반기부터 행전(行錢)이 성공하여 화폐가 광범하게 통용되었지만 백관의 녹봉, 군사들의 요미와 군량, 기민 구휼을 위한 환곡의 비축과 방출 등 국가의 중요 지출은 과거와 마찬가지로 현물로 운영하였다. 특히 서울에 있는 정부 기관과 군영에서 지출하는 경비는 현물이었으므로 전세와 대동미를 계속 서울로 운반하지 않으면 안 되었다.

대동법이 실시되고 군영이 증가하면서 경창으로 실어나르는 곡물의 물량이 크게 증가하였다. 흉년이 거듭되면서 진휼곡의 원거리 수송량도 늘어났다. 선박의 수송 수요가 증가하자 대동미는 사선(私船)을 고용하기 시작하였다. 그러나 바다의 수송수단인 선박은 원시적인 평저선으로 국초 이래 달라진 것이 없었다. 수백 년 동안 기술진보가 없었고 사공들의 운항방법도 개선된 것이 없었다. 해난사고를 피하기 위한 항해기간은 변화가 없었기 때문에 곡물수송은 정해진 기간을 지키지 못하고 연착되는 경우가 많아졌다.

2) 조운시스템의 붕괴

19세기 이후 화폐가 조운제도와 결합하여 심각한 부패를 초래하였다. 정부는 흉년으로 현물 납세가 어려워지면 화폐의 대납을 허락하였다. 쌀값은 흉풍에 따라 가격 차이가 심한데 정부는 시가보다 싼 정부의 공정가격인 상정가(詳定價)로 대납을 받았다. 미납 현물세의 대전납(代錢納) 처리는 전세의 납부 책임자인 수령과 전세의 수송 담당자들에게 큰 이익을 남게 해주었다. 그 결과 집전(執錢), 방납(防納)과 체납(滯納)같은 폐해가 광범위하게 일어났다.

집전이란 세곡을 수송하는 관리들이 경창에 바쳐야 할 세곡을 장기간 유용하여 사복을 채운 후 나중에 돈으로 쌀을 구입하여 납부하는 행위를 말한다. 조창의 관리들이 수령과 결탁하여 백성들로부터 거둔 세곡을 고의로 경창에 납부하지 않고 춘궁기를 이용하여 비싸게 팔아 치우거나 또는 고리로 대여한 후 가을철 추수기에 싼값으로 쌀을 구입하여 출항하는 것도 포함된다.

방납이란 지방에서 경창으로 수송해야 할 세곡을 올려 보내지 않고 돈을 가지고 가 경강에서 쌀을 구입하여 납부하는 행위를 말한다. 이는 세곡을 수송하기 위해 배를 세내어 경창으로 운송하는 것보다 비용이 훨씬 덜 들기 때문인데 지방과 서울의 관계 관리들이 결탁하여 자행하는 것이므로 적발하기 어려웠다.

체납은 세곡을 납부 기일을 훨씬 넘긴 후 나중에 납부하는 것을 말한다. 고종 때는 세곡을 운반하는 선주들이 세곡을 적재한 후 즉시 경창으로 가지 않고 세곡을 모두 일본 상인들에게 밀매하거나 또는 쌀값이 비싼 지역을 찾아다니며 쌀장사를 하다가 가을철 곡가가 쌀 때 경강에 가서 쌀을 구입해 납부하는 일이 많았다.

조선 말기에는 상당량의 세곡이 연체되어 정상적인 재정 운영이 불가능할 정도였다. 예를 들면 군산창은 경창에는 납부해야 할 연체미가 1만여

석이 넘었고 이 중에는 최고 16년된 대동미의 연체도 있었다.[17)

19세기 후반 지방에서 서울로 조전(漕轉)하는 전세와 대동미가 경창에 도착하는 수량이 크게 감소하였다. 지방관들이 세곡을 현물로 보내는 대신 가치가 폭락한 당백전 등을 가져와 경강에서 상인들의 쌀을 구입하여 바치는 방납이 유행하였다. 또 선인들이 조선을 고의로 난파시키고 세곡을 빼돌리는 일이 잦았다.[18)

이런 이유 때문에 경창에는 쌀이 없었고 쌀값이 올라도 물가안정을 위한 발매도 할 수 없었다. 또 기민을 위한 구휼정책도 수행할 수 없었다. 예를 들면 고종 14년(1877) 흉년이 들어 기민들을 구휼하려 했으나 곡식이 없었다. 고종은 할 수 없이 돈을 주고 삼남에서 각각 1만 석씩의 쌀을 구입하여 긴급히 서울로 가져오도록 지시하였다.[19)

5. 진휼기능의 실패와 미가의 폭등

1) 방곡령(防穀令)

방곡령이란 도의 감사나 고을의 수령이 자기 관내에서 생산되는 미곡을 타 지역의 상인들이 사가지 못하도록 내리는 명령을 말한다. 19세기에 들어와 환곡 운영은 관리와 향리들의 사리 추구로 극도로 문란해지기 시작했다. 환곡은 대부분 재고량이 실제로는 거의 없으면서 장부상으로만 존재하는 허류곡(虛留穀)이 되었다.

이 결과 정부의 구휼 기능은 흉년이 와도 손을 쓸 수 없는 상태에 들어가게 되었다. 그동안 환곡은 흉년이나 춘궁기에 곡가 상승을 억제하는 기능을 해왔다. 흉년으로 쌀값이 폭등하면 지방 수령들이 할 수 있는 현실적

---

17) 『日省錄』, 고종 11년 4월 28일.
18) 吳浩成, 『조선시대의 미곡유통시스템』, 국학자료원, 2007, pp.292~298 참조.
19) 『고종실록』, 고종 13년 10월 16일; 14년 2월 25일; 14년 5월 16일.

인 구휼 대책은 관내에 있는 부농과 지주들이 소유하고 있는 쌀이 타 지역으로 팔려가지 못하도록 하는 것이었다.

방곡(防穀)에 대한 조선후기의 기록은 영조 때가 처음인 것으로 보인다.[20] 영조 7년(1732) 가뭄과 수해로 큰 흉년이 들었다. 혹독한 기근에 전염병까지 유행하여 수천 명이 죽었다. 쌀값이 폭등하자 각도의 감사와 수령이 방곡령을 내려 자기 관내에서 쌀과 곡식이 밖으로 나가는 것을 금지시켰다.

이 때문에 삼남으로 내려온 경강의 선상들이 쌀을 구입하지 못하여 서울의 쌀값이 폭등하였다. 비변사는 각도의 관찰사들이 마음대로 방곡령을 내리지 못하게 해야 한다고 임금에게 주청하였다. 기근이 심한 도와 군현에서 진휼미의 이전을 요청하였으나 창고에 쌀이 없자 정부는 급히 주전을 명하여 각지에 돈을 내려 보냈다.

지방관들은 흉년에 진휼곡의 이전과 방출이 이루어지지 않는 마당에 외지의 상인들이 관내에 들어와 곡물을 매점하여 반출하는 것을 막지 않으면 관내의 백성들이 더욱 굶주리게 된다고 보았다. 이런 생각은 외지 상인들의 곡물 매입을 금지하고 관내의 부자들에게는 미곡을 자기 고을의 장에서만 팔도록 하였다.

정조 23년(1799) 양주 유학 안성탁은 지주와 상인들로 하여금 관내에서 생산된 미곡을 다른 지방에 팔지 못하게 하면 돈이 없는 주민들이 걱정 없이 식량을 살 수 있고, 차입해서 먹는 사람도 형편이 좋아지니 부자들의

---

20) 『영조실록』, 영조 7년 10월 7일. 조선 전기에도 방곡령을 내린 사례는 가끔 있었으나 이것은 예외적인 조치였다. 예를 들면 세종 17년 경상도에 흉년이 들자 경상감사가 타지의 상인들이 곡물을 사가면 현지의 기근을 더욱 어렵게 한다며 타지 상인들의 출입을 금지시켰다.(『세종실록』, 세종 17년 2월 22일). 세종 28년에는 함경도의 농사가 흉작이 될 것으로 예상하자 호조에서 명년 추수기까지 현지에서의 흥리와 행상을 모두 금지시켜달라고 왕에게 청하여 허락을 받은 일이 있다.(세종 28년 8월 24일). 중종 21년에는 흉년으로 평안도의 군량 확보가 어렵자 미곡상인들의 왕래를 금지한 일이 있다.『중종실록』, 중종 21년 2월 23일).

곡물 타지방 반출을 법령으로 금해줄 것을 조정에 요청하였다.21) 이와 같은 판단은 당시 유학을 공부하던 대부분의 조선의 선비들이 공유하던 생각으로 보인다.

지방 수령들은 이와 같은 생각에서 자기 고을에서 생산된 곡물의 타 지역 판매를 금하는 일이 잦아졌다. 예를 들면 함경도 홍원(洪原)에 흉년이 들었을 때 이웃의 통천과 흡곡읍이 방곡령을 내렸다.

홍원읍은 이웃 고을에서 곡식을 팔지 않아 곤궁한 처지에 몰렸다. 홍원에 풍년이 들었다. 이번에는 홍원 수령이 관내에서 생산된 곡식이 이웃 고을에 팔려나가는 것을 금지하였다. 내년이라도 홍원에 흉년이 들면 빈농들이 굶어 죽는다며 풍년에도 방곡을 실시하였다.

반면 충청도 오천군(鰲川郡)은 이웃 고을인 보령, 광천 등지에서 방곡을 하여 섬이 많은 오천군 백성들이 아사지경에 이르렀으니 방곡을 금지시켜 달라고 내부에 호소하여 왔다.22)

방곡령은 19세기 순조, 헌종, 철종, 고종 시대에 자주 발동되었다. 순조 32년(1832) 서울에서 쌀 폭동이 일어나기 전 해에 쌀값이 많이 올랐다. 경강의 선상들이 쌀을 구입하기 위해 호남과 영남으로 내려갔으나 양도의 감사들이 이미 방곡령을 내린 후였다.23)

순조 때 영의정 남공철은 최근 수년 동안 호조와 선혜청 및 각 영문의 1년 수입이 지출에 비해 턱없이 부족하여 진휼정책을 할 수 없다고 왕에게 보고하였다.24) 비변사는 겨울철부터 도성 내에서 쌀 부족이 예상된다며 방곡령 철회를 명하도록 임금에게 청하였다. 이 명령은 제대로 이행되지 않았다. 이 때문에 순조 33년(1833) 봄 서울에서 전대미문의 쌀 폭동이 일어났다.

헌종 때 경상도에 흉년이 들었다. 경상도의 상선이 전라도와 충청도로

21) 『日省錄』, 정조 23년 3월 19일. 揚州 幼學 安聖鐸 소진농서.
22) 황성신문, 1901년 9월 4일.
23) 『순조실록』, 순조 32년 윤9월 21일.
24) 『순조실록』, 순조 33년 1월 9일.

쌀을 구입하러 몰려왔는데 양도의 관찰사가 곡물의 타도 유출을 금하는
명령을 내렸다. 철종 때에도 여러 차례의 방곡령이 있었다. 예를 들면 철종
9년(1850) 흉작으로 쌀값이 많이 오르자 전국의 각 고을에서 방곡하는 행
위가 만연하였다. 우의정 조두순이 나서서 방곡의 폐단을 지적하며 강력하
게 막아야 한다고 임금에게 진언하였다. 철종이 전국의 수령들에게 방곡을
중지하라고 하유했으나 효과가 없었다.25)

조선후기의 방곡령은 정부의 구휼 기능이 무력화된 것과 밀접한 관계가
있다. 지방 수령들은 정부의 진정(賑政)이 그 기능을 할 수 없게 되자 자
구적 차원에서 방곡령을 내렸다. 수령들은 흉·풍을 가리지 않고 상인들의
양곡 구매를 막거나 선박을 압류하는 일이 많아 이 때문에 도성의 쌀값이
올라가는 사태를 자주 일으켰다. 방곡령은 정부의 금지 방침에도 불구하고
19세기 중반부터 유행처럼 일어났다. 방곡령은 개항 이후 더욱 심해져
1876~1894년 사이에 각 지방의 수령과 감사에 의해 약 90회 이상이 내려
졌다.26)

조선의 유학자들의 현실 인식은 중국의 학자와 관리들의 식견에 비하면
대단히 뒤떨어진 것이라고 할 수 있다. 중국에서는 약 3천 년 전 주나라
시대의 『주례(周禮)』나 춘추전국시대의 『관자(管子)』에 흉년이 들수록 시
장을 활성화시키고 상인들을 끌어들여 곡물의 거래가 활발하게 일어나게
해야 한다는 주장이 실려 있다.

중국의 한(漢)·송(宋)·명(明)·청(淸)의 역대 황정 대책을 기록한 『강제
록(康濟錄)』에도 흉년에는 시장거래를 활발하게 유도한다는 대책이 실려
있다. 이것으로 판단할 때 조선의 관리들과 유학자들은 흉년에 쌀의 유통
을 장려할 것인가 아니면 외지 상인의 접근을 막을 것인가와 같은 문제에
대해 깊은 성찰을 하지 않은 것 같고 경제 운영에 대한 문제의식도 없었던

---

25) 『철종실록』, 철종 9년 3월 20일.
26) 하원호, "개항후 방곡령실시의 원인에 관한 연구", 『韓國史研究』 49, 50·51,
   1985.

것으로 보인다.

2) 도고의 금지

도고(都賈)란 조선 후기에 성행한 대상인의 시장 지배적 상행위를 의미한다. 도고는 대자본을 가지고 도매업을 하여 독과점적 단계에 이른 상인을 말하기도 하는데 특정 품목의 거래량이 많아지면서 이들은 도고를 통해 부를 축적하였다. 도고는 18세기 이후부터 화폐의 유통과 상품 경제의 발달 등을 배경으로 발생하였다.

이 시대는 농업과 수공업이 발달하기 시작하였으나 아직 본격적인 상품 생산의 단계에 이르지 못하고 또 상품의 수송이 매우 불편하였다. 이 같은 시장 특성은 상업자본이 유통과정에서 매점·매석으로 독점성을 강화할 수 있는 기반을 만들어 주었고 이에 따라 도고가 등장하였다.

이런 배경에서 발생한 도고는 가격 상승과 매매 조작을 통한 이익의 극대화에 가장 효과적인 방법이었다. 18세기 중엽은 사상이나 특권 상인의 도고가 극히 성행하기에 이르렀다. 그 중에서도 경강상인과 개성상인의 영향력은 전국에 미쳤고 규모도 커 그 폐단이 심하였다.

특히 경강의 미상들은 지방에서 도고를 하는 여각(旅閣)·객주(客主)·선주인(船主人)들과 유통망과 자본을 연결하여 지방의 미곡을 매점하기도 하였다. 정부는 1791년(정조 15) 신해통공(辛亥通共) 이후 수십 차례 도고 폐지령을 내렸지만 도고는 없어지지 않았다. 도고들은 왕가나 정부 내의 실력자 또는 권세가 등과 결탁하여 이들의 비호를 받고 있었기 때문에 쉽게 근절되지 않았다.

3) 미곡상 단속

세곡 수송의 책임자인 지방관과 조창 관계자의 채납과 방납 행위의 성행

은 지방에서 서울로 올라와야 할 전세와 대동미를 제때에 올라오지 못하게
만들었다. 흉년에 도의 감사와 지방관이 남발하는 방곡령은 서울을 비롯한
미곡수요지에서 쌀값을 오르게 하였다. 현물경제를 기반으로 하는 정부에
쌀이 부족하게 되면 백관의 녹봉과 군사들의 요미를 지불하지 못하고 공인
들에 대한 공가와 시전 상인들에 대한 시가도 지불하지 못하게 된다.

　도성 내에서 쌀의 공급이 부족하여 쌀값이 오르면 정부는 미상(米商)들
이 농간을 부려 쌀값이 오른다고 보았다. 쌀값이 올라 민심이 흉흉하게 되
면 정부는 우선 평시서(平市署)로 하여금 미상을 단속하여 쌀값을 올리지
못하게 하였다. 사태가 진정되지 않으면 비변사는 도고 금지령을 내렸다.
미상에 대한 단속은 수없이 실시되었다. 단속으로 쌀값이 내려가는 일은
없었고 쌀의 공급 루트를 막는 결과가 되어 쌀값이 더욱 올랐다.

　당시 쌀은 전국적으로 유통되는 상품으로 도성이나 쌀이 생산되지 않는
곳은 미곡 상인들이 쌀을 공급하지 않으면 안 되는 형편이었다. 또 방곡령
을 내린 고을도 다음번 흉년에는 타 지역의 곡식이 유입되어야만 기근을
극복할 수 있게 된다. 흉년에 정부가 진정(賑政)을 펼칠 수 없으면 곡가의
상승을 부추긴다. 정부의 진정은 빈민에게 무상으로 곡식을 주거나, 상평
창을 통하여 쌀을 염가로 판매하거나 또는 환곡을 통하여 식량과 종자를
대여하여 주기 때문에 곡가의 상승을 억제하는 기능이 있다.

　쌀의 공급이 부족하여 쌀값이 오르는 현상을 미곡상을 단속한다고 해서
해결되는 문제는 아니다. 단속의 강도가 심하면 쌀은 암시장을 통하여 더
비싸게 거래된다. 가난한 사람은 더 비싸게 쌀을 사지 않으면 안 된다.

　흉년이 되면 호조와 선혜청은 공인들에게 공가를 깎아서 지불하는 일이
자주 있었다. 대동법의 실시로 정부의 각 부서에서 사용하는 물품은 공인
들로부터 납품을 받고 그 대가를 쌀로 쳐주는데 이 쌀의 대부분은 미전을
통하여 서울에 거주하는 백성들이 소비하는 식량이 된다. 정부가 공가를
깎아서 지불한다든지 또는 공가의 지불이 몇 달씩 늦어지면 도성 내의 미

가를 오르게 하는 요인이 된다.

순조 때 비변사에서 서울의 강상들이 지방에서 서울로 들어온 쌀을 다시 지방으로 내다 팔고 있다며 이의 단속을 요청하였다. 순조는 지방의 곡가가 비싸지자 서울로 가져온 쌀을 다시 지방으로 내다 파는 일을 단속해야 하는 지의 여부를 신하들에게 물었다.[27]

좌의정 김재찬은 서울 백성들은 지방에서 올라오는 쌀로 살아가는데 강상들이 외지의 쌀값이 더 높아졌다며 서울에 있는 쌀을 외지로 내다 판다면 서울 백성들은 살아갈 방도가 없어진다며 도성에 들어온 쌀은 반출을 막아야 한다고 대답하였다. 호조 판서 이만수는 일단 도성에 들어온 쌀이라도 밖으로 나가는 것을 금지해서는 안 된다. 강상의 자유로운 매매를 금지하는 것은 해결책이 아니다. 대신 균역청의 돈으로 외지의 곡식을 사들여 도성에서 염가로 판매하는 것이 좋다고 대안을 제시하였다.

도승지 김상규, 병조 판서 김희순, 형조 참판 김명순 등은 강상의 쌀은 외지 반출을 금지해야 한다는 안에 동조하였다. 이 회의 결과 일단 도성으로 들어온 쌀은 다시 외지로 반출해서는 안 되니 미상들의 자유매매를 금지하기로 결정하였다.

---

27) 『순조실록』, 순조 9년 6월 14일.

제7장

진휼곡의 이전과 수송

1. 조선의 지리적 특성과 진곡의 수송

조선은 산이 많은 나라이다. 국토의 70%가 산지로 구성되어 있다. 평야지대는 대부분 서쪽과 남쪽 해안부에 치우쳐 있다. 산지는 높은 산과 깊은 골짜기가 수없이 겹쳐있어 예부터 도로가 정비되어 있지 않았다. 하천에 놓인 다리도 임시로 만든 섶다리 정도이다. 해마다 홍수에 유실되면 다시 만드는 것이 보통이었다. 이 때문에 조선에서는 수레와 같은 육상 교통수단이 발달하지 않았다. 무겁고 부피가 큰 화물은 해운(海運)과 강운(江運)이 전담하다시피 하였다.

조선은 동·서·남면이 모두 바다이므로 배가 통하지 않는 곳이 거의 없다. 그러나 동해는 바람이 세고 물결은 높다. 서남쪽의 배는 동해의 물살에 익숙하지 못하여 왕래가 드물었다. 해운과 강운(江運, 站運)은 추운 겨울이나 장마철 또는 태풍이 부는 시기에는 이용할 수 없었다.

조선시대 조운의 시기는 법으로 정해져 있었다.[1] 조창(漕倉)이 없는 함경도와 제주도에는 조운 기간이 별도로 정해지지 않았다. 그러므로 관에서 배로 수운하는 것이 거의 없었고 해당 도의 장사배가 가끔 왕래하였다.[2]

어느 지역에 큰 흉년이 들면 해당 지역의 감사(관찰사)가 정부에 구휼을 요청하는 것이 원칙이었다. 호조와 비변사는 감사의 요청을 심사하여 그 지역에 구휼곡이 없으면 타도에 있는 구휼곡의 이전(移轉)을 결정하였다. 이때 어느 곳에 있는 창고에서 어떤 종류의 곡식을 얼마나 보내줄 것인가를 결정한다. 이전하기로 한 곡식을 현지로 수송하는 방법은 대부분 해운에 의존하였다.

---

1) 오호성, 『조선시대의 미곡유통시스템』, 국학자료원, 2007.
2) 이중환, 『택리지』, 복거총론, 생리.

조선 8도가 모두 흉년이고 다른 도로 진곡을 수송할 여유가 없을 경우 각 도는 문제를 자체 해결하는 것이 수순이었다. 중앙에서 지원하는 방법은 세곡의 견감, 환곡의 상환 연기, 진상과 삭선, 노비 신공의 정지, 번상(番上)과 군사훈련의 정지, 공명첩의 판매 등의 조치가 취해졌다.

조선 후기에는 동전을 발행하여 피해 지역을 지원하기도 하였다. 작황이 전국적인 흉작이 아닐 경우 경창곡 또는 남한산성이나 강화도의 군량미를 대여하는 것이 보통이었다. 또 여유가 있는 도에서 흉년이 심한 지역으로 구휼곡을 지원하였다.

구휼곡의 수송과 관련하여 조선 초부터 특별히 문제가 되어온 지방은 함경도와 제주도였다. 함경도와 제주도는 남북으로 도성에서 거리가 가장 먼 곳이었다. 함경도의 동북쪽 6진(鎭)이 있는 두만강 남안의 온성(穩城)·경원(慶源)·경성(鏡城) 등지까지의 거리는 서울에서 2천 리가 넘었다.3) 조선시대 제주도는 전라도의 관할구역으로 독립적인 행정구역이 아니었다. 그러나 전라도 감영이 있는 전주와는 바다를 사이에 두고 먼 거리에 떨어져 있었다. 시간을 다투는 진휼 문제를 전라도 감사의 지휘를 받아 처리하기에는 너무나 불편하였다. 제주 목사는 진휼과 같이 시급한 문제는 중앙의 호조와 직접 교신하는 것이 인정되었다.

2. 진휼곡의 안전수송을 위한 규칙

1) 조선(漕船)과 조군(漕軍)

조선시대 육상 화물의 수송은 인력이나 소와 말을 이용하였다. 수레는 거의 사용하지 않았다. 수레는 길이 넓고 노면이 고른 일부 평지에서만 사용하였고 백성들은 거의 쓰지 않았다. 장사치들은 대부분 말 등에 화물을

---

3) 이중환, 『택리지』, 복거총론, 생리.

실었다. 이는 조선의 지형상 고개와 하천이 많은 특색과 관련이 있다. 장마철의 폭우와 겨울철의 결빙 등으로 도로의 노면을 잘 유지하는 것이 힘들어 수레를 이용하는 것이 불편하기 때문이었다. 수레도 축력을 이용하지만 길이 나쁘면 다니기 어렵고 속도가 느려 비용이 많이 발생하였다. 물길이 닿으면 배에 물자를 실어 교역하는 것이 편리하고 이익이 많기 때문이었다.

조선의 세곡 수송은 정부의 조선(漕船)이 중심이 되는 조운제도(漕運制度)에 의존하였다. 조창(漕倉)이 없는 함경도와 평안도 그리고 강원도 영동(嶺東) 지방은 세곡을 경창으로 수송하지 않았다. 그러나 흉년으로 구휼이 필요할 때는 사선(私船) 또는 병선(兵船) 등으로 진곡을 수송하였다. 조운제도는 임진왜란 때 붕괴되어 거의 전쟁 전의 수준으로 복구할 수 없었다.

『경국대전』에 편제된 조선의 총수는 205척이었는데 임진왜란 이후 71척으로 줄어들고 조군(漕軍)의 수도 6천여 명에서 3천 200명 수준으로 격감하였다.[4] 조군의 감소로 양번 교대가 불가능하여 조군은 매번 승선하지 않으면 안 되었다. 정부는 조선과 조군의 부족 문제를 해결하기 위하여 사선(私船)을 적극적으로 고용하였다.

조선 전기 남해안과 서해안에서 운행하던 사선은 크기가 조선보다 훨씬 작았다. 향토선의 적재 한도는 대·중·소선이 각각 쌀 250석, 200석, 130석 정도였다. 조선 후기 지역의 향토선 역할이 커지면서 배의 크기도 커졌다. 퇴역하는 병선을 불하받아 사선으로 개조한 배는 대형이 400석 정도를 적재할 수 있게 되었다.[5] 그러나 경상도 동해안에서 강원도나 함경도까지 운행할 수 있는 사선은 크기가 더욱 작았다.

2) 漕船의 안전운항을 위한 규칙

조선은 운행 도중 풍랑을 만나 파선하는 사고를 줄이기 위하여 연중 가

---

4) 『大典會通』, 財用考, 漕轉 ; 『度支志』, 漕轉, 漕倉.
5) 吳浩成, 『조선시대의 미곡유통시스템』, 국학자료원, 2007, p.94.

장 항해하기 좋은 시기에 발선(發船)하여 정해진 기일 내 경창에 도착하도록 규정하였다. 충청·전라·경상 3도의 조창은 음력 11월 1일부터 납세자들로부터 세곡을 수납받기 시작하여 이듬해 정월 말까지 완료해야 한다. 전라도의 조선은 3월 15일 이전에 출항하여 5월 15일까지 경창에 세곡을 납부하도록 하였다. 경상도의 배는 3월 15일 이전에 발선하여 5월 25일까지 납부하도록 규정하였다.6)

출발 시기와 도착 시기의 지정은 2월 중순까지는 겨울이므로 풍랑이 심하여 항해가 어렵고 6월이면 장마철이 시작됨으로 그 시기를 피하여 항해의 위험을 최소화하고자 하였다. 그리고 지방에 따라 다른 항해 일수와 경창에 한꺼번에 몰려 혼잡이 벌어지는 상황도 막기 위한 뜻도 포함하고 있었다.

긴급한 구휼곡을 보낼 때는 안전 운항을 위한 조선의 규칙을 반드시 따를 수가 없었다. 대체로 기근이 시작되는 때는 가을 추수가 끝나고 2~3개월이 지난 정월 경에 시작되는 것이 보통이었다. 기민들이 집단적으로 아사하는 상황에서 겨울 운항을 피해 3월에 출항할 수 없고 여름 장마나 가을 태풍철이라고 다음 해 3월까지 기다릴 수 없는 상황이었다. 구휼곡을 실은 배가 해난사고에 취약한 이유이다. 특히 운항 거리가 멀고 중간에 피난처가 마땅치 않은 함경도와 제주도를 운행하는 선박은 해난사고가 많았다.

3) 세곡의 수송비용

세곡을 경창까지 수송하는 경강선 또는 집주선(執籌船)이나 향토선(私船)에 대해서는 모두 규정된 배 삯을 지불하였다. 전세를 운반하는 조창(漕倉)의 조선에는 운임을 지불하지 않았다. 조선은 국유이고 조군은 국가에 대한 신역으로 소집되었기 때문이다. 조선은 척당 감관과 색리를 제외하고 사공과 격군 16명이 승선하도록 규정되어 있는데 이들이 항해 중 소

---

6) 『續大典』, 戶典, 漕轉.

비할 식량으로 선량미 쌀 16석, 옷감 15필, 경강에 도착해서 사용할 식비와 숙박비. 잡비로 쌀 32석, 해신(海神)에게 지내는 고사비로 1석 1두, 장담을 콩 3석, 돌아올 때 먹을 식량으로 3석 3두씩을 지급하였다.

대동미를 수송하는 집주선이나 향토선에는 선임을 거리로 책정하였다. 선가는 시기별, 거리별로 달랐다. 보통 조난 사고가 많이 일어나는 충청도 태안반도의 안흥량(安興梁)을 기준으로 그 이전에는 쌀 수송량 매 10석에 대해 1석, 그 이후에는 매 10석마다 2석, 거리가 먼 경상도는 매 10석마다 3석을 주었다. 수송비는 대체로 거리가 가까운 충청도는 수송량의 10%, 전라도는 20%, 거리가 먼 경상도는 30% 정도였다.[7]

참고로 조선 말 금강 하류에 있는 전라도 함열(咸悅)의 성당창(聖堂倉) 조선단 12척이 경창까지 가는데 약 25일이 걸렸다. 대동여지도에 따르면 경상도 기장에서 한강 입구의 통진까지 거리는 약 2천 760리였다. 영조 때 사선의 영남 호남 간의 곡물 운반 선가는 100석당 13석을 주었는데 이것이 부족하다 하여 15석으로 올려준 사례가 있었다.[8]

영남에서 함경도 북관(北關)으로 보내는 진곡의 수송에는 더 큰 문제점이 있었다. 영조 17년 함경도 북관에 기근이 들어 사망자가 속출하였다. 영조는 영남의 곡식 4만 곡(斛, 1곡은 10斗)을 수송하여 진구(賑救)할 것을 경상 감사에 지시하였다. 이때 진휼청 당상 박문수는 영남에서 관북으로 식량을 수송하면 그 비용이 많이 소요되어 보낸 수량의 절반도 도착하지 못하고 조운을 담당하는 영남의 백성들이 많이 죽는다고 동해 해운의 어려움을 설명하기도 하였다.[9]

---

7) 吳浩成, 위의 책, pp.107-116.
8) 『영조실록』, 영조 39년 5월 10일.
9) 『영조실록』, 영조 17년 9월 6일.

3. 진곡의 함경도 수송

1) 함경도의 지리적 특성

함경도는 도의 중간에 있는 마천령(摩天嶺)을 경계로 북관(北關)과 남관(南關)으로 나뉜다. 조선 초기 함경도의 영흥(永興) 이북은 사실상 조선의 영토가 아니었다. 세종은 조선의 강역을 넓히기 위해 최용덕을 시켜 동왕 17년(1435) 평안도 동북방, 압록강 상류 주변의 여진을 몰아내고 여연(閭延)·자성(慈城)·무창(茂昌)·우예(虞芮) 등의 4군(郡)을 설치하였다.

세종 18년(1436)에는 김종서를 보내 동북쪽 두만강 하류에 경성(鏡城)·온성(穩城)·회령(會寧)·경원(慶源)·경흥(慶興)·부령(富寧)의 6진(鎭)을 개척하였다. 그러나 야인들은 4군과 6진을 자주 침범하여 조선인을 살상하고 재산을 약탈하는 일이 잦았다. 정부는 새로 개척한 국경의 유지와 방어를 위해 경상도와 전라·충청도의 백성들을 강제로 이주시키는 사민정책(徙民政策)을 대규모로 실시하였다.

함경도 북관은 인구가 적고 토질이 척박하여 농업 생산량이 매우 적었다. 남관도 백두산과 삼수·갑산이 있는 험지였다. 함경도의 기후는 한랭건조하기 때문에 일부 해안지역과 하천 유역에서만 농사를 짓는데 그것도 대부분 밭농사였다.

함경도는 조선의 대표적인 산악지대로 작은 흉년에도 외부의 식량 지원이 없으면 살기 어려운 곳이었다. 이주한 백성들이 흉년을 맞으면 고립되어 기아와 전염병으로 많이 죽는 기근 취약 지역이었다. 세종은 함경도는 저축이 없기 때문에 흉년이 들면 강원도 동해안에 있는 강릉의 전세를 함경도와 가까운 통천과 고성에 수납하도록 한 다음 이를 함경도로 이송한다는 방침을 세워두고 있었다.[10]

10) 『세종실록』, 세종 즉위년 8월 27일.

2) 진곡 수송의 문제점

세종 25년(1443) 가뭄으로 8도에 흉년이 들었다. 세종이 함경도에서 돌아온 중추원부사 마변자(馬邊者)에게 함경도의 기근 상황을 물었다. 마변자는 지난해부터 지금까지 기아로 죽은 백성이 400~500명이라고 보고하고 또 진제장까지 거리가 멀어 기민을 데리고 와서 죽을 먹이지만 대부분 죽는다고 설명하였다.[11]

놀란 임금이 함경도 경차관 정식에게 사실을 확인하였다. 정식은 함경도 백성은 진제에 힘입어 죽은 사람은 없으나 다만 역병이 유행하여 정월부터 6월까지 약 1천 700여 명이 병사하였다고 보고하였다.[12] 세종은 더 이상 조사하는 것이 실익이 없다고 보았는지 진상을 밝히지 않았다.

세종 16년(1434) 함경도 도절제사 김종서는 경원과 영북진에 입주한 백성과 관노비 8천 400명이 식량이 없어 굶주리고 있으니 강원도의 곡식을 급히 보내달라고 요청하였다.[13] 정부는 강원도 동해안 연변 고을의 쌀 6천 석을 북관 경원으로 해운하려고 했으나 겨울철이라 수송이 불가능하였다. 정부는 그 대신 남관 길주에 있는 각곡 2만 석을 육로로 운반하였다.

조선 초기 함경도에 크고 작은 흉년이 많이 있었지만 타 도에서 진휼곡을 수송하여 기민을 구제한 사례는 많지 않았다. 함경도의 기민 구제는 주로 함경도의 군자창 곡에 의존하였다. 태종 5년(1405) 함경도에 기근이 발생하자 태종은 경상·전라도는 식량이 많으니 함경도로 옮겨 기민을 구제할 수 있는지 검토해 보라고 조정에 지시하였다.[14] 이 지시는 수송이 어려워 실행에 옮기지 못한 것으로 보인다.

태종 9년(1409)에는 함경도 남관 안변(安邊)지방에 흉년이 들었다. 태종

---

11) 『세종실록』, 세종 21년 9월 21일.
12) 『세종실록』, 세종 21년 11월 15일.
13) 『세종실록』, 세종 16년 1월 16일.
14) 『태종실록』, 태종 5년 7월 17일.

은 이웃 강원도에 있는 회양창(淮陽倉)의 곡식을 안변으로 운반하라고 지시했으나 곧 안변의 기민들을 회양으로 보내서 진곡을 받아 가도록 방침을 바꾸었다.15)

태종 10년(1410)에 함경도에 기근이 오자 수륙으로 강원도의 곡물을 보내 기민을 구휼하였다는 기록이 있다.16) 이때는 강원도 영동 고을에서는 선박을 이용하고, 강원도 북쪽의 내륙지방에서는 육로를 이용하여 구제곡을 보낸 것으로 판단된다.

세조 13년(1467) 전 회령절제사 이시애(李施愛)가 반란을 일으켰다. 이시애는 세조의 중앙집권적 정책에 대한 불만으로 중앙에서 북관으로 내려온 수령과 군관들을 모두 죽이고 거사하였다. 정부는 구성군 이준(李浚)을 함경·강원·평안·황해의 4도병마도총사(4道兵馬都摠使)로 임명하고 6도에서 약 3만의 군사를 동원하여 2만의 반군과 맞섰다.

정부는 관군을 위해 10만 석의 군량미를 경상도 연해읍에서 조달하여 함경도 안변·덕원 등지로 조전(漕轉)하게 하였다.17) 이시애의 난은 4개월 만에 평정되었다. 경상도 연해읍에서 징발하기로 한 10만 석의 군량 가운데 어느 정도가 함경도로 수송되었는지 알 수 없다. 그 중에서 극히 일부만 수송된 것으로 보인다.

3) 함경도로 가는 수송루트

성종 22년(1491) 함경도 북변의 여진족 올적합이 조산보(造山堡)에 침입하여 수비군과 백성들을 살상하고 식량과 우마를 탈취해간 사건이 일어났다. 조정에서는 올적합을 정벌하기로 결정하고 허종(許琮)을 도원수로 삼아 병력 2만과 보인 2만을 동원하였다. 북정군 4만 명의 3개월 군량 4만

---

15) 『태종실록』, 태종 9년 4월 22일: 4월 23일.
16) 『태종실록』, 태종 10년 1월 17일; 3월 4일; 10월 8일.
17) 『세조실록』, 세조 13년 6월 21일.

8천 석은 충주의 가흥창, 원주의 홍원창, 춘천의 소양강창에서 지급하기로 하였다.18)

그러나 군량을 함경도 북변까지 수송하는 것이 어려워 이 계획은 실행에 옮기지 못하고 북정군(北征軍)은 각자가 준비한 15일 분의 군량을 가지고 국경을 넘었다.19) 대군이 오는 것을 본 여진군은 마을을 버리고 달아났다. 북정군은 몇 차례 작은 싸움에서 이겼으나 군량이 6일 분밖에 남지 않아 군사를 되돌리는 수밖에 없었다. 북정군이 귀환할 때 군량이 떨어져 군사 40여 명이 아사하는 참변이 일어났다.

함경도는 지리적으로 가장 멀고 외딴 곳에 위치하였다. 대동여지도에 따르면 서울에서부터 함경도 북관의 경성·온성까지는 험준한 산길로 2천 2백 리가 넘는다. 서울에서 영흥까지가 근 1천 리, 영흥에서 종성까지가 1천 리 길이었다. 이렇게 먼 길을 육로를 이용하여 무거운 곡식을 말과 사람의 등짐으로 지어 나르는 것은 사실상 불가능하였다.

함경도에 진휼곡을 보내는 길은 쌀이 있는 경상도나 강원도의 동해안을 따라 해운하는 길 밖에 없는데, 동해안은 배도 적고 물산이 적어 해운이 발달하지 않았다. 뿐만 아니라 바닷길이 험하고 배가 정박할 장소도 마땅치 않았다. 역시 여름철이나 가을철에는 태풍이 불고 겨울철에도 눈보라가 심하여 선박의 안전 운행이 어려웠다.

16세기 전반 중종 때 동해안을 통한 진곡의 수송이 정부 안에서 본격적으로 논의되기 시작하였다. 함경도와 제주도는 서울에 있는 호조나 비변사에 많은 백성들이 아사하고 있으니 진곡을 보내달라는 소식을 전하는 데도 상당한 시일이 걸렸다. 정부가 진휼을 결정하고 식량이 있는 지방과 창고를 수배하여 곡물을 현지로 수송하는 데는 훨씬 더 많은 시간이 걸렸다.

중종 7년(1512) 함경도의 정평 이북과 경성 이남에 큰 흉년이 들었다.

---

18) 『성종실록』, 성종 22년 4월 21일.
19) 오호성, 『임진왜란과 조·명·일의 군수시스템』 경인문화사, 2017, pp.140-144.

심한 한발로 곡식이 타버려 붉은 땅이 끝없이 이어지고 있었다. 백성들이 들풀로 죽을 끓여 연명하는데 아사 직전이니 시급한 구휼이 필요하다고 함경도 군기점검어사 김협이 호조에 보고했다.[20] 우의정 성희안도 적변(賊變)이 예상되니 북관에 군량을 시급히 수송해야 한다고 건의하였다.

중종은 함경도 기민을 위해 대책을 세우라고 대신들에게 지시하였다. 대신들은 함경도로 구호 식량을 보내기 위해서는 경상도의 곡식을 뱃길로 해운하는 길밖에 없는데 지금 6월이라 풍랑이 심해 불가하다는 결론을 내렸다. 그리고 전운사(轉運使)를 지낸 강원 감사 고형산(高荊山)에게 진휼 곡의 동해안 해운 가능성에 대해 의견을 구했다.

고형산은 경상 감사 안당(安瑭)과 함께 경상도 동해안의 홍해에서 영해까지 시험적으로 배를 운행하였다. 그는 이 지방의 배는 작고 튼튼하지 않은데다가 갑자기 풍파를 만나면 피난할 섬이 없기 때문에 경상도에서 함경도에 이르는 바닷길은 조운하기 어렵다는 보고를 해왔다[21]

그는 강원도 북부의 내륙지방인 회양과 금성 등지의 쌀을 함경도 초입의 안변(安邊)까지 강원도 백성들의 등짐으로 옮기고, 거기서부터 다시 함경도 북관까지 함경도 백성들이 곡식을 넘겨받아 릴레이식으로 하면 가능하겠다는 의견을 냈다.[22]

4) 경창곡 육운의 어려움

이듬해인 중종 8년(1513)에도 함경도에 흉년이 이어졌다. 함경도 진휼 경차관 한효원은 아사자가 속출하고 있으며 온 집안 식구가 다 아사한 집도 계속 나오고, 주민들은 흩어져 걸식하는 자가 대부분이라고 급보를 보내왔다. 함경 감사도 함경도 북청 등 8읍에서는 기근으로 처자를 파는 사

---

20) 『중종실록』, 중종 7년 6월 9일.
21) 『중종실록』, 중종 7년 6월 27일.
22) 『중종실록』, 중종 7년 7월 2일.

람이 나타났고, 일부 기민들이 들판에 유기된 아사자의 시체를 먹고 죽었다는 보고를 올렸다. 그는 도민이 다 죽게 생겼는데 강원도와 경상도에서 보내준다는 진휼곡이 아직 올라오고 있지 않으니 특단의 대책을 세워달라고 요청하였다.23)

조정에서 대책 회의가 열렸다. 날씨가 나빠 경상도에서 조운(漕運)하려는 구휼곡이 계속 늦어지고 있으니 군사를 동원하여 경창의 식량을 등짐으로 함경도로 운반하자는 안(案)이 나왔다.24) 우상 정광필은 경상좌도와 충청도의 곡식을 전운하여 함경도민을 살려야 한다고 제안하였다.25) 유순정도 하삼도의 곡식을 조운하는 것이 효과적이라고 주장하였다.

좌의정 송질(宋軼)은 농사철에 멀리 남도의 곡식을 전운(轉運)하면 남도와 함경도가 같이 피폐하게 된다며 경창곡 7~8천 석을 농사를 짓지 않는 백성을 시켜서 운반하자고 제안하였다. 송질은 농사철에 사공을 모집하는 것 자체가 어렵다며 30석을 수운하는데 6명의 사공이 필요하고 이들에게 1인당 1석씩을 주어야 하므로 비용이 너무 많이 들어 실익이 없다고 주장하였다.26)

영상 성희안과 좌·우의정 등이 참석한 회의에서는 병조로 하여금 당번병과 숙위병을 제외하고 경기·황해·강원도의 군사 중에서 기병(騎兵)은 1인당 20두, 보병은 1인당 10두씩을 안변까지 운반하게 하자는 결론을 내렸다.27) 그러나 이 안은 실행에 옮겨지지 않았다. 군사를 동원하여 함경도까지 등짐으로 나르자는 안은 비현실적이었다. 한사람이 등짐으로 나를 수 있는 양이 겨우 5두인데 함경도까지 거리가 너무 멀고 또 짐꾼들이 중간에서 양식을 소비하지 않으면 안 되므로 탁상공론에 불과한 제안이었다.

---

23) 『중종실록』, 중종 8년 3월 11일; 5월 11일.
24) 『중종실록』, 중종 8년 4월 30일.
25) 『중종실록』, 중종 8년 5월 10일.
26) 『중종실록』, 중종 8년 5월 10일.
27) 『중종실록』, 중종 8년 5월 14일.

이번에는 백관으로 하여금 노비를 차출하여 운반하게 하자는 안이 나왔다. 또 경상도와 강원도의 조선 73척을 내어 6천 석을 실어 보내자는 안도 나왔다. 정부는 회의를 거듭해도 뚜렷한 해결 방안을 찾지 못하였다. 다음 달 6일 정부는 좌의정, 우의정, 6조 판서, 호조와 진휼청의 당상관, 한성 판윤이 참석한 회의에서 충청도와 경상도의 곡식을 운반해오기는 사실상 불가능하다는 결론을 내렸다.

중종은 함경 감사에게 각 고을을 순행하고 수령들의 구휼행정을 감독하라고 지시하였다. 만일 백성들이 굶어 죽는데도 손을 쓰지 않는 수령이 있으면 즉각 파직하고 나중에 보고하라고 유시하였다.28) 1년 넘게 끌어온 함경도 기민 대책회의는 이렇게 끝났다.

4. 진곡의 제주도 수송

1) 제주도 수송의 문제점

제주도는 조선 반도의 남쪽 끝 해남에서도 바닷길로 약 260리 떨어진 먼 바다 한가운데 있는 섬이다. 제주도는 외딴 섬으로 빗물이 지하로 금방 스며들고 토양이 척박하여 농사의 적지가 아니었다. 제주도는 고기잡이가 주 생업이고 밭농사를 지었다. 벼농사는 거의 없었다. 제주도의 인구는 18세기 중반 약 10만 가량이었다.

제주도는 먼 바다 한가운데 있기 때문에 비바람이 부는 계절이나 겨울철에는 진곡의 이전 명령이 내려도 배를 운행할 수 없었다. 제주도는 바람이 심하게 불어 올 때나 갈 때 순풍을 기다리지 않으면 안 되었다. 제주도에서 기근을 겪게 되면 다른 곳으로 가 얻어 먹을 곳도 없어 그대로 아사하는 경우가 많았다.

---

28) 『중종실록』, 중종 8년 6월 6일.

세종 즉위년(1418)에 제주도에 흉년이 들었다. 가을에 제주도에 구호곡
을 보내라는 왕명이 내렸으나 4개월이 되도록 시행되지 않았다.[29] 명종
때는 제주 목사가 세 번이나 전라도 감영에 구호곡을 요청했는데도 보내
주지 못했다.[30] 정조 8년(1808)에는 제주도의 흉년 소식이 거의 반년 만에
조정에 전해지기도 하였다.[31] 모두 교통과 통신이 어려웠기 때문이었다.

제주에 기근이 들면 곡식을 이전해 주는 곳은 대부분 전라도와 경상도
의 연해읍(沿海邑)이었다. 이곳은 제주도와 거리가 가깝고 포구와 배가 있
어 곡식을 빨리 수송할 수 있기 때문이었다.

정부의 지시가 있으면 해당 지역의 감사와 수령은 군내에 있는 환곡과
저치미 또는 군량미 등을 거두어 제주로 보냈다. 보낸 곡식은 나중에 진휼
청에서 보충해 주었다. 숙종 후기 제주에 기근이 연달아 왔을 때 정부는
여러 차례에 걸쳐 약 20만 석의 곡물을 보내주었다. 대부분 전라도와 경상
도 연해 고을의 곡물이었다. 이 때문에 영·호남 연해읍의 진휼청 회부곡
(會付穀)이 고갈되었다고 할 정도였다.

2) 제주도 구휼을 위한 나리포창의 설치

숙종 41년(1716) 가을 제주에 큰 흉년이 들었다. 영의정이 제주도의 재
해가 심각하다고 왕에게 보고하였다. 숙종은 영·호남의 곡식 1만 석을 급
히 보내도록 지시하고 양도의 도사(都事)로 하여금 진곡의 수송을 감독하
도록 하명하였다.[32]

숙종은 새해를 맞아 황귀하를 제주별견어사(濟州別遣御使)에 임명하면
서 제주 백성들을 위로하는 교서를 발표하였다. 숙종은 지난 39년(1714)

---

29) 『세종실록』, 세종 1년 1월 30일.
30) 『명종실록』, 명종 9년 2월 11일.
31) 『정조실록』, 정조 8년 11월 29일.
32) 『숙종실록』, 숙종 41년 10월 30일.

흉작 때 진구가 늦고 불충분하여 수천 명이 사망하였던 일을 상기하면 마음이 상한다며 유감을 표하였다.33) 숙종은 별견어사에게 아사한 제주 백성의 원혼을 달래는 제사를 지내도록 지시하고 제문을 지어 보냈다.34)

황귀하는 흉년으로 제주에서 굶주리는 집이 4만 7천여 호인데 2만 석의 쌀이 더 있어야 구진할 수 있다고 임금에게 보고하였다. 황귀하는 제주가 너무 멀어 공문이 왕복하다 보면 시간이 걸려 이 때문에 제주 백성들이 많이 죽는다며 빨리 조치해 달라고 요청하였다. 정부는 제주 목사 홍중주의 장계에 따라 호남에 있는 강도미(江都米) 3천 석과 어영청 소유 호남의 군보미(軍保米) 3천 석을 인근 진포의 병선을 징발하여 보내주었다.35)

위의 사례에서 보는 것처럼 제주도로 보내는 구휼곡은 그 양이 충분하지 않고, 왕래할 때 순풍을 기다리느라고 시간이 너무 많이 걸리기 때문에 제주 사람들이 많이 희생되었다. 이 문제는 정부에서도 오랜 기간 해결하지 못한 숙제였다.

정부는 보다 지속가능한 제주도의 구제책 마련에 고심하였다. 이 문제에 대하여 처음 해결의 단초를 제공한 것은 이조 판서 이인엽이었다. 이인엽은 숙종 34년(1708) 영암에 있는 갈두산에 진(鎭)과 창(倉)을 설치하여 이곳에 곡식을 저장하였다가 일이 생기면 제주도로 이전하면 편리할 것이라고 임금에게 건의하였다.

금강의 중상류 공주(公州)에 위치한 나리포창(羅里舗倉)은 숙종 40년(1714) 충청 감사의 요청에 의해 설치하였다. 당시 공주·연기·청주 등 금강 상류 지역의 전세는 육운하여 아산의 공진창(貢津倉)으로 보내고 있었다. 충청 감사는 이 지역의 전세를 금강을 이용하여 경창으로 바로 조운한다면 편리할 것으로 보고 공주와 연기의 접경 지점인 금강의 나리포에 창의 설치를 요구하였다.36) 그러나 진휼청은 내륙지방인 이곳에 점포를 두

---

33) 『숙종실록』, 숙종 42년 1월 1일; 2월 2일.
34) 『숙종실록』, 숙종 42년 윤3월 9일.
35) 『숙종실록』, 숙종 42년 11월 17일.

고 금강을 이용하여 소금과 생선을 배에 싣고 와 곡식과 교환하면 진휼청
의 운영에 상당한 도움이 될 것으로 보고 나리포창을 설치하였다.[37]

3) 나리포창의 임피 이전

그동안 제주도에 대한 체계적인 구휼책을 찾던 정부는 영부사 이유(李
濡)의 건의에 따라 정부는 경종 2년(1722) 나리포창을 제주 구호를 위한
전담 창고로 변경하였다. 그러나 나리포창은 금강 중류의 내륙지방에 위치
하고 있어 유사시 선박을 제주로 보내는 데 문제가 있었다. 이 때문에 나
리포창을 금강 하구에 있는 전라도 임피(臨陂)로 이전하였다.[38] 임피는
인구도 많고 금강의 하구에 있어 바로 서해로 연결되어 제주도로 빨리 갈
수 있는 장점이 있었다.

나리포창은 진휼청에서 획급한 자금으로 곡식을 구입하여 보관하였다
가 제주에 흉년이 들면 실어다 기민을 구제하였다. 환곡을 받아먹은 기민
들은 쌀 대신 제주에서 생산되는 미역, 말총, 전복, 소금 등으로 갚았다. 정
부는 제주 특산물을 받아다가 내륙에서 팔아 곡식을 구입하여 창고에 보
관해둔다는 것이었다.

임피로 이전한 나리포창은 진휼청에서 별장(別將)을 관리자로 임명하고
80여 간의 창고를 새로 짓고 8척의 선박도 마련하였다. 창의 운영경비는
제주산 물품의 판매 수입 중에서 조달하였다.

나리포창은 영조 2년(1726)부터 제주의 기민 구휼을 위해 기능을 발휘하
기 시작하였다. 나리포창은 한동안 잘 운영되어왔으나 영조 14년(1738) 창
의 책임자인 별장이 창곡의 부족 문제로 탄핵을 받게 되었다. 별장의 부정

---

36) 『숙종실록』, 숙종 40년 7월 30일.
37) 정형지, "조선후기 교제창의 설치와 운영 – 18세기 나리포창 사례를 중심으로 –",
    『이대사원』 28, pp.199-200.
38) 『비변사등록』, 영조 6년 12월 3일; 영조 7년 12월 8일.

이 밝혀진 바는 없지만 진휼청은 나리포창의 관리자를 군산첨사로 바꾸었다. 군산첨사는 군산에 주재하는데 임피에 소재한 나리포창과의 거리가 30~40리나 떨어져 있었다. 자연히 첨사의 관리와 감독이 소홀하게 되었다.

나리포창은 사실상 색리와 감고 등에게 운영이 맡겨졌다. 이 때문에 제주에서 보내온 미역이 창사 주변에 그대로 방치되어 변질하고, 인근 마을에 판매한 제주산 잡물의 대금 회수가 늦어지고, 제주에 보낼 곡식을 창사에서 멀리 떨어진 마을에서 구입하여 운반하기 어려운 탓에 제 때에 곡식을 보내지 못하는 일이 생겼다.

나리포창은 영조 25년(1749) 전라 감사 한익모의 장계에 따라 진휼청에서 전라도 임피현령 관할로 변경하였다. 나리포창은 탐라에서 나오는 특산물을 금강 연안의 충청도와 전라도 20개 고을을 지정하여 이곳에 팔아서 돈을 만들도록 하였다.

나리포창의 속읍으로 지정된 곳은 나리포창에서 100리 이내에 있는 고을로 충청도에서는 공주, 임천, 한산, 서천, 은진, 부여 연산, 니성, 석성 등이었다. 전라도는 전주, 여산, 김제, 익산, 임피, 만경, 금구, 함열, 부안, 태인, 고산 등이었다. 문제는 임피현령의 직급이 낮고 감독해야 할 군현이 너무 많아 단속이 어려운 점이었다.

4) 나리포창 경영의 문제점

나리포창은 임피 현령 관할이 된 지 10년이 못되어 외상으로 준 물건 값을 거두지 못하였고, 이 때문에 제주로 보낼 곡물을 사지 못해 사실상 파산상태에 있었다. 진휼청은 나리포창을 영조 34년(1758)에 다시 진휼청 소관으로 변경하였는데 이후 다시 그 초기의 기능을 회복하지 못하였다. 나리포창 경영 부진의 원인은 대략 다음의 세 가지로 볼 수 있다.[39)]

---

39) 『萬機要覽』, 재용편 5, 황정; 『增補文獻備考』, 시적고 6, 제창.

첫째, 나리포창의 원곡 규모가 3천 석으로 너무 적었다. 제주에서 요청해 오는 진곡의 규모는 3천 석을 훨씬 넘는 경우가 대부분이었다. 정부는 전라 도와 경상도 연해읍에 제주도로 보내는 진곡의 추가 공급을 자주 요청하였 다. 이 때문에 연해 민의 불만이 높아져 나리포창 설치의 의미가 퇴색하였다.

둘째, 제주의 이전곡 요청이 빈번하고 과다하여 나리포창의 곡물 재고 가 고갈되는 경우가 잦았다. 반면에 제주도는 나리포창에서 빌린 진곡과 남해안 연해읍에서 보낸 구휼곡을 상환하지 않고 제주의 환곡으로 전환시 켜 달라는 요구를 자주 하였다. 이 때문에 나리포창과 남해안 여러 읍의 손실이 커졌다.[40]

셋째, 제주로 보낼 곡물과 제주의 특산물을 구입하고 수송하는 과정에 서 색리들에 의한 부정이 많이 발생하였다. 예를 들면 미역·건어물 등을 산민(山民)에게 걷고 양대(凉臺)를 어민에게 징수한다는 원망이 끊이지 않았다. 또 제주에서 보내는 특산물의 값이 비싼데다가 품질이 떨어져 속 읍의 백성들이 받기를 꺼리는 문제도 발생하였다.

나리포창은 정조 10년(1786) 나주로 이전하여 운영하다가 문을 닫았다. 나리포창은 약 70여 년간 존속하면서 제주의 구휼 자금 마련을 위해 노력 해왔는데 그 성과는 만족할 만한 것이 아니었다. 나리포창은 17세기 말 이 후 해상 교통의 발달과 함께 정부가 지역적 분업에 기초한 상품유통을 통 해 진휼 자금을 마련하고자 시도했다는 점에서 긍정적으로 평가할 수 있다.

5. 진휼곡의 원거리 수송과 교제창의 건설

1) 평안도에서 함경도로의 진곡수송

17세기 후반 현종 기와 숙종 기에는 현종대기근과 숙종대기근이 있던 시기였다. 조선 인구의 20~30%를 잃을 정도의 대 참화를 입었다. 이 기간

---

40) 정형지, 위의 논문, p.220.

동안 조선은 기근에 대한 구휼곡의 비축도 제대로 되어 있지 않았다. 특히 현종 기에는 구휼곡의 비축량도 적었고 원거리 진휼곡의 수송에 대한 경험과 지식도 충분하지 않았다. 현종은 14년 간을 재위하였다. 현종시대는 6년(1665)과 7년(1666)년을 제외하고는 12년이 흉년이었다.

현종 1년(1660) 함경도가 심한 재난으로 벌거숭이 땅이 되었다. 현종은 영남 경주와 울산의 쌀 1천 석을 보내 구휼할 것을 지시하였다. 그러나 몇 개월이 지나도 경상도의 진곡이 함경도에 도착하지 않았다. 진곡을 수집하느라고 지체한데다가 비바람이 심하였고, 몇 군데 포구를 거치며 환적을 거듭하느라고 늦었다는 보고가 올라왔다. 이 때문에 함경도에 아사자가 크게 늘어났다.[41]

숙종 8년(1682)에는 함경도에 철 이른 한파가 닥쳐 봄 농사를 짓지 못했다. 이때도 함경도로 가는 뱃길이 열리지 않았다. 할 수 없이 평안도의 동쪽 산악지대인 맹산(孟山)·영원(寧遠)·양덕(陽德) 등지에서 군량미 1만 석을 인력으로 험준한 산길을 이용하여 함경도 남관으로 운반하여 주었다.[42] 남관으로 옮긴 식량은 다시 북관으로 릴레이 수송하여 백성들을 구제하였다.

평안도의 곡식이 함경도로 이송된 것은 아주 이례적인 것이었다. 조선 시대 전 기간을 통해 두 번밖에 기록이 없을 정도이다. 이 수송 루트는 영조 때 박문수의 건의에 의해 다시 이용된 일이 있다.[43] 평안도와 함경도는 경계를 서로 길게 맞대고 있으나 험준한 산악지역이다. 1천 미터, 2천 미터를 넘는 산들이 첩첩히 겹쳐있어 취락이 거의 형성되지 않은 곳이었다.

---

41) 『비변사등록』, 현종 1년 6월 1월.
42) 『비변사등록』, 숙종 8년 3월 24일; 9년 1월 22일.
43) 함경도 6진에 심한 흉년이 들었을 때 조정에서 백성을 구휼할 방법을 논의했다. 진곡을 마련할 방안이 없었는데 靈城君 朴文秀가 평안도의 곡물 1만 5천곡을 함경도 북관으로 보내 진휼의 밑천을 삼자고 제안했다. 임금이 신하들에게 이 일의 가능성을 묻자 비국당상 민응수가 대동강에서 상류로 성천까지 가면 거기서부터 함경도에 이르는 길이 4, 5일이므로 가능하다고 답하자 임금이 평안도의 곡물을 함경도로 수송하는 것을 승인하였다. 『영조실록』, 영조 18년 1월 6일.

가끔 산삼을 캐는 사람이나 사냥꾼이 오갈 뿐이었다.

평안도 동쪽 끝에 있는 영원·양덕·맹산 등지는 오지로 대동강이 발원하는 곳이다. 영원·양덕·맹산의 백성 수천 명이 동원되어 쌀 1만 석을 짊어지고 6~7일을 걸어 함경도 영흥으로 이동하는 것은 불가능에 가까운 수송 작전으로 기록될 수 있을 만한 일이었다. 이 쌀은 군자곡이였으므로 강 하류의 평양 등지에 있는 군량미를 수집하여 대동강을 거슬러 영원·맹산 등지로 참운(站運, 江運)하였을 것으로 보인다.

2) 경상도에서 함경도로의 진곡수송

경상도에서 함경도 남관과 북관으로의 진휼곡 수송이 실제적으로 가능하게 된 것은 숙종 3년(1677) 영남에 대동법이 실시된 이후부터이다. 중종, 명종, 선조 때는 전세가 국가의 주 세입원이라서 나라 살림에 여유가 없었다. 선조와 인조 때는 임진왜란과 병자호란을 치르고 그 뒷수습에 매달리느라고 적극적인 진휼곡의 조성이 어려웠다. 또 동해안을 가로지르는 진휼곡의 원거리 수송이 쉬운 일이 아니었다.

17세기 후반 숙종 때 영남에 대동법이 실시되면서 정부는 결당 16두의 대동미를 더 거둘 수 있게 되었다. 이는 결당 4두의 전세보다 4배나 많은 세금이었다. 대동법은 광해군 즉위년(1608)에 경기도에서 먼저 실시되었다. 충청도는 효종 2년(1651), 전라도에 대동법이 실시된 것은 현종 6년(1665)이었다. 경상도에 대동법이 시행된 것은 경기도에 처음 대동법이 시행된 지 70년 후인 숙종 3년(1677)부터였다.

경상도에 대동법이 시행되면서 경상도의 감영과 좌우 병영, 좌우 수영, 통영 등에 많은 양의 저치미(儲置米)와 별회곡(別會穀)이 생겼다. 경상도에 유치한 저치미 등은 흉년에 진휼곡으로 사용할 수 있게 되었다. 정부는 함경도와 강원도, 제주도를 포함한 전라도에 기근이 발생하면 바다로 연결되어 있어 접근성이 좋은 경상도에 자주 진휼곡의 이전을 요구하였다.

조선반도 서해와 남해안의 해로는 항해술의 축적으로 대체로 16세기 말
부터 극복되기 시작하였다. 그동안 동해안의 해로는 왕래가 자유롭지 못했
으나 17세기 후반부터 진휼곡의 수송이 빈번해지면서 운반선의 항해 기술
이 축적되었다. 18세기에 들어오면 동해안의 뱃길도 열리게 되었다.

〈표 7-1〉17세기 후반~18세기 전반 경상도 진휼곡의 이전 상황

시기	이전 지역	이전량(석)	진휼곡의 곡종	비고
숙종 9년(1683)	함경도	7,000	통영곡	
숙종 13년(1687)	전라도	1,300	전세 콩	
숙종 15년(1689)	함경도	1,300	대동미	
숙종 21년(1695)	함경도	25,000	전세, 공작미	
숙종 22년(1696)	함경도	미상		
숙종 23년(1697)	함경도	미상		
숙종 24년(1698)	충청도	미상		
숙종 28년(1702)	함경도	12,000	공작,감영,통영	
숙종 29년(1703)	함경도	20,000	감영곡	
숙종 30년(1704)	강원도			삼남에서 공동
숙종 30년(1704)	함경도			
숙종 31년(1705)	함경도	8,000		
숙종 32년(1706)	강원도	4,000	대동미	
숙종 33년(1706)	강원도	2,000	경주곡	
숙종 34년(1708)	강원도	1,000	영저읍곡	
숙종 34년(1708)	경기도/충청도	20,000	감영별회곡	
숙종 37년(1711)	강원도	미상	상진곡	
숙종 39년(1713)	제주(전라도)	5,000		
숙종 39년(1713)	함경도	13,000		
숙종 40년(1714)	전라도	47,800	감영별회곡	
숙종 42년(1716)	제주(전라도)	20,000	통영곡, 감영곡	전라도곡 포함
숙종 45년(1719)	함경도	15,000		
숙종 46년(1720)	함경도	15,000		
계 23 회				

출전: 『숙종실록』, 『비변사등록』, 『승정원일기』; 문광균, 『조선후기 경상도 재정연구』, 민속
원, 2019. p.250.

<표 7-1>은 숙종 9년(1683) 이후 숙종 46년(1720)까지 약 37년 동안 경상도에서 타도로 진휼곡을 이전한 회수가 23회임을 보여주고 있다. 이 숫자는 현종 재위 14년 동안 진휼곡의 타도 이전 4~5회에 비해 크게 증가하였다는 것을 보여준다.

도별로 보면 경상도에서 함경도 이전이 12회, 경상도에서 강원도로 5회, 전라도 이전 4회, 경기·충청은 1회, 충청 1회로 경상도의 곡물을 이전받았다. 함경도는 대부분 경상도의 곡물로 기근을 극복한 셈이다. 함경도가 경상도로부터 이전받은 곡식의 수량은 약 11만 7천 300석 이상인 것으로 나타났다.

강원도 영동지역도 사정이 같았다. 경상도가 타도에 보내는 진휼곡은 주로 경상도 감영 별회곡(別會穀)과 통영곡 등 환곡을 이용하였다. 재원이 부족할 경우 전세, 대동미, 공작미 등도 활용하였다.44) 그러나 경상도 곡식의 빈번한 타도 이전은 경상도에 여러 가지 문제를 일으켰다.

3) 진휼곡 수송의 이해관계

진휼곡의 수송은 곡식을 이전받는 쪽에서 선박과 인력을 조달하는 것이 상례였다. 예를 들어 경기도에 흉년이 들어 전라도의 곡식을 받아갈 경우 경기도에서 배를 보내고 수송비용을 부담하였다. 그러나 함경도와 강원도의 기민을 구휼하는 경우 대부분 경상도의 선박과 인력을 동원하여 진곡을 실어 보냈다. 운행에 이용된 배는 주로 향토의 사선이 이용되었는데 정부는 사선에게 비용과 운임을 지급해 주었다. 비용은 수송하는 쌀 가운데서 규정된 수량을 공제하는 형태로 지급하였다.

그러나 워낙 인구가 적고 생산물량이 적은 함경도의 입장은 달랐다. 함경도는 곡식을 실을 만한 배가 적을 뿐만 아니라 경험 있는 사공을 구하기도 어려웠다. 이 때문에 함경도는 항상 경상도 선박이 진곡을 북관까지 실

---

44) 문광균, 『조선후기 경상도 재정연구』, 민속원, 2019, p.252.

어다 주기 원했다.

경상도는 진휼곡을 마련하여 함경도까지 보내는 데 많은 노동력과 비용을 부담하였다. 선원들은 무엇보다도 동해안은 해난사고의 위험이 크기 때문에 승선을 기피하였다.45) 실제로 수많은 경상도의 선박이 난파하여 선원이 죽고 진곡을 수장시켰다. 농사철에는 선박을 구하기가 더 힘들었고 이 때문에 진휼곡은 수송이 지체되기 일쑤였다.46)

경상도의 사선이 함경도 운행을 기피하자 정부는 가끔 적재량이 훨씬 큰 병선을 동원하여 진곡을 수송하도록 하였다. 그러자 수군전력(水軍戰力)의 약화 문제가 제기되었다. 숙종 49년(1720) 수군통제사 이수민과 경상좌수사 신명인이 '병선을 북관으로 보내기 때문에 남동해안의 진보(鎭堡)가 매우 허술해진다'며 병선으로 진곡 수송하는 것을 중단해 달라고 정부에 요청하였다. 이에 대해 영의정 김창집은 북도의 진정이 무엇보다 다급한 문제이므로 병선을 이용하지 않을 수 없다며 수군의 요구를 거부하였다.47)

다른 문제는 도내의 곡물 비축량의 감소를 둘러싼 이해관계의 상충이었다. 도 밖으로 진곡을 실어 갈 때마다 경상도의 곡물 비축량이 줄어든다. 본래 진휼곡은 처음부터 무상 지급이 아닌 이상 이전해 준 곡물은 되갚아야 하는 것이 원칙이었다. 숙종 30년(1704) 경상 감사가 지난해 함경도로 보낸 진휼곡을 상환해 달라고 비변사에 요청하였다.

예조 판서 민진후가 나서서 본래 함경도는 길이 멀어 교역과 유무상통을 하는 일이 없었고 과거부터 흉년을 당할 때마다 경상도와 강원도에서 곡물을 이전했으나 갚은 일이 없고 함경도의 농업 생산량이 적어 불가능하다고 대답하였다. 숙종은 우의정 이유(李濡)의 건의에 따라 함경도로 이전한 곡물은 다른 도로 넘겨주지 말고 3~5년마다 개색하여 흉년에 대비할 것을 정식화하였다.48) 이 결정이 내려진 이후 경상도는 함경도로 보낸 곡

---

45) 『비변사등록』, 숙종 21년 2월 21일.
46) 『비변사등록』, 숙종 31년 12월 15일; 영조 2년 3월 4일; 영조 6년 3월 24일.
47) 『비변사등록』, 숙종 46년 2월 6일.

물을 돌려받을 수 없었다.

이 결정은 경상도에 큰 재해가 발생한다 하여도 경상도는 자체의 곡물로 기근을 극복해야 한다는 것을 의미하는 것이었다. 경종 2년(1722) 부교리 윤영은 영남의 곡물이 조금 넉넉하다고 하여 매번 흉년을 당하면 영남의 곡식을 이전하여 타도를 구제하였는데, 영남이 어려울 때 타도의 곡물을 가져다가 영남을 구제한 일은 없었다[49]고 불만을 표시하였다. 숙종 17년(1691) 마침내 함경도가 흉년에 고생하는 경상도민을 위해 함경도의 곡식 1만 5천 석을 선편으로 보내주었다. 곡물을 이전 받기만 하던 함경도가 이번에는 경상도를 위하여 구휼곡을 보냈다.

4) 수송체계의 합리화와 삼각결제

숙종 17년(1691) 경상도에 흉년이 들었다. 정부는 영남의 진휼을 위해 충주 양진창(楊津倉)의 쌀 1만 석을 내주기로 했다. 그러나 1만 석의 쌀을 조령(鳥嶺)을 넘어 영남으로 육운한다는 것이 간단한 문제가 아니었다. 정부는 해결책으로 경창으로 보낼 호남의 대동미 1만 석을 선편으로 영남으로 조운하여 보내주고, 대신 양진창은 쌀 1만 석을 남한강 강운을 통해 선혜청에 보내 주기로 하였다.[50] 삼각 결제를 통해 곡물의 원거리 수송의 노고를 크게 줄인 사례가 되었다.

조선시대 진휼 곡물은 대부분 선박을 통해 수송되었다. 경상도는 동해를 따라 강원도와 함경도로, 남해를 따라서는 전라도와 제주도로 이어져 있다. 경상도는 지리적 입지가 편리하다는 이유로 다른 지역으로 더 많은 진휼 자원을 이전하였다. 특히 영남 대동법이 시행된 17세기 후반부터 경상도의 진휼곡 이전은 더 잦아졌다.

---

48) 『비변사등록』, 숙종 30년 9월 12일.
49) 『승정원일기』, 경종 2년 12월 14일.
50) 『숙종실록』, 숙종 17년 3월 10일.

그러나 진휼곡을 이전하는 과정에서 백성들의 불만, 선박 마련의 어려움, 곡물 운반의 노동력과 해난사고로 인한 생명과 재산의 손실, 경상도 곡물 자원의 감소 등의 문제가 발생하였다. 이러한 문제를 해결하기 위하여 18세기 초반 숙종과 영조 때부터 진휼곡의 운송체계를 전국적으로 합리화하려는 노력이 시작되었다.[51]

6. 교제창의 설치와 진휼자원의 확보

1) 함경도의 기근과 경상도 연해읍의 어려움

영조 4년(1728)과 영조 5년(1729) 연이어 함경도에 기근이 발생하였다. 경상도는 또다시 대량의 곡물을 수송해야 할 처지에 몰렸다. 영조 4년(1728) 함경 감사 송진명은 함경도 남·북관의 수재 피해가 매우 심각하다면서 영남 연해읍의 곡물을 이전해 줄 것을 정부에 요청하였다.[52] 논의 끝에 정부는 영남미 3만 석을 북도로 이전할 것을 결정하고, 2만 5천 석은 경상도 선박으로 5천 석은 함경도 선박으로 수송하도록 하였다.

이듬해 영조 5년(1729)에 남관에 큰 수재가 발생하였다. 함경 감사는 많은 민가가 떠내려가고 사람이 죽어 원산 포구에 시체가 무수히 쌓여 있으니 진곡 30만 석을 더 보내달라는 장계를 올렸다. 정부는 요청한 수량이 너무 많고 영흥, 고원 등지에도 환곡이 17만여 석이 있다는 이유로 이전할 곡물의 양을 삭감하였다.

---

51) 진휼곡의 원거리 수송체계를 정비하려는 노력은 18세기 초 숙종 때 이조 판서 李濡가 처음 제안하였다. 그는 경상도의 곡물이 매번 함경도로 이전되는데 원활한 진휼곡의 조달과 수송을 위하여 중간 지역에 창고를 설치할 것을 건의하였다. 그는 함경도를 위해서는 寧海와 平海사이, 通川과 흡곡, 安邊과 德源 사이에도 창고를 건설할 것을 제안하였다 그는 또 제주도를 위하여서는 전라도 해안의 康津이나 海南에 창고를 지을 것도 주장하였다. 『비변사등록』, 숙종 30년 2월 25일.
52) 『비변사등록』, 영조 4년 8월 21일.

정부는 이종성을 함경남도 위유안집어사(慰諭安集御史)로 파견하는 동시, 평안도의 동전 1만 냥과 경상도의 곡물 1만여 석을 보내기로 하였다. 그러나 경상도의 곡물 1만여 석을 수송하려면 시간이 많이 걸릴 것을 우려하여 우선 강원도의 곡물을 가져다가 쓰고, 나중에 경상도가 강원도의 곡물을 갚도록 하였다. 그래도 진휼곡이 부족하자 낙동강 하구에 있는 감동창(甘同倉)에서 군량미 3천 석을 추가로 보내고, 작년에 보내기로 하였던 경상도의 3만 석 가운데 보내지 않은 1만 5천 석을 속히 보내기로 결정하였다.53)

함경도에 도착한 안집어사 이종성은 수재민을 위로하고, 영흥에 있다는 환곡의 수량을 조사한 결과 실제 있는 곡식이 3~4만 석에 불과하였다. 이종성은 또다시 경상도의 곡물 3만 석을 요청하고 이 곡물의 수송은 모두 경상도에서 해달라고 요구하였다. 정부에는 경상도에서 2만 석만 조달해주라고 결정하였다. 경상도는 2년에 걸쳐 총 6만 3천 석의 곡물을 함경도로 보내야 하는 처지에 빠졌다. 결과적으로 이 많은 양의 곡물은 적기에 이송되지 못하였다.

영조 6년(1730) 비변사가 보고한 경상도 진휼곡의 수송 실태를 보면 영조 5년의 진휼곡 3만 3천 석은 모두 수송이 완료되었으나, 영조 4년의 진휼곡 3만 석 중 9천 석은 선박을 구하지 못해 보내지 못했으며, 7천 석은 곡물조차 마련하지 못한 상태였다. 비변사는 사세가 급한 만큼 보내지 못한 9천 석은 강원도와 함경도에서 각각 3천 석과 6천 석을 조달하기로 하였고 나머지 7천 석은 경상 감사가 준비하여 수송하기로 하였다.54)

2) 포항창의 설치

영조는 정부의 명령을 제 때에 이행하지 못한 경상 감사 박문수를 파면하고, 민형수를 영남독운어사로 임명하여 진휼곡 수송에 차질이 없도록 하

---

53) 『비변사등록』, 영조 5년 11월 7일.
54) 『비변사등록』, 영조 6년 2월 17일.

라고 지시하였다.55) 이 당시 함경도를 위한 진휼 정책은 여러 가지 문제점을 들어내었다. 많은 양의 곡물을 전적으로 경상도에 의존하게 한 점, 곡식을 마련하였다고 하여도 경상도에 선박이 부족하여 제 때에 함경도에 수송하지 못한 점 등이었다.

영조 6년(1730) 조현명(趙顯命)이 박문수의 후임으로 경상 감사에 임명되었다. 조현명은 부임하기 전에 포항창(浦項倉)의 설치를 제안했던 전 진휼청 당상 민진원(閔鎭遠)에게 자문을 구했다. 민진원은 다음과 같은 요지의 자문을 하였다.56)

"호남의 연해읍은 제주로 보내는 구휼곡 때문에 어렵고, 영남의 연해읍은 함경도로 보내는 진곡 때문에 지탱하기 어렵다. 호남은 내가 나리포창을 설치하도록 하여 문제를 풀도록 하였다. 영남 포항에도 창을 설치하는 일을 해보려 했으나 이루지 못하였다. 함경도는 타도에 비해 흉작이 빈번하니 이로 인해 경상도 연해가 소란스럽다. 함경도는 수로가 수천 리인데 바람과 파도가 심하여 배 10척이 간다면 5~6척만 돌아오니 연해 백성에 대한 폐단이 이것보다 더한 것이 없다. 포항은 원산과 거리가 멀지 않으니 이곳에 창고를 설치하여 곡물을 보관한다면 불시의 필요에 대비할 수 있고 또 양쪽에 모두 도움을 줄 것이다. 함경도 북도민은 포항창의 곡식에 의지해 살 수 있고, 경상도민도 비용을 절약하는 등 많은 혜택을 받게 될 것이다".

경상 감사 조현명은 포항창의 설치를 위해 적극적으로 움직였다. 그는 경상도 동해안에 곡물을 비축하는 창고가 없는데, 연일현(延日縣) 포항에 창고를 설치하면 곡식을 저장하여 경상도에 흉년이 올 때 동해 연변을 구제할 수 있고, 북로에 흉년이 들면 곡식을 함경도 남관으로 쉽게 보낼 수 있다고 장계를 올렸다.57) 영조는 이 안을 승인하였다.

---

55)『비변사등록』, 영조 6년 3월 24일.
56) 趙顯命,『歸鹿集』浦項倉記.

포항창은 영조 8년(1732) 연일의 주잠촌에 100간의 창고를 짓고 개설하였다. 포항창에는 총 3만 석의 곡물이 비축되었다. 이 가운데 1만 석은 별회곡(別會穀)이었고 2만 석은 조현명이 마련한 무입조(貿入租)였다.[58] 포항창은 인근에 소재한 경주·장기·연일·흥해·청하 등 5읍에 곡물을 나누어 주고 이것으로 환곡을 운영하였는데 분급 방식은 이류일분(二留一分)으로 하였다. 나중에 포항창의 분급 지역은 울산과 영덕으로 확대되었다.

포항창의 설치와 함께 곡물을 수송하기 위한 선박도 배치하였다. 총 20척의 북조선(北漕船)을 새로 건조하였고 척당 적재량은 250석이었다.[59] 북조선은 곡물의 수송이 없는 평시에는 민간에 임대하여 관리를 맡기고 선세를 받았다. 정부는 또 포항창을 관리하기 위하여 별도로 관원을 임명하였다. 별장(別將)을 책임자로 두고 그 아래 군관 7인, 서리 3인, 지인(知印) 3인, 사령 3인, 창속(倉屬) 31명, 수졸 3명 등 모두 50명을 두었다. 이들을 위한 급료는 어세(漁稅)로 지급하였다. 별장은 조(租) 2석, 군관은 1석, 이서는 10두, 창속은 급료가 없었다.[60]

3) 원산창의 설치

포항창이 설치된 이듬해인 영조 9년(1733) 좌의정 서명균(徐命均)이 함경도 원산에 창고를 하나 더 설치하자고 임금에게 청하였다. 서명균은 해마다 흉년이 들어 창고를 지을 여유가 없지만 지금 함경도 북관은 곡물의 여유가 있으니 원산에 창고를 세워 1만 석을 옮겨두고 흉년에 대비하자는 의견을 제시하였다.[61] 원산창 안은 영조 13년(1737)에 6진에 속한 관노비

57) 『萬機要覽』, 財用篇, 諸倉, 浦項倉; 『增補文獻備考』, 시적고 6, 제창
58) 『穀總便攷』, 慶尙道.
59) 『비변사등록』, 영조 13년 12월 2일.
60) 『비변사등록』, 영조 27년 7월 7일.
61) 『비변사등록』, 영조 9년 4월 29일.

들이 바치는 쌀을 밑천으로 삼아 실행에 옮겼다. 이때 함경도 덕원(德元)
에 만들어진 것이 원산창(元山倉)이다.

함경도 6진에는 내탕고에 속한 노비가 많이 있어 해마다 1인당 쌀 1곡
(斛)씩을 바쳐왔다. 숙종 때 관노비들이 바치는 쌀을 그 고을에 저장해 두
었다가 흉년에 구휼곡으로 사용하도록 하고 비변사에서 이를 주관하였다.
매년 조적하는 양이 1만여 곡에 이르렀다. 영조는 이 곡식을 6진에서만 사
용하기보다는 원산으로 옮겨 함경도 전체의 구휼곡으로 사용하는 것이 백
성들에게 더 많은 혜택을 줄 수 있다고 판단하였다. 영조는 서명균의 제언
에 따라 동왕 13년(1737) 함경도 덕원에 원산창을 철치하고 그 곡식을 원
산창의 원곡으로 삼게 하였다.[62]

원산창은 포항창과 짝을 이루어 함경도와 경상도의 기민을 상호 구제하
기 위해 만들어졌기 때문에 교제창(交濟倉)이라고 명명하였다. 원산창의
곡식은 일이 생길 때마다 남관과 북관으로 운송하여 많은 함경도 백성이
혜택을 보았다.

교제창은 설치 당년에도 기능을 발휘하였다. 함경도 북관 지역에 흉년
이 들자 강원도의 곡식 6천 석을 북관으로 수송하고, 경상도 포항창의 각
곡 1만 5천 석을 릴레이식으로 강원도로, 북관으로 수송하였다.[63] 영조 18
년(1742)에는 함경도 남관의 이성(利城)에 자외창(者外倉), 함흥에 운전창
(雲田倉)이 추가로 설치하였다.

7. 진휼곡 수송의 최적 거점과 네트워크의 건설

1) 산산창의 설치

교제창의 설치 이후 거점 진휼 창고에 대한 평가는 긍정적이었다. 그 결

---

62) 『증보문헌비고』, 시적고 6, 제창.
63) 『영조실록』, 영조 13년 윤9월 15일; 11월 25일.

과 포항창 이외에도 또 다른 진휼 창고가 경상도 남해안에 설치되었다. 영조 21년(1745) 김해에 설치된 산산창(蒜山倉)이 그중 하나였다. 산산창은 김해(金海) 명지도에서 생산되는 소금을 환곡의 밑천으로 운영하기 위하여 설치한 진휼창이었다. 명지도는 낙동강이 남해와 만나는 곳에 있는 섬으로 이곳 주민들은 대부분 소금 굽기를 생업으로 삼고 있었다. 이곳에서 생산되는 소금은 배를 이용하여 낙동강 상류를 거슬러 올라간 다음 경상도 내륙지역에 판매하였다.

산산창 논의의 발단은 영조 17년(1741) 함경도와 강원도의 기근에서 비롯되었다. 이 해 함경 감사 박문수는 도내의 참혹한 기근 상황을 보고한 후 타도의 진휼곡을 이전해 줄 것을 요청하였다. 정부는 홍계희를 북로감진어사(北路監賑御使)에 임명하여 진휼을 관장하게 하고, 곡물 11만 1천 석을 이전해주었다. 이 중 영남에서 이전한 곡식은 대부분 포항창 곡이었다.

같은 해인 영조 17년 강원도에서도 기근이 발생하였을 때도 포항창의 곡물을 보내 기민을 구제하였다. 그해 12월 강원 감사 김상로가 또 1만 7천 석을 추가로 요구하자, 정부는 9천 석을 영남에서 보내주었다. 이 시기에 발생한 큰 흉년으로 하 삼도의 진휼곡이 많이 소비되었다. 그중 함경도와 강원도의 진휼을 목적으로 설치된 포항창 곡의 소비량이 가장 많았다.

포항창의 곡물이 부족해지자 북도감진어사 홍계희는 풍락목(風落木)과 소금을 발매하여 진휼곡을 확보하자는 안을 제시하였다. 이 안이 받아들여지자 경상 감사 김상성은 통영의 풍락목과 소금(煮鹽)을 팔아 3만 석이 넘는 곡식을 확보하였다.[64] 아울러 별비곡(別備穀) 2만 석을 더하여 모두 5만여 석을 마련하여 포항창 신저곡(新儲穀)이라 하였다. 포항창 신저곡은 기존 포항창곡과 달리 반류반분(半留半分)으로 운영되었으나, 북운(北運)을 목적으로 하는 것은 변함이 없었다.[65]

---

64)『승정원일기』, 영조 19년 윤 4월 10일.
65)『穀總便攷』, 慶尙道.

포항창의 곡물을 마련하기 위한 재원으로 김해 명지도의 소금이 중요한
역할을 하자 명지도의 소금을 본격적으로 이용하기 위한 논의가 일어났다.
영조 20년(1744) 영의정 김재로(金在魯)가 명지도의 소금을 쌀로 바꾸어
저장하면 포항창곡의 부족을 보충할 수 있을 뿐 아니라 전라도와 충청도
에 기근이 발생할 때 포항창 같은 역할을 할 수 있을 것이라면서 이곳에
창고를 설치하자고 제의하였다.66) 영조는 이 의견을 받아들여 경상 감사
에게 산산창(蒜山倉)을 설치하도록 하명하였다. 산산창은 김해 읍에서 남
쪽으로 20리가량 떨어진 바닷가에 설치되었다.

산산창은 매년 11월 명지도와 녹도의 소금 굽는 염민(鹽民)에게 쌀 1천
500석을 나누어 주었다. 이듬해 2월 염민으로부터 쌀 1석 당 소금 2석 씩,
3천 석을 받다아 이것을 팔았다. 소금을 판돈은 산산창 주변의 동래·양산·
밀양·김해·창원·웅천 등 6개 군현에 분급하여 이류일분(二留一分)의 산
산창 환곡을 만들었다.67)

산산창의 운영은 비변사가 담당하였다. 비변사는 별장 1명을 차출하여
내려 보냈다. 별장은 당상관과 당하관을 막론하고 동 서반의 실직을 지낸
사람으로 한정하였다. 산산 별장 아래에는 모군(募軍) 30명을 배속하였다.
모군은 창사의 보수, 곡물의 수송, 창고 수직 등의 일을 하고 그 대가로 연
호(煙戶) 잡역을 면제시켜주었다. 그 가운데 신역(身役)이 없는 모군은 양
인인 경우 조(租) 15두, 천인은 조 7두를 산산창에 납부하도록 하였다. 모
군이 납부한 신역가(身役價)는 산산창의 운영비로 사용하였다.

산산창의 실무자는 도호수(都戶首)였다. 도호수는 도민 중 근면하고 착
실한 사람으로 2명을 선발하였는데, 곡식을 나누어주고, 소금을 받는 일을
하였다. 도호수 아래에는 색리 2명과 도고직(都庫直) 1인을 두었다. 색리
2인은 김해·창원 등 6읍에서 선발하고, 1년마다 교체하였는데, 그중 1인은

---

66) 『승정원일기』, 영조 20년 5월 11일.
67) 『비변사등록』, 영조 21년 11월 4일, 蒜山倉節目.

환곡 분급을, 나머지 1인은 소금과 쌀의 환산을 담당하였다. 도고직은 창고를 지키는 사람으로 토착인을 임명하였다.

산산창에는 곡물을 수송할 배로 광선(廣船) 15척을 배치하였다. 선주는 감영에서 임명하였는데, 이들은 연말에 척당 35냥의 선세를 납부하였다. 납부한 선세는 선박의 개조 수리비로 사용되었다. 선박은 모두 비변사의 선안(船案)에 등록되어 있어 감영이나 연해읍의 지방관이 마음대로 사용할 수 없게 하였다. 산산창은 이후 운영권이 비변사에서 김해부로, 김해부에서 감영으로 이관되었다가 순조 19년(1819)에 폐지되었다.

2) 제민창의 설치

영조 39년(1762) 가뭄으로 경기·황해·충청·경상·전라도에 큰 흉년이 들었다. 전라도에서만 기민이 48만 명이 나왔고 그중 450명이 아사했다. 각도가 비슷한 사정이었다. 정부는 영조 39년(1763) 연초부터 각 도에 진흉사를 파견하고 기민 구제에 들어갔다. 영조는 우선 함경도 북관에 있는 교제창의 곡물 가운데서 호서에 3만 석, 호남에 4만 석, 영남에 3만 석을 보내 기민을 구제하도록 지시하였다.

좌의정 홍봉한(洪鳳漢)이 함경도에서 전라도와 충청도에 보낼 교제곡(交濟穀)은 너무 멀어서 제 때에 수송하기 어려우니 다른 곡식을 우선 이전하고 나중에 운반되는 교제곡으로 대체할 것을 요청하여 승인을 받았다.[68] 홍봉한은 뒤이어 북도에 설치한 교제창(交濟倉)이 큰 성공을 거두고 있으니 다른 도에도 교제창과 같은 역할을 하는 구휼창을 설치하자고 제의하였다.

그는 경상도와 전라도는 좌우 두 곳에 한 개씩 창을 설치하고, 충청도는 한 곳, 강원도는 남북의 중간 지점에 한 군데를 설치하면 수송 기일을 크

---

68) 『비변사등록』, 영조 39년 4월 12일.

게 단축할 수 있다고 주장하였다.[69] 그는 경기도는 강화 등지에 이미 창고
가 있으니 거론하지 않아도 된다고 하였다.

영조는 홍봉한의 건의를 받아들여 구휼곡의 수송 기일을 최소한으로 단
축하고 선원들의 희생을 줄이기 위해 5도의 선박이 기근 지역과 최단 거리
의 창고에서 구호곡을 선적하는 모습을 한눈에 볼 수 있도록 그림을 그려
오도록 지시하였다.[70] 영조는 이때 전국을 커버하는 진휼곡 수송의 최적
거점 네트워크를 건설할 결심을 하였다.

영조는 홍봉한에게 창고의 설치에 경험이 많은 부호군 홍계희와 함께 각
도의 감사와 상의하여 설치안을 만들도록 지시하였다. 홍봉한은 구휼을 위
한 창고를 경상도와 전라도에는 각각 2개씩, 강원도와 충청도에는 1개씩 설
치할 것을 제의했다. 영조는 각 도에 설치할 창고의 이름을 제민창(濟民倉)
으로 정했다. 제민창의 입지와 창고 건설은 빠른 속도로 진행되었다.

영조의 지시가 있은 지 한 달 만인 영조 39년 5월에 경상우도의 제민창
부지는 사천(泗川)으로 결정되었다.[71] 사천은 남해를 동서로 잇는 사천만
바닷가에 있는데, 사천을 비롯하여 진주와 고성을 좌우에 두고 있으며 북
쪽으로는 가화강을 끼고 진주에 연결되어 수운에 적합한 곳이었다. 그해
10월에 경상우도의 「영남제민창절목(嶺南濟民倉節目)」이 완성되었다.[72]

3) 영남제민창절목

경상우도의 제민창 설치가 끝나자 경상좌도 제민창에 대한 후속 조치도
이루어졌다. 경상좌도에는 이미 포항창이 있기 때문에 제민창을 새로 건설
하지 않고 포항창을 그대로 사용하기로 하였다. 아울러 창고의 규모와 곡

---

69) 『비변사등록』, 영조 39년 4월 17일.
70) 『영조실록』, 영조 39년 4월 17일.
71) 『승정원일기』, 영조 39년 5월 15일.
72) 『영조실록』, 영조 40년 10월 13일.

물의 보관량도 좌도의 「영남제민창절목」과 동일하게 시행하도록 하였다. 영남제민창절목은 타도에 기근이 닥쳤을 때 곡물을 수송하여 구제하기 위한 목적으로 만들어졌기 때문에 창고의 운영과 관리, 곡물의 분급 방식, 선박의 조달과 관리 등을 규정하고 있다. 주요 내용을 경상우도의 제민창을 중심으로 보면 다음과 같다.[73]

○ 제민창은 사천·진주·고성·곤양에서 각각 1만 5천석, 3만 석, 6천 석, 9천 석 등 총 6만석을 출자한다. 6만 석 가운데 5만 석은 원회부곡(元會付穀)과 상진곡(常賑穀)으로, 나머지 1만 석은 감영별회곡(監營別會穀)으로 한다. 제민창 곡 6만 석은 사천 9개 면, 진주 23개 면, 고성 3개면 곤양 6개 면 등 4읍 41개 면의 1만 740호에 분급한다. 이 환곡은 이류일분(二留一分)으로 운영하여 매년 2천 석의 모곡을 얻는다.

○ 4읍의 수령은 곡물의 관리를 감관과 색리에게 위임하지 말고 직접 환곡을 분급해야 한다.수령은 백성들의 빈부, 호구의 다소를 살펴 나누어 준다. 4읍에서 확보한 모조는 원곡에 포함시키되, '제민창모조(濟民倉耗條)'라고 주를 달아 구별한다.

○ 창고에는 감관, 색리, 고직 등을 임명한다. 이들은 4개 읍에서 각각 3인씩 총 12명을 선발한다. 이들에게는 매월 쌀 6두씩의 급료를 지급한다. 이 급료는 모곡 2천 석 중에서 5분의 1을 덜어내어 준다. 창고를 지키고, 곡물을 입출하고 운반하는 일은 창고 근처의 주민들에게 시키는데 이들에게는 연호의 잡역을 모두 면제한다.

○ 제민창 선박은 경상우도 각 읍에 있는 북조선(北漕船) 12척을 배속시킨다. 이 선박은 환곡의 다소에 따라 진주와 사천에는 4척, 곤양과 고성에는 2척씩 배치한다. 선주는 4읍의 바닷가 주민 가운데 착실하고 근면한 사람 중에서 뽑는데 연호잡역을 면제시킨다. 북조선은 평소 선주의 생계유지에 사용되다가, 기근시의 곡물 운반에 동원한다.

<hr />

73) 『비변사등록』, 영조 39년 10월 30일; 교제창에 대해서는 문광균, 『조선후기 경상도 재정연구』, 민속원, 2019. 참조.

북조선의 개삭과 수리는 선주로부터 받는 12냥으로 충당한다.

4) 전라도와 충청도의 제민창(濟民倉)

이후 전라도는 순천에 전라좌창, 나주에 전라우창, 그리고 충청도는 비인(庇仁)에 각각 제민창(濟民倉)을 세우고 「호남제민창절목」과 「호서제민창절목」도 발표하였다. 순천의 제민창은 순천·광양·낙안·구례·동복·보성·곡성·흥양·장흥의 기민을 구제하고, 나주의 제민창은 나주·남평·영암·무안·광주·함평 등지의 빈민을 돌보게 하였다. 비인의 제민창은 비인·서천·홍산·한산·남포 등지의 구휼을 담당하였다.

교제창과 제민창의 운영은 과거의 원거리 진휼의 대응책보다 훨씬 발전한 것이었다. 이전에는 타 도에 기근이 발생할 경우 보내줄 곡물이 없거나 또는 수송이 늦어 대응하지 못하는 경우가 많았다. 거점 진휼창이 만들어지자 이런 문제는 많이 감소하였다. 일례를 들면 정조 7년(1783) 강원도와 충청도에 기근이 발생하자 강원 감사는 구휼곡 1만 석을, 충청 감사는 4만 석을 정부에 요청하였다. 정부는 이들의 요구를 들어주기 위해 포항창에서 1만 석을 강원도로, 제민창에서 2만 5천 석을 충청도에 보내줄 것을 지시하였다.[74]

---

74) 『정조실록』, 정조 7년 10월 16일.

제8장

식량의 수출입과 황정대책

1. 조선의 대외 식량교역 개관

1) 고려와 원(元)의 식량교역

고려시대는 어려울 때 원(元)나라와 서로 식량을 주고 받았다. 원종과 충렬왕 때 식량의 상호 교역이 여러 차례 있었는데 원의 요동(遼東) 지방과 고려에 큰 기근이 들었을 때의 일이었다. 원나라는 먼 지역에 있는 강남미를 고려까지 운반해 오기도 하였는데 한번은 일본 정벌을 위한 군량미의 일부를 고려에 주기도 하였다.[1]

고려 원종 15년(1274) 큰 흉년이 들었을 때 고려는 원나라에 원조를 청했다. 원나라는 동경에 있는 쌀 2만 석을 보내주어 기민을 구제하도록 했다. 충렬왕 5년(1279) 원나라에 흉년이 들자 이번에는 원이 고려에 식량을 부탁했다. 고려는 군량 창고에 있는 쌀(수량 미상)을 원나라에 빌려주었다.

충렬왕 6년(1280) 고려에 기근이 들자 장군 김윤부를 원나라 중서성에 보내 식량의 대부를 요청하였다. 원나라는 병량 2만 석을 빌려주어 이것으로 경상도와 전라도의 기민을 구제하였다. 충렬왕 15년(1289) 요동에 큰 기근이 들자 원나라는 고려에 쌀 10만 석을 요청하였다. 고려는 쌀 6만 4천 석을 배 400여 척에 실어 개주(蓋州)로 수송하였는데 풍랑 때문에 배 50여 척을 잃고 선원 300여 명이 익사하였다. 충렬왕 17년(1291) 고려에 흉년이 들자 원나라는 해도만호(海道萬戶) 황흥(黃興)을 시켜 배 47척에 강남미(江南米) 10만 석을 보내주었다.[2]

충렬왕 18년(1292) 원나라에서 고려의 기민 구제를 위해 강남 조운만호(漕運萬戶) 서흥상(徐興祥)을 시켜 쌀 10만 석을 보내주었다. 이 쌀은 도중

---

1) 『增補文獻備考』, 輿地考 23, 關防 11, 海路, 漕路; 市糴考 7, 賑恤, 高麗.
2) 같은 책.

에 비바람을 만나 거의 잃고 4천 200석 만 도착하였다. 충렬왕 21년(1295) 원은 일본을 정벌하기 위해 강남미 10만 석을 가져다 강화도에 저장해 두었는데 요동에 흉년이 들자 그중 5만 석을 요동으로 실어 갔다. 이듬해 고려에 기근이 계속되자 다시 강남미 10만 석을 가져왔다. 고려시대에는 원나라와 식량을 교역할 때 상업 베이스로 거래한 것 같지는 않다.

2) 조선과 명·청과의 식량교역

명(明)·청(淸)시대에는 원나라 때와는 달리 해금정책(海禁政策)이 실시되었다. 해금정책이란 민간의 국제 교역을 금지하는 정책을 말한다. 명나라는 외국과의 교역은 조공무역에 한정시키고, 무역을 변방국을 기미(羈縻)하기 위한 목적으로 이용하였다. 청나라도 마찬가지였다. 조선도 명·청과 똑같이 해금정책을 실시하였다.

중국은 조공국(朝貢國)이 가져오는 조공품은 특혜를 주어 비싼 값에 사주고, 중국의 회사품도 본국에 가져가면 고가에 팔 수 있어 조공무역은 이익이 많이 남는 장사였다. 그러나 식량은 전략 물자로 취급되어 금수 품목이었다. 식량을 수출할 필요가 있을 때는 특별히 황제의 허가를 얻어야 했다. 조선도 식량의 수출입을 금지하였다.

그러나 조선은 명나라, 청나라와 각각 여러 차례 식량을 교역했다. 모두 군사적·인도적 필요가 있을 때 양국 간의 외교적 접촉을 통하여 사전에 허가를 받은 교역이었다. 흉년을 맞아 어떤 개인이 상대방 국가의 상인과 접촉하여 곡물을 밀수하는 경우는 가끔 있었지만 이는 불법이었다. 적발되면 사형으로 다스리는 엄한 단속의 대상이었다.[3]

---

3) 중종 28년 皀隷 이산송이 배 한 척을 세내어 목면과 사기를 싣고 중국 산동에 가 쌀과 콩 등을 밀수하였다가 적발되었다. 순조 7년 의주 상인 백대현과 이사집이 흉년이 든 청에 쌀과 좁쌀 220석을 밀수출했다가 적발되었다. 고종 3년 문해룡과 강여택이 황해도 연안에서 몰래 중국 배에 쌀을 판매한 혐의로 검거되어 사형되었

3) 일본과의 교역

일본의 대마도와 일기도(壹岐島)를 근거지로 한 왜구들은 고려 말부터 조창(漕倉)을 습격하여 세곡을 빼앗고 해안지방에 침입하여 노략질을 하는 등 연해 지방에 극심한 피해를 입혔다. 고려는 이 때문에 한동안 조운제도 가 중지되어 국가재정을 제대로 운영할 수 없을 정도의 피해를 입었다.

조선의 태종은 왜구의 본거지를 정벌하지 않고는 왜구를 근절할 수 없 다고 보고 세종 1년(1419) 이종무를 시켜 병선 227척, 병력 1만 7천여 명 을 동원하고, 군량미 65일 분을 주어 대마도를 정벌하도록 하였다. 조선의 무력에 복속한 대마번(對馬藩)은 이후 조선과 일본 사이에 무역과 외교의 중개자로 나섰다.

세종 때 조선은 왜인들이 무역할 수 있도록 부산포·내이포·염포의 삼포 를 지정하였다. 동시에 일본인들이 체류할 왜관을 설치하고 무역선의 척수 와 인원수를 제한하는 등 관영 무역을 중심으로 한 대일 통상체계를 수립 하였다.

조선은 토질이 척박하여 곡물 생산이 부족한 대마도의 식량난을 돕기 위해 대마도주에게 매년 세사미(歲賜米) 200석을 지급하였다.4) 이때의 조 선 주도 통상체계와 세사미 지급은 1백여 년 간을 지속하였다. 이 체제는 중종 5년(1510) 삼포왜란과 명종 10년(1555)의 을묘왜변으로 명목만 유지 하다가 그나마 임진왜란으로 중지되었다.

임진왜란이 끝난 후 광해군 1년(1609)에 조선과 일본이 기유약조(己酉 約條)를 체결하면서 양국 관계는 다시 정상화되었다. 조선은 동래부에 왜 관을 설치하고 일본의 사절을 비롯한 상인들을 왜관에 머무르게 하였다. 외교가 정상화되면서 조선은 무역을 재개하고 도항하는 왜인들에게 왜료 (倭料)를 다시 지급하였다. 일본인이 가져오는 무역품에 대한 대금은 목면

다.『고종실록』, 고종 3년 9월 12일.
4) 김옥근,『韓國經濟史』, 경인문화사, 1994, p.335.

으로, 왜료는 쌀로 지급하였다. 이때의 재원은 모두 경상도의 전세와 경상도에서 거두는 삼수미(三手米)로 충당하였다.

17세기 중반 일본은 조선으로부터의 수입에 의존하던 목면을 국산화하면서 품질 개선을 이룩하였다. 품질이 낮은 조선의 무명은 자국 시장에서 팔기가 어려워졌다. 반면에 대마번(對馬藩)은 인구가 늘면서 쌀의 수요가 증가하였다. 쌀농사가 어려운 대마번은 수요가 감퇴하는 공목(公木, 일본에게 주는 목면)보다는 쌀이 더 필요하였다. 현종 1년(1660) 대마번은 공목의 일부를 쌀로 바꾸어 줄 것을 요청하였다. 조선은 이를 승낙하여 공목 400동(同)을 쌀 1만 6천 석으로 환산하여 주기로 하였는데, 이때 공목 대신 주는 쌀을 공작미(公作米)라고 불렀다. 현종 이후 대체로 대마도에 연간 2만 석 가량의 공작미와 왜료가 지급되었다.

일본과의 무역은 공무역과 사무역 그리고 밀무역의 형태로 이루어졌다. 공무역은 외교 사절 내지 공무로 파견된 왜인들이 조선에 진상하는 물품과 그들이 진상품 외에 가지고 온 것들을 구입해 주는 형태의 무역을 말한다. 사무역이란 통교자들이 진상과는 별도로 개인적인 이익을 얻기 위해 가지고 온 물건을 교역하는 것을 말한다.

사무역(私貿易)은 조선 관리들의 감독 아래 허가받은 포구와 교역소에서 조선 상인들과 개별적으로 거래하였다. 밀무역은 허가받지 않은 사람들에 의해 몰래 거래하는 것으로 잠매(潛賣)라고도 하였다. 밀무역은 이익이 공·사무역에 비해 월등하였기 때문에 당국의 엄한 단속에도 불구하고 계속되었으며, 심지어는 관리나 통역을 끼고 하는 경우도 적지 않았다.

일본인들이 조선으로 가져오는 물품에는 일본에서 생산된 것과 필리핀·베트남 등 남방에서 생산된 물건의 두 가지로 구분할 수 있다. 일본산 물품으로는 금·은·동·유황 등의 광산물과 일본도·부채 등의 공예품이 주종을 이루었다. 남방산 물품으로는 후추·감초·침향·소목·백단 등의 향료와 약재·염료·물소 뿔 등이 인기가 있었다. 이 가운데 구리는 조선에서 동전과 활자·무기·놋그릇의 원료로 매우 중요한 품목이었다. 은(銀)은 중국과 무역하는데, 물소 뿔은 활을 만드는 데 꼭 필요한 자재였다.

조선이 일본에 판매하는 물품은 무명·삼베·모시 등 섬유제품과 쌀·콩이 중요한 품목이었다. 인삼·오미자 등의 약재와 서적과 종이 등도 수출하였다. 대마도는 경지가 적고 토질이 나빠 항상 식량이 부족하였다. 조선에서 주는 세사미(歲賜米)와 공작미(公作米)는 대마도에 아주 중요한 식량이었다.

조선 말기에 일본의 근대화와 산업화로 쌀 수요가 증가하자 많은 양의 조선 쌀이 일본으로 밀수출되었다. 심지어는 경상도와 전라도의 조창에서 서울 경창으로 보내는 전세와 대동미까지도 잠매(潛賣)하였는데 밀수된 수량은 알 수 없다.

4) 여진과의 교역

조선의 북쪽 변경에 사는 여진(女眞)족들은 수렵과 채집, 약간의 농사를 짓고 사는 부족 집합체였다. 여진은 제반 생산력이 낙후되어 생활필수품을 조선과 명에서 구하지 않으면 안 되었다. 이들은 식량이 부족하거나 의식주에 안정을 얻지 못하면 조선의 변경에 침입하여 소요를 일으켰다. 조선은 침략해온 여진을 소탕, 정벌하는 한편 회유 무마책을 사용하였다. 조선은 여진인의 귀화를 종용하였다.

조선의 명예 관직을 받은 여진인은 일정한 규정에 따라 서울의 동평관에 와서 머무르며 진상과 회사(回謝) 형태의 관무역을 하게 하였다. 여진은 이런 형태의 제한된 무역에 만족할 수 없었기 때문에 국경에 무역소의 설치를 요구하였다. 조선은 태종 때 함경도의 경성(鏡城) 과 경흥(慶興) 두 곳에 무역소를 설치하였다. 여진인은 무역소에 말(馬)과 사슴 가죽을 비롯한 각종 모피와 산삼, 약재 등을 가지고 왔다. 반면 조선의 상인들은 면포, 마포, 모시 등과 농기구, 쇠, 소금 등을 공급하였다.

여진인들은 흉년이 들면 수시로 조선의 관아에 와서 환곡(還穀)의 대부를 요청하였다. 조선에서는 특별한 이유가 없는 한 여진의 환곡 대여 요청을 들어주었다. 그러나 심한 흉년에는 조선인들에게 줄 환곡도 모자라기 때문에 요청을 들어주지 않았다. 심한 흉년에는 함경도와 국경 밖 여진의 영토 모두가 피해를 입는 일이 종종 있었다.

2. 16~17세기 조선의 대기근과 식량교역

1) 임진왜란기의 식량교역과 원조

조선에 임진왜란이 일어났을 때 명나라는 많은 양의 쌀과 기타 곡물을 조선으로 들여왔다. 명은 임진왜란이 일어나던 선조 25년(1592) 겨울부터 참전하여 조선을 도와 일본군과 싸웠다. 조선은 전쟁 기간 내내 명군의 군량 조달을 위해 온갖 노력을 기울였다. 전세를 받아 군량미에 우선적으로 충당하고, 쌀을 내놓는 사람에게는 벼슬을 주고, 공물(貢物) 대신에 쌀을 받아 명군을 지원하였다.

명나라도 선조 25년(1592) 12월부터 이듬해 8월까지 쌀·콩·조 14만 석을 의주로 들여왔다. 선조 26년(1593)에는 산동미(山東米) 10만 석을 수백 척의 배를 동원하여 평안도의 의주와 철산에 하역하였다. 의주와 철산에 하역된 명량(明糧)은 조선 백성들에 의해 명군이 있는 일선으로 수송되었다. 명나라는 선조 30년(1597) 정유재란 때에도 약 30만 석의 군량을 육운과 해운으로 조선에 가져왔다.[5]

임진왜란 중 조선에서는 많은 백성들이 죽고 다치고 젊은 남자들은 징집되어 군대에 나갔다. 마을은 불타고 전답은 황폐화되었다. 식량 생산은 급격히 감소하여 아사하는 사람들이 도처에 널렸는데 전염병까지 돌아 죽

---

5) 오호성, 『임진왜란과 조·명·일의 군수시스템』, 경인문화사, 2017, pp.182-183.

는 사람이 셀 수 없을 정도로 많았다. 해결책은 외국의 식량을 수입하는 길밖에 없었다.

전쟁 중에 명나라의 곡식을 수입하는 것은 성사되기 어려운 일이었다. 그래도 이런 상황을 해결할 방법은 명나라의 곡물을 수입하는 길 뿐이었다. 유성룡(柳成龍)은 소량일지라도 명나라의 곡물을 무역하자고 적극 주장하였다. 그 결과 선조 27년(1594) 초 압록강 하구에 있는 중강(中江)에서 개시(開市)하여 면포를 주고 명나라의 곡물을 수입하였다. 유성룡은 당시의 노력을 다음과 같이 기록에 남겼다.6)

> "선조 계사(선조 26, 1593), 갑오년(선조 27, 1594)에 기황이 극심하여 굶어 죽은 사람들이 들에 가득 찼지만, 공사에 축적해둔 곡식이 없어서 백성들을 진구할 방법이 없었다. 내가 요동에 자문을 보내 중강에 시장을 열어 무역을 할 수 있도록 청하니, 중국 또한 우리나라의 기근이 심한 것을 알고서 이를 허락하였다. 이때 우리나라 면포 한 필 값이 피곡(皮穀) 한 말도 안 되었는데 중강에서는 쌀 20여 말이었다. 요동의 미곡이 우리나라에 유입되어 평안도 백성이 먼저 그 이익을 받았고, 서울 백성 또한 뱃길로 서로 통하여 온전히 살아난 사람이 수없이 많았다. 옛사람들이 통상(通商)을 황정(荒政)의 요체로 삼은 이유를 비로소 알게 되었다."

선조 34년(1601) 임진왜란이 끝나면서 일부 잔류하던 명군이 본국으로 완전히 철수하게 되었다. 이즈음 조선은 연이은 흉작과 전쟁으로 식량 사정이 아주 나빴다. 명군은 군량으로 의주에 가져다 두었던 30만 석의 쌀과 콩 가운데 남은 10여 만 석을 다시 본국으로 수송하는 것이 어렵다고 보고 이것을 조선에 기증하였다. 선조는 "전쟁과 기근으로 만신창이가 되어 스스로 소생할 수 없게 되었는데 수만 석의 양곡을 원조해 주니 이것은 역사

---

6) 柳成龍,『西厓先生文集』, 16, 雜著, 中江開市;『增補文獻備考』, 市糴考 2, 부록 互市.

가 기록된 이래 아직 없었던 일이라며 명 황제에게 감사의 자문을 보냈다.

2) 병자호란 전후기 명·청과의 식량거래

(1) 인조반정 전·후기

광해군 11년(1619) 건주여진의 추장 누루하치가 명나라 국경의 요충지인 무순을 공격하였다. 다급해진 명은 여진을 격퇴하기 위하여 조선에 파병을 요청하였다. 조선은 강홍립(姜弘立)을 사령관으로 임명하고 군사 1만 4천과 군량미 1만 2천 석을 주어 원군을 보냈다. 조선군은 심하(深河) 전투에서 여진군(後金軍)에 대패하여 병력과 식량의 대부분을 잃고 강홍립은 적군에게 항복하였다.[7]

광해군 13년(1621) 요동의 중심지인 요양성(遼陽城)이 여진에게 함락되었다. 요양성을 지키던 명의 부총병 모문룡(毛文龍)이 부하 약 1만 2천 명을 이끌고 조선으로 탈출해왔다. 요동의 명나라 백성 약 10만도 모군을 따라 조선으로 피난해왔다. 모문룡이 이끄는 명군은 평안도 철산군 앞바다에 있는 조선의 가도(椵島)에 들어가 교두보를 마련하였다.

조선은 잇따른 흉작과 파병으로 나라에 저축이 없는데 모군(毛軍)에게 계속 군량을 공급하지 않으면 안 될 처지에 빠졌다. 정부는 모군에게 군량을 공급하기 위하여 임시로 평안도와 황해도의 토지 1결당 쌀 3두, 삼남의 토지에는 1두 5승씩을 부과하는 모량세(毛糧稅)를 신설하였다. 모량미는 명군의 군량 공급을 위해 신설한 특별세이므로 결국 조선미를 明에 수출하는 것과 같았다.

인조 1년(1623) 서인을 중심으로 한 반정 세력이 인조반정을 일으켰다. 인조 2년(1624) 반정의 논공에 불만을 품은 이괄(李适)이 반란을 일으켰다. 공주로 급히 피난을 갔다가 돌아온 인조에게 평안 감사가 긴급 보고하

---

7) 『광해군일기』, 광해군 11년 2월 28일; 3월 2일.

였다. 모문룡이 명의 피난민을 선천·정주·철산 등지에 보내 둔전을 조성
하고 있으니 시급히 이를 막아달라는 요청이었다. 당황한 정부는 모군에
쌀 2만 6천 석을 보내주고 둔전 조성을 중지하도록 설득했다. 모군은 쌀
5만 석을 보내라고 요구해왔다. 조선의 재정 사정이 몹시 어려웠다.

　이때 예조 판서 이정귀(李廷龜)가 은을 주고 명나라의 등주(登州)에서
쌀을 수입해 오자고 제안하였다.8) 비변사가 이 의견에 찬성하였다. 당시
요동의 대부분은 청군이 점령하여 북경으로 가는 육로가 끊어졌다. 할 수
없이 조선의 사절이 명나라에 갈 때 타고 가는 선박을 이용하여 돌아올 때
쌀을 싣고 오기로 하고 하고, 명나라에 쌀 수출을 요청하는 주문(奏文)을
보냈다. 그러나 명은 요동지방의 전투에서 청군에게 계속 밀리는 등 전운
이 급박하여 명의 쌀 수출은 추진 동력을 잃는 것으로 보인다.

　가도의 모군은 인조 15년(1637) 병자호란 직후 조선에서 철군하는 청군
에 의해 패망하였다. 모문룡 군은 광해군 13년부터 인조 15년까지 약 17년
간 조선에 주둔하며 모량세에 의한 막대한 지원과 수시로 특별 지원을 받
았다. 재정이 부족한 조선은 명군이 모두 사라진 이후에도 모량세를 폐지
하지 않았다.

(2) 병자호란과 명·청 쟁패기

　인조 16년(1638) 겨울 병자호란이 일어났다. 이듬해 정월 조선은 청나
라에 항복하였다. 인조 17년(1639) 온 나라가 삼전도에서 청나라에 약속한
세폐를 마련하느라 부산하였다. 이때 청나라는 조선에 원병을 보내라는 칙
사를 보내왔다. 청나라의 요구는 북경을 공략하기 위해 필요한 전선(戰船)
100척과 수군 6천 명, 그들이 1년 동안 먹을 군량을 준비하여 安州 앞바다
에 집합시키라는 지시였다.

　동시에 내년도 세폐미(歲幣米) 1만 석은 요동의 삼차하(三叉河)로 수송

---

8) 『인조실록』, 인조 2년 5월 10일.

하라는 요구였다.9) 이 해에 세폐미 1만 석을 싣고 가던 선박 32척이 발해 (渤海)의 삼차하와 대릉하 사이에서 회오리바람을 만나 난파하였다. 물에 빠져 죽은 사람이 2백 53명이고 바다에 수장시킨 쌀은 9천 3백여 석이었다.

인조 18년(1640) 조선은 청의 요구대로 요동반도의 금주(錦州)를 공략 하는 청군을 돕기 위해 임경업(林慶業)을 사령관으로 삼아 수군 6천과 군 량미 1만 석을 주어 금주로 파견하였다. 임경업이 청군을 돕기 위해 금주 로 가던 배가 폭풍우를 만났다. 이 때문에 배 20여 척이 난파하고 수군 110여 명이 익사했다. 군량미 수천 석도 수장되었다.10)

명·청간에 금주성 공방이 8개월간 계속되었다. 청군에 배속된 조선군은 20여 명이 전사하였다. 임경업은 몰래 명군과 교신하다가 청군에게 체포 되었다. 인조는 임경업을 대신하여 유림(柳琳)을 금주위(錦州衛) 영병대 장(領兵大將)으로 임명하고 금주 파견군의 교체를 위해 매년 병력 1천 5 백과 말 5백 필, 그들이 먹을 군량미를 보내기로 결정하였다.

조선은 청군이 북경에 입성 때까지 매년 교대군을 교체 파견하였다. 조 선은 금주로 가는 파견군과 마필의 교체 및 그들이 먹을 군량미의 수집과 수송이 어려워 전국이 거의 황폐화되었다.11) 조선은 식량을 대기가 어려 워 심양에서 속환한 인질들로 하여금 현지에서 둔전을 만들어 금주로 가 는 군량과 조선인 포로의 수용에 보탤 것을 지시하였다.12)

청은 북경에 입성한 다음에도 식량 사정이 좋지 않았다. 계속된 전란과 흉작으로 요동의 쌀이 북경으로 올라오지 않았다. 청은 남정(南征)을 위한 군량이 필요하다며 조선에 쌀 20만 석을 보내라고 요구해왔다. 조선에서 는 나라가 무너진다 해도 20만 석을 마련할 수 있는 형편이 아니었다. 조

---

9) 삼차하는 요동에 있는 遼水와 渾河, 太子河가 합류하는 곳에 있는데 북경으로 가 는 길목이다.
10) 『인조실록』, 인조 18년 윤1월 17일; 2월 27일; 8월 3일.
11) 『인조실록』, 인조 19년 12월 12일.
12) 『비변사등록』, 인조 20년 1월 15일.

선은 백척간두에 선 위기의식을 가지고 청에 사정해보기로 했다.

조선은 10만 석만 보낼 생각으로 외교 교섭에 들어갔다. 조선은 당시 청의 섭정왕(攝政王) 홍타이치에게 부탁하여 해결책을 얻었다. 20만 석을 10만 석으로 줄인 것은 엄청난 외교적 성과이었지만 당시 조선의 사정은 10만 석을 조달하는 것도 감당하기 어려운 부담이었다.

조선은 각도에 북경으로 보낼 쌀과 이를 싣고 갈 선박을 만들도록 배정하였다. 배는 평안도 20척, 황해도 25척, 경기도 10척, 충청도 65척, 전라도 68척, 경상도 11척을 건조하도록 하였다. 각 아문의 배 12척, 통영의 배 12척, 삼남 지방에 미리 정해놓았던 배 80척 등 모두 300척을 마련하였다. 이 선박을 천진(天津衛)까지 운행할 사공은 척당 16명, 사수와 포수 등 군사 5명을 할당하여 모두 7천여 명을 동원하기로 하였다. 당시 조선 사람에게 낯선 뱃길로 왕복 수천 리를 다녀오는 것은 죽으러 가는 것과 마찬가지였다.[13)

이때 북경으로 운미(運米)하라는 명령이 성화같이 급하여 한 달 안에 선박을 준비하고 정비하고 연해의 백성들을 뱃사람으로 선발하였다. 각 고을의 수령들은 사공으로 선발해놓은 사람들이 도망갈 것을 우려, 이 사람들을 감옥에 가두어 그 부모처자도 만날 수 없게 했다. 배가 떠날 때가 되어서야 수령들이 몸소 그들을 감옥에서 데려와서 배에 태워 보냈다. 부모, 처자, 형제가 각기 술과 음식을 가지고 와서 길을 막고 뱃사람들에게 음식을 먹이면서 서로 붙들고 통곡하니 그 비통함을 차마 눈 뜨고 볼 수 없을 지경이었다.[14)

백성들의 비극적인 예감은 현실로 나타났다. 인조 23년(1645) 4월에 6척의 배가 침몰했다. 5월에는 경상도의 배가 초도에서 침몰하였고, 6월에는 서도의 운미선 24척이 평안도 연해에서 침몰하여 쌀 1만 464석을 잃고

---

13) 서울에서 의주를 거쳐 북경까지의 거리는 대략 3천 2백리 가량이었다. 李肯翊, 『練藜室記述』 별집5, 사대전고.
14) 『인조실록』, 인조 23년 3월 27일.

선원 6명이 익사하였다.[15] 같은 달 황해도 운미선 25척이 쌀 9천 500석을 싣고 가다가 7척이 조난당하여 쌀 3천 2백여 석을 수장하고 나머지 17척이 쌀 6천 2백 73석을 천진에 납부하였다.[16]

이 당시 낯선 해로로 북경(천진)까지 배를 몰고 가는 것이 두려워 일부러 조난을 가장하는 경우가 꽤 있었던 것으로 보인다. 조선이 10만 석의 쌀을 보냈던 인조 23년(1645) 청나라는 양자강 연안의 강남을 점령하는 데 성공하였다. 청은 양자강 연안의 풍부한 식량자원을 확보함으로써 조선에 대한 군량 의존이 사라지게 되었다.

3) 17세기 대기근과 쌀의 수출입

(1) 현종대기근시 청미(淸米)의 수입 시도

효종 5년(1654) 청나라에서 라선(羅禪, 러시아) 정벌을 위해 조총병 100명과 그들이 먹을 군량을 보내라는 요구가 왔다.[17] 우후사 변급(邊岌)이 병사들을 데리고 군량미를 운반하여 흑룡강에서 청군을 도와 러시아를 격파하고 귀환하였다.

효종 9년(1658) 청나라에서 2차 라선 정벌을 위해 조총수 100명과 그들이 먹을 군량 5개월 치를 가지고 영고탑(寧古塔)에 집결하라는 국서가 또 왔다. 이때도 변급이 군사를 이끌었다. 변급은 성공적으로 임무를 마치고 돌아왔다.[18] 흑룡강 파병 시 소량이지만 조선의 쌀이 흑룡강 중하류까지 수출된 셈이다.

현종 11년(1670)은 현종 13년(1672)까지 계속된 현종대기근이 시작하던 해였다. 대기근의 첫 해인 현종 11년에는 정부의 창고에 비축된 곡식이 얼

---

15) 『인조실록』, 인조 23년 4월 10일; 5월 8일; 6월 25일.
16) 『인조실록』, 인조 23년 7월 6일; 9월 14일.
17) 『효종실록』, 효종 5년 2월 2일.
18) 『효종실록』, 효종 9년 3월 3일.

마 없었다. 이전에 빌려준 환곡은 대부분 미수 상태에 있었고 따라서 또 빌려줄 환곡도 없었다. 현종 12년(1671)에 또 흉년이 들었다. 전국 각지에서 많은 수의 기민들이 고향을 버리고 떠돌기 시작하고 아사자가 다량으로 발생했다. 1월부터 각도에서 수만 명의 아사자와 병사자가 쏟아져 나오기 시작하였다.

정부는 현종 11년의 구휼대책으로 전세를 절반만 받고 그동안 밀린 환곡은 모두 연기하여 주었다. 정부는 현종 12년의 구휼을 위한 비축이 사실상 없었다. 공사 간의 저축이 모두 떨어져 대안이 없자 정부는 공명첩을 대량으로 만들어 각 도에 보내 팔게 하였다. 현종 12년(1671) 6월 병조 판서 서필원(徐必遠)이 저축이 모두 바닥이나 국가의 형세가 매우 위급하다며 조심스럽게 입을 열었다.[19]

> "안팎에서 공사 간의 저축이 모두 바닥나 나라가 위급한 형세에 이르렀습니다. 외간에 적곡(糴穀)을 청하자는 의견이 많으므로 감히 아룁니다"

청나라의 쌀을 수입하자는 말은 없으나 현종은 무슨 뜻인지 알아들었다. 현종이 영의정 허적(許積)에게 의견을 물었다.

허적은 "지난해부터 이런 의논이 있었습니다만 신의 생각은 다릅니다. 저들이 우리의 청을 허락한다며 대신 우리의 배로 실어 가라면 어떻게 하겠습니까. 나중에 저들이 기근이 들었다고 핑계 대며 우리에게 실어 나르는 일까지 요구한다면 결코 감당할 수 없을 것입니다. 그러므로 적곡을 청하자는 일이 옳은지 신은 모르겠습니다."라고 대답하였다. 대부분의 신하들도 허적의 의견에 동조하였다. 서필원의 제의는 더 이상 논의되지 않았다.

허적은 청국이 쌀의 수출을 허용한다 해도 수송이 어렵고, 또 청나라가

---

19) 『현종실록』, 현종 12년 6월 1일.

기근이 들어 조선에 쌀을 요청해올 경우의 문제점을 들어 반대 이유로 삼았지만, 속내는 임진왜란때 입은 명나라의 은혜를 저버리고 청의 은혜를 입지 않고자 했기 때문이었다. 조선의 관료들은 대기근으로 수십만 명이 아사하는 상황에서도 숭명·반청의 명분을 더 중요시하였다.

(2) 숙종대기근시 淸米의 수입

현종대기근이 끝난 후 23년 만에 더 혹독하고 길은 숙종대기근이 시작되었다. 기근 상황이 악화되면서 정부의 진휼 수단이 바닥났다. 아사자와 병사자가 쏟아져도 정부는 대책을 내놓지 못하고 신하들은 당파싸움에 골몰하였다. 보다 못한 대사간 박태순(朴泰淳)이 청나라에 공문을 보내 중강에서 호시(互市)가 열릴 때 청의 식량을 사다가 관서 지방의 기민을 구제하자고 제안하였다.20) 대신들이 논의 끝에 북경에 간 주청사가 돌아오면 그때 청의 사정을 알아본 후 다시 논의하기로 결정하였다.

주청사가 돌아온 후 영의정 유상운(柳尙運)이 무역의 이점을 설명하며 청의 곡물을 수입하기를 왕에게 청했다. 숙종은 청나라에 사신을 보내 쌀의 수출을 요청하기로 결정하였다. 숙종은 청나라 황제에게 쌀의 수출을 요청하는 주문을 보냈다.21)

청나라에 곡물의 교역을 요청하는 재자관(齎咨官) 이후면(李後勉)이 출발한 것은 숙종 23년(1697) 9월 말이었다. 강희제가 예부(禮部)의 검토 의견서를 받은 것은 10월 말경이었다. 예부에서는 중강에서 교역을 청하는 조선의 요청은 시행하기 어렵다고 보고했다. 그러나 강희제(康熙帝)는 예부의 건의를 물리치고 조선의 요청을 승인하였다.22)

---

20) 『숙종실록』, 숙종 23년 5월 12일.
21) 『聖祖仁皇帝實錄』, 康熙 36년 11월 22일.
22) 국사편찬위원회, 『中國正史朝鮮傳; 淸史稿朝鮮列傳』 1990.

"지금 들으니 조선에서는 해마다 흉년이 들어 백성들이 먹고살 방도가 없다 한다. 짐은 이를 마음 깊이 불쌍하고 측은하게 여긴다. 저들이 곡물을 청하여 흉황을 구하고자 한다니 지금 성경(盛京)에 있는 창고의 곡물을 내어 조선 왕이 청하는 대로 중강에서 무역할 수 있도록 하라."

청나라 관리 왕사정(王士禎)은 당시 사정을 다음과 같이 기술하였다.[23] "조선 국왕 이돈이 기근을 고하며 쌀을 팔아줄 것을 상소하여 구걸하므로 특지를 받들어서 쌀 2만 석을 하사받아 그들을 진제하였다. 수합성(綏哈城)과 소저묘(小姐廟) 두 곳에 저장된 2만 석을 중강으로 운반하여 무역하게 하면서 호부우시랑 박화락(博和諾)으로 하여금 가서 쌀을 파는 것을 감시하도록 하였다. 또한 장로(長蘆)의 염상(鹽商)에게 명하여 내탕금 5천 냥을 수령하여 쌀 2만 석을 사서 등주부 묘도를 경유하여 계두선(鷄頭船)으로 조선에 운반하여 무역하게 했고, 이부우시랑(吏部右侍郞) 도대(陶岱)에게 쌀의 수송을 감독하게 하였다."

겨울동안 출발할 수 없었던 청의 해운미가 도착한 것은 숙종 24년 4월 26일이었다. 이부시랑 도대가 110여 척의 배에 쌀 3만 석을 싣고 의주의 중강에 도착하였다.[24] 해운미 3만 석 중 1만 석은 청 황제가 무상으로 보내준 것이었으며 2만 석은 교역을 위한 것이었다. 청 상인들은 이와는 별도로 수량 미상의 쌀을 육로로 중강까지 가져왔다.

조선에서는 우의정 최석정(崔錫鼎)을 사은사로 보내 청의 이부시랑(吏部侍郞)을 맞이하였다. 최석정이 이부시랑을 만나는 자리에서 청나라 관리가 최석정에게 태창미(太倉米) 1만 석은 중국의 황제가 주는 것이니 북향하여 고두사은(叩頭謝恩)하고 도(陶)대인에게도 감사의 뜻을 표하라고 요구하였다. 한편 청의 미상들은 육로로 가져온 쌀은 운반비가 많이 들었

<hr>

23) 김문기, "17세기 중국과 조선의 기근과 국제적 곡물유통", 『역사와 경제』 85, 2012, p.357.
24) 『숙종실록』, 숙종 24년 1월 2일; 2월 7일; 2월 25일.

다며 쌀값을 시세보다 비싸게 요구하였다. 청상들은 쌀 이외에 여러 가지
잡화를 가져와 조선에 팔려고 하였다.

　이 소식을 전해들은 삼사(三司)에서는 오랑캐의 쌀을 먹을 수 없다며
쌀 수입을 맹렬히 반대하고 나섰다. 또 청의 황제에게 고두사은 한 최석정
을 파면하라고 요구하였다. 집의 정호(鄭澔)는 "인조와 효종께서는 명나라
의 은혜를 잊지 못하고 항상 뼈를 깎는 와신상담의 뜻을 보이셨는데 흉년
을 만나 아무런 대책도 없이 원수에게 구걸하는 것은 한강 물로도 씻을 수
없는 치욕을 자청한 것" 이라며 쌀 수입을 반대하는 상소를 올렸다.25)

　장령 임원성과 지평 이세석 등도 우의정 최석정과 호조 판서 이유(李
濡)를 파직시키고 형신을 가하라는 상소를 올렸다.26) 이 과정에서 삼사
(三司)는 쌀은 물론 잡화도 구입해서는 안 된다고 맹렬히 반대하면서 쌀
수입을 추진한 신하들을 퇴출시키라고 요구하였다. 이 상소가 있자 영의정
과 좌의정이 사의를 표하였다. 최석정은 우의정에서 파직되었다.

　판매용 해운미의 가격을 놓고 조선과 청 사이에는 한 달 가까이 양보 없
는 흥정을 했다. 결국 쌀 가격은 곡절 끝에 곡(斛, 10斗) 당 은 5냥 7전으로
결정하고 잡화는 살 수 없다고 거절하였다.27) 이부시랑 도대는 청나라가
승인한 2만 석 이외에 따로 사상을 시켜 1만 석을 별도로 가져와 조선에
사도록 강요하였다. 조선은 청의 위세에 눌려 병조·진휼청·금위영으로 하
여금 2만 냥씩 내어 상인들에게 빌려주고 물건을 사는 것으로 결정하였다.

　숙종 24년의 전반기는 청나라의 미곡 수입문제를 가지고 신하들 간에
치열한 다툼으로 아무것도 할 수 없는 상황이었다. 이 일에 대해 사관은
다음과 같이 기록하였다. "교시를 열게 한 처사는 재물을 소모하고 나라를
병들게 했을 뿐 아니라 임금에게 치욕이 미치게 했으니 이 일을 주관한 신
하에게 어찌 죄를 묻지 않을 수 있는가."

---

25) 『숙종실록』, 숙종 24년 5월 11일.
26) 『숙종실록』, 숙종 24년 6월 8일.
27) 『숙종실록』, 숙종 24년 5월 20일.

(3) 청상(淸商)과의 거래를 통한 구휼자금의 마련

영조 때에도 책문(柵門)에 가서 청나라의 목면을 사다 팔은 이익금으로 구휼 자금을 마련한 일이 있다. 영조 9년(1733) 지난해부터 유행하기 시작한 전염병으로 많은 사망자가 발생하였다. 3월부터 6월까지 각지에서 사망한 사람이 1만 1천여 명으로 집계되었다. 농사도 가뭄으로 흉년이었기 때문에 같은 기간 동안 기민은 18만 7천 500여 명으로 집계되고 아사자는 1천 326명으로 보고되었다.28)

진휼청 당상 송인명(宋寅明)은 숙종 17년(1691) 이후 환곡이 남아있는 것이 없어 기민 구호를 할 수 없으니 장사를 통해 남는 돈으로 쌀을 구입, 환곡의 밑천으로 삼을 것을 제안하였다. 송인명은 여러 병영이 가지고 있는 군포의 일부를 내다 팔아 평안도 감사로 하여금 책문에 가서 은화를 주고 청나라의 목면을 사다 팔자는 것이었다. 그는 여기서 남는 돈으로 쌀을 구입하여 진자(賑資)를 만들자고 건의하였다.

이 제안은 영조가 승인하여 실현되었다.29) 이때는 책문에서 쌀이 아닌 목면을 사다 팔아 남긴 돈으로 조선의 곡식을 구입한 것으로 판단된다. 당시 조성된 환곡의 양은 알 수 없으나 소량인 것으로 보인다.

4) 19세기 순조 때 일본미의 수입시도

19세기 초반 순조 15년(1815) 큰 흉년을 당한 조선은 일본에서 쌀을 수입하려고 시도한 일이 있었다. 일본(對馬藩)의 식량 공급을 전담하다시피 한 조선이 일본미를 수입하려고 한 것은 매우 이례적인 일이었다. 그만큼 조선의 처지가 다급하였다고 볼 수밖에 없다.

조선은 순조 9년(1809)이후 재해가 거듭되었다. 순조 11년(1811)에는

---

28) 『영조실록』, 영조 5년 5월 25일.
29) 『영조실록』, 영조 5년 6월 3일.

홍경래의 난이 일어났다. 순조 13년(1813)에는 가뭄과 수재에, 서리와 우박까지 겹쳐 전국에 흉년이 들었다. 순조 14년(1814)과 순조 15년(1815)에도 큰 흉작이었다.

조선인 역관 경천(敬天)은 당시 기근의 심각성을 일본인 통사 스미노가베에(住野喜兵衛)를 통해 왜관에 전달하였다. 경천은 "순조 14년의 기근으로 8도에서 수만 명의 아사자가 발생하였는데, 쌀 한 되 값이 은 30문까지 치솟았다. 이것은 전대미문의 일로 사태의 심각성은 이루 말할 수 없다"고 조선의 사정을 설명하였다.

조선의 기근으로 인한 식량 사정의 악화는 공작미(公作米)의 연체와 미불로 연결되었다. 배가 난파하여 조선에 표착한 선원들에게 무상으로 주는 오일량(五日糧)도 지급이 정지되었다. 순조 13년(1813)의 경우 대마도가 받은 공작미의 수량은 예정 1만 6천 석의 3분의 1 수준인 5~6천 표(俵)에 불과했다.30) 과거에는 큰 흉년이라도 공작미만큼은 전량 지급받았다. 식량의 대부분을 조선에 의존하고 있는 대마번(對馬藩)으로서는 조선의 기근은 중대한 문제로 자신들의 사활이 걸린 문제이기도 하였다.

조선에서는 순조 11년(1811) 겨울 평안도에서 홍경래의 난이 일어났다. 반군은 정주·선천·철산 등 7개 군을 점령하고 관곡을 마음대로 꺼내 군량으로 삼았다. 홍경래의 난은 이듬해인 순조 12년(1812)에 진압되었다. 약 1만 명의 관군과 의병이 동원되어 약 3천 명의 반군과 치열하게 전투를 벌여 사상자가 많이 났다.

부호군(副護軍) 오연상(吳淵常)이 홍경래 난의 배경에 대해 상소하였다.31)

"관서 지방에 2년 연속 흉년이 들자 기민들이 집을 버리고 유랑하는 자가 많았는데 돌림병까지 유행하여 길거리에서 아사하는 사람이 잇따랐습니다. 불령한 자들이 이 기회를 이용하여 소를 잡아 기민들에게 먹

---

30) 『分類記事大綱』 13, 국사편찬위원회 소장, 對馬島宗家文書.
31) 『순조실록』, 순조 12년 2월 4일.

이고 관창을 털어 쌀을 나누어 주니 어리석은 백성들이 많이 반란군에
가담하였습니다"

정부는 홍경래 난을 진압하기 위해 동원된 군사들을 위한 군량과 난민
과 기민을 구호하기 위해 많은 양의 식량이 필요하였다. 정부는 군량과 민
간의 식량 부족을 해결하기 위해 경상도를 비롯한 각도의 저치미(儲置米)
를 평안도로 보내도록 하였다. 이 당시 관군이 사용한 군량미만 약 5만 7
천 석이었다.[32] 이 때문에 각 도에서 쌀이 부족하게 되었다. 공작미의 이
전이 지체된 중요한 이유 가운데 하나였다.

조선은 해마다 계속되는 흉년과 홍경래의 난으로 인해 사회·경제적 어
려움이 말할 수 없이 컸다. 이 상태로는 정상적인 대일관계가 어렵다고 판
단한 조선은 순조 15년(1815) 일본(대마번)이 정기적으로 파견하는 송사
(送使)의 파견을 당분간 정지해줄 것을 일본에 요청하였다. 이와 동시에
조선은 일본에게 쌀 5만 석의 수출을 요청하는 예조참의 이헌기(李憲琦)
의 서계(書啓)를 대마도주에게 보냈다.[33]

대마도주는 이 서계를 에도 막부에 보내면서 조선의 기근 상황이 심각하
다는 것을 설명하였다. 대마도는 막부가 일본미 5만 석의 수출을 결정할 경
우 소요되는 쌀의 구입비용과 조선까지의 운반비 등에 대한 상세한 견적서
를 작성하여 막부에 보냈다. 대마도주는 조선의 쌀 구입 요청은 중요한 일
인 만큼 쇼군의 결정을 받도록 해달라는 의견을 내기도 하였다. 대마도의
입장은 되도록 막부가 조선의 요청을 들어주게 함으로써 앞으로 조선과의
관계와 공작미 등의 원활한 이전을 염두에 둔 것으로 해석할 수 있다.

그러나 막부의 결정은 부정적이었다. 에도 막부는 대마도주 명의로 순
조 15년(1815) 11월 조선의 요청을 받아들일 수 없다는 요지의 다음과 같
은 서계를 조선의 예조참의 이헌기 앞으로 보냈다.[34]

---

32) 『순조실록』, 순조 12년 4월 21일.
33) 『分類記事大綱』 15, 국사편찬위원회 소장, 대마도종가문서

"… 귀국이 계속된 흉년으로 어려움을 겪고 있으며 지난해는 대흉작으로 식량이 부족하여 쌀 5만 석의 매입을 요청한다는 사실을 접하고 어려운 사정을 잘 알게 되었습니다. … 쇼군에게 말씀드리더라도 많은 양의 쌀을 바다 건너 먼 곳에 보내는 것은 전례가 없는 일이어서 쉽게 허용하기 어려운 일입니다. 매우 안타깝게 생각합니다만 받아들이지 못하게 됨을 헤아려 주시기 바랍니다."

일본이 조선의 요청을 거절한 이유는 대량의 쌀을 외국에 수출한 전례가 없다는 것이었다. 그러나 본심은 새로운 선례를 만들어 앞으로 또 쌀을 수출하게 될지 모른다는 막부의 경계심이 크게 작용하였던 것으로 판단된다.[35]

3. 대한제국기의 미곡 수출입

1) 개항 전후의 조선미 수출입

조선의 개항 전에는 남해안에서 쌀의 대일 밀수출이 성행하였다. 잠상들에 의한 불법 거래는 이윤이 많아 정부의 엄한 단속과 처벌에도 끊이지 않았다. 밀무역은 지방 수령이나 관리들이 뱃사람들과 결탁하여 경창으로 가야할 세곡을 빼돌려 일본 상인에게 잠매하는 경우도 많았다.

개항 초기에 일본인, 청국인들을 비롯한 외국인들의 내지(內地) 접근을 제한했기 때문에 이들은 개항장을 거점으로 조선 시장에 접근하였다. 개항장에서 외국 상인들은 조선인 객주를 통해 수출입 상품을 매매하였다. 외국 상인들이 조선에 수출하는 주요 상품은 면직물, 석유, 성냥, 설탕, 염료 등이었으며 조선에서 수입하는 주요 상품은 쌀, 콩, 인삼, 소가죽, 해산물 등

---

34) 『分類記事大綱』 15, 국사편찬위원회 소장, 對馬島宗家文書.
35) 정성일, "조선의 기근과 일본쌀 수입 시도(1814~15년)", 『韓國民族文化』 31, 2008. pp.167-168.

이었다.

내지 통상이 허용된 1890년대 중반 이후부터 일본 상인들은 개항장의 객주를 거치지 않고 직접 농촌에 들어가 중매 상인을 통하여 미곡을 매입하는 산지 구매 방식이 널리 이용되었다.

갑오경장에 따른 지세(地稅)의 금납화가 실시된 고종 31년(1894)부터 조선미의 대일본 수출은 증가 추세를 보였다. 영세농들은 금납화가 실시됨에 따라 추수 직후 세금을 화폐로 납부하기 위해 일시적으로 쌀을 홍수 출하하지 않을 수 없었다. 그 결과 쌀값이 폭락하였고 조선미의 가격 하락은 대일본 수출물량의 증가로 이어졌다.

일본 상인들은 조선 시장의 쌀 가격이 일본 시장에 비해 상대적으로 비쌀 때는 일본 쌀을 수입하여 조선 시장에 팔았다. 조선에 흉년이 들었던 고종 31년(1894), 고종 35년(1898, 광무 2), 고종 38년(1901, 광무 5)과 고종 39년(1902, 광무 6)에는 일본 쌀이 수입되었다. 조선의 쌀값이 일본미에 비해 쌀 때는 조선 쌀이 일본으로 수출되었다. 그러나 일본 상인들은 조선에 흉년이 들었을 때도 조선미를 일본에 수출하는 경우가 많았다.

조선에서의 금납화와 홍수 출하가 양국 간의 미가 계절변동의 폭을 크게 하면 흉년에도 쌀이 수출되고 곧이어 쌀값이 오르면 외국 쌀이 수입되기도 하였다. 전반적인 추세로 볼 때 조선의 미가는 일본에 비해 상당히 낮아 조선미가 일본으로 수출되는 경향을 나타냈다.

일본은 명치유신 이후 초기 공업화 과정에서 도시인구의 증가에 따라 식량의 수요가 급격히 증가하였다. 국내의 생산이 이를 따르지 못하여 심각한 식량난에 직면하게 되었다. 이 결과 일본의 미가가 비싸지자 일본의 미곡 상인들은 조선 쌀을 수입하여 일본 국내의 식량난을 해결하는 동시에 공업화의 추진을 위해 필요한 저임금을 유지할 수 있었다.

2) 외상(外商)에 의한 청국미의 수입

조선은 고종 29년(1892) 가을에 큰 흉년이 들었다. 고종 30년(1893) 봄부터 각도에서 기민을 위한 구휼을 요청하였으나 비축된 구휼미가 없어 손을 쓸 수가 없었다. 이해 가을 작황도 흉작이었다. 굶주리는 백성들이 많이 생기자 정부가 앞장서서 대 외국 방곡령을 내려 쌀 수출을 금지하는 조치를 내렸다.

정부는 외국쌀을 도입하여 난국을 돌파하는 수밖에 없다고 판단하고 수입쌀에 대해서는 면세조치를 내리는 한편 고종 30년(1893) 겨울 청국에 특사를 보내 쌀을 수입할 수 있도록 요청하였다. 또 조선 주재 청국 사신도 북양통상대신 이홍장(李鴻章)에게 쌀의 수출을 특별히 허가해 주도록 요청하였다.

청국은 전통적으로 미곡의 수출을 엄격히 금지하여 왔으나 조선의 요청을 받고 쌀 10만 포(苞)의 수출을 허락하였다. 청인들은 때때로 일본의 나가사키에 쌀을 밀수출을 해왔으나 청국이 대량의 미곡을 수출하기로 결정한 것은 처음 있는 일이었다.36)

고종 31년(1894) 2월 1일 처음으로 청의 초상국(招商局) 기선 보제호(普濟號)가 상해로부터 백미 80포37)와 현미와 찹쌀 각각 20포를 견본으로 인천항에 수입하였다. 수입가는 백미 포당 일화로 7원 3전이었다. 청국미의 견본이 시장에서 호평을 받자 청국 상사들은 본격적으로 쌀을 들여오기 시작하였다.

고종 31년(1894) 2월 23일 1차 선적분 백미 1천 722포가 초상국 윤선

---

36) 조선이 수입미에 대해 면세조치를 했던 시기에 袁世凱가 청 정부에 요청하여 청은 고종 30년(1893) 말부터 1894년 4월까지 한시적으로 조선에 쌀 수출을 허용하였다. 『通商彙纂』, 4. 1893. 7.

37) 苞는 麻袋자루에 넣은 쌀로 10두가 들어간다.(일본 양기로 쌀 6두 2승이 들어간다.)

진동호(鎭東號) 편으로 인천항에 도착하였다. 이 쌀은 청상 동순태(同順泰)가 수입하였다. 2차 선적분 백미 6천 500포, 찹쌀 1천 440포, 현미 400여포가 3월 14일 진동호 편으로 들어왔다. 이 쌀은 청상 동순태와 서성태(瑞盛泰) 등에 의해 수입되었다.38)

1·2차 선적분의 청국미는 일본의 미곡 상인들도 입찰에 참여하여 청국미를 사들이는 바람에 가격이 올랐다. 청상들은 급히 상해로 전문을 보내 대량으로 쌀을 실어 보낼 것을 요청하자 일본 배, 독일 배까지 세내어 쌀을 긴급히 실어 보냈다. 1894년 3월 30일부터 4월 12일까지 불과 13일 동안에 7척의 기선에 6만 5천 45포의 쌀이 인천항에 들어왔다.

〈표 8-1〉 1894년 淸國米의 수입상황

수입 년 월 일	선박이름	수입량(苞)	수입 금액(圓)
1894. 2. 24.	鎭東號	1,900	7,410
1894. 3. 25	鎭東號	6,700	26, 130
1894. 3. 30.	薩摩丸	9,771	38, 107
1894. 3. 31	越後丸	10,674	41,853
1894. 3. 31.	海國丸	15,500	61,450
1894. 4. 2.	아르완사이트	9, 118	35,560
1894. 4. 4.	아르베르트	8,982	35,030
1894. 4. 5.	鎭東號	7,500	29,250
1894. 4. 12	芝罘號	3,500	13,650
합계	9척	73,645	288,440

자료:『通商彙纂』, 第5號, 1894. 5.(在仁川日本領事報告)

그런데 이런 일이 일어나게 된 배경에는 일본의 미곡상이 있었다. 일상들은 조선에 수입한 청국미의 일부를 대판(大阪)으로 재수출하였고 대판에서 좋은 평판을 받았다. 일상들은 앞 다투어 청상들과 청국미 수입 계약을 맺었고 이때 계약된 물량이 3만 포를 넘었다.39) 일본 상인들은 수입쌀

---

38)『通商彙纂』, 第6號, 1894. 7. 9.(在仁川日本領事報告)

의 일부를 대판 시장에 보내기 위해 추가 수입을 요청하자 청상들은 예정 물량보다 많은 양을 수입하였다. 그러나 대판 시장에서 쌀값이 하락하자 청상들은 많은 손실을 입었다.

조선은 고종 30년(1893)의 대흉작으로 인한 식량 위기를 청국으로부터 의 쌀 수입으로 겨우 넘길 수 있었다. 특히 고종 31년(1894) 1월에는 동학 란이 발발하여 전라도 지방에서의 세곡 운송과 상인들의 미곡 반입이 순 조롭지 않아 서울을 비롯한 전국에서 쌀값의 폭등을 부채질하였는데 청국 미의 수입이 사태를 진정시키는 데 큰 도움을 주었다.

3) 안남미(安南米)의 직접 수입

대한제국이 출범한 광무 1년(1897, 고종 34) 가을에도 큰 흉년이 들었 다. 특히 경기·충청·강원·함경도가 심한 흉작이었다. 가을 농사가 평년작 의 20~30%밖에 되지 않는 흉작이었다. 다음 해인 광무 2년(1898) 초부터 서울에서 쌀값이 폭등하고 기민이 대량 발생하였다. 7~8월이 되자 도성에 서 쌀이 자취를 감추었다. 돈이 있어도 쌀을 살 수 없는 상황이 또 발생하 였다.

정부는 1894년 갑오경장 때 조세제도를 개혁하면서 환곡제도를 폐지하 였기 때문에 비축한 곡물이 없었다.[40] 당시 정부는 현물로 받던 전세와 대 동세를 전납(錢納)하도록 하고, 환곡제와 함께 조운제도도 폐지하였기 때 문에 정부의 관곡이 서울로 올라오지 못하였다.

고종황제는 지난 가을의 흉작으로 춘궁기에 백성들이 굶주리고 도성의 쌀값이 폭등하고 있으니 의정부는 시급히 진휼 대책을 마련하여 보고하라 고 지시하였다. 의정부(議政府)는 현재 나라에 곡식이 없어 진정(賑政)을 수행할 수 없으므로 굶주리는 백성들에게 탁지부의 돈을 빌려주는 방법밖

39) 『通商彙纂』, 2. 1895 3. 27.
40) 『고종실록』, 1898년 4월 7일.

에 없다고 보고하였다. 탁지부는 예비금에서 1만 5천 원을 진휼 자금으로 지출하고 동시에 결세(結稅, 토지세)를 감면하여 주었으나 돈이 있어도 쌀을 구입할 수 없는 상황이었다.41)

정부는 서울 시중에 현물이 없어 쌀값을 잡을 수 없자 시급히 외획(外劃)이란 전래의 환(換)거래 방식을 이용하여 지방의 쌀을 서울로 들여왔다.42) 탁지부는 외획미(外劃米)의 일부를 구휼미로 지방으로 보내고 나머지는 서울에서 매각하였다. 정부는 또 식량이 해외로 수출되는 것을 막고자 1898년 2월부터 그해 수확기까지 방곡령을 시행하고자 하였으나 일본 공사관의 항의로 시행하지 못하였다.43)

정부는 갑오경장때 환곡제도를 철폐하여 기민들을 구호하기 위한 진자(賑資)를 현물로 확보할 수 없자 국제시장에서 외국의 쌀을 수입하는 방향으로 정책을 전환하였다. 고종은 조선의 미곡 수출을 당분간 금지하는 방곡령을 내리고, 외국의 미곡을 수입할 때는 관세를 5개월 동안 면제한다는 조서(詔書)를 발표하였다.44) 조선은 그동안 외국 상인들에게 의존해서 쌀을 수입하던 방식을 취했는데 이번에는 외국쌀의 수입을 촉진하기 위하여 관세를 면제하는 데서 한 걸음 더 나아가 직접 안남미(安南米)를 수입하기로 결정하였다.

정부가 안남미를 직접 수입하기로 한 결정은 중추원 심일택(沈日澤)의

---

41) 『고종실록』, 고종 1898년 4월 10일.
42) 은행이 없던 때 우리나라의 전통적인 금융제도로 중앙과 지방, 지방과 지방간의 자금 유통을 원활하게 하던 제도를 말한다. 외획제도의 운영에는 差人이 중요한 역할을 하였다. 예를 들면 정부는 특정 지역의 군수에게 정부에 납부하여야 할 국세를 제3자에게 인도하라는 명령을 내린다. 정부의 명령이 있으면 차인은 군수로부터 세금을 대여받아 지방에서 쌀 등의 물품을 구입하여 서울로 보내고 물품의 판매 대금으로 군수를 대신하여 국고에 납부하였다. 정부는 갑오경장 이후 외획제도를 통하여 지방의 쌀을 구입하여 서울로 수송하였다. 자세한 사례는 오호성, 『조선시대의 미곡유통시스템』, 국학자료원, 2007, 제8장 참고.
43) 『駐韓日本公使館記錄』, 12卷(국사편찬위원회, 한국사데이터베이스 수록)
44) 『고종실록』, 1898년 5월 26일.

건의에 영향을 받은 것으로 보인다. 심일택은 의정부 의정 심순택(沈舜澤)
에게 보낸 헌의서에서 개항 이전과 1901년의 상황을 비교하면서 아래와
같이 주장하였다.[45]

> "개항 이전에는 곡물이 나라 안에서 유통되었지만 지금은 외국 상인
> 들이 곡물을 수출하는 것이 과반이고 국내에 기거하는 외국인들이 소
> 비하는 양도 많습니다. 얼마 전 청나라에서는 광동, 호남, 절강성 등지
> 가 수해로 큰 피해를 입자 값싼 안남미(安南米)를 수입하여 난민을 구
> 제하였습니다. 지금 우리나라에서 쌀이 없다고 백성들의 내핍만 요구
> 하여서는 안 되고 관세를 면제하고 자금을 마련하여 안남미를 수입하
> 면 시중에서 쌀값이 내려갈 것입니다."

대한제국 정부는 내장원(內藏院) 협판 이용익(李容翊)을 시켜 대창양행
(大昌洋行)[46]의 프랑스 상인 Rondon(龍東)과 안남미 30만 석의 수입 계
약을 체결하였다. 내장원은 먼저 계약금 조로 3만 원을 지급하고, 견본으
로 소량을 반입한 이후부터 본격적로 안남미를 수입해 오면 그때마다 수
입 수량에 따라 돈을 지급하기로 하였다.[47]

정부의 공식적 재정기관은 탁지부였는데 내장원이 안남미의 수입을 담
당하였다. 당시 왕실의 개인적 재산을 관리하는 내장원이 결호세(結戶稅,
토지세와 가옥세)를 제외한 사실상 거의 모든 국가재정을 장악하고 있었
기 때문이다. 내장원은 수입에 필요한 막대한 외화를 조달할 수 있는 유일
한 기구였다.

---

45) 『各司謄錄』 근대편, 「照會 原本」 1책, 1901년 8월 26일.
46) 大昌洋行은 프랑스인 Louise Rondon(龍東)이 운영하는 무역상사였다. 대창양행
　　은 당시 상해와 서울, 인천에 영업장이 있었다. 서울의 지점은 大安門 앞에 있었
　　다. 대창양행은 당시 世昌洋行과 함께 서울에서 가장 규모가 큰 무역상이었다.
47) 황성신문, 1901년 7월 27일; 8월 14일.

4) 내장원의 안남미 수입

광무 6년(1902, 고종 39)에도 전국적인 흉년이 계속되었다. 여름철부터 호열자로 보이는 급성 전염병도 유행하였다. 감옥에서 전염병으로 옥사자가 줄을 이었다. 충청남도에서는 기근으로 인한 유랑자가 계속 발생. 10호 중 8, 9호가 빈집이 되었고 유랑인이 기갈에 시달리다가 날곡식을 먹고 죽는 자가 많았다.[48]

서울의 미곡상들은 쌀이 부족하여 쌀을 구입할 수 없게 되자 납세 거부하며 철시하였다. 일선 군에서는 세금을 걷지 못해 탁지부에 조세를 납부하지 못하는 경우가 많았다. 탁지부는 각 군에 조세의 납부 기한을 다섯 번이나 연장해 주었는데도 대부분 납부하지 않고 있다며 미납한 군수는 모두 파면시키고 구속해야 한다고 주장하였다.

상황이 이렇게 되자 고종은 기민 구제를 위해 값싼 안남미를 더 수입하기로 결정하였다. 고종은 내장원경 이용익을 불러 금년 농사가 또 흉년이니 외국에 나가 쌀을 더 무역해오라고 지시하였다. 광무 6년(1902) 이용익은 안남미 10만 석을 수입하기 위해 청나라의 북양대신(北洋大臣) 이홍장(李鴻章)을 만나기 위해 여순(旅順)으로 떠났다.[49] 내장원은 매달 1만 8천포를 수입할 계획이라고 하였는데 매달 수입이 되었는 지는 불분명하다. 1902년과 1904년에 수입된 안남미의 양은 대략 <표 8-2>와 같이 추정된다.

<표 8-2>는 정부의 공식적인 통계가 아니라 전체 수입량을 파악하는 데는 한계가 있지만, 1902년부터 1904년 사이에 안남미가 집중적으로 수입되었다는 사실을 알 수 있다. 안남미는 1905년 이후 민간 수입상을 통하여 시중에서 자유롭게 판매한 것으로 보인다.

---

48) 황성신문, 1902년 2월 12일.
49) 『고종실록』, 광무 2년(1902) 12월 27일; 황성신문 1902년 12월 28일.

<표 8-2> 1902-1904년의 안남미 수입량

시기	수입량	선적지	기선명	비고
1902. 3. 9.	17,000포	사이공	영국 간세호	황성신문 1902.3.12.
1902. 3. 26.	15,070포	사이공	일본 後川丸	
1902. 4. 14.	15,070포	상동	밭빌스빌호	存案 30책
1903. 1. 20.	15, 190포	사이공	독일 안후우	제국신문 1903.1.20.
1903. 8. 26.	21,000포	상동	프랑스 뮤연호	存案 44책
1903. 8. 31.	15,000대	사이공	-	황성신문 1903.9.2.
1903. 10. 7.	6,000포	사이공	-	
1903. 10. 10.	26,000포	-	-	存案 46책
1903. 10. 12.	35,000포	사이공	도리스호	황성신문 1903.10.16.
1904. 7. 3.	20,782포	사이공	독일 푸센호	일부 부산·목포이송

자료: 오호성, 『조선시대의 미곡 유통시스템』, 국학자료원, 2007, p.266. 표와 박성준, "대한 제국기 진휼정책과 내장원의 곡물 공급", 『역사학보』 218, 2013. p.286. 표를 취합하여 작성,

광무 9년(1905) 9월 20일 자 황성신문에 실린 광고에 의하면 대창양행이 수침(水浸)된 안남미를 판매한다는 광고가 실렸다.[50] 또 같은 황성신문은 9월 2일 자 광고에서 남대문 회동에 있는 파상회(巴商會)가 일본 미쓰이(三井)상회와 특약을 맺고 안남미를 판매하게 되었다는 광고를 실었다. 당시 미쓰이 상회는 조선에 면사, 설탕, 밀가루, 종이와 백미 등을 수입하여 팔았다.

5) 진휼대책과 내장원의 안남미 공급방식

내장원은 수입한 안남미를 남대문 선혜청 창고에 보관하고 과거의 발매(發賣) 또는 진대(賑貸)형식으로 공급하였다. 안남미는 서울에서는 미전의 쌀 상인들을 통해 공급하고 지방에는 내장원-군-민, 혹은 내장원-관찰

50) 황성신문, 1905년 9월 2일; 9월 20일 자 광고.

부-군-민의 행정체계를 통해서 분배하였다. 내장원은 상인들에게 안남미를 공급하면서 시민들에게 팔 때는 내장원에서 정한 가격을 받고 팔도록 요구하였다. 이는 안남미의 진휼적 성격이 퇴색되지 않도록 하기 위한 것이었다. 내장원이 책정한 안남미의 가격이 당시의 국내산 쌀 시세와 어느 정도 차이가 있는지 박성준이 추산하였는데 그는 안남미 공급 가격을 수입가의 약 1.4배로 보았다.[51]

지방에서는 군이 안남미 유통의 구심점이 되었다. 황해도의 연안군은 안남미 1만 석을 대여 받는 형식으로 내장원에서 구입하였다. 연안 군수가 내장원에 안남미의 구매를 요청할 때 연안군은 관내의 부자들의 토지 문서를 내장원에 담보로 맡기고 쌀을 받아다가 빈민들에게 판 다음 대금을 정산하기로 하였다.[52] 이 소식을 들은 경기도의 통진군(김포군)도 연안군과 같은 형식으로 안남미를 공급받았다.

대체로 충청도와 경기도에서는 관찰부의 훈령에 따라 군의 형편에 따라 안남미의 필요량을 책정하여 보고하도록 한 다음 관찰부는 각 군의 필요량을 취합하여 내장원에 공급을 요청하였다. 각 군은 기민들의 수를 헤아려 안남미의 필요 수량을 요청하고 이 안남미는 보통 외상으로 하고 추수 이후에 대금을 변제하는 것으로 하였다.

내장원은 관찰부나 군이 내장원에 안남미의 공급을 요청할 때는 담보인을 지정하도록 하였다. 예를 들면 충청도의 직산군에서 안남미 500석을 요청할 때 직산군 내의 향장(鄕長) 등을 담보인으로 내세웠다[53]

군에서 안남미를 기민들에게 분배할 때는 보통 행정기구를 통하는 것이 일반적이었으나 강화부는 안남미의 절반을 상인들에게 공급하여 기민들에게 판매하도록 한 경우도 있었다. 자연히 상인들은 내장원에서 정한 가격

---

51) 박성준, "대한제국기 진휼정책과 내장원의 곡물 공급", 『역사학보』 218, 2013. p.290.
52) 황성신문, 1901년 10월 29일.
53) 『忠淸報告』, 6책, 1902년 3월 15일.

에 수송비와 조작비 등을 더 붙여서 팔았다.54)

안남미의 질에 대한 백성들의 평가는 별로 좋지 않았던 것으로 보인다. 처음 먹어보는 안남미가 조선인의 구미에 맞지 않아 인기는 없었다.55) 처음에는 안남미가 잘 팔리지 않아 체화 현상이 나타나기도 했으나 안남미의 가격은 조선미에 비해 상당히 낮아 흉년의 기민 구호에는 큰 역할을 한 것으로 보인다. 당시 기민들은 안남미를 더 보내달라고 요청하였지만 쌀이 부족하여 요구를 다 들어주지 못하는 형편이었다.

안남미의 수입대금은 일본 화폐로 결제하고 국내에서는 조선 백동화(白銅貨)를 받고 팔았다.56) 일본 화폐의 수요가 늘어나면서 이 당시 일본 화폐의 가치가 상승하고 조선 백동화의 가치가 크게 하락하였다. 일본 화폐로 안남미의 수입대금을 결제한 1901-1902년 무렵 조선 화폐인 백동화 가치가 폭락한 주요 원인의 하나는 일본화로 수입대금을 결제한 것으로 지적되고 있다.57)

---

54) 『京畿報告』, 6책, 1903년 7월 20일.
55) 黃玹, 『梅泉野錄』, 3.
56) 白銅貨는 조선에서 마지막으로 주조된 동전이다. 典圜局에서 제조 유통시켰는데 제조기계를 일본에서 들여와 발행하였다. 이 때문에 민간에서 개인이 위조하기 힘들었다. 그러나 일본인을 비롯하여 청국인 등 외국인이 제조 기계를 일본에서 사다가 위조 화폐를 만들어 구별하기 어려웠다. 다량의 위조화폐가 나돌아 화폐 가치가 폭락하였다.
57) 『通商彙纂』, 9, 韓國白銅貨暴落, 明治 34年 12月 5日, 京城帝國領事館報告; 김기성, "대한제국기 흉년과 미곡수급", 『사학연구』 128, 2017. p.405.

제9장

조선후기 재정위기와 전정·군정의 문란

1. 조선후기 인구의 증가와 농업생산력의 정체

1) 인구의 증가

인구는 한 시대의 정치·경제·사회상의 변화를 가늠하는 데 가장 기본적 자료의 하나이다. 조선시대에도 『호구총수』, 『왕조실록』, 『증보문헌비고』, 등에 인구 통계가 실려 있으나 단속과 변화의 폭이 심하여 당시의 사회·경제 현상의 변화를 파악하는 데 많은 문제점이 있다.

임진왜란 이후 17세기에 들어와 처음 실시한 조선의 인구조사는 인조 17년(1639)에 시행한 호구조사이다. 이 조사는 당시의 호수를 약 44만 호, 인구는 152만 명으로 집계하였다. 이보다 54년 후인 숙종 16년(1690)의 조사에서 인구는 700만으로 약 360%가 증가한 것으로 나타났다. 18세기에 들어와 조선 인구는 늘지 않고 대체로 720만을 전후로 약 1백 년 가까이 정체상태를 보였다.

19세기에 들어와 순조 14년(1814) 약 800만에 육박하던 인구가 헌종(憲宗) 대에 들어와 갑자기 670만 수준으로 떨어졌다. 그러나 20세기에 들어와 조선의 인구는 광무 11년(1907)경에 980만 수준으로 급증하더니 융희 4년(1910)에는 1,300만으로 껑충 뛰었다.[1] 17세기 대기근 시의 인구감소는 고려되지 않은 것 같고 18세기에 인구가 정체된 것으로 나타났다. 19세기에 들어와 인구가 감소하는 호구조사가 실상을 제대로 반영한 것인지 의심스럽다.

조선시대에는 국가경영의 토대가 되는 수취체계를 운영하기 위하여 인구 대장인 호적과 토지대장인 양안(量案)을 작성하였다. 정부는 이를 근거

---

1) 국사편찬위원회, 『한국사』 33(조선후기의 경제), 1900, pp.13-16.

로 전세와 공납, 군역 등을 백성에게 부과하였다. 호주는 3년에 한 번씩 그를 중심으로 한 가족과 노비의 이름과 나이 직역 등을 적은 단자를 작성하여 군현에 제출하였다. 각 고을의 수령은 이것을 취합 정리하여 호적대장을 만든 후 호조에 제출하였다.

조선시대의 인구자료가 종잡을 수 없을 정도로 변동의 폭이 큰 것은 인구조사를 호주가 적어내는 단자에 의존하였기 때문이다. 호구 파악의 목적이 부세와 군역을 결정하기 위한 것이다 보니 처음부터 탈루의 소지가 많았다. 조선 후기에는 농민층의 몰락이 가속되고 있었기 때문에 호적대장을 작성하는 수령과 향리들에 의해서 축소 보고되는 것이 상례였다.

군현에서도 고을의 수준에 맞게 재정과 군역이 결정되지 않으면 나중에 감당하기 어렵기 때문에 호구를 줄이는 것이 관행이었다. 당시 민간에서는 영·유아의 사망률이 매우 높아 호적에 이름을 등재하는 것을 꺼렸고, 노비와 여자는 신고하지 않는 경우가 많았다.

2) 인구증가에 대한 연구

조선에서 근대적인 국세조사가 실시되어 사실에 가까운 인구가 밝혀진 것은 1925년의 일이었다. 이해 조선총독부가 처음 실시한 간이 국세조사에서 조선의 인구는 약 1,902만으로 집계되었다.

믿기 어려운 조선시대의 인구 통계를 보정하기 위해 여러 학자의 연구가 있었다. 이 가운데 1970년대 이후 대표적인 것은 권태환·신용하,2) 이영구·이호철,3) 한영우,4) 한영국,5) 정치영6) 등의 노력이 있다. 이 연구들은 장단

---

2) 권태환·신용하, "조선왕조시대 인구추정에 관한 一試論", 『동아문화』 14. 서울대 동아문화연구소, 1977.
3) 이호철, "조선시대의 인구규모 추계", 『농업경제사연구』 경북대출판부, 1992.
4) 한영우, "조선전기 호구총수에 대하여", 『인구문제와 생활환경』, 서울대 인구발전 문제연구소, 1977.
5) 한영국, "조선왕조 호적의 기초적 연구", 『한국사학』 6, 1985.

점이 있어 조선시대의 인구 변화를 정확하게 추계하였다고는 장담하기 어렵
다. 그래도 이들 조사 가운데 17세기 이후 현실에 가까운 것은 이영구·이호
철의 연구라고 볼 수 있다.

〈표 9-1〉 조선 후기 호수·인구수의 변화 추세

연도	호수[1]	인구수[1]	권태환·신용하[2]	이영구·이호철[3]
인조 17(1639)	441,827	1,521,165	10,665,000	8,537,000
현종 4(1664)	809,365	2,851,192	12,282,000	9,628,000
숙종 16(1690)	1,514,000	6,952,907	16,026,000	10,876,000
숙종 40(1714)	1,504,483	6,662,175	15,961,000	11,814,000
영조 14(1738)	1,672,184	7,096,565	17,535,000	12,785,000
영조 41(1765)	1,675,267	6,974,642	17,682,000	13,819,000
정조 13(1789)	1,752,837	7,403,606	18,296,000	14,489,000
순조 10(1810)	1,761,887	7,583,046	18,383,000	15,100,000
순조 14(1814)	1,637,108	7,903,167	17,321,000	
헌종 5(1839)	1,577,806	6,668,191	16,495,000	15,100,000
철종 7(1856)	1,597,343	6,828,907	16,856,000	
고종 5(1868)			16,819,000	
고종 26(1889)			16,991,000	16,000,000
순조 4(1910)			17,427,000	17,500,000
국세조사(1925)			19,020,000	19,020,000

1) 『戶口總數』와 『王朝實錄』
2) 權泰煥·愼鏞廈, “朝鮮王朝時代 人口推定에 관한 一試論”, 『東亞文化』 14, 1977.
3) 李永九·李鎬澈, “朝鮮時代의 人口規模推計(2) – 17.18세기 人口增加率推計를 중심으
   로–”, 『경영사학』 3, 1988.

이영구·이호철의 연구는 17세기와 18세기의 인구를 중점 추정하였는데,
인구변동의 폭이 심했던 기간을 4개의 구간으로 나누어 구간별로 평균 호
구 증가율과 인구 증가율을 구하여 이를 바탕으로 조선 후기의 인구를 추
정하였다. 그 결과 조선 후기의 인구 증가율이 전기의 인구 증가율보다 높

 6) 정치영, 『지리지를 이용한 조선시대 지약지리의 복원』 푸른길, 2021.

게 나타났다. 이 연구에 따르면 조선 후기부터 인구가 계속 증가하다가 19세기 전반에 정체하는 것으로 나타났다.

이는 대체로 전근대사회에서 근대사회로 이행함에 따라 농업생산량이 증가하고 상업이 발전하여 인구가 증가할 가능성이 높다는 상식과 부합된다고 보았다.

따라서 조선의 인구는 16세기 중엽에 750만이었는데 17세기 중엽에 800~900만으로 증가한 것으로 보았다. 18세기 이후 인구 증가의 속도가 다소 낮아졌으나, 18세기 말부터 19세기 전반까지 약 1,500만에 이르렀고 19세기 말에 1,600만, 20세기 초까지는 1,750만으로 증가한 것으로 보았다. 이리하여 조선의 인구는 1925년 간이 국세조사에서 1,902만이 되었다.

3) 경지면적의 감소

임진왜란으로 국토가 크게 황폐해졌다. 토지대장도 대부분 망실되었다. 전전(戰前)에 150~170만 결을 오르내리던 농지는 전쟁 직후에 30~50만 결로 약 120만 결이 줄었다. 이와 같은 엄청난 경지면적의 축소는 사실이라기보다는 다소 과장된 것으로 보인다. 전쟁으로 정부의 행정력이 제대로 미치지 못한 결과일 것이다. 그러나 전쟁 때문에 경지면적이 대폭 감소한 것은 사실이라고 판단된다.

조선시대는 정부의 토지대장(量案)에 등록된 총 경지면적(結負數)을 원장부결(元帳簿結) 혹은 원결(元結, 元摠)이라 하였다. 원결 가운데 각종 진황지(陳荒地)와 면세결(免稅結)을 제외한 면적이 시기결(時起結)이다. 진황전(陳荒田) 또는 진전은 토지대장에는 올라 있으나 실제로는 경작하지 않는 묵은 땅으로 면세지이다. 일부 진황지를 유래진잡탈(流來陳雜頉)이라고도 하는데 이것은 경작자가 죽거나 달아나 오랫동안 방치한 땅, 홍수 등의 재해로 씻겨나가거나, 모래에 묻힌 땅, 또는 물이 차 늪지가 되거나 나무가 우거져 개간이 어려운 땅을 말한다. 면세결에는 궁방전(宮房田)·군둔전(軍屯田)·아문둔전(衙門屯田)·능원 묘위(陵園 墓位) 등이 있다.

시기결은 현재 경작하는 농지로 정부가 수세할 수 있는 면적을 의미한다. 시기결의 규모는 곧 정부의 재정과 직결되기 때문에 정부는 항상 시기결 면적의 증가 또는 최소한 현상 유지에 관심을 기울였다.

비총법(比摠法) 이후 큰 흉년이 들면 정부는 수확이 어려운 일부 농지를 면세결로 지정하였다. 이를 급재결(給災結)이라 하였다. 수세 대상인 시기결 중에서 일시적으로 면세 대상이 된 급재면세결(給災免稅結)을 제외하면 정부가 실제로 수세하는 출세실결(出稅實結)이 된다.

임진왜란이 끝난 후 시급히 시기전의 면적을 파악하기 위하여 선조 36년(1603)에 계묘양전(癸卯量田)을 실시하였다. 이 결과 경상·전라·충청 하삼도의 시기전 면적은 29만 결로 파악되었다. 영의정 이항복은 임진왜란 전 하삼도의 원전이 약 97만 결이었는데 전후에 약 29만 결로 감소하였다고 하였다.[7] 이 숫자는 전전의 전라도 시기결 40만 결보다 작았다.

당시 재정 부족에 허덕이고 있던 정부에게 무엇보다 시급한 일은 임진왜란으로 발생한 진전(陳田)을 다시 개발하는 일이었다. 진전은 소유주가 죽거나 행방불명이 되어 경작할 수 없게 된 무주진전(無主陳田)이 대부분이었다. 정부는 무주진전과 한광지(閑曠地)를 개발하기 위하여 희망자에게 입안을 발급해주고 개간 후 3년간 면세조치를 해주었다. 또 정부는 재정 사정이 궁색해진 궁가와 각급 관청에게도 진전과 한광지를 절수(折受)해주고 그것을 개간하여 경비로 사용할 수 있도록 하였다.

정부는 공정한 과세를 위해 현종 때 전국적인 양전을 실시하려 했으나 흉년과 전염병으로 착수하지 못하였다. 이후 전국적인 양전은 없었다. 그러나 조선의 곡창지대라고 할 수 있는 충청도·경상도·전라도의 3남을 조사한 큰 규모의 양전은 두 차례 더 있었다. 인조 12년(1634) 하삼도를 대상으로 한 갑술양전(甲戌量田)과 숙종 46년(1720) 하삼도와 강원도의 일

---

7) 『선조실록』, 선조 34년 8월 13일.

부를 조사한 경자양전(庚子量田)이 그것이다.[8] 순조 20년(1820)에는 경상
도와 전라도에 대해서만 양전을 하다가 중지하였다(庚辰量田)

4) 1인당 경지면적의 감소

조선은 농지 면적을 재는 단위로 건국 시부터 결부제(結負制)를 채택하
였다. 결부제는 일정량의 농산물을 생산할 수 있는 면적을 측정의 기본단
위로 하는 것을 말한다. 경지면적은 개간·간척 등에 의해 증가한다. 동시
에 토지의 비옥도나 수리시설이 개선되어 생산량이 많아지면 결수가 증가
할 수 있다. 토지면적은 일정한 기간에 한 번씩 그 증감과 비옥도를 조사
하여 대장을 수정하여야만 공정한 과세를 할 수 있다.

조선은 이 같은 과정을 양전이라 하고 20년마다 경지면적의 변화를 조
사하도록 규정하였다. 그러나 양전을 하는데 비용과 시간이 많이 소요되고
흉년에는 백성들을 괴롭히는 일이기 때문에 세종과 선조 이후에는 제대로
된 양전을 하지 못하였다.

이 때문에 조선의 경지면적 변동 추세는 정확하게 알 수 없는 것이 현실
이다. 그러나 곡창지대인 충청도·경상도·전라도 3남의 경지면적 변동은
선조 때의 계묘양전, 인조 때의 갑술양전, 숙종 때의 경자양전 결과를 비교
함으로써 개략적인 시기결 수의 변화를 추정할 수 있다.

<표 9-2>는 임란 직후와 인조, 숙종기의 경상·전라·충청도 삼남 지방의
원결과 시기결(時起結)의 변화 추세를 보여준다.

---

8) 갑술양전과 경진양전 사이에 1개 도 또는 몇 개 군을 대상으로 한 양전은 여러
   차례 있었다. 이후 8도에 걸쳐 양전이 시도된 것은 대한제국기인 光武量田 뿐이
   었다. 광무양전은 사업비의 부족, 1904년의 러일전쟁, 일본의 국권 침탈 등으로
   전국 331개 군 가운데 3분의 2만 조사하고 사업이 중단되었다. 광무양전의 자료
   는 일부만 존재하고 대부분 폐기되었다.

〈표 9-2〉 三南의 계묘·경자·갑술년 量田의 元結과 時起結의 변화 (단위: 결)

	계묘양전(선조 33)		갑술양전(인조 12)			경자양전(숙종 46)		
	원결	시기결	원결	시기결	증가1	원결	시기결	증가2
충청도		70,000	258,640	131,008	61,008	255,208	162,512	31,504
전라도		110,000	335,305	202,428	92,428	377, 159	247,490	45,062
경상도		110,000	301,724	207,524	97,524	336,778	261,831	54,307
계		290,000	895,489	540,960	250,960	969, 145	671,833	130,873

비고: 증가1은 갑술양전의 시기전에서 계묘양전의 시기전을 뺀 차이를, 증가2는 경자양전의 시기전에서 갑술양전의 시기전을 뺀 차이를 말한다.
출전: 『增補文獻備考』, 田賦考, 『量田謄錄』; 이세영, 『조선시대 지주제 연구』, 혜안, 2018, p.310.

시기결은 양안에 등록된 총결 수에서 현재 경작하지 않는 진황지를 포함한 유래진잡탈결 수와 각종 면세전(궁방전·군둔전·아문둔전 등)의 결수를 제외한 과세 가능한 실제 경지면적을 의미한다.

임란 이후 궁가와 양반·권세가 등은 진전과 한광지 등을 절수하여 개간에 나섰다. 이 같은 정책으로 인조 12년(1634)에 실시한 갑술양전(甲戌量田)에서 삼남의 원전이 약 89만 5천 결로 나타났다. 시기전은 54만 1천 결로 선조 때에 비하여 약 2배 정도 증가하였다. 그러나 갑술양전의 시기전은 선조 때의 계묘양전의 그것보다 2배가량 증가했음에도 불구하고 여전히 원전의 60%에 불과하였고 나머지 40%가량이 갑술양안 상에 진전과 한광지 등으로 기재되었다.

갑술양전이 끝난 지 90여 년 만인 숙종 46년(1720)에 경자양전이 시행되었다. 그 결과 삼남에의 원결이 96만 9천여 결로 나타났다. 시기결도 67만 1천여 결이 확보되었다. 이는 인조 때 갑술양전보다 13만 1천여 결이 증가한 것이다.

경지면적은 17세기 중엽에서 18세기 후반에 걸쳐 꾸준히 복구되었다. 18세기 후반에 이르면 경지면적이 145만 결에 이르러 임진왜란 이전의 수준을 거의 회복하였다. 갑술양전 20여 년 만인 효종 5년(1654)경에는 삼남

에 개간지가 날로 늘어나 옛날에는 경작하지 않은 땅도 개간되지 않은 곳
이 없다고 할 정도로 경지가 증가하였다.[9] 임진왜란이 끝난 지 100년 만
의 일이었다.

8도의 원결은 영조 20년(1744)에 약 140만 결에 이른 후 정조 8년(1784)
에 145만 결에 달했다. 이후 조선의 원결은 순조 34년(1834)까지 약 145만
결 내외로 큰 변화 없이 유지되었다. 그러나 시기전은 영조 20년 약 89만
5천 결에서 고종 1년(1864) 81만 결로 꾸준히 감소추세를 보였다.

전체적으로 볼 때 경작면적은 증가하였으나 면세지인 진황전과 궁방전
이 증가하는 이상 현상이 나타났다.[10] 이로 인해 세금을 거두어 쓸 수 있
는 시기전이 줄어들어 정부 재정은 호전되지 않았다. 각종 지출은 증가하
는데 정부 세입의 대부분인 전세와 대동세가 늘어나지 않았다.

5) 시기결(時起結) 감소의 원인

이세영,[11] 임성수,[12] 박소은,[13] 손병규[14]와 그 밖의 여러 학자들은『탁
지전고부(度支田賦考)』와『만기요람(萬機要覽)』에 수록된 원결과 수세
자료를 이용하여 영조 20년(1744)부터 고종 22년(1885)까지의 시기결 수

---

9)『효종실록』, 효종 5년 11월 16일.
10) 면세결에는 宮房田·軍屯田·官屯田 등이 있다. 궁방전이란 왕실의 내탕과 왕실의
    일부인 궁가(후궁·대군·왕자·공주·옹주 등 왕실 일족)의 운영비와 제사비를 마련
    하기 위해 설정한 토지를 말한다. 궁방은 원래 40개 정도가 있었는데 중간에 없어
    진 것도 있다. 궁방 가운데 규모가 큰 1司 7宮(內需司·壽進宮·明禮宮·於義宮·
    龍洞宮·景祐宮·毓祥宮·宣禧宮)은 20세기 초까지 존재하였다.
11) 이세영,『조선시대 지주제 연구』, 혜안, 2018, pp.316-321.
12) 임성수, "『度支田賦考』를 통해 본 호조의 재원 파악과 재정구조 변화",『민족문
    화연구』59, 2013.
13) 박소은,『조선후기 호조재정정책사』혜안, 2008.
14) 손병규,『조선왕조 재정시스템의 재발견: 17~19세기 지방재정사 연구』, 역사비평
    사, 2018.

를 검토하고 그 변화의 의미에 대해 분석을 하였다. 영조 20년부터 고종 22년까지 농지의 구성비를 검토한 결과 원결 수는 미세 증가 내지는 일정 수를 유지하고 있으나 시기결은 계속 감소한 것으로 나타났다.

이세영과 임성수, 손병규 등은 시기결이 감소하는 원인은 유래진잡탈결(流來陣雜頉結, 陳荒地)과 면세전이 증가한 때문으로 판단하였다. 이들의 조사에 따르면 원장부에 기록된 토지면적은 영조 20년 140만 결로부터 순조 34년(1834)까지 90년간 서서히 증가하여 145만 결에 이르렀으나 증가 면적이 5만 결 정도라서 실제 재정수입에 미치는 영향은 미미했다고 보았다.

그러나 원장부에 기록된 토지 중에서 경작자의 사망이나 도주, 자연재해 등으로 인한 진황전이 꾸준히 증가하여 40만 결 이상이 되었다. 임성수는 원장부 대비 20~30%의 토지가 유래잡탈로 분류되어 과세 대상에서 제외되었는데 잡탈결은 절대량 뿐만 아니라 그 비율도 높아지면서 정부의 재정 악화에 중요한 원인으로 작용하였다고 주장하였다.

궁방전 등 면세결도 18세기 후반 19만 결에서 점차 증가하다가 민란이 잦았던 1860년대에 다시 한 번 큰 폭으로 상승하였는데 그 비율은 원장부 대비 13~14%로 적지 않은 토지가 과세 영역 밖에 있었다고 분석하였다.

출세실결은 18세기 중엽 약 83만 결에서 점차 감소하여 19세기 초에 75만 결까지 떨어졌다가 19세기 말에 다소 회복되었다. 이와 같은 출세 실결의 변화 추세는 진잡탈결과 면세결의 추이와 그 흐름을 같이 하고 있다. 즉 18세기 중엽부터 각종 진잡탈결과 면세결은 증가하고 반대로 출세 실결은 감소하였다는 것이다.

영조시기 이후 유래진잡탈전이 증가하고 있는 것은 자연재해에 의한 것이라기보다는 권세가와 지방 관리들의 협잡 때문이었다. 중앙의 권력층과 양반 지주, 지방의 호족 계층은 수령·이서들과 결탁하여 비옥한 그들의 전지를 진전(陳田)으로 만들어 감추어두었다. 그 대신 줄어든 실결 수를 채우기 위해 빈농과 소농들의 진전 또는 새로 개간한 땅을 시기결에 포함시키는 것이 관행처럼 되었다.

〈표 9-3〉 시기별 원결·시기결 및 호당 평균 시기결·1인당 평균 시기결의 변화

시기	원결	시기결	호당평균 원결	1인당평균시기결
광해군 3(1610)		542,000		
영조 20(1744)	1,401,135	895,787	0.80	0.07
영조 30(1754)	1,418,260	859,119	0.80	0.06
영조 40(1764)	1,426,853	854,453	0.85	0.06
영조 50(1774)	1,429,593	853,171	0.84	0.06
정조 8(1784)	1,444,103	849,716	0.83	0.06
정조18(1794)	1,450,359	840,047	0.85	0.06
순조 4(1804)	1,453,954	839,451	0.83	0.06
순조14(1814)	1,454,739	838,139	0.89	0.05
순조 24(1824)	1,454,750	830,685	0.95	0.05
순조 34(1834)	1,454,754	821,353	0.92	
헌종10(1844)		813,883		
철종 5(1854)		817,179		
고종 1(1864)		810,908		
고종11(1874)		822,837		
고종 22(1885)		819,657		

출전: 원결 영조 20~순조 34는 『度支田賦考』, 시기결은 이세영, 위의 책에서 인용. 호당 평균 원결과 인구 1인당 평균 시기결을 계산하기 위한 호수와 인구는 이영구·이호철의 추산을 따름. 인구의 추정 값이 없는 해는 평균 증가율을 적용하여 가감함.

정약용도 『경세유표』에서 같은 의미를 가진 분석을 하였다. 그에 따르면 숙종 46년(1720, 경자년)에 전지를 개량(改量)한 다음 원장에 올려진 8도의 시기결 총계는 139만 1,733결이었다. 반면 비국(備局)에 보존된 영조 19년(1743, 계해년)의 장적(帳籍)에는 8도 시기 총결이 84만 5,894결이고 같은 해의 신서(新書)에는 81만 433결로 집계되었다. 이 사이에 전결은 계해년 장적을 기준으로 보면 54만 5,839결이 사라졌고, 신서를 기준으로 보면 58만 1,300결이 없어졌다는 것이다.[15]

정약용은 "숙종 46년은 지금까지 채 백 년도 안 되었는데 시기전의 면적이 해마다 감해지고 달마다 줄어서 지금까지 감소한 것이 약 60만 결에 이르렀다. 전총이 주는 이유는 아전들이 농간을 부려 날마다 왕전(王田)을 빼내어 은결(隱結)로 만들기 때문이다"라고 주장하였다.

그는 또 "일선에서 전정을 담당하는 아전은 양안에 기록된 원전(原田)의 총결 수는 건드리지 않는다. 재해를 입어 황폐한 토지, 물에 잠기고 토사에 밀려 형체가 없어진 토지, 새로 개간하여 생산성이 낮은 토지를 원전의 총수에 채워 넣는다. 대신 비옥해진 토지를 빼돌려 은결로 만든다."

"이때 뇌물을 준 자의 땅은 세금을 덜 내는 땅으로, 뇌물을 주지 않은 자는 세금을 많이 내는 비옥한 땅으로 기록한다. 연말에 세를 받을 때 은결로 빼돌린 비옥한 토지에서 나오는 세금은 거두어 착복하고, 새로 원전에 편입시킨 척박한 토지에서 나오는 소출은 국세를 내는 토지로 둔갑시킨다."고 그 이유를 설명하였다.16)

수령과 향리들은 비총(比摠)에 포함된 원결의 숫자는 변하지 않도록 하면서 전품(田品)이 높은 양반·지주의 땅은 원결에서 빼내 은결과 여결로 둔갑시키고 여기서 나오는 소출을 별도의 예비용으로 쓰거나 착복하여 사리를 도모하는 것은 공공연한 비밀이었다.

6) 19세기 호당 평균 경지면적

최근 정치영은 순조 24년(1824)경 김정호가 편찬한 『대동지지(大東地志)』에 수록된 6개 도의 전민표(田民表)를 기초로 <표 9-4>와 같이 도별 경지면적과 호수를 계산하였다. 이 자료를 이용하여 호당 평균 경지면적을 추산하면 19세기 전반 전국의 호당 평균 경지면적은 전답을 합하여 약 1결(結)로 추산된다. 이 계산에는 자료가 누락된 황해도와 평안도는 제외되었다.

15) 정약용, 『경세유표』 권6, 지관수제, 전제고 6.
16) 정약용, 『목민심서』, 호전 6조, 전정.

<표 9-4> 19세기 전반 농가 호당 평균경지면적 추산

도	경지면적(결)	戶數	호당 평균경지면적
경기도	111,292	156,200	0.71
강원도	15,987	80,900	0.20
충청도	255,300	217,400	1.17
전라도	346,876	247,007	1.40
경상도	337,848	335,600	1.00
황해도	-	-	-
평안도	-	-	-
함경도	101, 182	119,300	0.85
합계	1, 156,407	1, 168,485	1.01

자료: 정치영,『지리지를 이용한 조선시대 지역지리의 복원』, 푸른길, 2021, p.130.에서 계산.

19세기 전반의 호당 평균 경지면적(원결)은 <표 9-3>에서도 0.80~0.95 결로 추산되어 정치영의 1결과 큰 차이가 없다. <표 9-3>에 따르면 당시 1인당 평균 경지면적(시기결)은 0.05결로 나타났다. 1인당 경지면적은 18세기 전반의 0.07결에서 약간 감소한 것으로 보인다.[17]

7) 18세기 토지 1결당 평균 생산량

1결의 면적은 조선 초기 쌀(현미) 300두를 생산할 수 있는 면적으로 정의하였다. 세종 때 세법을 공법(貢法)으로 개정하면서 수등이척법(隨等異尺法)을 적용하여 약간의 변동이 있었다.[18] 효종 때 공법의 수등이척제를 폐지하고 토지 등급에 따라 결당 수조량(收租量)에 차이를 두는 개정 양전절결제도를 채택하였다. 이 법은 종래의 1등전 척을 유일한 양지척으로

---

17) <표 9-1>에서 계산한 호당 평균 인구수는 정조 13년에 8.3인, 영조 14년에 7.6인, 헌종 5년에 9.6인으로 나타났다. 조선후기 농가 호당 평균 인구수는 대략 8~10인 것으로 추산할 수 있다.
18) 科田法과 貢法에 따른 토지 1결의 면적에 대해서는 제4장의 주) 57을 참조할 것.

하고 종래의 계산 방법에 따라 1등전의 면적을 1결로 하였다. 2등전 이하의 토지는 토지의 등급에 따라 결당 표준생산량을 다르게 정하고 1등전에 사용한 양척을 적용하였다. 그 결과 2등전 이하의 토지 면적은 줄어들고 결당 수확량과 과세량이 감소하게 되었다.19) 이에 따라 결부법(結負法)의 문제점이 약간은 개선되었다고 볼 수 있다.

조선의 농지 면적이 처음 절대 면적으로 실측된 것은 1910년대 말 조선총독부가 실시한 토지조사사업을 통해서였다. 조선의 농지 면적은 1918년 말 현재 총 434만 정보로 집계되었다. 그 가운데 논은 154만 정보, 밭은 280만 정보로 밝혀졌다.20) 이에 따라 토지 1결의 평균 면적은 1.6정보, 전답으로 구분하면 논 1결의 평균 면적은 2.9정보, 밭은 4.3정보로 나타났다.

숙종 때 성호 이익(李瀷)은 『성호사설(星湖僿說)』을 통해 우리나라 전은 6등이 있는데 1등과 6등 간의 생산량 차이가 4배나 된다고 하였다. 그는 삼남 지방에서는 상등답 1두락에서 피곡 60두가 생산되고 박답(薄畓) 1두락에서는 10두가 생산된다고 하였다.21) 다산의 관찰에 의하면 호남지방에서 상등답 1결은 20두락, 박답 1결은 40두락이라고 했음으로 상답 1결에서 1천 200두, 박답 1결에서 400두가 생산되는 셈이다. 평답에서는 그 중간인 800두가 생산된다는 추산이 가능하다. 그러므로 1결에서는 쌀 40석이 생산된다고 말할 수 있다.(1석 20두로 가정)

영조 때 사람인 이중환(李重煥)은 그의 저서 『택리지(擇里志)』에서 최상답은 두락당 피곡 140두를 생산하고 최하답은 두락당 30두에도 미치지 못한다고 기록하였다. 따라서 중간답은 1결에 쌀 40석 내외를 생산한다고 볼 수 있다.22)

---

19) 朴克采, "朝鮮封建社會의 停滯的 本質 - 田結制 硏究", 『李朝社會經濟史』, 勞農社, 1946. pp.159-165.
20) 宮嶋博史, 『朝鮮土地調査事業の硏究』, 東京大學出版會, 1991. p.181.
21) 李瀷, 『星湖僿說』, 人事篇 治道門.
22) 李重煥, 『擇里志』, 卜居總論 生利.

영조 때 부호군 이목(李穆)이 군역 보충에 대한 상소문에서 우리나라의 실결은 약 90만 결인데 결당 수확량은 40~50석이라고 말하였다.[23]

정조 때 활동한 정약용은 호남지방에서는 토질의 변화가 심하여 상답 1결의 생산량이 많으면 피곡 800두 보통은 600두, 하등전의 경우는 1결에 400두가 난다고 하였다. 다산은 옥토를 가진 사람은 쌀 100석 이상의 수확을 하지만 보통은 쌀 40석 정도의 수확을 하고 박답일 경우 20석 정도라고 보았다.[24]

정조 12년(1788) 호조에서 발간한 『탁지지(度支志)』는 중등의 논 1결에서 피곡 80여 석을 생산한다고 하였다. 이것을 벼로 보아 정미 가공율을 45%로 보면 쌀 36석이 된다. 이로 미루어 볼 때 정조대의 쌀 생산량은 결당 40석 내외로 생각된다.

김용섭(金容燮)도 조선 후기의 여러 가지 문헌을 검토한 결과 조선 후기 보통답 1결의 평년작 수확량은 피곡으로 600두가 평균이라고 보았다. 즉 1결당 쌀 생산량을 40석 내외로 추산하였다.[25] 미야지마 히로시(宮嶋博史)는 조선총독부에 의한 「조선산미증식계획」이 실시되기 전 18세기 조선에서의 1결당 평균 생산량을 벼 600두로 추정하였다.[26]

8) 농가의 영세화

이와 같은 기록을 검토해 볼 때 일부 학계에서 주장하는 것과는 달리 18세기 이후 19세기까지 쌀로 평가한 토지생산성이 크게 증가하였다고 믿을만한 근거는 없다. 증가했다고 해야 결당 20두 내외에 불과할 것이다.

그러나 이 시기 농가의 영세화 현상이 두드러지게 나타났다. 정약용은 전라도 지방을 평균적으로 보았을 때 전체 농가의 약 5%가 전주(田主)로

23) 『英祖實錄』, 영조 13년 9월 11일.
24) 丁若鏞, 『牧民心書』, 戶典 稅法.
25) 金容燮, 『朝鮮後期 農業史研究(1)』 농촌경제·사회변동, 지식산업사, 1995. p.187.
26) 宮嶋博史, 위의 책. p.181.

다른 사람에게 농지를 빌려주고 소작료를 받아 생활하고, 25%가 자기 농지를 경작하는 자작농이고, 나머지 70%가 다른 사람의 농지를 차경하면서 생산물의 절반을 지주에게 바치며 생활하는 佃戶(소작농)라고 보았다.27)

18세기 말에 충청도 면천 군수를 지낸 박지원(朴趾源)도 당시 면천의 농가 구성이 지나칠 정도로 분해되어 빈농과 소작농, 농지가 없는 사람이 전체의 84%에 달한다고 밝혔다. 즉 면천군의 총 3천 676호 가운데 중농 이상의 부농이 36호로 전체의 1%, 영세 지주와 소농이 568호로 15.6%, 나머지 84%가 빈농과 차지농, 극빈자와 노동으로 먹고사는 사람이라는 것이다.28)

박지원은 호당 경지면적은 전답을 합해 1결 2부이고 당시 충청도 내포 지방의 평균 수확량을 약 40석으로 보았다. 그는 이 생산량의 10분의 1을 세금으로 내고, 남의 땅을 경작하는 경우 10분의 5를 지주에게 내면 10분의 4가 남는다고 보았다. 호당 5명의 식구가 있는 것으로 보았을때 이것으로 5명의 1년간 식량을 하고 관혼상제비를 쓰고 또 보포와 신역을 내면 아무리 농사를 잘 지어도 살 수가 없다고 하였다. 여기에다 흉년이 들면 처음부터 몇 달 치의 식량이 부족하여 살길이 막막하게 된다. 이리하여 궁지에 몰리면 농지야 있으나 마나 가난하기는 늘 마찬가지라고 생각하여 부자들에게 농지를 팔게 된다고 18세기 후반 면천의 실정을 설명하였다.

정약용은 당시 전라도에서 1결(40 두락)의 면적은 농가 2호가 경작할 수 있는 적정면적으로 보았다.29) 즉 0.5결(20두락)을 평균 3~5명의 가족을 거느리는 농가 1호가 경작한다면 최소한의 생계유지가 가능한 것으로 보았으나 호당 가족 수를 7~8명으로 보면 생계유지가 힘들 것으로 판단하였다. 이와 같은 상황을 미루어 볼 때 18세기에 이르러서는 소수의 양반·토호가 농지의 대부분을 겸병하고 대다수의 농가는 남의 토지를 경작하는 소작농으로 전락, 담세능력을 잃어버리고 극도의 생활고에 시달리고 있는

---

27) 정약용, 『與猶堂全書』, 第1輯, 詩文集 田論.
28) 朴趾源, 『課農小抄』, 「限民名田議」.
29) 정약용, 『牧民心書』, 戶典, 平賦.

것으로 판단된다.

정조 12년(1788)에 호조에서 발간한 『탁지지(度支志)』는 당시 평년의 식량 공급량이 수요량에 비해 구조적 부족 상태에 있다고 기술하였다.[30] 탁지지는 총론에서 인구 1인이 하루 쌀 한 되를 소비한다고 단순 가정할 경우 한 달이면 3두, 1년이면 36두가 되는데, 1석의 겉곡식으로 쌀 6두를 만드니까 1천만 인의 양식은 6천만 석이 된다고 보았다.

이 책은 계속해서 우리나라에서 곡식을 생산하는 시기결은 83만 결이고 궁방 관아의 면세결 7만 결을 합하면 모두 90만 결 된다. 이중 논이 40만 결 밭이 50만 결이다. 논 중등지에서 1결당 80여 석이 나오면 40만 결에서 3천 2백만 석이 생산되고 밭에서 50석이 생산되면 2천 500만 석, 전답 합하여 1년간 5천 7백만 석이 나온다. 따라서 매년 약 300만 석의 식량이 부족하다고 추산하였다.

그러나 소비량을 현실적으로 생각하여 장년인 남녀가 1일 2되씩 소비하고 또 술·떡·엿 등으로 소비하는 것이 상당히 많은 양이다. 이것을 다 고려하면 연간 1억 석의 식량이 필요하다. 밭도 마전(麻田), 목화전(木花田), 연초전(烟草田), 죽전(竹田) 등은 일상생활에 꼭 필요한 것이므로 식량을 생산하지 않는다. 탁지지는 "지금의 경지면적과 인구를 비교하고 또 흉년이 자주오는 것을 고려하면 백성들이 굶주리지 않을 수 없다"고 결론을 맺었다.

2. 농업 생산성의 하락

1) 단위면적당 쌀 생산량의 감소

(1) 추수기 분석

지금까지 17·18세기부터 조선의 농업 생산성은 계속 증가하였다고 보

---

30) 『度支志』, 總要.

는 것이 학계의 통설로 인정되는 분위기였다. 이 기간에 농업 생산성이 크게 증가하였다고 보는 중요한 논거는 논농사에서 이앙법의 확대와 미·맥 이모작의 증가, 시비법과 윤작농업이 발달함에 따라 농업생산력이 급격히 향상되어 17세기 후반과 18세기에는 민부와 국부가 최고 수준에 도달하였다.31)고 보는 견해이다.

이와 같은 견해는 농업 생산성의 증가와 관련하여 실증적인 연구에 따른 결론이 아니고 개략적인 상황 증거에 따른 추론에 불과하다. 설령 이 시대에 농업이 발달하여 총생산량이 증가했다 할지라도 인구 1인당 또는 토지 단위 면적당 생산성이 증가했다는 증거는 찾을 수 없다. 인구 1인당 농업생산량의 증가 없이는 총생산량이 늘어났다 하더라도 백성들의 생활 수준은 나아지지 않는다. 인구 증가의 속도가 식량 증산의 속도보다 빠르면 생활 수준은 후퇴한다.

조선시대 대부분의 양반 지주들은 농업기술의 개량에 별로 관심이 없었다. 그들은 일반적으로 농업생산량을 결정하는 요인은 경작면적과 날씨라고 보았다. 그들은 경작면적의 확대와 지대량(地代量)에 더 관심이 있었다. 당시 양반 지주들은 주자성리학에 심취하여 청나라와 일본에서 수입되던 과학지식을 받아들일 준비가 되어있지 않았다.

농업생산량이 짧은 기간 내에 크게 증가하기 위해서는 1인당 경지면적의 증가. 종자의 개량, 비료의 증투, 관·배수시설의 개량, 병충해의 방제 등의 가시적인 기술 진보가 있어야 한다. 17·18세기 조선시대의 농사에는 이중 어느 것도 의미있는 개선이 가능하지 않았다.

최근 충정도와 전라도, 경상도와 경기도에서 옛 양반가의 추수기와 계문서, 일기류 등이 연이어 발견되었다. 예를 들면 경상도의 칠곡의 이씨 가

---

31) 金容燮, 『朝鮮後期 農業史硏究 2』 농업과 농업론의 변동, 일조각, 1969; 이호철, 『조선전기 농업경제사』, 한길사, 1986, pp.748-751; 이세영, 『조선시대 지주제 연구』, 혜안, 2008; 이호철, "조선시대 도작농업의 발전과 인구증가", 『경북대농학지』 7, 1989, p.215.

(1685~1809), 예천의 박씨 가 (1834~1949), 대구의 우씨 가(1777~1809)와 전라도의 영암의 문씨 가(1743~1927), 해남의 윤씨 가(1823~1882), 남원의 이씨 가(1829~1903), 영광의 신(辛)씨 가(1830~1929), 충청도 부여의 황씨 가(1723~1744), 서울 양반의 충청도 서산 농장(1834~1874) 등 수십종의 추수기와 계문서 등이 그것이다.32) 이 가운데는 100년이 넘는 연속성을 가진 것도 여러 개가 있다.

이 자료는 여러 학자들에 의하여 분석되었는데 조선 후기 농업경영 및 토지생산성과 관련하여 그동안 제기되었던 몇 가지 의문을 풀어줄 중요한 단서를 제공하고 있다. 각 지방 양반가의 고문서를 분석한 결과 나타난 공통적인 특징은 논농사의 경우 18세기 중반부터 19세기 말까지 두락 당 지대(地代)가 꾸준히 하락하였다는 점이다.

이는 같은 시기 농업 생산성이 증가했다는 통설을 의심하는 연구 결과로 18~19세기 조선의 재정위기와 농업의 쇠퇴 현상을 설명해 줄 수 있는 유력한 증거라고 볼 수 있다.

이영훈은 17세기 후반 이후 삼남지방의 양반가, 친족집단, 서원 등이 소유한 토지에서 매년 수취한 36종의 추수기(秋收記)를 분석한 결과 논의 생산성이 17세기 말부터 19세기 말까지 장기적으로 하락했다는 사실을 발견하였다.

그의 연구에 따르면 삼남지방 논의 두락 당 지대량은 1680년대 이래

---

32) 李榮薰·朴二澤, "農村米穀市場과 全國的 市場統合 1713-1937", 『朝鮮時代史學報』 16, 2001; 李榮薰, "호남고문서에 나타난 장기추세와 중기파동", 『호남지방고문서 기초연구』, 한국정신문화연구원, 1999, pp.301-350; 정승진, "19·20세기 전반 농민경영의 변동양상", 『經濟史學』 25, 1998; 김건태, 『조선시대 양반가의 농업경영』, 역사비평사, 2004; 박기주, "19·20세기초 재촌양반 지주경영의 동향", 『맛질의 농민들』, 일조각, 2001, pp.205-247; 최윤오, "18·19세기 서울 부재지주의 토지집적과 농업경영", 『한국고대·중세의 지배체제와 농민』, 김용섭교수정년기념한국사학논총 2, 지식산업사, 1997, pp.583-606; 李榮薰·全成昊, "米價史자료의 현황과 해설", 『고문서연구』 18, 2000.

1750년대까지는 15~20두 수준에 머물다가 이후 지속적으로 감소하여 1880년대에 이르러서는 6~7두까지 하락하였다는 것이다.[33] 당시 민간의 병작관행은 통상 50%의 지대를 받았는데 지대율이 하락했다는 직접적 증거는 찾을 수 없고, 두락 당 쌀 생산량이 계속 하락하여 지대율이 하락했음이 분명하다고 결론을 내렸다.

박기주는 19세기 예천 박 씨 가의 농업경영에서도 호남 양반가에서 관찰한 것과 같은 장기적 생산의 감소가 있었는지 그리고 자작 답에서도 소작 답과 같은 패턴의 수확량 감소 추세가 일어났는지를 분석한 결과 영·호남의 생산량 추세 변화는 거의 동일한 패턴을 보였으며 자작지도 소작지와 마찬가지의 수확량 감소추세가 일어났고 이는 농지의 생산성 하락에 기인한다는 결론을 얻었다.[34]

이영훈과 박이택은 남원과 울산 등지의 5개 지역 양반가의 일기를 통해 미가를 조사한 결과 18세기 초부터 완만하게 상승하던 미가는 18세기 중반부터 20세기 초까지 급상승하였다는 결과를 얻었다. 이는 다른 연구에서 발견된 농업의 지대하락 추세와 정확히 반대 방향으로 움직이는 것으로 당시 미가의 급상승은 화폐의 공급적 요인에 의한 것이라기보다는 토지의 생산성 감소에 기인하는 것이라고 판단하고 있다.[35]

<그림 9-1>은 전라도의 영암, 영광, 남원과 경상도의 예천과 칠곡에 거주하던 양반가의 쌀농사 추수기에서 얻은 논 두락당 소작료의 추이를 나타내고 있다. 이 그림은 김건태, 박기주, 이영훈, 정승진의 독립적인 분석자료를 합성한 것인데 18세기 중반부터 20세기 초까지 두락 당 소작료가

---

33) 이영훈, "17세기 후반~20세기 전반 수도작 토지생산성의 장기추세", 『經濟評論』 51·52, 서울대 경제연구소, 2012, pp.411-460.
34) 박기주, "19·20세기 초 재촌 양반 지주경영의 동향", 『맛질의 농민들』, 일조각, 2001. pp.205-238.
35) 李榮薰·朴二澤, "農村米穀市場과 全國的 市場統合 1713-1937", 『朝鮮時代史學報』 16, 2001.

지속적으로 하락하고 있었다는 것을 보여준다.

〈표 9-6〉 1685-1787 칠곡 관찰사댁 소작지의 두락당 벼 생산량 추이 (단위: 두)

연도	두락당수확량	연도	두락당수확량	연도	두락당수확량
1685	26.3	1715	30.2	1743	12.7
1687	38.2	1716	20.1	1744	29.8
1688	34.7	1717	25.0	1745	20.8
1689	38.2	1718	22.6	1746	23.3
1690	31.2	1719	25.8	1747	25.1
1691	25.9	1720	14.6	1748	33.1
1692	28.4	1721	21.9	1749	25.8
1693	32.5	1724	30.0	1750	29.2
1695	17.2	1725	16.7	1752	29.4
1696	27.0	1726	21.4	1753	28.1
1697	22.6	1727	18.8	1754	26.7
1698	28.6	1728	23.1	1764	25.1
1701	27.6	1729	29.5	1776	25.7
1702	25.1	1730	27.7	1777	28.1
1703	32.8	1731	9.5	1778	17.8
1705	19.5	1732	15.5	1779	19.9
1706	27.0	1733	22.5	1780	28.6
1707	29.4	1734	25.9	1781	19.1
1708	20.2	1735	29.8	1782	16.0
1709	22.6	1736	26.1	1783	28.0
1710	35.1	1737	17.9	1784	26.2
1711	24.4	1738	16.1	1785	22.2
1712	32.6	1739	35.5	1786	15.3
1713	19.7	1740	29.2	1787	22.7
1714	15.4	1742	31.7	평균	25.2

출전: 김건태, 『조선시대 양반가의 농업경영』, 역사비평사, 2004, p.328.

〈그림 9-1〉 18·19세기 전라도와 경상도 지역의 두락당 지대량 감소추세

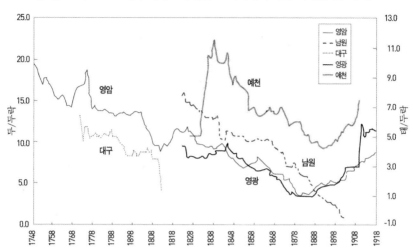

출전: 이영훈·박이택, "농촌미곡시장과 전국적 시장통합",『수량경제사로 다시 본 조선후기』,
　　　서울대출판부, 2004. p.262.

　18세기 초부터 작성된 경상도 감사 댁의 추수기를 분석한 김건태의 연
구도 같은 결론을 얻었다. 이 연구는 1708년부터 작성된 경상도 감사 댁
칠곡의 논 추수기와 분재기를 바탕으로 수행되었다. 관찰사댁의 논이 있는
칠곡현 야방포는 수리시설과 토질이 비교적 우수한 곳이었다. 이 시기 칠
곡에서는 벼-보리의 이모작이 실시되어 이앙법이 일반적이었고 관찰사댁
은 1711년에 이모작을 하였다. 1685-1787년 동안 생산량이 자료가 있는
해는 74년간이고 논 1두락 당 평균생산량은 벼 25.2두였다.

　최윤오도 충청도 서산에서 농장을 경영하고 있는 서울 양반 댁의 순조
32년(1832)~고종12년(1875)까지 44년간의 지대 수취자료를 분석하였다.
그는 이 기간 동안 두락 당 평균 지대 수취량이 18두에서 12두로 감소하는
추세를 발견하였다.36) 그는 이 현상을 단위면적 당 수취량의 하락으로 보

---

36) 최윤오,『조선후기 토지소유권의 발달과 지주제』혜안 2006. p.346

기 어렵다며 다른 해석을 하였다. 그는 소작인의 항조(抗租), 지대거납(地代拒納) 등이 이유가 될 수 있다고 보았으나 소작인들의 항조로 지대가 장기간에 걸쳐 하락했다고 보기에는 무리가 있다.

(2) 토지 매매문기 분석

차명수와 이헌창은 국립중앙도서관과 규장각이 소장하고 있는 1700-1918년 기간의 약 1만 건에 이르는 논 매매문기(賣買文記)에 기록된 논 가격을 조사하였다. 이 토지 문기는 경기도, 충청도, 전라도, 경상도, 황해도 것을 모두 포함하고 있어 논농사가 중심이었던 남한 지방을 사실상 대표하는 자료로 볼 수 있다.

논 매매가격 자료를 회기분석 모형으로 분석한 결과 18세기에는 논 가격이 안정되어 있었으나 19세기에는 지속적인 하락추세를 보였으며 19세기 말 최저점을 지난 후 20세기에는 반전 상승추세를 보였다는 결과를 얻었다. 구체적으로 19세기 초 논의 평균 실질가격은 두락 당 벼 6석을 넘었는데 19세기 후반 개항 직전에는 4석으로 떨어졌다는 것이다.[37]

연구자들은 이와 같은 논 가격의 장기적 추세변화는 이자율 변화보다는 논의 생산성 변화를 반영한 것이라고 보았는데 이것은 개별 양반가의 추수기를 분석한 연구 결과를 확인하는 것으로 판단된다. 논 가격은 20세기에 들어와 다시 상승하기 시작했는데 이것은 식민지 시대 농업기술 발전과 투자의 결과로 설명할 수 있다는 것이다.

일반적으로 농업 생산성의 하락은 농민의 생활수준을 낮춘다. 이는 농업생산량을 바탕으로 운영되는 국가의 재정을 악화시킨다. 뿐만 아니라 대량의 곡물을 저장하여 흉작을 맞았을 때 농민들에게 종자와 식량을 분배해 주던 환곡제도의 운영도 어렵게 만든다.

---

37) 차명수·이헌창, "우리나라의 논가격 및 생산성 1799-2000", 『經濟史學』 36, 2004, pp.123-141.

농업 생산성이 18세기 중반 이후 지속적으로 하락하였다는 정황은 19세기 조선 정부가 직면한 재정위기와 들불처럼 번진 농민들의 저항과 민란의 원인으로서 주목을 받고 있다. 백성들을 직접 상대하는 군현의 수령과 아전들의 세금의 체납이나 횡령, 환곡의 유용, 방납(防納), 이무(移貿) 등의 부정행위는 예전에도 있었으나 19세기 중반에 들어와 더욱 심해진 것은 당시 농업의 지속적 생산성 하락과 관계가 깊은 것으로 보인다.

2) 농업 생산성 하락의 원인

18세기에 일어났던 논의 생산성 하락은 어떤 원인에 의해 발생하였을까. 박기주는 농지의 생산성 하락의 원인은 이상 기후로 인한 잦은 수리시설의 파괴와 이에 따른 전답의 황폐화 및 작인들 간의 수리 운영시스템의 붕괴에서 찾고 있다.[38] 정진승도 호남의 논 생산성 하락의 원인도 잦은 수해와 한해의 내습으로 인한 흉작과 수리시설의 황폐화에 따른 대규모 진전화(陳田化)와 이로 인한 농업생산구조의 붕괴가 악순환적으로 반복되었기 때문이라고 보고 있다.[39]

산림이 황폐화되기 시작한 것은 대략 18세기 초부터로 보고 있다. 18세기의 인구 증가는 난방과 취사, 특히 온돌의 보급에 따른 난방 연료와 주택 건설을 위한 목재에 대한 수요를 증대시켰다. 또 다른 요인은 식량 증산을 위한 개간과 화전의 조성이다. 당시에는 많은 농민들이 관리들의 가렴주구를 피해 살던 마을에서 도망하여 산속으로 들어갔다. 이들은 화전 조성을 위해 무계획적 방화와 벌채를 일삼았고 이는 산림황폐화의 중요한 원인이 되었다.

산림황폐화의 과정은 마을 부근의 사산(私山)에서 시작하여 깊은 산골의 공산(公山)에 이르기까지 무차별적으로 이루어져 19세기에 들어오면

---

38) 박기주, 앞의 논문
39) 鄭勝振, "19·20세기전반 농민경영의 변동양상", 『경제사학』 25, 1998.

오지를 제외한 거의 모든 산이 헐벗었다고 한탄할 정도의 민둥산이 되었다.[40] 잦은 한해와 수해는 산림 생태 시스템이 망가졌을 경우 상승적으로 작용하여 농업의 생산성을 악화시킨다.

산림이 황폐화되었을 경우 조금만 가물어도 한발 피해를 입게 되고 조금만 폭우가 내려도 토사가 밀려 수리시설과 전답을 매몰시키고 홍수 피해를 초래한다. 보통 긴 가뭄 뒤에 폭우가 쏟아지는데 이때 산림이 없으면 가뭄과 홍수 피해가 몇 배로 증폭된다. 조선 후기 수해에 의한 흉작의 증가는 본 연구의 부표인 흉황연표에 의해서도 입증된다.

김건태는 논의 생산성 하락이 반답(反畓)의 한발 취약성과 지력 쇠퇴에 그 원인이 있을 것으로 보고 있다.[41] 그는 이앙법이 일반화된 지역에서의 생산량 감소는 충분한 지력 보강 없이 진행된 집약화로 인한 지력의 쇠퇴가 원인이라고 설명하였다.

18세기에 들어와 이앙법이 보급되자 쌀에 대한 수요가 늘어났다. 조선 초기에는 논 면적이 경지면적의 25%에 불과했는데 18세기에 논 면적이 갑자기 증가하기 시작하였다. 이때부터 쌀밥을 선호하는 것이 유행처럼 되자 농민들은 밭을 논으로 만들기 시작하였다. 조금이라도 물을 댈 수 있는 곳이면 밭을 논으로 만들었다.

이를 반답이라 하는데 서유구(徐有榘)는 전국적으로 논의 약 30%를 반답으로 보았다. 반답에 이앙한 모는 때맞추어 비가 오지 않으면 거의 수확이 불가능할 정도로 한발에 취약하였다.

수리시설은 계속하여 유지 보수하지 않으면 필요할 때 제 기능을 하지 못하는 특성이 있다. 현종 때 비변사는 "근세 이래 관리와 백성들이 제언과 보가 막히고 무너져도 수리할 생각은 안 하고 폐기하여 논으로 만들고 있다"고 모경(冒耕)의 폐해를 왕에게 보고하였다.[42]

---

40) 조선시대 산림황폐화의 과정과 실상에 대해서는 다음 연구가 참고된다. 이우연, "18·19세기 산림황폐화와 농업생산성", 『경제사학』 34, 2003, pp.31-57.
41) 김건태, 『조선시대 양반가의 농업경영』, 역사비평사, 2004, p.320.

18세기 말 정조는 '농서(農書)를 구하는 윤음(綸音)'을 통해 제언(堤堰)에 대한 정사를 오랫동안 방치해두어 제언 안의 부지를 세력가들이 불법적으로 경작하는 모경이 늘고 있다고 한탄하였다.[43] 정조는 "호남 지방의 벽골제(碧骨堤), 호서 지방의 합덕지(合德池), 영남 지방의 공검지(恭儉池), 관북 지방의 칠리(七里), 관동 지방의 순지(蓴池), 해서 지방의 남지(南池), 관서 지방의 황지(潢池)와 같은 제언은 우리나라에서도 가장 큰 제언인데 터놓을 곳은 터놓지 않고 막을 때 막지 않아서 장마가 지나간 뒤 즉시 말라붙어 매년 흉년이 들고 있다"고 수리시설의 수축과 관리의 중요성을 지적하였다.

저수지를 수리하지 않는 이유는 대부분 모경(冒耕) 때문이었다. 모경이란 권세가 또는 유력자들이 저수지에 물이 고이지 않게 제방을 파괴하고 저수지 부지를 논으로 만들어 경작하는 행위를 말한다. 저수지 부지는 기름지기 때문에 수확량이 많았다. 그러나 저수지에서 물을 대던 몽리구역의 농지는 수리를 할 수 없어 황폐화되기 일수였다. 19세기 이후 농가의 영세성이 증가하고 병작(소작)농업이 확대되면서 수리시설은 더욱 황폐일로를 걸었다.

조선이 망한 후 조선총독부가 1918년 실시한 토지조사에 의하면 전국에 6천 300개의 제언과 2만 7천 개의 보가 있는데 이 가운데 태반이 이용 불가능한 것으로 파악하였다. 그리하여 수리를 할 수 있는 답이 총 125만 정보의 논 가운데 23만 정보에 불과한 것으로 나타났다.[44]

---

42) 『備邊司謄錄』, 현종 13년 1월 15일.
43) 『정조실록』, 정조 22년 11월 30일.
44) 李光麟, 『李朝水利史硏究』, 韓國硏究圖書館, 1961, p.146.

3. 조선후기 군영의 증설과 군비의 증가

1) 5군영 체제의 성립

조선은 임진왜란을 계기로 수도 방위와 왕권을 강화하기 위하여 5개의 중앙군영을 연달아 설치하였다. 5군영은 임진왜란 당시 창설된 훈련도감(訓鍊都監)과 병자호란 전후에 창설된 어영청(御營廳)·총융청(摠戎廳)·금위영(禁衛營)·수어청(守禦廳)을 말한다. 조선은 중앙의 5군영과 별도로 병영(兵營)·수영(水營)·통영(統營) 등의 지방군영과 향군인 속오군도 운영하였다.

훈련도감은 임진왜란 당시인 선조 26년(1593) 유성룡의 건의로 설치되었다. 훈련도감은 왜구를 몰아내는 데 큰 공을 세운 명장(明將) 척계광(戚繼光)의 전법과 전술을 바탕으로 하여 조직된 군영이다. 훈련도감은 포수(砲手)·사수(射手)·살수(殺手)의 삼수병을 중심으로 편성하였다.

훈련도감 군사의 수는 대체로 5천명 선을 유지하였다. 훈련도감 군은 정부에서 급료를 지불하는 조선 최초의 상근 직업군인으로 무기와 장비도 국가에서 대주었다. 도감군은 1개월에 쌀 6~12두를 받고 1년에 면포 9필을 받았다.[45] 이들은 급료를 받아 처자를 데리고 서울에서 살았다.

훈련도감 군은 임진왜란 이후에도 중앙군의 핵심군으로 자리 잡았다. 훈련도감의 운영을 위해 정부는 토지에 삼수미(三手米)를 부과하고, 각지에 둔전을 개설하였다. 훈련도감은 삼수미만으로는 운영비가 모자라 포보(砲保) 3만 7천여 명과 향보(餉保) 7천여 명을 받아 이들로부터 포 2필, 또는 쌀 12두를 징수하여 경비에 충당하였다. 정부는 훈련도감의 군량과 군수품을 공급하기 위하여 양향청(糧餉廳)을 설립하였다.[46]

---

45) 金鐘洙, "17세기 훈련도감의 군제와 도감군의 활동", 『서울학연구총서』 8, 1998, p.185.
46) 『萬機要覽』, 軍政篇, 訓練都監, 財用

어영청·총융청·수어청은 인조반정 이후 청나라에 대한 방어와 서인 정권의 무력 기반을 위해 인조 때 신설되었다. 금위영은 숙종 때 설치하였다. 어영청은 인조 즉위 직후 청나라의 침략 가능성에 대비한 국방계획의 일환으로 만들었다. 초기 어영군은 수백 명에 불과했다. 인조 2년(1624) 이괄의 난이 일어나자 인조는 어영군의 호위를 받으며 공주로 피난했는데 그곳에서 각 군·현의 포수 600명을 모집하여 어영군에 편입시켰다.

인조가 서울로 돌아온 후 어영군이 1천 명으로 늘어나자 2번(番)으로 나누어 교대로 왕을 시위(侍衛)하였다. 이때부터 어영군은 훈련도감 군과 함께 수도 방위와 왕실 보위를 담당하였다. 어영군은 병자호란 때 약 7천 명으로 늘어났다. 어영군은 효종 초에 이완(李浣)을 어영대장으로 임명하고 북벌 정책의 중심 군으로 키우기 위해 2만 1천여 명으로 증원하였다.

어영군은 6번으로 나누어 2개월씩 번상(番上)하여 숙위(宿衛)하였다. 어영군의 재정은 국가에서 직접 부담하지 않고 번상 숙위하는 정군(正軍)에게 3명의 보인(保人)을 지급하여 운영하였다. 보인 가운데 1명은 번상하는 군인이 서울을 왕래할 때 드는 비용을 조달하게 하였고 나머지 2명은 번상군의 서울 체류 중 군량을 조달하게 하였다.[47] 어영군을 위한 보인 수는 8만 명에 달하였다.

총융청은 이괄의 난이 진압된 후 청나라의 침입에 대비하여 경기도의 군사를 정비하고 경기 각 읍의 정군과 속오군(束伍軍) 및 별마대군(別馬隊軍)을 통합하여 총융군을 설치하였다. 총융군의 군량 확보를 위해서는 경기도 각 읍의 삼수미를 본 읍에 유치시켜 비상시에 쓰도록 하고 각지에 둔전을 설치했다. 둔전만으로는 비용을 댈 수 없게 되자 소속 군사들이 번상할 때 어영군처럼 보인을 지급하여 번상 비용에 사용하도록 하였다. 총융청의 군사가 많을 때는 약 2만 명이었다.

수어청은 인조 4년(1626) 남한산성을 축조하고 이를 중심으로 경기도

---

47) 『효종실록』, 효종 3년 6월 29일; 정약용 『목민심서』 병전.

남쪽을 방어하기 위하여 창설되었다. 설치 초기에는 총융사의 관할 아래 두었으나 병자호란 이후 인조 12년(1634) 독자적인 군영으로 독립하였다. 병자호란으로 파괴된 남한산성을 재건하는 과정에서 서울에 있던 수어청 본부를 남한산성으로 이전하게 되면서 광주유수를 수어사(守禦使)로 겸직 하게 하였다. 그 후 효종의 북벌정책과 관련하여 남한산성에 입방하는 군 사를 모두 경기지역의 군사로 교체하면서 총융청과 같은 체제로 만들었다. 수어청의 재정은 둔전 수입과 4만여 석의 군량을 환곡으로 운영하여 그 이 자로 충당하게 하고 군사들에게는 보인을 주고 군량을 자담하게 하였다.

금위영은 숙종 8년(1682) 군제 개혁의 과정에서 병조 소속 정초군(精抄 軍)과 훈련도감 소속 훈련별대(訓鍊別隊)를 합하여 발족하였다. 금위영 군 은 평안도와 함경도를 제외한 전국에서 선발하였다. 금위영 군은 105초(哨) 의 군사를 10번으로 나누어 2개월씩 번상하도록 하였는데 숙종 10년(1684) 김석주의 건의에 따라 기마군인 별효위(別驍衛)를 추가로 설치하였다.

기병은 번상시에만 급료를 지급하였는데 5명의 보인을 주었다. 2명의 보포(保布)는 국가에서 징수하여 기병(騎兵)의 급료로 주었고 나머지 3명 의 포는 기병의 식량과 말의 사료와 관리를 위해 사용하였다. 금위영의 재 정은 일부 지역에 둔전을 설치하여 조달하고 보병은 어영청의 군사와 마 찬가지로 보인 3명씩을 지급하였다.

금위군의 총액(總額, 병력의 한도)은 관보(官保, 쌀을 내서 번상군의 식 량을 마련하기 위한 보인)와 자보(資保, 번상시 군복·군기·기타 장비를 마 련하기 위한 비용을 대는 보인)를 합하여 모두 9~10만이었다. 금위군의 세 입 가운데 일부는 군사훈련과 군기 제조 그리고 각종 인건비에 사용하기 도 하였다. 금위영 소속 장관과 고급 장교의 녹봉은 호조와 병조에서 담당 하였다. 그러나 일부 기간 장병에 대한 요미, 세찬미(歲饌米), 동지미(冬 至米), 마태료(馬太料) 등은 관보미에서 지출하였다.

2) 속오군

속오군(束伍軍)은 선조 28년(1595) 임진왜란 시 향군(鄕軍)으로 설치하였다. 훈련도감이 설치된 다음 해 유성룡은 속오군의 창설도 주도하였다. 향군으로 편성된 속오군의 충원 대상은 양인과 그때까지 면역의 대상이었던 공사천인(公私賤人)이었다. 속오군의 지휘권은 중앙에서 장악하고 영장(營將)을 파견하여 속오군을 훈련시켰다. 인조 때 속오군의 총수는 약 8만 6천여 명, 숙종 7년에는 20여만, 정조 때는 21만으로 늘어났다. 정부는 속오군에게는 보인도 주지 않았다. 속오군은 훈련 때 자비로 군장을 마련하고 식량도 스스로 준비하지 않으면 안 되었다.

국가재정이 부족해지자 속오군은 점차 수포군화(收布軍化)하고 사천(私賤)을 중심으로 하는 군대로 변모하기 시작하였다. 속오군은 양인은 쌀 20두, 사노(私奴)는 15두를 내면 훈련을 면제해주었다. 속오군은 부역과 신역에 아무런 혜택도 받지 못하고 심지어는 속오군에 편입된 사람이 동시에 일반 병역에 이중으로 편입되는 일신양역(一身兩役) 현상이 광범위하게 일어났다.48)

3) 5군영 체제와 군비의 증가

병자호란 이후 조정과 유림에서는 숭명반청론(崇明反淸論)이 지배적 여론이었다. 효종이 즉위하면서 북벌 추진이 국정의 중심 과제가 되었다. 효종은 남한산성과 수어청을 정비하고 중앙군의 병력을 금군 1천 명, 어영청 2만 명, 훈련도감 1만 명으로 증강하고자 하였다49).

금군의 완전 기병(騎兵)화를 추진하였으며, 어영청에 기병대인 별마대와 포병대인 별파진을 신설하고 전국의 목장을 정비하였다. 군기와 전술

---

48) 車文燮, 『朝鮮時代軍制硏究』, 檀大출판부, 1973, p.287.
49) 『효종실록』, 효종 8년 1월 23일.

개량에도 힘을 기울여 조총을 개량하고, 군복·무기와 마상 전술을 개량하였다. 지방군의 핵심인 속오군의 훈련을 강화하기 위하여 인조 때 설치하였다가 유명무실하게 된 영장제를 강화하였다.

효종은 청의 중국 본토 지배가 아직 확고하지 않은 상태이므로 북정하면 성공할 수 있다고 믿었다. 효종은 10년간의 준비와 10만 명의 북정군(北征軍)을 양성하는 것을 목표로 군비를 증강하고자 하였다. 그러나 당시 국내의 경제적 상황은 효종의 꿈을 뒷받침하기 어려웠다. 계속되는 재해와 흉년으로 기민들이 늘어나고, 궁방전과 군둔전 등 면세 토지가 증가하여 세수는 줄고, 면역자(免役者)는 증가하였다.

임진왜란 이후 갑자기 대군이 탄생하였으나 호조의 재정 부족으로 국고 지원을 제대로 받지 못하게 되었다. 효종의 북벌 의지에도 불구하고 당시의 정부는 훈련도감의 특수 부대인 복마군과 어영청, 금위영 군도 필요한 군량과 비용을 확보해주지 못하는 처지였다. 중앙정부가 총융청과 수어청 군의 유지를 위한 소정의 운영비를 공급하지 못하자 이들 군영은 독자적인 미곡 징수를 정부에 요청하였다. 정부는 이를 허락하지 않을 수 없었다.

호조로부터 운영비를 받지 못하게 된 병조와 중앙 5영은 각각 수만 명의 보인(保人)을 확보하고 이들로부터 수만 필의 보포(保布)를 거두어들였다. 이를테면 병조는 12만여 명, 금위영은 7만 4천여 명, 어영청은 7만 2천여 명의 군보를 정속시켜 각 군영은 각기 보인을 확보하여 이들로부터 군포와 쌀을 징수하였다. 군보미는 쌀로 바칠 때는 1년에 1인당 백미 12두, 포로 바칠 때는 2필, 돈으로 바칠 때는 4냥이었다.[50]

4) 양역제(良役制)의 폐단

군역 또는 양역(良役)의 대상자는 16세부터 60세에 이르는 양인(良人)

---

50) 金玉根, 『朝鮮王朝財政史硏究 4』, 일조각, 1992, p.288.

남자였다. 양반·노비·기타 천인들은 군역에서 면제되었다. 특히 17세기 세 차례의 대기근을 극복하기 위한 진휼 비용을 마련하기 위해 공명첩 등의 판매로 많은 수의 양인들이 양반으로 신분을 상승시켰기 때문에 신분제에 입각한 양역 체제가 붕괴되기 시작하였다. 군역이 증가하면서 향촌 사회에 서는 역을 담당할 양인들의 수가 절대적으로 부족하게 되었다. 향촌에 사 는 소수의 양역 대상자가 중앙 각사와 5군영을 지원하기 위한 군포 부담을 떠안지 않으면 안 되었다.

각 군영과 중앙각사는 재정확보를 위해 각종 군보를 새로 충원하기 시 작하였다. 군영이 아닌 중앙 각사에도 약 1만 명의 군관들이 배속되어 있 었다.[51] 군비는 대부분 군량미와 인건비이기 때문에 흉년에도 줄이기 어 려웠다.

이로 인해 병조와 어영청, 수어청, 금위영의 재정수입 중 군포가 차지하 는 비율이 각각 90%를 웃돌았다. 훈련도감과 총융청을 합한 중앙 5군영의 재정에서 보포가 차지하는 비율이 73%에 달하였다.[52] 군포는 병조와 각 사에 파견되어 있는 군관들의 급료와 5영의 인건비와 부대 운영비로 사용 되었기 때문에 군포는 가장 탄력성이 없는 세금이 되었다.

기근이나 역병이 돌아 양정(良丁)들이 죽거나 타지로 유망해도 군포는 납부하지 않으면 안 되는 세금이었다. 일선에서 군사의 충원과 군포 징수 의 실무를 담당하는 수령·아전들은 이 기회를 사리 추구의 방편으로 이용 하였다. 병역 행정은 공정성을 잃고 병역은 백성들을 수탈하는 수단이 되 었다. 인징(隣徵)·족징(族徵)·백골징포(白骨徵布)·황구첨정(黃口添丁) 등 으로 일컬어지는 폐해가 전국에 만연하였다.

---

51) 『현종실록』, 현종 13년 9월 19일.
52) 김옥근, 『조선왕조재정사연구 4』, 일조각, 1992. p.288.

5) 균역법 개혁

양역(良役)의 폐해가 극심해지자 영조는 이를 극복하기 위하여 동왕 26년(1750) 균역법(均役法)을 실시하였다. 균역법은 종래 1년에 쌀 12두를 내던 것을 6두로 줄이고 2필씩 받던 군포는 1필로 반감하였다. 4냥씩 내던 결전(結錢)은 2냥이 되었다. 균역법의 실시로 감소한 재정수입은 결세(結稅), 어염선세(魚鹽船稅), 선무군관포(選武軍官布) 등 새로운 세원을 발굴하여 보충하였다.

균역법의 실시는 군역을 진 사람들에게 많은 도움을 주었으나 각 군영과 관청에 큰 폭의 재정결손을 가져왔다. 정부는 재정결손이 생긴 군영과 관청에 대해 예산을 대신 보충(給代)해주지 않으면 안 되는 상황에 처했다. 재정이 부족한 정부는 주로 중앙 아문과 5군영에 대해서만 예산을 급대해 주었다. 이를 위해 정부는 대동세의 지방 보관분인 저치미(儲置米)·영수미(營需米) 등을 서울로 가져와 사용함으로써 해결을 모색하였다. 중앙 중심의 재정 운용은 균역법 이후 더욱 강화되었다.

중앙 군영은 정부로부터 급대를 받았지만 여전히 경비가 부족하였다. 흉년과 역병으로 정부의 재감(災減)이 있으면 각 군영의 재정도 어려워졌다. 흉년에는 보미(保米)와 군포를 거두는 것이 어려워 미수(未收)가 수만석에 이르는 경우가 많았다. 예를 들면 금위영의 관보는 군수에 충당되는 것보다 호조에서 국가재정의 보충을 위해 차용하였다가 갚지 못하는 경우도 많았다.[53] 당시 국가의 재정은 동쪽이 비면 서쪽의 것을, 서쪽이 비면 동쪽의 것을 가져다가 메꾸는 식이었다. 각 군영은 재정 운영이 어려워지자 소속 보인들에게 돈을 받고 번상(番上)을 면제해주는 수포군(收布軍)으로 변질되었다.

---

53) 방기중, "17·18세기 전반 금납조세의 성립과 전개", 『동방학지』45, 1984, p.130.

4. 군정의 문란

1) 외안군액(外案軍額)의 증가와 군보미의 방납

균역법의 실시는 감영과 군현 등 지방 아문과 병영·수영·통영·진보 등 지방에 주둔하는 군영에게도 큰 재정 결손을 초래하였다. 지방 관청과 군영도 균역법의 실시로 생긴 재정 손실을 보충할 다른 방법을 찾지 않으면 안 되었다. 지방 아문과 군영은 환곡의 운영에서 발생하는 모곡과 군액의 증가를 통한 보인의 증원확대에 착안하였다.

먼저 지방 관아와 군영은 호조와 진휼청 등에서 흉년에 백성들의 구휼을 위해 운영하는 환곡을 경비 조달을 위한 목적으로 창설하였다. 즉 환곡을 운영하여 그 이자(모곡)를 기관의 운영비로 사용하는 '환모보용'(還耗補用)을 선택하였다.

다른 한편으로 감영을 비롯한 지방 관아와 지방의 병영·수영·통영·진보는 외안군액(外案軍額,지방 군영의 장부에 등록된 군역자의 수)의 증대를 통해 액외보인(額外保人)과 사모속(私募屬, 상관에게 딸린 하급 관리)을 늘려갔다. 이들 아문은 따로 군액을 늘려 보인을 모집하고, 그들로부터 군포를 수취하여 재정을 보충하기 시작하였다.

균역법실시 이후 나타난 군정의 문제점 가운데 하나는 지방 아문과 군영의 군액수의 급증이었다. 18세기 후반에 군총(軍摠)은 그 이전에 비해 40여 만이 늘어났는데 군액 증가의 대부분은 지방 감영과 군현 그리고 병영의 액외보솔(額外保率)과 지방 아문의 사모속(私募屬)이었다.

균역법 제정으로 보인 1인당 쌀 6두로 줄어든 군보미는 어느새 12두로 다시 늘어났다. 군보미가 다시 늘어난 큰 원인은 중앙 기관에 내는 군보미는 현물로 경창에 납부해야 하는 규정 때문이었다. 6두의 군보미 값은 대략 2냥인데 이를 경창까지 수송하는 비용이 6-7냥에 달하였다.[54]

군보미를 현물로 경창에 납부하는 것보다 업자에게 맡겨 작전방납(作錢

防納)하는 것이 편리하기 때문이었다. 보미의 수납과정에서의 향리들의 중간 수탈, 과도한 수송비, 쌀의 지역 간 생산유통조건의 차이로 인한 미가의 차이 등은 보인들로 하여금 보미의 납부를 방납 업자에게 맡기지 않을 수 없게 만들었다. 방납업자들은 수송비가 싼 지방 또는 경강에서 쌀을 구입하여 경창에 바쳤다

2) 군역의 연대책임제와 군포의 토지부과

정부는 18세기 중반 『양역실총(良役實摠)』의 간행을 계기로 군액을 군총(軍摠)으로 정액화(定額化)하여 중앙재정을 안정적으로 확보하려고 하였다. 이에 따라 헌종 10년(1884)부터 군역은 군현별로, 면리별로 정액화시켰다. 그리고 전면적인 금납제를 실시하고 군보미도 금납화하였다. 군총제란 촌락별로 군포를 납부하는 군정의 수를 정해놓고 일정한 금액을 공동으로 내게 하는 제도를 말한다.

인구가 적고 가난한 마을에 양역의 궐액이 생기면 향리는 허명(虛名)을 만들어 양역을 충당하고 이내(里內)에서 돈을 거두어 다른 사람을 고립(雇立)하는 것이 상례가 되었다. 빈민들도 양반가의 묘지기나 산지기, 행랑살이 등으로 투탁하여 군역에서 빠졌다. 또 궁방전의 작인이 되거나 전답을 투탁하여 군역을 면제 받았다.[55]

이러한 일은 장정이 없는 마을에서만 생기는 것이 아니라 장정에 여유가 있는 곳에서도 일어났다. 향리와 이임이 뇌물을 받고 건강한 사람을 군안에서 빼주고 대신 빈한자·불구자로 충원하는 폐단이 일어났다. 또 여유가 있는 사람들은 납속(納粟), 향안입록(鄕案入錄), 족보 위조 등의 방법

---

54) 방기중, "조선후기 균역세에 있어서 금납조세의 전개", 『동방학지』 50, 1986, pp.129-132.
55) 고동환, "19세기 부세운영의 변화와 그 성격", 『1894년 농민전쟁연구』, 역사비평사, 1991, p.74.

으로 양반을 모칭하거나, 서원·향교의 교생이 되었다. 또는 군현 등 향청의 각종 서리들의 보인으로 뽑아 관청의 사모속이 되는 방법으로 양역의 부담을 모면하였다.56)

정부는 군포를 안정적으로 확보하기 위해 이정법(里定法)을 실시하였다. 이정법은 향촌에서 발생하는 군역 정수의 부족(闕額)에 대한 보충 및 군포의 납부를 연대책임 형식으로 리에 맡기는 제도였다.57) 이정법이 시행되자 관에서는 각 리에서 할당 금액만 채우면 리 내부에서 일어나는 과정에 대해서는 관여하지 않았다. 이런 상황이 되자 면리에서는 사망, 도주 등으로 궐액이 발생하여 군포(保米)를 정해진 수량만큼 거둘 수 없게 되면 향촌의 주민들에게 부담을 공동납부하게 하였다.

수령들도 한 리의 궐액이 10명중 7, 8명에 이르면 궐액을 보충할 방법이 없게 된다. 군포 납부액을 각 면리에 공동으로 책임 지우지 않을 수 없게 된다. 이것이 고종 8년(1871)에 호포제(戶布制)의 전면적 실시로 귀결되었다. 이리하여 양역에 부과하던 군역은 향촌 단위의 군역 부과와 동포제(洞布制)라는 형태로 변질되었다. 양역에 부과하던 군역세는 향촌 단위로 부과하다가 다시 한 번 바뀌어 면리의 토지에 부과하기 시작하였다. 이에 따라 군역제는 사실상 해체되었다. 전쟁이 나면 누가 군사로 징집될 것인지, 누가 군량을 댈 것인지 알 수 없는 제도가 되고 말았다.

---

56) 김준형, "18세기 里定法의 전개 - 촌락의 기능 강화와 관련하여 - ", 『진단학보』 58, 1984.

57) 里定法은 숙종 37년 양역변통절목에서 처음 규정하였다. 이정법은 양역상 궐액이 생기면 궐액을 里에서 책임지고 充丁한다는 양역 연대책임제이다. 원래 각 리별로 군액이 배정된 후 궐액이 생겨 타리로 떠넘기면 그 리에서 소원이 들끓기 때문에 수령도 리 간의 궐액을 마음대로 조정하지 못하였다. 결국 리별로 군역 부담이 定額化되어 버렸다.

제10장
환곡제도의 확대와 진휼기능의 종언

1. 조선후기 세제개혁과 환곡 운영의 변화

1) 3분모회록법과 환곡의 증설

조선왕조 최대의 재정적 위기는 임진왜란에 의해 촉발되었다. 7년간 계속된 임진왜란으로 백만 명 이상으로 추산되는 백성들이 죽거나 다치고 농토를 떠나 흩어졌다. 자연히 농사를 제대로 지을 수 없었다. 주인 없이 버려진 논밭은 장기간 방치되어 황폐지가 되었다. 임진왜란이 끝난 지 38년 만에 병자호란이 일어났다.

병자호란에서 패전한 조선은 다시 위기를 맞아 혼란과 무질서 상태에 빠졌다. 재정이 탕진되고 세금도 제대로 걷을 수 없어 정부는 각종 비용을 조달할 수 없었다. 인조 15년(1637) 병자호란이 끝난 다음 해 청나라의 칙사가 대규모 사신단을 이끌고 오는 데 접대비를 마련할 수 없었다.

할 수 없이 정부는 토지 10결당 1필씩의 포(布)를 걷기로 하고, 백관의 녹봉 지급을 정지했다. 또 8도의 감사, 병사, 수령들에게 각자 포를 바치도록 지시하였다.1) 이때 사간 김응조(金應祖)가 사신 접대를 위한 비용 염출을 위해 삼분모회록법(三分耗會錄法)을 시행하자고 건의하였다.2) 삼분모회록법이란 환곡에서 나오는 모곡의 3분의 1을 떼어 상평청의 회계에 편입시킬 수 있도록 하는 법이다. 회록(會錄)이란 쓰고 남은 돈을 다른 기관의 회계에 기록하는 것을 의미한다.

이 법은 명종때 일분모회록법(一分耗會錄法)이란 이름으로 잠시 실시하다가 중지된 일이 있다. 효종 1년(1650) 청나라의 사신이 오는데 접대비

---

1) 『인조실록』, 인조 15년 7월 24일; 9월 9일.
2) 『인조실록』, 인조 15년 7월 15일. 三分耗會錄法의 근원은 명종 때 실시한 一分耗會錄法에 있다.

가 모자라는 상황이 또 발생하였다. 이번에도 김응조가 삼분모회록법을 다시 실시하자고 소를 올렸다.3) 이 제도가 실시되자 상평청에 취모보용(取耗補用)의 길이 열렸다. 당시의 상평청은 기민 구휼, 화폐의 발행, 사신 접대비용의 조달 등을 담당한 호조의 재정기구였다.

삼분모법(三分耗法)이 실시되자 만성적인 재정 부족에 시달리던 서울과 지방의 각사와 감영·병영·통영·수영 등에 비용조달의 활로가 열렸다. 환곡제도는 원래 흉년에 빈농을 구휼하기 위한 진대(賑貸)를 위해 창설한 제도인데 이때부터 그 성격이 정부 기관의 비용 조달을 위한 것으로 변하기 시작하였다. 당시 조선의 재정은 각사지판(各司支辦)의 원칙이 적용되던 때였다.

2) 전세제도의 개혁, 영정법과 비총법

임진왜란과 병자호란 이후 조선의 경제 여건이 크게 바뀌었다. 공법(貢法)에 기초한 전세(田稅)체계가 현실에 맞지 않자 세제를 개혁하였다. 전세제도는 손실답험의 과정이 최소화되고 백성들의 어려운 실정을 고려하여 인조 때 영정법(永定法)으로 개정하였다. 이에 따라 최고 20두에서 최저 4두를 받던 전세를 일률적으로 4두로 줄였다.

조선후기에 들어와 연이은 대형 흉작과 기근으로 전세 수입은 격감하고 진휼비용을 비롯한 국방비가 계속 증가하였다. 정부는 흉풍에 따라 들쭉날쭉하는 세수를 예측 가능한 수준에서 안정화시킬 필요가 있었다. 정부는 영조 36년(1760) 진휼비용 지출을 일정 수준에서 묶어두면서 세입을 안정화하기 위해 비총제(比摠制)를 실시하였다. 세법 개정으로 농민의 부담이 줄고 세입의 불안정성이 어느 정도 개선되었으나 정부의 세수 규모는 늘지 않았다.

---

3)『효종실록』, 효종 1년 4월 1일;『萬機要覽』, 재정편 3, 糶糴.

3) 대동법의 시행과 지방 유치분의 감소

대동법(大同法)은 민호에 배정하던 다양한 종류의 현물세를 없애고 그 대신 세금을 쌀로 단일화하여 토지에 부과하자는 법이었다. 대동법은 광해군 즉위년(1608)에 경기도에서 처음 실시하였다. 대동법은 숙종 34년(1708) 황해도를 마지막으로 1백 년 만에 전국적으로 실시하게 되었다. 대동미는 평안도와 함경도를 제외하고 3남과 경기도와 강원도는 토지 1결당 쌀 12두, 황해도는 쌀 12두와 별수미 3두를 받았다.

대동미의 수납 규모는 전세보다 4배 정도 많았다. 17세기 중반 대동미는 연간 약 40여만 석, 전세는 10여만 석 규모였다. 징수된 대동미는 서울로 보내는 상납미(上納米)와 현지에 보관하는 유치미(留置米)로 구분하였다. 서울의 선혜청에 상납된 대동미는 정부와 왕실에서 사용하는 여러 가지 물품과 요역(徭役)의 대금으로 사용하고 일부는 중앙 재정에 편입되었다.

지방에 유치된 대동미는 지방 관아의 유지비, 지방관의 녹봉 그리고 저치미(儲置米)로 사용하였다. 저치미는 상납 물품의 구입비와 수송비, 접대비, 흉황 시의 진휼 자금 등의 용도에 사용되었다. 대동미의 중앙 상납분과 지방 유치분은 효종 때까지는 대체로 50대 50이었다.

대동미는 토지에 부과하였으므로 흉풍과 과세 면적에 따라 세입이 변하였다. 실제로 경작하는 토지인 시기결(時起結)은 숙종 46년(1720) 경자양전(庚子量田) 이후 19세기 후반까지 계속 줄어드는 추세를 보였다.

18세기에 들어와 중앙정부의 세입은 면세전의 증가와 물가 상승 등으로 세출을 따라가지 못하였다. 정부는 이때부터 지방에서 올려 보내는 대동미의 중앙 상납분을 증가시켜 문제를 해결하려 하였다. 영조 42년(1766) 대동세 42만 7천 석 가운데 중앙 상납미가 31만 5천 석으로 전체의 74%를 차지하였고 지방 유치미는 11만 6천 석으로 약 26%로 하락하였다.4)

---

4) 金玉根, 『朝鮮王朝 財政史硏究』, 일조각, 1995.

4) 균역법의 시행과 급대의 부족

18세기 중반 영조 27년(1751)에 실시된 균역법(均役法)은 백성들의 가장 큰 고통인 군역 부담을 줄이기 위하여 만든 법이었다. 당시 양역(良役)에 부과하는 군포(軍布) 2필은 감당하기 어려운 세금이었다. 한 집에 아버지와 아들 장정 2인이 있으면 4필을 부담하였다. 균역법은 양역 해당자 1인이 1년간 부담해야 하는 군포 2필을 1필로 줄였다. 이로 인해 약 50만 필에 해당하는 재정수입이 줄었다. 이 시기 군포는 병조를 비롯한 산하 아문과 5군영(軍營)의 중요한 재정 수입원이었다.

정부는 균역법의 실시로 병조와 군영 등의 운영비가 대폭 줄어들자 이들 기관에 예산을 보충해주는 급대(給代)를 하지 않을 수 없었다. 정부는 감소한 군포 수입을 보충하기 위해 토지 1결당 5전의 결전(結錢)과 선무군관포(選武軍官布)5)를 신설하였다. 또 은결과 여결을 없애 세수를 늘리고 해세(海稅)를 중앙에 상납하도록 하는 한편 다른 부서로부터의 이획(移劃)과 회록(會錄) 등으로 충당하기로 하였다.

군포의 감소를 보충하기 위한 균역법의 대책 가운데 결전과 선무군관포를 제외하고는 대부분은 이미 지방 관청에서 세원으로 사용하던 것이었다. 예를 들면 해세는 이미 각 궁방에 절수된 상태에 있었고, 은·여결도 대부분 영·읍의 경비로 사용하던 것이었다.6) 따라서 군포 수입에 기반을 두고 있던 각 감영과 군영의 재정이 악화되었다.

---

5) 選武軍官이란 균역법을 실시하면서 부족해진 재원을 보충하기 위해 새로 만든 군관을 말한다. 정부는 양인 중에서 양반 행세를 하는 사람에게 선무군관이란 칭호를 주면서 그에 상응하는 軍官布를 납부하게 하였다. 선무군관은 평소 집에서 무술을 연마하고 유사시에 소집되어 군졸을 지휘하는 군관이다. 이들은 매년 정해진 양의 포나 쌀을 납부하였다.

6) 『萬機要覽』, 재용편 3, 균역.

2. 환곡의 증설과 부세적 기능의 강화

1) 환곡 총량의 증가와 재정보용

조선후기에 실시한 일련의 세제개혁은 호조의 세입을 크게 감소시켰다. 이 때문에 호조에서 경비를 보조받던 각 아문과 군영은 필요한 재정 지원을 거의 받지 못하게 되었다. 이들 기관은 운영에 필요한 경비를 스스로 조달하지 않으면 안 되는 상황에 직면하였다. 각사(各司) 각영(各營)이 경비를 스스로 조달할 수 있는 방안은 각자 환곡을 창설하여 농민에게 빌려주고 모곡을 받아 사용하는 것이었다. 정부는 각사가 비용을 조달하는 것을 인정하지 않을 수 없었다.

먼저 17세기 후반에는 호조와 상진청·비변사 등 중앙 아문이 환곡의 설치를 주도하였다. 이들 삼사(3司)가 설정한 환곡은 구휼을 목적으로 하는 것이었다. 호조곡은 군량미의 보충과 조달을 위한 것이었다. 18세기 후반과 19세기 초에 중앙에서 병조·형조·균역청·선혜청·총융청·수어청 등이 환곡의 설정에 나섰다. 이어서 각 도의 감영·병영·통영·수영·군·현·진 등도 환곡의 설치에 합류하였다. 이들 기관은 농사의 흉풍과 빈민 구휼과 관계없이 해당 기관의 운영비용 조달을 목적으로 환곡을 설치하여 운영하였다.

〈표10-1〉 조선후기 환총의 추이 (단위 1,000석)

구분	영조 초 18세기초	영조 36 (1760)	영조 45 (1765)	영조 52 (1776)	정조 12 (1788)	정조 21 (1797)	순조 7 (1807)	철종 13 (1862)
각곡합계	약 5,000	9,326	10,125	10,486	9,911	9,381	9,996	7,330
미곡환산		5,580	7,190	7,282	7,122	5,539	5,842	5,074

출전: 오일주, "조선후기 재정구조의 변동과 환곡의 부세화", 『역사와 실학』 3, 1992, p.83.

환곡의 총량은 〈표 10-1〉이 보여주는 것처럼 18세기 초에 약 500만 석으로부터 18세기 후반에는 약 1천만 석까지 증가하였다. 18세기 후반 전국에 설치된 환곡의 종류는 394개까지 늘어났다.[7] 환곡 1천만 석이라는 것은 조선 역사상 처음 달성한 것으로 영조 52년(1776)의 환총을 호구 수로 나누면 호당 6석씩 배분할 수 있는 막대한 양이었다.

18세기 후반 환곡의 총량이 1천만 석에 이르자 정조는 이를 기반으로 기민들에게 주는 진휼프로그램을 확대하였다. 그는 비효율적이라고 평가받던 설죽 프로그램을 폐지하고 그 대신 곡물의 무상 지급(白給)을 대폭 확대하였다. 자연히 혜택을 받는 기민들의 수가 증가하였다. 단기적으로 볼 때 환곡의 분급량도 증가하여 흉년으로 인한 감산 충격을 줄이고 미가의 상승을 어느 정도 완화할 수 있었다.

그러나 1천만 석에 이르는 환곡의 내용을 보면 18세기부터 후반부터 환곡이 가지는 진휼과 상평의 수단으로서의 비중보다 정부의 재정수입 확보라는 수단이 가지는 의미가 더 커지기 시작하였다. 진휼을 목적으로 하는 호조·상평청·비변사의 삼사곡은 영조 때 8백 35만 석에 이르렀으나 19세기 초 순조 7년(1807)에는 3백 75만 석으로 줄어들었다. 그러나 재정보충을 목적으로 하는 감영·병영·수영·통영과 기타 기관이 운영하는 환곡의 수량은 정조 즉위년(1776)에 60만 7천 석에 불과하였으나 순조 7년에는 6백 56만 석으로 급증하였다.[8]

3사곡이 감소한 원인은 흉년을 맞아 빌려준 환곡을 회수할 길이 없을 때는 채무를 모두 면제시켜주었기 때문이다. 또 다른 이유는 삼사곡의 일부를 다른 영문의 급대비용으로 이전해 준데 있다. 반면에 각사 각영에서 모곡을 목적으로 운영하는 환곡은 심한 흉년이 와도 묵은 미납을 면제시켜주는 일이 거의 없었다.

흉년이 오면 환곡 가운데서 지출하는 무상 분급의 양이 더욱 늘어날 수밖에 없다. 백급되는 환곡의 양이 증가하기 때문에 정규 환곡의 양이 줄어

---

7) 박이택, "17·18세기 환곡에 대한 제도론적 접근" 『조선후기 재정과 시장 - 경제체제론의 접근』, 서울대학교 출판문화원, 2010, p.187.

8) 양진석, "18·19세기 환곡에 관한 연구" 『한국사론』 21, 1989, p.245.

든다. 흉년이 계속되면 지난 해에 분급된 환곡의 회수가 어렵게 된다. 또 당 년에 분급한 환곡의 징수를 연기하지 않을 수 없게 된다. 가난한 농민들은 환곡을 갚을 수 없게 되면 야반도주하는 것이 보통이다. 환곡의 총량은 큰 흉년이 오거나 흉년이 몇 년간 계속되면 줄어들 수밖에 없는 속성을 갖고 있다. 환곡은 흉년이 거듭 들거나 전염병이 돌면 회수하기가 어려워 장부상 허류곡(虛留穀)으로 남는 것이 보통이었다.

19세기 초 순조 9년(1809) 이후 조선에는 큰 흉년이 연이어 발생하였다. 순조 11년(1811)에는 홍경래의 난이 일어났다. 순조 13년(1913)과 14년(1814), 15년(1815)에도 계속해서 흉년이 들었다. 이 때문에 매년 수백만의 기민이 발생하였다.9) 특히 순조 14년에는 전국에서 수만 명의 아사자가 발생하였다. 다급해진 정부는 순조 15년에 일본에 쌀 5만 석의 수출을 요청하였으나 성사되지 않았다.

특히 순조 초기(1807)에서 철종 10년(1859) 사이에 상평·진휼의 기능이 큰 상진곡은 71.3%가 감소하고 호조·비변사 곡도 23~25%가 감소하였다.10) 이 무렵 각도의 환곡도 크게 감소하였다. 이 때문에 19세기에 들어와 환곡의 농업 생산기반 유지와 빈민구제 기능이 대폭 축소되지 않을 수 없었다.

순조 연간 7년 동안 계속된 흉년과 내란은 기민들에게 분급된 많은 양의 환곡을 회수할 수 없게 만들었다. 재정보용을 위해 분급된 환곡도 대부분 환수되지 않았다. 회수되지 않은 환곡은 포흠곡으로 남았다가 허류곡이 되었다. 허류곡에도 장부상 모곡이 발생하므로 지방관리들은 이를 채우기 위해 각종 부정을 저질렀다. 부패한 수령과 지방 향리들의 이런 상황을 부정에 이용하면서 환곡의 총량은 급격하게 줄어들고 부실화되었다.

---

9) 『순조실록』의 당해 년에 나오는 畢賑기사 가운데 백급을 받은 기민의 연인원을 합산한 자료, 자세한 것은 문용식, 『조선후기 진정과 환곡운영』, 경인문화사, 2000, p.222, 표51 참조.
10) 문용식, 위의 책, pp.249-251.

2) 분급율과 분급량의 증가 및 모상첨모(耗上添耗)

창고에 보관되어 있는 환곡을 백성들에게 나누어 줄 때는 환곡을 모두 내어주는 것이 아니다. 반만 분급하고 절반은 전쟁 등 비상사태에 대비하여 남겨두는 반류반분(半留半分)이 원칙이었다. 반류반분은 환곡의 본래 기능인 진대와 군량이라는 측면에 중점을 두기 위한 것으로『속대전』에 규정되어 있다.

정부 각 기관의 비용조달을 목적으로 한 환곡이 증가하면서 반류반분의 원칙은 점점 문란해져 일류이분(一留二分), 일류삼분(一留三分), 진분(盡分)형태가 나타나기 시작하였다. 급기야 정조 즉위년(1776) 이후에 설치된 환곡은 86%가 환곡의 전부를 대여하는 진분으로 나타났다.11) 지방의 감영과 병영 등의 환곡은 거의 모든 곡식이 진분되었다.12)

환곡의 분급율 변화는 취모율(取耗率)에도 적용되었다. 취모율은 원래 10분의 1이었으나 상환하지 못한 환곡에 대해서는 모곡을 원곡에 첨부하여 '모상첨모(耗上添耗)'의 방식이 적용되었다. 모상첨모란 모곡의 일부를 다시 환곡의 원곡에 합하여 복리로 모곡의 수입을 계상하는 것을 말한다. 따라서 환곡의 총량이 기하급수적으로 증가할 수 있게 되었다. 예를 들면 모곡 1석에 대한 10분의 1 취모를 복리로 하면 30년 후에는 15석이 되는 식이다.

3) 환곡의 분급량 증가와 곡다민소(穀多民少)

환곡의 총량이 1천만 석으로 증가한 18세기 말부터 나누어 줄 환곡의 양이 희망하는 백성들보다 많은 이른바 '곡다민소(穀多民少)'의 현상이 나타나기 시작하였다. 이는 환곡을 원하는 사람보다 배당해야 할 환곡의 수량이 많은 현상을 말한다. 이 때문에 관에서는 흉풍년을 가리지 않고 백성들에게

---

11) 송찬섭,『조선후기 환곡제개혁연구』, 서울대 출판부, 2002, p.187.
12) 양진석, "18·9세기 환곡에 관한 연구",『한국사론』21, 1989, p.251.

환곡을 배정하자 농민들은 환곡을 기피하기 시작하였다. 건실한 농가는 환곡을 받지 않으려 하였다. 환곡의 모곡을 통하여 운영비를 조달하는 관에서는 풍년에도 빈한한 농가에게 환곡을 강제로 배정하기 시작하였다.

곡다민소의 예를 들면 순조 2년(1802) 문경(聞慶)에서는 농가 호당 50석의 환곡을 배정받았고, 철종 8년(1857) 봉산(鳳山)에서는 호당 40~50석의 환곡을 억지로 배정받았다. 이는 일반 소농의 1년 농사 수확량보다 많은 양으로 이것을 토지에 부담시키는 경우 환곡의 모곡은 소작인들이 부담해야 했다.13) 순조 27년(1827)에는 평안도 초산(楚山)의 농민들이 서울까지 올라와서 대궐 앞에서 시위를 벌였다. 그 원인은 환곡을 부담하는 가호는 1천 700여 호뿐인데 초산 읍에서 환곡 3만 2천 석을 배당하였기 때문에 이의 시정을 요구하는 것이었다.

4) 허류곡의 증가와 백징(白徵)

환곡이 고리대적 성격을 가지고 농민들에게 배정되자 환곡을 상환하지 못하는 농가가 증가하였다. 철종 말기인 1862년에 환곡의 절반 정도가 허구인 실정이었다. 환곡의 운영을 통해서 재정 부족을 해결하려는 정부의 정책은 잦은 흉년과 더불어 농민들의 환곡 미납 사태를 초래하였다. 환곡의 부담을 감당할 수 없는 농가가 흉년을 만나면 식솔을 이끌고 야반도주하였다.

환곡의 부담이 증가하면 가난한 소농의 유망이 늘어나고 이는 다시 남은 가호의 환곡 부담이 증가하는 악순환이 계속되었다. 미수(未收)가 누적되면 포흠곡(逋欠穀)이 늘어나고 포흠곡의 증가는 결국 허류곡(虛留穀)의 증가로 나타났다. 허류곡이란 장부상 환곡이 존재하나 실제는 아무것도 없는 것을 말한다. 허류곡이 증가하자 일선 군현에서는 환곡은 주지 않고 모곡만 받아내는 백징(白徵)으로 대응하였다.

---

13) 송찬섭, 위의 책, pp.17-19.

이로 말미암아 환곡의 상환능력을 상실한 백성들은 도망치거나 유리하지 않을 수 없게 되었다. 죽거나 도망치는 백성이 늘어나 허류곡을 채울수 없으면 환곡 운영자는 족징과 인징을 통해 미수된 환곡을 받아냈다.

환곡이 정부기관의 재정보용(財政補用)으로 이용되면서 농민들을 위한구휼기능은 빠르게 축소되었다. 허류곡이 증가하여 창고에 환곡이 없어지자 흉년이 들어도 진휼을 하지 못하는 경우가 늘어났다. 환곡은 본래의 기능을 잃고 정부의 재정을 보충하기 위한 부세기능(賦稅機能)만 남았다. 각지에서 흉년이 들어도 환곡을 빌려주지 못하는 곳이 늘어났다.

5) 환곡의 구휼기능 상실

환정의 문란은 19세기에 들어오면서 걷잡을 수 없게 되었다. 정조 즉위년(1776)의 허류곡 비율과 철종 13년(1862, 임술년) 진주민란 시의 허류곡비율을 비교하면 다음 <표 10-2>와 같다. 정조 즉위년(1776)의 허류곡 비율은 15%가 채 안 되었는데 임술 진주민란이 일어났던 철종 13년(1862)의 허류곡은 54.5%로 크게 증가하였다.

〈표 10-2〉 1776년과 1862년 환곡의 총량에 대한 도별 허류곡 비율 (단위: %)

도	정조 즉위년(1776)	철종 13년(1862)
경기도	16.2	92.7
충청도	18.4	96.2
경상도	7.7	58.2
전라도	20.3	54.4
황해도	2.0	9.6
강원도	9.7	50.3
함경도	36.4	18.9
평안도	16.9	63.8
전국	14.9	54.4

출전: 『穀簿合錄』, 『壬戌錄』, 『釐整廳謄錄』; 오일주, "조선후기 재정구조의 변동과 환곡의
　　부세화", 『역사와 실학』 3, 1992, p.64.

도별로 임술년의 허류곡 비율을 보면 경기도와 충청도는 90%가 넘어 실제로 환곡은 거의 존재하지 않았다. 같은 해 경상·전라·강원·평안도의 허류곡 비율은 50%를 넘어 환곡의 절반 이상이 허류곡이 되어 있었다. 철종 13년(1862)년 임술민란이 일어난 충청도 임천에서는 이미 10여 년 전부터 봄에 환자를 빌려주지도 않은 채 가을에 모곡을 거두는 백징을 하여 왔었다.14)

흉년이 들어도 진휼은 없고, 빌려 먹지도 않은 환곡의 상환을 독촉 받는 현상이 늘어났다. 일선 군현에서는 미수된 환곡을 받을 길이 없자 일률적으로 관내의 백성들에게 미수곡을 나누어 할당하기 시작하였다. 경상도 진주의 경우 환곡 운영의 난맥상으로 헌종 13년(1847) 이후로 환곡의 분급이 중지되고 10여 년간 백징만 있었다. 환곡 행정의 총체적 난맥상은 철종 13년(1862) 진주민란의 원인이 되었다. 이 사건을 계기로 민란은 전국 각지 70여 군현으로 확산되었다. 5백 년 가까이 유지되던 환곡은 빈민 구휼이라는 본래의 기능을 잃고 조세와 다름없게 되었다.

3. 갑오경장과 환곡제도의 폐지

1) 임술민란과 파환귀결(罷還歸結)

18세기 중반에 들어와 정부는 토지와 호구에 대한 파악 능력이 크게 떨어졌다. 정부는 전결세(田結稅)와 군포 수입이 더 이상 감소하는 것을 막기 위해 군현별로 총액제를 도입하였다. 총액제란 과세의 기반이 되는 토지와 인구 및 환곡의 양을 일일이 파악하지 않고 군현 단위로 미리 정해진 수취총액을 할당하는 것을 말한다.

이로써 지방 군현 단위의 재원은 토지에 대해서는 결총(結摠), 군역에 대

---

14) 『승정원일기』, 철종 13년 6월 28일.

해서는 군총(軍摠), 환곡에 대해서는 환총(還摠)으로 고정되었다. 정부의 세제는 전정(田政)·군정(軍政)·환정(還政)으로 나누어 운영하는 이른바 삼 정체제가 탄생하였다. 지금까지 과세행정의 기초가 되던 경지의 면적, 군역 을 부담하는 백성의 수, 빌려준 환곡의 양이 아무런 의미가 없게 되었다.

다시 설명하면 전세는 비총제(比摠制)를 통해 토지 면적에 따라 정해진 수세 액수를 군현에 공동 납부하도록 하였다. 마찬가지로 군포 수입도 안 정적으로 확보하기 위해 군총제(軍摠制)를 실시하였다. 군총제는 촌락별 로 군포를 납부하는 군정의 수를 정하여 일정한 액수를 공동으로 내게 하 였다. 환곡도 환총(還摠)을 통해 정해진 금액을 군·현이 공동으로 납부하 게 하였다.

19세기 초 도결(都結)현상이 전국적으로 나타났다. 도결이란 한 고을에 부과되는 전세·대동세·환총·군총 등과 잡세를 한데 묶어 토지에 부과하고 화폐로 납부하는 과세 방식을 말한다. 도결은 마을 전체의 세금을 납부해 야 할 위치에 있는 수령이 세금을 확보하기 위한 수단이었다. 도결은 정부 에서 정한 전국적으로 공통된 규정에 따른 것이 아니었다. 도결은 각 고을 의 수령이 마음대로 정하여 도결에 포함되는 세금의 종류와 부과되는 액 수도 각각 달랐다.

환곡의 부족분을 백징으로 또 도결로 토지에 배정하는 방식은 백성들의 반발과 저항을 불러 일으켰다. 이것은 철종 13년(1862)년 촉발되어 전국으 로 확산된 진주민란(임술민란)의 원인이 되었다. 진주민란 이후 정부는 전 국적으로 허류곡을 대폭적으로 탕감하였다. 이로 인해 진대할 곡식이 사실 상 없어졌다.

정부는 임술민란 이후 민심 수습책의 일환으로 삼정이정청(三政釐正 廳)을 만들어 대책을 논의하였다. 이정청은 환모(還耗)를 없애는 대신 토지 에 세금을 추가로 부과하여 세수를 얻고자 하는 파환귀결(罷還歸結)을 환 정의 개혁 목표로 삼았다. 그러나 이 안은 양안(量案)이 필요한데다가 지주들의 반발이 컸고, 이 안이 채택될 경우 소작인들에게 세금이 전가되는 것을 우려한 농민들도 반대하여 성사되지 못하였다. 특히 군인들이 많이 사는 광주·강화·통영 등지의 백성들이 환곡으로 생계를 유지하는데 환곡이 없어지면 안 된다며 수만 명이 서울로 몰려가 파환귀결을 반대하였다.15)

2) 대원군의 수습책

임술 진주민란이 일어난 지 2년 후인 1864년에 고종이 등극하고 흥선대원군이 집권하였다. 대원군은 왕권 강화를 위해 임란 때 불타버린 경복궁을 다시 짓기 시작하였다. 곧이어 병인양요를 겪었다. 대원군은 경복궁의 건설비와 양이(洋夷)들을 방비하기 위한 군비 마련이 시급하였다. 대원군은 환곡을 복구하여 재정 부족을 해결하려 하였다.

대원군은 환곡을 부활시키기 위해 고종 3년(1866)의 내탕금 30만 냥을 들여 병인별비곡(丙寅別備穀) 10만 석을 마련하였다. 대원군은 고종 4년(1867) 당백전(當百錢)을 주조하고 이 가운데 150만 냥을 들여 호조별비곡(戶曹別備穀) 50만 석을 더 마련하였다. 대원군은 기존의 환곡제를 개선하여 마을 단위로 주민들이 운영하는 사창제(社倉制)를 도입하였으나16) 뿌리를 내리지 못하였다.

어렵게 만든 별비곡 50만 석의 환곡은 당백전과 청전(淸錢) 인플레이션으로 가치가 반감되었다. 청전은 당백전의 폐해를 바로잡고자 청나라에서 폐기한 동전을 구입하여 유통시켰는데 청전은 당백전보다 심한 인플레이션을 유발하였다. 당백전과 청전은 가치가 폭락하고 쌀값은 폭등하였다. 1866년 쌀1석에 7~8냥이던 쌀값이 1년 만에 45냥으로 급등하였다.

고종 10년(1873) 고종이 친정(親政)을 시작하면서 민씨들이 실권을 쥐었다. 민씨 정부는 대원군이 만든 별비곡의 유지에 관심을 두지 않았다. 화

---

15) 송찬섭, 위의 책, p.189.
16) 『고종실록』, 고종 4년 6월 11일.

폐가치는 폭락하고 결국 별비곡은 소멸단계에 들어갔다. 민씨 정권은 고종 20년(1883) 당오전을 발행하였으나 당오전도 당백전과 같은 운명을 맞았다. 고종 31년(1894) 갑오 동학봉기가 일어났다. 민란은 삼남을 비롯하여 전국 각처에 산불처럼 번졌다. 농민들의 봉기로 많은 양의 정부곡이 약탈당하고 소실되었다. 행정력이 마비되어 세금도 걷히지 않고 환곡도 수납되지 않았다.

고종 31년(1894) 가을 정부는 국정을 쇄신하기 위하여 갑오경장(甲午更張)을 선포하였다. 호조를 대신하여 새로 생긴 탁지아문은 토지세를 결정할 때 파환귀결(罷還歸結)의 방향에 따르고 과거 환곡의 모조(耗租)도 결세(結稅, 토지세)에 포함시켜야 한다는 원칙을 정했다. 이를 위해 탁지아문은 결세를 정할 때 전세·삼수·대동 등의 구분과 경창으로의 수송비 등을 없애고 단일 항목으로 만들었다.

여기에다 환모를 포함하고 도별사정을 감안하여 결세를 결정하였다. 호전(戶錢)은 인두세였던 군보포(軍保布)를 돈으로 내게 하여 호세로 전환시켰다. 그러나 개별 호가 아닌 읍 단위의 공동호 부담으로 하여 수취하였으나 수세가 쉽지 않아 결국 토지에 부과하였다. 환곡은 완전히 부세화 되어 결세에 포함시켰다. 이로써 태조 원년 이래 꾸준히 내려오던 환곡제도는 종언(終焉)을 고하게 되었다.

3) 사환제(社還制)의 성립과 진휼기능의 종언

1894년 동학란이 일어난 해는 흉년이었다. 민란으로 농사도 제대로 짓지 못하였다. 흉년이 들자 구휼에 대한 요구가 늘어났다. 정부는 백성들의 요청을 거절하기 어려웠다. 고종 32년(1895) 민씨 정권은 대원군 때 실시하려던 사창제(社倉制)를 모델로 삼아 사환제(社還制)를 만들었다.[17] 사

---

17) 『고종실록』, 고종 32년 3월 12일; 윤 5월 26일.

환제도는 향촌의 주민들이 기금을 조성하고 주민들에 의해 운영되는 제도이다.

정부는 각 고을에 사환곡을 만들라는 훈령을 내렸고 주민들은 쌀과 돈을 거두어 창고를 짓고 기금을 마련하였다. 일부는 국가에서 빌려주기도 하였다. 면리에서는 사환곡의 책임자인 사수(社首)와 관리자를 뽑았다. 사환곡의 분급 방식은 반류반분(半留半分)으로 하고, 진대의 대상은 원칙적으로 가난한 집으로 한정하였다. 사환곡의 모조는 석당 쌀 5승으로 하고 이 돈은 사수와 관리자의 급료와 운영비로 사용하기로 하였다.

그러나 사환제은 민간이 운영한다는 원칙에도 불구하고 관의 간섭을 피할 수 없었다. 환곡의 분급과 수봉(收捧)에 대해서 탁지부가 일일이 간섭하였다. 흉년에 빌려준 환자를 연기해주는 문제도 탁지부의 허락을 받아야 했다. 사환미는 오직 진대(賑貸) 목적으로만 쓰기로 하였는데 궁내부와 일부 도, 심지어는 탁지부에서도 환모를 가져갔다. 또 고종 33년(1896)에는 민비 시해와 단발령에 항의하여 경상도와 충청도 등지에서 일어난 의병들이 환곡을 빼앗아가기도 하였다.

광무 4년(고종 38년, 1901) 삼남에 심한 흉년이 들었다. 고종은 구휼기관으로 혜민원(惠民院)의 설치를 명령하고 사환(社還)의 운영을 혜민원에 이관하도록 지시하였다.[18] 혜민원은 지방에 분혜민사(分惠民社)를 두고 사환곡을 이전받아 관리하였다.

심한 흉년에도 혜민원은 제역할을 하지 못하였다. 정부는 다량의 안남미(安南米)를 수입하여 기민들에게 염가로 판매하기로 하고 프랑스의 무역상 대창양행(大昌洋行)과 안남미 30만 석의 수입계약을 체결하였다.[19]

이후 정부의 구휼정책은 값싼 안남미의 수입 방출로 바뀌었다. 혜민원은 별다른 역할을 하지 못한 채 1904년 폐지되고 사환업무는 내부(內部)

18) 『고종실록』, 고종 38년 12월 4일.
19) 황성신문, 1901년 8월 14일.

로 귀속되었다. 사환미는 국내외 정세가 급박하게 돌아가는 가운데 관리주체가 변경되어 유명무실하게 되었다.

한때 1천만 석의 진곡을 가지고 정부 재정의 상당 부분을 담당하던 환곡제도는 19세기 말에 사환제도로 다시 태어났으나 한번도 제 기능을 하지 못하였다. 사환제도도 1910년 조선이 일본에 병합되면서 영원히 사라졌다. 국초부터 농업재생산기반의 유지와 물가안정·기민 구호를 위해 500여 년간 내려오던 환곡제도는 망국과 더불어 완전히 폐지되었다.

4. 관리들의 탐학과 부정부패

1) 관리의 선발과 매관매직

(1) 관리의 정원과 녹봉

조선시대의 관리는 과거(科擧)와 음서(蔭敍), 천거(薦擧)를 통하여 선발되었다. 과거는 문관을 뽑는 문과와 무관을 뽑는 무과, 기술관을 뽑는 잡과가 있었다. 관리로 선발된 사람이 고위 관원이 되기 위해서는 문과에 합격하는 것이 유리하였다. 과거를 거치지 않더라도 천거나 음서제를 통하여 관리가 될 수 있었다.

관리는 국가에서 녹봉(祿俸)을 받았다. 녹봉은 관리의 계급에 따라 차등을 두었다. 건국 초기에 정부는 문무 관료들에게 과전을 지급하고 녹봉을 주었다. 공신(功臣)들은 과전뿐만 아니라 공신전도 받았다. 정부는 문무 관료를 1품에서 9품에 이르기까지 18과로 나누어 과별로 차등을 둔 녹봉을 1년에 4번씩 춘하추동(四孟朔)으로 나누어 지급하였다. <표 10-3>은 세종 때 관료들에게 지급하던 녹과표(祿科表) 가운데 춘계에 지급하던 액수이다. 대체로 같은 액수의 녹을 하계와 추계, 동계에도 지급하였다.[20]

---

20) 中米는 도정의 정도가 중간인 쌀을 의미하는데 조선시대 전반기에는 세금으로 호

〈표 10-3〉 춘계 기준으로 본 조선 전기 관리들의 녹과표

(단위: 곡물은 석, 옷감은 필, 저화는 장)

품계	中米	玄米	田米	콩	명주	正布	楮貨
정1품	4	12	1	12	2	4	10
정2품	3	10	1	9	2	4	8
정3품	3	8	1	8	1	3	8
정4품	2	6	1	7	1	3	6
정5품	2	5	1	6	1	3	4
정6품	2	4	1	5	1	3	4
정7품	1	3	1	3		2	2
정8품	1	3	1	2		1	2
정9품		2	1	2		1	1

자료: 『經國大典』戶典, 祿科.

(2) 직전제의 폐지

세조는 공신들에게 나누어 줄 토지가 부족하자 동왕 11년(1465)에 과전을 없애고 직전(職田)을 설치하였다. 관리들에게는 현직에 있을 때만 직전을 주고 이것도 관수관급제(官收官給制)로 운영하였다. 녹봉의 총액은 15세기 초 10~12만 석이었는데, 17세기 중엽에 3만 6천 석으로 격감하고, 18세기 말부터 19세기 초까지는 다시 2만 4천 석으로 줄었다.[21]

명종 때 재정이 몹시 궁색해졌다. 연이은 흉년과 왜구의 침입으로 재정이 바닥났다. 환곡도 고갈되어 궁민을 제대로 구휼하지 못했다. 명종은 연속되는 흉년과 왜구의 침범으로 국고가 고갈되자 동왕 11년(1556) 관수관급로 운영되던 직전제(職田制)를 폐지하고 문무의 관리들에게는 녹봉만

米(조미)로 받았다. 쌀의 가공량은 충분하지 않았기 때문에 벼슬이 낮을수록 쌀의 지급량은 상대적으로 적었다. 정7품부터는 1년에 쌀은 3번만 지급하였고 동계에는 주지 않았다. 정9품과 종9품에 대해서는 쌀을 아예 주지 않고 현미와 전미를 주었다

21) 이헌창, "조선왕조의 경제통합체제와 그 변화에 관한 연구", 『조선후기 재정과 시장: 경제체제론의 접근』, 서울대출판문화원, 2010.

지급하였다.

임진왜란 이후 관기가 문란해짐에 따라 향리들의 풍속도 타락하여 부패 정도가 날로 심해졌다. 숙종과 경종 이후 종4품에 해당하는 군수, 종5품에 해당하는 현령, 종6품인 현감의 월급이 쌀 1섬에 콩 10말에 불과하였다. 일선에 나가 있는 수령들이 살림을 꾸리기에는 턱없이 부족한 월봉이었다.

(3) 녹봉의 감액과 1석 15두

인조 14년(1636) 병자호란이 발발하기 몇 개월 전 전운이 몰려오자 군량미의 비축이 시급해졌다. 호조는 백관의 봉록과 늠료를 삭감할 것을 왕에게 건의하였다. 인조는 백관의 봉록이 이미 적은데 또 줄일 수 없다고 반대하였다.

이날 일을 기록한 사관(史官)은 녹봉 문제에 대해 "임진왜란 때 관리들의 녹봉 액수를 줄이고 또(20두를 1석으로 셈하던) 석(石)을 15두 1석으로 변경하였다"고 실록에 적었다.[22] 관리들의 녹봉은 절대 액수가 삭감된 것 이외에 도량형의 기준까지 바꾸는 바람에 자동적으로 25%가 줄어들었다.

임란 전에는 관리들이 녹봉으로 가족을 부양하는 데 큰 문제가 없었으나 이제는 대소 관리들이 모두 박봉에 시달리게 되었다. 뿐만 아니라 관리들에게 주는 녹봉은 인조 25년(1647), 현종 11년(1670), 숙종 17년(1691), 경종 1년(1721) 네 차례에 걸쳐 계속 감액되었다.[23]

숙종 17년(1691)에는 녹봉의 액수가 감소되면서 포의 지급이 없어졌다. 숙종대기근 직후 숙종 27년(1701)에는 연 4회 지급하던 백관의 녹봉제를 폐지하고 월 1회의 산료제(散料制)로 바꾸었다. 이때부터 월봉의 액수가 <표 10-4>와 같이 크게 줄었고 지급 품목도 쌀과 콩으로 단순화되었다. 경종 원년에 녹봉이 또 줄어들었다. 감액된 녹봉은 조선 말기 갑오경장 이후

---

22) 『인조실록』, 인조 14년 6월 21일.
23) 임성수, "조선후기 녹봉제 연구", 『동방학지』, 169, 2015, pp.120-131.

화폐로 된 월급제로 바뀔 때까지 계속되었다.

〈표 10-4〉 조선 후기 관료들의 녹과표

품계	숙종 27년(1701)		경종 원년(1721)	
	쌀	콩	쌀	콩
정1품	2석 12두	12두	2석 8두	1석 5두
종1품	2석 6두	12두	2석 2두	1석 5두
정2품	2석 6두	12두	2석 2두	1석 5두
종2품	2석	12두	1석 11두	1석 5두
정3품	2석	12두	1석 9두	1석 5두
종3품	1석 9두	9두	1석 5두	1석 2두
정·종4품	1석 9두	9두	1석 2두	13두
정·종5품	1석 3두	6두	1석 1두	10두
정·종6품	1석 3두	6두	1석 1두	10두
정·종7품	1석	6두	13두	6두
정·종8품	12두	5두	12두	5두
정·종9품	10두	3두	10두	5두

자료: 『續大典』戶典, 祿科.

(4) 국가재정의 만성적 궁핍과 백관의 녹봉 삭감

큰 흉년이 몇 년간 계속되면서 나라의 경제가 말이 아닐 정도로 위축되었다. 특히 양란 이후 정부의 세수가 줄어들었는데 흉년까지 만나면 그야말로 대책이 없었다. 궁여지책으로 문무백관의 녹봉과 요미를 정지시키는 일이 계속 반복되었다. 관리들은 박봉에 녹봉까지 반납하면 생계를 꾸릴 수 없을 정도였다. 이에 대처하기 위하여 관리들은 시골에 전장(田庄)을 마련하는 것이 유행처럼 되었다.

정부의 세입이 줄어든 것은 임진왜란 이후 경지가 황폐화한 것이 결정적 역할을 하였다. 궁방전 아문 둔전등의 면세전도 늘어나 전세로 들어오는 것이 10여만 석에 불과하였다. 그사이에 군영을 증설하여 군량미로 지출되는 것이 7~8만 석에 이르렀다. 나머지 3~4만 석으로 백관의 녹봉과 사신 접대비 제향비로 쓰지 않으면 안 되었다. 흉년이라도 들면 재정 부족을 감당하기 어려웠다.

<표 10-5>는 선조 이후 전기간에 걸체 문무백관의 녹봉을 정지 또는 삭감시킨 내역을 시기별 원인별로 정리한 것이다. 녹봉을 삭감한 이유의 대부분은 흉년을 당해 구휼 자금을 마련하기 어렵기 때문에 녹봉을 줄여 구휼 자금에 보태려고 한 것으로 되어 있다. 이 표를 보면 임진왜란 이후 나라의 사정이 얼마나 어려웠던가를 미루어 짐작할 수 있다.

〈표 10-5〉 시기별 문무백관의 녹봉삭감과 그 내역 1

시기	삭감 대상자	삭감 내역	삭감 이유	비고, 기타
선조 3(1570)	일반 富者	勸分令 발동	상동	잉여곡 강제대여
선조 25(1592)	문무백관	녹봉지급 불능	재정부족	임진왜란
선조 26(1593)	상동	상동	상동	상동
선조 27(1594)	상동	상동	상동	상동
선조 31(1598)	상동	상동	상동	정유재란
광해군12(1620)	금군·충의군·참군	요미 지급불능	구휼자원 부족	
광해군14(1622)	문무백관·금군 등 시위군사	녹봉·요미지급 불능	상동	
인조 2(1624)	문무백관	녹봉 50% 삭감	재정부족	이괄의 난
인조 12(1634)	훈련도감군	급료의 10% 동전으로 지급	상동	동전사용 불능
인조 15(1637)	문무백관	녹봉 지급정지	상동	병자호란
인조 18(1640)	문무백관	녹봉삭감	진휼자원 조성	
인조 19(1641)	상동	상동	진휼자원 및 해외파병비 조달	錦州 파견군
인조 23(1645)	문무백관과 각도 감사·병사·수사	쌀 수백 석 씩을 바침	사신 접대비 및 금주파견군 비용	
인조 25(1647)	문무백관	녹봉삭감	진휼자원 부족	어영군 상번 및 속오군 선발정지

출전: 부표 A, B, C, D, E에서 작성.

시기별 문무백관의 녹봉삭감과 그 내역 2

시기	삭감 대상자	삭감 내역	삭감 이유	비고, 기타
효종 1(1650)	상동	상동	상동	
효종 6(1655)	노비추쇄도감의 설치	재정보충	임란 전 19만의 公賤이 奴婢身貢 등을 바침	公賤중 15만이 도주하여 재정 부족 심화
현종 1(1660)	5품 이상 관리	녹봉에서 쌀 1석 씩 감함	진휼자원 부족	
현종 3(1662)	문무백관·功臣 嫡長·忠義衛	녹봉·급료 삭감	구휼자원 조성	
현종 4(1663)	문무백관	쌀 1석씩 감함	상동	
현종 8(1667)	4품 이상 관리	상동	구휼자원 조성	
현종 11(1670)	문무백관 요미 받는 군사	녹봉지급 정지 요미지급 정지	상동	
현종 12(1671)	문무백관	녹봉지급 정지	상동	군사충원(歲抄) 3년간 정지
숙종 3(1677)	6품 이상 관리	쌀 1석씩 감함	구휼자원 조성	
숙종 4(1678)	문무백관 및 요미 받는 군사	상동	상동	군사들에게 쌀 대신 동전 지급
숙종 5(1679)	잡직·요미 군사	산료 감액	구휼자원 조성	
숙종 8(1682)	문무백관	녹봉 삭감	상동	
숙종 16(1690)	문무백관·잡직· 요미 받는 군사	녹봉에 쌀 대신 현미를 섞어 줌	구휼자원 조성	군사충원(歲抄) 정지
숙종 43(1717)	문무백관 및 요미 받는 군사	녹봉에 쌀 대신 현미를 섞어 줌	재정부족	
숙종 44(1718)	문무백관 및 요미 받는 군사	녹봉과 산료 지급불능	재정부족	

출전: 부표 A, B, C, D, E에서 작성.

시기별 문무백관의 녹봉삭감과 그 내역 3

시기	삭감 대상자	삭감 내역	삭감 이유	비고, 기타
영조 1(1725)	문무백관	녹봉 삭감	구휼자금 조성	최도문의 상소
영조 8(1732)	문무백관	녹봉 삭감	구휼자금 조성	
영조 9(1733)	문무백관 및 요미 받는 군사	급료 일부를 좁쌀로 지급	상동	

영조 38(1762)	문무백관	녹봉 감액		
영조 39(1763)	문무백관 및 요미 받는 군사	급료지급정지	상동	
순조 15(1815)	문무백관	녹봉지급 불능	상동	
철종 3(1852)	문무백관	상동	상동	
고종 5(1868)	문무백관 및 요미 받는 군사	녹봉·요미 삭감	재정부족	경복궁 건설비
고종 14(1877)	훈련도감 군사	요미 미지급	상동	
고종 19(1882)	훈련도감 군사	요미지급 불능	상동	임오군란
고종 25(1883)	문무백관·군사	녹봉·요미 지급불능	상동	
고종 31(1894)	문무백관	녹봉 감액지급	상동	동학란

출전: 부표 A, B, C, D, E에서 작성.

2) 고위층의 매관매직

조선시대에도 관직을 파는 일이 자주 있었다. 임진왜란 같은 비상시기에는 군량미를 모으기 위해 공명첩 등을 대량으로 팔았다. 관직의 매매는 주로 흉년에 백성들을 살리기 위한 재원을 마련하기 위한 것이었다. 당시에 공명첩을 판매한 대가로 주는 벼슬은 대부분 명예직이었고 실직에 임명하는 경우는 드물었다. 그나마 대신들과 삼사(三司)에서 맹렬히 반대하여 임금이 마음대로 벼슬을 팔지 못하였다.

19세기에 들어와 사정이 완전히 바뀌었다. 왕실을 움직이는 실세와 고위 관료들이 매관매직을 통해 부를 축적하는 것이 당연한 일처럼 되었다. 정조의 뒤를 이어 나이 어린 순조가 즉위하자, 외척들이 권력을 독점했다. 이러한 사태는 순조 시대 안동 김씨, 헌종 때 풍양 조씨, 철종 시대 다시 안동 김씨, 고종 때에는 여흥 민씨 등이 4대에 걸쳐 약 1백 년 간 지속되었다. 이 시기에는 과거에 부정이 심하여 대리시험과 시험지 바뀌치기 등이 만연하였다. 또 매직(賣職)과 뇌물이 유행했다. 관리들은 좋은 보직과 승진 비용을 마련하기 위하여 전정·환정·군정을 이용하여 백성들을 가혹하게 착취했다. 특히 철종 이후 세도정치가 심할 때 왕실과 임금의 척신들과 높은 벼슬아치들은 매관매직으로 축재를 하였다.

뇌물을 많이 받을 수 있는 자리를 계속 유지하기 위해 일족을 요직에 배치하는 일이 관행처럼 되었다. 조선 말 황현(黃玹)은 『매천야록(梅泉野錄)』을 통해 매관매직에 대한 기록을 남겼다. "갑오년(1894)에 비해 1901년은 매관이 더욱 심하여 관찰사는 10만 원에서 20만 원에 팔린다. 1등급지의 수령은 5만 원 이상이다. 관직에 부임하면 즉시 공전(公錢)을 끌어내어 벼슬 구입 대금을 갚으니 국고가 감축되는 것은 당연하다".

고종도 측근을 시켜 매관매직에 나선 듯하다. 황현은 "고종은 관직을 자주 팔면 돈이 들어온다는 것을 알아 군수직의 교체시기를 16개월로 개정하였다. 그는 새로 발령한 군수가 1년이 되지 않아도 갈아치우고, 돈을 받고 후임자를 결정하였다. 한 사람이 한 해에 5군의 군수로 발령받은 일도 있다."고 덧붙였다.[24]

한말에 조선을 방문하였거나 외교관으로 조선에 상주하던 서양인들은 한결같이 관리들의 매관매직과 부정부패를 조선의 가장 큰 문제점으로 지적하였다. 젊은 나이에 선교사로 들어와 조선의 독립운동에 힘썼던 Hulbert도 관직은 정승·판서부터 미관말직에 이르기까지 공공연히 매매되고 있다고 기록하였다. 도의 관찰사는 미화로 5만 달러, 수령은 5백 달러면 살 수 있다고 하였다.[25] 고위층은 매관에서 나오는 수입을 극대화하기 위하여 판매한 벼슬자리는 재임 기간을 짧게 하고, 그 자리를 다른 사람에게 다시 판다고 하였다.

한말 주한 이태리 총영사를 지낸 Rossetti도 관직의 매매는 사실상 임대

---

24) 황현, 『매천야록』 4권, 계묘 3년. 법전에는 수령의 임기가 1,800일(5년)로 되어있으나 보통 2년을 채우기 어려웠다. 한 고을의 수령이 1년에 3번씩이나 교체되는 경우도 적지 않았다.

25) Homer B. Herbert(신봉룡 역), 『대한제국멸망사』, 집문당, 1999. pp.75-76.

(賃貸)에 가깝다고 하였다. 정부의 세력자가 돈을 더 긁어모으고 싶을 때는 언제든지 팔린 벼슬자리에 돈을 더 내겠다는 사람을 임명한다는 것이었다.26) 영국 최초의 왕립지리학회의 여성회원으로 한반도의 각지를 여행한 Bishop도 매관매직으로 관직을 얻은 벼슬아치들은 세금과 소송 그 밖의 모든 일을 가지고 재주껏 돈을 만든다고 하였다. 그녀는 조선의 관리들은 민중의 피를 빠는 기생충과 같은 존재로 묘사하였다.27)

1898년 주한 미국 공사관에 부임했다가 궁내부 고문이 된 Sands는 관직을 사려는 사람에게 돈을 빌려주는 일본인 고리대금업자까지 있다고 폭로하였다. 그는 회고록을 통해 "조선에서는 과거를 통해 관리를 선발하는데 과거에 합격하려면 문중의 배경이 좋거나 또는 많은 뇌물을 바쳐야 한다. 뇌물을 바친 사람이 관직에 나가면 관직을 얻기 위해 사용한 비용을 백성들에게서 거두어들인다. 조선에서는 이런 풍습을 이용하는 일본인 고리대금업자까지 생겨나 관직 후보자에게 1개월에 12%의 이자로 돈을 빌려주고 되도록 짧은 기간에 회수한다는 것이다."28)

3) 군현의 조직과 운영

조선시대 중앙과 지방 관청에서 행정 실무나 보조 업무를 담당하던 품외의 하급 관리를 이서(吏胥) 또는 아전(衙前)이라고 하였다. 중앙관청의 서리들을 경아전(京衙前), 지방관청의 이서를 외아전(外衙前)이라고 불렀다. 원래 이서들의 정원(額數)은 『경국대전』『속대전』 등 법전에 기재되어 있으나 이는 중앙 각사에 한정된 것이었다.29) 군현의 지방 관서에는 정

---

26) Carlo Rossetti(서울학연구소 역), 『꼬레아 꼬레아니』, 숲과 나무, 1996, P.220.
27) Isabella Bird Bishop(이인화 역), 『한국과 그 이웃나라들』, 살림, 1994, PP.25-27.
28) William F. Sands(신복룡 역), 『Undiplomatic Memories』(조선비망록), 집문당, 2019, pp.127-128.
29) 조선 말 고종 때 발행한 『六典條例』에 따르면 중앙정부에 속한 관리의 수는 대략 4,621명, 吏胥가 1,735명, 잡역에 종사하는 徒隸가 3,621명으로 모두 1만 15명이

해진 이액(吏額)규정이 없었다.

조선 초기에는 향리들에게 국가에서 인리전(人吏田), 읍리전(邑吏田)을 주어 대우하였다. 인리위전은 아전·군교 등 향역 부담자의 급료를 주기 위하여 설정된 토지로 수급자들에게 수조권을 주었다. 당시 향리는 1인당 세위전(稅位田) 2결과 구분전(口分田)으로 밭 3결 모두 5결을 받았다. 이를 외역전(外役田)이라 하였는데 직전(職田)의 하나였다.

세종은 27년(1445) 토지제도를 손볼 때 향리에게 5결씩 주었던 인리위전을 아예 없애버렸다. 뿐만 아니라 향리들에게 지방 관아의 운영비까지 부담시켰다. 이때부터 향리들은 정부로부터 아무런 급여를 받지 못한 채 일하지 않으면 안 되었다.

군·현의 향리는 대체로 호장(戶長), 기관(記官), 장교(將校), 색리(色吏) 등 네 계열로 구분할 수 있다. 호장은 향리 직의 대표로 집무처인 군·현청에서 수령을 대신하여 인신(印信)을 관리하며 수리(首吏)역할을 하였다. 호장은 대체로 이방(吏房)이 맡아 향리의 일과 관속을 총괄하는 역할을 하였다. 기관은 이(吏)·호(戶)·예(禮)·병(兵)·형(刑)·공(工)의 6방의 업무를 담당한 아전을 말한다. 장교는 수령과 향청을 호위하고 경찰 임무를 맡은 군인을 말한다. 색리는 6방의 하급 직원과 통인, 사령, 창고직, 조예 등으로 지방 관아에서 보고와 업무 연락, 기타 잡무를 담당하는 하급 향리를 지칭한다.[30]

향리의 업무는 국가 운영의 기본 통계인 호적과 전적(田籍), 군적을 관리하고 국가의 조세·공부·요역의 수취 업무를 맡아 국가의 재정적 기반을 마련하는 일을 담당하였다. 향리는 국가 통치기구의 말단 실무 집행자로서

었다. 당시 병조를 포함한 중앙군영의 군보는 약 32만 2천에 군총은 9,526명이었다. 따라서 중앙재정으로 부양되는 인원은 왕실을 제외하고 앞의 1만 15명에 군총 9,526명을 더한 총 1만 9,541명으로 추산된다. 이들에게 지급된 녹료는 쌀 5만 6백여 석이었다. 또 5군영에 속한 급료병이 5,226명이었다. 이들은 보인들이 바치는 연간 1필의 군포로 월료를 받았다.

30) 吳英敎, "朝鮮後期 地方官廳의 財政과 殖利活動", 『學林』 8, 1986, p.10.

일반 백성과 직접 접촉하여 이들로부터 조세를 받아 세곡을 서울로 조운하고 창고의 관리도 담당하였다. 병적을 관리하여 군사를 뽑고, 현역으로 뽑힌 군사들을 지원하기 위하여 보인을 배정하고, 이들로부터 군포 또는 쌀을 받아 병조 또는 각 군영으로 보내는 일을 하였다. 향리는 흉년에 빈민구제를 위해 정부가 시행하는 환곡의 운영을 담당하는 일을 하였다. 이들은 환곡의 수혜 대상자를 결정하여 곡식을 내주고 회수하는 실무를 담당하였다.

4) 향리직의 증가

조선 전기의 향리는 직역을 담당하는 신분으로 그 직책을 세습하지 않았다. 그러나 후기에 들어와서 향리들은 공식적으로 급여가 없음에도 불구하고 직은 세습되고 향리 직은 비싼 값으로 매매되었다. 헌종 14년(1848) 경상도 암행어사로 내려간 박규수(朴珪壽)는 경상도 지역에서 이서직이 널리 매매되고 있는데 이방 자리가 큰 고을에서는 7~8천 냥, 작은 고을에서는 1~2천 냥이라고 임금에게 보고하였다.[31]

정조 15년(1791) 전라도 도사(都事) 신헌조가 정부에 보고한 문서에 따르면 전주의 이액(吏額)은 300명, 영광의 이액은 200여 명이었다. 이보다 13년 앞선 정조 13년에도 외읍의 이서 수가 대읍은 300~400명, 소읍도 100명을 내려가지 않는다[32]고 보고한 것을 보면 읍지의 기록보다 훨씬 많았던 것으로 보인다.

<표 10-6>은 18·19세기 『여지도서』와 『경상도읍지』에 나타난 경상도 주요 고을에서의 이서 수의 변화를 보여주고 있다. 이 표는 73년 동안 이서의 수가 평균 27%가 증가한 것으로 나타났다. 그러나 위 표에 제시된 서리의 수는 실제보다 과소평가된 것으로 여겨진다.

---

31) 繡啓(규장각 문서 No. 4566),
32) 『비변사등록』, 정조 13년 4월 29일.

〈표 10-6〉 18·19세기 경상도 주요 읍의 吏額증가 실태 (단위: 명, %)

고을	여지도서(1759)	경상도읍지(1832)	증가율
대구	154	190	23
진주	138	147	0.6
안동	373	419	12
거창	119	153	29
함양	86	123	43
현풍	71	105	49
예천	83	112	35
창원	88	124	41
합천	46	88	91
언양	38	54	42

출전: 장동표, "18 19세기 이액증가 현상에 관한 연구", 『부대사학』 9, 1985에서 발췌.

정약용은 『목민심서』에서 아전을 단속하지 않고서 백성을 다스릴 수 없다고 지적하였다. 그는 "백성은 토지를 논밭으로 삼지만, 아전은 백성들을 논밭으로 삼는다. 아전들은 백성의 가죽을 벗기고 골수를 긁어내는 것을 농사짓는 일로 여기고, 머릿수를 모으고 가혹하게 거두어들이는 것을 수확하는 일로 삼는다."고 비판하였다.[33]

5) 향리의 부정부패

(1) 환곡의 운영과 관련된 비리

향리들은 어떻게 사는가. 정부에서 주는 보수가 없는 향리들은 국가에서 걷는 세금에 일정 부분의 읍징분(邑徵分)을 부가하여 더 거두었다. 예를 들면 전라도에서는 국법으로 결당 전세를 4두만 거두게 되어 있는데도 2두를 부가하여 6두를 거두었다. 이는 불법이지만 공공연하게 운영하였다.

향리들은 한 걸음 더 나아가 자신들이 담당하고 있는 대민 업무를 적극

---

33) 정약용, 『목민심서』, 吏典 6조.

적으로 이용하여 막대한 사익을 취하였다. 호적과 양안의 관리, 전세와 대동세의 징수, 환곡의 출납, 병역과 군포의 배정 등 고유 업무에서 부정과 협잡을 저질렀다.

예를 들면 전정(田政)을 관리하는 아전은 공식적인 양안(量案) 이외에 깃기(衿記)라는 별도의 토지문서를 만들어 마음대로 전품을 바꾸고 이것을 기초로 과세하였다. 이 문서는 새로 부임한 군수가 와도 보여주지 않는 사문서였다. 보여준다 해도 해독할 수 없는 방식으로 기록되었다.

수령들은 복잡한 현지사정을 몰라 서리들이 시키는 대로 따르는 것이 상례였다. 일선에서 환곡을 담당하는 수령과 이서들은 여러 가지 방법으로 환곡을 운영하면서 백성들을 쥐어짰다. 환곡과 관련하여 수령 또는 향리들의 대표적인 부정 수법은 다음과 같은 것이 있다.

이무(移貿) : 값이 오른 자기 고장의 환곡은 시장에 내다 팔고, 대신 값이 싼 다른 지역의 곡식 을 구입하여 차액을 차지하는 행위.

늑대(勒貸) : 환곡이 필요하지 않은 사람에게 강제로 환곡을 빌려주고 이자를 받는 것.

반백(半白) : 환곡을 빌려줄 때 쌀의 절반은 겨 등을 섞어 빌려주고 되돌려 받을 때는 정백미(精白米)만 받는 것.

암류(暗留) : 還民에게 나누어주어야 할 곡식을 나누어주지 않고 가지고 있다가 값이 오르면 팔아 시세 차익을 얻는 일.

증고(增估) : 상부로부터 어떤 아문에 바칠 전세를 상정가(詳定價)에 따라 돈으로 내라는 공문을 받았을 경우 백성들로부터는 시가(時價)로 거두고 상부에 바칠 때는 상정가로 납부하여 차액을 편취하는 것.

세전(稅轉) : 환곡의 곡종을 마음대로 내주고 받을 때는 마음대로 받아들여 이익을 취하는 것. 예를 들면 전세와 대동미를 환곡

으로 바꿔치기 하거나 또는 환곡을 벼로 주고 쌀로 바꾸어
받는 행위.

입본(立本) : 쌀값이 최고로 비쌀 때 현물로 빌려주고 쌀값이 가장 쌀
때 현금으로 회수하여 큰 이익을 보는 것. 또는 상정가로
환곡을 나누어준 후 가을에 상정가보다 비싼 시가로 받은
다음 횡령한 환곡을 현물로 채워 넣는 방법.

탄정(呑停) : 큰 흉년이 들면 연말 쯤 조정에서 세금 감면의 조치가 내
릴 것이라는 것을 미리 예칙하고 수령과 아전이 짜고 혹독
하게 세금을 거두어 가지고 있다가 나중에 조정에서 감면
령이 내리면 미리 거둔 세금을 착복하는 행위.

요합(徭合) : 쌀값이 오르면 세곡 창고에 있는 쌀을 내다 팔고 값이 내
리면 쌀을 사다 채워넣는 행위.

정약용은 군현에 있는 환곡 창고는 아전들의 상평창이 되었다고 비판하
였다. 이들은 자기의 이익을 위하여 곡식을 사들여 빈민들에게 개인적으로
빌려주고 있다고 폭로하였다. 그는 『경세유표』에서 "높은 벼슬을 하는 사
람들은 군현의 창고를 모두 나라의 환곡을 저장하는 곳으로 알고 있으나 실
은 아전의 상평창이다. 나라에서는 환상(還上)하는 법을 시행하는데 아전들
은 상평(常平)하는 권한을 잡고 있으니 나라에서는 빈 궤만 안고 있을 뿐이
고 아전이 그 구슬을 차지하여 희롱하고 있는 격이다'라고 한탄하였다.34)

정약용은 환곡에서 생기는 이자의 1할은 나라의 경비에, 2할은 여러 아
문의 몫으로, 나머지 7할은 군현의 수령과 아전들의 몫으로 들어간다고 보
았다.35) 향리들은 이밖에도 계방촌(契房村), 고급조(考給租), 군포계(軍
布契) 등과 같은 조직을 만들거나 또는 주민들이 만든 향촌 조직에 기생하

---

34) 정약용, 『경세유표』 권12, 지관수제, 창름지저 2.
35) 정약용, 『牧民心書』, 穀簿 上.

면서 상당한 수입을 얻었다. 향리들이 간여했던 조직에는 다음과 같은 것이 있다.

(2) 향리들의 이권을 위한 사조직

계방촌

계방촌(契房村)이란 18세기부터 생겨난 것으로 고을 관아의 운영비, 수령에 대한 접대비, 감사가 관내 고을을 순행할 때 드는 비용을 염출하기 위하여 생겨난 이서(吏胥)들을 위한 단체를 말한다. 이서들은 자신들은 손해를 보지 않고 상납과 각종 비용을 조달하기 위하여 한마을 전체를 담당 서리가 계방촌이란 이름으로 떼어 맡았다. 주민들은 일정한 액수의 돈이나 곡식을 담당 아전에게 납부하면 그보다 부담이 큰 환곡 등의 강제 배당을 면할 수 있었다.

이서들은 계방촌이 비대화하면서 군역을 피하려는 사람들에게 돈을 받고 계방촌의 보솔(保率)로 참여시켜 주었다. 이서들은 호구책이라며 자신들을 위한 보인을 두었는데 이보(吏保), 통인보(通引保), 사령보(使令保) 등이 그것이다. 이서들은 사사로이 모집한 보인들을 각 영·읍·역·진에 투탁시켜 주었다. 또 향교와 서원 등에 이름을 올려주거나 투탁시켜 양역을 면제할 수 있도록 주선하여 주었다.

군역전

군역전(軍役田) 또는 역근전(役根田)은 지방의 향촌민들의 피역으로 발생하는 군총(軍摠)의 궐액(闕額)에 대처하기 위하여 설치한 전답을 말한다. 균역법 시행 이후 군역이 정액화되고 군역의 보충 및 군포의 납부 단위가 면리로 확정되었다. 향촌 내부는 흉년 기근 등으로 도망자의 증가, 양반가와 서원 등에의 투탁 등으로 발생한 피역으로 생긴 궐액을 충당하고 군포를 납부하기 위해 마을 공동소유의 전답을 마련하였는데 이런 전답을 말한다.

군역전은 19세기 초부터 등장하였다. 군역전은 다른 마을로 이사가는 보인의 전답을 빼앗어 마을에 소속시켜두고 해마다 거기에서 나오는 쌀로 군포를 냈다. 이것을 역근전(役根田)이라 하는데 군역전의 일종이다. 보인이 이사를 가도 군역은 그 마을에 그대로 남기 때문에 이런 일이 생겼다. 전염병 등으로 온 가족이 모두 죽어도 그의 전지와 재산은 마을에 소속되어 역근전이 되었다.

군포계

군포계(軍布契)라는 것은 한 마을의 주민들이 신분의 구별 없이 일정액을 내어 그것으로 이자를 불려서 마을에 배정된 보미(保米)와 군포(軍布)를 내도록 하는 계를 말한다. 군포계가 만들어지자 군현의 담당 서리들이 뇌물을 받고 군적에 실린 사람의 이름을 빼고 가명으로 대신 채우는 일이 발생하였다. 같은 이유로 이미 죽은 사람도 군적에서 그 이름을 삭제하지 않고, 또 원래 있지도 않은 허명을 올리기도 하였다.

근수조

근수조(勤受租)는 수령의 명령을 이·동에 전달하는 아전이 수고비 조로 동네의 전지 1결에 벼 두 말씩을 징수하는 것을 말한다. 담당 아전은 동네마다 방주인(坊主人)이라는 것을 두었는데 방주인이 담당 서리를 위해 거두는 벼를 근수조라 하였다.

이노고

이노고(吏奴庫) 또는 만인고(萬人庫)란 서리 또는 환곡 담당자가 불법으로 운영하는 환곡을 말한다. 정부가 지방 향리들에게 급료를 주지 않자 이들은 불법으로 사설 환곡을 운영하였다. 이들은 개인 환곡을 정부의 환곡 창고에 함께 보관하였다. 정부에서 운영하는 환곡의 모곡은 10분의 1을 받았는데 이노고에서 운영하는 환자의 모곡은 10분의 4~5를 받았다.[36)

고마고

고마고(雇馬庫)란 말을 고용하는 데 필요한 돈이다. 신관 사또가 부임할 때, 이임할 때, 기타 고관을 영접할 때 수십 필의 말이 필요하다. 당시 말을 빌리는 값이 만만하지 않았다. 향리들은 말을 고용하는 값을 관내의 백성들에게 분배하였다. 분배는 호를 대상으로 하기도 하고 또는 전결에 대해 징수하였다. 향리들은 시간이 지나면서 고마비가 관례화되자 말을 빌리는 것과 상관없이 정기적으로 고마고란 이름으로 잡비를 걷어갔다.

---

36) 정약용, 『經世遺表』, 창름지저 2.

제11장

요약과 결론

기근은 주로 자연적 원인에 의해 시작된다. 기근의 피해와 규모는 사회·경제적 요인에 의해 증폭되거나 감소한다. 식량의 비축량과 배급 조직, 식량의 원거리 수송과 저장 능력, 곡물 시장과 유통제도의 발달, 정부의 재정 능력과 외환 사정 등은 한 나라의 식량 공급능력을 결정하는 중요한 인프라이다. 기근을 맞았을 때 식량 공급 부족을 해소하기 위한 대응 능력이 원활하게 작동하지 않으면 기근 피해는 몇 배로 확대될 수 있다.

조선시대에는 흉년이 거의 매년 발생하였다. 조선시대는 해마다 흉년이 될 수 있는 확률이 70%에 달하였다. 이는 흉년은 3~4년 만에 한 번씩 온다는 기존의 통념과는 크게 다르다. 조선 시기 흉황의 단일 원인으로 가장 많은 것은 한해와 수재, 그리고 가뭄과 수재, 전염병이 복합적으로 얽힌 것이었다.

조선시대에는 네 번의 초대형 기근이 있었다. 임진왜란 때의 선조대기근, 인조 때 있었던 40년에 걸친 인조대기근, 그리고 현종 때의 3년, 숙종 때의 5년간을 대기근으로 볼 수 있다. 이 기근 때에는 각각 100만 이상이 죽은 것으로 보이는데 정확한 통계는 알 수 없다. 영조 때에도 백만에 가까운 인명 피해를 낸 큰 기근이 있었다. 네 차례에 걸친 대기근의 원인은 복합적이다. 선조대기근은 임진왜란, 인조대기근은 가뭄과 수재 등 자연재해 이외에도 전쟁과 전쟁 준비를 위한 고난, 전염병의 유행, 정부의 학정 등 모든 요인을 망라하였다. 현종과 숙종대기근은 흔히 알려진 소빙기의 기온 저하가 유일한 원인이 아니라 가뭄과 냉해, 수재 등이 내습한 후 치명적인 전염병이 돌아 수백만으로 추산되는 대규모 인명 피해를 냈다.

조선은 경제정책의 중심을 농본주의에 두었다. 농본주의 정책은 권농정책과 구황정책의 두 갈래로 구현되었다. 권농정책은 백성들에게 농사를 권하여 식량을 풍부하게 생산하는 생산대책이다. 구황정책은 배고픈 백성들을 굶주리지 않게 하고 다음 해의 농사를 계속할 수 있도록 지원하는 분배정책이다. 구황정책은 크게 보아 굶주리는 백성들에게 식량과 죽을 무료로 주는 진제(賑濟)와 농사짓는 백성들에게 종자와 농량을 빌려주는 진대(賑貸)로 구분하여 실시하였다. 이밖에도 곡가를 안정시키는 상평정책과 재해가 든 지역의 전세를 면제해주는 급재(給災)와 재해의 정도에 따라 전세·대동·군포를 감면해 주거나 납세를 연기해 주는 견감정책(蠲減政策) 등이 있었다.

정부에서 실시하는 진휼정책의 순기능은 첫째, 소득 재분배를 통한 사회안정기능을 들 수 있다. 구황정책이 순조롭게 작동하면 기민들이 아사의 위험에서 벗어날 수 있고 일가족이 유리 도산하는 비극을 막을 수 있다. 또 도둑과 화적패의 발생을 방지하여 지역 사회의 치안을 유지할 수 있다. 둘째, 국가 경제의 근간인 농업의 재생산기능을 보호할 수 있다. 정부는 재생산을 통해서만 세수를 확보하여 나라의 운영과 국방을 계속할 수 있다. 셋째, 물가안정기능이다. 흉년에는 쌀값이 크게 오른다. 다른 물가도 따라 오른다. 정부는 진휼정책을 통해 가난한 사람들에게 식량을 보조해 줌으로써 물가가 더 오르는 것을 억제할 수 있다. 만약 흉년에 진휼이 없다면 국가의 운영과 경제는 더욱 큰 혼란에 직면할 수 있다.

조선시대 쌀은 가장 중요한 식량이면서 납세 수단이며 동시에 현물 화폐였다. 쌀은 식량이었기 때문에 추수 후부터 재고가 서서히 줄어들었다. 쌀의 공급량 감소는 시중의 통화량 공급 감소와 같은 역할을 하였다. 쌀이 부족하면 물건이 팔리지 않는다. 상인들은 흉년이 되면 장사를 못하는데 쌀값은 더욱 오른다. 현물 화폐인 쌀과 포는 농사의 흉풍에 따라 공급량이 결정된다.

큰 흉년을 당하면 정부의 세입도 큰 폭으로 줄어든다. 세입이 줄어들면 재정 지출도 줄일 수밖에 없다. 흉년에는 문무백관에 대한 녹봉과 요미의 지급이 어려워진다. 정부 각 기관에서 사용한 공가(貢價)와 시가(時價)의 지불도 어려워진다. 흉년을 맞아 급증하는 기민들을 위한 진휼 자금의 조성도 힘들어진다. 만성적인 정부 재정의 부족과 결손은 문무백관의 녹봉 감소와 반납을 초래하였고 이것은 관리들의 탐학과 부정으로 이어졌다.

조선은 임진왜란과 병자호란을 거치며 경제 기반이 초토화되었다. 인구가 줄고 황폐한 농지가 급증하였다. 농업생산량이 감소한 가운데 군비증강과 왕실 비용의 증가로 재정이 몹시 부족하였다. 여기에 잇따른 흉년과 기근은 구휼 비용의 증가와 세수 감소라는 양면에서 정부 재정을 압박하였다. 흉년과 기근은 국가의 경제성장과 발전을 가로막았다.

정부는 백성들의 어려움을 덜어주기 위해 대동법, 균역법, 비총법 등의 세제개혁을 단행하였다. 그러나 농업생산력의 뒷받침이 없는 상황에서 세제개혁만으로 백성들의 부담을 줄이고 재정의 균형을 이룰 수는 없었다. 세법 개혁은 결과적으로 정부 각 기관의 경비 부족으로 이어졌다. 정부의 각 아문과 군영은 경비자판(經費自辦)을 위한 활로를 찾기 시작하였다.

18세기부터 중앙과 지방의 아문과 군영은 환곡을 창설하여 그 모곡으로 기관의 운영비를 보충하기 시작하였다. 이에 따라 빈민구휼과 농업 재생산 구조의 유지와 관계없는 환곡의 양이 급증하였다. 18세기 말에는 환곡의 총량이 기록적인 1천만 석을 돌파하였다. 병조와 군영은 여기에다 덧붙여 보인(保人)을 증원하여 경비 부족을 해결하였다. 지방의 감영과 군현도 사모(私募) 보인의 수를 증가시켜 군포를 받았다.

환곡의 수량이 너무 많아지자 이른바 '곡다민소(穀多民少)'의 현상이
일어났다. 풍년에도 환곡을 강제로 배정하였다. 환곡이 기피의 대상이 되
자 양반 토호 세력들이 환곡 운영에서 빠져나갔다. 환곡의 부담은 빈한한
소농들이 짊어지었다. 흉년이 되면 원곡과 이자를 갚을 수 없는 농민들은
야반도주하였다. 18세기 중반 이후 환곡 운영은 허류화(虛留化)가 만연되
면서 백징(白徵)이 보편화되었다. 환곡은 빌려주지도 않고 모곡만 거두어
가는 백징이 환곡 업무의 절반을 차지하였다.

조선후기의 군역은 신분제에 입각하여 운영하였다. 양반은 군역을 면제
받고 양인들만 군역을 담당하였다. 흉년을 만나면 정부는 구휼자원을 마련
하기 위해 여러 종류의 공명첩을 팔았다. 조선후기에 대형 흉년과 기근이
이어지면서 잦은 납속과 공명첩 판매로 향촌에서 양반의 수가 급증하였다.
자연히 양역(良役)을 담당할 평민의 수가 줄었다.

향촌에서 납부해야 하는 군포의 양은 정해져 있는데 양반이 되지 못한
양인들이 모든 부담을 짊어지어야만 하였다. 이 때문에 군역을 피역하려는
평민들이 더욱 늘어났다. 이들은 향리에게 뇌물을 주고 향청과 6방 관속의
보인이 되었다. 이들은 서원과 향교 등에 학생으로 이름을 올려 군역을 면
제받았다. 양반가의 족보에 이름을 올리거나 양반가의 산지기, 묘지기가
되는 방법으로, 또 궁장토에 투탁하는 방법 등으로 군역을 면제받았다.

부세제도는 대체로 18세기 후반을 거치면서 전정(田政), 군정(軍政), 환
정(還政)이라는 삼정 체제로 바뀌었다. 삼정 체제 아래서는 과세 행정이
총액제(總額制) 방식으로 운영되었다. 이는 정부가 과세의 기반인 토지와
양역을 객관적으로 파악하는 능력을 잃어버렸기 때문에 나온 궁여지책이
었다.

총액제는 과세의 기반인 토지 면적과 농업생산량, 인구와 호수의 증감

을 일일이 파악하지 않고 군현 단위로 미리 정해진 세금의 총액을 공동부
담하게 하는 제도이다. 총액제도는 수세 업무를 군현의 수령과 향촌의 지
배 세력에게 전적으로 위임하는 방식을 취하였다.

환정의 문란은 전정과 군정의 문란으로 이어지고 군정과 전정의 문란은
환정의 문란으로 다시 돌아왔다. 세금을 내는 군현이나 백성들은 전정·환
정·군정을 구별하기 어렵게 되었다. 군현에서는 도결(都結)이라는 형태로
모든 세금을 구별없이 묶어 한꺼번에 돈으로 중앙에 납부하는 납세 제도
를 시행하였다. 행정실무자인 군현의 수령과 서리들은 뇌물을 받고 각기
다른 전정·진정·군정의 대상자와 납세액을 마음대로 섞어 농단하였다.

17세기 후반 화폐의 통용정책이 성공하였지만 정부는 재정 운용을 현물
로 하였다. 문무백관의 녹봉과 기민 구휼을 위한 환곡의 비축과 방출, 군영
에서의 군량의 조달과 부대운영을 여전히 쌀 중심으로 하였다. 이 때문에
쌀을 계속해서 서울로 운반하지 않으면 안 되었다. 쌀을 경창으로 수송하
는 수단은 예전과 변함없이 조운과 수운에 의존하였다. 18세기 말부터 화
폐제도가 현물제도와 결합하면서 심각한 모순과 부패를 초래하였다.

18세기 후반 1천만 석에 도달하였던 환곡의 총량은 19세기 중반에 4백
만 석으로 줄어들었다. 각도의 환곡 이전 횟수와 각 군현의 환곡 지급 횟
수와 수량이 급감하였다. 급기야 환곡은 철종 즉위년(1850)을 전후하여 대
부분 고갈되고 부실화되어 운영이 어려운 상태에 들어갔다. 철종 13년
(1862) 진주를 비롯한 삼남의 70여 고을에서 민란이 일어났다. 민란의 직
접적 원인은 허류화된 환곡을 회수할 길이 없자 마구잡이로 백징을 실시
한 데 있었다. 환곡제도는 민란 직전 19세기 중반에 사실상 기능이 정지되
어 있었다.

환곡을 운영하지 못하게 되자 환곡이 담당하던 진휼 기능과 물가안정 기능은 사라지게 되었다. 환곡이 물가안정 기능을 상실하면서 미가는 안정을 잃고 치솟기 시작하였다. 일선 감사와 수령들은 관내의 백성들을 보호하겠다는 명목으로 관내의 미곡이 다른 지방으로 팔려나가는 것을 막기 위해 방곡령(防穀令)을 내리는 것을 유일한 흉년 대책으로 생각하였다.

물가상승의 또 다른 원인은 18세기부터 경상도와 전라도의 주요 곡창지대에서 나타나기 시작한 토지 생산성의 하락 추세에서 찾을 수 있다. 쌀의 생산량 감소는 소농민들의 소득 감소와 미가 상승으로 나타나는 데 정부의 재정 축소도 수반하는 일이었다. 토지세는 정부 세원의 대부분을 차지하였는데 농업의 생산성 하락은 세수 감소를 초래하였다. 상황이 이런데도 정부는 농업 생산성을 증대시키기 위한 아무런 대책을 내놓지 않았다. 농업 이외의 다른 산업을 육성하지 못한 정부는 재정을 보충할 수 있는 다른 과세 기반도 갖추지 못한 데 문제의 심각성이 있었다.

조선의 구휼제도는 18세기까지 환곡과 상평의 역할과 공가의 지급 등을 통해 경제안정에 상당한 기여를 하였다고 평가할 수 있다. 구휼제도는 농촌과 도성에 거주하는 빈민에 대한 식량 보조와 흉년에 발생하는 곡가 상승 압력을 억제하여 물가안정을 도모하는 데 큰 역할을 하였다. 그러나 19세기에 들어와 환곡 등 구휼제도의 역할이 축소 중단됨에 따라 물가의 상승을 비롯한 경제안정의 중요한 기반이 사라지게 되었다.

계속되는 민란과 외세의 침탈로 난국에 빠진 조선정부는 당시 선진국에서 사용하는 각종 정치·경제제도를 도입하여 위기를 극복하고자 하였다. 고종 31년(1894) 정부는 갑오경장(甲午更張)을 단행하였다. 갑오경장으로 건국 이후 500여 년 간 내려오던 조선의 구휼제도가 공식적으로 폐지되었다.

부표

부표 A. 조선시대 주요 흉황 및 기근연표: 태조~명종(1392~1567)

연호	시기 간지	재해 지역	발생 원인	주요 재해 및 기근 상황	야사자	주요 대책·기타	비고
태조 1	1392 임신			都評議使司의 배극렴·조준 등이 시무 22조를 태조에게 진언한 가운데 義倉의 설치를 건의함(9/24). 이창은 가난한 백성을 진휼하기 위한 기관으로 농사철에 곤궁한 백성들에게 종자와 양식을 빌려주고 추수 후에 이자 없이 돌려받는다고 설명.		태조가 신하들에게 "요즈음 하늘의 견책이 자주 나타나니 하늘의 뜻이 있음 것이다. 무진년(고려 창왕 1)에 참혹을 당한 사람들의 가슴을 적물하고 그의 처참과 자손이 고립되어 원망함이 깊이 가니 하늘의 譴告가 이 때문일 것이다. 나의 즉위 이래의 사람으로 고려왕조의 종실과 天文·星變과 관련되어 災異에 더 이런의 坐罪된 자 이외에는 모두 사면하고 가신과 노비를 모두 돌려주라"고 명(12/1).	義倉 설치. 전국 초기에는 가뭄이나 수해 같은 기후와 관련된 災異보다 주로 天文·星變에 관련성이 있었던 것으로 보임.
태조 2	1393 계유	경상도	가뭄	경상도 등지에 가뭄이 듬(5/26).		가뭄으로 의창의 곡식을 내어 빈민들을 진휼(4/27).	
태조 3	1394 갑술		가뭄	봄철 가뭄이 심함. 가뭄으로 금주령.		가뭄으로 종묘·사직에서 기우(5/7). 절과 禮嗣에서 기우하고 저자를 옮김(5/8). 昭格殿에서 太一星에게 醮祭를 지냄(5/9).	한양으로 도읍을 옮김.
태조 4	1395 을해	황해도 함경도	가뭄	황해도와 함경도 흉년(2/25, 3/1).		창고의 곡식을 내어 구휼(2/25, 3/1). 흉수가 난 곳주에 세곡을 면제하고 재해를 입은 곳에 셀을 나누어 줌(4/30).	

일러두기 : 부표 A, B, C, D, E의 출전 및 주의사항은 부표 D의 맨 하단에 설명 있음

연호	서기 간지	재해 지역	발생 원인	주요 재해 및 기근 상황	아사자	주요 대책. 기타	비고
태조 5	1396 병자	경기도 강원도 경상도	가뭄 수제	4월부터 5월까지 가뭄. 경상도 14고을에 폭풍우가 닥쳐 나무가 뽑히고 국식이 상함(6/29). 폭우로 강원도 춘천 등 9고을 1백여 명이 죽고 작물이 손상됨(7/8). 경기도에 蝗蟲 만연(6/17).		경상도의 기민을 구휼함(2/15). 도성의 축성사를 일시 중지하고 저자를 옮김(4/17). 중 800명을 근정전에 모아 기우제(4/29).	
태조 6	1397 정축	충청도 전라도 경상도 평안도	가뭄 수제	평안도, 한재로 흉년(4/16). 경상도, 가뭄 끝에 폭우가 쏟아져 전답 1만 결이 손실됨(6/5). 충청·경상·전라 3도가 한재에 이어 수제로 심하(10/13).		축성공사를 일시 중지하고 인부들을 귀주시킴(8/6). 수제와 한재 피해를 크게 입은 경상도와 전라도에 租稅와 貢物을 감면하고 백성을 구휼(8/25, 9/16). 중 108명을 모아 祈雨法席 개최(5/22).	
태조 7	1398 무인	경기도 충청도 경상도	가뭄	3월부터 5월 하순까지 몹시 가뭄(5/22, 5/28).		각도의 기민을 위해 창고에 있는 국식을 다 내어 진휼함(3/29, 윤5/6). 충청·경상도 가뭄으로 흉년, 麥稅를 감면(윤5/6). 각 도에 금주령을 내림(윤5/6).	
정종 1	1399 기묘	황해도 충청도 전라도	가뭄 수제	지난해 가뭄으로 충청도 흉작. 가뭄과 수제로 충청·전라·황해도에 심각한 농가 많음(10/13).		충청도에서 바필 군량으로 충청도의 기민을 진휼함(1/9). 흉년으로 齋醮를 수리하는 역사를 중지(2/13). 3道에 敬差官을 보내 기민을 賑救(3/13).	

연호	시기 간지	재해 지역	발생 원인	주요 재해 및 기근 상황	아사자	주요 대책. 기타	비고
정종 2	1400 경진	황해도 평안도 함경도	가뭄 역병	봄철에 비가 오지 않아 흉작. 기근과 역질로 많은 백성들 죽음(5/29). 황해·평안·함경도에 황충(蝗蟲) 만연(7/2). 가뭄이 심하자 좌·정승 성석린 등이 왕에게 가뭄이 자신의 책임이 있다며 사직을 요청함 (6/2).	기근과 역질로 사망자 다수	가뭄으로 연화와 음주를 금지시킴(4/5). 좌정승 成石璘 등이 災異가 있으면 임금은 가뭄이나 災異가 있으면 임금이 먼저 減膳하고 음주를 撤樂하는 등이 恐懼修省을 했다고 하자, 임금이 이를 받아들임(8/1). 함경도의 기민을 구제함(6/2).	
태종 1	1401 신사	전라도 황해도 함경도	가뭄 냉해	3월부터 5월까지 두 달 간 가뭄(윤3/29, 5/6). 비가 오지 않는 가운데 냉해가 몹시 주위 사람들이 가을옷을 다시 껴입음(4/22). 지리산에 주먹만한 우박이 내려 눈도 내도 3일이 걸림(4/13).		대신들을 보내 개성의 박연·닥진에서 祈雨祭 지냄(4/16). 昭格殿에서 大一醮齋를 지냄(4/16). 雩祀·圓壇에서 祈雨를 지내고 또 여러 무당들을 모아 祈雨제를 지냄(4/16). 전라도에 쌀 200석을 보내 賑救에 보탬(5/1). 함경도의 기민을 구제함(6/30). 稅稅를 감면하고 수납을 연기시킴(12/22).	왜구의 침입으로 교린 앞부터 陸運 앞부터 조세 漕運하던 조세를 다시 陸運을 운하도록 함.
태종 2	1402 임오	경상도 전라도 강원도	가뭄 역병	경상·전라·강원도 봄철부터 가뭄(5/7). 경상·감사, 경상도 39고을에 황충이 극성, 벼의 줄기를 먹어 이삭이 돋지 못했다고 보고 (8/4). 강원도에도 심한 황충 피해(8/18).		함경도의 飢民을 구휼(2/4). 황해도의 기민을 구휼(4/5). 경상도 채낭 함은 동지의 기민을 구휼(5/24). 강원도 관찰사 박은, 중앙의 하략 없이 창고을 열어 기민을 구제하려 했으나 의정부에서 거부 (5/7). 태종은 가뭄을 극복하기 위한 대책으로 巫女·장	

연호	시기 간지	재해 지역	발생 원인	주요 재해 및 기근 상황	아사자	주요 대책·기타	비고
						남·중들을 시켜 비를 비는 것을 좋아했으나 河崙은 임금의 恐懼修省이 중요한 대책이라고 진언(7/2).	
태종 3	1403 계미	경상도 전라도	가뭄 역병	가뭄이 심함(5/27). 전라도 완산 등 14고을에서 가뭄으로 콩을 심지 못함(6/29). 경상도에서 서울로 올리오던 漕船 34척이 전라도 해역에서 침몰, 漕軍 1천여 명이 익사하고 세곡 1만여 석을 수장시키는 참사가 발생(5/5).		사간원, 경상도와 전라도는 가뭄과 늦은 홍수로 심은것 자가 많으니 田稅를 면제시켜 달라고 주청(8/4). 태종, 경상도의 세곡은 海運하지 말고 충주까지 陸運한 후 남한강을 이용 水運하라고 수송 방법을 변경(6/11).	
태종 4	1404 갑신	경기도 강원도 황해도 함경도	수재	경기·강원·황해·함경도에 큰물이 내려 산이 무너지고 넓은 면적의 전답이 유실되고 곡물이 침수됨(7/19).		종묘·사직·산천단에서 祈晴祭를 지냄(7/18). 내사를 충주사와 낙산사에 보내 기청제(7/25). 수계를 입은 백성들에게 쌀과 콩을 하사(7/20). 수해가 큰 강원도 고을에 田租를 감함(9/25).	
태종 5	1405 을유	경기도 황해도 평안도 강원도 함경도	가뭄 수재	가뭄이 심하여 보리·밀 농사 망침. 黃官 李來, 평안도 인주 이남에서 황해도까지 가근으로 아사하는 사람들이 많으며 수령들이 보고하지 않고 있다고 고발(5/17). 우정승 조영무, 가뭄 해읍을 지고 사직 요청(5/11).	아사자 다수 발생	태종, 가뭄이 심하자 恐懼修省에 들임. 종묘·사직·명산·대천에서 기우. 중들을 모아 연복사에서 薦雨精勤함(5/8). 여자 무당들을 불러 개성에서 기우(5/11). 부자의 곡식을 기민에게 발린주고 가을에 상환토록 주신함(4/21).	태종, 함경도 구휼을 위해 경상·전라도에서 식량 수송이 가능한지 검토해보도록 지시함.

연호	서기 (간지)	재해 지역	발생 원인	주요 재해 및 기근 상황	야사지	주요 대책, 기타	비고
				경기도에 기민 1천 140명, 강원도에 기민 3천 700명이라고 보고(4/21). 함경·평안도에 수재(10/12). 태종, 황해·함경도에 매년 흉년이 드니 미리 산천에 제사 지내도록 예조에 지시(12/17).		황해도에 조세 면제. 代播를 위해 충청도에서 메밀 종자 3천 석을 조운하여 분배(5/24). 제주 기민을 위해 쌀·콩 각 1천 석을 보내고 또 쌀 1천 500석을 주고 말(馬)을 사들임(12/27).	(7/17).
태종 6	1406 병술	경기도 황해도 강원도 함경도	가뭄	봄부터 7월 중순까지 심한 가뭄. 경기도를 비롯 4도에 흉년.		王川君 劉승을 시켜 우사단·원단에서 기우제를 지내고 회암사·흥덕사에 기우도장을 설치함(7/27). 각도 감사에게 관내의 산천에서 기우토록 지시(7/27). 上番軍이 상경을 정지(윤7/2). 행빗을 가리는 우산과 부채를 사용하지 않았고, 도살을 금지하고 저자를 옮김(7/29). 태종, 災異가 자주 나타나는 것은 자신의 탓이라며 단마다 제자리에 禮儀位를 명하였으나 신하들이 반대하여 양위를 철회(8/18). 경기·황해·강원·함경도 기민 구휼(3/6, 4/6, 6/21, 10/1).	
태종 7	1407 정해	전국	가뭄	4월에 양덕, 안변, 김주, 청주에 3일간 서리와 우박이 내려 보리농사에 큰 피해(4/1, 4/4). 5월 하순까지 경상도와 전라도에 비가 오지 않음.		종묘·사직·북교·소격전에서 기우제를 지냈으나 효과가 없자 태종, 가뭄이 원인과 내게 동이 내해 求言을 요청(5/22). 大司憲 成石因이 가뭄의 원인이 上과 대상 전	

연호	시기 간지	재해 지역	발생 원인	주요 재해 및 기근 상황	아사자	주요 대책, 기타	비고
				가뭄으로 임금이 탄신 하례를 중지함(5/16). 전라도 관찰사 윤향이 상평창의 설치를 啓開함(1/8).		하(태조)간의 불화 때문이며 효도로 배상 전하의 마음을 감동시키야 가뭄을 없앨 수 있다고 진언함(5/22).	
태종 9	1409 기축	경기도 충청도 강원도 황해도 평안도 함경도	가뭄 수재	봄철에 몹시 가뭄이 경상도와 전라도를 제외한 각 도가 흉년(3/27). 강원 감사, 백성들이 도토리를 주워먹으며 연명해있는데 이제 도토리마저 구할 수 없게 됐으니 국고를 열어 기민을 구제해 달라고 요청(3/16). 수뢰 부사 이거강, 금년 4월부터 백성들이 날마다 관아에 모여 먹을 것을 달라고 호소하고 있으니 진출이 필요하다고 상소(안 4/20). 前 判原州 목사 禹希烈, "가뭄을 막기 위해서는 堤堰을 쌓아야 한다"고 상소(3/22). 비바람으로 벼제와 고령 사이에 무너진 곳이 270곳이었고 아랫마을에서는 한 가족 22명이 모두 압사하고 강원도에서도 산이 무너져 20명이 사망함(7/3). 곳곳에 수재 피해.		경상·전라도를 제외한 각 도의 番上을 정지(3/27). 경기·중청·강원도의 기민을 구제(윤4/12, 3/6, 3/16. 京畜의 쌀과 콩 2만 석을 내어 경기도의 기민을 구제(안 4/12. 함경도 안변에 기근이 들자 인변 백성들로 하여금 강원도 進陽倉에 가서 진곡을 받아가게 함(4/23).	
태종 10	1410 경인	경기도 황해도 전라도	가뭄 역병	봄철에 심한 가뭄. 좌정승 成石璘이 한발의 책임을 지고 사직을 청함(6/25).	전염병 사망자 발생	水陸으로 강원도와 경기도의 곡식을 운반하여 함경도의 기민을 구제(1/17, 3/4, 10/8). 평안도의 안주 등 9고을의 백성들을 진휼함.	

연호	시기 간지	재해 지역	발생 원인	주요 재해 및 기근 상황	아사자	주요 대책. 기타	비고
		평안도 함경도		전라 감사가 김제 등 7개 고을에 6월부터 비가 오지 않아 곡물이 타죽고 있다고 보고하자, 태종, 늦게 보고한다고 질책(7/7). 큰비가 연일 내려 도성에 물이 넘침. 종로에서 흥인문까지 사람이 다닐 수 없을 정도(7/1). 함경도는 가뭄으로 곡식이 다 말라 죽고 역병이 돌아 온 집안 식구가 다 죽은 경우가 있다고 순무사가 보고(8/12).		(2/7). 경기·강원도의 백성을 구휼(2/15). 한성부의 기민을 구휼(4/2). 경기·강원·황해도 군사들의 番上을 정지(3/26). 함경도에서 바치는 月課軍器(무기)제조 등등 위해 매일 바는 도를 면제함(8/12). 禮曹에서 중과 巫女를 모아 궁중의 뜰에서 3일 동안 기우제를 지냈는데 이는 예법이 아니라는 비나을 받자 중지함(6/24).	
태종 11	1411 신묘	경기도 황해도 평안도	가뭄 역병	의정부 찬성 柳廷顯, 평안도의 벼동 등 11고을에 기근이 들었고 2주 1천 500명이 굶주리고 있는데 역병까지 유행하고 있다고 보고리고 있다(1/20). 知申事 金汝知가 심한 가뭄으로 평안도와 황해도의 기근 사실을 보고하지 않아 문제 당함(증명보). 4, 5월에 심한 가뭄이 있었고 서울과 지방에 역병이 많은 사람이 주음(5/26).	전염병 사망자 다수	내자판 김점을 평안도에 보내 기민을 구휼함 (3/27). 여자 무당 70명과 중 100 명을 배와과 매통사에 집합시켜 비를 빌게 하고 어린이들을 불러 蜥蜴 기우제를 지내는(5/19). 예조에서 및 문헌을 참고하여 기우제를 지내는 규식을 만듬(5/20). 태종, 황해도와 평안도의 기민을 구휼하라는 명을 내림(6/14). 또 평안도의 빈민을 위해 황해도에서 보리 종자를 보내주라고 지시(7/19).	
				지난해 황해도와 평안도에 과전되었던 정치권 曹敦, 두 도의 기근이 심각하고 역질에 걸린		중청도와 경상도 국식 5천 석씩을 황해도와 평안도에 海運 하도록 조치함. 양 도는 2년간	

연호	서기 간지	재해 지역	발생 원인	주요 재해 및 기근 상황	아사자	주요 대책. 기타	비고
태종 12	1412 임진	황해도 평안도	가뭄 역병	자가 수천 명이라고 복명(1/3). 경상도 12개 고을과 황해도 서흥에 우박이 내렸는데 경상도에서는 보리와 삼이 상하고 황해도는 주먹만한 우박이 내려 화곡이 손상되고 세 개 세가 땅이 죽음. 굴자기에 쌓인 우박은 5, 6일간 녹지 않음(5/2, 5/16). 전라도의 漕船 21척, 충청도의 조선 2척이 세 곡을 싣고 가다가 폭풍우로 침몰, 선원 120명이 익사함(7/17).		연이어 흉년이 들어 종자를 마련해주기 위한 것임(2/11). 충청·경상·전라·강원도 侍衛軍의 番上을 정지(7/22).	
태종 13	1413 계사	전국	수재	큰 비바람으로 각지에 수재. 경기도 과천의 산이 무너져 중 4명이 죽고 농지 750결이 유실됨(5/25). 전라도 무안에서 배몽이 구름을 타고 승천함(5/28). 함경도 함주 이북에 수재로 국사이 상함(6/26) 황해·평안·함경도의 황충이 만연(8/12, 8/20, 10/28).		큰비 때문에 각 도의 명하여 올 곡식(早穀)을 빨리 거두게 함(7/10). 각 도의 月課軍器를 면제함(8/12).	
태종 15	1415 을미	전국	가뭄	예日부터 金州에 이르기까지 동해의 바닷물이 넘쳐 그 높이가 5~13척이 됨. 육지의 낮은 곳은 5~100척이나 물이 들어왔는데 물이 드나드는 것이 마치 조수와 같았음(4/5).		중 100명을 흥복사에 모아 3일 동안 大雲輪請雨經을 외우게 함(5/19). 어린이 50명을 동원, 광연루에서 蜥蜴祈雨祭를 지냄(5/20).	

연호	시기 간지	재해 지역	발생 원인	주요 재해 및 기근 상황	아사자	주요 대책, 기타	비고
세종 16	1416 병신	전국	가뭄 수재	봄철부터 6월까지 가뭄이 계속됨. 온갖 종류의 기우제를 지냈으나 비가 오지 않음. 세종, 고기반찬과 술도 끊었으나 효험이 없자 "덕이 없는 내가 왕위를 이어받았으니 해마다 한재가 닥쳐 매우 두려운 마음이 든다. 政事를 보고자 해도 하늘이 두려워 볼 수 없으니 우조와 대불이 신하들은 나의 부족한 점을 숨기지 말고 개진하라"고 求言(6/5, 6/14). 비가 오지 않다가 7월 6일에야 비가 풍족하게 내림. 비가 오자 우조 판서들이 일제히 대궐에 나와 하례하니, 上, "지금 비록 비는 왔지만 농사짓기에는 그 시기가 이미 늦었다"고 한탄(7/7). 이 해 전국에 큰 흉년이 듦. 4월 각지에서 서리나 우박이 내리는 곳이 많았으나 비는 오지 않음. 5월 들에도 비가 없어 서리가 내리는 곳이 많음(5/8). 세종, 이정부와 우조·대신들에게 한재를 막을 수 있는 방법을 강구하라고 지시.		임금이 早災를 예측하고 막을 수 있는 방법에 대한 의견을 구하자 장기 감사 辟瘟, "한재가 있고로 예측할 수는 없지만 금년에 한재가 심한 곳은 수리시설을 제대로 갖추지 않은 곳입니다. 만일 오늘 수리시설을 축조하지 않는다면 비가 오지 않을 경우 다시 금년과 같이 흉년이 될 것입니다. 제방을 쌓을 수 있는 곳의 주민들을 동원하여 양식을 주고 제방을 축조하여 수리시설을 만들게 하는 것이 이떻겠습니까"라고 진언(11/15). 세종, 각도의 감사와 수령에게 한재가 심한 곳은 수리시설을 축조하라고 지시(11/17). 전라도 김제의 벽골제를 수축하여 1만여 결의 물을 공급함. 가뭄이 심해 무당과 중 수백 명을 동원하여 기우제를 지냈으나 효과가 없자 下季良이 왕응 중 묘와 사직·산천에 제사 지내지 말고 圓壇을 설치하고 하늘에 제사 지낼 것을 진의(6/1). 楮貨로 쌀과 콩 1만 석을 사들여 사람들을 진휼(3/28).	

연호	시기 간지	재해 지역	발생 원인	주요 재해 및 기근 상황	아사자	주요 대책. 기타	비고
				(5/14). 특별한 방안이 없자 이번에는 소격전에서 북두칠성에게 기우할 것을 지시함(5/16). 이해 전국적인 흉작으로 기근(증보).		태종, 원단을 설치하고 하늘에 기우제를 지냄 (6/7). 태종, 가뭄의 원인을 무인·정진·임오년의 사건으로 부자와 형제의 도리를 어긋나게 했기 때문이라며 양자의 난을 입으켜 이북동생들을 죽인 것을 눈물을 흘리며 참회(5/19). 함경도 순문사로 내려간 曹治을 민들에게 환곡을 주자고 왕에게 청하자 왕이 일일이 묻지 않고 아주 가난한 사람은 賑濟하고 그 다음은 환곡을 받게주라고 지시. 사안이 급할 때 일일이 허락을 구하면 때를 놓쳐 생명을 잃게 되니 수령 제임하에 창고를 열라고 지시(8/8).	
태종 17	1417 정유	전국	가뭄 냉해 병충해	봄에 날씨가 서늘하여 복숭아와 오얏 나무에 꽃이 피지 않음(3/30). 4월에도 아침저녁으로 날씨가 가을같이 서늘함(4/28). 5월 8일과 9일 에도 서리가 내림(5/8, 5/9). 태종, 여름철 서리가 내리는 것은 "임금이 행 함을 시행할 때 정도를 잃었기 때문이다"고 말 하고 "과거 진신구에게 지나치게 재임을 주주 한 일이 있는데 아든 그의 질못이 아니라 나의			왕이 금주령을 내리고 減膳에 들어감(5/17). 평안도 감사가 흉년에 서울 상 인들이 긴요하 지 않은 잡물을 가지고 와 백성

연호	시기 간지	재해 지역	발생 원인	주요 재해 및 기근 상황	아사자	주요 대책·기타	비고
				잘못이다. 자식(세자 양녕)도 아래서야 사리 분별을 못하니 왕의 자리를 넘겨줄 수도 없고 나 스스로 죽을 수도 없다'며 이상 기후의 원인이 자기에게 있다고 탄식(5/9). 함경도에 3일간 서리가 내리고 경상도 순흥·안동 등지에도 서리와 우박이 내려 보리와 기타 작물이 10분의 8이 얼어 죽음(윤5/14, 7/20, 7/25). (6월 하순부터 7월에는 경기·강원·황해·경상·평안·함경도 각지에 황색 빛색 황충이 먼저 피해가 있음 (6/29, 7/10, 7/17, 7/23). 8월에는 강원도와 함경도를 비롯하여 여러 지방에 홍수 피해(8/17).			들이 썩을 사람이고 있으니 서로 상인들이 回換을 금자시켜 줄 것을 계청(5/7.)
세종 즉위년	1418 무술	경기도 충청도 강원도 전라도 경상도 함경도	가뭄	戶曹, 금년의 흉년과 기근은 6도에 걸쳐있는데 그 중에서도 함경도와 강원도가 가장 심하다고 보고(8/24). 세종, 함경도는 적구의 아인들과 국경이 연접하여 있으며 또 慶源府를 설치하여 백성들을 남쪽에서 이주시켜 보냈기 때문에 흉년에 취약한 곳이라며 대책을 준비하라고 지시(8/16). 함경도는 저축이 없기 때문에 강릉도의 강릉도 강릉도 강릉도		각도의 감사에게 기우제를 지내도록 지시(6/19). 예조에 기우제를 지내도록 지시(6/22). 좌의정 박은을 보내 원단에서 기우제 지냄(7/1). 中宮으로 대필 안 各 司에서 上道하던 관원들과 각 지방의 敎導에게 주던 점심을 폐지(9/15). 中宮도는 백성들이 빌려간 의창곡을 모두 각 고을로 받낲 받아 내년의 종자로 쓰기로 결정 (9/26).	이해도 가뭄 몹시 심함. 대중이 임종할 때 세자에게 "내가 죽으면 옥황이 한 상계에 빌이 오게 하여 백성들에게

연호	서기 간지	재해 지역	발생 원인	주요 재해 및 기근 상황	이사자	주요 대책, 기타	비고
				전세를 함경도와 가까운 통천과 고성에 수납토록 한 다음 이를 함경도로 이송한다는 방침을 결정(8/27). 경상도 가뭄으로 실농하였다는 보고(6/22)			보답하겠다"고 유언을 했다. 태종이 죽자 정말 비가 왔다. 백성들은 해마다 5월 10일 전후에 내리는 비를 太宗雨라 불렀다. (東國歲時記)
세종 1	1419 기해	경상도 전라도 강원도 함경도	가뭄 역질	세종, 전국의 수령들에게 관내에서 한 사람이라도 餓死한 사람이 있으면 문죄하겠다고 유시(2/12). 경상도에 흉년이 들자 상황이 더 나빠 전라도로 지난해 10월에 제주로 구호곡을 보내려는 땅이 3개월이 지나도록 시행되지 않고 있음(1/30). 경기·황해·강원도의 기민 총수는 6만 5천 800여 명으로 보고됨(5/29). 각 도에 전염성 역질이 발생(5/1).	무릉도 백성 17명 아사 직전 (증보)	흉년으로 각 殿의 제사와 사신 접대를 제외하고 금주령을 내림(1/6). 충청도의 各司 各官 노비신공 면제(1/9). 제주의 기민을 위해 쌀 300석을 보냄(1/30). 각 도에 구휼·감찰아사를 파견(3/6). 광흥창에 있는 묵은쌀을 발매하여 기민을 구제(5/24). 기민 구호를 제대로 하지 않은 철원부사 홍연안, 좌주목사 하규 등 8명의 수령에게 향장 100대를, 감고 10여 명에게는 장 10대를 때림(8/14). 2개월 동안 장정 1만 1천 580인을 동원하여 전라도 고부의 訥堤를 수축함.	가뭄이 계속되자 하늘에 제사 지낼 곳을 다시 요청(6/7). 삼군도체찰사 李從茂, 군사 1만 7천과 군량 65일 분, 병선 227척을 동원해 내이포 정벌에 나섬(6/17).

연호	서기 간지	재해 지역	발생 원인	주요 재해 및 기근 상황	아사자	주요 대책, 기타	비고
세종 2	1420 경자	충청도 전라도 경상도	가뭄 수재 역병	서울과 지방에 역병이 유행(3/28). 큰비가 내려 전라도 고부군에 있는 訥堤가 무너져 전답 600여 결이 쓸려나가고(8/21) 김제에 있는 碧骨堤가 터져 전답 2천 98결 유실됨(9/13). 벼룩레는 4년 전, 늦게는 1년 전에 백성 수만 명을 동원하여 개축하였음(매종 18). 중청도, 수제로 전답 3천 5백 60결 유실(9/6).		가뭄이 심해 원구단의 기우를 비롯 각종 기우제를 지냄(5/3). 가뭄이 심해 사형수를 제외한 모든 죄수를 석방(4/8). 흉작으로 충청·전라·경상도의 별패와 시위패는 上番하지 말도록 지시(10/10).	
세종 3	1421 신축	경기도 충청도 전라도	수제 역병	봄철에 가뭄다가 (6월에 들어와 비가 그치지 않고 내림. 서울에서만 인가 75채가 떠내려가고 많은 사람이 죽음(6/12). 비가 너무 오래 계속되어 燃祭(영제, 기청제)를 지냄(6/28). 충청·전라·경기도 수해로 벼농사의 10분의 4 가량이 손실됨(8/23). 장마 끝에 서울을 비롯 각지에 역점이 유행(12/29).		굶주리는 경기도 백성들을 위해 풍저창과 군자감의 묵은 쌀과 보리를 열가로 발매함(4/6). 충주지방의 기민을 위해 경원창의 묵미을 내어 진휼(5/11). 긴 장마로 서울의 쌀값이 많이 오르자 묵은 군량미 1만 석을 생값으로 발매(6/19). 개성의 빈민을 위해 留後司의 묵은 곡식 2천 석을 염가로 발매(7/11).	
세종 4	1422 임인	전국	수제	여름 장마로 보리 이삭이 모두 썩고 오곡이 싹이 나지 않음(6/28). 경기·충청·전라·경상·강원·평안 등 전국에 기근 발생. 서울과 지방에서 전염병으로 죽은 사람이 매	아사자 방사자 다수 발생	서울의 쌀값이 올라 창고의 묵은쌀 5천 석을 발매(7/8). 기민들이 연달아 서울로 들어오자 흥부사에 賑濟所를 설치하고 죽을 쑤어 구제(12/14).	

연호	시기 간지	재해 지역	발생 원인	주요 재해 및 기근 상황	아사자	주요 대책, 기타	비고
				우 않음(3/29).		땅년 봄 보리 종자의 부족을 예상하고 경상·전라도에서 종자를 환보하라고 지시(7/27).	
				각 도에 진휼을 감시하기 위해 과견된 賑濟敬差官, 기민의 숫자를 총 6만 1천 명이라고 보고(8/5, 7/9, 9/9).		날씨가 추워지자 옥중의 죄인을 모두 석방하고 중죄수도 죄의 경중을 참작하여 가석방함(11/26).	
				좌의정 이원이 강원·평안도에 아사자가 발생하고 있다고 보고하자 세종, 賑濟敬差官이 허위로 했다며 매도, 별도의 조사관을 과견함(10/4).		아사자 발생한 낙산군 지군사 신중생을 장을 때려 치벌(10/29).	
				서북지방의 기민들이 비교적 농사가 잘되었다고 소문난 전라·경상도로 줄을 이어 유입하자, 해당 지역의 감사와 수령이 백성들의 유랑을 금지시켜 줄 것을 요청하였으나 임금이 거부함(12/28).		수해 극심한 충청도 단양·영춘에 조세를 면제하다(10/5).	
						농사를 그르친 고을에 모두 진제소를 설치함(12/1).	
						강원·황해·평안·함경도는 흉년이 다른 곳보다 심해 각자의 공물을 모두 감면(12/9).	
세종 5 1423 계묘		경기도 충청도 강원도 경상도 황해도 평안도 함경도	가뭄	지난해의 흉년과 기근으로 당년 봄에 각지에서 아사자 많이 발생(6/6, 6/15). 황해도 서흥과 봉산의 굶주린 백성들이 白土를 쌀가루와 섞어 떡 만드는 보고가 올라옴(4/21). 함경도 회주 백성들이 밀가루처럼 생긴 흙으로 죽과 떡을 만듦(3/13). 무녀들을 동교에 모아 3일 동안 기우함(5/1).	아사자 다수 발생	비가 오지 않아 임금이 북교에서 기우제를 거행(4/21). 가뭄을 퇴치하기 위한 求言교서를 내림(4/25). 지난해의 흉년과 기근으로 식량과 종자가 떨어지자 경기도에 미두·잡곡 1만 석, 충청도에 3만 석, 함경도와 평안도에 수천 석씩을 賑貸(1/27). 호조에 명하여 경상의 묵은 마두 3천 석을 실어 들을 받고 굶주린들에게 싼값으로 판매함(1/16).	

연호	시기 간지	재해 지역	발생 원인	주요 재해 및 기근 상황	아사자	주요 대책, 기타	비고
				가뭄이 계속되자 각도에 공문을 내어 『農桑輯要』 등에 따라 메밀을 대파 하도록 지시(6/1). 각도의 감사가 기민을 구휼하기 위해 환상곡을 사용하려고 할 때는 사전에 호조의 승인을 받도록 지시(4/1). 평안 감사 상담생, 호조와 상의 없이 창고를 열어 13만 5천 석을 기민에 대부하였다가 처벌받음(8/8).		강원도의 기민을 위해 마두 8천 400석을 진급하고 환상곡 2만 2천 석을 방출(1/18). 전라도에도 마두 3만 석을 진대(2/23). 군자감창의 묵은 마두 3천 석을 서울과 성 아래 10리 안에 사는 빈민들에게 발매줌(2/30). 경기도의 군자감 등 1만 석을 때어(3/7). 함경도에서 환상으로 마두 3만 석, 경상도에서도 환상으로 마두 6만 석을 대여해 줄 것을 요청(4/1). 관내에서 아사자가 발생한 홍천 현감 장계호, 금성 현령 이흔, 지평성 군사 조진수, 지곡산 군수 유순도, 고양 현감 감자강, 우봉 현령 박흥기, 정주 목사 진원기, 정녕 현령 감지 등을 파면하거나 처벌함(6/6, 6/8, 6/10, 6/15, 7/1, 8/10).	
세종 6	1424 갑진	경기도 충청도 강원도 황해도 평안도 함경도	가뭄	지난해의 가뭄으로 경기·황해·충청·강원·평안·함경도 흉년(1/4, 1/9, 1/10). 강원 감사 황희, 지금처럼 기민의 수를 조사하여 여 호조에 월출하여 회보가 오기를 기다렸다가 진휼하면 구황하는 일만 늦어지고 백성들의 생명이 위험해지니 먼저 의창의 환	평안 감사, 안주 등 20고을의 기민 3천 188인에게 마두 51석 5두와 醬 4석 3두로 설진하였다고 보고(2/15). 충청 감사, 단양 등 37읍의 기민 3천 269인에게 마두 440석을 주어 진휼했다고 보고(3/22). 평안 감사, 박천·영유 등 30여 고을 기민 1만 5		

연호	시기 간지	재해 지역	발생 원인	주요 제해 및 기근 상황	이사자	주요 대책. 기타	비고
				상곡을 시구 수에 따라 빌려주고 나중에 청산하자고 제안(2/6). 임금의 긍정적인 답변을 얻음.		친 땅에게 마두 1천 500석으로 설진하였다고 보고(3/22). 경상 감사, 도내 각 고을의 기민 937명에게 마두 44석과 醬 24석으로 진제하고, 환곡 1만 2천 700석을 대출하였다고 보고(3/22). 황해 감사, 황주 등 24고을 기민 589명에게 각곡 63석 13두, 醬 9석으로 설진하였고 환곡 마두 접곡 8만 9천 100석을 방출하였다고 보고(5/14). 함경 감사, 안변 등 8고을의 기민 400인에게 각곡 32석, 장 4석 4두로 설진했다고 보고(5/14).	
세종 7	1425 을사	경기도 강원도 황해도 평안도	가뭄	봄부터 가뭄이 계속되자 조회와 경연을 정지(6/19). 강원도 회천·평강·문등 등지의 실농한 백성들이 고향을 떠나 유리하는 자가 인구의 절반이나 된다고 강원 감사가 보고(6/20). 禮曹에서 董仲舒의 기우법에 따라 지방의 매 성읍도 里별에 비를 빌게 하고 또 점검 토록 기우하도록 지시함(6/21). 온갖 종류의 기우제를 지내도 효험이 없자 마다 기우하도록 지시(7/5). 경기·강원의 실농한 백성들이 충청·전라도로		昭格殿에서 太一醮齋를 열고 흥부사에서 치성을 드림(6/25). 남녀 무당과 내시를 시켜 기우(7/2). 禮·敎兩宗과 明通寺의 지사를 내띄 비가 올 때까지 기도를 드리게 함(7/2). 지금까지 기도하지 않았던 성황당과 雜神에게도 기우하도록 지시(7/2). 靑衣童子 60명을 동원하여 광연루에서 석척 기우제를 지내고 동녀 60명에게 쌀 2석씩 줌(7/8). 가뭄이 심하자 사형에 해당하는 죄를 지은 사람을 제외하고 모두 사면령을 내림(6/23). 圓壇에	

연호	서기 간지	재해 지역	발생 원인	주요 재해 및 기근 상황	아사자	주요 대책·기타	비고
				유리한 사람이 많음(8/18). 경기도, 실농으로 내년의 종자가 없으니 금년 봄에 발렌준 환곡을 모두 과목으로 받아 종자로 쓸 수 있게 해달라고 청함(11/12).		서 제사함. 지 3일 만에 비가 내림. 상. 원단 기우를 도운 신하 6인에게 말 1필씩을 선물(7/11).	
세종 9	1427 정미	경기도 황해도 평안도 함경도	가뭄 역질	오랫동안 가물어서 기우제를 여러 차례 지냄. 비가 계속 오지 않자 임금이 좌의정 황희, 우의정 맹사성을 불러 예조에서 하라는 바로 온 갖 일을 다했는 데도 비가 없으니 그 이유가 무엇인지 의논하여 보고하라고 지시(6/11). 영의정 황희, 신들도 그 이유를 알기 위해 자나깨나 궁리했으나 알 수 없다고 보고. 흉천사와 명통사에서 기우법석을 열고 무당들을 모아 한강에서 사람이 죽음(7/9).	역질 사망자 다수	황해·경기도 각 고을이 공물을 감면(6/19, 7/13). 충년이 심하니 각 도는 환곡 징수를 정지하고, 각도의 공물과 전세·군營마는 서울로 상납하지 말고 해당 고을에 그대로 두라고 지시(7/15). 충년이 심한 황해도와 평안도는 사전 보고 없이 구제의 쌀과 콩으로 기민을 우선 구제하라고 나중에 결과를 보고하라고 지시(8/12). 평안도와 함경도의 심각한 구제를 명함(8/12). 내렬 안에서 점심을 주던 관행을 꼭 필요한 사람 이외에는 모두 없앰(7/13). 사간원, 충년이라 쌀값이 오르느니 4개 도의 시위 군사들이 올라오면 쌀값이 더 오르니 내려가지 않게 정지를 권의(12/27).	
세종 10	1428 무신	함경도 황해도	수재	함경도 경차관 정분, 함경도 수재로 169명이 익사하고 가옥 609호가 유실되고 전답 8천 612결이 모래에 덮였다고 보고(6/9).		함경도 각 관아의 누비 신공 면제(1/20). 지난해 황해도 흉년으로 종자가 없다고 하자 충청도에서 종자 1만 5천 석을 兵船으로 보내도	

연호	시기 간지	재해 지역	발생 원인	주요 재해 및 기근 상황	야사자	주요 대책. 기타	비고
				단천군의 한 동네는 모두 흉수에 떠내려감 (6/9).		(1/28). 함경도의 수재민에게 각종 공납을 감면(7/12).	
세종 12	1430 경술	전라도 강원도	냉해 수재	황해 감사, 지난해는 비가 여물지 않아 도내 논이 약 10분의 1정도만 수확하고 많은 결실이 거의 없는 흉년이라며 정부의 도움을 절실히 필요하다고 진휼을 요청(2/16). 경상도와 전라도의 거의 모든 고을에 지진이 발생(4/18). 지진 이후 전라도의 많은 고을에서 나흘 동안 서리와 우박이 내림(4/23, 4/26). 이 때문에 보리·목화·기장·조 등의 작물이 심한 피해를 입음(5/4). 나머지 지역은 밀보리가 결자라지 않음(5/15). 수재로 강원도 흉작(10/21).		수재를 입은 강원도에 각종 공물이 남부를 감면(10/21).	
세종 15	1433 계축	전라도 경상도	가뭄 수재	蝗蟲 박종직, 경상도와 전라도는 4, 5월은 가물고 7, 8월에는 늦은 수해가 있어 바는 말라죽고 기타 곡식들은 썩어버렸다고 상소(10/28). 그도 다른 6도의 농사 형편도 좋지 않아 식량 부족이 눈앞에 보이나 발래은 한국내 목은 빛을 내던 추수 때까지 연기해달라고 청원. 이해 경상도와 전라도 흉년이 됨(12/11).		각도 고을에 금주령을 내림(12/7). 각도의 감사에게 기민 구제에 차질이 없도록 하는 공문을 보냄.	

연호	서기 간지	재해 지역	발생 원인	주요 재해 및 기근 상황	아사자	주요 대책, 기타	비고
세종 16	1434 갑인	황해도 강원도 평안도 함경도 경상도	가뭄 수재 역병	大司憲 高若海, 지난해의 흉년으로 많은 백성들이 아사지경에 있으니 경차관을 파견하여 구제 상황을 살피도록 상소(1/12). 경상도에 가뭄이 심함(4/26). 각도에 賑濟敷窮啓本을 파견. 전염병이 유행하여 많은 사람이 죽음(4/21). 예조 판서 신상, 모내기 농법을 금하는 것은 하가하자고 건의하였으나 세종 허락하지 않음(4/26). 가뭄 끝에 폭우가 쏟아져 황해·평안·함경·강원도 여러 고을에서 산이 무너져 94명이 압사하고 평안도는 전답 1만 200여 결이 유실됨(7/19). 특히 황해·평안·함경도 수재로 심함(7/12). 압록강이 큰 홍수로 길이가 얼하짐(9/14).	역병 사망자 다수	지난해의 한재와 수재로 경상·전라·강원도가 흉작이므로 봄 군사훈련을 정지(1/14). 함경도 도절제사 김종서, 경원과 영북진에 입주할 백성과 판도비가 모두 8천 400명이 7월까지 먹을 양식이 모자라니 강원도의 묵식을 급히 보내달라고 요청(1/6). 강원도 연해의 쌀 6천 석을 함경도 경원으로 조운하는 것은 불가하니 각 구 2만 석을 우도로 순번하고 강원도의 쌀을 바다가로 전전해서는 4월에 뱃길로 보내기로 결정(1/7). 제주 군인이 중국으로 내년 농사의 종자가 없다고 하자 금년의 전세를 모두 거두어 내년 종자로 쓰도록 지시(12/5).	
세종17	1435 을묘	경기도 황해도 경상도	가뭄	경주 이북에 눈이 많이 내려 소와 말이 많이 다 죽었다고 함경 감사가 보고(3/12). 蝗蟲이 지났는데도 비가 오지 않아 과중하고 종자가 없으나 못함. 황해 감사가 명종을 앞두고 종자가 없으니 이서	기아와 역병	가뭄으로 사직단 기우를 비롯 태일초제, 무당기우를 비롯 각종 기우제를 지냄(4,5,6월). 세종, 가뭄이 심하니 제사 지낼만한 祠으로 제사를 지내 기우하라고 지시(4/28).	

연호	시기 간지	재해 지역	발생 원인	주요 재해 및 기근 상황	아사자	주요 대책, 기타	비고
				니 달라고 청하자 上, '백성의 생업에 달린 일을 미리 조치하지 않고 망중에 와서 종자를 달라고 하는 것은 매우 무례함은 일이라며 문제(4/28). 경상도 고성 백성들이 물이 있는 곳에서 모종을 길러 이앙하는 농사를 지어있는데 정부에서 이를 금하고 있어 불편하니 이앙금지를 해제해달라고 청원(4/16). 호조와 경상 감사가 검토한 결과 六典에 있는 모종 금지법을 고치는 것은 불가하나 지역에 따라 水源이 있는 곳에서만 모종을 하가하도록 조정. 심한 가뭄이 계속됨(8/7).	1만 명 사망	失政으로 인해 가뭄이 심하니 가급 관원은 진언할 말이 있으면 모두 개진하라고 지시(5/26). 童子 80명이 모화관 연못에서 석척 기우제를, 禑宗의 중을 모아 흥천사에서 기우법석을 열고, 한강 양진에서 호랑이 머리 형상을 물에 넣음(5/26). 많은 유민들이 서울에 들어와 걸식하는데도 이를 모르고 진휼하지 않은 제임을 물어 관한성부사 진종과 부윤 김맹성을 파직함(7/26).	
세종18	1436 병진	경기도 충청도 전라도 경상도 함경도	가뭄 역병 병진	삼남지방 4월부터 6월 하순까지 비가 오지 않음. 대부분의 냇물과 우물이 마르고 벌레 보리 가이·벼이 나지 않음(6/29). 콩을 심었으나 싹이 나지 않아 흙을 헤치고 보니 콩이 바짝 말라 죽었고 역질까지 유행하여 주어 주린 사람이 병에 걸리면 곧 죽었음 (19/2/9). 세종 때 함경도 변경의 여진을 몰아내고 경기도	함경도 1만여명, 충청도 25명, 경기도	세종, 도순무사 심도원에게 함경도 4군에서의 아사 상황을 사실대로 파악하여 보고하도록 지시(5/13). 각 도에 賑濟場을 설치(19/3/8). 의정이 바다나거나 군량미를 전용하여 이장을 염(21/2/7). 함경도 변경의 개척 고을에 입주를 원지 중지시킴(윤 6/28). 각도의 진상과 방물을 정지함(윤6/20).	이해 겨울 몹시 추어 아사자가 각지에서 많이 발생, 수령들은 치벌을 두려워 보고하지 않음(19/1/13).

연호	시기 간지	재해 지역	발생 원인	주요 재해 및 기근 상황	아사자	주요 대책. 기타	비고
				인·화령·용성·중성 등 6진을 설치, 구경이 유지와 방어를 위해 남쪽의 백성들을 강제로 이주시켰는데 흉년을 맞아 고립된 백성들이 기아와 전염병으로 1만 명이 죽었다고 도순검사 하경복이 보고(5/12). 전라 감사, 흉년을 맞아 생활이 어려운데 장사치들이 시골을 돌아다니며 긴요하지 않은 물건을 팔고 있으니 이를 금지시켜 달라고 요청(7/27). 경기·충청·전라·경상도에 대흉년(10/13).	50명 아사자 발생.	군사훈련의 정지, 군복과 군기의 점고 연기, 각 고을의 향교 방하(8/5). 한재가 심함 중청도는 모 내년의 종자로 사용하도록 지시(7/1). 해변 각 고을의 艦軍과 관노에게 소금을 굽도록 지시(7/6). 세종, 遭喪하는 수령이 해임되고 관내 부자에게 부탁하여 기르도록 하리도록 지시(10/10) 전라도의 쌀 1만 석을 경기도로 보내 기민 구휼(12/20).	
세종 19	1437 정사	전국	역병 가뭄	연초부터 지난해의 기근 상황 계속됨. 議政府, 각지에 정차관을 보내 전세의 중심 여부를 살피고 있으나 수령들은 아사자가 발생해도 서로 숨겨 적발하기 어렵다고 보고(1/7). 지난해(세종 18) 중청도의 기민 70만 1천 300명으로 집계됨(3/15). 기근 후 역질이 전국으로 번져 사망자가 많이 발생(11/24).	아사자 방사자 다수 발생	아사자가 많이 발생한 경기도와 중청도의 감사를 죄문 후 처벌함(1/22). 세종, 경기·중청·전라·경상 감사에게 지난가을 진제장에서 죽은 사람과 진제장에 오지 못하고 죽은 사람의 수를 교의하여 보고할 것을 지시(3/8). 각도의 감사에게 『농사직설』을 참고하여 권농에 힘쓰도록 유시하고 책을 보내줌(7/23). 전라도의 쌀 5만 석을 중청도로 이송하여 기민 구휼(3/25). 지난해 밀린 봄 국식과 종자의 납입을 연기함.	아사자가 발생하면 근처의 주민들까지 처벌하도록 하였으므로 백성들도 아사자의 발생을 숨김(2/7).

연호	시기 간지	재해 지역	발생 원인	주요 재해 및 기근 상황	아사자	주요 대책, 기타	비고
							(5/28). 세종, 기근 후에는 전염병이 유행하니 약을 많이 준비하라고 지시(2/4).
세종 20	1438 무오	경기도 함경도	수재 역병	황해도에 역질 발생, 빠른 속도로 전염되어 많은 사람이 죽음(3/4). 비가 오지 않아 각 도에 유배된 정배준 등 1백 50명을 석방(5/24). 큰바람과 함께 비가 쏟아지더니 갑자기 밤 알만한 우박이 내려 벼가 다 상하고 조무의 소리 침. 경기지방의 피해 심함(5/26). 경기도와 함경도 수해로 농사를 망침(9/3).	아사자 병사자 다수 발생	의정부, 가뭄을 퇴치하기 위하여 남문은 닫고 북문을 열라고 五行의 水 자기 들어있는 남에는 백성들이 각자의 집 앞에 맑은 물과 과일·떡을 진설하여 비를 빌게 하고 또 호랑이 머리 형상을 楊津과 朴淵에 빠뜨리게 하라고 전언(5/18). 장미피해가 늘어나 여러 차례 기청제를 지냄(9/3).	
세종 21	1439 기미	경기도 강원도 충청도 황해도 경상도	가뭄	농사철에 비가 오지 않음(4/18). 첨지중추원사 박안이 기우제를 지내는 제단이 제도와 다르니 바로잡아야 한다고 상소, 이에 따라 예조에서 풍운뇌우단을 방불하여 제단을 각식에 맞게 고치고 기우제를 다시 정함(1/16). 경기·중청·황해·강원·경상도 등 가뭄으로 흉년(4/27, 7/5, 9/3). 3월부터 날씨가 계속 가물어 보리와 밀이 결실을 보지 못하고 다른 작물은 과종 시기를 농		가뭄이 풀릴 때까지 모든 잔반과 使喚 이하의 좌수를 석방함(4/11). 경상도와 강원도 향교의 생도들을 순번을 나누어 쉬게 함(3/11, 3/19). 경기도 구휼을 위해 중청도의 미두 3만 석을 수송함(10/8). 황해도 흉수으로 내낸 종자를 확보하기 위해 서울로 보낼 전체를 모두 분도에 두기로 함(11/15). 임금은 減膳을 하고, 전국에 금주령을 내림(4/18).	

연호	시기 간지	재해 지역	발생 원인	주요 재해 및 기근 상황	아사자	주요 대책. 기타	비고
세종 22	1440 경신	전국	가뭄	집(4/15). 영의정 황희가 "옥사가 중도를 잃어 원통하고 억울한 일이 많아 가뭄이 가벼운 죄인을 용서하여 하늘의 변고를 그치게 하자"고 진언. 이에 대해 세종, "내가 즉위한 지 22년이 되었는데 가뭄이 재앙이 없는 해가 없었다. 매번 죄를 사하고 노인들에게 관작을 내리고 관리들의 임기를 연장시켜 주었으나 한 번도 하늘의 응함을 얻지 못했다"고 답하고 "예조에 응할 내려 널리 求言을 했으나 신하들이 올린 대책은 쓸만한 것이 없었다"고 심망을 표시(4/26).		죄가 가벼운 죄수와 도형 이하의 죄수를 석방함 (4/18). 각종 토목공사를 정지시킴(4/25). 各殿에 올리는 貢物과 음식을 정지함 (5/4).	
세종 23	1441 신유	강원도 경상도	가뭄	봄철에 가뭄. 경상도에 기근으로 유랑하는 백성들이 생겼다는 보고를 받음(3/2). 강원도에 흉년.		비가 오면 각 도에서 강수량을 보고하도록 하여 있는데 강수량 측정의 기준이 없어 제각각 편의 대로 보고하는 문제점이 있었음. 이 폐단을 고치기 위해 세종, 규격이 같은 측우器를 세우고 그 위에 깊이 2척, 직경 8촌의 測雨器를 쇠로 만들어 각 고을에 설치하고 통일된 기준에 의거 강우량을 보고하도록 지시(8/18).	測雨器 설치
세종 25	1443 계해	전국	가뭄 역병	4월부터 7월까지 전국적인 가뭄으로 8도가 흉년. 병진년(세종 18)에 버금가는 흉년으로 평가됨(7/17).	함경도 아사자 수천명	온갖 종류의 기우제를 다 지냈으나 효과가 없었음. 세종, 하늘에 대한 제사는 참월에 대한 예의가 아니라는 하연·권제의 주장에 따라 圓壇에서	

연호	시기 간지	재해 지역	발생 원인	주요 재해 및 기근 상황	아사자	주요 대책, 기타	비고
				女眞도 심한 흉년을 당하자 조선의 還穀을 받을 수 있도록 해달라고 요청(2/14). 上, 함길도에서 들어온 중추원부사 馬邊者에게 함길도의 상황을 물음. 마변자, 지난해부터 지금까지 기아도 죽 백성이 4~500명이라고 보고, 또 賑濟場까지 거리가 멀어 기민을 데리고 와서 죽을 먹이지만 대부분 죽는다고 첨언(9/21). 늘 임음 함경도 경차관에게 확인하자 경차관 정식, 함경도 백성의 진제에 함임어 죽으 사람은 없으나 다만 역병이 유행하여 정월부터 6월까지 약 1천 700여 명이 병사하였다고 보고(11/15).		이 가우제를 폐지(7/10). 왕의 금주와 반찬 수를 줄임. 각사와 팥내의 비용을 줄이고 지방에서의 공물과 진상을 삭감(7/18). 本宮에서 이삭을 줍던 쏠의 대여를 환곡의 예에 따라 이자를 내게반기로 함(7/18). 上, 마면자의 보고를 확인하기 위해 도체찰사 황보인, 함경 감사 정갑손에게 아사자의 수, 유리하여 없어진 결심 상태, 국식의 제고 수량 등을 파악하여 보고하라고 지시(9/22).	
세종 26	1444 갑자	전국	가뭄	세종, "지난해는 주린 백성들이 서울로 몰려들어 이들을 한 곳에 모아 구제하였는데 서도 병이 전염되어 죽는 자가 많았다. 다음에는 한 곳에 모을 것이 아니라 및 곳으로 나누어 질병이 있는 자는 별도로 수용하라"고 지시(3/15). 3월부터 7월까지 비가 제대로 오지 않아 버 이삭이 마르고 이삭이 팬 곳도 결실되지 않음.		무당과 중들을 모아 석척 기우제를 지내고 호랑이 머리 향상을 한강·박연·양진에 패트림(6/29). 예조에서 기도할 만한 신은 모두 제사를 지냈으니 마지막으로 왕이 한단에서 제사를 지내는 것뿐이라며 원단에서 하늘에 기도하자고 요청. 上, 禮가 아닌 일을 해서는 안 된다며 거부(7/20). 군사훈련 연습을 정지하고 향교를 휴교함(윤7/2).	

연호	시기 간지	재해 지역	발생 원인	주요 재해 및 기근 상황	아사자	주요 대책, 기타	비고
				전국이 한재를 입고 있으나 특히 경기·충청·황해·강원·평안·함경도가 심함(7/28). 대사헌 권맹손과 공조참판 이견기, 민생이 어 근함이 丙辰年(1436)보다 더 심하니 시급한 구황이 필요하다고 주청(3/15).		공주에서 향중이 변성하여 군사를 보내 잡게 하였는데 60여 석을 얻음(윤7/2). 흉년 구제를 위해 임기가 찬 수령을 모두 유임시킴(7/25).	
세종 27	1445 을축	경기도 충청도 강원도 황해도 경상도 평안도	가뭄	세종, 경기·충청·강원·황해도 감사에게 "지난 해 신도으로 심한 주위에 백성들이 餓死할가 두렵다. 감사들은 방볍을 다하여 백성들이 죽지 않도록 하라"고 유시(1/14). 경상 감사 유수강, 방충이 다되어서 종근 17만 석과 식량 11만 석을 요청하였다가 임금으로부터 매뉴것을 행정을 하다고 심한 문제을 받음 (4/10). 가뭄으로 경기 등 6개 도 흉년.		강원도에 賑穀 5만 2천 석을 내어하고(1/20). 경상도에는 잡곡 2만 5천 석을 발려줌(1/27). 경기도에는 3만 5천 석을 대여함(2/10). 5월까지 가뭄. 근교에서 기우제를 지내고 종과 무당을 모아 가우제를 지냄(5/6, 5/9). 도성 아래 10리 이내의 백성들에게 賑穀 600석을, 황해도 기민들에게는 1만 5천 석을 매여(5/1). 평안도에 매필 종자 1만 석을 보냄(5/16).	外役田(향역전)제도 폐지함. 이주 향민들이 대한 보구가 없어짐.
세종 28	1446 병인	전국	가뭄	지난해의 내 흉년으로 각 도의 식량 사정이 극도로 악화됨. 심한 기근으로 종자까지 다 먹어 버려 각 도의 농존에서는 당년도의 농사를 지을 수 없는 상황에 이름. 정부에서는 넌 초부터 기민 구제에 국의 마련에 전력을 기울음. 이해에는 특히 평안도와 경기·강원도의 농사		경상도에 식량 10만 석을 발려주고 별처 19만 5천 석과 종자 콩 3천 6천 석을 지급(1/23, 1/27). 전라도에 식량 5만 석, 벼 종자 13만 5천 석을 題給(2/4, 2/23). 충청도에 식량 7만 6천 석과 잡곡 종자 1천 200 석을 해당 도의 군자창과 의창에서 조달해 줌(2/4, 2/23). 중청도에 식량 5만 석, 벼 종자 10만	

연호	시기 간지	재해 지역	발생 원인	주요 재해 및 기근 상황	아사자	주요 대책, 기타	비고
				가 심한 흉작.		석, 종자 콩 7만 300석을 추가로 조달해 줌 (3/10). 황해도에 구휼미 2만 5천 석과 잡곡 3만 석, 간장 1천 석을 제급(2/5, 2/21). 강원도에 구휼미 군자창과 의창에서 각 국 6만 7천 석을 공급(2/21). 경상도에 식량 10만 석을 추가로 제공(3/10).	
세종 29	1447 정묘	황해도 평안도 함경도	가뭄 수재	평안도의 기근이 심하여 굶주리고 있는 사람이 매우 많음. 특히 상원군에서 아사자 17인이 발생(3/13). 평안도 서울에 역병이 돌아 많은 사람이 죽음(5/1). 평안도 수재로 논밭 2천 356경이 모래땅이 됨(6/15).	역병, 아사자 다수	기근이 심한 평안도의 기민을 위해 황해도의 무식을 海運하여 구제하고자 하였으나 구제곡을 실은 배가 풍랑으로 모두 침몰(1/24). 아사자 많이 발생한 평안도 감사 권극화를 파직시킴. 상원군수 정포는 곤장 80대에 과직한 다음 장성으로 귀양 보냄(3/26). 독서황인의에 벼자 1천여 명을 수용함(5/7).	
세종 30	1448 무진	경기도	가뭄 역병	황해도에 아사자가 발생하였다는 보고를 받고 세종, 황해 감사에게 구제할 방안을 찾아 한 지시(2/9). 경기도의 원평·교하 등지에 지사들이 높은 전염병이 유행(10/16). 의정부, 軍資監는 군량을 저축하는 것이고 의창	아사자 발생	흉년이 든 황해도에 貢鹽을 3분의 1을 감함 (1/3). 황해 감사의 미두 6만 석 진대 요청에, 5만 석을 배정(3/27). 창고에 바닥난 의창의 2백 7만 석의 국식을 주고 앞으로는 절대 군자창 국식을 사용하지 말	

연호	시기 간지	재해 지역	발생 원인	주요 재해 및 기근 상황	아사자	주요 대책, 기타	비고
				은 진휼에 대비하는 것으로 설치한 목적이 다른데 최근 일선 감사와 수령들이 마음대로 섞이 나누어주고 다시 받지 못하여 군자창에 곡이 남아있지 않다며 창졸지간에 국난이 닥치면 대응방안이 없으니 군자창을 미곡은 나누어주지 말 것을 임금에게 진언(4/22). 右贊成 金宗瑞, 함경도의 가뭄과 흉년이 계속되는 것은 정치가 지나치게 강하여 和氣를 상실하였기 때문이라며, 온 감을 변경으로 이주시켜 국경을 안정시키려는 能民政策으로 남쪽의 백성들을 먼 국경으로 강제로 옮기가 실제 하나 이들의 원망과 단식의 화기를 해친다며 세종의 사민정책을 비판(5/11).		것을 지시(4/22). 강원도의 제해 지역에 材木 등 공물을 감면함(9/4).	
세종 31	1449 기사	전국	가뭄	연초부터 날씨가 전국적으로 몹시 가물었음. 세종, 동벌과 서변의 4邑 이상 모든 관리들에게 제앙을 막을 수 있는 방안에 대해 보고하라고 지시(5/26). 신하부, 가뭄이 너무 심하니 죄수들을 빨리 심리하여 석방할 것을 건의(5/20). 영의정 황희가 가뭄에 책임을 지고 사직원을 제출하였으나 하라하지 않음(5/27).		가뭄의 제사와 사신 접대 이외에는 금주를 지시(2/13). 흥산사에 祈雨精勤을 지시(5/28). 경화루에서 석척 기우제를 지내고 호랑이 머리함상을 양진과 박연에 빠트림(5/20). 가뭄이 계속되자 侍衛牌의 上番을 추수 때까지 정지하고 절내의 별감과 환관 군사들에게 급식하는 것을 줄이라고 지시(6/1).	

연호	시기 간지	재해 지역	발생 원인	주요 재해 및 기근 상황	이사자	주요 대책. 기타	비고
				上, 예조에 지시하여 기우한 뒤 비가 오면 醮를 베풀어 보답 공양하는 것을 원치으로 하라고 지시(6/9). 사헌부에서 보답 醮는 祀典에 어긋나는 것이니 안 된다고 하자 세종, "이 제는 농사를 위하여 하는 것이다. 佛家의 일은 나희들이 알 바가 아니니 祀典에만 가지고 논하지 마라"고 일축(6/14). 集賢殿 신하들, "장차 비가 한번 내릴 것을 부처의 공으로 돌리며 쓸데없는 비용을 기울하는 처의 지금은 진달 계획을 세워야 할 때"라고 上書(6/16).		6월 중하순에도 비가 없자 두 번째 순의 기우제를 시작함(6/20). 수양대군을 시켜 종친사에 가서 기우하게 함(7/1). 영의정 황희, 국가에서 기우하는 데 제사드리지 않은 신이 없는데 오직 圓壇에서 하늘에 제사 지내는 것을 하지 않았으니 원단에서 기도하자고 제의. 上, 황희의 제안을 거부(7/4). 가뭄이 심하여 왕을 호위하는 사귀군의 절반을 귀향시킴(7/4). 축성과 구진의 건설을 정지하고 인부들을 임시로 귀향시킴(7/9). 侍衛牌와 水軍의 훈련을 정지함(7/23).	
문종 즉위년	1450 경오	경상도 전라도	가뭄	4월부터 6월까지 비가 오지 않아 전라도와 경상도 실농(6/24, 8/5). 문종, "근세 흉년으로 백성들이 종자를 오로지 의창곡에 만 의존하고 있는데 의창곡이 부족하면 대신 군자곡을 발려주는 것에 대해 상의하라"고 신하들에게 하명. 신하들, 본래 의창곡이 부족하지 않았는데 부족한 것은 발려준 후 다시 받아들이지 못한 것이		사헌부, 지난해 가뭄으로 여러 도가 실농하여 식량이 모자라는데 무식한 백성들이 술을 만들어 식량을 낭비하고 있으니 제향과 사신 접대 이외에는 술을 금지시키자고 건의(2/20). 上, 堤堰과 川防을 만들 만한 곳을 조사하여 보고하라고 각 도에 지시(10/3).	

연호	시기 간지	재해 지역	발생 원인	주요 재해 및 기근 상황	이사자	주요 대책·기타	비고
				고 군자곡을 발렴준다 해도 거두어들이지 못하면 마찬가지라며 반대(12/2). 문종, 사헌부 장령 이보흠을 불러 □가 세종 30년(1448) 대구군수 재임 시 세종의 부탁으로 대구에 설치한 社倉 13개의 운영 현황에 대해 문의(3/17).			
문종 1	1451 신미	강원도 황해도 평안도 전라도	가뭄 역병	황해도에서 시작된 역병이 경기도로 퍼짐(9/20). 황해도, 충자과 역졸로 유랑하는 인구가 절반을 넘음(8/10). 경상도에 社倉이 굿이 12 고을, 불평하다는 굿이 54 고을로 나타남. 불평하다는 이유로 의창국이 1섀에 3두의 이자를 받으며, 운영을 민간에게 맡기면 이식을 제때에 받아드릴 수 없다는 것(6/2). 中樞院使 이징석, 민간에 과중한 후 50일이면 주수할 수 잇는 50日 稻가 잇으니 과종 시기에 비가 없다라도 안약 5월에 비가 온다면 수화이 가능하니 이 조생종 벼를 보급하자고 上言(10/10).	가근과 역병으로 사망자 발생	모내기 철에 비가 오지 않아 각종 기우제를 지냄. 비가 없자 소격전에서 大一醮齋를 지내고 楊津·朴淵에 호랑이 머리를 빠트림(4/24, 5/14). 전라도 보리농사 흉년으로 율벌도 전세를 내납하게 함(7/6). 평안도 흉작으로 축성공사를 정지함(8/8). 황해도에 흉년에 많을 수 잇는 도토리를 줍도록 지시함(8/15). 흉작인 강원·평안·황해도의 貢賦를 감면(8/7, 9/22).	

연호	시기 간지	재해 지역	발생 원인	주요 재해 및 기근 상황	아사자	주요 대책·기타	비고
단종 즉위년	1452 임신	중청도 황해도 경상도 평안도 함경도	가뭄	가뭄으로 황해·중청·경상·평안·함경도 흉작. 세종 16년(1434, 갑인)보다 심한 흉작(증보). 함경 감사, 흉년으로 야인들이 침략해 올 것이 분명한데 겁주 이남에 문제의 수가 너무 많으니 줄여야 한다고 제청, 또 서울에는 장사꾼들이 쓸데없는 물건으로 백성들의 곡식을 빼앗고 있으니 이를 금지시켜 달라고 요청(11/1). 황해 감사, 명년에 흉작가 반드시 부족할 것이니 전례를 현지에 보관하여 내년의 농사에 대비할 것을 제청 또 이장에서 발라준 곡식이나 조를 쌀도 받으면 백성들이 남부할 수 없으니 한 를 쌀로 상환하게 할 것을 요청(윤9/12). 황해도에서 역병이 발생, 북으로 평안도 남으로 중청도까지 전염하여 많은 사람이 죽음(6/28).	역병 사망자 다수	황해도에서 서울 광흥창·풍저창에 남부해야 할 전세를 현지의 이장에 남부토록 하여 명년의 종자로 사용하게 함(11/30). 묻종 때 경상도에 시험적으로 설치한 社倉의 곡식을 남부하고 의창미도 방출. 중청도에 대진포·당진포의 소금 360석을 주어 구황하게 함(윤 9/29).	
단종 1	1453 계유	중청도 전라도 경상도 황해도 평안도 함경도	가뭄	창덕궁을 중수하는 역부들이 함드 노동과 굶주림 및 추위로 여러 사람이 죽음(9/5). 평안도의 기근은 임신년(1452)보다 심한데 현 제 이장에 곡식이 없어 백성들에게 환곡을 줄 수 없으니 군자창의 8만 6천 석을 이장에 발려 달라고 요청(3/20).	창덕궁 공사에 동원된 중 일부 가운데	함경도 군자창의 잡곡 1만 석을 이장에 발려주어 백성들을 구황하게 함(3/20). 황해도 군자창의 잡곡 1천 500석을 이장에 옮겨 주어 양식이 없는 백성을 구황함(4/10). 중청도와 전라도, 군자창의 묵은 곡식을 각각 1만 석씩을 내어 기민을 구활(4/27).	

연호	시기 간지	재해 지역	발생 원인	주요 재해 및 기근 상황	아사자	주요 대책, 기타	비고
				전라도 실농으로 서울의 광흥창과 풍저창에 납부해야 하는 보리를 기장으로 납부하게 함(10/3).	아사자 발생	평안도의 기민을 위해 군자창에서 군량미 4만 석을 평안도에 별러주어 백성을 구휼함(5/8).	
단종 2	1454 갑술	충청도 경상도 전라도 경기도 강원도	가뭄	충청도를 비롯한 6도 가뭄으로 흉작과 기근(증보). 發穗期에도 비가 없었음(증보). 가뭄이 심해 祈雨를 지냈으나 효과를 보지 못함(8/3). 함경 감사에 지시하여 만약 鍾城·會寧 지역의 野人들도 失農하여 양식을 청하면 군자창의 米·豆를 주어 구휼하라고 지시(9/29).		의금부 거의 소진되어 군자창의 무은 무릇 23만 석을 기민에게 내어(증보). 가뭄으로 진상을 감하고 군사훈련을 정지시키고 諸道의 點馬別監을 파견하지 않기로 함(7/22, 7/25). 충청도 諸浦의 水軍과 諸營의 鎭軍들은 명년 보리가 익을 때까지 4番으로 나누어 番上시키고 제영진의 月課軍器도 면제함(8/21).	
세조 1	1455	황해도 평안도 충청도 전라도 경상도	가뭄 수재	7월 초까지 가뭄이다가 7월 중순에 큰비가 쏟아져 농사를 망침(7/22). 의정부에서 왕에게 예상되나 명년에 구황 대책 및 가뭄 청함(7/24). 그 내용은 상수리·밤 등을 많이 채취하고 해조류를 채취하여 말리고, 무청을 써서 장에 담글 것 등임(7/24).		충청도 관찰사 정척, 금년 농사는 흉작이니 구례에 따라 災傷 8분 이상은 전세를 모두 면제해 달라고 요청(10/18).	
세조 2	1456 병자	충청도 전라도 경상도	가뭄	5월에도 비가 없자 여조에서 억울하게 옥심이 하는 자가 없는지 심리하고 노출된 뼈를 묻어 주고 도랑을 치자고 건의(5/3).		농사철이 지났는데 비가 오지 않자 무당과 童子를 시켜 기우제를 지내고 祀典에 실리고 않은 여러 雜神들에게 기우제를 지내게 함(4/26).	

연호	시기 간지	재해 지역	발생 원인	주요 재해 및 기근 상황	야사자	주요 대책·기타	비고
						지난해의 실농으로 순기 군사춘권 정지함(1/6). 경주·영천·하양·경산·대구 등 경상도 13고을의 田租를 반감하고 기타 貢賦와 잡역을 전감(8/13). 중청·경상·전라도에 도순찰사 박강을 과견하고 흉년 상황에 대해 보고하고 구제를 준비하도록 지시(9/15). 중청도 여러 읍의 年分等第를 한 등급씩 감하고 가장 상태가 안 좋은 고을의 전세를 결당 4두에서 2두씩으로 감함(12/18).	
세조 3	1457 정축	경기도 충청도 전라도 경상도	가뭄	세조, 대구에서 시험적으로 설치한 社倉이 백성들에게 도움을 주었는지 운영상의 문제점은 무엇인지 보고하라고 경상 감사에게 지시(7/4). 중청·경상·전라도의 농사가 흉작이 됨(9/15). 풍년을 기원하기 위하여 세조, 圓壇에서 社稷이 항제이 각식을 갖추고 군자들을 도열시킨 가운데 종친과 문무백관을 陪祀시키고 하늘에 제사 지냄(1/15). 경기·충청·전라·경상도에 이른 봄부터 가뭄이 계속됨. 경기와 3浦의 농사가 흉작으로 나타남(7/14). 지금까지는 의창곡이 부족하여 구휼할 때마다 군자곡을 전용하여 왔음. 군자곡은 이자가 없어 점차 수량이 줄어드니 군자곡도 賑貸할 때마다 매 10斗에 대해 4斗의 이자를 받아야 위		예년에는 賑濟場을 등·서활인서에 설치하여 기민들을 나누어 보냈는데 빈민들이 방자와 함께 있기를 싫어하여 普濟院·弘濟院·利泰院에 따로 진제장을 설치하고 기민을 수용함(5/7). 삼남에서 진상하던 物膳을 정지하고 금주령을 내림(5/18,7/14). 삼남에서 금는 소금을 팔지 않고 명년의 구황에 대비하기로 함(7/30). 세조, 하삼도의 중자으로 유민이 나올 것이니 이들에게 路引을 주어 구호하고 구제가 끝난 후에는 반드시 고향으로 돌려보내 농사를 지을 수	

연호	시기 간지	재해 지역	발생 원인	주요 재해 및 기근 상황	이사자	주요 대책·기타	비고
						있도록 하라고 지시(8/14).	
세조 4	1458 무인	경기도 강원도 충청도 전라도 경상도 평안도	가뭄	금할 때 군자곡을 쓸 수 있다고 호조가 주장(7/4). 세조, 각도의 관찰사에게 農桑과 收畓·堤堰에 대해 한 가지라도 능한 자가 있으면 발탁하여 쓰겠다고 유시(11/5). 세조, 圓壇(園上壇)에서 기우제를 지냄(1/15). 봄부터 비가 없자 여러 종류의 기우제를 지냄(5/3). 韓明澮를 三道都巡問賑恤使로 파견하고 勸分을 하지 않도록 지시(운 2/18). 강원·중청·평안도 충조으로 군량미 分給(7/29, 8/27). 전라도 관찰사, 만경 사람 김부검은 농상과 제언 그리고 某禾을 중시하는데 제주가 있고 태인 사람 은맹두는 사내를 맛아 관개하는데 제주가 있는 사람이라고 世祖이 인재 추천에 응함(5/3).		지난해의 흉년이 심하여 하삼도에 點馬別監의 파견을 중지함(2/7). 삼도진휼사 韓明澮, 가뭄에는 흉년으로 이장이 제가가 소신되고 기민들이 빌러 간 목숨이 안성적으로 마남되는 상황이 발러주고 있는데 군자곡도 화주가 어렵게 되자 군자곡을 보조하면서 국가를 안정시켜 기민을 도울 수 있는 常平倉 제도를 도입할 것을 주청(4/15). 흥년으로 성균관 유생의 정원을 1백 명 감하고 4부 학당 유생들의 금식을 폐지함(2/10).	세종 때 폐지한 환구단에서의 제사를 다시 지낸 常平倉의 도입.
세조 5	1450 기묘	경기도 강원도 황해도 평안도	수재	세조, 군량미가 남도 줄어들고 있어 이제부터는 아주 큰 흉년이 아닌데 군자미를 구휼미로 백성들이 流民으로 타도에 들어오면 구휼하라고 지시(8/22). 세조, 호조에 지시하여 지금까지 군자곡을 받 관들 때는 10두에 4두씩 이자를 받게 했으나		또 수재로 전담이 모래로 덮이면 살 수 없어 流民이 되도네 이런 사람은 의창곡을 후히 주고	

연호	시기 간지	재해 지역	발생 원인	주요 재해 및 기근 상황	이사자	주요 대책·기타	비고
세조 6	1460 경진	충청도 강원도 황해도	가뭄	지금부터는 社倉法에 따라 의창과 마찬가지로 2두씩 멜게 함(8/10). 오랜 장마로 경기·황해·평안도가 흉년이 됨(8/10).		잠역을 면제시켜 전답을 다시 개간하여 살 수 있도록 하라고 지시(8/22). 평안·강원·황해도가 흉년으로 유망하는 인구가 많아지자 새로 南道에서 徙民으로 이주해 오는 사람들에게는 요역을 7년간 면제하고, 개간한 땅은 5년간 전세를 면제한다고 발표(7/29).	
				충청도 단양 등 10고을이 가뭄으로 실농함(4/1). 제조, 충청·황해·강원도 관찰사에게 절기가 늦어 맹종이 지났으니 파종을 독려하라고 지시(5/14). 병조에서 下三道의 백성을 평안·함경도의 구 정지방으로 강제 이주시키는 요령을 정한 徙民事目을 발표함(윤 11/2).		지난해의 홍수로 발생한 기민 구제를 위해 군자창의 묵은쌀 7천 석을 경기도에 주고, 강원도에는 5천 석, 또 강원도의 기민을 위해 경상도의 미두 2천 석과 함경도의 미두 5천 석을 보내 구휼(1/27). 경기도의 구휼을 위해 전라도에서 미두 5천 500석과 강원도에서 미두 7천 700석을 조운하여 진대(3/14). 심노이 심한 경기도와 강원도의 본월 군사훈련을 정지함(2/12). 가뭄으로 금주령을 내림(5/22). 예조에서 기우제를 청하니 동자 82명을 시켜 중 순경 연못에서 석척 기우제를 지냄(5/21, 5/29). 호조, 충청도의 군량 가운데 묵은 잡곡 5천 석, 벼 5천 석, 잡곡 1천 200석을, 경상도는 묵은 잡곡 5천 석을 빈민들에게 대여해줄 것을 지시	

연호	시기 간지	재해 지역	발생 원인	주요 재해 및 기근 상황	아사자	주요 대책, 기타	비고
세조 11	1465 을유	충청도 강원도	수재	충청도 여러 고을에 비가 오래 계속되어 보리 와 밀이 썩어 사량이 없는 흉구가 열에 여덟, 아홉이라고 충청 감사가 보고(4/1), 강원도 홍수(12/22).		(4/21). 흉조, 강원도의 군량미를 기민 구호에 다 사용하여 제고가 없으니 경상좌도에서 쌀 5만 석을 영동의 여러 고을로 이전할 것을 지시(6/7). 의정에서 충청도의 失農家에 쌀 2만 5천 석을 진대(2/14). 강원도 홍주으로 各邑으로 보내는 物膳을 정지하고 嶺西지방의 주민들에게는 부역을 면제함(12/22).	
세조 12	1466 병술	경기도 충청도 황해도 강원도 평안도	수재	7월 중 황해도에 3일 동안 큰 비바람이 몰아쳐 수안·신안·신은 등지의 곡물이 모두 손상됨. 6월 25일에는 달천만한 우박이 쏟아져 배곡이 줄기와 잎이 주저앉아 충년이 예상된다고 황해 감사가 보고(10/1). 충청도에 흔병이 유행함(10/16). 전국에 흔병가 내려 각지에서 실동, 충년이 됨.			정부 재정난 타개를 위하여 科田法의 科田을 폐지하고 職田制를 실시함(8/25).
세조 13	1467 정해	전국	兵禍	함경도 토호 출신인 前 會寧節制使 李施愛가 세조의 중앙집권적 정책에 대한 불만으로 병 마절도사 강효문과 중앙에서 임명한 함경도 부부의 수령과 군관들을 다 죽이면서 반란을 일으킴(5/16).		평안 감사 오백창, 지난해의 흉녀으로 백성들이 굶주리자 군자두 18만 석의 진대를 요청. 흉조 는 쌀 2천 석과 잡곡 5천 석을 진급(1/28). 지난해 흉년으로 경기·충청·황해·강원도에서 군자곡의 대부를 요청하자 흉조, 경기도에 쌀 1	이시에의 난

연호	서기 간지	재해 지역	발생 원인	주요 재해 및 기근 상황	이사자	주요 대책, 기타	비고
				반군들은 함흥을 점령, 함경도 관찰사 신면을 죽이고 서울로 처들어가겠다고 기세를 올림. 세조는 龜城君 李浚을 함경·강원·평안·황해의 4道兵馬都總使로 임명하고 난의 평정을 명함.		쌀 124석, 중강도에 잡곡 1만 석, 황해도는 의창에서 쌀 1천 100석과 콩 600석 군자창에서 벼 400석과 콩 1천 400석, 강원도는 군자창의 잡곡 3천 석 및 벼와 조미 700여 석을 진대(2/26).	
				정부는 지난해 흉년의 여파가 가시지 않음에 도 불구하고 6도에서 약 3만의 군사를 징발하고 경상도 연해 읍에서 총 10만 석의 군량미를 함경도 안변·덕원 등지로 漕轉하게 함(6/21).		의정부, 강원도민의 상당수가 기근으로 타도로 유랑·걸식 나섰으니 모두 고향으로 돌려보내라고 각 도에 요청(3/10).	
				호조, 군량미 지원을 위해 강원도 통천과 고성에 있는 쌀 250석과 함경도 안변에 있는 벼 2천 700석을 쌀로 찧어 함경도 통천으로 조운하도록 지시(7/6).		이사에의 난이 평정되자 정부는 함경도 백성들에게 금년의 조세를 면제하고 일체의 貢物과 膳을 면제함(8/12).	
				초기에 반군과의 전투에서 고전하던 관군이 함흥을 탈환하면서 승기를 잡고 마천령을 넘어 주력하자 이사에의 부장이 이사에를 포박하여 항복함으로서 4개월 만에 반란이 평정됨(8/12). 이사에의 난은 정부군 약 3만과 반군 약 2만이 대치 끝에 대규모의 난으로 전국에서 출정 병력과 마필·무기·군량을 조달하고 수응하느라고 백성들이 큰 고통을 겪음.		강원 감사, 강원도는 올해 흉년이 아님에도 불구하고 北征軍士들이 두어간 의창 곡식을 모두 수 만 며 주어 내던 종자가 없으니 금년 가을 종자 장으로 바치는 조세를 전부 파곡으로 하여 본도에 유지하게 하여 이 유지하게 하여 종자 문제의 해결을 요청(12/24).	

연호	시기 간지	재해 지역	발생 원인	주요 재해 및 기근 상황	야사자	주요 대책·기타	비고
예종 1	1469 기축	평안도	가뭄	오랜 가뭄으로 평안도 지역 흉년(증보).		지난해의 흉작으로 황해도에서 구휼을 요청하자 잡곡 3만 3천 석을 진대하고 가을에 절반은 잡곡으로 절반은 쌀로 갚게 함(2/1), 인구와 영일의 창고에서 2만 석의 구물을 평안도 감고지역으로 수송하여 진휼함(증보). 황해도, 강구에 바지는 物膳을 감함(7/15).	
성종 1	1470 경인	경기도 강원도 충청도 황해도 경상도 전라도	가뭄	가뭄으로 황해도 우봉·신계 등 8고을이 흉년(2/2). 경상도와 전라도 가뭄으로 큰 흉년(증보). 강원도는 지난해의 장마와 이른 서리로 실농(2/27). 충청도와 황해도 역시 흉년. 諸道의 관찰사에 내년 농사를 위해 보리와 밀의 종자를 확보하라고 지시(6/9). 성종, 가뭄으로 압록강과 두만강의 강물이 얕아질 것이니 여진족의 침입을 경계하라고 지시(4/23).		신숙주·구치관·중앙영을 각 도의 진휼사로 임명(증보). 여러 도에 흉년이 들자 많은 기민들이 서울로 유입하자 교외에 賑濟場을 설치하고 한성부로 하여금 구호토록 함. 아사자가 생기면 해당 관리는 퇴출시키기로 함(6/8, 12/22). 종사가 부족한 평안도에 군자창에서 종자곡 1만 5천 석, 강원도는 군자곡에서 8천 석을 지급함(3/7). 황해도는 실농으로 부족하니 평안도로 보낼 군량미 2만 석을 우선 사용하고 내년에 보내도록 함(3/15). 경상도는 군자창의 묵은 곡식 1만 5천 석을 주어 기민 구휼(3/17). 장사군들이 긴요하지 않은 물건을 팔아 백성들	

연호	서기 간지	재해 지역	발생 원인	주요 재해 및 기근 상황	아사자	주요 대책. 기타	비고
						이 식량을 빼앗아가지 못하도록 유시(5/23). 가뭄이 심한 지역은 番上을 정지함(6/3). 대왕대비와 대전을 제외한 각 도의 모든 물선과 진상을 정지(11/29).	
성종 2	1471 신묘	충청도 전라도 경상도	가뭄	上, 지난해의 흉작으로 기민이 매우 많은데도 아사한 백성이 있다고 보고한 수령이 한 사람도 없다며 경차관을 파견하여 구휼 상황을 살펴졌다고 언명(1/9). 上, 수령들이 창고를 열어 백성을 구휼할 때 백성들이 멀리 사는지 가까이 사는지를 고려하지 않고 하루 내에 다 모이도록 하며, 모 고을에 손이어리도 오면 즉시 진휼을 가두고 창고를 닫아 버리는 폐단이 있는데 이런 일이 없도록 하라고 여러 관찰사에게 下書(1/9). 忠淸・全羅・慶尙도 기근이 심함(2/19, 2/22). 경상・전라・경상도 전출정차관, 김승경, 경상도에는 아사한 사람이 한 명도 없다고 거짓 보고(2/11). 경상도 경차관 김영견, 백성들 가운데 굶어서 죽은 사람, 부종이 생긴 자, 어린 아이를 버린 사람이 많다고 복명(2/16). 上, 여러 고을의 수령들이 물고기를 잡기 위해	아사자 다수 발생	경상도 상주 등 16 고을이 기민을 위해 군자창의 목식 6만석을 진대(1/7). 경기도와 황해도의 기민을 구휼(1/10, 2/5). 京畿・행상들이 긴요하지 않은 물건으로 백성을 속이고 식량을 빼앗아 가니 가을 추수 때까지 상인들에게 路引을 발급하지 말라고 下三道에 요청(3/7). 하삼도에 공물 남부 감면(2/22). 전라도 나주 등 25 고을의 전세와 공물 생남을 정지하고 騎兵을 기주시킴(38).	

연호	시기 간지	재해 지역	발생 원인	주요 재해 및 기근 상황	야사자	주요 대책. 기타	비고
				제방의 둑을 무너트리는 일을 하고 있으니 이를 철저히 금지 시키라고 하명(4/13).			
성종 3	1472 임진	경기도	가뭄 수재	봄철에 심한 가뭄으로 과종 시기를 놓침. 상, 각도에 유사하여 가뭄 중이라도 과종케 함. 상은 비를 기다려 과종하면 시기를 놓을 것, 정인데에는 제때에 乾種하고 제조한 것은 모두 수확할 수 있었다고 주장(3/14). 여름철에는 긴 장마로 경기도 여러 고읍의 작물이 다 죽어 버림(7/29). 상, 南道에서 평안·함경도 등지로 이주해온 儒民들 중에는 목화를 심어서 이익을 본 사람이 있다며 북축 지방에 면화를 보급, 衣食과 財用의 길을 넓혀 한다며 下三道의 감사에 명하여 면화씨 20석씩을 보내라고 지시(4/27).		경기도 수제로 곡식이 다 상하자 메밀을 代播하도록 군자창의 메밀 종자를 나누어 줌(6/15). 제도의 관찰사에게 수제를 입은 농가를 구휼하라고 지시(6/29).	
성종 4	1473 계사	경기도 강원도 황해도	냉해 가뭄 수재 충해	봄 농사철에 충청도 청주·연기·천안 등지에 싸락눈이 내려 보리와 밀이 크게 손상됨(4/6). 평안도에서도 우박이 쏟아져 전지 3배의 곡이 손상되어 보리와 밀을 수확하지 못하게 됨. 평안 감사 창고를 열어 진휼할 것을 요청함(6/14). 장마가 끝나자 경기·황해·평안도에 충해가 크게 번짐(7/20).		가뭄이 심해지자 예조에서 저자를 옮기고 숭례문을 닫고 격고를 하자 말 것을 아뢰게 요청(6/2). 6월에 계속 비가 내려 충청도 단양 등지에 홍수 피해가 생기자 上, 제도의 관찰사에게 억울한 옥사가 있는지 빨리 처결하여 천변을 사라지게 하라고 유시(6/22). 충청도에 진휼곡 900석을 할당(6/5).	

연호	시기 간지	재해 지역	발생 원인	주요 재해 및 기근 상황	아사자	주요 대책, 기타	비고
						평안도에 군자창의 피곡 2천 석을 주어 진구(6/14).	
성종 5	1474 갑오	경기도 강원도 충청도 황해도 함경도	가뭄 역병	예조, 이른 봄부터 큰 비바람이 불고 기후가 이상하니 일월성신과 소격서와 삼청전에서 초제를 지내자고 왕에게 건의(3/6). 성종이 3일 동안 술과 고기를 안 먹고 조회와 음악을 멈췄는데, 임금이 조어에서 기도했는 데 비가 안 오면 어떻게 하느냐며 대신 소격전에서 기우하라고 만류(6/27). 경기·중청·강원·황해도에 한재가 심하여 실농(7/16, 10/9, 10/25).	전염병 사망자 다수 발생	6월부터 심한 가뭄이 가시지 않아 여러 종류의 기우제를 지냈으나 효과가 없었음. 원상 정창손, 지난해 경기·강원·황해도는 신동 하여 백성들이 살기 어려우니 정조의 番上을 중지하고 군자곡의 기민 구제를 위해 군자창 구식 3만 4천 석을 방출(3/8). 강원도와 경기도에도 군자곡 5천 석과 경창의 쌀 6천 석을 보내 진휼(4/8). 황해도에서 내도에 심을 보리와 밀 종자를 요청하자 호조에서 군자창의 잡곡 종무 5천 석을 방출 보리와 밀의 종자를 구입(윤6/7). 예조의 요청으로 무녀와 맹인들로 하여금 영동 사내가 기우하고 도살을 금지시킴(윤6/21, 윤6/26).	
성종 8	1477 정유	경기도 충청도 황해도	가뭄	경기·황해·강원도 봄철에 오랫동안 가뭄(3/16). 여름철에 근비가 내려 경기·중청·황해도에 황충이 번성함(7/2). 경기·중청·황해도는 벼 이삭이 나올 때 비가 내리지 않아 곡식이 거의 죽음(6/24).		가뭄을 면하기 위해 기우제를 지냄(4/4). 종묘사직에 중해의 충식을 祈告함(7/2).	

연호	서기 간지	재해 지역	발생 원인	주요 재해 및 기근 상황	아사자	주요 대책. 기타	비고
성종 12	1481 신축	전국	가뭄	흉조, 날씨가 오랫동안 가물어 경기도와 하삼도에서는 종자가 뿌리를 내리지 못하고 보리도 추수할 것이 없다고 왕에게 보고. 또 내년 농사를 위해 보리와 밀의 종자를 많이 확보해야 하고 기민 구제를 위해 해조를 많이 채취하여 멀리고 소금과 간장을 준비하도록 주청(5/19). 箸令 李杯, 쌀값이 뛰어오르니 군자감의 쌀 2만 석을 가지고 常平倉을 열자고 주장(4/15). 그는 상인들에게 이 쌀을 받아 민간에게 되팔면 쌀값이 안정되게 마련이고 또 싼 값 사 먹을 수 있을 것이라고 설명. 上, 상평창에 대해 진반이 부자들이 이익을 독점할 우려가 있어 시행하지 못한다고 대답(4/25). 성균관 진사 李績이 가뭄대책의 하나로 常平倉을 운영하자고 상소(5/27). 그는 "漢나라 宣帝 때 耿壽昌이 상평의 정책을 시행하여 곡식이 천해지면 값을 올려 사들여 농민을 이롭게 하고 곡식이 귀해지면 값을 내려 팔아 백성을	아사자 다수 발생	가뭄으로 금주령을 내림(4/2). 8道의 貢物을 꼭 필요하지 않은 것은 견감(6/16). 평안년 이전의 미납 노비 신공과 어염세 및 기해년 이전의 장고에서 생긴 포흠의 1은 감면하고, 정유년 이전의 전세 가운데 미납분은 바로 남부하도록 함(7/3). 평안도와 황해도 흉년으로 이런운데 중국 사신이 왕래로 인한 피해가 겹쳐 부역을 견감 시킴(9/8). 금년의 전세로 광흥창에 남부해야 할 황해도의 糙米(현미) 2천 100석을 상납하지 않고 대신 벼 4천 800석을 가흥창에 남부하게 하여 이것으로 황해도와 평안도의 내년 종자곡으로 충당하기로 함(10/15). 효조의 상신으로 遺棄兒에 대한 恤養節目을 만듦. 유기아 두 사람을 홍양하여 자는 한 사람을 종으로 삼도록 허락하고 한 사람은 부모 친척의 흉앙비이 두 배를 내되 돌려주는 규정을 제정(9/11).	

연호	서기 간지	재해 지역	발생 원인	주요 재해 및 기근 상황	아사자	주요 대책. 기타	비고
				을 이룩게 했느네 이것이 구황 방편으로는 上策이나이다"라고 주장. 가뭄으로 평안·황해지역에 큰 흉년. 평안도가 더욱 심하여 소와 말을 많이 잡아먹어 가축이 남지 않을 정도. 경기에는 버려진 아이들과 늘어는 굶어 죽은 사람의 시체가 널렸음(12/28).			
성종 13	1482 임인	경기도 평안도 황해도	가뭄	성종, 경기·황해·전라·경상·평안도 관찰사에 흉년 기근이 심하니 백성 구휼을 철저히 하라고 下書(1/3). 경상도에 전라·황해·평안·경기도에 진휼사를 파견하여 구휼 활동을 살피게 함(1/20, 2/6). 상주목사 송요년에게 양곡을 기민들에게 제때에 나누어 주지 않은 죄를 물어 장형 70대를 침(2/1). 각 도에 진휼사를 파견하자 사간원에서 반대 상소를 올림. 진휼은 수령이 하는데 한 명의 진휼사는 종사관 2명과 종사관은 각기 수행원 10여 명씩을 데리고 다녀 이들이 지나가는 역참과 일선 고을에 폐가 크다는 것(2/13, 2/14). 지난해에 이어 황해도와 평안도는 가뭄 흉년이 들고 경기도 역시 흉작으로 많은 기민들이		서울의 동·서에 賑濟場을 설치하고 5部에서는 진제장에 나가지 못하는 기민을 위해 따로 乾糧을 지금으로 제면 때문에 진제장에 가지 못하는 사람을 위해서 별도로 식량을 나누어줌(2/9). 經筵에서 장령 바지, 서울의 진제장에는 부유한 자들과 모리꾼들이 진휼미를 받아 가는 일이 많으니 단속을 요 청(2/29). 경기·충청·황해·경상도의 공물을 감면(9/29). 흉년으로 인한 재정난을 돕기 위해 6품 이상 관리의 녹봉에서 쌀 1석씩을 감해 지급하기도 함(10/9). 성종, 諸道의 감사에게 제언과 전방의 축조와 수축이 安民의 요체리라고 下書(10/16).	

연호	서기 간지	재해 지역	발생 원인	주요 재해 및 기근 상황	아사자	주요 대책, 기타	비고
				서울로 물려 들어옴(6/30). 호조 판서 하종의 건의에 따라 가뭄이 심한 경기도와 황해도의 내년 구휼에 대비하기 위해 전라도 군자창의 쌀 21만 5천 석을 경상으로 조운해 옴(7/1).			
성종 16	1485 을사	경기도 강원도 충청도 경상도 전라도 함경도	가뭄	4월부터 6월 초까지 가뭄 계속. 上, 호조와 8도에 구황 대책을 세우라고 지시(6/7). 영의정 윤필상, 우의정 이극배, 가뭄의 책임을 지고 사직을 청하였으나 하락되지 않음(6/8). 6조의 당상관들이 한재는 임금 잘못한 자기들의 책임이라며 과직사적을 청을 요청했으나 가부됨(7/2). 上, 흉년을 만난 경기·충청·강원·전라·경상·함경도 관찰사에게 경상을 통해 구휼하고 아사한 사람의 숫자는 숨기지 말고 보고하라고 유시(10/18).	아사자 다수 발생	진전에 사는 私奴 임복이 진휼미 2천 석을 바치자 그의 네 아들을 免賤 시킴(7/28). 경연에서 지평 순신, 수령들이 구황마를 확보하기 위해 부자들에게 勸分을 강요하고 이를 위한 수단으로 私穀을 담封하고 있는데 특정인에게는 사사로운 이름을 들어 관용을 적게 하고 있다고 고함(8/2). 하삼도의 신농이 심하여 진휼사 대신 假監事를 파견하여 진휼을 감사함(7/26).	
성종 17	1486 병오	경상도 전라도 충청도	가뭄	지난해 가을 농사가 흉작이었는데 봄 가뭄이 심하여 당 내 보리농사도 흉작이 됨. 下三道의 기근이 더욱 심각.	아사자 다수 발생	경기도민의 진휼을 위하여 경상의 還上米 방출, 충청도 기민을 위하여 전라도와 황해도의 양곡 10만 석을 漕轉(2/19).	

연호	서기 간지	재해 지역	발생 원인	주요 재해 및 기근 상황	아사자	주요 대책. 기타	비고
				충청도를 떠나온 진휼사 유순에게 上이 기민 가운데 몇 명이 죽었느냐고 묻자 유순, "수령들이 죽은 사람을 보지 못하게 하여 알 수 없습니다마는 어제 죽은 사람이 있었습니까고 내답(5/2). 경상도 진휼사 한치형의 복명에 대한 윗음의 논평: "당시 여러 도에서 굶어 죽은 사람이 틀비쳤는데 한치형이 제대로 보고 하지 않아 한심하다"(5/3). 전라도 진휼사 이극돈, 전라도에는 보리가 이자 많은 중들이 얻어먹으러 다녀 명년의 보리 종자가 부족할 것이 염려되고 또 전라도에서만 유기아의 수가 104명이라고 보고(5/2, 5/12). 함경도 북변의 여진족 올적합이 造山堡에 침입하여 수비장을 죽이고 백성들을 살상, 식량과 우마를 탈취해간 사건이 일어남(4/17). 조정에서는 올적합을 정벌하기로 결정하고 許琮을 도원수로 삼아 병력 2만을 동원함(5/11). 이해 봄에 비가 오지 않아 보리와 밀이 말라 죽고 논에는 모가 자라지 않음(5/19). 여름에는 폭우가 쏟아져 곡식이 쓰러지고 나		흉자에 대비하여 명년을 위한 밀·보리종자를 확보하고 농량을 준비하도록 지시함(5/19). 가뭄으로 농경 속에 가벼운 죄인들을 모두 석방(5/20).	
성종 22	1491 신해	전국	병화 가뭄				

연호	시기 간지	재해 지역	발생 원인	주요 재해 및 기근 상황	아사자	주요 대책, 기타	비고
				무가 뿔리고 많은 인가가 무너짐(6/29). 사헌부 대사헌 이유인, 8도가 모두 한재로 실농하였으니 北征을 정지하라고 상소(8/1). 北征軍은 15일분의 군량을 가지고 국경을 넘었느데 대군이 오는 것을 본 여진은 마을을 버리고 달아남. 몇 차례 작은 싸움에서 이겼으니 군량이 6일 분밖에 남지 않아 군사를 되돌림(11/10).			
성종 23 1492 임자		함경도	兵禍	성종, 지난해 흉년으로 굶어 죽는 백성이 있을까 두려우니 모든 조치를 취해 진휼하라고 각 도에 지시. 서울의 쌀값이 오를 것으로 보고 해당 관청에 대비하도록 지시(2/9, 2/12). 사헌부 지평 민화, 함경도 여진을 정벌하기 위하여 詐宗을 따라 北征에 참가했던 군사 40여 명이 굶어 떨어져 아사했다고 고함(3/8). 민화, 北征사령관 許琮이 전군 부사 권환했다는 보고는 임금을 기망한 것이므로 그를 문죄해야 한다고 탄핵(3/8).	40여명 아사	지난해의 흉년으로 굶주리는 백성이 많이 생정으니 각 도에 진제장을 설치하라고 지시(4/2). 민간의 公債를 1년간 연기시켜 주기로 함(3/19). 쌀 및 되를 더하여 누룩이 없는 군사, 繰事의 諸色이 生徒, 羅將・皂隷・公賤의 이들은 한 곳으로 하여금 쌀과 하여 급사가 없는 下隷들을 구제하여금(3/17). 경기도의 기민을 구휼하기 위해 군자창의 묵은 쌀 5천 석과 콩 3천 700석을 賑給(5/4).	北征 사건은 조사 결과 많은 군사들이 아사한 것으로 판명 되었으나 문죄로 않기로 함.
성종 25 1494 갑인		경기도 황해도 충청도	기근	성종, 금년 봄 가뭄이 계속되어 보리 주류를 하지 못하였고 지금은 김을 매야할 시기인데 비가 내리지 않고 있으니 관리들은 직분을 정제하고 수앙하기 바란다고 유시(5/2).		성종, 가뭄이 낮 수리의 飯米를 줄이라고 명함(5/12). 한재로 인한 흉작으로 點馬別監의 파견과 韓山의 죽성을 정지함(7/21).	

연호	시기 간지	재해 지역	발생 원인	주요 재해 및 기근 상황	아사자	주요 대책·기타	비고
				경기 감사 이세좌, 가뭄으로 도내 대반이 모가 하근하지 않았고 兩麥이 말라붙어 흉년이나 군자창의 국식을 대부해달라고 요청(5/9). 경기도, 전 군읍이 벼가 말라붙어 대파의 필요 성을 제기(5/14). 황해도 흉년. 상, 내년에 민간에서 보리와 밀의 종자를 얻기 어려울 것이므로 조정에서 還上으로 나누어주는 것이 좋은지 또는 백성들이 각자 준비하는 것 이 좋은지 조사하여 보고하도록 경기·황해·강 원·평안도에 지시(5/15).		흉년으로 會禮宴과 광대놀이를 금지시킴(12/27).	
연산 1	1495 을묘	경기도 황해도	가뭄	호조 판서 홍귀달, "지난해 경기·황해·충청도 가 실농기를 위해 京倉에서 국식 9만 석을 내 여 구휼하고 있는데 부족하다며 지금 상중의 국식을 당하여 구상도감과 산릉에 제약 할 비 용도 많다. 국상 비용을 마련하기 위해 군사의 국상을 마련하기 위해 군사의 금 상을 지내지 말고 금하 지 않을 관청을 폐지하여 지금을 마련하지 않 을 수 없는 실정"이라고 보고(1/4). 三司와 유생들이 선왕의 국상에 불교식 麤를 지내는 것을 반대했으나 결국 왕이 뜻대로 제 를 지냄(1/1).		경기·황해·충청도의 실농기를 위해 경창에서 국 식 9만 석을 조달해줌(1/4). 방조의 군직청을 없애는 대신 인원을 감함(1/5). 비가 폐기 전까지 흉심한 가뭄이 계속되자 아는 임금이 책이라며 감선과 금주령을 내리고 사 면을 발표(7/29).	

연호	시기 간지	재해 지역	발생 원인	주요 재해 및 기근 상황	아사자	주요 대책, 기타	비고
연산 3	1497 정사	중청도 황해도 경상도	수재 역병	함경 감사 여자신, 삼수·갑산 등지에서 역병으로 죽은 사람이 350명이나 된다고 급보(3/17). 역질이 황해도와 경기도 개성에도 침입, 많은 백성들이 죽음(9/18, 9/27). 중청·황해·경상도를 비롯 여러 도에 심한 수재로 농작물이 많이 상함(9/18, 9/24).	전염병 사망자 다수	수재가 심한 도에 경차관을 파견(8/28). 수재가 심한 도의 관찰사에게 재해의 정도를 보고하라고 지시(11/12).	
연산 4	1498 무오	황해도 경상도 함경도 중청도	수재 역병	孟春에 비가 많이 내려 산이 무너지고 시내가 넘침(1/23). 경상도 관찰사, 정월 중순에 큰 비가 내려 보리와 밀이 침수되어 다 죽었다고 보고(1/27). 지난해 흉년의 실정을 알아보기 위해 경상도에 파견된 특진관 조위, 경상도는 수재의 피해가 상당히 심각한데 災傷으로 보고되지 않아 구황 해곡을 받지 못했다며 아사자가 많을 것으로 보인다고 복명(2/24). 한달이 심함(5/4). 시강관, 남해주, 상평창에서 면포 1필을 받고 쌀 4두 5승을 내주어 광도를 하고 있는데 가난한 백성들에게는 해택이 오지 않고 부유한 상인들이 쌀을 쌓게 사서 후한 이익을 얻으니 상	아사자 다수 추정	연산군, 지난해의 흉작으로 백성들이 이려움에 봉착해 있으니 상평창을 설치하여 민생을 구제하라고 지시(2/26). 무오史禍가 일어난 이해는 지난해보다 심한 흉년으로 평가됨(11/8, 12/15). 흉년으로 충청도 임원성의 축성을 정지함(9/24). 남세를 함경도 구황장차관으로 파견함(12/21). 호조, 금년의 농사가 흉작이니 긴요하지 않은 것은 賑을 모두 정지할 것을 요청(12/15).	

연호	시기 간지	재해 지역	발생 원인	주요 재해 및 기근 상황	아사자	주요 대책. 기타	비고
				평창을 담고 그 쌀로 직접 구휼하는 것이 낫다고 진언(5/3).			
연산 5	1499 기미	전국	가뭄	함경도를 제외한 전국에 정월부터 비가 오지 않아 우물이 모두 마르고 밀·보리가 타버리고 파종을 하지 못함(3/26). 전라 감사, 도내 연해 고을의 기근이 심해 많은 백성들이 길에서 걸식하고 있다며 진휼을 요청(3/20, 12/28). 경기도, 4월에 내린 우박으로 보리와 각종 채소가 크게 손상되고 새들이 많이 죽음(4/27). 평안도 변경의 建州野人들이 수 차례 국경을 넘어와 인명을 살상하고 가축과 식량을 약탈한 사건이 발생하자, 연산군, 군사 2만을 동원하여 여진을 정벌할 계획을 세움(5/12). 의정부와 三司의 諫官들, 흉년으로 민심이 흉흉한데다 군량을 연기 어렵고 평안도는 인구와 농업 생산량이 적어 군사와 군량의 조달이 불가능하다며 西征계획을 연기하자고 주장(6/7). 서정계획을 명년으로 연기하기로 결정함(8/10).		심한 흉년으로 성균관 및 지방 향교를 모두 후교시키고 긴급하지 않은 비용을 절감하고 금하지 않은 약사를 철시시킴(3/18).	

연호	시기 간지	재해 지역	발생 원인	주요 재해 및 기근 상황	아사자	주요 대책, 기타	비고
연산 6	1500 경신	경기도 충청도 전라도 함경도	가뭄	각지에서 역병이 유행함(1/19). 西征軍의 도원수로 지명된 成俊이라 군당이 2만 4천 석뿐입니다. 이를 평안도 국경까지 수송하려면 정벌에 나가는 군사와 군마를 이용해야 합니다. 도로가 험하고 먼 길이라 사이에 많이 접합니다. 파견한 형세로 적의 소굴로 들어간다면 승디느거냐 패배할 가능성이 크니 무슨 이야이 있겠습니까. 신이 처음 西道에 군당이 적음을 알지 못했고 수송이 어렵다는 것을 못했기 때문에 西征을 느낄 때 啓達하지 못했는데 이것은 신의 죄입니다". 西征을 정지함(1/22).		지난해의 흉년으로 경기도에서 기민 구휼을 청하자 풍저창의 쌀 1만 석을 내어 구제함(2/30). 전라도에서 구황을 요청함(1/27). 충청도에서도 구황을 요청함(1/27). 함경도 6진이 심각한 기근으로 백성들이 유리하는 상황이라며 진구를 청함(4/27).	
연산 8	1502 임술	전국	가뭄 수재	봄철에 전국적으로 가뭄이라 여름철에 근버가 내려 수해를 입음. 많은 면적이 전답이 유실. 매몰됨 특이 下三道가 심하였음(8/28). 전국적인 흉재. 연산군, 금년 농사가 부실하여 설없이 오러니 서울과 지방에 상평창을 열라고 지시(8/13). 의정부, 하삼도의 수재가 예전에 없을 정도로 심하니 조관을 뽑아 아사를 검무시켜 과견하여 백성들의 고통을 살피게 함(8/21).	아사자 다수 발생	지난해에 이어 흉작이라 의창곡을 방출하였는데 거의 회수할 수 없었음. 감악경이 만든 水車를 경기・충청도에서 시험(3/4). 함경도 및 고을에 社倉을 시험적으로 설치(7/23). 서울과 지방에 常平倉을 설치(8/13).	

연호	시기 간지	재해 지역	발생 원인	주요 재해 및 기근 상황	아사자	주요 대책. 기타	비고
				영의정 한치형, 좌의정 성준, 우의정 이극균, 가뭄과 수재로 인한 흉년에 체임되고 사직을 청하였으나 받아들여지지 않음(9/1). 평안도의 흉년으로 보도 사람들도 살 수 없는 실정이라 人居를 당분간 정지시킴(8/21). 함경도 慶源·穩城·미전 등 5鎭이 城 아래 사는 야인들이 흉년으로 조선에 구휼을 청하자 이양 곡식을 진대함(10/19).			
연산 9	1503 계해	경기도 경상도 전라도	가뭄 흉해	승정원이 지난해 심한 흉년을 맞았으니 아사를 각 도에 과견하여 구휼에 나서라고 주청하자, 上, 餓死하는 백성들이 많으니 진제장을 설치하고 구휼에 나서라고 각 도에 전교(2/19). 영의정 윤필상, 이 같은 흉년에 대신을 보내 빈민을 구제하면 수행원이 많아 소란스러우니 근신한 朝官을 과견할 것을 요청(2/20). 정광 순종조, 지난 경상도에 흉년이 들었을 때 아사 박상길을 보냈는데 그가 하인들을 많이 데리고 다녀 역도에 많은 폐를 끼쳤으니 진흌은 도의 감사에게 맡기고 진제장은 이름뿐이고 실제 혜택이 안되니 폐지하라고 간언(4/1).	아사자 다수	경기도의 기민을 위해 군자창의 콩 4천 5백 석과 남양·강화·인천 등지의 別倉에 있는 소금 3백 석을 보내 구휼(4/4). 上, 흉년에 세반이 있으니 어윤한 옥사를 빨리 처결하라고 지시(4/19). 경기도민의 구휼을 위해 경창의 쌀 4만 석을 진대하였으나 수량이 모자라자 4만 석을 더 빌려줌(5/3).	

연호	서기 간지	재해 지역	발생 원인	주요 재해 및 기근 상황	아사자	주요 대책. 기타	비고
연산 12	1506 병인			남이 가뭄에 서울과 각도에서 기우제를 지냄 (5/27). 좌의정 이극균, 경상도와 전라도는 7월 이후 한 달이나 가뭄에 심은 상태인데 감사가 아뢰지 보고하지 않고 고하고 있다고 고함(9/9). 연산군에 대한 燕臣의 논평 "도성 사방 1백 리 이내에 禁標를 세우고 그 안의 州·縣과 郡·邑을 폐지한 후 민가를 모두 철거하고 주민을 쫓아낸 다음 사냥터로 삼았다. 도성 안에서도 사적부등에서 흥인문까지의 민가를 모두 철거하였다. 때밀 안에는 눈이가 100여이 되는 시중매를 쌓이고 건물 3천여 간을 짓느라고 배성들을 부여시켜 집에 남아있는 장정이 없었다. 백성들은 우량하거나 피난가 윌 집에 아홉 집은 비어있는 실정이었다. 부역온 무겁고 양식은 모자라 굶어 죽는 사람이 시체가 승배문 밖과 노량 사이에 산더미처럼 쌓였다"(9/2).	아사자 다수 발생		이해 9월 中宗反正 일어남.
중종 5	1510 경오	전국	가뭄	봄부터 오랫동안 비가 오지 않아 가뭄. 전라도에서 올라오는 漕船 40여이 중청도에서 과선되어 2만 석의 쌀을 수장시키고 않은 신인		가뭄이 심하자 그 원인은 임금에게 있다고 전지를 내리고 正殿을 피하고 減膳과 撤樂을 함, 죄질이 가벼운 좌수를 석방함(5/11, 5/13).	삼포에란 발생

연호	서기 간지	재해 지역	발생 원인	주요 재해 및 기근 상황	아사자	주요 대책. 기타	비고
				들이 아사함(5/13). 朝講에서 영사 유순정, 전라도 조선이 과선되어 재民 2만 석을 잃게 되어 예산 부족이 염려되나 정부의 비용을 줄이고 관원들의 녹봉을 줄이자고 전의(5/24). 함경도 관찰사 高荊山, 함경도는 民俗이 저축하는 것을 좋아하지 않아, 흉년이 들면 모두 飢荒을 이존하고 있는데, 함경도는 멀리 떨어져 있어 곡식을 옮겨오기 어려우니 社倉제도의 도입을 건의(7/6). 사헌부, 금년은 심한 흉년이므로 종묘의 제물을 마련하기 위한 사냥을 중지하자고 전언(10/7). 사간원, 금년도 흉년인데 지방에서 수령들이 제대로 그 실상을 보고하지 않는다고 임금에게 보고(10/15).		흉년으로 궁중에서 아귀를 몰아내는 의식(儺禮)을 정지함(11/30). 대마도 출신 왜구 4~5천 명이 병선 100여 척이 이끌고 와 제포와 부산포를 함락시키고 경상도 남해안 일대를 유린함. 정부는 군군 5천 명을 동원하여 왜구를 격퇴함. 왜구의 첫은 심하에 대처하느라고 구휼 활동을 제대로 하지 못함.	
중종 6	1511 신미	충청도 전라도 경상도	가뭄 수재	충청도는 가뭄, 전라도와 경상도는 수재와 충재로 흉년이 듦(7/25, 6/1). 쌀값이 올라 서울에서 면포 1필이 쌀 7~8되에 거래됨(8/30). 上, 각 도의 감사에게 백성들이 굶어 죽는 일		경상도와 전라도에 點馬와 築城을 정지시킴(9/4). 흉년을 맞아 각 도에 진휼청을 설치하고 진휼사를 파견함(10/1, 10/4). 그러나 실제적인 조처가 따르지 않은 것으로 보임. 上, 버려진 아이들과 사족으로 굶는 사람을 조사	

연호	서기 간지	재해 지역	발생 원인	주요 재해 및 기근 상황	아사자	주요 대책. 기타	비고
				이 없도록 구황에 나설 것을 지시(9/1). 호조 판서 이계맹, 흉년으로 나라 살림이 어려우니 권귀들의 누붕을 감하고 功臣田과 別賜田의 면세를 줄일 것을 건의했으나 누붕만의 삭감은 허락하지 않음(9/30).		하여 식량을 주라고 지시(10/27).	
중종 7	1512 임신	전국	가뭄 충해	전국에 봄·여름 가뭄이 듦. 여름 곡식이 여물지 않았는데 해충이 만연하여 가을 벼도 흉작. 다음 농사를 위한 종자극마저 농량도 없음 정도의 흉년이 됨(7/15, 8/1, 9/6). 함경도 正界 이북과 鏡城 이남에서는 백성들이 들풀로 죽을 끓여 연명하고 있는데 모두 아사 직전이나 시급한 구휼이 필요하다고 함경 도 군기점검어사 김점 보고(6/9). 上, 함경도 백성들이 굶어 죽는 일이 없도록 빨리 구휼에 나설 것을 지시(6/9). 함경도 백성들이 흉년으로 다른 도로 들어가는 것을 함경 감사가 막지 않는 것은 己 잘못이라고 승정원에서 문제를 제기하자, 임금이 구제하지도 못하면서 다른 도로 가지 못하게 하는 것은 앉아서 굶어 죽으라는 말인데 다른 대책이 있으면 말하라고 하면서 일축(7/25).	아사자 발생	서울에 동·서진제장을 설치하고 재해 지역에 진휼청을 설치(2/2). 功臣田의 면세를 例에 따라 5년간 半收하는 조치를 취함. 임금, 8도의 감사에게 흉흡에 곡식이 없으면 부자의 곡식을 封하여 빈민들이 발전할 수 있도록 조치하라고 지시(4/3). 서울에 동·서 진제장을 설치하고 기민을 구제할 것을 지시. 아사하는 사람이 있으면 관련자의 죄를 다스리겠다고 경고(5/13). 함경도 기민의 진급 구호 지시를 내신들, 함경도로 구호 식량을 보내기 위해서는 경상도의 곡식을 배길로 해운하는 수밖에 없는데 (6월이 지나면 풍랑이 심해 어렵다는 결론을 내리고 과거 진상사를 지낸 강원 감사 高荊[u]에게 의견을 물어봄.	

연호	서기 간지	재해 지역	발생 원인	주요 재해 및 기근 상황	야사자	주요 대책, 기타	비고
				평안도에 흉년이 들어 쌀값이 오르자 평안 감사, 타도의 貿糴船이 평안도에 오는 것을 금 해달라고 요청하여 임금의 허락을 받음(7/19).		고양산, 강원도 회양과 금성 등지의 쌀 2천 석을 함경도 정계까지 배성들의 등짐으로 릴레이식으로 옮기고 거기서부터 다시 함경도 백성이 릴레이식으로 하면 가능하겠다고 답변(7/2). 그러나 한사람이 하루에 옮길 수 있는 양이 5두이고 시간이 많이 걸린다는 문제점이 지적됨. 상, 어렵지만 지금으로서는 방법이 없다며 강성도의 구식을 뱃길로 수운하는 것으로 결단(8/4). 충년으로 경상도와 전라도의 속성을 정지하고 참마 발감의 과련을 중지함(9/4).	
중종 8	1513 계유	함경도 경기도	가뭄	이른 봄부터 5월까지 비가 오지 않음. 경기와 함경도의 한발이 심하여 모든 우물이 마름. 평안도에는 8월에 주먹만한 우박이 쏟아져 농작물을 해치고 세들이 많이 죽음(10/6). 지난해에 이어 함경도는 심한 흉년으로 아사자가 속출. 함경도 진휼경차관 한효원, 온 집안 식구가 다 아사한 집도 많이 나오고 가을철인 지금 조근목과 바다의 해조류 연명하느네 부황이나 부겨용이 심하고 주민들은 유리하여 흩어지고 걸식하는 자가 대부분이라고 급보(3/11).	함경도 인구의 절반. 아사로 주정	충년으로 國用이 부족하여 功臣田·別賜田·職田에서 나오는 쌀·콩에 대한 면세를 정지함(1/5). 날씨가 나빠 경상도에서 漕運하려는 구호곡이 계속 늦어지고 있으니 군사를 동원하여 京倉의 식량을 등짐으로 함경도로 운반하자는 案을 논의(4/30). 함경도 구휼경차관 한효원은 강원도의 구식을 육로로 수송하여 구제할 것을 주장하고, 좌의정 유순정은 下道에서 구식을 수운하는 것이 효과적이라고 주장. 좌의정 末日은 농사철에 사공을 모점하는 것이	함경도에서 기근으로 처자를 팔고 자녀를 먹었고 人肉을 먹고 人(肉)을 보고가 나는 다름.

연호	시기 간지	재해 지역	발생 원인	주요 재해 및 기근 상황	아사자	주요 대책, 기타	비고
				함경 감사, 함경도민이 다 죽게 생겼으니 강원도와 경상도에서 보내준다는 진휼곡에 대한 특단의 수송 대책을 세워 달라고 요청(5/6). 함경도 녹둔 등 8읍에서는 무수한 사람이 아사하고 기근으로 처자를 파는 사람들이 나타남. 들판에 유기된 아사자의 시체를 먹는 사람이 얼마 있다가 죽었다는 보고도 올라옴(5/11).		어려운데 사공에게는 단 30석을 수운하는데 6명이 사공이 필요하며 이들에게 1인당 1석 씩을 주어야 하므로 비용이 너무 많이 설이 있다고 주장하는 등 해결 방안을 제시하지 못함(5/10).	
중종 11	1516 병자	전국	가뭄 수재	上, 朝講에서 올해도 8도가 흉년이니 진휼청을 설치하고 흉년 구제에 제반 조치를 취하라고 지시(10/11).	아사자 발생	흉년이므로 음아을 금지시킴(9/8). 과거에 급제한 자의 遊街를 정지시킴(9/15). 이주의 축성을 정지하고 평안도의 정례 공물을 감함(10/2). 국가의 비용이 부족하여 광지의 陳田에 대해서만 면세하기로 결정(10/10). 흉년으로 모든 私債를 받지 말도록 各 도에 지시(11/6). 場市는 장사꾼들이 이익만 추구하는 곳이므로 중앙도만 場市를 허락하고 다른 도는 장시를 금지하기도 함(12/1).	
중종 12	1517 정축	황해도 충청도 경상도	가뭄 냉해	날씨가 가문데 서늘한 바람까지 불어 여러 도 가 실농. 기본적으로 지난해 흉년의 여파가 계속된 것으로 보임.		제도에서 진상하는 공물과 진상 등을 감면(1/25, 7/9). 황해도와 평안도의 군자곡이 고갈되어 황해도의	

연호	서기 간지	재해 지역	발생 원인	주요 재해 및 기근 상황	아사자	주요 대책. 기타	비고
		평안도 함경도		정언 장우, 윤붕이 흉년이 계속되어 父子가 서로 보호하지 못할 지경이나 배성의 누방이나도 임시로 감하여 구휼에 보태자고 청했으나 승인받지 못함(1/25). 제관군수 박문조, 봉산군수 중수 등은 관내의 배성을 구제하지 못하게 된 가족을 유양하게 했다는 이유로 파면됨(1/25). 경상도 웅주 등 7 고을의 재해를 감사와 수령이 인정해 주지 않아 구휼을 받지 못했다는 청원을 받아들여 구휼을 결정(2/1). 畵議에 참석한 중종, 지난해 배성들이 유리하여 그 해결책을 대신들에게 물었으나 이무도 대답하지 않아 몹시 실망했다고 토로(2/28).		전세는 경창으로 보내지 않고 황해도에 두어 군자로 저축하고, 평안도는 국식을 무려하라는 상선의 출입을 금지함(4/20).	
중종 14 기묘	1519 기묘	경기도 강원도 황해도 평안도	가뭄 수재	심한 가뭄 끝에 수재가 일어남(6/7, 7/8). 평안도 정차관 이희민, 평안도 배성이 흉년으로 굶주리고 있는데 수령들이 제대로 구황을 청을 하지 않고 있다고 보고하여 향후 힘임을 파직하고 다른 수령들도 조사하도록 함(4/27). 강원도와 황해도 심노(8/8, 11/17). 경기도 재상어사 이희민, 경기도 눙가가 흉작이다 배성들이 굶주리고 있다고 복명(10/1).		대관이 상평창의 설치를 청함(4/25).	

연호	서기 간지	재해 지역	발생 원인	주요 재해 및 기근 상황	아사자	주요 대책, 기타	비고
중종 15	1520 경진	전국	냉해 가뭄 수재	3월~5월까지 비가 오지 않는 가뭄 속에 전국 각지에 간헐적으로 서리와 우박·눈이 내려 날씨가 가을처럼 서늘함. 이 때문에 여러 지역에서 농작물이 얼어 죽거나 자라지 못함(4/1, 4/2, 4/17, 5/3, 5/5, 5/18, 6/4). 가뭄과 냉해 속에 7월에는 연일 비가 많이 내려 충청도를 비롯한 5개 도에 수재 피해(8.17). 경상 감사, 금년에 무자리논을 만든 논은 가뭄으로 완전 폐농이나 전세를 면제해 달라고 청원(11/4).		제주의 백성들이 굶주려 진제장을 개설하고 군 자장의 곡식을 수송하여 구휼(윤5/27).	
중종 16	1521 신사	경기도 황해도 강원도	냉해 가뭄 수재	지난해와 마찬가지로 봄철에 서리와 우박이 자주 내리고 농사철에는 가뭄다가 여름에는 폭우가 쏟아져 실농한 곳이 많음(3/10, 3/21, 4/24). 황해도는 농사철에 연 3일 동안 서리가 내려 농작물이 대부분 죽어 버림(4/1). 경기도의 양천·광주·장단·고양 등 연해 고을의 농사가 거의 폐농 수준. 京畿에서 진곡을 반기로 했으나 경창에 곡식이 없어 주지 못함. 경창이 비어있는 이유는 흉년 때마다 빌려준 양곡을 회수하지 못했기 때문임(2/18, 2/19).		홍주의 심한 고을에 공물과 부역을 견감(7/16). 각 도에 災傷敬差官을 파견(8/6). 진휼국의 소식으로 진휼 불능상태에 이름.	

연호	시기 간지	재해 지역	발생 원인	주요 재해 및 기근 상황	아사자	주요 대책, 기타	비고
중종 17	1522 임오	경기도 충청도 황해도 경상도 전라도	냉해 가뭄 수재	농사철인 4, 5월에 경기·강원·충청·전라·경상도 곳곳에 큰 우박이 내려 보리와 벼를 해치고 사람이 맞아 죽기도 함(4/3, 5/3). 6월에는 몹시 가물다가 8월에 각지에 수재가 일어남. 대동강물이 범람하여 평양 시내가 물에 잠김(8/5).		上, 우박이 이렇게 심하게 내리는데도 피해를 보고하는 수령들이 없으니 이는 관속들의 말만 듣고 보고하지 않는 것이 틀림없다. 틈에 나가 직접 확인하라고 지시(5/5). 가뭄으로 감선·철악·철시 그리고 남문을 닫고 북문을 엶(6/6). 전라도와 경상도 관찰사의 보고를 듣고 구황책을 마련하라고 지시(7/25).	
중종 19	1524 갑신	평안도 황해도	역병	기근 후에 역병이 돌아 평안도 의주·용천·철산 등지에서 1천 6백여 명이 사망(7/21). 평안도 귀성에서도 전염병으로 수십 명이 죽음(10/28).	아사자 병사자 수천명	평안도의 변경 4군에 보낸 이주민들이 기근과 역병으로 죽거나 도망하는 사람이 급증하자 영의정 남곤, 변경에 강제로 하삼도의 백성을 이주시키는 대신 죄인들을 보내자고 건의(7/25).	
중종 20	1525 을유	경기도 황해도 평안도 함경도	가뭄 역병	평안도 각지에 역병이 성행하여 수천 명이 사망(1/30, 5/17). 가뭄으로 경기·황해도 지방에 큰 흉년. 평안도와 함경도는 큰가뭄과 전염병으로 흉년. 경기도는 큰가뭄까지 다 겹쳐버려 다음 농사에 종자 18만 5천 석이 필요한 상황에 처함. 함경도 경성 등지에서 아사자 수백 명이 발생했다고 함경북도 병사가 급보(12/11).	전염병 수천명 사망 아사자 수백명	경기지역에 필요한 종자를 마련하기 위해 공신전·별사전 職田의 전세 4천 석을 제공하고 공물을 평안 3천 석을 더 준비하여 조달함. 황해도의 내년 종곡을 마련하기 위해 충청도의 햇곡식 5만 석을 조운하여 오기로 결정(10/12). 평안도와 황해도의 환곡을 진대(6/26). 함경도와 황해도에 상평창을 운영함(9/27).	

연호	시기 간지	재해 지역	발생 원인	주요 재해 및 기근 상황	아사자	주요 대책, 기타	비고
중종 21	1526 병술	전국	역병 기근	평안도에서 시작한 전염병이 삼사간에 경기도와 황해·충청·경상·전라·강원·함경도 등 전국으로 전염되어 수천 명의 사망자 발생(2/1, 2/19, 2/29, 3/13). 가뭄에다가 전염병으로 사망자가 속출하고 유망하는 자가 많아 농사를 제대로 짓지 못하여 전국이 흉년. 건주위(建州衛) 여진, 야인들도 흉년으로 굶주리자 조선에 진속(賑粟)을 청함(3/13). 조선도 식량이 부족하여 여진의 요청을 거절함.	병사자 아사자 다수 발생	적전(籍田)에서 수확한 벼 2천 700석을 경기도에 종자로 빌려줌(1/17). 평안도의 군량을 확보하기 위하여 미곡 상인들의 왕래를 금지함. 당시 여진도 흉년이 들자 국경을 넘어 왕래하는 행상(行商)들이 많아 이를 금지하지 않으면 안 될 형편이었음(2/23).	
중종 22	1527 정해	전국	기근 역병	지난해 흉년의 여파가 계속되는 가운데 가뭄이 들고 전염병이 사라지지 않아 8도가 심동(2/24, 5/13, 7/13). 시독관 황이, 심한 흉년인데 수령들은 제대로 구휼할 수 없으니 정부에서 차별한 조치가 있어야 한다고 경연에서 주장(2/29). 연초부터 각 도에서 기민 구휼을 요청함. 병조는 경솔(京率)에 죽식이 중앙에 구걸할 수 없으니 꼭 필요한 사람만 각 도의 감사가 선발하여 그들에게만 구휼곡을 주라고 통지(3/13). 충청도와 경상도에 새로 전염병 환자가 발생	아사자 다수	8도에 어사 겸 재상(災傷)경차관을 파견(7/13). 경창의 고갈로 진휼곡을 주지 못함.	

연호	서기 간지	재해 지역	발생 원인	주요 재해 및 기근 상황	아사자	주요 대책, 기타	비고
중종 24	1529 기축	경기도 충청도 황해도	가뭄	(5/4, 5/6). 경기도에서 아사자 많이 발생(5/26). 봄부터 비가 오지 않음. 영의정 정광필, 좌의정 심정, 우의정 이행이 가뭄에 책임을 지고 사직원을 제출했으나 수리되지 않음(5/5). 상, 여러 번 가우제를 지냈으나 비가 없자 風雲·雷雨·霧祭, 雷祭·雲祭까지 하겠다고 하자 대신들, 雷文에도 없고 전례도 없는 일이라며 반대(6/24). 과종하지 못한 곳이 많고, 馬草도 베지 못한 곳이 많음(8/14).		上, 가뭄이 심하자 각도에 가우제를 지내도록 명하고(4/1), 스스로 避膳하고 減膳·撤樂에 들어감(5/4). 各司의 지출을 줄이도록 하명(7/1). 가뭄이 심해 잡범과 徒流 이하의 죄인을 모두 석방(7/4).	
중종 25 경인	1530	경기도	가뭄	사헌부, 흉년으로 굶어 죽은 백성들의 시체가 길에 잇닿아 있으니 모든 잡역을 정지하고 백성들의 구황에 함께야 한다고 상소(2/3). 경기도는 수년간 연이은 흉년.	아사자 다수 발생		
중종 26 신묘	1531	충청도 전라도 경상도	가뭄	경상도의 과전원 진휼경차관, 기민들이 먹지 못해 부황이 나 죽기 직전이며 길가에 버려진 아이들이 많다며 긴급 구황이 필요하다고 보고(1/9). 특진관 신공제, 지난해 경기도는 흉년이나 다른 곳은 그래도 평년작인 곳이 있어서 받아들...		상, 가뭄이 심하니 8도의 감사에게 예부터 흉험이 있는 곳에 가서 가우제를 지내라고 지시(5/1, 6/26). 최근 수년간 흉년으로 전세 수입이 연간 10만 석 정도여서 구휼 활동을 거의 하지 못함(1/23).	

연호	서기 간지	재해 지역	발생 원인	주요 재해 및 기근 상황	아사자	주요 대책. 기타	비고
				인 전세가 10만 석뿐이니 금하지 않을 비용은 줄여야 한다고 건의(1/23). 영의정 정광필, 좌의정 이행, 우의정 장순손, 지난 수년 간의 제속된 한발로 물줄기가 모두 마르고 샘물도 없다 성 중의 물이 없다시피 한 것은 인사가 잘못으로 생긴 것이니 사직하겠다고 청하였으나 불허됨(5/6).			
중종 27	1532 임진	전국	가뭄	호조, 지난해 하삼도의 농사는 근고에 없는 흉작이니 조관을 보내 구휼을 감독하라고 건의(1/3). 경상도 구황경차관, 부황이 나 죽기 직전의 사람이 많은 않으나 아직 사망한 사람은 없고 길가에 버려진 아이들이 상당수라고 보고(1/9). 6월부터 7월 보름 사이에 비가 한 방울도 내리지 않음(7/16). 영의정 정광필이 가뭄의 책임을 지고 사직을 청했으나 허락하지 않음(7/19).		모든 군·현에 공문을 보내 종자를 고르게 나누어주고 때를 놓치지 말고 농사를 짓도록 독려하라고 감사에게 하유(4/2). 가뭄으로 굶주리고 있으므로 유생들이 서울로 오는 것을 막기 위해 과거를 정지(5/28).	
중종 28	1533 계사	경기도 충청도 경상도 전라도	가뭄	戶曹, 나라의 재정 부족을 임금에게 아룀. 요즘 백관의 녹봉을 올해서 지급하고 있는데 경기도 경비가 없어 변방에 일이라도 일어나거나 중국 사신이 다수의 사신의 은대를 대책이 없다고 보고(4/1).	아사자 다수	기근이 경상도에 가장 심했으므로 진휼경차관을 경상 좌·우도에 파견(1/9).	식량의 업무역은 사행에 해당 또는 좌로 당시 조선과 중국에

연호	시기 간지	재해 지역	발생 원인	주요 재해 및 기근 상황	아사자	주요 대책. 기타	비고
				경상도 진휼경차관 심연원, 경상좌도의 농가에는 흉년으로 걸단이 보이지 않으며 仁同 관에는 굶은 백성들이 도로에 仁同에 누어있는데 부황으로 얼굴이 마지 인 배와 컫다고 복명(6/21). 심한 흉작으로 썰값이 폭등함. 용산에 사는 조예(皂隸) 이산송이 배 한 척을 세내어 목면과 쌀을 싣고 충주 산동에 가 썰과 콩 등을 밀 수하였다가 적발됨(2/6).			서는 이름 엄격히 금지함.
중종 34	1539 기해	전국	가뭄 수재	함경도는 1월부터 6월까지 비가 오지 않음. 보리와 밀이 죽고 가을 무석도 과종도 하지 못함. 함경도에 심한 흉년이 들어 걸주 이북에 굶어 죽은 시체가 걸거리에 서로 이물어 있다는 보고를 받은 임금이 대책을 논의함. 영의정 윤은보, "함경도에는 회계상 곡석의 재고가 있으나 실제로는 하나도 없습니다. 이는 수령들이 하위 보고가 누적되었기 때문인데 빨리 대책을 세우지 않으면 모든 鑛과 땅이 비어 국경을 수비할 백성이 없어집니다. 남도의	아사자 다수 발생	매결을 수리하는 요역을 정지하고(9/24), 各司에 바치는 공물을 정지함(9/26). 흉년으로 선농제를 지내지 않기도 함(10/11).	

연호	시기 간지	재해 지역	발생 원인	주요 재해 및 기근 상황	아사자	주요 대책, 기타	비고
				국식 1만 1천 석을 함경도로 빨리 漕轉해야 한다"고 보고(3/20). 의정부와 호조, 지금은 농사철이라 남도의 식량을 함경도로 조운하면 남·북이 모두 피폐해지니 함경도 남부에 있는 쌀 4천 석을 북도로 조운하여 군량을 우선 보충하자고 대안을 제시(4/26). 상, 이런 흉년에 요양객들이 노략질하러 오면 큰일인데 군량이 문제라며, 앞으로 하삼도의 식량을 구입해 배로 조변하지만 운반하고 운반비는 각 연해 고을에서 가산하여 지급하라고 지시(7/7). 이해는 가뭄과 수재로 전국에 흉년(8/29).			
중종 36	1541 신축	전국	역병 가뭄 수재	지난해 가을에는 눈이 내리지 않고 날씨가 따뜻하여 역병이 번짐. 봄·여름에는 심한 한발과 같이 들어 수재도 8도에 중첩. 대사간 이찬, 금년의 기근은 혹독한 기근과 흉작으로 수해까지 있어 주수를 기대할 수 없을 정도이니 시급히 기근 대책을 마련해야 한다고 진언(8/29). 上, "실농한 각 고을의 보고서를 보니 전국이	아사자 다수 발생	진도에 드문 흉년을 만났는데 나라에 저축이 없이 구휼을 하지 못하는 상황에 처함. 환곡제도 작동 불능상태. 영의정 윤보와 좌찬성 유관이 상의하여 지방의 부자들이 가지고 있는 양곡을 백성들에게 나누어 주게 勸分하고 나중에 나라의 양곡으로 상환해주는 방법과 때로는 배성들을 단속하지 말고 어디든지 가서 언어먹게 하는 것을 임금에게	

연호	시기 간지	재해 지역	발생 원인	주요 재해 및 기근 상황	아사자	주요 대책. 기타	비고
				독같다. 지금 민생의 고통이 이와 같으니 내년 봄을 염려한다. 구휼하는 호조와 구황청이 함께 도모하라"고 승정원에 전교(9/2). 함경도 6鎭의 野人들이 흉년을 맞아 아사하는 사람이 속출하자 조선에 구제를 요청해 옴(5/30). 생원 신백령, 백성들이 큰 흉년을 만나 내년 봄이면 모두 살아남지 못할 것이라고 걱정하니 구식을 받고 벼슬을 파는 방도를 강구하라고 장소(9/15). 겨울이 되자 기민들이 여기저기서 아사하자 국성이 천지를 진동함(11/18). 도성 밖에는 날마다 명화적이 횡행함(11/11).		상신하여 체탐(10/3). 각도의 군영과 군장 점사를 내년 가을까지 연기(9/23). 명화적에 대한 대책으로 포도청 군관의 증원과 武才가 있는 사람을 捕盜郞將 임명하기로 함(11/11).	
중종 37	1542 임인	경상도 전라도 충청도 경기도 함경도	가뭄 역병	지난해의 흉작으로 아사자가 연초부터 속출, 농사를 짓지 못할 정도였음. 봄에는 비가 오지 않아 낙동강이 말라붙어 배가 다닐 수 없었고 물이 줄어 제주에는 풀이 자라지 않아 말들이 많이 죽음(3/7). 충청도 관찰사 소세양, 농사를 게을리 하는 백성과 장사치, 중들이 흉년에 場市에 모여 풍속을 어지럽히니 한 달에 세 번만 시장을 열게	아사자 방사자 다수 발생	실농한 경상도와 충청도 등 4개 도에 진휼어사 파견(1/9). 點馬使의 과견 중지. 구휼을 제대로 하지 못한 수령 견책하기로 함.	구호곡을 실은 배가 물이 얕아 낙동강을 오르지 못함(3/19).

연호	시기 간지	재해 지역	발생 원인	주요 재해 및 기근 상황	아사자	주요 대책·기타	비고
				해당하라고 요청(4/16). 전라도와 강원도, 경기도와 함경도 등지에서 굶주림과 역병으로 많은 사람이 죽음(2/23, 3/18, 6/13, 7/1).			
중종 39	1544 갑진	경기도 중청도 강원도 황해도	가뭄	중청도에 역질이 발생. 청주·보은·나산 등지에서 217명이 죽고 474인이 이환중(4/19). 가뭄이 심하여 兩湖이 모두 타버리고 가을 국식도 말라버렸다고 영의정 윤은보를 비롯한 3승이 흉년의 요즈음 해마다 흉년을 음음에게 보고, 이들 3정승은 요즘을 해마다 흉년이 들어 한곡 등 진자를 마련할 수 없어 배성을 살릴 길이 없다며 왕의 공구수성을 요청(5/10). 가뭄인데 지성으로 기우를 하지 않은 중청·함경 감사를 문책(5/1). 사헌부 흉년이니 금주법의 시행과 공의 영선과 각종 건축 공사를 정지할 것을 요청(3/21, 4/3). 경기·강원·중청·황해도에 제상어사를 과진(9/5). 영의정 윤은보, 좌의정 홍언필, 우의정 윤인경, 가뭄과 흉년으로 사직을 요청(5/2).	역질 사망자 다수	의정 가능 정자상태 ㄴ. 함경도 관찰사 이청에게 함경도의 수령은 무인들이 땅이 넓은데 이들은 종자와 공제 받은 것을 일절이 나누어 주지 않아 제 때에 과종할 수 없게 만든다며 이런 사람을 적발하여 문책할 것을 지시함(5/3). 통영의 사량진에 200여 명의 왜구들의 상륙하여 주민을 살상하고 제물을 약탈함(4).	왜구에 대비하기 위해 築城城同을 설치함. 나중에 備邊司로 개정

연호	서기 간지	재해 지역	발생 원인	주요 재해 및 기근 상황	아사자	주요 대책, 기타	비고
명종 1	1546 병오	전국	가뭄 역병	가뭄 끝에 전국에 홍두반점. 우박이 쏟아져 까마귀와 까치가 맞아 죽고 뱀·개구리·물고기 등이 무수히 죽음. 나뭇잎이 다 떨어지고 보리·밀·조 등이 말라 죽어 마치 죽인 단 것 같이 있음(4/24). 함경·경기·강원·충청·전라·경상도 역병이 돌아 1천여 명이 사망(4/8, 4/22, 5/11). 영의정이 흉년이 심해 저자에 쌀이 없고 의복 내어도 웃을 사는 사람이 없을 정도라고 임금에게 보고(4/3). 지경연사 이언적, 근래에 명화적 폐가 넘치는 것은 場市를 금하지 않은 데서 생긴 것이므로 장시를 금하여 도적을 없애도록 하자고 주장(2/30). 영의정 윤인경은 場市는 생활이 어려운 빈민들이 물건을 팔아 연명하는 것이니 없애면 안 된다고 반대.	역병 사망자 1천 명 이상	감사 민전이 기민 구제를 위해 군자창을 열고, 부자들에게 이자를 받고 기민들에게 쌀을 대부할 수 있도록 勸分을 주선하라고 건의(4/3). 흉년 대책으로 8도의 묵은 포흠(逋欠) 감면(蠲免)(증보).	
명종 2	1547 정미	전국	역질 가뭄 수재	5월 말까지 가뭄다가 6월에 큰비로 전국에 대 홍수(4/23, 5/27, 6/22). 평양성이 물에 잠기고 충청도 관사의 관사 무넘, 인동의 영호루가 유실(5/4). 실뢰면서 누가에서 변을 서던 군사들이 모두 수백명	아사자 방사자 아사자 수백명	가뭄이 심해 各邑의 役事를 정지함(5/27). 한재를 입은 경기도에 정3의 녹사 2만 석을 진대(5/4). 경기도와 도성에 진제장을 설치(6/7).	

연호	시기 간지	재해 지역	발생 원인	주요 재해 및 기근 상황	아사자	주요 대책. 기타	비고
				아사함. 대홍수로 넓은 면적의 농지가 모래밭으로 변하고 평안도에서 2백여 명, 경상도에서 60여 명 등 많은 익사자가 생김(7/12). 1월부터 역질이 번지기 시작하여 전국적으로 유행. 역병은 軍營에까지 전염되어 사망자 다수 발생(4/8, 5/11, 7/18). 시강관 李浚慶, 장사는 상업을 장려하고 도둑을 성하게 하기 때문에 금지하였으나 금년 같은 흉년에는 장사가 가난한 백성들이 살아가는 터전이므로 허락해야 한다고 진언(9/27).		역병에 걸린 군사들을 도서의 황인사에 수용하고 봉상시의 목식을 주어 구휼함(6/8). 장마가 계속되자 여러 차례 祈晴祭를 지냄(6/22, 7/12). 각도에 災傷御史를 파견하고 민정을 보고케 함(9/9). 정구공신에 별사전에서 나오는 전세의 반을 賑穀으로 사용.	
명종 3	1548 무신	전국	수재 역병	지난해의 대홍수로 인한 흉황과 전염병의 영향이 당년에도 계속됨. 8도에 흉황으로 굶주려 죽은 시체가 길에 비하였으나 정부에 목식이 없어 사실상 진구 대책이 없음(1/19). 호남 정충용, 평안도와 황해도에는 아사한 시체가 길에 널려있고 유랑하는 기민들 가운데는 어린아이를 나무에 묶어 놓고 도망가는 일이 다반사로 일어나고 있음을 임금에게 보고(1/12).	아사자 병자자 수천명	각 도에서 大殿과 中宮殿에 바치는 물선을 정지(1/24). 기민 구제를 위해 상평창을 열고 서울에서는 동·서 진제장을 개설(1/21). 8도에 구휼어사를 파견(3/10). 충청도 진휼사가 곡식이 없어 기민 구제를 하지 못하고 있다고 보고하자, 충주의 창고에 새로운 곡식을 전세로 쓸 수 있도록 하가(2/23). 土豪들의 과부로 결수하지 못하는 사람은 곡식 찾	

연호	서기 간지	재해 지역	발생 원인	주요 재해 및 기근 상황	아사자	주요 대책. 기타	비고
				서울에 들어오는 기민이 점점 늘어남. 사족들 태반이 굶주리고 있는데 이들 가운데 함께 아사한 일이 발생(1/12, 1/21). 도성 내에 함부로 버려진 시체들 한성 5부로 하여금 성 밖에 묻게 함(2/8). 서울을 비롯한 8도에 전염병이 치열하게 번져 수천 명이 사망(1/16, 3/21, 4/28, 5/16, 6/1).		아가서 구휼미를 전담함(2/25). 광주 및 강화 부사, 원주 목사 진안 현감에게 구휼을 태만한 죄를 물어 파직함(3/30, 4/7). 8도에 아사자가 즐비했으나 경비가 부족하여 구휼하여 구휼하지 못함.	
명종 4	1549 기유	경기도 충청도 강원도 함경도	가뭄 수재 역병	시중 쌀값이 올라 상평창의 곡물을 백성들의 면포와 교환하여 방출함(1/21). 전국에 여역이 유행, 사망자가 잇따르고, 충청 도에서 150명이 죽음(3/21, 4/6), 경기도에서 도민의 구휼을 위해 경창의 묵식을 요청하였으나 적은 수량밖에 주지 못함(4/10). 사헌부, 굶어 죽은 기음으로 양백이 손상되고 장비가 없으니 功 묘 기음 묵식의 수확을 예상할 수 없으니 功 묘 중식연의 정지를 청함(7/25). 함경도, 구심한 수해를 당했다고 보고(8/25). 함경도의 구황책을 마련하라고 대신들에게 지시함(9/2). 강원도 정차관, 강원도 양구에 흉년이 들어 마을 전체가 황폐화되었다고 보고(10/16).	전염병 사망자 다수	함경도에 묵선·진상·공물 등을 전감하고 내수사 묵식을 빌려주기로 함(9/8, 9/21). 양구에 전세와 공물을 면제하기로 함(19/16. 경기도의 십도 고을에 대해서는 봉선을 2년간 전감하기로 함(10/18).	

연호	시기 간지	재해 지역	발생 원인	주요 재해 및 기근 상황	아사자	주요 대책. 기타	비고
명종 5	1550 경술	황해도 충청도 경기도 평안도 함경도	수제 역병	지난해 실농으로 함경도 기민에 대한 설을적 대책이 없어 지금까지 굶주리고 있다는 보고가 음(4/21). 도성 밖에 버려진 수많은 아사자와 병사자의 시체를 5부로 하여금 묻어주게 함(2/8). 평안도 정주, 개성 등지에 역병이 돌아 많은 사망자 발생(6/16). 경상·전라·평안·함경도 주로 큰 피해를 입음(음6/5, 8/12).	아사자·병사자 다수	황해도 기민을 위해 경창무 4천 석을 보냄(2/9). 서울로 올라온 입번 군사 가운데 굶주리는 사람은 진제장으로, 병든 사람은 활인서로 보냄(2/19). 큰 수제를 입은 함경도 기민을 위해 구식을 음 기는 대책을 논의했으나 아무런 결론을 내지 못함(8/12). 봄철에 이어 함경도 기민이 방치됨. 충청도는 판황 두식이 없어 부자들의 저축을 별로다 구제함(2/19).	
명종 6	1551 신해	경기도 강원도 충청도 함경도	역병 가뭄 수제	경기도에 역질 발생하여 다른 도로 과짐(2/10). 사간원, 기근으로 백성들이 뿔뿔이 흩어져 떠돌고 있으니 진휼사를 보내라고 요청(3/4). 경기도 재상정치권, 경기도의 여주·이천, 음죽 등 여러 고을이 가뭄으로 흉작이라 내년 봄의 구휼 준비해야 한다고 보고(10/4). 충청도 재상정치권, 가뭄으로 충청도의 발농사가 흉년이라 진훌이 필요하다고 보고(10/10), 함경도 감사, 함경도 여러 고을에 비와 우박이 섞여 내려 수확할 곡식이 별도 없는 흉년이라고 보고(10/11).	아사자 발생	상. 지난해 신농으로 강원도 ㅆ郡에서 아사자가 많이 생기고 있으나 鹽醬을 계속 대주라고 감사에게 지시(4/2). 경기도에서 신농으로 경창무 3만 5천 석을 요청했으나 호조가 쳐축이 부족하다며 소량만 지급함(4/10).	

연호	시기 간지	재해 지역	발생 원인	주요 재해 및 기근 상황	아사자	주요 대책. 기타	비고
명종 8	1553 계축	경상도 전라도	가뭄 계속	경주에서 돌아온 도승지 권철, 경상도는 지난해 여름이 심한 가뭄으로 흉년이 들어 셀값이 매우 비싸고 굶주림으로 유리하는 사람들이 많다고 복명(1/21). 그는 또 지난 가을부터 지금까지 눈이 전혀 오지 않고 못과 샘이 다 말라 있어 금년에도 가뭄이 있을 것이라고 전망. 예상대로 경상도는 가뭄이 계속되어 양맥이 살아나지 않아 흉작이 됨. 사간원에서 경상도의 기근이 매우 심하다고 금주인 백성들이 사방으로 흩어져 유랑하고 있다고 보고(5/20).		진제장을 도내 여러 곳에 설치하여 주린 백성을 구원하게 함(5/20). 곡식을 한남한 사람에게는 시가로 값을 지불하고 진휼곡으로 사용함(5/20). 경상도는 도내에서 받은 전세를 경창으로 싣지 말고 현지에 보관하였다가 진자로 사용하고 경상·전라·충청도의 노비 신공은 국식으로 대납하게 한 후 배년 봄 실농하여 어려운 지역으로 수송하여 시가에 근본을 방출하면 기민들도 살 수 있고 국가도 이에 따라 방출하지 않을 것이라고 사헌부에서 건의(10/2).	
명종 9	1554 갑인	전국	역병 수재	지난해 흉년의 영향으로 경상도와 전라도에 기근. 전라도 제주에 흉년이 들어 제주 목사가 세 번이나 전라도에 구호곡을 청했느니 아직도 보내주지 않고 있다고 제주 목사가 종9품 봉사자 제주는 먼 바다 한가운데 있으므로 기근을 구제 되다라도 다른 곳으로가 언어먹을 곳도 없으니 유지에서 쌀을 운반해주지 않으면 한 사	아사자 병사자 수천명	아사자가 많이 나온 경상도와 전라도에 구휼어 사를 보내 구휼임무를 감독하도록 함(2/15). 호조, 금년에는 신축이 모자라 가을에 반드시 곡을 많이 받아 구휼하느데 가을에 음음에게 반드시 보고 만일 금년에 없다고 하자, 못하면 별당 흉년이 들면 대체에 없다고 지시(12/6). 경상도에서 금년에 받은 세곡을 서울로 보내지 않고 현지에 두고 구휼 재원으로 쓰게 함(11/12).	

연호	시기 간지	재해 지역	발생 원인	주요 재해 및 기근 상황	아사자	주요 대책, 기타	비고
				판도 살아남지 못한다고 사한다가 제주도 기근의 특성을 설명(2/11). 주강에서 시강관 이계신, 전라도 흉황(고황) 백성의 3분의 2가 아사했다고 임금에게 보고(2/19). 여름철에 충청·강원·전라도에 역병이 유행, 수천 명이 사망(5/12, 5/18). 여름철 가뭄과 장마가 겹어져 전국적으로 밭곡식이 성한 곳이 없고 벼농사도 여러 도가 흉작이 됨(8/14, 9/3).			
명종 10	1555 을묘	경상도 전라도	가뭄 兵禍	전라도와 경상도에는 겨울에 눈이 오지 않으면서 주어 가을에 심은 兩麥이 열이 죽어 봄보리와 기장을 다시 파종한 곳이 많음(1/22). 전라도 가리포 해변의 왜선 70여 척이 상륙하여 민가를 불태우고 담양부사 공격, 장흥부사 한으이 파살되고 전라병사 원적이 포로가 되는 왜변이 일어남. 당시 전라도는 충년이 들었고 성안에는 군당미도 없어서 군사들의 사기가 극도로 저하되어 있었음(5/16). 丙曹, 근년에 해마다 충년이 들어 나라의 세입이 크게 줄어들었는데 왜변이 일어났으니 관		가뭄드는 충년과 왜구 아진의 침범으로 국고가 고갈되자 貢收官給制로 운영되던 職田制을 폐지함. 관리들에게는 녹봉만 지급. 문무백관의 녹봉을 감축함(11/21). 관리들의 급여가 구조에 비해 현저하게 줄어들자 양반·관리들의 사유지 확대와 병작반수제 성행의 제기가 됨.	職田制를 폐지함. 을묘왜변이 일어남. 備邊司를 상설기구로 만듦.

연호	시기 간지	재해 지역	발생 원인	주요 재해 및 기근 상황	아사자	주요 대책. 기타	비고
				원의 수를 줄이고 비용을 절감하지 않으면 안 된다고 上에게 건의(6/22). 가뭄이 심하여 전라도는 농사를 버리게 되었고 나주·영암·해남은 주수할 가망이 없다는 판정(7/10). 경상도 가뭄으로 논에 심은 벼가 모두 말라 죽어 올해 가망이 없다고 관찰사가 보고(6/22).			
명종 14	1559 기미	경기도 충청도 강원도 전라도 경상도 함경도	가뭄 수제	경기도를 비롯 경상·전라·충청·강원도에 심한 가뭄(6/24). 7월에도 영·호남과 강원·충청도는 가뭄이 계속되어 이미 주수할 가망이 없으니 모든 책임을 지겠다며 영의정 상진, 좌의정 안현, 우의정 이준경이 사직을 청함(7/8). 호조, 영·호남을 위한 구휼은 내년 봄을 기다릴 수 없음 먼저 상황이 좋지 않으니 즉시 충신을 진휼사로 임명하도록 현지에 보낼 것을 건의(7/18). 함경 감사, 함경도 단천과 이성의 전답이 폭우로 절반이 모래로 뒤덮여 심어둔 방법이 없으니 진급 구휼을 요청(9/25).		민생이 극도의 곤궁에 시달리자 임격정이 화적 패를 결성, 황해도 서흥·봉산·우봉·신계 등지를 누비며 배주며 관가를 습격하고 이마을 심상 이면 도적이 되고 줄이어지면 백성이 되어 잡기 어려웠음. 이 해는 정부의 창고가 비어 별다른 구제 활동이 없었음.	황황으로 꿈꾸린 백성들이 모이면 도적이 되고 흩어지면 백성이 되어 잡기 어려웠음.

연호	시기 간지	재해 지역	발생 원인	주요 재해 및 기근 상황	아사자	주요 대책. 기타	비고
				함경 감사는 단천은 6진과 삼수·갑산으로 가는 외길이 시작되는 구방상 요지로 백성들이 흩어져 지면 안 되는 곳이라는 점을 강조.			
명종 16	1561 신유	전국	가뭄 수재	가뭄과 흉수가 계속되어 기근이 이어짐. 임적정이 지난해 여름 도둑 패를 이끌고 서울의 장통방에 나타나 포도청 군관과 대치하였고 그 금년에는 평산의 민가 30여 채를 불태우고 백성들을 살상함. 정부는 남치근을 포토사를 임명하고 군사를 동원하여 임적정의 체포에 나섬. 명종, '임적정을 잡으라고 서울의 포토사를 보내다니 이들이 많은 군사를 이끌고 가 백성의 식량을 빼앗아 군량을 삼았다. 불쌍한 백성들은 도적의 피해를 입었는데 이제도 도적을 잡느데 고생을 하니 국가의 애운과 백성의 불운이 지금 같은 적이 없다"고 한탄. 중신들의 철수 진의에 따라 토포군은 임적정을 잡지 못하고 철수함(12/22).	아사자 다수 발생	임적정의 피해를 가장 많이 본 황해도는 전세와 부역을 모두 면제하고 평안도는 전세와 부역을 반감함(12/8).	임적정은 명종 17 내에 체포되어 처형됨.
명종 19	1564 갑자	전국	가뭄 수재 충해	봄부터 가을까지 가뭄, 홍수, 황충 피해가 연달아 일어나 전국이 흉작. 신농으로 많은 백성들이 유리할 것으로 전망(6/29).		각 도의 흉수해 등에 의한 구휼 조치를 지시함. (8/10, 8/23).	명종 시대에는 정부가 보유하는 구물을 사용

연호	시기 간지	재해 지역	발생 원인	주요 재해 및 기근 상황	이사자	주요 대책. 기타	비고
				평안 감사 정홍명, 영변 등 12 고을에 죽우로 많은 민가가 유실되고 물길이 바꾸어 구성·태천에서 영변에 이르는 100리 사이는 산사태로 전답이 모두 흙과 모래에 파묻혔다고 보고하며 긴급 구휼을 요청(7/6). 영의정 윤방 등 3공, 8도가 모두 재해 상황인데 백성들을 구휼하여 살릴 방도가 없다며 사각을 요청했으나 허락되지 않음(9/18).			하여 구휼하는 일은 드물었음.

부표 B. 조선시대 주요 동향 및 기근연표: 선조-인조(1567~1649)

연호	서기 간지	재해 지역	발생 원인	주요 재해 및 기근 상황	아사자	주요 대책, 기타	비고
선조 즉위년	1567 정묘			奇大升, 經筵에서 즉위한 선조에게 대학을 강의하며 근기에 굶어 죽는 사람이 많다고 당년의 흉년 실태를 설명함(12/9).	아사자 다수 발생	구제책을 실시하였으나 나라에 저축이 없어 별 효과를 보지 못함.	선조 시기의 흉황 기록 부실함. 임란기 史草의 멸실 때문인 듯.
선조 3	1570 경오	전국	가뭄	전국적인 봄 가뭄으로 보리와 밀농사를 망침. 기근이 심하여 떠돌다가 죽는 백성들이 많이 발생. 충청·전라·경상도가 심함(4/24). 호조, 관의 저축은 없고 기민은 많아 진제할 방법이 없으나 각 고을 수령으로 하여금 부자들의 私穀 가운데 주인이 먹을 양을 제외한 나머지를 기민들에게 나누어 준 후 가을에 그 私穀을 우선적으로 받아다가 상환하도록 하는 수밖에 없다고 진언(4/24). 上, 公州의 양반이 굶어 죽었느냐고 묻고 관찰사 이성춘이 구하지 않았느냐는 보고를 받자 죄인을 잡아다 처벌할 것을 지시(5/13). 각지에서 아사한 백성들 가운데 부녀가 많았음(5/13).	아사자 다수 발생	봄 날씨가 나무 가물어 3公승에게 재앙을 맞게 함 방법을 올렸느데 영의정 이준경 등이 수긴 의 글을 올렸으나 분별한 방법을 제시하지 못함(수정실록 2/1). 감선·철악을 명하고 구인교를 내리고 남교에서 친히 기우제를 지냄(수정실록 4/1).	

연호	서기 간지	재해 지역	발생 원인	주요 재해 및 기근 상황	아사자	주요 대책, 기타	비고
선조 4	1571 신미	충청도 경상도 전라도	가뭄	하삼도가 기근으로 심한 어려움에 처해 있으니 實鎖(奉安使)가 과렴을 늦추어야 한다고 대간이 주청(4/20).		上, 지금은 흉년으로 백성들이 어려우니 실록을 봉안하는데 각 읍의 지나친 봉영 행사를 중지하라고 지시(5/3). 한재가 심하여 求言 전교를 내림(6/7). 한재로 가장 또는 중죄에 처했던 사람을 방면 (6/15).	
선조 9	1576 병자	전국	가뭄 역병	5월부터 7월 중순까지 전국적으로 비가 오지 않음. 평안도에 전염병이 발생, 7월 말까지 약 1만 5천 명이 사망자를 내고도 기세가 꺾이지 않음(8/1).	역병 1만5천 명 사망		
선조 10	1577 정축	전국	가뭄 역병	기근에 이어 기근이 들고 잇따라 전염병이 돌아 죽은 사람의 숫자를 파악할 수 없을 정도(수정실록 10/1). 특히 경기도와 황해·충청·전라·경상도에 전염병이 먼저 많은 사람이 사망. 평양에서만 6천 명 사망. 보리밥을 먹으면 병에 걸리지 않는다는 소문이 돌아 서울에서 한 수만 말 값이 쌀 한 말 값으로 뛰등(1/29). 병을 막기 위해서는 소피를 대문에 발라야 한다는 소문이 돌아 곳곳에서 소를 잡아 소값도 덩달아 오름(수정실록 10/1).	아사자 병사자 수만	李珥, 황해도 석담에 鄕約을 실시하고 社倉을 세움(증보).	
선조 12	1579 기묘		가뭄 수재	부제학 김우옹, 朝講에서 지금 災異로 민생이 너무도 어려워 굶어 죽은 시체가 들에 가득하다며 회정당의 공사를 중지할 것을 요청 (5/22).	아사자 없음		

연호	시기 간지	재해 지역	발생 원인	주요 재해 및 기근 상황	아사자	주요 대책, 기타	비고
선조 13	1580 경진	경기도 강원도 황해도 평안도 충청도 경상도 전라도	가뭄 역질	전라·충청도에 大雨로 많은 사람이 죽고 전답이 많이 매몰됨(6/27). 가뭄으로 경기 이북이 흉년이 됨(5/1). 6월에 큰비가 내려 도성 안에 한 길이 넘는 물이 고임. 각 지의 전답에서 곡식이 매몰되거나 유실됨 (6/1). 하삼도에 역질이 유행하여 많은 사람이 사망함(6/1).	병사자 많음		
선조 14	1581 신사	경기도 황해도 평안도	가뭄	사간원, 경기·황해·평안도의 기민들이 많아 굶어 죽고 있는데 해당 도의 감사가 구황을 소홀히 하고 있다며 문제을 요구. 선조, 3공 6경에게 구황책을 마련하여 보고 하라고 지시(3/6). 충청도 전라도에 역질 유행, 사망자 속출(6/21).	아사자·병사자 다수 발생	선조의 지시를 받은 중신들, 常平倉의 복설, 影職 벼슬의 판매, 진상·공물의 低減 등을 요청으로 하는 救荒節目을 마련하여 보고(4/8). 황해도, 기민 구제를 위해 군자창의 쌀 1만 석을 대여해줄 것을 요청(4/11).	
선조 18	1585 을유	충청도 전라도 경상도	수재	부제학 김우옹, 夕講에서 호남지방이 심한 기근 상황에 빠져있다고 보고, 전라우도의 바닷가 7~8고을에 기근이 심해 아사자가 널 생하고 있는데 봄이 되면 상태가 더욱 급해 질 것이라며, 현재 관에는 저축이 없어 진구 하지 못하고 있다고 부언(2/20).	아사자 발생		

연호	서기 간지	재해 지역	발생 원인	주요 재해 및 기근 상황	아사자	주요 대책, 기타	비고
선조 19	1586 병술	황해도 전라도		베이슈이 쾅 무렵 충청·전라·경상도에 큰 비가 내려 낙동강을 비롯한 강이 바다처럼 넘쳐흐름. 베를 가둘 희망이 없다는 보고가 올라옴(9/9). 황해도와 전라도 감사, 봄 가뭄이 심해 보리 와 밀이 모두 말라 죽어 낮을 낼 수도 없는 흉작이니 경창의 쌀로 구휼해 줄 것을 啓請 (5/4, 6/1).			
선조 20	1587 정해	전국	가뭄	초봄부터 가뭄이 심하여 보리농사를 망치고 베의 과종기도 놓쳐 전라도는 1頃에서 겨우 쌀 한 말을 수확할 정도라는 보고(6/25). 가 을이 선노하게 될 것이라는 예상(7/25). 황해도는 기근과 전염병이 함께 유행(5/4)하 고 평안도는 흉년이라고 보고함(8/11).	아사자 병사자 5천여	가을을 위해 숭배문을 닫고 수성문을 열고 저자를 옮김. 上는 正殿을 피하고 滅膳·撤樂함(6/21). 각 도에 구황 정치관을 파견(8/11).	해주 목사 인준, 아사자의 시체를 깔들이 뜯어 먹 게 방치하여 구 속됨(3/6).
선조 22	1589 기축	경기도 강원도 충청도 황해도 함경도 경상도 전라도	역질 가뭄	충청도 이북에 심한 역질이 유행, 각 도에 사람을 보내 여제를 지냄(4/2). 경상도와 전라도는 심한 가뭄이 시달림(7/3, 7/8).		사간원, 금년은 심한 흉년에 역질까지 유행하니 향교동의 구진을 축조하는 일을 정지할 것을 건 의(9/17).	鄭汝立의 역모 사건이 적발되어 1천여 명의 희생 자가 나옴.

연호	서기 간지	재해 지역	발생 원인	주요 재해 및 기근 상황	아사자	주요 대책, 기타	비고
				임진왜란이 일어남. 왜군들이 조선인을 무차별 살상하자 많은 백성들이 농사를 포기하고 산속으로 피난함. 가을이 오면서 아사자·동사자가 속출함. 북쪽으로 피난한 왕을 호위하기 위하여 평안으로 가던 전라병사 최원의 부대 3천 명이 강화도에 고립됨. 군량이 끊긴 채 겨울을 맞자 아사자와 동사자가 속출하여 군대의 기능을 상실함.			
선조 25	1592 임진	전국	兵禍	이듬해 봄 최원 부대가 거의 아사하였다는 보고가 올라옴(26, 5/4). 왜군을 막기 위해 평안도에서 소집된 군사들에게 군량을 대주지 못하자 아사자 속출(5/2). 왕을 호위하는 군사들도 제대로 먹이지 못해 이들의 稅禍을 회수하는 일도 벌어짐(11/30). 군량미 부족으로 아사자와 도망병 속출. 이해는 왜란으로 농사를 제대로 짓지 못한 데다가 무리하게 군량미를 조달, 수송하느라 많은 아사자 발생.	숫자를 파악할 수 없음 정도	군량미의 수집과 수송에 충력을 기울이느라고 백성들을 위한 구황 대책은 거의 없었음. 군량 조달을 위해 募粟事目을 제정하고 각종 공명첩을 다량으로 판매함. 납속자에게 실직을 제수하는 경우도 많았음.	임진왜란 발발
선조 26	1593 계사	전국	병화 가뭄	전생을 치루기 위한 군량미의 조달과 수송, 가뭄과 홍수, 역병 등으로 폐농하다시피 하	숫자를 파악함 수 없음	전생으로 농사를 거의 지을 수 없었음. 군량미의 수집과 수송에 충력을 기울이느라고	기민들이 人肉을 먹고 서로 죽이는 경우도 있어

연호	서기 간지	재해 지역	발생 원인	주요 재해 및 기근 상황	아사자	주요 대책, 기타	비고
			역병 수재	여 대기근이 음. 셀 수 없이 많은 전사자·아사자와 병사자가 발생. 시체를 제 때에 처리하지 못하여 전염병이 크게 유행, 각지에서 메뚜기 발생. 식량 과 군량미 부족으로 유랑민·도망병 속출.	수 없음 정도	백성들을 위한 실질적 구황 대책은 거의 없었음. 內帑司에 들어오는 전세의 일부도 호조로 넘겨 군량에 충당함(8/21)	때는 참상이 곳곳에서 벌어짐. 조선 최초의 有給 상비군 훈련 도감 창설.
선조 27	1594 갑오	전국	병화	비변사, 기근으로 죽은 사람은 이루 다 셀 수 없을 정도이고 시체는 모두 성 밖에 쌓아 두었는데 남김없이 들짐승과 새들이 모여들고 있다고 보고(1/8). 선조가 명 황제에 식량 원조를 청하며 보낸 奏聞. "조선의 군현은 모두 불타고 깡그리 빈 터만 남았는데 농사가 폐하가 되었습니다. 여기에 기근까지 겹쳐 지금의 사세는 수레바퀴 자국에 고인 물속의 물고기와 같은 형국 이라. 조선의 백성들을 불쌍히 여기어 죽어 가는 모습을 살펴주십시오.-(1/9). 사헌부가 도성 안에서 사람이 사람을 잡아먹 는 경우스런 변이 일어나고 있는데 무슨 일 도 안 하고 있다고 형조를 탄핵(1/17). 이미 황·유생충, 죽은 사람의 고기만 먹고 있는 것이 아니라 산 사람도 잡아먹고 심지어는	숫자를 파악할 수 없을 정도	계사년(선조 26)과 같은 상황.	임란 당시의 기 근을 癸巳年과 甲午年의 첫 자 를 딸 때 癸甲饑饉 이라 함. 조선시 대 최악의 기근 중 하나로 꼽힘.

연호	시기(간지)	재해지역	발생원인	주요 재해 및 기근 상황	아사자	주요 대책, 기타	비고
				황제간에도 서로 잡아먹는다고 고변(3/20), 조선군의 군량 실정을 알아보려는 선조의 하명에 선전관 유몽룡, 각 고을은 굶음은 극심이 당진 되었고 있어도 수송을 하지 못해 일선의 군사들이 굶어 죽고 있다고 복명(3/10). 선조가 일선에서 오는 소식이 늦은 이유에 대해 문사 유성룡, 보고서를 가지고 오는 전령들이 오다가 굶어 죽기 때문이라고 답변(3/9). 아사자·전사자·병사자 등의 시체를 제때 처리하지 못하여 선조 26년과 같이 역병이 유행하는 상황이 계속됨.			
선조 33	1600 경자	경상도 전라도	수재	남해안에 엄청난 규모의 大風과 폭우가 몰아침(6/19). 부산포에 정박 중이던 조선과 명나라 戰艦이 거의 다 침몰하거나 대파됨. 조선과 명나라 수군 수백 명 익사. 특히 동래·진주·고성·경주·연일 등지에 폭풍우 피해 우심. 임진왜란에 참전한 明의 육군은 선조 31년 조선에서 모두 철수하고 죽지 않고 일본의 재침을 우려하여 수군만 부산에 주둔하고 있었음.	수백 명 익사		잔류하던 명나라 수군, 조선에서 철수.

연호	시기 간지	재해 지역	발생 원인	주요 재해 및 기근 상황	아사자	주요 대책, 기타	비고
선조 34	1601 신축	경기도 황해도 평안도 함경도	가뭄	예조, 심한 가뭄으로 시채가 마르고 兩麥를 비롯하여 모든 작물이 타고 있는데 경기도, 황해도와 평안도가 가장 심하다고 보고(5/18). 함경 감사 신잡, 신첩·북청·중성 등지에 오 다월 만한 우박이 반 자 가량 쌓여서 온갖 곡식이 심한 손상을 입었다고 보고(9/18). 비변사, 함경도 북삭 지방의 농사가 유례없는 홍작으로 유항하는 사람이 잇따르고 있으니 시급히 구황정차원을 과견하여 구제해야 한다고 건의(12/20). 비변사는 함경도 6鎭 변경에 사는 女眞도 심한 흉년을 만나 기민들이 속속 조선 경내로 들어오고 있는데 현지에 조선 백성이 없으면 6진이 점령될 수도 있다는 점을 들어 함경도의 시급한 진구를 강조.		황해도와 평안도의 당년도 공물을 모두 면제함 (11/2).	
선조 35	1602 임인	전국	가뭄	사헌부, 함경도 백성이 뿔뿔이 흩어지고 있으니 시급히 구황정차원을 과견하라고 요청(1/8). 함경도 구황 어사 조희보, 함경도 홍성·경원 등 6진 지방의 기근이 심하여 아사한 시체가 여기저기 널브러져 있으며 전염병까지 돌아 1 백여 명이 사망하였다고 복명(5/9).	함경도 아사자 병사자 다수 발생	평안도 압록강 변의 기민을 구제하기 위해 내수사가 안주·개천에 부처준 토지에서 생산된 벼와 곡물 약 13석을 보내 구휼(2/23).	호조, 지금까지 임시방편으로 때우던 訓鍊都監軍의 급료를 마련하기 위한 논의를 요청하자 왕이 승낙함(음 2/1).

연호	서기 간지	재해 지역	발생 원인	주요 재해 및 기근 상황	아사자	주요 대책, 기타	비고
선조 40	1607 정미	전국	가뭄	평안도 구황어사 이진민, 평안도 강변 지역의 기근이 너무 심급하여 제가 없이 비상 창고를 열어 구휼하였다고 보고(5/6). 금년도 세 계절의 농사철이 지나가도록 비가 내리지 않아 곡물이 모두 시들고 川澤의 수원이 말라 전국이 흉작, 그중에서도 경기도가 가장 심하다고 승정원에서 보고(6/6). 3월부터 전국이 몹시 가뭄, 보리와 밀이 익지 않고 비·기장·콩·조는 심지 못하거나 싹이 나지 않음(5/1). 전답이 단단하게 군어 호미나 보습이 들어가지 않아 늦벼는 과종도 못함(5/6). 함경도는 5월 말 연 3일 동안 눈과 서리가 내려 곡목과 곡식이 더 죽음(6/10). 평안도는 가뭄 끝에 폭우가 내려 수재(7/8). 전라도와 경상도를 비롯한 각 도는 아사를 보내 災傷을 조사하고 구황을 준비하여 줄 것을 정부에 요청(7/17).		선조가 갑자기 이식을 잃고 쓰러져 진흘 대제을 거의 논의하지 못하다가 못함(10/9). 이후 국왕이 혼란에 빠지고 4개월 후 선조 운명(41/2/1).	이때 시작한 논의는 광해군 즉위년(1608, 8/19)에 三手米제도로 나타남.
광해 1	1609 기유	전국	가뭄	초봄부터 가을철이 올 때까지 전국에 혹독한 가뭄. 들에는 푸른 풀이 없고 호미가 땅에 들어가지 않아 가뭄견에 바라지 못할 정도		창고에 곡식이 없어 정부에서 구황곡을 마련하지 않는 제 온갖 방법으로 진휼곡을 모으기 위해 삼남과 서부 4도에 진휼사를 파견(10/23).	

연호	시기 간지	재해 지역	발생 원인	주요 재해 및 기근 상황	아사자	주요 대책, 기타	비고
				(6/22). 기우제를 열 차례나 지냈으나 비가 올 징조가 없자 경화루 및 가에 맹인과 무녀를 동원하여 3일 간의 기우제를 지냄(6/24). 입추가 지나도 비가 없자 관례를 무시하고 8월에 기우제(8/1).		영의정 이덕형이 경기도와 충청도를 돌아보고 기민의 비참한 사정을 보고하였으나 별다른 대책을 세우지 못함(11/25).	
광해 4	1612 임자	함경도	가뭄 역병	함경도, 가뭄으로 큰 기근이 발생하여 굶어 죽는 사람이 헤아릴 수 없을 정도(증보). 역질로 함경도에서 2천 900여 명 사망(정신문화연구원, 한국사연표).	아사자 병사자 수천명		
광해 7	1615 을묘	전국	가뭄	봄철 가뭄이 계속되어 기우제를 일곱 차례나 지냈으나 비가 오지 않음(5/6). 여름철에 가뭄으로 온 들판에 싹이 하나도 보이지 않고 죽과 기근이 유민이 되기 전부터 유민이 발생(12/14). 하삼도에서는 가을이	아사자 발생	서쪽 기우와 맹인과 무당을 동원한 기우제도 효함이 없자 임금이 정전을 피하고 반찬을 줄이고 음악을 철폐하는 등 공구수성에 들어감(5/21). 임금이 지시에 따라 재해를 입은 농가의 세금을 감면해 주지 않고 종전대로 세금을 거기로 하자 좌의정 정인홍이 흉년 구제 정책을 실시해야 한다는 차자를 올림(9/11). 광해군, 평안도와 황해도의 무석을 옮겨다 양남의 기민을 구제할 계획을 세우라고 지시(9/11). 하삼도에 진휼사를 파견(11/3).	

연호	서기 간지	재해 지역	발생 원인	주요 재해 및 기근 상황	아사자	주요 대책, 기타	비고
광해 9	1617 정사	함경도	가뭄	심한 가뭄으로 농사를 짓지 못함. 함경 감사, 굶주림으로 아사한 시체가 길에 가득히 널려있고 마천령 이남 고을은 생계가 끊어지고 절량과 화양 사이에 유리하는 백성들이 부지기수라며 긴급 구조를 요청(비) 3/28). 함경 감사, 금년 농사는 추수 가망이 없다고 보고(비) 6/15, 함경도 6鎭이 기근으로 피폐, 관속들이 이탈하고 도병들이 흩어져감(비) 6/19). 명의 遼東巡撫院이 누루하치가 무순을 포위하고 있으니 조선이 조총병 7천을 보내 함께 협격하자는 공문을 보내 옴(윤4/12, 비 5)	아사자 다수 발생	함경도의 조세와 各종 貢賦, 徭役을 모두 면제. 강원도의 전세와 삼수미의 일부를 함경도로 수송하도록 조치(비, 6/19).	광해군 8년, 여진의 누르하치 後金國을 건국.
광해 11	1619 기미	충청도 경상도 전라도	가뭄 수재 兵禍	明, 西進중인 後金(여진)에 대항하기 위하여 조선에 5천 명의 조총병을 보낼 것을 요청(2/1). 조선은 姜弘立을 도원수로 명에 1만 3천과 군량미 1만 2천 석을 주어 요동으로 파병. 조선군은 10일분의 군량을 휴대하고 압록강을 건너 深河로 이동(2/22). 명군과 조선군, 深河 전투의 일... 전투(사르후 전투의 일	전사자 아사자 1만 여	명 황제, 사르호 전투에서 전사한 조선군 유족을 위해 銀 1만 냥을 위로금으로 보내옴(8/5). 명에 陳奏使로 가게 된 판서 李廷龜, 식량을 마련하기 위해 명나라에 의주 中江에서 명의 쌀을 수입하자고 임금에게 건의(10/13). 명 황제가 보내준 1만 냥 가운데 8천 냥을 쌀 수입에 쓰기로 결정함(10/13).	

연호	서기 간지	재해 지역	발생 원인	주요 재해 및 기근 상황	아사자	주요 대책, 기타	비고
				부에서 대패, 거의 전멸하고 강홍립은 적군에게 항복(2/28, 3/2). 조선은 심하전투에서 패배한 후 후금의 침략을 두려워하여 구경에 군사를 보강하고 군량미를 수송하지 않으면 안 되는 상황에 처함. 이해도 가뭄과 홍수로 심한 흉년에 기근, 유랑민 다량 발생(旱 8/6, 11/13). 광해군, 아사자가 속출하고 驛路의 숙식 기능이 끊어졌으나 임란 때 불탄 매廛을 중수하기 위해 營建都監을 설치하고 수많은 인력과 자재를 동원하기 시작함(8/5).		遼陽지방의 戰塵이 급박하여 義州에서 명의 쌀 구입은 성사되지 못한 것으로 보임. 이금부, 쌀이 떨어져 감옥에 갇혀있는 250여 명의 죄수들이 아사 직전에 있으니 쌀을 보내달라고 요청(12/30).	
광해 12	1620 경신	전국	가뭄 역병	기근이 심하여 여름 기운이 끓어짐(2/3). 자녀의 파매와 흉년으로 어려운 상황이 봄 기근으로 나타남. 당년의 가뭄에 따른 기근까지 겹쳐서 전국에서 아사자가 속출(5/4). 광흥창의 관리들이 조금 남은 창고의 모자을 모두 훔쳐 달아남(5/4). 진휼청 당상 박홍구가 진휼을 중지하자 도성에 모이든 수백 명의 기민이 아사함(5/5, 5/7). 지방에서 上番하러 올라오는 군사들이 구걸하다가 굶어 죽는 사람이 많았고 禁軍 參	아사자 속출, 수천명 사망	2월부터 賑恤廳을 설치하여 구호에 나섰으나 양곡이 떨어져 4월부터 구호를 중지(5/5). 이 때문에 도성 안팎에 모이든 기민 수백 명이 아사. 진휼 비용 조달을 위해 공명첩·하통첩·면역권. 면향첩 등을 발행함(6/7). 호조, 들이오는 조세는 연간 5만 석이네 지출은 10만 석이라고 보고(6/15). 식량이 없어 진휼을 하지 못하고, 광해군 2천 석의 쌀을 풀어 경덕궁을 제건하는 데 필요한 石材를 구입(3/4).	쌀값이 오르자 서울 상인들이 전라도와 충청도의 쌀을 매점·매석함(3/4).

연호	시기 간지	재해 지역	발생 원인	주요 재해 및 기근 상황	아사자	주요 대책, 기타	비고
광해 13	1621 신유	전국	역병	軍·忠義軍들도 料米를 받지 못해 아사하는 사람이 다수 발생(5/4). 지방에서 도성으로 몰려온 기민 가운데 수백 명이 아사하고 전염병이 돌아 많은 사람이 사망함(5/2, 5/5, 6/11). 옥에 갇힌 죄수들 가운데 굶어죽는 사람이 속출(2/13, 3/24). 遼陽城이 후금에게 함락되자 요양성을 지키던 땅이 부총병 毛文龍이 부하들을 이끌고 조선으로 탈출, 의주 부근의 용천에 거점을 마련함(7/26). 요동의 땅나라 백성 10여 만이 조선으로 피난함(7/11?). 전염병이 창궐하여 사망자가 속출(8/3). 후금의 騎兵이 毛軍을 습격하여 모군 일대에서 괘전함.	역병 사망자 속출	옥에 들어가기만 하면 전염병과 기아로 죽는 자가 속출하여 중죄인을 제외하고 모두 석방(8/3).	이해 後金, 遼陽으로 천도.
광해14	1622 임술	전국	兵禍 가뭄 수재	조선은 後金의 침략이 있을 것을 예상, 평안도 구경에 병력 4만을 증강하기로 했으나 총 넘으로 8천밖에 보충하지 못함. 각 지방에서 추가로 군사를 차출하고 군량미를 수점하는 다 백성들의 원성이 극도에 달함(1/22). 조선, 모문룡이 이끄는 약 2만 명의 명군을	수많은 사람이 아사한 것으로 추정됨	재정이 고갈되어 백관의 녹봉을 주지 못함. 禁軍·忠義軍·參軍·募軍에게도 오랫동안 料米를 주지 못함(2/24). 각 道로 보낼 募粟使를 차출하고 銀을 받고 죄인을 석방시킴. 공명첩이 잘 팔리지 않자 식량을 납부한 자에게	

연호	시기 간지	재해 지역	발생 원인	주요 재해 및 기근 상황	아사자	주요 대책, 기타	비고
				안션이 화보 또는 평안도 철산군 앞바다에 있는 椵島에 들어가 교두보를 마련하도록 주선함(1/4). 조선은 나라에 저축이 거의 없는데 毛군대에 계속 군량을 공급하지 않으면 안 될 처지에 폐김. 7월 이전에는 구심한 기뭄으로 가을 작물의 파종이 어려웠고, 8월 이후에는 큰 장마로 하천이 범람하고 산사태가 많이 일어나 흉년(8/8). 창고에는 1천 석의 저축도 없어 백관들의 여름철 녹봉을 주지 못함(7/15). 병조에서 왕조 시위군들이 굶주리고 있으니 시급히 산료를 지불하라고 요청함(8/5).		는 實職을 제수하라고 발표. 毛文龍 군에게 군량을 계속 공급하기 위하여 임시로 평안도와 황해도의 토지 1결에 쌀 1두 5승, 삼남의 전지에는 1두 3승씩을 부가하는 毛糧税를 신설함.	
인조 1	1623	전국	수해	장마 비가 5월부터 7월 초까지 계속됨. 수제 이 참혹함이 근고에 없을 정도여서 큰 흉년이 들것으로 예상함(7/11). 이때 조선은 후금으로부터 국경을 방어하기 위해 새로 5천 명의 군사를 보강하여 1만 5천이 평안도 국경을 수비하고 있으나 군량조달이 뒤따르지 못함(7/3).		신한 흉년으로 내두법과 호패법의 시행을 임시로 정지함(7/11).	이 해 인조반정, 광해군 실각. 정변으로 수많은 사람들이 처형됨.

연호	서기 간지	재해 지역	발생 원인	주요 재해 및 기근 상황	아사자	주요 대책, 기타	비고
인조 2	1624 갑자	전국	兵禍 기근 수재	李适의 난이 일어남(1/24). 평안병사 겸 부원수 이괄은 반정의 논공행상에 불만을 품고 평안도 국경에 배치된 군사 1만을 데리고 기병하여 질풍같이 도성에 접근하자 인조, 공주로 피난. 난민들이 도성이 궁궐에 불을 지름. 椵島에 주둔 중이 모문룡이 군량을 보내주지 않으면 육지로 올라오겠다고 조선 정부를 협박. 전생 중인 요동지방에서 조선으로 피난 온 약 10여 만이 명나라 백성들은 서북의 각 군에 흩어져 가지 생활을 하면서 50~100명 씩 마을 지어 다니며 민가를 약탈하는가 하면 보리 싹을 뜯어 먹고 밭에 뿌린 무씨의 씨앗까지 파내는 일이 일어남(3/8). 이들은 기근으로 굶어죽는 백성이 있으면 다투어 살을 베어 감(5/25). 요동에서 명의 피난민 제속 조선으로 들어옴. 남쪽에서 평안도 변경으로 이주시킨 徙民 수천 명이 기근으로 현지를 탈출, 유랑하며 가지 생활(비 1/2).	아사자 길거에 가득함	평안도 군사를 증파하고 군량을 수송하느라고 장신이 없는데 이괄의 난이 일어남. 京畿에 쌀과 콩을 합해 1천여 석밖에 없어 백관의 녹봉을 절반으로 줄임(1/4). 아사자가 속출하고 毛文龍에게 군량까지 공급하지 않을 수 없는 처지에 몰리다 李廷龜 등이 요동의 대부분을 점령하여 부근을 점령하여 을 주고 명나라의 登州에서 쌀을 사오자고 건의(5/15). 비변사가 이런에 찬성, 동지사가 명나라에 타고 갈 배 10척을 이용하여 쌀을 수송하기로 하고 명나라 登州 황제에게 한 주문을 보내는 한편 登州에 쌀을 사겠다는 공문을 보내 을 위한 儷儧軍을 신설. 상사여라는 불명. 정부는 함경도로 진출한 모군의 군량을 대기 위해 강원·경상도의 곡물을 海路로 운송하기도 결정(4/21).	

연호	시기 간지	재해 지역	발생 원인	주요 재해 및 기근 상황	아사자	주요 대책, 기타	비고
				심한 가뭄으로 평안·함경도의 보리가 말라 죽음. 함경 감사, 기근으로 아사한 시체가 길에 가득한데 지난 강원도 9군의 구식을 함경도로 보내라는 명령이 아직도 실행되지 않고 있다고 보고(4/1). 모문룡, 그의 수하 王輔 등에게 군사 5천을 주고 함경도로 가 주둔의 배추를 충적하라고 명령하고 조선에 이들의 군량을 요구함(4/16). 전국에 가뭄으로 밀·보리가 모두 말라 죽음(5/25). 이어 큰비가 그치지 않아 수재가 일어남(7/24).			
인조 3	1625 을축	평안도 함경도	병화	평안 감사, 모문룡의 명이 피난민을 선천·정주·철산 등지에 보내 屯田을 조성하고 있으니 시급히 이를 막아 달라고 정부에 요청(1/18). 정부, 모군에 매곡 2만 6천 석을 보내주도록 조성을 중지하도록 설득. 평안 감사, 피난 나온 중국인들이 조선인의 집과 재산을 약탈하고 있으며 이러한 시체를	아사자 다수	함경도 북병사 신경원, 떠돌아다니는 함경도의 유민들이 계속 죽어가고 있는데 강원도에서 보내준다는 구휼미 1천 석은 아직까지 오지 않고 있다고 정부에 보고(4/5). 체찰사 張晩의 건의에 따라 모문룡에게 산동에 가서 구식을 사다가 요동난민을 구호하도록 설득(1/2).	

연호	시기 간지	재해 지역	발생 원인	주요 재해 및 기근 상황	아사자	주요 대책, 기타	비고
				가서다 놓고 조선인이 죽었다고 협박하여 식량을 빼앗고 있다고 보고(2/12).		호조 판서 김신국, 왕에게 국가의 재정이 탕진 되었느네도 대체가 없으니 동전을 발행하여 문 제를 해결하자고 진언(10/27).	
				모문룡, 후금의 배후를 공격하겠다더며 압록강 을 건너 봉황성 쪽으로 진출했다가 패전, 가 도로 복귀(5/13).		호조, 인경궁에 주전청을 설치(11/17).	
				모문룡, 피난 온 요동 백성을 구제해야 한다 며 긴급 식량 지원을 요청하고 전마 5백 필 을 요구함(5/1).			
인조 4	1626 병인	강원도 전라도 평안도 함경도	兵禍 가뭄	毛軍, 평안도 북부 여러 고을의 수령을 협박 하여 미·두 2천 석을 강탈해감(4/12).	아사자 다수	비변사에서 관리하던 구황청을 선혜청에 이속시 기고 상평창과 함봉하여 賑恤廳을 만듬.	인조, 수도방위 와 왕권을 강화 하기 위하여 守 禦廳을 설치.
				평해군 때 모군의 식량을 공급하기 위해 田 結에 부가하여 거두던 毛糧(兩糧)對策을 계 속하여 실시하기로 함(6/22).		진휼청이 8도의 모곡 및 양곡의 발매와 섬수 등 의 일을 관장하게 함(중보).	
				강원·전라·평안도 한발과 충해로 흉작(7/13). 굶어죽는 모군들의 시체가 들판에 즐비하다 고 평안 감사가 보고(9/18).		鑄錢을 동전의 원료와 기술자의 부족으로 6백 貫 밖에 발행하지 못하여 동전의 통용이 실제 로 이뤄지지 않음 (윤6/18).	
				모군, 군량이 한 톨도 없으니 쌀 5만 석을 빨 리 보내라고 조선에 요구(10/23).		모군에게 공급하는 군량을 1년에 5만 석으로 정 했으나 지켜지지 않음(10/11).	
				민가에 들어와 식량과 가축을 약탈하는 50여 인의 明 난민을 이주민의 牙兵이 제지하자 난민들 조선군 5명을 살상함(11/13).			

연호 간지	시기 서기 간지	재해 지역	발생 원인	주요 재해 및 기근 상황	아사자	주요 대책, 기타	비고
인조 5	1627 정묘	전국	병화 가뭄 수해	定州 목사, 후금의 대군이 의주를 함락시키고 서울을 향하여 남하중이라고 급보, 丁卯 胡亂 일어남(1/17). 인조, 張晚으로 임명한 후 강화로 피신. 4도도체찰사로, 金尙容을 留都대장으로 임명한 후 강화로 피신. 적군이 임진강을 건넜다는 소문이 돌자 감상용이 도성을 버리고 달아남. 도처으로 돌변한 난민들이 호조와 선혜청을 불태움(2/12). 임진강을 방어하기 위해 수원에서 금과된 부대에게 군량을 보내지 못하자 군사들이 마을을 돌아다니며 구걸함(2/7). 적병이 황해도 平山에 이르렀을 때 王辱을 불모로 보내고 후금과 화친이 성립됨(2/15). 조선은 후금을 적대시하지 않고 조선을 집략하지 않는다는 약속을 함(3/3). 후란으로 兩西지방이 텅 비고 나머지 6도도 수해와 가뭄으로 흉년(7/13).	수많은 사람이 전사, 아사함	이괄의 난을 치른 후 연거푸 흉년이 들고, 모문룡 군대에게 식량을 대주고, 서북의 군사들에게 군량을 보내느라고 비축록을 거의 다 소비하였음. 정묘호란이 일어났을 때 인조가 피난처로 한 강화도에는 비상 군량이 2~3만 석, 京倉에는 1만 석밖에 없었음(1/19). 흉년을 맞은 後金, 국서를 보내 中江에 開市하여 쌀을 구입할 수 있도록 해줄 것을 요구함(10/5).	정묘호란 일어남. 後金을 金으로 국호 변경
인조 6	1628 무진	전국	병화 가뭄 냉해	전쟁과 흉년으로 아사한 사람이 대단히 많음(5/6). 흉심한 가뭄과 병화의 여파로 각처에 많은 기민이 발생. 관서지방의 유민들 황해도로 향해도로	상당수 아사한 것으로 보임	후금의 開市 요구에 대해 강화를 결정하고, 개시 흉년 때 감하 간 600여 명의 포로 식량 문제로 쌀을 주고 해결할 것을 논의함(1/8).	

연호	서기 간지	재해 지역	발생 원인	주요 재해 및 기근 상황	이사자	주요 대책, 기타	비고
				풍년음(9/15). 인조, 양서지방의 기근대책을 세우라고 비변사에 지시(7/4). 충청도와 전라도에 메도둑이 일어나 살인과 강도를 일삼음. 도둑들 가운데는 말을 탄 무사들이 있어 이들이 관아를 털 가능성에 대비, 영장들로 하여금 토포하도록 지시(8/1). 진휼은 보통 봄부터 시작하여 보리가 수확될 때까지 실시하나 당년에는 국식이 모자라 일찍 중단(8/4). 경기도, 황해도, 강원도, 평안도, 충청도, 경상도 가뭄 끝에 이른 서리로 추수의 큰 피해를 입어 흉년(9/9, 9/10, 9/14). 충년으로 내외의 창고가 고갈되자 종묘의 제향과 各殿의 선선을 극히 간략하게 줄임 (10/20).		임금이 지시로 열린 기근구제 대책회의에서 병조와 목재을 주고 병의 식량을 도임하는 방안을 추진하기로 함(7/28). 이 제도는 明商들이 椵島까지 와서 毛軍에게 식량을 판매하니 기도에서 구입하는 것이 수송상의 문제가 적다고 보고 기도에서 구입하는 것으로 수정. 그 후 기도에서의 쌀값이 비싼 것으로 알려지자 이주에서 쌀의 구입을 사들이는 것으로 계획을 변경(8/6). 조선이 胡人들과 무역하여 배 세척에 싣고 오던 쌀을 가도 부근에서 모군에게 팔러 당함(9/4). 경기도 감사, 경기도의 충년으로 구입하니 결당 1두 5승 씩 걷는 毛糧 대신 벼를 3두 씩 거두었다가 1명년의 종자곡으로 나누어 줄 것을 요청하였으나 거부됨(9/18). 진휼청, 賑貸을 조달하기 위하여 免講帖·詐通帖의 추가 발행을 요청함(10/20).	
인조 7	1629 기사	평안도 함경도 황해도	가뭄 냉해 수재	잇따른 흉년과 냉화로 굶다 못한 백성들이 종자를 모두 먹어버리고 사방으로 집 흩어짐 (4/4).		병의 遼東經略 遼崇煥, 椵島의 모문룡이 여순 앞바다의 雙島에 있을 때 사리사욕만 채우고 반란의 기미를 보이고 있다는 이유로 先斬하고 사	

연호	시기 간지	재해 지역	발생 원인	주요 재해 및 기근 상황	아사자	주요 대책, 기타	비고
		전라도 경기도		인조, 금년 농사는 흉작이 예상되니 각도의 감사와 수령은 농사의 권장에 심신을 다하라는 교서를 발표(4/4). 가뭄으로 평안·함경·황해·경기도의 밀과 보리가 마름(5/5). 전라도는 큰 비로 피해(6/17).		후에 황제에게 보고(6/29). 모군이 평안도 理山 등지에서 조선인 민가를 약탈(5/9).	
인조 8	1630 경오	평안도 함경도	수재	假島에 주둔하던 명군의 부장 劉興治가 새로 임명된 주장을 죽이고 반란을 일으킴(4/19). 인조, 가도의 반란을 진압시켜 명나라의 은혜에 보답하겠다며 출병을 선언(4/29). 인조, 한응부원군 李曙를 가도 정벌군 사령관에 임명하고 전라·중청도에 각각 병선 15척과 수군을 동원하고 두 달 간의 군량을 싣고 강화도 교동 앞바다에 집합할 것을 명령(4/29). 인조, 조선 수군들이 계속 교동 앞바다의 배 위에서 대기하다 지쳐 쓰러지는 자가 속출하자 가도 정벌을 강행할 수 없다고 보고 명령을 취소(6/28). 계속되는 장마비에 향주성이 무너지고 평안도와 함경도에 흉년이 듦(9/12). 경상도·전라도 각지에 메뚜기 일어남(8/1).		明 본토에서 假島로 들어온 유흥치, 황제로부터 품계를 올려 받고 군사를 더 얻어 가지고 들어 왔다며 조선에 사람을 더 보내 줄 것과 무역을 허가할 것을 요청(7/28).	

연호	시기 간지	재해 지역	발생 원인	주요 재해 및 기근 상황	아사자	주요 대책, 기타	비고
인조 9	1631 신미	전국	가뭄	봄부터 여름이 되도록 비 한 방울 내리지 않아 보리와 밀이 모두 말라 죽음(4/17). 6월까지 비가 오지 않아 흉작. 이 해는 중국도 흉년, 假島의 유군이 굶주리다가 반란을 일으킴, 반도로 도독 향룡의 印綬를 빼앗고 죽임(11/4). 조선은 천자가 보내 사령관을 쫓아낸 반란군에게 식량을 보낼 수 없다고 인조를 거절(11/5). 가도의 명군, 조선이 식량을 보내지 않으면 모두 아사한다며 일부 군사들이 여 반란을 일으켜 처음 반란에 가담한 10여 명의 반군 장교를 죽이고 식량을 요청함(11/28).		假島의 명군 수장 유흥치가 후금에 투항하려다가 부하들에게 살해 됨(3/21). 명은 도독 향룡을 사령관으로 보냄. 가도의 명군과 백성들이 굶주리고 있으니 식량을 급히 보내달라고 하자 해서미 2천 석을 보내줌(5/8). 後金의 칸(汗), 조선에게 식량 공급을 끊으라고 요구, 불응 시에는 후금군을 보내겠다고 협박(5/8). 후금군 1만 명이 모군을 견제하기 위해 조선에 들어와 嘉山의 서쪽을 봉쇄함(6/8).	
인조 10	1632 임신	황해도 강원도 전라도	냉해 수해	전라 감사, 지난해의 흉작으로 전라도는 기민으로 도로가 가득 차 있는데 오히려 세금을 더 부과하니 백성들이 부지할 방도가 없다며 세금을 내려 달라고 啓請(1/28). 평안도 순안어사 이명웅, 평안도 이산의 백성들이 세금을 내지 못하여 유망을 계속하고 있으니 감세해 달라고 요청(5/7). 황해도 우박으로 밀과 보리가 큰 피해를 입		비변사, 후금이 봄철에 침입할 가능성이 있으니 가도에서 군사 1만 명을 선발하여 훈련시키고 이들을 통솔할 장수도 미리 정해두자고 건의(12/9).	

연호	시기 간지	재해 지역	발생 원인	주요 재해 및 기근 상황	아사자	주요 대책, 기타	비고
				음(4/20, 4/30). 황해·강원·전라도, 수재로 흉작(8/27).			
인조 11	1633 계유	충청도	가뭄	後金, 가도의 명군 정벌을 위해 필요한 큰 배 3백 척을 의주로 보내라고 통지해 옴(1/23). 인조, 후금과의 관계를 단절하고 전쟁을 결심(1/23). 金時讓을 4도도원수로 林慶業을 淸北지방 방어사로 임명함(2/6). 비변사, 훈련감과 군기시의 화약과 군기를 평안도로 변경으로 수송할 것을 요청(1/29). 비변사는 군량 모집을 위해 서울의 上t는 쌀 5두, 中t는 3두, 下t는 1두씩 내게 함. 兩西는 1결당 쌀 3두, 나머지 6도는 2두씩 내게 함(1/29). 인조, 도원수 김사양이 군량이 모자라 전쟁에 이길 수 없다고 하자 하옥시키고 김자점을 도원수에 임명(2/12). 서울에서 모은 쌀이 모두 1천 700석 정도에 불과(3/4). 군량 책임자 박주, 최소 1개월에 1만 석의 군량이 필요한데 조달할 방안이 없다고 보고(5/14).		내수사의 쌀 100석을 군량으로 평안도 변경의 군대에게 보냄(2/14). 명나라에서 差官 白繼安을 보내 조선의 국물을 무역할 것을 정해옴(8/29). 이때 명에서도 큰 기근이 들었으나 조선도 흉년 흉으로 기민을 구제하지 못하고 군량도 제대로 공급하지 못하는 상황이었음. 단성적인 제정 부족 문제를 해결하기 위해 동전의 주조사업을 재개하기로 하고 상평청에서 상평통보를 평통보를 주조하도록 함(10/15, 11/4).	後金, 旅順을 함락시킴(8/5).

연호	서기 간지	재해 지역	발생 원인	주요 재해 및 기근 상황	아사자	주요 대책, 기타	비고
인조 12	1634 갑술	평안도 경상도	가뭄 수재 냉해	봄철 가뭄이 심하여 여러 차례 기우제를 지냄(5/8). 평안도 지방에 큰 홍수가 남. 맹산현에 있는 절에 산사태가 일어나 중 100여 명과 일반인 70여 명이 압사함(7/28). 경상도 각 고을에 서리와 우박이 내림(9/30). 明, 조선에게 銀 4천 냥과 물자 2천 냥 상당을 보내고 兵船을 보내달라고 요구(비 9/12, 10/15). 조선, 重戰船을 건조해 주기로 하고 각 도에 산하여 40척을 건조해 주기로 하고 도의 진조 척수를 배정(비 10/13).		이때로 흉년과 병란으로 세입인 쌀이 부족하자 정부는 훈련도감 군의 급료 중 급료 10분의 1을 상평창에서 발행할 동전으로 대신 지급. 도감군이 반드시 돈으로 쌀을 사려 상평창에 몰려갔으나 쌀이 없어 주지 못하자 큰 소요가 일어남(2/20). 서울에서 쌀값 폭귀하여 왕족의 집까지 피해를 봄(8/4).	
인조 13	1635 을해	경기도 황해도 충청도 경상도 전라도 함경도	가뭄 수재	전광에 대마하여 麴州에 들어간 인근 음이 주민 1천여 명이 식량이 없다며 구호를 요청하자 수천 석의 국식을 풀어줌(1.3). 6월까지 비가 내리지 않다가(6/24), 7월 조 전국에 큰 폭풍우가 불어서 극심한 피해 발생. 종묘 안의 교목 60~70그루가 뽑혀 나가고 대러 능에서 교목이 부러지고 뽑힌 것이 셀 수도 없을 지경. 이사이 폐 뼈와 묘하는 모두 결딴이 남. 경기·충청·전라·경상도가 특히 심하여 흉작(7/13).		호조 판서 최명길의 건의에 따라 동전의 통용을 돕고 기민 구제를 위한 제인 마련을 쉽게 하기 위해 常平廳을 운영하는 방법을 바꾸기로 함. 布貨 이용하여 쌀값을 조정하는 대신 상평청 등에서 주전화 동전을 이용하여 쌀을 사들이고 판매하여 쌀값을 조정하기로 함(5/28).	

연호	시기 간지	재해 지역	발생 원인	주요 재해 및 기근 상황	아사자	주요 대책, 기타	비고
인조 14	1636 병자	충청도 경상도 전라도 황해도 평안도	병화 가뭄 수재	金의 사자가 국호를 淸으로 바꾸고 황타이지가 황제가 되었다는 내용의 국서를 들고 옴. 조선이 이를 물리치고 받지 않자 사자 龍骨大가 화를 내고 돌아감(3/24). 사헌부와 사간원에서 오랑캐의 침략이 목전에 있으니 군사를 뽑고 군량을 준비하라고 왕에게 요청했으나 인조, 소극적인 반응을 보임. 삼남에 봄부터 비가 오지 않아 둔원의 국식이 이 모두 마르는 한제를 겪고 나서(5/2), 이어서 수재가 따르는 등 삼남과 양서 지방에 심한 흉작(6/20, 11/15). 丙子胡亂 발발(12/10). 인조, 남한산성에서 청군에 포위됨.	전사자 아사자 다수 발생	호조가 경비 부족을 타개하기 위해 백관의 봉록을 줄일 것을 청했으나 上, 거부함(6/21). 비변사는 관원의 수를 줄이자고 제청하자 임금이 이를 받아들였는데 이조가 수의 명, 병조가 6명 및 체아직 46명을 감원하는 데 그침(6/22).	金, 국호를 淸으로 汗을 皇帝로 개칭. 병자호란 발발.
인조 15	1637 정축	전국	병화 가뭄 수재 역병	청군, 강화도를 함락시킴(1/22). 세자 이하 빈궁·대부·대부의 가족들이 모두 포로가 됨. 남도 공장에서 올라오던 구원병들이 잇따라 청군에 의해 패퇴. 남한산성의 군량은 군량관 羅萬甲, 인조에게 남은 식량은 10여 일분이라 지구전을 해서는 안 함.	아사자 병사자 전사자 수없이 많음.	서울에 들어온 청군들 민가에 불을 지르고 살인과 약탈. 수많은 사대가 잡혀가 널려짐 시체가 길거리. 사방에 널려있던 대부분의 공장·대부의 처, 자식들이 인질로 잡혀감. 남아있는 사람은 10세 미만의 어린이와 70세 이상의 노인들 뿐이라고 보고됨(2/3).	매년 청이 바쳐야 할 歲幣의 양: 백금 100냥, 백은 1천 냥, 수달피 400장, 표피 100장, 종이 2

연호	시기 간지	재해 지역	발생 원인	주요 재해 및 기근 상황	아사자	주요 대책, 기타	비고
				된다고 보고(1/26). 좌의정을 보내 항복을 교정. 上과 신하들 三田渡에 나가 청 항복 의식을 거름(1/30). 청군은 철수하면서 가도에 들어가 명군을 격파(4/18). 명군, 도독 심세괴를 비롯 1만 명 전사. 하삼도에 큰 수해가 발생(6/12). 삼남은 직접 병화를 입지 않았으나 네 차례에 걸쳐 군량을 수집하여 져이 나르고 군사를 뽑아 북으로 보내느라 평화를 입은 마을과 다름없었음. 8도의 소가 역병으로 대부분 죽음. 이 때문에 가을걷이와 봄갈이를 인력으로 하니 농사철을 맞출 수 없었음(12/26).	예시 역질로 4천명 죽음.	적에게 피살된 백성들의 시체가 지을 사람이 없어 길가에 무수히 방치된 체 있자 인근의 남자들을 뽑아 성 밖에 매장(2/9). 전쟁으로 생긴 고아를 거두어 기르면 노비를 삼도록 하가함(2/3).	전 500권, 細布 1만 필, 細麻포 400필, 布 1천 400필, 쌀 1만 석 등(1/28).
인조 16	1638 무인	전국	가뭄 역병	경기 감사 김남중, 거우 살아남은 백성들은 종자와 식량이 없는데다가 농사지을 소마저 없어 봄 농사를 착수하지 못하고 있다고 보고(1/17). 모내기철 전후 4개월 동안 비가 오지 않음(비 9/1).	아사자 4천 3백여	역병으로 소가 거의 다 죽자 비국 냉정 성익을 몽고에 파견, 소 180두를 사옴(6/9). 식량이 없어 삼남이 기민 구조하지 못함(비 8/22).	

연호	시기 간지	재해 지역	발생 원인	주요 재해 및 기근 상황	아사자	주요 대책, 기타	비고
				특히 삼남지방 가뭄이 심하여 흉년(비 7/18). 경기와 하삼도에 메도둑과 화적이 발생(비 9/7). 인질로 잡혀간 봉림대군, 청 황제의 西征에 동행함.			
인조 17	1639 기묘	전국	역병 가뭄	지난해의 혹심한 기근과 돌림병으로 정월부터 사망자가 나오기 시작. 함경도 북청과 충청도에 역병으로 죽은 자가 매우 많았고 서울에서도 기민이 속출(1/25). 봄이 되니 살아남은 백성들이 사방으로 흩어지고(2/2), 매일 500명 가량이 사사(3/4). 淸, 조선에 허사를 보내 부정을 공략하기 위한 戰船 100척과 水軍 6천 명, 그들이 1년 동안 먹을 군량을 준비하여 안주 앞바다에 집합시키고 내년도 세폐미 1만 석은 요동의 三叉河로 수송할 것을 요구(11/26). 이 해도 구심한 기근 끝에 흉작.	아사자 병사자 수없이 많음.	賑恤廳을 宣惠廳에 소속시키고 섬주소를 개설 (2/2). 空名告身帖을 발행하여 각도에 보냄. 기근 대책으로 『救荒撮要』를 반시함(4/7). 한재가 심하여 기우제를 계속 지냄. 입추가 지났는데도 장마비가 그치지 않자 이번에는 기청제를 계속 지냄.	
인조 18	1640 경진	전국	가뭄 병화	錦州를 공략하는 청군을 돕기 위해 林慶業을 원군 사령관에 임명. 임경업이 수군 6천	사망자 다수	기근 상황이 심각하여 1년 경비의 3·4할도 충당하기 어렵자 백관의 녹봉을 삭감하고 여영군과	도성 내의 쌀값이 폭등하자 상

연호	서기 간지	재해 지역	발생 원인	주요 재해 및 기근 상황	아사자	주요 대책, 기타	비고
				파 군량미 1만 석을 배에 싣고 금주로 가다 풍포을 만남. 이때 배 20여 척이 난파, 수군 110여 명이 익사하고 군량미 수권 석을 수장 시킴(윤 1/17, 2/27, 8/3). 황해도 수군도 여순의 쌍도에서 풍풍으로 90 여 명 익사(8/3). 淸將 사을가, 병군 포로 1천 명을 데리고 함 경도 정충의 북쪽에 둔전을 설치하려고 하니 포로의 양식과 종자 3천 400석을 보내라고 요청(2/12). 봄철에 가뭄타가 7월에 서리가 내리고 눈이 옴.		충용군의 금년 상변을 연기(9/26). 청, 세폐미 1만 석 중 9천 포를 감해주겠다는 국 서를 보내 옴(11/3).	인 2명이 형조 에 잡혀가 杖殺 됨(10/6).
인조 19	1641 신사	전국	가뭄 냉해	旱種이 지났는데도 비가 오지 않아 兩麥이 마르고 주곡을 파종하지 못함(비 4/26). 가 뭄으로 나동강 물이 완전히 마음(4/26). 비변사, 가뭄으로 전주의 4내제 연속 흉년이 라고 보고 (4/28). 6월에는 전국에 서리와 눈이 내리는 곳이 많 아 살아남은 곡식도 얼어 죽음(6/13). 錦州城 공방전 97개월간 계속됨, 조선군 20여 명이 전사. 林慶業, 부대를 이탈하여 과적되던 인조	사망자 속출	비변사, 가뭄대책으로 대소의 貢役을 중지하고 各 司의 비용을 줄이며 무기 제조를 정지하고 내 사면령을 요청, 백관의 녹봉을 삭감함(4/28). 금주로 보내는 군량을 확보하기 위하여 서얼은 許通하고 범죄자는 죄를 면해주는 納贖事目을 발표(12/29). 사목의 내용: 양첩의 아들, 쌀 2석; 천첩의 아들, 3석; 斬할 죄인, 12석; 絞할 죄인, 10여 석 등. 청군을 돕기 위한 조선의 금주 파견군은 인조	

연호	서기 간지	재해 지역	발생 원인	주요 재해 및 기타 상황	아사자	주요 대책, 기타	비고
				(비 2/3). 錦州 파견군의 교체를 위해 병력 1천 500명과 말 500필을 보내기로 함. 柳琳을 금주위 領兵大將에 임명함(비 6/22). 금주로 가는 군량미의 수송이 어려워 일부는 요동에서 구입하고 청군의 군량을 대여받기로 결정함(비 6/21). 요동에서의 군량미 구입이 어려워 평안도와 황해도로 하여금 말과 소 1천 500필을 세내어 금주로 군량과 기타 군수물자를 수송하게 함 (10/3, 11/5, 11/25).		22년까지 매년 교대군을 파견함. 錦州로 가는 군사와 군량과 마필 기타 군수물자를 조달하느라고 평안도와 평안도와 황해도를 비롯하여 전구이 거의 황폐화 됨(12/22).	
인조 20	1642 임오	황해도 충청도 전라도 경상도 평안도	가뭄 수재	비변사, 생병하러 서울로 가는 군사들 가운데 3명이 아사하고 아사 위기에 처한 군사가 93명이라고 보고함(비 1/25). 兩南의 기근으로 전라도는 노령 이남, 경상 우도는 연해 지방에서 아사자가 계속 발생하고 있다고 보고(비 2/6). 양남에서 파견군의 군량으로 금주로 운반한 쌀이 1만 석이 넘음. 가뭄 끝에 심한 수재.	아사자 속출	인조, 식량이 부족하니 瀋陽에서 속환된 조선인 인질들로 하여금 둔전을 만들어 금주로 가는 군량과 조선인 포로의 수요에 대응할 것을 지시 (비 1/15). 유배 죄인도 금주에 보낼 쌀을 내면 면죄하라(3/8). 조선에서 금주까지 군량을 모아 수송하는 비용과 교통의 이루 말할 수 없었는데 둔전이 큰 도움을 주었음.	청군, 錦州를 함락시킴.

연호	서기 간지	재해 지역	발생 원인	주요 재해 및 기근 상황	아사자	주요 대책, 기타	비고
인조 21	1643 계미	전국	역병 가뭄	정초부터 구경 넘어 요동으로 보벌 보충병을 뽑고 군량을 마련하느라 정신없었음(1/20). 가뭄과 전염병으로 보리 밑이 중자이 되고 벼도 제대로 심지 못함(4/21). 전염병 전주에 창궐, 열 집에 아홉 집꼴로 사망차 발생, 병단과 다름이 없을 정도라고 비변사가 보고함(1/3). 전라도에서만 역병과 가뭄으로 죽은 사람 1만을 넘음(12/25).	병사자 아사자 1만 조과	비변사, 기근과 전염병으로 백성들이 거의 다 사망하게 되었으니 군량보다 인명의 구제가 우선이라며 강화도와 남한산성의 조금 있는 군량을 모두 방출하여 목전의 다급한 생명을 구제할 것을 인조에게 건의(3/21).	청국, 北京에 임상
인조 22	1644 갑신	전국	가뭄 역병	8도에 전염병 창궐(2/29). 전국의 포구·여자·주막·활인서·심약소·감옥 등이 전염병의 주요 통로가 됨(비 1/9). 내륙에도 전염병 환자 발생. 인조 21년 봄부터 22년 4월까지 역병 사망차 4만 200여 명으로 집계됨(비 6/26). 봄부터 계속되는 가뭄으로 농사를 수확하지 못하고 가을 농사를 위한 과종도 못함(5/4). 5월에는 경상·전라·충청도에 서리, 평안도에는 우박이 내림(5/10). 북경으로 보내는 運米船 16척이 신진도 부근에서 폭풍으로 실종되었다는 보고(비 12/6).	병사자 아사자 4만 조과	승정원의 도승지, 좌승지, 우승지가 국난을 돌파하기 위한 방안을 연명하여 상소: "근래 해마다 기근이 들고 역질이 온 나라에 퍼져 백성들이 8, 9할이 죽었습니다. 이 같은 사태를 막기 위해서 일 는 전하께서 땅 임금이 상림에서 여섯 가지 일을 자책한 것처럼 반성하고 恐懼修省하여 하늘의 감응을 입으키도록 해야 합니다"고 상소(5/5).	청, 북경으로 도읍 옮김.

연호	서기 간지	재해 지역	발생 원인	주요 재해 및 기근 상황	아사자	주요 대책, 기타	비고
인조 23	1645 을유	전국	가뭄 역병	청의 사신 접대를 위한 비용이 없어 서울의 各司와 衙門 8조의 감사·병사·수사에게 쌀을 바치도록 지시함(1/7). 淸, 수도를 북경으로 옮긴 후 각종 세폐를 줄여주었으나 南征을 위한 군량미로 쌀 20만 석을 요구함. 외교 교섭을 통해 10만 석으로 줄임(2/22). 가뭄으로 밀과 보리가 자라지 못하고 전염병이 창궐하고 많아 전국에서 사망자 속출하는 대흉년(비 5/23, 윤6/21). 쌀을 天津으로 운반할 배 300척의 전조들 각 도에 배정. 해당 16명의 선원과 사수와 포수 5명씩을 승선시키기도 함. 이들에게 매로 지급할 면포가 모두 15만 필(3/1, 3/15). 백성들이 흉년에 북경에 보낼 쌀을 조달하고 선원을 징발하느라고 극도의 고통을 받음. 백성들이 힘이 다하여 곳곳에 텅 빈 마을이 생길 지경(3/23). 황해 감사, 쌀 10만 석을 천진(天津)으로 수송하던 운미 선단 가운데 황해도의 배 8척이 청나라 해안에서 파선, 쌀 6천 273석을	역병 평안도 에서만 1천 4백 명 사망.	부경(天津 寧遠衛)으로 보낼 쌀을 마련하기 위해 공명첩과 허통첩 가격을 대폭 내려서 판매함(9.30). 寧遠衛로 보낼 쌀을 낸 백성들에게 1년간 부역을 면제해줌(3/15). 경기도와 충청도, 충남이 심하여 내년에 과중할 배의종자가 없어 통영의 비 6천 석을 보내줌(10/23). 황해도 옹진 등 16개 고을의 전세로 받을 남입을 면제(10/24). 진휼청, 보유하고 있는 구물이 소진되어 내년 봄이 진구 진구 대책이 없다고 보고(8/28).	

연호	시기 간지	재해 지역	발생 원인	주요 재해 및 기근 상황	아사자	주요 대책, 기타	비고
				있었으나 아무도 죽은 사람이 없어 조사 중 이었다고 보고(7/6).			
인조 24	1646 병술	경기도 황해도 평안도	가뭄 냉해	運米 船團의 인솔자 송전경 등이 썰을 훔치기 위해 고의로 배를 얕은 곳으로 운행시켰다가 큰 사고를 내 7간 실의 썰을 잃었다는 조사 결과에 따라 송전경을 효시하고 영원 군수 안필연 등은 정배, 다른 차사원들을 구속함(11/30, 24/1/20). 충청도에서 화적떼 130명을 체포(4/1). 이들은 흉년에 짜든 농민들로 신비 유탁의 선동에 넘어가 金峠를 공격하려고 모여다가 미수에 그침. 정부는 반란으로 보고 각 도의 군사를 동원하고 중앙사를 보내 진압함(4/1, 4/5). 산남의 조운선이 풍랑으로 전복되어 많은 선원이 죽고 쌀 1만석을 유실함(7/3). 중청도 조운선이 세곡을 남부하고 돌아가다 침몰하여 선원 50여 명이 익사함(7/4).	아사자 대단히 많음	경기도 연해의 기근이 심하여 강화도의 군량 8 구월 수비를 강화하기 위해 쌀 석을 16 고을에 나누어 줌. 다른 관구이 땅진 화되어 構뿔을 상성. 되어 구휼이 불가능하므로 군량을 줌(비 3/18).	
인조 25	1647 정해	중청도 경상도 강원도	가뭄 수재 냉해	가뭄이 너무 심해 밀 보리가 말라 죽음. 벼는 과종도 하지 못하였는데 이반에는 장마 대당 비가 10일 동안 내림. 각지에서 강이 범람하여 발생	아사자 대당 발생	경기 감사 吳竣, 각 군에 국식이 하나도 없어 굶가는 백성들을 살릴 방도가 없다며 강회의 군량미 방출을 요청(4/24).	금강이 말라 물이 흐르지 않음.

연호	시기 간지	재해 지역	발생 원인	주요 재해 및 기근 상황	아사자	주요 대책, 기타	비고
		함경도 전라도 경기도		눈 흉수가 있었고 6월에는 각지에 서리와 우박이 많이 내려 대흉년이 됨(10/1). 영의정(좌의정·우의정)이 한발을 책임을 지고 사퇴 의사를 표명했으나 반려됨(5/5). 경상 감사 무성신, 경상도는 눈지의 6할이 주수의 가망이 전혀 없다고 보고(8/24). 도적 떼가 경기와 충청도에 많이 생겨 거리를 다닐 수 없을 정도임(11/19).		나라의 저축이 없어 백관의 녹봉을 감하고 금료를 줄을 수 없어 어영군은 上番을 정지하고 속오군 선발을 내년까지 중지함(6/30, 8/27, 9/5). 각도의 방물 봉진을 중지함. 군사의 절원 충원과 무기의 제조를 정지함(5/18). 전세와 대동미, 군포를 모두 견감함(11/22).	
인조 26	1648 무자	전국	역병 수제	8도에 지난해 흉년 여파가 계속되고 역병까지 창궐하여 아사자 병사자 많이 발생(2/4). 함경·평안·강원도에 특히 심함과 驛路가 끊어지고 강원도가 배성들이 흩어짐. 7월에 경상·전라·충청·경기·황해·강원·평안·함경도에 근래임과 함께 목우가 쓸어져 곳곳의 신과 성비, 제방이 무너지고 광대한 면적의 농지가 유실되어 대흉년이 됨.	아사자 병사자 다수 발생	서울에 사는 전 군수 김졔 등 지방에 토지를 소유하고 있는 133명의 양반들이 충년으로 지방에 서 쌀이 올라오지 않아 굶주리고 있으니 경창에 있는 국식을 환곡으로 발려달라고 비변사에 단원서를 제출. 통영의 조세 8천 석을 평안도와 함경도로 수송하여 기민을 구휼(3/26). 삼남의 국식을 경기도로 이송하여 기민 구휼(7/1).	

부표 C. 조선시대 주요 흉황 및 기근연표: 효종~경종(1649~1724)

연호	서기 간지	재해 지역	발생 원인	주요 재해 및 기근 상황	아사자	주요 대책, 기타	비고
효종 1	1650 경인	황해도 평안도	가뭄 역병	황해·함경도에 역질이 돌아 많은 사람이 죽음(1/11, 2/1). 황해·평안도에 가뭄과 황충 피해가 겹침(6/27). 서북지역, 충청도 마련하기 힘들 정도의 흉년(9/3).	역병 사망자 다수	효종, 연경과 심양을 오가며 보았던 판개용 水車 10개를 만들어 8도와 개성 및 강화에 나누어줌(5/15). 충청·전라도에서 서북지역을 위해 종자곡을 이송함(9/3). 충녕으로 백관의 녹봉을 삭감함(10/13).	
효종 2	1651 신묘	경기도 황해도 평안도	역병 가뭄	경기·황해·평안도 역질이 유행하여 많은 사망자 발생(증보). 경기도는 가뭄으로 흉년(증보).	병사자 다수	군량미 9만 석을 풀어 경기도 기민을 진휼함(증보).	金堉의 건의로 충청도에 大同法 시행 결정.
효종 3	1652 임진	황해도 충청도 경상도 전라도 함경도 강원도	가뭄 수제 역병	충청·호남·영남·강원·황해·평안도으로 심듯이(7/15, 8/15, 청 붓으 大雨과 강풍으로 심듯이 10/6, 10/20). 전염병과 홍수으로 농사를 폐치할 정도로 잃고 7踥가 굶주림(10/21, 증보). 강원·함경도, 충녀으로 아사자가 잇따름(10/6).	아사자 잇따름	가뭄이 심하여 임금이 親行기우제를 지낸 뒤 求言을 하였으나 응하는 사람이 없었음. 전라도 宗우 금성 등 22개 고을, 경상도 안동 등 32개 고을에 전세와 요역의 반을 면제함(11/1). 평안도와 함경도의 전세를 일부 감면함(11/26). 충녀도로 각 전에 올리는 상선을 제수 줄임(12/25).	備營廳을 신설하고 備營軍 증강.
효종 4	1653 계사	경기도 황해도 경상도	가뭄 역병	연초부터 경기·황해·강원도에 역병이 돌아 사망자가 많이 발생(2/17, 2/19, 2/23). 경기·평안·함경·경상도 등지는 봄부터 가뭄이 발생하	병사자 아사자 발생	입추가 지나면 기우하는 일이 없었는데 가뭄이 심해 입추 후에도 기우제를 지냄(윤7/1). 도승지 전유성, 각지에서 아사자가 많이 발생하	

연호	시기 간지	재해 지역	발생 원인	주요 재해 및 기근 상황	아사자	주요 대책, 기타	비고
		평안도 함경도		이 심하여 흉작이 됨(4/13, 7/20, 11/30).		므로 군량을 전용하여 환곡으로 이용할 것을 건의(2/20). 上番군사 가운데 역병에 걸린 사람 귀휴시킴(2/26).	
효종 5	1654 갑오	전라도 평안도 함경도	역병 수재	청나라에서 羅羅(러시아) 정벌을 위한 조총병 100명과 그들이 먹을 군량을 보내라는 요청이 옴(2/2). 평안도 심한 가뭄이 들고 나머지 도는 심한 홍수 피해를 입음(6/15). 북쪽 호남이 큰 피해를 입었는데 기근에 역병까지 번져 사망자가 속출(5/14). 서울의 대궐 안에서도 부우로 불이 남녀 사람이 빠져 죽고 도성 안팎에서도 10여 명 익사함(6/20). 평안도와 함경도에 기근으로 아사자 속출 (9/18).	아사자 병사자 속출	우후사 邊岌이 조총병을 데리고 寧古塔을 경유하여 흑룡강에서 라선을 격파하고 귀환(7/2). 북도의 기근으로 아사자가 많이 발생하자 호조의 보조로 면포 1천 필을 보냄(9/18). 전라도의 기민을 위해 강화도의 군량 1만 석을 방출하기 위해(6/15). 전라도 기민 구휼을 위인직 공명첩을 발행 (9/10).	지방군의 군사훈련과 관리를 위해 營將制를 제정함.
효종 6	1655 을미	함경도 전라도 경상도 황해도 경기도	가뭄 역병	강화도의 방비를 강화하기 위해 4개의 鎭堡를 더 설치하고 공사는 各司의 노비를 동원하기로 함(1/18). 호조, 각사 노비안에 등록된 公賤이 19만인데 임진 이후 모두 도주하고 현재 7천 7백	병사자 우 배 많음	함경도의 기근을 구제하기 위하여 6鑛과 6鎭에 삼수· 갑산에 1년에 받아들이는 田三稅는 쌀이 11만 2천 석, 콩이 3만 9천 석으로 녹봉과 요미로 나가는 쌀이 10만 석, 콩 4만 석이므로 蔡軍을 1천 명이	공주목사 申洞이 농서『農家集成』을 지어 올에게 바침(11/3).

연호	시기 간지	재해 지역	발생 원인	주요 재해 및 기근 상황	이사자	주요 대책, 기타	비고
				이라고 보고(1/27). 흉충. 노비추쇄도감을 설치하고 달아난 노비를 모두 잡아오라고 명령(1/29). 禁軍을 630명에서 1천 명으로 증원(4/19). 경기·전라·경상·평안·함경도에 전염병이 극성, 죽는 자가 매우 많음(3/9, 4/21, 5/25). 5월부터 비가 오지 않아 가을 추수를 기대하기 어려운 상황(7/15). 특히 경상도 심한 흉작(11/11).		로 증원하면 재정이 부족하게 된다고 보고(4/19). 上, 支用이 부족해도 금군은 더 보충해야 하니 금하지 않은 예산을 줄이라고 하고 물리치지 않음(4/19). 金堉이 요청을 받아들어 銅錢을 중문이 발행하여 유통시키기로 함(12/13).	
효종 7	1656 병신	전국	가뭄 수재	작년 홍수의 영향으로 강원도와 경상도 기근(2/9). 5월까지 가뭄이 진행 기우제를 지냄(윤5/1). 전라우수영이 관내 수군을 동원하여 조련하던 중 대 폭풍우를 만나 전선이 모두 침몰하거나 파손되고 수군 1천여 명이 익사 함(8/27). 이날의 폭풍우로 동래에서 의주까지 죽은 사람이 1천 명이 넘고 넒은 면적의 농지가 유실되어 농사를 망침(9/19). 서울에서는 성균관의 대성전이 붕괴(9/1).	이사자 수천명	경상도의 기근 구제를 위해 상평창의 곡식을 방출(2/15). 正言 閔維重, 비바람으로 수천 명이 죽은 것은 구조 이래 처음 있는 일로 이 같은 天譴은 임금이 무리하게 추구하는 복별 정체을 하늘이 경고 하는 것이리고 상소(9/19).	

연호	시기 간지	재해 지역	발생 원인	주요 제해 및 기근 상황	아사자	주요 대책, 기타	비고
효종 8	1657 정유	중청도 경상도 전라도	가뭄	효종, 훈련대장 李浣에게 현재 5천 600여 명이 훈련도감 군의 정원을 1만으로 증원하고 御營軍은 2만으로 늘리라고 지시(1/25). 효종 어영군을 특별히 주력군으로 삼을 계획. 芒種이 지났는데도 비가 오지 않음. 양맥의 이삭이 패지 않고 논에도 모종하지 못하여 3分의 흉년(4/29, 5/4). 지난해 여름 이후 지금까지 중국 사신이 여덟 차례나 오가 西路의 백성들이 극도의 고통을 받음(4/29).		영중추부사 李敬輿, 훈련도감 별대의 병력이 3천에서 6천으로 늘어나면 三手米로 도감군에게 반녀 분배에 금료를 줄 수 없으니 감원하자고 상소(5/5). 영중추부사 김육, 도망 노비의 주세를 중지하고 營將制를 폐지하여 군사훈련을 중진과 같이 하자고 말기자고 주청(5/4). 논밭이 적어 장사를 주업으로 삼는 개성에 흉년이 오자 황해도의 벼 400석을 종자로 보내줌(2/11).	김육·송시열·이 무 등 중신이 군 비증강과 내렴의 증수, 營將制를 반대하는 상소를 연말에 올림.
효종 9	1658 무술	중청도 전라도 경상도	가뭄	3分에 심한 한발(6/29). 중청도와 경상·전라도 연해 지역에 기근. 청나라에서 2차 다선 정벌을 위해 조총수 1백 명과 이들이 먹을 군량 5개월 지를 가지고 영고탑으로 집합시키라는 차사가 옴(3/3). 효종, 훈련도감의 군인을 현재 4천에서 포수 1천을 늘려 5천으로 증원하라고 지시(9/23). 비변사, 도감 군사를 증원하여도 흉년으로 군사들에게 줄 급료가 없으니 내년으로 연기하자고 하였으나 上, 거부(9/24).	아사자 발생	중청도 내포지방에서 선비 일가족이 모두 아사함(6/17). 전라도에서 무식 10만 석을 가져다가 구휼하고 세음을 감면(증보). 각도의 방물 진상을 정지함(5/6). 전라도 연해 읍의 대동미 감면(12/18). 각도에 진휼아사 파견(증보).	도감군을 1만으로 증가시키려는 효종의 지시는 기근으로 실현되지 못함

연호	시기 간지	재해 지역	발생 원인	주요 재해 및 기근 상황	아사자	주요 대책, 기타	비고
효종10	1659 무술	전국	가뭄 수재	지난 겨울부터 눈과 비가 전혀 내리지 않아 낙동강이 말라붙음. 충청·전라도 지방도 마찬가지 설정(2/2). 전라도 구휼어사 이단상, 전라도 백성들의 기근 참상이 너무 심하고 급박하여 상부의 하락 없이 창고를 열어 기민 구제를 했다고 대죄하자 上이 석방되자 친찬(1/27). 7월까지 전국이 가물다가 가을부터 폭우와 바람으로 흉년, 3남 지방과 황해·평안·함경도와 제주도 지방에 심한 흉작. 병조참지 유계, 백성들이 원망이 가장 많은 군역과 軍布 문제를 해결하기 위해 土族에게 군포를 받자고 건의했으나 시작되지 않음(2/8, 12/28).	아사자 발생	상평청, 3월부터 5월까지 설죽소 개설(6/2). 심한 재해를 입은 고을은 결당 쌀 2두, 그 다음 1두씩 세금 감면(10/11). 함경도, 심한 기근으로 정배된 죄인들을 타도로 이배(9/23). 평안도와 황해도 기민을 위해 군자곡을 풀고 세 미를 결당 5두씩 감면(증보). 제주도 기민 구제를 위해 전라도 쌀 1천 석과 통영 비 2천 석을 보냄(증보).	
현종 1	1660 경자	전국	가뭄	지난해의 기근 여파로 함경도와 강원도의 수많은 기민들이 황해도와 경기도를 향하여 유랑길에 나섰는데 수령들 문제당할까 두려워 보고하지 않음(1/13). 강원도, 아사자 44명 발생(2/24). 영남에서도 3월부터 아사자가 나오기 시작함(4/1).	아사자 다수 발생	함경도 기민을 구하기 위하여 영남의 쌀 1천 석 을 보내기로 하였으나 뱃길이 험하고 힘들어 몇 개 월이 지나도 도착하지 않아 아사자 급증(비 6/1). 각지에서 온 유민들이 서울에 들어와 구걸하는 자가 많아지자, 상평청, 3월 조부터 5월 말경까지 5일 간격으로 죽을 주어 이들을 구제함(5/27).	남인 허목·윤휴 등 북도 구상 때 효종·송시열 등이 효 중의 어머니(계 모)에게 3년 아 니 1년의 복을 입게 한 것은 왕

연호	시기 간지	재해 지역	발생 원인	주요 재해 및 기근 상황	아사자	주요 대책·기타	비고
				지난해 겨울부터 당년 4월까지 전국이 가뭄(4/9). 함경도가 심하여 온도가 별가을이 땅이 붉(4/1). 가을이 되자 전라·충청·경기도에서도 아사자 나오고 기민들 전국으로 흘어지며 유랑하기 시작(비 9/9).		제정 부족으로 5품 이상 관료의 녹봉 1석씩 감함(10/27). 사헌장감 申渫이 『救荒撮要』 1책을 올리니 이를 인쇄하여 8도에 배포함(11/4). 募穀을 위해 예다에 비해 자기첩·노직첩·주증첩·심직첩을 발행함(비 12/4).	을 서자 취급한 것이라며 송시열과 서인을 맹공(4/9). 제1차 예송논쟁.
현종 2	1661 신축	경기도 충청도 경상도 전라도 황해도 평안도	가뭄 수재 냉해 역병	지난해 홍수에 이어 올해도 전국적인 가뭄. 5월 경상도에서만 기민 4만 7천 500명 발생, 전염병 환자 1만 8천여 명, 사망자는 980여 명으로 보고됨(5/11). 인천부사, 판내의 백성들이 죽음을 무릅쓰고 두고 있으니 상평청의 쌀을 달라고 호소(5/20). 7월 초 평안도에 달걀만한 우박이 내리더니 곧 하순에는 경상도에 폭우가 내려 언덕과 골짜기가 서로 바뀌고 하천의 물줄기가 변하고 전답이 유실되어 배가 떠내려간 것이 헤아릴 수 없이 많음(7/28).	아사자 방사자 다수 발생	상평청, 서울에서 미곡을 시가보다 싸게 발매함. 부자들이 상평청 쌀을 사는 것을 막기 위하여 표문(배급표)을 발행(1/23, 비 2/1). 비변사에게 인당하던 진휼 업무를 다시 진휼청을 보설하여 맡김(윤7/6). 3남에서 육군과 수군의 훈련을 중지(윤7/7). 기민을 구활할 양주가 열어지자 공명첩을 맡아 비용을 대기로 함(10/14). 함경도 쌀 1만 석과 강원도의 비 3천 석을 영남으로 보내고 강화도와 남한산성의 군량미를 3남으로 보내 진휼함(증보), 3남과 경기·해서 지방의 제해 농가에 환곡의 이자를 면제함(12/11).	진휼청을 보설함. 상평청에서 쌀을 싸게 판매하자 상인들이 도성으로 쌀이 반입을 중지하는 부작용이 나타남(1/23).

연호	서기 간지	재해 지역	발생 원인	주요 재해 및 기근 상황	아사자	주요 대책, 기타	비고
				지난해 홍수의 여파로 8도에 기근(증보). 연초부터 전라·경상·황해도의 기아와 전염병이 심각하다는 보고(1/7). 경상 감사, 도내 33개 읍에서 기민 8만 2천 300명, 역병환자 1만 2천 700, 사망자가 300명이라고 보고(2/19). 전라도는 아사자 142, 전염병으로 죽은 자 1천 명으로 보고(2/17).		유랑하는 백성들이 과거 전촌국을 빌려 먹고 갚지 않아 생긴 결손을 모두 탕척(증보). 길에 버려진 어린이를 데려다 기우면 노비로 삼을 수 있는 事目을 마련(4/1, 4/17). 재해가 심한 고을의 田三稅는 해당 고을에 두고 환곡으로 나누어 줌(1/22). 身役과 군역에 대한 價布의 납부를 연기함(2/6). 기근이 심각한 전라우도 19개 읍은 전세를 전액 감하고 좌도도 절반만 거두기로 함(1/23).	
현종 3	1662 임인	전국	가뭄 수해 역병	기근이 심한 영·호남이 구휼사를 과견하기도 했으나 제민이 없어 빈손으로 보내(2/3). 서울에서도 전염병이 대유행, 동·서 活人所에 수용된 자만 2천 명이 넘고 私設 幕을 치고 격리된 자가 4천여 명에 달함(6/20). 영남 전염으로 사람이 많이 축고, 경상도에서만 아사자가 3만이 넘는다고 보고(6/25). 봄철에 가뭄이 계속되다가 7월 이후 한 달 동안 비가 그치지 않아 수해, 벼가 손상되고 무화가 모두 썩음. 전국이 흉작(8/14).	아사자 병사자 수만	5년마다 실시하는 병정의 개조를 연기(1/13, 1/19). 전총청에서 賑數事目을 만들고 각 도에 전총어사 과견 시 이를 휴대하게 함(1/10, 4/3). 서울에서는 신해정과 훈련원에 설죽소를 차리고 기민을 구호, 제반상 설죽소에 올 수 없는 土族과 鰥·寡·孤·獨에게는 乾糧을 나누어 줌(증보). 賑救御使 이두, 賤人을 위한 면천첩을 판매하자고 제안했으나 영상 이하 모두 반대(2/3). 각 도에서 올라오는 上番 군사의 절반은 쉬반 내신 布를 바치게 하고 罷苦을 서서 蓄을 세움(5/5). 堤堰司를 다시 설치, 제언사무을 만들고 호조 관서와 전총정 당상이 관장하게 함(1/23).	

연호	시기 간지	재해 지역	발생 원인	주요 재해 및 기근 상황	아사자	주요 대책, 기타	비고
현종 4	1663 계묘	전국	가뭄 냉해 수해 역병	연초부터 기근과 전염병으로 경기·강원·충청도에서 많은 사망자 발생(1/22, 2/11, 3/26). 봄철 가뭄이 계속되면서 기온이 내려가고 경기·황해·강원·평안·경상도 일부 지역에 우박·서리·눈이 내려 곡식이 죽음 상함(4/16, 5/4, 5/8, 5/14). 가뭄 끝에 긴 장마로 대동강 등 큰 강이 범람하고 전국에 홍수 발생, 많은 인명과 농작물이 손상되어 흉년이 됨(6/1, 6/4, 6/23). 전라도·서울·함경도에도 역병 유행(6/1, 7/3, 7/27). 함경도에서 역병으로 270명 사망(7/27). 흉년으로 경상도에서 수령들이 기민들이 중앙도로 유입하고 있는데 양호의 감사가 보고를 하지 않아 문제당함(8/28).	아사자 병사자 다수 발생	한 해 동안, 기우제, 기청제, 酺祭를 모두 지내고 왕의 求言敎書도 발표함. 남한산성의 군량미 5천 석을 경기도의 기민들에게 대여(4/24). 충남으로 삼남지방의 가을 수군 훈련 정지(7/17). 충남 기민을 위해 대동미 중 1두를 감해줌(9/10). 백관의 녹봉에서 쌀 1석 씩 감함(9/11). 함경도의 노비 신공을 감하고 기민들에게 상평창의 모곡을 무상 지급함(10/19). 영·호남의 가을 군사훈련 정지(10/12).	
현종 5	1664 갑진	전국	가뭄 냉해 역병	지난해 겨울 경상도에는 눈이 오지 않고 얼음도 얼지 않음. 낙동강이 얕아 배가 다니지 못하고 물이 있는 저수지가 하나도 없음(4/12/27). 경상도의 기민 수는 3월까지 11만 3천 400명, 역병 환자 4천 300명(3/6, 3/19). 황해도	아사자 병사자 수천명	최근 수년간 계속된 흉년과 역병으로 각 도의 백성들 탕진상태이고 정부의 세입도 크게 감소. 전라도는 경창으로 쌀 400여 석, 콩 100여 석 밖에 보내지 못함(4/2). 工匠는 모든 수입을 匠人들이 내는 匠布하에 의지하는데 현종 1년 이후 계속된 흉년으로 상포를 과 싸움으로 국	몇 년 동안 서인 과 남인 간 예송 문제와 이이·성 혼의 문묘 배향 문제로 인한 당 쟁으로 국

연호	시기 간지	재해 지역	발생 원인	주요 재해 및 기근 상황	아사자	주요 대책, 기타	비고
				는 역병 환자 2천 520명, 죽은 사람은 360명(3/13). 충청도는 환자가 590명, 사망 78명. 평안도는 환자 350명에 죽는 자가 100명이 넘음(4/1). 함경도는 기민 1만 2천, 환자는 65명(5/3). 강원도는 1만 600명이 이환 중이고 52명이 사망(4/5). 시간이 갈수록 기민과 역병 환자가 늘어나 구제할 가망이 없다는 보고가 올라옴. 4월에 모자 함경·강원도에 눈과 서리가 내리기 시작(4/13). 5월에는 경기·강원·함경도에도 서리가 내려 농작물이 손상됨(5/12, 5/13). 이해 전국 각지에서 소의 전염병이 크게 유행하고 명화적이 곳곳에서 발생		감면하여, 궁조의 수입이 계속 줄어들어 자녀들이 1배 동 미만이 됨. 이 때문에 각사와 이문에서 사용하는 잡물과 각종 공사에 대한 대가를 지불하지 못하고 있으니 장포의 감면을 줄여달라고 요청(비 1/15).	정이 마비 상태에 이름.
현종 8	1667 정미	전국	냉해 가뭄	연초부터 냉기가 가시지 않더니 황해도 극산과 평안도 양덕에서 백성 17명이 눈사태로 압사(2/9). 함경도 영흥부 백성 26명이 눈사태로 죽음(2/12). 4월에 강개·선천·덕천·영변·성천·평양·전	병사자 아사자 다수	上. 災異로 피전, 감선과 철악, 求言을 함음(4/17). 中서의 노비 신공을 탕감함(윤 4/10). 강원과 황해도에서 서울로 들어온 유랑민 가운데 역병 환자가 많아 동서 활인서를 설치함(윤 4/23).	

연호	시기 간지	재해 지역	발생 원인	주요 재해 및 기근 상황	아사자	주요 대책, 기타	비고
				주·남원 등지에 눈과 서리가 내리고 곳에 따라 재앙만한 우박이 내림(4/5, 4/30). 담양에서는 서리가 눈처럼 내림(4/16). 윤 4월에 통진·광주·금화 등지에 눈과 우박이 가을처럼 오고 함양·이천·함천·밀양·경주 등지에도 눈과 우박이 쏟아짐. 문천·고원·함흥에는 우박과 눈이 변집이 내렸는데 눈이 반자나 쌓임(윤 4/3, 윤 4/14). 날씨가 서늘한 가운데 비가 오지 않아 전국에 한발(비 8/1). 경기도 농사는 전혀 가망이 없다는 보고(비 8/1). 강원도와 황해도·충청도에 큰 흉년이 들자 수천 명의 유민이 서울로 몰려 들어옴(윤 4/23).		경기에 京倉의 군량미 700석을 보내 진구(6/25). 흉년으로 4품 이상 관원의 녹봉에서 쌀 1석씩을 감하고 노비 추쇄를 중지하며 양남지방의 藏抄를 정지시킴(8/3). 경상·전라도의 기민 대책으로 통영 고신첩 600장, 가선 고신첩 400장을 보내줌(8/7). 관동의 기민을 위해 京倉의 조 2천 석을 인구의 開原倉으로 옮겨 옴(증보).	
현종 9	1668 무신	전국	가뭄 냉해 역병	가뭄철 가뭄으로 우물이 모두 마름. 봄철에도 가뭄이 계속되어 씨를 뿌리지 못함. 4월이 되자 전국에 전염병이 다시 시작함.	아사자 병사자 1천 명 이상	경기도 기민을 위해 쌀과 콩 각각 1만 석을 방출하고 충청도와 황해도의 기민을 위해 각각 쌀 4천 석을 진대(4/13). 서울 백성을 구제하기 위해 남도에서 쌀 1만 3천 석을 이전해 옴(5/12).	흉작으로 훈련도 감 군사들이 먹고 살기 어렵다고 장사를 하는 사람이 많이 생김.

연호	시기 간지	재해 지역	발생 원인	주요 재해 및 기근 상황	아사자	주요 대책, 기타	비고
				중청과 경기도에 아사자 다수 발생(1/24, 비 2/3). 서울에서만 기근과 역병으로 900여 명 사망(4/28). 황해·평안도 기근으로 급박한 상황(비 3/5). 5월이 되자 평안도를 비롯 강원도와 중청도에 서리가 내리고 우박이 쏟아져 넘은 곡식이 손상됨(5/1). 전라도와 경상·평안·함경도 가을 농사 흉년, 목화 농사도 가뭄으로 흉작이 됨(9/1).		6월 하순에도 아사자 가뭄과 친행기우제를 지냄(7/14). 함경도의 전세와 공물을 반감해 줌(10/8). 지난 여러지, 기근이 심한데 나라에 저축이 없으니 내수사·수진궁·명례궁 등의 쌀콩과 무석으로 기민을 구휼하자고 왕에게 청하였으나 반영되지 않음(8/8/13).	유외전 상인들과 갑등을 빚음(2/6).
현종 10	1669 기유	평안도 함경도	수재 냉해	지난 겨울 날씨가 따뜻하여 눈이 오지 않음 (1/3). 함경도, 정월 이후 역질 사망자 900여 명 (3/10). 3남에 폭우로 홍수, 곡식이 많이 손상됨 (6/25). 경기·중청·전라·평안·황해도에 해일로 홍수 피해(7/19, 7/22, 7/28). 평안도와 함경도, 심한 폭우와 우박으로 작물이 손상됨. 특히 함경도의 명천·경성·경	역 질 사망자 다수	중신을 보내 사직·종묘·북교에서 祈雨祭를 지냄 (1/3). 지난해 흉년이 심했던 경상좌도에 쌀 1천 400석, 피곡 2천 820석, 帖價米 2천 580석을 진대(1/21). 평안도에는 耗米 4천 300석을 함당 (1/21). 경상도 기근으로 統營의 함동 수군 훈련 연기 (2/5). 경기 기민에게 江都와 南漢의 군량미 1만 석을 한구으로 배정(4/30). 함경도의 흉년으로 穩城은 세미와 대두, 노비신	

연호	시기 간지	재해 지역	발생 원인	주요 재해 및 기근 상황	아사자	주요 대책, 기타	비고
				홍·은·성·충성 등지에는 오리알만한 우박이 2~3차이 내림. 신비 들이 조목은 물론 부서이 다 황폐되고 사람과 가축도 맞으면 심아 남지 못할 정도라는 보고(8/30).		공을 면제하고 충성·경중·경중·상주·감산은 세미와 대두 노비신공을 반감하고 충원·명천·경성은 牛黃 세폐와 기타 藥材價를 모두 면제함(11/4). 평안도 창성·이성 등 4 고을은 세미 6두 가운데 4두를 감하고, 강계·자주 등 4고음은 3두, 가성 등 22고음을 2두, 이주·용천 등 12고음 5두 등 정반을 감함 (11/4).	
현종 11	1670 경술	전국	가뭄 냉해 수재	연초부터 3월 중순까지 가뭄자 기우제를 게속 지냄. 4월이 되자 전염병이 돌아 충청과 제주에서 사망자가 속출, 8도가 가뭄으로 애태우는 사이 멀과 보리가 거의 말라 죽음 (4/9). 4월에 날씨가 서늘하여지더니 전국 각지에 서 매일씩 서리가 내리고 우박이 쏟아짐 (4/14, 4/19, 4/23, 4/29). 벼이 과종 시기를 놓치고 기장과 목화도 큰 손상을 임음(5/2). 평안 감사, 평양지역에 오리알만 한 우박이 반자 남개와 어린이가 맞아 죽고 땅·까지·까마귀 등이 수없이 죽었다고 보고(5/17). 전라·경상·강원도의 한새가 참혹하여 농사	아사자 수만명 으로 추신됨	서울의 쌀값을 안정시키기 위해 강화에서 군량미 3만 석을 가져와 시중에 판매함(증보). 전라도의 기민을 위해 호조의 소금·布·철을 팔아 그 도으로 구물을 사게 함. 제주의 기민을 위해서는 전라도와 통영의 쌀을 배을 운반해줌(증보). 衛鬱軍의 상변은 1년 간 정지하고 일반 생민군은 半년 간 입번을 정지(비 9/7). 身役의 면제를 상분으로 나누어 재해가 가장 심한 고음은 身布를 모두 면제, 그 다음으로 심한 지역은 반을, 그 다음은 한 읍을 면제해 줌(10/15). 전라 감사 吳始壽가 벌에 대한 금제와 관사의 노비에 대한 수량 등 자세한 구황방책을 건의하자	현종 11년 제해 는 庚戌년(1670) 이 경 자와 다음 해 辛未년(1671) 이 신 자를 따 庚辛의 신 자를 따 庚辛의 재기근으로 기록함.

연호	서기 간지	재해 지역	발생 원인	주요 재해 및 기근 상황	아사자	주요 대책, 기타	비고
				가 가망이 없다고 해당 도의 감사가 보고 (4/9, 5/16). 5월 하순이 되자 전국적으로 큰비가 내리기 시작, 한 달 동안 그치지 않음. 비 피해도 잠축하였고 농사는 전례 없는 흉작으로 판세. 7월이 되자 정상 감사, 함양에서 11명 아사했다고 보고(7/19). 이후 전주 각지에서 백성들이 굶어 죽는다는 장계가 잇따름. 백성들이 흩어지고 아사한 시체가 길바닥에 깔림. 饑民들이 논에 익으라는 벼가 조금이라도 있으면 주인을 무어놓고 베어가고 남의 소와 말을 잡아먹어도 마을이 막는 상황(8/10). 각지에서 명화적이 일어나 정부의 세폐, 방물과 군포를 강탈함(9/2). 7월 방경 제주에는 강풍과 폭우가 쏟아지고 성난 파도가 포말을 내뿜어 조목이 소금에 절인 것 같이 되고 풀 뿌리·소나무 등이 다 죽음(9/9). 황해도, 충주로 가을 강화도의 田稅를 도저히 전을 수가 없으니 군향미를 발려서 구흉해달라고 요청(11/25).		그 가운데 아홉 조항을 채택하여 시행함(11/1). 각도의 전세는 서울로 보내지 말고 현지에 두었다가 구휼미로 사용하게 함(12/29). 戊닭의 기록: "이 해의 처참한 기근을 차마 어찌 말할 수 있겠는가. 흉수와 가뭄과 바람과 서리의 재변이 8도가 똑같아서 곡식이 여물지 않아 굶주려 죽은 사람이 길에 널렸다. 모습을 잃은 제상이 전정보다 심하여 백성의 목숨이 구렁텅이에 빠지게 되었으니 실로 수백 년 이래 없었던 재난이다. 국가가 평소에 저축한 것이 없으니 갑자기 대흉년을 만나 백성들이 굶어 죽는데도 구제하지 못했으니 비통할 일이다"(10/15).	

연호	시기 간지	재해 지역	발생 원인	주요 재해 및 기근 상황	아사자	주요 대책, 기타	비고
현종 12	1671 신해	전국	가뭄 냉해 역병	봄 가뭄과 함께 지난해의 기근이 계속되어 연초부터 구휼을 계속하지 않으면 안 될 사정. 서울은 전례 없이 선혜청과 한성부 훈련원 등 세 곳에 죽소를 설치하자 도성 밖의 기민들도 몰려와 죽을 얻어먹음(1/14). 전국 각지에서 굶주린 백성들이 수없이 죽어 나감. 충청 감사 이홍연, 連山縣에 사는 노비 순난가 그대로 자녀 두 명을 삶아 먹은 참사가 일어났다고 보고(3/21). 도성 안 길거리에 아사한 시체가 즐비하여 수만 명으로 셀 수 있음. 도성에 시체가 가득하다고 보고(4/3, 4/24). 특히 외지에서 온 기민은 거의 죽으며 굶주리며 노숙하여 은몰에 풍상과 냉기가 있는데 조금이라도 병에 걸리면 죽어 버리는 것. 이해에는 혹심한 기아와 함께 역병이 크게 유행함. 서울에서도 숙경공주, 제조 판서 조복양, 예조참판 유철도 돌림병으로 사망(1/9, 1/10, 1/13). 사망자가 급증하면서 서울에서도 제때 치우지 않은 시체가 길거리에 즐비함.	아사자 병사자 수만명으로 추산됨	경기·충청·전라·경상·황해·강원의 전세는 모두 해당 도에 두었다가 백성들을 진휼하는 데 사용하도록 조치(비 1/23). 강화도의 군향곡 3만 석을 서울로 이전하여 구휼미로 사용(비 2/14) 정부는 보유미가 다 없어질 때까지 구휼을 계속함. 각종 공명고신첩을 판매함(3/5). 한성부, 시체를 치우는 인력이 부족하여 경기도의 군 200명을 10일 동안 차출하여 노역시킴(비 9/13). 길거리 버린 아이들이 많이 생기자 버린 아이를 거두어 기르면 노비로 삼을 수 있도록 함(3/18). 지난해에 방출한 환상곡은 절반만 받아드리고 나머지는 다음 해에 받아드리도록 함. 흉년인데다가 시중의 쌀값이 너무 올라 남부를 가망상이 없었음. 兵曹判書 徐必遠, 인부으로 공사간의 저축이 모두 바닥이나 국가의 형세가 매우 위급하니 淸나라의 무곡을 수입하자고 제안(6/1). 영의정 이하 여러 대신들이 반대, 식량 수입 논의가 중단됨.	한성의 쌀값, 1 석에 은 8냥으로 폭등.

연호	시기 간지	재해 지역	발생 원인	주요 재해 및 기근 상황	아사자	주요 대책, 기타	비고
				(4/24). 전라 감사 吳始壽, 주위와 굶주림이 절박한 백성들이 작당하여 강도질을 하고 있다고 보고. 옷을 제대로 갖치고 나가면 강도에게 빼앗기고, 추위에 떠는 사람들이 무덤을 파 내 수의를 벗겨가고, 감옥에 들어간 사람은 모두 굶어 죽고 얼어 죽는 형편이라는 것 (1/11). 이런 사정은 전구이 같은데 특히 충청·경상·전라도가 심하였음. 5월 초에 경상도의 기민은 24만 2천 300인, 죽은 사람 590명, 전라도의 기민은 21만 3천 300, 죽은 사람 280명이라는 보고가 올라옴(5/19.) 제주도는 묵이이 다 떨어져 4만여 도민이 굶기 일보 전이라는 보고. 5월 초가 되자 경기·황해·평안·함경·강원도에 철 이른 서리와 우박이 내리고 삼남은 서리와 황충이 겹처 보리와 밀이 거의 죽어 수확할 것이 없었고(5/9), 죽는 사람은 가을까지 계속 증가함.		백관의 분기별 녹봉을 임시로 정지하고 예수를 줄여 散料를 주기로 함(6/25). 재정 부족으로 훈련도감의 일부 병력을 임시로 감축. 이로 인해 절약한 연간 비용이 쌀 1만 석, 무명 2백 동, 종포와 상포비 등 상당한 규모였음(7/14). 北쌀에 입방하는 남도의 上番을 면제하고 각도의 수군 및 육군의 훈련을 정지함. 이앙군과 정초군 및 정초군의 상변을 정지함(8/8). 삼남과 경기도의 각년 전세는 반만 받기로 함(8/12). 금년에는 죽은 사람이 매우 많아 신역을 종전과 같이 반으로들일 수 없어 면제하기로 결정(8/21). 史官의 기록: "8도에서 기아와 전염병으로 죽은 백성은 이루 다 셀 수 없을 정도였는데 3南이 더욱 심하였다. 노인들이 말하는 이런 상황은 들어본 일이 없는 것으로 임진년의 병화보다도 더 참혹하다고 하였다. 수령이 보고하는 것은 죽은 수 이 먹이는 곳에서 죽은 자만 보고하였을 뿐 굶어서 죽고, 길에서 죽은 자는 대부분 기록하지 않았다. 수령들은 진구를 실행했다는 평가를 받으	

연호	서기 간지	재해 지역	발생 원인	주요 재해 및 기근 상황	아사자	주요 대책, 기타	비고
							라고 사실대로 보고 하지 않고 열에 한둘 만 보고하였다(2/29).
현종 13	1672 임자	전국	가뭄 냉해 역병	함경도에서 110여 명이 아사함(3/12). 역병으로 서울과 황해·경상·전라·함경도에 서 수 천 명이 죽고 아사한 사람도 수백 명이라는 보고(6/19, 7/15, 윤 7/29). 권농교서를 통해 "근년의 기근으로 백성들이 고향을 떠나 오로지 내 책임이다. 금년에도 또 비가 오지 않으니 오장이 타는 듯 차라리 죽고 싶다. 신하들은 편양을 짓지 말고 협력하여 나랏일에 진심을 다하라"고 유서(5/1). 대사헌 이민적 "지난해의 흉작은 일기가 불순한 탓만이 아니고 사람이 제때 대처하지 못해서 일어난 것입니다. 지금 향리에는 살 아남은 사람이 열에 너 댓도 되지 않습니다. 이들은 아무것도 가진 것이 없으므로 조정에서 종자를 빌려주어 농사를 짓게 해 주지 않으면 田畝가 지난해보다 더 황폐해 질 것입니다. 수령들로 하여금 적절 농춘을 돌면서 종자와 농량을 지급하게 한 후 그	아사자 셀 수 없을 지경	호조 판서 김수흥, 병오년을 포함하여 그 이전에 별비준 국자이 10만 석이 넘는데 지금 백성들이 행편으로는 갚을 수 없으므로 모두 면제해주자고 건의(3/9). 이조참의 이단하, "조선에서는 일적이 군병에게 급료를 주지 않았는데 임진왜란 때 유성룡이 급료를 주는 훈련도감 군을 창설했습니다. 그 후 군부대가 계속 늘어 현재는 훈련도감 5천 500여 명, 도감 별대가 1천여 명, 어영군이 1천여 명, 정초병이 500여 명, 금군이 700여 명이며 각 청의 군관들이 1만 명에 가까워 병자년 이전에 비하면 그 숫자가 몇 배나 됩니다. 지금 조제수의 연 12만 석인데, 군사를 양성하는 비 8만 석이 소비됩니다. 나머지 4만 석만 가지고 국가의 경비에 쓰고 있으므로 너무 부족합 니다. 여기에 또 덜어내서 굶주린 백성을 구제하라니 어떻게 될 일입니다. ...용도를 너무하는 방법에 는 군사를 감축시키는 것보다 좋은 것이 없습니	정부, 경신대기근 이 후유증을 치 유하는데 3~4년 이 소요되었다고 판단.

연호	서기 간지	재해 지역	발생 원인	주요 재해 및 기근 상황	야사자	주요 대책, 기타	비고
				"수화당을 가지고 수령의 생활을 정하소서" 라고 상소(2/18). 영의정 허적, "팔도의 군병들 가운데 지난해의 기근을 겪은 후 죽거나 흩어진 자들이 절반을 넘습니다. 지금은 큰 난리를 겪은 후와 마찬가지로 당장 충원할 길이 없습니다. 도망갔거나 죽은 사람을 충원하는 일을 3년 동안 중지해야 합니다(3/3).		다. "라고 제 정 사정을 설명(9/19).	
현종 14	1673 계축	경기도 충청도 경상도 전라도 함경도	가뭄 역병	함경도 가뭄과 역질로 200여 명이 죽음 (4/15). 맹종이 지났는데 비가 오지 않아 보리·밀이 말라 죽고 파종이 적기를 잃음. 현종, 감선과 금주를 선언하고 죄인들을 다시 심리할 것을 지시, 구언교자를 내려 의견을 구하는 동시 신하들에게 폄당을 짓지 말고 힘을 합쳐 구정에 진념하라고 하교(5/1). 대궐 안에 역병이 돌아 세자빈과 명성공주가 죽고 현종은 경덕궁으로 피신(7/23, 8/2). 흉내에 심한 3남 지방과 경기도의 조세감면 대책을 논의함(9/21, 10/20).		영남지방의 곡물 7천 곡을 함경도 안변으로 이송하여 기민을 구휼(4/15). 흉년이므로 都城의 백성들에게 戶米를 감하고 미포를 지급함(12/2). 3남 지방에서 재해가 심한 고을은 사감하고, 나머지는 감하고 그 다음은 3분의 1을 사감하고 月課米를 감하거나 정지해줌(12/4).	

연호	서기 간지	재해 지역	발생 원인	주요 재해 및 기근 상황	아사자	주요 대책, 기타	비고
숙종 즉위년	1674 갑인	평안도 함경도 황해도 경기도 강원도	가뭄 수재 냉해	봄철, 전국적으로 가뭄. 평안·함경·강원·황해도도 크게 가물다가 여름에 큰비가 내려 홍수, 그리고 때 이른 서리와 우박이 내려 작물이 다 망가짐 (9/12). 영남과 호남에도 한발가 내린 후 서리가 내려 국식이 많이 상함(9/15). 평안도와 황해도에도 큰물이 들고, 호남·수원 등 여러 고을은 아사자가 수출하고 있는데도 수령이 숨기고 보고하지 않음 (10/12).	평안도 아사자 발생	身役에 부과하는 身布는 현종 12년 이전의 것 가운데 미수된 것 모두 면제. 재해가 심한 곳의 지난해 신역는 1필을 감하고 軍保米는 2두를 감함(10/12). 경기도는 충주마다 왕응 조성에 민됨이 고갈되었으므로 전세와 대동미를 절반으로 감해줌(10/25). 상평청이 쌀 500석을 평안도에 보내 기민을 구제하고 제해가 심한 고을은 전세를 감함(11/24).	현종 사후 숙종이 즉위하자 남인, 예송느넹 제개, 서인들이 효종 구상 때 효종의 계모인 대비에게 상복을 1년 만 입게 하여 효종을 차자로 만 등엿느네 이는 선왕에 이른 큰 죄를 진 것이니 문제해야 한다는 뜻. 현녀 대제는 뒷전으로 밀리고 당파싸움으로 치열해짐.
숙종 1	1675 을묘	함경도 평안도 황해도 경기도	가뭄	전국적으로 봄 가뭄이 심한 가운데 4월에 눈과 서리가 내림. 임금이 행행 기우제를 여러 번 지냈는데도 한재가 계속되는 것은 하늘이 임금에게 내리는 정고이므로 가랑 보내고 뭇아낸 서인 대신들을 다시 불러들	평안도 아사자 발생	현종 12년(1671) 이전의 환곡 가운데 아직 회수하지 못한 17만 석을 탕감(5/25). 京畿의 콩 1만 석을 경기도 각 읍에 중자도 나누어 줌(5/28). 서울 백성을 구제하기 위해 진휼청과 호조의 쌀 1만 3천 석을 빌려줌(3/3).	

연호 (간지)	시기 간지	재해 지역	발생 원인	주요 재해 및 기근 상황	아사자	주요 대책, 기타	비고
				여야 하늘의 노여움을 풀 수 있다는 상소가 계속됨(4/26). 조복·중복·말복이 다 지나가도록 비가 오지 않음(6/9). 의정부 좌참찬 吳始壽, 흉년을 맞아 나라 안에 쌀이 부족한데 東萊의 私商들이 일본에 밀매하는 쌀이 연간 석이라며 단속을 요청함(7/18).		함경도 利城 등 아홉 고을의 전세를 감하고 身役을 반감함(12/1). 황해도는 전중 12년 이전에 죽거나 도망한 자의 신역을 금년에 한하여 감해주고 안악 등 8고을은 軍保布을 3분의 1만 받고, 전세는 쌀 2두씩만 거둠(12/1). 대사헌 尹堦, 신료를 반는 훈련도감이 장사를 하여 시전 상인과 이익을 다투는 것은 부당하니 이를 금지시켜야 한다고 주청함 5/15).	
숙종 2	1676 병진	경기도 황해도 평안도	가뭄	지난해 여름의 가뭄으로 경기·황해·평안도의 흉년 계속됨(2/3). 황해도 아사자 많이 발생(3/7). 평안도와 황해도, 황충 피해(3/8). 장미비로 벼무이 순상됨, 기경제늘 지냄(6/23).	아사자 다 발생	황해도의 전세 기운데 2만 5천 석은 평안도에, 1만 6천 석은 황해도에 구황미로 나누어 주고, 경기도의 세미는 가을까지 수세를 연기함(2/5). 함경도의 군향미와 환자 7천 700여 섬을 탕감(2/19).	
숙종 3	1677 정사	전국	가뭄 냉해	6월 말까지 비가 오지 않는 가운데 때 이른 눈과 우박·서리 등이 전국 곳곳에 내림. 서울에 서리(3/7), 무주에 눈(3/7), 경상도 진주·단성·양천·의성 등지에 달걀만한 우박(5/17), 제천에 서리와 우박(5/24), 평안도 중화·상원(5/27), 함경도 회령·심수에 서리(5/21). 황해도 국산·서흥·제령 등지에 우박		흉녀으로 정비 부족을 예상, 정품부터 6품까지 녹봉에서 쌀 1섬씩을 감함(9/16). 가뭄으로 대과로 메밀에 세금 면제(9/27). 중청·경기의 제해가 심한 고을은 대동미의 반을, 각 군문의 番布와 保米의 절반을 감하고 신역의 경우 3품을 내던 자는 1을, 2필을 내던 자는 1필을, 노비 신공의 경우 1필을 내던 자	

연호 (연차)	시기 (간지)	재해 지역	발생 원인	주요 재해 및 기근 상황	아사자	주요 대책, 기타	비고
				(5/29). 충청·경상·황해·평안·함경도 지역에 우박 (5/30). 충청·함경도의 황충 피해(6/19, 6/27, 7/6). 8도가 흉년으로 판명됨(10/1). 영남과 호남 사이의 기민들이 주접하여 황재 때가 되어 산업을 잃삼음(7/16).		는 3분의 1을 감하도록 함(11/17). 호남의 재해가 심한 곳은 대동미, 군사의 保米, 신역은 모두 3분의 1을 감하고 영남은 진상하는 호과와 軍器寺의 月課米, 제용감의 정포 등을 모두 감함(11/17).	
숙종 4 1678 무오		평안도 함경도 황해도 경기도 강원도 경상도	병해	가뭄이 해소되지 않아 4월부터 계속 가우제를 지냈으나 7월 말까지 비가 오지 않음 (7/26). 강원도의 냇물과 못이 모두 마르고 청천강 물이 흐르지 않아 물고기·자라·뱀 등이 비어 죽음(6/24). 전답의 바닥이 거북등처럼 갈라져 배무을 주수할 가망이 없어짐(6/8). 4월 경기·강원·황해·경상·평안도에 우박이 내려 지붕의 기와가 깨지고, 나뭇잎이 다 떨어지고, 곡식이 다 문드러짐. 얼음 섞인 우박에 날아가던 새들이 맞아 죽음. 농민의 곡성이 천지를 진동함(4/31). 숙종, 신하들에게 가뭄대책을 진달하라고		영의정 허적과 판내윤 등이 銅錢을 만들어 사용하기를 주청하자 上, 호조·상평청·진출청·이영청·훈련도감에 명하여 常平通寶를 주조, 4백 문을 은 1냥의 값으로 정하여 통용시킴(1/23). 호조 판서 오정위가 평안도와 전라도에서도 주전을 요청하자 양도의 감영과 병영에서의 주전을 요청을 허락(6/3). 백관의 녹봉에서 소나과 같이 1두씩을 감하고 관서의 고을 가운데 재해가 심한 곳은 전세를 면제하고 신역을 반감함, 그다음 재해가 심한 고을은 전세를 반감하고 산동이 심한 고을은 전세 중에서 3두를 감하여 줌(8/5).	계속되는 흉년으로 쌀이 없어 군사들에게 금료를 주지 못하고 사가가 오래지 않아 경기가 더욱 위축됨. 동전을 발행하여 군사들의 봉급을 주고 각종 상품의 유통을 돕기로 함. 수령 때부터 行錢에 성공함. 이

연호	시기 간지	재해 지역	발생 원인	주요 재해 및 기근 상황	아사자	주요 대책, 기타	비고
				요구하자 부흉군 조사기 상소: "흉중에서 승하하시다 순시열이 복제를 평강하여 예를 무너뜨리고 정사를 어지럽힌 후 해마다 가물어 끊주리지 않은 해가 없었으며 경술년(현종 11)과 신해년(현종 12)에 이르러서는 더욱 극심하였음. 즉, 어제 이 무리들을 석 방한 뒤에 비를 오게 할 수 있었습니 까. 人道는 무너지고 天地는 문을 닫으니 당시의 가뭄과 수재 전염병 등의 재앙은 모 두 순시열이 부른 것입니다"(6/20). 현종 11년과 12년에 굶어 죽은 백성들의 혼 령을 위로하는 제사를 지내도 비가 오지 않 음(6/17). 경기 이북에 큰 흉년.			후 돈을 구휼 자 원으로 사용하기 시작함.
숙종 5	1679 기미	경기도 충청도	역병 가뭄	좌참찬 吳挺緯, 동전이 통용된 이후 백성들 의 후생이 증가하였으므로 주전을 계속해야 한다고 진언(1/16). 전염병이 도성 안에 만연하여 죄수를 맞을 수 없어 방문을 연기하도록 건의(2/19). 5월부터 7월까지 가뭄이 극심하여 기우제를 여러 차례 지냄(6/8, 6/21, 7/18).		도성 내의 기민 구제를 위해 강화의 군량미 1만 석을 실어옴(2/13). 兩南에 있는 통영의 군당미 2만 석을 경기도와 충청도의 연해 고을에 賑貸함(6/30). 황녀도 각 고을의 供上을 줄이고 雜織 및 군사 들의 급료를 감함(9/26).	

연호	시기 간지	재해 지역	발생 원인	주요 재해 및 기근 상황	아사자	주요 대책, 기타	비고
숙종 6	1680 경신	경기도 황해도 평안도	가뭄 수재	강원도 울진에서 역질이 발생, 정월에 77명이 사망(2/8). 7월 초가지 심하게 가뭄다가 7월 하순부터 비가 계속되자 四門에서 祭를 세 차례나 지냈으나 비가 그치지 않음(8/8). 한재와 수재. 경기·황해, 평안도로 수재도 큰 흉작(8/23). 牛疫이 전국적으로 돌아 많은 소가 죽음. 전라도에서만 4천 100여 두의 소가 죽음 (10/6).	전염병 사망자 다수	비가 그치지 않자 죄가 가벼운 죄수들을 석방 (8/8). 경기 36 고을의 대동미에서 2두씩을 감해주고 신포를 1필씩 감해줌. 강화도 교동에는 전세와 신역을 모두 면제(12/26). 호남과 영남도 흉작인데 分災를 주지 않았다고 사헌부에서 이의를 제기(9/11).	庚申換局으로 남인 몰락하고 서인 복귀.
숙종 7	1681 신유	전국	가뭄 수재	3월부터 6월 초까지 가뭄이 계속됨. 그사이에 열 차례의 기우제를 드림. 肅宗, 비망기를 통해 "올여름의 旱災는 한도 끝도 없었던 흉년 앙화이 이미 지났는데도 바람마다 불고 조짐은 이득하다. 저번은 구하고 減膳·撤樂·禁酒 등을 시행하라"고 지시함. 6월에 시작한 장마가 큰 2개월 내림. 이번에는 네 번에 걸쳐 기청제를 올림(8/8). 가뭄과 수재로 전국이 흉년 특히 경기도와 兩西지방, 함경도가 심함.		호군 이민서, 지금부터 전쟁 준비를 강구해야 하는데 저축이 없고 훈련도 못 되어 있는데, "평소 흉조의 세입이 12만 석인데 늘 고미는 군사의 수가 1만 명이 넘는다. 군사들을 위한 비용이 연 8만 석이고 나머지 4만 석은 백관을 위한 녹봉과 각종 비용으로 쓰인다. 군사의 수를 줄여 그들이 소비하는 양곡으로 밥천으로 삼지 않으면 안 된다"고 상소(5/19). 승지들도 훈련도감의 인건비가 8만 석에 이르는데 군사의 수를 줄여야 나라의 살림이 펼 수 있다고 상소(7/16). 대사헌 이단하도 군사의 수를 줄여야 기민 구휼을 할 수 있다고 진언(5/2).	

연호	시기 간지	재해 지역	발생 원인	주요 재해 및 기근 상황	아사자	주요 대책, 기타	비고
숙종 8	1682 임술	전국	가뭄 냉해 수재	봄철에 비가 오지 않더니 5월 들어 평안도 영변 등 9고을에 우박, 함경도 명천 등 여러 고을에 눈이 내림(5/2). 경상도 청송, 평안도 삭주·정성 등지에 우박과 서리가 내림(5/25). 함경도 산수 지역 한여름에 눈이 내림. 여러 도의 가뭄 끝에 냉해가 찾아옴(5/22). 7월에는 각지의 여러 녹식이 손상되고 많은 사람이 아사함. 8월에는 장마가 그치지 않아 기청제를 지냄(8/10). 함경도 홍수로 9백여 호의 인가가 표몰 되고 400여 명이 아사함(8/16). 가을에는 눈이 내리지 않아 祈雪祭를 세 번이나 지냄(11/28). 서울에 도둑이 횡행하였는데 대부분 정승과 판서 등 고관의 집이 털림.		제주의 구황을 위해 곡식 1만 석을 보냄(1/15). 충청도, 내등미 5천 석을 보내주고 인홍진의 군량미도 진출에 쓰게 해달라고 정부에 요청(1/24). 함경도 북단의 기민을 위해 평안·영원·양덕·맹산의 곡물을 함경도 남관으로 옮기고 함경도의 식량을 북관으로 릴레이 수송하여 줌(3/24). 8도가 흉년이나 구원할 수 있는 지역이 별도 없었음. 上, 진휼 자원을 조성하기 위하여서는 황해도의 平安道의 쌀과 조 5만 석을 운반하여 오라고 지시하고(12/4), 백관의 녹봉을 삭감하는 조치를 내림(12/10). 재해를 많이 입은 지역의 軍作을 전라도에 보내줌(12/2), 상진수의 公명첩을 전라도에 보내줌(12/4). 수축. 銀 3천 냥을 호조와 진출청에 내려 줌(12/19). 이어 내탕의 주추 100근, 단목 1천 근, 백반 300근, 호괴 10매를 진출청에 내림(12/28).	금위 호위와 수도방위를 강화하기 위해 精抄軍과 도감의 別隊를 합쳐 禁衛營을 설치.
숙종 9 재해	1683 계해	충청도 경상도 전라도 함경도	역병 가뭄 수재	함경도에 역질이 발생. 300여 명이 사망(1/20). 비변사, 兩南에 흉년이 심해 이웃으로 救活할 수 있는지의 여 간 사람들을 타도로 移徙할 수 있느냐의 여	역질 기근 사망자 많음	호조 판서 윤계, 호조의 창고가 다 비어 구휼할 수 없게 되자 되자 동전의 주조를 청하여 하락을 받음(1/13). 영남 구휼을 위하여 전세를 절감 3두를 감하고	경비가 부족한 훈련도감이 은진과 강성의 장시에 점포를 열고 장사

연호	서기 간지	재해 지역	발생 원인	주요 재해 및 기근 상황	아사자	주요 대책, 기타	비고
				부름 논의(1/13). 전라도에서 기민들이 많이 사망함(27). 함경도와 평안도에서 역병으로 많은 사람이 죽음(6/18, 윤6/6). 봄철 가뭄이 심하다가 6월 중순부터 각지에 큰비가 쏟아짐. 서울과 경기도 각 고을에 비가 연일 내려 수위가 7척에 이름. 논밭이 토사로 묻임(윤6/6). 경상도 김해·상주 등 26고을에 폭우로 큰 피해(윤6/4). 전라도 광주·남원 등지에 홍수로 많은 사람이 죽음(7/15). 서울에도 전염병이 성행, 강원도에 병이 결리자 정업을 중지함(9/19). 대궐에도 역병이 침입.		산수미는 1두 2승으로 감함(1/19). 함경도의 기민을 위해 통영의 죽미 2만 석을 수송하여 구휼(1/26). 전라도 구제를 위해 강화의 쌀 1만 석을 보냄(2/7). 도성의 쌀값이 급등하자 除耗米 1천 석을 미전에 내다 팔아 쌀값을 조절(윤6/12) 숙종, 전염병에서 쾌차하자 사향수를 제외하고 모든죄인을 석방·사면시킴(11/17). 유개무신들의 제안되진 제안들를 다시 설치하고 전임 당상관을 둠(1/19).	를 시작함(윤6/6).
숙종 12	1686 병인	전국	가뭄 냉해 역병	함경·충청·전라도에 전염병이 크게 유행. 소의 역병도 함께 유행함(1/11, 3/21). 牛疫이 다가있는데도 비가 없어 예조에서 기우제를 청함(윤 4/10). 6월까지 가뭄(/20). 그러나 날씨가 매우 차가워 4월에 전국적으	역병 사망자 다수	京司에 바치는 금년도의 身役을 모두 면제함(8/24). 상평청에서 구황 방법으로 솔잎을 먹는 방법을 권유함(11/7). 兩南에 저축도 없고 또 양남도 흉년이므로 제주도민의 구황을 위해 황해도와 평안도의 田稅 가	

연호	시기 간지	재해 지역	발생 원인	주요 재해 및 기근 상황	아사자	주요 대책, 기타	비고
				로 눈이 내림(4/20). 8월부터는 각지에 찬비와 우박·서리 등이 내려 기온이 급강하함. 충청도 각지에 찬비가 연일 내려 凍澤 사람이 길에서 찬비를 맞고 얼어 죽음(8/16). 경상도에서도 찬비가 내리고 우박이 쏟아져 찬새가 얼어 죽고 가축 구석이 모두 손상됨 (8/19, 8/25). 제주도에서는 소와 말 2천 9백여 마리가 얼어 죽음(9/9). 강원도에서도 우박과 서리가 변겨아 내리고(8/8), 경기도에도 찬비와 우박이 쏟아져 구석이 손상됨(9/13). 제주를 포함한 호남의 사정도 마천가지로 큰 흉년이 됨(9/17).		운비 가능한 양을 보내주기로 함(12/3).	
숙종 13	1687 정묘	전국	역병 기름 수제	전라도 각 고을에 전염병으로 52명이 죽고 200여 명이 이환 중이라고 전라도 감사가 보고(1/16). 수청원, 8도에 흉년이 들어 아사자가 길에 널려있다고 보고(2/15). 6월 각지에 폭우가 내려 수해. 특히 강원도 원성 등지는 폭우가 쏟아내는 기세가 강물	아사자 병사자 다수	영의정 김수항, 호남의 재해가 다른 도보다 우심하니 전라도의 전세와 대동을 본도에 그대로 두었다가 진재에 보충하자고 진달(2/3). 우의정 이단하, 각 도가 모두 흉년이므로 지난해의 身布를 받지 말고 주수를 기다렸다가 가내도 쌀로 대신 내도록 하여 전홀 물자에 보태도록 하자고 상신(2/3).	

연호	서기 간지	재해 지역	발생 원인	주요 재해 및 기근 상황	아사자	주요 대책, 기타	비고
				을 뒤집어 놓은 것과 같아 164호의 인가가 표몰 되고 죽은 사람이 매우 많았음. 수제 이 심상은 다른 도도 마찬가지(6/13). 비가 그치지 않아 서울 4대문에서나 두 차례 의 기청제를 지냄(6/17, 6/24).		영남에서 전세로 받은 콩 1천 300석을 호남에 보내 종자로 쓰게 하고 강화의 콩 9천 석도 호남에 보내 賑資로 사용하게 함(2/29). 일본의 동래의 왜관에서 매년 지급받는 면포 400 동을 쌀로 대신 주기를 청해옴. 조선, 충낸이니 절반만 쌀로 주고 나머지는 내년에 주기로 약속 (2/6).	
숙종 14 1688 무진		전국	역병	전라도 고부 등 9읍에서 600여 명 역질로 죽음(4/10). 강원도 회양 등 여러 고을에서 역질로 1천 200여 명이 사망(3/14, 3/16). 함경도 안변 및 충청도와 전라도에 역병이 유행하여 1천여 명이 사망함(4/12, 4/22, 5/4). 이 해 역질이 크게 번져 전국에서 1만여 명 이 목숨을 잃음(6/29).	역병 1만여 명 사망	강원도 회양에 구휼미를 보내고 세곰을 감면함 (3/16). 비변사, 금년 작황이 좋지 않으니 각도에 지시하 여 가을에 받을 환곡의 양을 줄이도록 요청함 (9/24).	
숙종 16 1690 경오		전국	가뭄 냉해 역병	황해도에 괴질이 유행하여 죽은 사람이 많 음(2/1). 전라도에 큰 바람이 불어 이야기던 보리·밀 이 손상되고 평안도 은산 등 7고을에 눈이 내려 높은 산에는 한자나 쌓임(3/20).	전염병 사망자 사망자 발생	전라 감사, 전라도에서 각 衙門에 상납하 는 구식을 현지에 그냥 둔 채 賑資로 쓰게 해달 라고 요청(7/3). 호조와 선혜청이 郎官 4인을 영남과 호남의 각 고을에 보내 현지의 농사상황 보고하도록 함.	

연호	서기 간지	재해 지역	발생 원인	주요 재해 및 기근 상황	아사자	주요 대책, 기타	비고
				경상도에도 눈·우박·서리가 와 농작물의 피해가 큼(3/24). 날씨가 가문 가운데 전국 각지에 우박이 내림, 큰 것은 계위을 만하였고 작은 것은 매추 만 하였음(5/14). 경상·전라도의 가뭄으로 전패가 없을 정도로 심각하다는 보고(7/20). 평안도 이주 등 21고을, 경기도 광주 등 5고을, 충청도 5고을, 황해도 7고을에 우박이 내려 농작물이 많이 손상됨(8/28, 9/10). 8도가 흉년으로 판정됨(9/27). 역병이 지성하여 경기·황해·평안·함경도에 환자와 사망자가 많이 발생됨(12/20).		(7/6). 호조 판서 閔黯에 쌀이 부족하니 백관에게 녹으로 줄 때 10석 가운데 2석은 현미로 주고, 각 衙門의 軍兵의 요미도 쌀 대신 현미를 섞어 주도록 요청(7/13). 흉년 진자를 마련하기 위해 공명첩 2만 장을 만들어 8도에 판매(11/10). 경기·전라·충청·강원·함경도 균병의 올해 충원(歲抄)을 정지시킴(9/12). 삼남의 전세는 재해의 정도에 따라 감면하기도 함(12/15). 閔黯, 흉년으로 호조의 물력이 소진되었으므로 동전을 발행하여 자금을 마련할 것을 주청(12/28).	
숙종 17	1691 신미	충청도 전라도 경상도	냉해 충해 수해	황해도 수산 등지와 강원도 상동에 눈과 우박이 내림(4/11, 4/12). 평안도 함종·은산 등 수십 고을에 우박이 내리고, 강계 지방에는 우박이 내림(6/1, 6/12, 6/17). 황해도 장인, 평안도 평양 지방에 황충 피해(6/23). 兩湖와 해서 지방에 황충과 충수 피해		지난해의 흉작으로 三南의 전세와 대동계를 감면함(1/3). 가장 피해가 심한 고을은 전세와 대동을 전면하고 다음으로 심한 곳은 차등 있게 감면함. 호남에서 바치는 蜿膳도 올가을까지 줄이도록 함. 영남의 전향을 위해서는 충주에 있는 楊津倉의 쌀 1만 석을 주기로 했으나 鳥嶺을 넘어 운반하기가 어려워 호남의 대동미 1만 석을 영남으로	

연호	시기 간지	재해 지역	발생 원인	주요 재해 및 기근 상황	아사자	주요 대책, 기타	비고
				(7/11, 7/28). 함경도에 홍수와 우박·바람 피해 심함(7/7). 평안도에 전염병이 치성(7/3). 上, 흉년이 예상되어 호조·상평청·선혜청에 지난해 연기했던 진세와 대동을 다시 적절히 감면하는 방안을 강구 하라고 지시(윤 7/24).		보내주고 양진창의 쌀 1만 석은 선혜청에 주기로 결정(3/10). 함경도의 목자 1만 5천 석을 경상도에 선혜으로 보내줌(2/4). 함경도의 기근으로 겨울철 月課軍器를 감면(9/17). 관동의 기근으로 세폐 면포의 반을 감함(11/21).	
숙종 18	1692 임신	전국	가뭄 수재 냉해	맹종이 바두했느네도 비가 오지 않아 여러 차례 기우제를 지냄(4/20). 6월부터 내린 비가 그치지 않아 여러 도의 서 큰 홍수가 남. 농사를 맞은 것은 물론 민가 수천 채가 떠내려가고 물에 빠져 죽은 사람이 1천 여 명을 넘음. 이 해 전염병으로 죽은 사람도 수없이 많음(8/3, 10/29). 비가 그치자 평안도·황해·경기·충청 등지에 서리와 큰 우박이 내렸느네 가죽이 나 새가 맞으면 죽사느네 박설나듯 깨졌음(7/30). 8조가 흉년. 도두의 수귀 張吉山이 陽應에 숨어 있는는 비 포도청 군관이 검거에 실패하자 양덕 현감을 처벌함(12/13).	역병, 수재 사망자 다수	숙종, 비망기를 통해 "금년의 수재는 예전에 예전에 없던 일로 농사의 제앙은 말할 것도 없고 죽은 사람만 600명이 넘어 늘랍고 비참하다. 논 이외 의 밭에도 급재하고 죽은 사람의 身役도 모두 탕 감하라"고 지시(8/3). 이로 인해 목화에도 급재 함. 사간원에서 이번 흉년은 전국이 마친가지이나 모 든 도에 똑같이 급제할 것을 건의하여 승인을 받 음 (8/27).	張吉山, 화적패를 조직.

연호 간지	시기 간지	재해 지역	발생 원인	주요 재해 및 기근 상황	아사자	주요 대책, 기타	비고
숙종 19	1693 계유	전국	수재 냉해	작물이 한창 자라는 시기인 5월에 양남·호서지방에 큰 것은 거위 알, 작은 것은 비둘기 알만한 우박이 쏟아져 나무가 부러지고 기와장이 깨짐(5/29). 6월에 장마가 그치지 않아 각 도에 익사자가 많이 발생(6/30). 7월에도 평안도와 경상도 지방에 달걀 모든 새알 만한 우박이 쏟아져 농작물이 상하고 새가 많이 죽음(7/14). 함경·황해도에 황충이 심하게 번져 포제(酺祭)를 올림(6/30).		지난해의 흉년은 8도가 같았으나 그중 경기가 가장 심하여 경기의 전세를 가을까지 연기함(비 2/21). 이조 판서 吳始復, 흉년 구제를 위한 계원이 바닥나서 상평청의 주전을 요청하여 승인받음(비 1/5). 여러 아문에서 동전을 주조하여 혼란이 있으니 앞으로는 호조에서만 주전하도록 함(7/3). 京中의 쌀이 귀하 있는 사람으로 우박라지가 없는 지의 비용은 京主人에게서 반아내기도 함(비 9/14).	
숙종 20	1694 갑술	전국	냉해 역병	봄부터 찬 바람이 불더니 농사철에 눈과 서리가 내림. 평안도 덕천 등 3 고을, 전라도 무주, 충청도 연천 등 4 고을에 눈과 우박이 내림(4/11). 전라도 전주 등 5고을과 함경도 명천 등지에 서리가 내림(4/13, 4/20). 평안도 이주와 수무에 달걀 만한 우박(5/3). 전라도 진안에 우박이 한 자가 옴, 황해도 봉산에도 우박이 내림(5/15, 5/24). 한여름인데 강원·충청·전라·함경도에 밤마다 서리가 내림(7/25).	아사자 병사자 수천명	우박 피해가 심한 경기도 광주 등 8 고을에 全災를 줌(10/27). 전라·경상 沿海邑의 別會租 각 1천 석을 함경·평안도로 이송(11/29). 호조 판서 이세화, 함경도 기근으로 도민의 전체 가운데 米布와 軍民의 役布를 감면을 요청(12/6). 평안·함경도에 이사를 보내 진휼을 심괴게 함(12/12).	이해 중의 정쟁 (장희빈)가 폐서인 되고 폐비 민씨가 복위됨. 甲戌換局으로 남인 몰락, 서인 부귀. 황해도에 大同法 시행.

연호	시기 간지	재해 지역	발생 원인	주요 재해 및 기근 상황	아사자	주요 대책, 기타	비고
				평안도 성천 등 8고을에 오리알만한 우박 (8/11). 경기도 광주 등 22고을에 주먹만한 우박이 내려 새와 개구리 등이 많이 죽음 (8/15).			
				가을철에 경기도 광주 등 8 고을에 우박이 쏟아짐(10/23).			
				함경도에 괴질이 발생하여 많은 사람이 죽음(비 8/14). 평안도에서 돌림병으로 600여 명 사망(비 10/17).			
				평안 감사, 7월 이후 8월까지 평안도에서 아사한 사람이 1천 500여 명이라고 보고(비 8/27).			
				비변사, 경기·강원·충청·황해·평안·함경도가 벼를 수확할 수 없을 만큼 심한 흉년이고 전라·경상도 역시 흉작이라고 보고 (9/28).			
				겨울철에 눈이 오지 않아 가뭄이 계속되자 祈雪祭를 지냄(12/19).			
숙종 21	1695 을해	전국	가뭄 냉해	이른 봄부터 거센 바람이 연이어 불더니 서리가 내려 보리와 밀이 여물지 않고 추곡의 파종 시기까지 노림(4/1).	다수의 아사자 발생	왕이 災異의 극복을 위하여 恐懼修省을 하고 求言을 하자 영의정 남구만, 좌의정 유상운 등은 한재가 심하니 지난해 조정에서 죽출된 사람들을 다음 해인 숙종	숙종 21년은 乙亥年(1695)으로

연호	서기 간지	재해 지역	발생 원인	주요 재해 및 기근 상황	아사자	주요 대책, 기타	비고
				경기·충청·평안도 등지에 밤마다 서리가 내림(4/23). 평안도에 우박이 내렸는데 큰 것은 주먹만 하고 작은 것은 비둘기 알만한 것이 두 치나 쌓임. 밭은 마치 말 떼가 짓밟은 것과 같았고 땅은 새들이 앉아 쪼아 죽음. 함경도에는 물동이를 엎은 듯 소나기·우박·얼음이 뒤섞어 내림(5/12, 7/1). 경기·충청·전라·평안도에 7월 28일부터 8월 2일까지 밤마다 서리가 내림(8/2). 작물이 다 죽어 이해 가을에 큰 흉년이 듦. 전년 유명종은 금년이 현종 12년(1671)의 흉작보다 배나 심하다고 평가(9/3). 12월에 경상도에서 54명의 아사자가 나오고 경기도에서 다수의 아사자가 발생하기 시작하였는데 수령들 보고를 보고하지 않음(12/10).		다시 등용하자고 주청(4/29). 왕이 구속된 신하들을 석방하려 하였으나 이번에는 남인이 포진한 三司의 彈劾이 극히 반대, 권이 끝내 해도 많은 만 석방됨(5/1). 이즈음 한발이 심각하여 왕이 求言하면 신하들 축출하거나 다시 기용하는 것을 내용으로 하는 내쳐을 내놓고 싸울 만큼 당쟁이 고질화 됨 전흉년하는 일의 비중이 커지자 숙종 12년 상평청에 흉수 폐지시켰던 진휼청을 다시 부설(비 8/6). 좌의정 유상운, 강원 감사 오도일, 각 도의 진곡이 소진되었으니 돈으로 賑穀을 구입할 수 있도록 상평청에서 40~50만 냥을 주조해 주도록 청(비 9/3, 9/30). 여영청도 군사의 금료를 위한 동전을 발행함(12/10). 진휼청의 건의로 遺棄兒 수용사목을 제정하여 실시함(12/10).	22년 丙子年(1696)과 함께 대기근이 이 계속된 해로 역사적으로 乙丙 대기근으로 기록 되고 있음. 주수기 설값 1斗에 5냥이 됨.
숙종 22	1696 병자	전국	냉해 가뭄	흉작으로 세곡이 반으로 감소 됨(1/7). 평안도에서 饑民 이어군이 蔬萝름 뜯에 人	아사자 수만 명	지난해의 흉년으로 8도의 세곡을 반으로 줄이줌(1/7). 서울과 8도에서 설진소를 차려 기민을 구제함.	丙子年(1696) 내 기근. 봄철 춘궁기 쌀

연호	시기 간지	재해 지역	발생 원인	주요 재해 및 기근 상황	아사자	주요 대책, 기타	비고
				商을 떠어 겨우 있느데 上이 크가 설명한 것으로 보아 사항을 면제시켜줌(1/5). 3월 초 도성 인에서의 아사자가 200명을 넘음(3/3). 도성 안에서 명화적이 횡행함(2/3). 4월에 각도에 서리와 우박이 내림(4/2). 계속되는 흉년 구제로 京外의 관이와 각지의 산성에 보관하던 군량이 다 소진되고 호조의 경비가 탕진됨(2/20). 전국에서 아사한 백성의 수만 명의 이름(3/12). 평안도 철산 등지에서 7월 이후 1천 500여 명이 아사(8/27). 가을에 눈이 오지 않아 기설제를 지냄(12/7).	1만	경기 백성으로 서울로 죽을 먹으러 오는 사람이 1만 명이 넘고, 각 도즈 각각 수만 명. 경상도는 56만 명이 설진소를 이용하였다고 보고(3/12). 농사철을 맞아 경기 백성들이 과중할 수 있도록 군자창에 있는 벼 1만 석을 종자로 나누어 줌(3/15). 기민들의 身役을 덜어주기 위해 진졸청에서 各司와 軍門에 돈을 보내주어 身布를 대신 충당하게 함(4/8). 구흉을 위해 각 도에 賑錢을 나누어 주고 곡식을 구입하게 함(6/14). 평안 감사 李濡, 평안도는 해마다 흉년이 들어 정부미가 궤하거나 될 짓이라며 淸國에 쌀 수출을 청해보자고 주청했으나 비변사에서 거부됨(11/4).	값 1냥 20냥으로 폭등.
숙종 23 1697 정축		전국	가뭄 역병	삼동에 눈이 내리지 않아 가을걷이한 보리가 거의 다 얼어 죽고 논밭이 메마름. 이 해의 기근은 지난해와 다름없이 연초부터 심각한 상태임.고 역병도 마진가지 상황. 1월부터 굶어 죽고 얼어 죽은 사람이 길가에 즐비하고(2/15), 평안도 성천 등지에서는 전염병으로 40여 명이 죽음(2/1).	기근과 역병 1만 이상 사망	평안도의 기근이 심해 평양과 안주에 설죽소를 차림(1/5). 평안도와 황해도의 쇄馬와 私賤에게 면천첩을 팔아 진구하기도 함(1/22). 도성으로 들어온 유민들이 가져 노숙을 하고 도로 두겁을 하여 시민들을 불안하게 한다고 이들을 보내 栗島로 주방하고 식량을 주어 그곳에서 지내게 함(3/6).	이해는 연초부터 전국이 기근상태. 전국이 수많에 들어가 수많은 사람이 아사하는 참상을 보였으나 『숙종실록』에는 기근데

연호	시기 간지	재해 지역	발생 원인	주요 재해 및 기근 상황	아사자	주요 대책, 기타	비고
				곳곳에서 명화적이 사람을 죽이고 재물을 약탈하고 심지어는 人肉을 먹고 시체의 옷을 벗겨 입는 일이 일어남(2/10). 금강산의 순무라는 중이 재지들과 함께 화적 振吉때와 결탁하여 약모를 꾀한다는 고변이 들어 옴(1/10). 광주 분원에서 배성 39명이 아사함(윤 3/6). 용천부에서 금춘과 애함이라는 기생의 囊女 2명을 죽여 그 고기를 먹고(4/29), 금성의 한 기민은 假葬한 시체를 꺼내 먹었다는 보고가 올라옴(3/26). 낙원 등지에서 150명이 죽음(5/9). 경기도 광주 배성 수백 명이 대궐 앞에 모여 진휼을 닫라고 시위하자 이를 저지하던 守禦廳의 군졸을 심하게 구타(4/6). 임금이 내린 비망기 속에 사망한 배성이 1만을 넘을 것이라고 추산(7/5). 이해 겨울에도 눈이 오지 않아 밀과 보리가 얼어 순상되었으므로 종묘와 사직에서 기설제를 지냄(12/24).		기우제를 여러 차례 지냈으나 가뭄이 그치지 않으므로 關西에서 아사한 사람들을 위한 제사를 지냄(5/3). 5월 중순이 되도록 비가 오지 않음. 금위영·충융청 군사의 上番을 정지(8/23)하고, 경기·충청·황해·강원도의 납포 상환해야 하는 환곡의 절반을 줄임(8/3). 기근상황이 악화되자 대사간 朴泰淳, 淸나라에 移咨하여 中江에서 互市가 열릴 때 청의 무물을 무역 해다가 관서지방의 기민을 구제하자고 제안(5/12). 대신들 논의 끝에 부경에 간 주청사가 돌아오면 그쪽 사정을 알아본 후 다시 논의하기로 함(6/3). 주청사가 돌아온 후 중국의 쌀 수입문제를 논의할 때 영의정 유상운이 무역의 이점을 적극 주장하여 청나라에 사신을 보내 쌀의 수출을 요청하기로 결정함(9/21).	해에 대한 기록은 별로 없고 반대당을 사료로 단해하는 가서료가 득자 있음.

연호	시기 간지	재해 지역	발생 원인	주요 재해 및 기근 상황	아사자	주요 대책, 기타	비고
숙종 24	1698 무인	전국	가뭄 역병	淸나라는 조선에 양곡 3만 석의 수출을 허락하고 미곡 상인들로 하여금 쌀을 중강가지 운반하여 팔수 있도록 조처함(1/2, 2/7). 이즈음 한성부에서만 매주 40~50명 씩 아사(1/22). 淸 황제는 吏部侍郞 陶岱를 시켜 무역미 2만 석을 조선에 팔도록 하기로 함. 淸 황제는 별도로 조선에 大倉米 1만 석을 무상으로 조선에 보내줌(2/25). 도岱는 쌀 3만 석을 선박을 이용하여 중강으로 가져왔으나 淸 상인들은 이윽은 별도로 수량 미상의 쌀을 육로로 가져온 것으로 보임. 우의정 최석정이 중강에 나와 淸나라 대표 단을 맞음. 淸나라 관리가 최정석에게 大倉米 1만 석을 중국이 황제가 주는 것이나 北向하여 고두사은하고 陶岱인에게도 감사의 뜻을 표하라고 요구함(2/26). 이 소식을 접한 김의 鄭澔는, "인조와 효종께서는 명나라의 은혜를 잊지 못하고 항상 뼈를 깎는 와신상담의 뜻을 보이셨는데 壸	아사자 병사자 수만명	肅宗 24년의 전반기는 淸나라의 미곡 수입 문제를 가지고 신하들 간에 치열한 다툼으로 아무것도 할 수 없는 상황이었음. 상평감 임원섭과 지평 이재로 등이 우의정 최석정과 호조 판서 이유를 파직시키고 형신을 가하라 당라는 상소를 올림(6/8). 우의정 최석정 파직 당함. 7월에 역병으로 죽은 사람이 이루 말할 수 없이 많음. 동림병이 심해지자 동·서 교외에 病幕을 많이 설치하고 병자를 치료케 제 깃고 병자를 수용(비 10/12). 이 해 도성에서 죽은 사람은 1천 583인이었고 8도에서 사망한 사람은 2만 1천 546으로 보고됨. 그러나 지방에서 보고하는 숫자는 열에 두 셋도 안 되게 죽순한다는 것(12/28). 사간원, "창의의 주미진 죽는 사람이 시체가 산더미를 이루고 있는데 교외로 가지고 가 매장하지 않고 이을 담당한 매장군들은 이 시체를 끌고 가 분제가에 그대로 던져버리고 있다"며 한성부를 단책(비 12/10). 노동터 부근으로 반포 없이 죽동하자 죽은 사람이 수의을 벗겨다가 매매하는 일이 증가함(12/19). 이해 겨울에도 역병이 치열하게 확산됨.	사관의 기록: 갖 市를 열게 한 처사는 재물을 소모하고 나라를 병들게 했을 뿐 아무나 마지막에 이익을 우나 이 일을 우관한 신하에게 어찌 최를에게 져 최를 물지 않을 수 있는가. 김 정석의 상소는 청정의 영의정과 죄의정이 이 사의를 포함했다(5/5).

연호	서기 간지	재해 지역	발생 원인	주요 재해 및 기근 상황	아사자	주요 대책, 기타	비고
				을 만나 아무런 대책도 없이 원수에게 구걸하는 것은 한강물로도 씻을 수 없는 치욕을 자청한 것"이라고 쌀 수입을 반대하는 상소를 올림(2/29). 淸商들은 운반비가 많이 들었다며 쌀값을 비싸게 부르고 여러 가지 잡화를 가져와 조선에 팔라고 함. 쌀 가격은 국절 끝에 石당 5냥 7전으로 결정하고 잡화는 살 수 없다고 거절함. 조선은 청이 위에의 병조·진휼청·금위영으로 하여금 2만 냥씩 내어 상인들에게 빌려주고 물건을 사는 것으로 결정(5/23). 이 과정에서 三司는 쌀은 물론 잡화도 모두 구입해서는 안 된다고 맹렬히 반대하면서 쌀 수입을 추진한 신하들 퇴출시키라고 요구(5/11).			
숙종 25	1699 기묘	전국	가뭄 역병	숙종. 지난해 역병이 참상에 대해 비망록을 내림. "전 연병이 8路에 두루 과저 마을에 완전한 가호가 없는가 하면 베에 하나도 치 유되 사람이 없었다. 그 가운데 혹독한 경 이상 하는 온 집안이 몰사당하는 지경에 이르렀 다. 兵禍의 금박함을 어찌 여기에 비할 것	아사자 병사자 1백만 이상 으로 주정됨	숙종 21년(1696)에 호구조사를 하다가 계속된 흉 년으로 중지하였느데 이 해 숙종 25년(1699)에 조사를 완료하였음. 이 절과 숙종 25년의 호수가 129만 3천 83호이고, 인구는 577만 2천 300인으로 집계됨. 이것을 숙종 19년(1693)의 호구와 비교하여 보면	숙종 19년 대비 6년 만에 인구가 약 140만 정도 감 소한 것으로 보임.

연호	서기 간지	재해 지역	발생 원인	주요 재해 및 기근 상황	이재자	주요 대책, 기타	비고
				인가"…"지난해는 논밭에서 입할 백성들이 나무 많이 죽고 농우와 농량도 없으니 올해 이 농사도 제대로 지을 수 없게 되었다"(비 1/8, 비 4/3). 봄철에 가뭄이 심한데다가 여병까지 수그러 들지 않고 기우제와 瀆祭(여제)를 차례로 지냄(비 5/28). 사람들이 하도 많이 죽어 綿布를 짜서 못하니 포의 값이 날개 돋친 듯 뛰어오름. 관아에서는 배정된 포의 수량을 제우기 위해 黃口와 白骨에게 身布를 장수하고 隣徵·族徵으로 이웃에게 연대책임을 지우니 백성들이 원망이 하늘에 닿았다고 『實錄』이 기록 (4/16).		호수는 25만 3천 391호가 감소, 인구는 141만 6천 274명이 줄어들었음. 기근과 여역이 참혹하였기 때문에 이 지경이 된 것으로 볼 수 있음 (11/16).	
숙종 28	1702 임오	전국	냉해 수재	중부 이북에 봄과 여름철에 눈과 서리가 자주 내려 국산이 냉해를 입음. 황해도 곡산·신천·신계 등지에 우박과 서리(4/30). 평안도 선천·박동·삼화 등 13고을에 눈과 우박이 내리고,강계 등 3읍에 서리와 우박이 내려 국산이 많이 상함(5/16, 6/19).	아사자 다수	공조참판 이인엽, 그동안 여러 차례 흉년을 겪으면서 백성들에게 발려준 국식을 회수하지 못해 남한산성의 군량미 쌀 3천 석과 기타 괴곡구 4천 석 밖에 없어 매우 우려되는 상황이라고 보고 (1/5). 진휼청에서 굶주리는 서울 백성들을 위해 쌀 2천 석과 田米 4천 석을 염가로 발매(5/22).	

연호	시기 간지	재해 지역	발생 원인	주요 재해 및 기근 상황	아사자	주요 대책, 기타	비고
숙종 29	1703 계미	경기도 강원도 전라도 경상도 황해도 평안도		함경도 고원 등 3읍에 서리와 우박이 내리고, 황해도 봉산 등지에 각종 곡식이 상함(6/22, 7/9). 충청도 충주와 진천 등지에 우박(7/12, 7/19). 경기도 광주 등 23고을이 우박과 바람의 피해를 크게 입음(7/13). 함경도 산수에 3일간 서리가 내림. 여름에는 두 달 동안 장마가 내려 전국 각지에서 산이 무너지고 제방이 터지지 않은 곳이 없을 지경이고 모든 작물이 썩어 흉년이 예상된다고 감사들이 보고(7/30). 장마에 전국에서 집이 유실되고 무너진 것이 2천 200여 호, 죽은 사람은 238명으로 보고됨(7/30).		비가 그치지 않아 곡식이 상하지 않은 곳이 없어 기청제를 지냄(7/5). 지평 이동원, 전국 흉년이 예상되니 8도에 특히 恤災하도록 청함(8/2). 재해를 얻은 경기도의 백성에게 대동미 4~6두를 감해줌(12/2).	
			수재 역병	평안 감사 이세재, 지난해의 실농으로 양덕에서 5명이 아사했다는 사실을 고과하고 대죄(3/1). 황해도에서 많은 사람이 아사함(3/10). 강원·함경 감사, 아사한 백성이 매우 많다고 보고하고 이들을 구제하지 못한 죄임을 지고 대죄함(3/25).	아사자 방사자 다수 발생	연중에 기민들을 위한 진휼사목을 발표, 각 고을로 하여금 국과 乾糧을 준비하여 기민을 구제하도록 지시하고 시청에서도 진장을 설치함. 도성에서 가지 생활을 하는 유랑민을 귀향시키기 위해 죽을 쑤어주는 것을 중지하고 식량을 주어 고향으로 돌려보내라는 정책을 제택하였으나 실효가 없었음(2/26).	

연호	시기 간지	재해 지역	발생 원인	주요 재해 및 기근 상황	아사자	주요 대책, 기타	비고
				각지에서 서울로 유랑민이 몰려듦. 유랑민들은 경기·강원·황해·평안도 출신이 많음. 떼도둑이 있어남. 전주에서 서울로 보내는 국가의 稅가 강도들에게 탈취당하고, 경기도 포천과 적성현 관아에 도둑이 들어 무기를 훔쳐 감(3/14). 서울 시구문 근처에서 매보에 강도가 살인을 저지름(3/5). 함경도에 역병 유행(7/8). 여름철에 계속되는 비로 각지에서 홍수 피해 발생. 경상·함경·강원도에 수재(6/10, 6/14, 7/2). 충청도와 전라도에 해충 발생(6/22). 전라도 29읍 강풍과 폭우 추 눈과 우박이 내림(9/8). 운봉과 임실에서는 우박에 맞아 사람이 죽음(9/19). 떼동강과 청진강이 범람(11/1).		유민들이 연이어 3남 지방으로 내려왔으나 구제 대책이 없었음(3/25). 경기 감사 기민 구제를 위해 2만 석의 구휼을 요청(6/27). 우의정 申琓, 유민 대책으로 걸인을 동원하여 북한산성을 쌓거나는 안을 제의했으나 兵判 李畲가 이들이 너무 하나하여 임을 할 수 없고 전염병을 옮김 우려가 크다며 성사되지 않음(3/25). 공조참관 유서발, 강원도의 기민들이 모두 흩어지고 있으니 감진어사를 파견해달라고 요청(10/18).	
숙종 30	1704 갑신	전국	가뭄 역병	함경도 감산에서 정초부터 아사자가 발생(1/11). 봄철부터 여질 유행, 경기도에서만 수백 명이 사망(3/4).	아사자 병사자 다수 발생.	기우제를 여러 차례 지냈으나 비 소식이 없자 上, 감선·철선을 명하고 求言을 함. 신하들에게 당과 싸움을 중지할 것을 요구함(5/22, 5/29, 6/1). 예조 판서 민진후가 기우제의 차례와 순서가 잘	

연호	시기 간지	재해 지역	발생 원인	주요 재해 및 기근 상황	아사자	주요 대책, 기타	비고
				여름철 더위가 사라할 때까지 비가 오지 않아 8도가 심한 한재 한재(5/1, 6/1). 강원도에 굶어 죽은 시체가 즐비하다고 강원도 관찰사가 보고(5/19). 가뭄이 심각하여 백성들이 유망이 시작되어 서울로 몰려들고 있다고 좌의정이 보고(5/19, 5/30).		못되었다고 주장. 기우제를 12차례로 회수를 늘리고 일부 부속적인 것도 포함시킴(6/26). 비를 빌기 위하여 근신을 보내 동교·서교·남교에서 아사한 사람들의 혼령을 위해 제사를 지냄(6/9). 서울과 인근의 기근이 심하여 한강변 교숗에 설국소를 개설함(4/28).	
				가뭄으로 춘천 소양강과 인제 단화천의 물길이 끊어짐(2/24). 봄철에 전라도에 우박(3/16). 경기도 연천·가평 등지 서리가 내리고 많이 얼음(4/9). 강원도에 서리와 눈이 내림(4/12). 함경도 남단 일대, 음산하고 서늘한 날씨에 국서이 자라지 못함. 심수·갑산에는 5월 서리 내리고 북관 일대는 가뭄으로 보리와 밀이 등 수하지 못함(6/20). 강원도 정선·평창·영월·강릉 등지에 폭우로 3백여 호의 인가가 표몰 되고 익사한 사람이 많음(6/8). 각지의 장마가 그치지 않아 기청제를 지냄(7/4).			
숙종 32	1706 병술	황해도 강원도 함경도	냉해 수재 역병		전염병 사망자 다수	강원도 藍賑御使 吳命峻이 관동을 순시하고 飢民圖를 그려 임금에게 바침. 강원도에 큰 기근이 들어 오명준이 왕명으로 진휼을 감독하고 돌아옴(6/20).	

연호	시기 간지	재해 지역	발생 원인	주요 재해 및 기근 상황	아사자	주요 대책, 기타	비고
				황해도와 함경도에 역병이 유행하여 많은 사람이 죽음(11/7, 11/21).			
숙종 33	1707 정해	평안도 황해도 강원도 함경도	역병 수제	평안도에 역병(疫疹)이 발생, 빠른 속도로 전염하여 사망자가 1만 수천 명이라는 보고(4/26). 이때 홍진이 전국에 퍼졌는데 대궐에서는 왕자까지 이환함(4/21). 승정원에서 비가 그치지 않아 농작물이 손상되고 있다며 왕에게 기청제를 청함(7/23). 임금이 비망기를 통해 "이 해의 농사도 흉 년인데 봄부터 가을까지 흉억이 전국을 휩쓸이 세간에 어린이가 드물게 되고 온 집안이 몰사한 경우도 부지기수다"고 발표(11/7). 홍진은 평안도에서 시작, 8도에 고루 퍼졌는데 죽은 사람의 수를 과악할 수 없을 정도(11/17). 금년 농사는 황해도와 평안도 그리고 강원도와 함경도가 심한 흉년이라고 비변사가 보고(11/17).	전염병 사망자 수만명	숙종, "조정이 한마음이 되어야 임을 할 수 있는데 의견이 사분오열되어 시비가 공정하지 못하고 私意가 범람하니 백성의 선혈과 관계되는 임은 부주하지 않고저 하는 것이나 당파의 해를 지적하는 비망기를 내림(11/27). 비변사, 평안도와 함경도에 은화 수천 냥을 보내 현지에서 구물을 구입하여 진출하고 또 전라도와 경상도의 대동미를 수송하여 백성을 구제함. 한편 강원도와 함경도에 돈 5천 냥을 회급하고 황해도는 전세와 대동을 감면해 주도록 요청함(11/7).	
			역병 사망자	작년에 이어 전국에 전염병이 창궐함. 역병으로 죽은 사람이 수만 명에 달함(3/3).		사헌부, 연해와 평야 지대 등을 구분하지 말고 창고에 곡식이 있으면 모든 도의 고을에 대해서 賑救할 것	국식이 없어 최근 수년

연호	시기 간지	재해 지역	발생 원인	주요 재해 및 기근 상황	아사자	주요 대책, 기타	비고
숙종 34	1708 무자	전국	가뭄 역병 냉해	농사철에 경상도 함양도 등지에는 눈과 비, 전라도 무주 등지는 우박이 내리고, 강원도는 눈과 서리가 내려 날씨가 겨울 같았음 (3/22). 날씨가 추운 가운데 가뭄이 심해 논밭이 타들어 가고 과종과 모내기도 하지 못함(5/19). 비가 오지 않아 흉년이 듦(6/1). 숙종, 임주가 가까운데 비가 없자 가뭄을 지내면서 방자호란 때 죽은 군사들의 혼령을 위로함(6/17).	수만명	을 청함(8/11). 諸道의 재해가 심한 고을에 各종 신역의 절반이 1 疏減하면서 비을 감하고, 경기도는 매동마을 결당 2두씩 감해줌(9/29). 숙종, 가우제를 지내고 좌수들을 疏減하면서 비망기를 내려 당파 싸움 때문에 근년에 災異가 주 일어난다며 신하들에게 수신과 화합을 당부함 (12/24).	간 구휼미를 보내지 못함.
숙종 36	1710 경인	경기도 강원도 충청도 전라도 황해도 평안도 함경도	가뭄 냉해	봄 가뭄이 제수되는 가운데 냉해가 이어짐. 4월에 전라도 전주, 평안도 정주와 수주에 서리, 영원과 희천·이산에 우박, 강원도 간성과 홍천에 눈과 서리가 옴(4/6, 4/10, 4/22, 4/27). 5월과 7월에도 충청도 단양에 서리, 평안도 파산 등 4고을에 서리, 함경도 북청에 서리가 내림(5/1, 5/8, 7/1). 집이 운행교, 급년 농사는 沿路를 따라 눈과 밭을 마른하고 흉작이라며 급제를 요청		지광 정차선, 호남과 호서의 흉년이 심하다며 급제를 요청 하는다며 급 하下(9/24). 경기 감사도 구식이 전해 이지 않아 낫음 마지도 못한 곳이 많다며 全災를 요청(9/25). 강원도와 황해도, 급년의 환곡과 신역을 절반으로 돌일 줄 것을 요청(10/12). 충청 감사, 구성의 신포와 환곡을 돌여달라고 요청(10/16). 호남 오명항, 호남의 해변 고을이 없으면 백성들이 모두 아사할 지경이라며 순무사를 보내	

연호	시기 간지	재해 지역	발생 원인	주요 재해 및 기근 상황	아사자	주요 대책, 기타	비고
				(8/27). 경상도를 제외한 전국에 흉년, 특히 호남과 호서·경기지방의 피해가 큰 것으로 보임.		신속하게 구휼해달라고 요청(12/11).	
숙종 37	1711 신묘	전국	역병 병해 수재	정초부터 평안·함경·황해·경상도에 역질 창궐(3/1). 4월부터 5월까지 전국 각지에 우박과 서리가 내림. 4월에 충청도 청안, 강원도 회양 등지, 황해도 제령과 평산 등 9개 읍, 평안도 자산·강계 등과 함경도 갑산 등지에 서리와 우박이 내림(4/6, 4/13, 414, 4/16, 4/28, 4/30). 5월과 6월에 경상도 언동, 평안도 창성·태천과 귀성 등지에 우박, 황해도 풍천 등지에 우박이 내림(5/3, 5/5, 5/8, 5/23, 6/6). 7월에는 비가 많이 내려 각지에서 수재가 일어남. 특히 강원도는 평지가 바다처럼 변하고 논과 밭이 모래와 자갈로 뒤덮이고 표몰된 인가가 1천 5백 호, 익사자 약 3백 명(7/22). 경상도 수해도 강원도 못지 않아 을사년(1665)보다 심했음(7/22).		전라 감사의 장계에 따라 고부 등 8개 고을에 8分災를 줌(8/29). 충청도의 이앙하지 못한 고을은 全災를 줌(9/3).	

연호	시기 간지	재해 지역	발생 원인	주요 재해 및 기근 상황	이재자	주요 대책, 기타	비고
				8월에는 평안도 선천에 우박, 연변에 눈이 내림(8/11, 8/18).			
숙종 39	1713 계사	전국	냉해 가뭄 수재	3월부터 6월까지 전국 각지에서 찬 바람이 불고 눈과 서리, 우박이 내리는 이상 기후를 보임. 경상도 함양에서 눈이 산 중턱까지 내렸고, 충청도 옥천에서는 서리가 눈처럼 내림(5/8, 6/14). 5월에 함경도 6진, 전라도 보성·남원, 경상도 현풍·대구, 황해도 연안·배천·토산, 경기도 개성·여주·이주 등지에 우박과 서리 또는 눈이 내려 곡식이 냉해를 입고 손상됨(5/29). 7월에 가뭄이 들자 살아남은 곡식이 말라죽음. 8월이 되자 각지에서 비바람이 세차게 쏟아져 전답이 유실되고 많은 사람이 이사하고 작물이 모두 손상됨, 마치 말 매가 걸렸은 것 같았음(8/5). 전라도 위도에서 죽우로 수군 1백여 명이 익사함(8/16).	이사자 다수 발생	재해가 심한 경기도와 황해도의 밭에 급제(9/1). 함경도 6鎭과 삼수·갑산의 전세를 모두 감함(9/24). 전라도의 재해가 심한 고읍은 대동쌀 반 감하고 연해 고읍의 전세는 납부를 연기함(11/7). 평안도 성진 등 4읍의 세미를 전라도로 이송(11/8). 영남의 쌀 5천 석과 베 1만 석을 전라도로 보냄.(12/18) 내탕금에서 은자 1천 냥을 충청도에 주고 전라도는 8백 냥을 보냄(9/13). 지사 조태채가 賑貸司를 혁파한 이후 저수지에 물을 모으는지 않아 백성들이 수리의 혜택을 보지 못하고 있다고 보고함(2/19). 上, 물이 없는 제방을 조사하여 보고하라고 지시함. 제주도 기민 구휼을 위해 전라도와 경상도에서 식량을 나누어 들여보내도록 지시함(10/4).	

연호	시기 간지	재해 지역	발생 원인	주요 재해 및 기근 상황	아사자	주요 대책, 기타	비고
				제주도에서 민가 2천여 호와 농작가 유실되고 많은 사람이 죽고 우마도 4백여 필이 죽음(9/8). 8도에 흉년이 듦(10/3).			
숙종 40	1714 갑오	경기도 전라도 충청도	역병 기뭄 수재	지난해의 흉년과 기근으로 제주도에 전염병 크게 유행, 연초부터 1천여 명의 사망자 발생(3/24). 충청도 각 고을의 시체 묻이 모두 마르고 경상도 심한 한재를 입음(4/2, 5/10). 경기도는 전국에 수재(7/5). 제주도 가을까지 역병으로 5천여 명이 목숨을 잃음(8/18).	아사자 병사자 6천 명	호남의 자치미 3천 석을 제주로 수송하고 강화도의 군량미 5천 석을 제주로 보내 진정에 보탬(1/24). 전라도 감진어사 홍진보, 영남의 쌀 2천 석과 현미 3천 석을 제주로 수송하여 줄 것을 요청(2/4). 전주의 쌀 7천 석을 제주도 보냄(2/23). 진휼청이 도 2만 냥을 호남의 각 고을에 보내 충 자료를 사는 데 보충하고 가을에 갚게 함(3/11). 충청도 공주의 금강 상류에 있는 분포의 羅里舖 倉를 설치하고 제주도 보낼 구호곡을 저장하도록 함(7/30).	
숙종 41	1715 을미	전라도 (제주)	기뭄 냉해	가뭄으로 여러 차례 기우제를 지냄(5/7). 전라도와 경기도 여러 고을에 우박이 쏟아짐(8/1). 강원도 영월, 평안도 강동 지역과 함경도는 단천에서 경성까지 맥류가 냉해 지역에 우박이 옴(10/30).	제주도 아사자 다수	해를 가듬하여 제주도에 흉년이 들어 호남과 영남의 곡식 6만 석을 이전하여 구휼함(10/30).	

연호	서기 간지	재해 지역	발생 원인	주요 재해 및 기근 상황	아사자	주요 대책, 기타	비고
숙종 42	1716 병신	전국	가뭄 냉해 수재	제주특별어사 황기하, 흉년으로 제주에서 굶주리는 집이 4만 7천여 호인데 2만 석의 쌀이 더 있어야 구진할 수 있다고 임금에게 보고, 그는 국가에서 쌀 것이 2만 7천 석인데 이전에서 이전은 쌀은 부족당이 많은데 배상을 제외하니 상당양이 부족하다니 이유를 설명(윤3/9). 황기하는 제주가 너무 넓어 공문이 왕복하다 보면 시간이 많이 소요되어 이 때문에 제주 백성들이 많이 죽는다며 빨리 조치해 달라고 진언. 4월에 비가 오지 않고 가운이 내려가기 시작, 경기도에 큰 우박이 내려 사람과 가축이 다침, 양주에서는 세 살 먹은 아이가 우박에 맞아 죽고 전답이 황폐화됨. 평안도 의주와 경상도 안동·예천에서는 가뭄을 만한 우박이 내려 까지 등 새가 많이 죽음(4/11). 5월에는 황해도 서흥·장연·곡산 등지에 서리가 내리고 평안도 강계·이산 등지에 비롯 기온만한 우박이 내림(4/28, 5/4). 6월에는 충청도 공주·정산·예산 등지에 목	아사자 병사자 아사자 다수	제주에 지난해를 포함 3년 연속 흉년이 들자, 上, 특별어사를 보내고 진곡을 더 보내게 함(1/1). 내탕금에서 도 2천 냥을 내어 경기의 기민을 구휼(8/1). 어영청과 금위영의 上番을 정지함(8/27). 제주도에 강화도의 군량미 3천 석과 어영청이 군보미 3천 석을 보내 구휼(11/17). 上, 騎兵·步兵·水軍의 身布 가운데 절반을 내어 가을까지 연기해주고, 호조에 경비가 없으니 둔전을 더 주조하여 驛賤도로 사용하라고 지시(12/24). 수조, 즉의 이후 가뭄과 홍수 등 재앙가 없는 해가 거의 없었는데 부디 재신의 당방을 중지하고 자제하고, 신하들은 고집이 될 당방을 바뜻을 고치않으면 나라가 망할 것이니 당방의 바뜻을 고치고 백 성구하에 진념을 다하라고 유시(7/13).	

연호	시기 간지	재해 지역	발생 원인	주요 재해 및 기근 상황	아사자	주요 대책, 기타	비고
				우가 쓴어져 3배여 호의 인가가 표몰됨. 경상도 각 고을에도 비 피해가 심하여 640호의 인가가 표몰되고 60여 명이 익사함(6/12, 7/13). 비변사, 올해의 재황은 8路가 똑같고 물에 빠져 죽은 사람이 200여 명이라고 보고(7/21, 7/28). 우의정 이이명, 올해는 흉년으로 기민들이 사방으로 유리하고 있다고 보고(11/17). 이 해도 처음에는 가물다가 냉해가 오고 이어서 수해가 일어나는 패턴을 반복.			
숙종 43	1717 정유	전국	역병 가뭄	지난해에 이어 전염병과 한발로 흉년. 특히 전염병이 전국적으로 창궐하여 많은 사람이 죽음(1/1). 각도에 전염병으로 죽은 자와 기민을 파악하여 보고하라는 지시가 있었는데 4월 현재 전라·충청 등 4도에서 역병에 이환 중인 사람이 11만, 서울은 5천여 명, 사망자 2천여 명에 이름(3/8, 4/24). 기민은 충청도가 10만 3천, 서울이 5천 명으로 파악됨(3/8).	아사자·병사자 수천명	역병이 그치지 않자 예조에서 도성의 신천·성황당·장충단·북교에서 여제를 지내고 이어 각 도의 함한 신과 고개에도 중신을 보내 여제를 지냄(6/1). 제주도는 기근이 3년째인데 구호곡을 보내러 해도 풍랑이 높아 순풍을 기다리느라고 반년이 지체되어 매를 놓침(42/3/9).	

연호	시기 간지	재해 지역	발생 원인	주요 재해 및 기근 상황	아사자	주요 대책, 기타	비고
				계속되는 흉년으로 조세(租稅) 탕감, 전염병 등으로 전세 세입이 크게 줄어들이 광년 세수의 절반 정도인 5만 8천 석밖에 확보하지 못함(12/16).			
숙종 44	1718 무술	전국	역병 가뭄	숙종 43년에 이어 한발과 전염병으로 큰 흉년이 듬. 5월 말까지 두 달간 가물어 보리농사 망치고 파종도 못함(6/6). 전염병이 전국적으로 창궐하여 수만 명이 죽었는데 그 숫자를 자세히 파악할 수 없을 정도였음(6/6). 훈련도감의 군사도 전염병에 걸려 죽는 자가 속출함(5/11). 서울에서도 시체가 길가에 가득하였는데 겸 안 사람들도 모두 전염되어 있으므로 시체를 지울 수 없었고(7/1), 모내기를 못한 곳과 쎄를 뽑지 못한 전답이 많았음(7/1). 흉년과 역병으로 인력과 물력이 달려 동전 도 주조할 수 없었음(7/1).	아사자 병사자 수만명	계속된 흉년으로 세입이 크게 줄어들이 호조의 경비가 고갈됨, 백관의 녹봉과 군사들의 신료를 지급하지 못함(1/10). 판서지방의 노비에게 쎌을 바치고 속량할 것을 허락함(1/4). 도성에서도 아사자와 병사자가 속출하는데 식량이 없어 구제하지 못함(4/17). 흉년으로 북한산성을 쌓는 일을 일시 중지함(8/23).	
숙종 45 기해	1719	전국	역병 냉해	지난해에 이어 각지에서 전염병 환자가 속출하고 사망자의 수가 급격히 늘어남. 정초 사망자	역병 사망자	일기족 몰사한 집에 쌀 1섬씩 지급(1/25).	

연호	시기 간지	재해 지역	발생 원인	주요 재해 및 기근 상황	아사자	주요 내책, 기타	비고
			수해 중해	예 각 도의 관찰사가 보고한 전염병 환자와 사망자의 수. 충청도: 환자, 1천 643명; 사망자, 240명; 일 가족 몰사, 4호(1/2). 평안도: 환자, 8천 348; 사망자, 1천 380 (1/2). 황해도: 환자, 3천 200; 사망자, 378 (1/2). 경상도: 환자, 3천 173; 사망자, 348 (1/6). 전라도: 환자, 1만 3천 648; 사망자, 2천 100 (1/18). 충청도 천안 배성 윤대홍, 族戚으로 20명 분의 軍布를 부과받자 집에 불을 지르고 자살함((2/2). 황해·강원·경기도에 큰 흉수가 났는데 황해 도가 가장 심하여 이사자 270명, 인가 2천 700여 호가 표몰됨(7/15). 평안도에 황충 만연, 보리와 밀을 다 먹어 평 안도가 흉무거처럼 되었음(5/22). 평안도 전역에 우박이 내렸는데 큰 것은 거 위, 작은 것은 비둘기알 만하였음. 온 들판 이 兵馬에 짓밟힌 것 같이 국식이 남아난	다수		

연호	서기 간지	재해 지역	발생 원인	주요 재해 및 기근 상황	아사자	주요 대책, 기타	비고
				것이 없고 민가의 향아리와 동이, 기와가 깨지지 않은 것이 없었음(8/27).		숙종이 죽자 그의 아들 경종이 즉위. 경종은 장희빈의 아들로 어려서부터 병약하고 소생이 없었음. 당시 집권 노론은 경종이 단명할 것으로 보고 이복 동생인 연잉군(영조)를 世弟로 주진(1/8/20). 이에 반발한 소론은 김일경 등은 노론이 연잉군을 世弟로 책봉하고 연이어 대리청정까지 시키는 것은 왕위를 빼앗으려는 역신의 행위이니 처단해야 한다고 주진(1/12/6). 마음이 흔들린 경종은 영의정 김창집, 좌의정 이건명, 등 노론 4 대신을 해임하고 귀양 보냄(1/12/9). 소론들은 참혹한 가문이 계속되는 것은 귀양간 노론을 모두 수장하지 않기 때문이며 이들을 주장(7/1). 소론 가문을 이용하여 노론의 4 대신에게 사약을 내리게 하고 정국을 완전히 장악함. 제주의 구휼을 위해 영남미 4천 석, 호남미 3천 석을 들여보내고 공물로 바치는 말(馬)의 진상을 정지함(11/5, 증모).	경종 즉위 이후 노론은 계속 가문이 들었지만 가우제를 지내는 것 이외에는 대책이 없음. 三司의 간관들은 흉년의 진정에 대해서는 입을 다 물고 정쟁을 단행하는데 세월을 보냄.
경종 2	1722 임인	전국	가뭄	임금이 친행 기우제를 두 차례나 지내고 중신들이 여러 차례 비를 받았으나 4월 말까지 비가 오지 않음(4/30). 승지 송이장, 우참 이영회 등 소론의 대권을 정적인 노론의 4 대신을 사형시키라 비기를 올릴 것이라고 상소(7/1). 8도에 심한 가문으로 굶는 사람과 유랑하는 백성들이 속출하고 있으나 호조·선혜청·병조의 창고가 비어 구휼 제힘을 세우지 못함(9/10). 제주도에 또 기근이 들음(11/5).			

연호	서기 간지	재해 지역	발생 원인	주요 재해 및 기근 상황	아사자	주요 대책, 기타	비고
				우의정 최석항, 계속되는 흉년으로 백성들이 굶주어 극도에 달하였으나 구제책을 제시하지 못하고 조정의 의견이 분열되어 재임 3년 동안 이룩한 것이 하나도 없다며 사직서를 제출(9/30). 그는 요즘을 위한 해결책으로 조정의 의견을 하나로 모아 비어있는 대신 자리를 조속히 채우고 수령들을 잘 임명해야 난국을 해처나갈 수 있다고 말하고 조운.		호조에서 경비가 소진되자 비변사의 돈 3만 냥을 차입해옴(4/1/3).	
경종 3	1723 계묘	전국	가뭄 수재	도성에 굶주린 백성들의 유입이 늘어나고 아사하는 사람이 많이 발생함(9/30). 전라 감사 황이장, 전라도는 한발과 수재로 극도로 어려운 사정이므로 전라도에 보낸 유배인 12인을 다른 도로 이배시켜 줄 것을 요청(11/21).	아사자 다수 발생	호조 판서 김연, 호조의 경비를 조달할 길이 없어 이 앞에게 동전의 주조를 정하여 하락을 받았으나 동전의 원료인 구리와 주석이 없어 계획을 포기함(4/1/9).	

부표 D. 조선시대 주요 흉황 및 기근연표: 영조~순조(1724~1834)

연호	시기 간지	재해 지역	발생 원인	주요 재해 및 기근 상황	아사자	주요 대책, 기타	비고
영조 1	1725 을사	충청도 전라도 경상도	가뭄	영조 즉위년(1724) 겨울에 천둥과 번개가 심하게 침. 영조는 하늘이 자신에게 경고하는 것으로 여겨 求言을 청하자 기다렸다는 듯이 경종 때 4대신을 죽인 소론의 죄를 요청하는 노론의 상소문이 빗발 침(즉위1년/11/1). 영조 1년, 三南에 심한 가뭄이 들고 평안도에는 홍해가 만연, 특히 제주도 흉년이 심각함(7/4). 7월 조 삼남이 흉년으로 판명될 때까지 조정에서는 아무 일도 하지 않고 소나와 간쟁으로 세월을 보냄. 간쟁은 소론의 유孝元·이광좌·조태억 등 5적을 처결하라는 내용이 대부분임(7/24). 7월 이후 영조의 지시로 흉년 대책을 세우기 시작함.	아사자 다수	왕이 지시로 왕실에 올리는 방물과 물선을 중시시키고 그 값을 진휼비용에 보태게 함(7/22). 통영의 포목 300동과 황해도의 또 2만 냥을 賑救자금으로 전용(9/3). 삼남과 강원도의 재해가 심한 곳의 전세를 1두씩 감함(9/4). 진휼청에서 賑資를 만들고자 鑄錢을 청함(10/9). 진휼청에 쌀이 떨어지자 통영에서 관향미는 쌀 1만 석과 벼 5만 석을 진휼청이 주워 기민을 구제하도록 조치함(11/2). 제주도의 구휼을 위해 전라도 臨陂倉의 쌀 5천 석과 京倉의 쌀 5천 석을 보냄(11/12).	경종이 죽고 영조가 즉위하자 영조의 왕위계승을 노론이 도운 노릇이 두세. 三司를 장악하여 노론을 박해한 소론의 유배 봉화 등 사형에 처할 것을 주장하는 상소가 빗발처 한해 내내 해결 제대로 세울 수 없었음.
영조 2	1726 병오	충청도 전라도 경상도	수해	영조, 각 지방에 저수지를 수축하도록 지시(1/12). 시독관 윤성행, 지난해의 흉년의 흉년 탓으로 경상도에서 아사자 다수 발생했다고 보고함(3/26).	아사자 다수	지난해 삼남에서 재해를 입은 농가에 1년간 환곡과 신포를 탕감함(2.7). 함경도 삼수·갑산 등 11개 고을에 田租를 차등 면제함(12/29).	

연호	시기 간지	재해 지역	발생 원인	주요 재해 및 기근 상황	아사자	주요 대책, 기타	비고
				충청도와 평안도에 황충 피해 심함(6/19, 8/1). 비가 그치지 않아 기청제를 지냄(8/18, 8/21). 충청·전라·경상도에 홍수 피해 심함(8/3, 8/5, 8/10, 9/8).			
영조 3	1727 정미	경기도 충청도 전라도 경상도 평안도	가뭄	7월 하순까지 비가 오지 않음(7/26). 경기·충청·전라·경상도에 가뭄으로 흉년이 듬(9/10). 전라 감사 이현록, 전라도는 지난 2년에 걸쳐 걸친 홍수으로 기근이 매우 심해 사람이 서로 잡아 먹는다는 소문이 나돈다며 진구를 요청(5/5). 충주 목사 박사수, 충청도 충주 지방의 기근이 심하니 안흉창에 있는 쌀을 나누어 달라고 요청(5/5). 평안도 평양·은산 지방에 우박이 내렸는데 7일이 지나도 녹지 않는다는 보고(7/17). 해남 현감 이수익, "90일 동안 가뭄이 들어 기갈로 말채 사람이 많이 죽고 물 한 그릇이 값이 5전이나 된다"고 보고(8/28). 영의정 이광좌, 호남의 유랑민들이 무리를 모아 한 때는 변산에, 다른 한 때는 월출산에 모	아사자 다수	기근이 심한 고을의 대동미·군포미의 납입을 정지하고 덜 심한 고을은 대동미의 收捧을 3분의 1로 할 것을 지시(5/5). 전라도의 을사년(1725), 병신년(1726)의 묵은 田동의 신포를 견감(9/2). 왕세자의 가례를 축하하는 뜻에서 3南에서 대동미 1두씩 감해주자는 앞조의 이전에 대해 영의정 이광좌, 국가의 저축이 탕진되어 훈련도감 군의 급료도 지급할 수 없는 형편이라며 1두씩 감하면 3만 석인데 어느 나무 큰 금액이라며 반대(10/1). 호조에 지금이 다 떨어져 각 궁도에 도을 지출할 수 없는 상태가 되자 임금이 膿廳에서 쌀 5천 석, 금의영과 어영청에서 7천 석을 호조에 빌려주라고 지시(12/20).	

연호 간지	시기	재해 지역	발생 원인	주요 재해 및 기근 상황	이재자	주요 대책, 기타	비고
				여 도독이 되어 있느니 관군이 제포할 수 없을 정도이 세를 이루고 있다고 보고(10/21).			
영조 4 무신 1728		경기도 충청도 전라도 경상도 평안도 황해도	兵禍	李麟佐의 난이 일어남(3/14). 영조가 즉위하자 세력을 잃은 소론과 남인이 난을 일으킴. 이들은 영조를 몰아내고 밀풍군 이인좌를 앞으로 추대하려는 계획을 추진. 주모자들은 경종이 감자기 죽은 것은 영조를 지지하는 노론이 독살한 때문이라는 소문을 퍼뜨리고(9/24), 반란에 가담할 군사를 모집하는 身役을 면제시켜주겠다고 하여 각지에서 가난한 자도 백성들의 호응을 얻음(10/11). 반군들은 각지에서 국가의 창고를 열어 굶주린 백성들에게 쌀을 나누어 줌(3/26). 일부 현직 감사와 병사 및 수령, 불만 양반들이 호응을 얻은 반군은 충청병마절도사 이봉상을 죽인 후 청주성을 함락시키고 서울을 향해 북상하였으나 안성에서 도순무사 吳命恒이 지휘하는 관군에 의해 패퇴됨(3/24).	반란과 진압 과정에서 다수의 사상자 발생	銀子 1천 냥을 내어 경기와 충청도의 기민을 구제함(4/4). 호남의 진출은 監賑어사가 전관하도록 조치(1/3). 호남이 내는 船米와 供物을 왕실에 내는 供米로 감축함(7/27).	
영조 5 기유 1729		함경도 전라도	수재 역병	특진관 이정제, 경연에서 함경도에 대규모 수재가 있었다고 보고, 수재는 "우 임금 때의 매추수보다 심하여 안변교가 떠내려갔고 도	병사자 이사자 수많명	영조, 이종성을 함경도 安集御史로 과견하고 영남의 곡식 1만 석과 평안도의 돈 1만 냥을 금히 함경도로 보내도록 지시(윤 7/21).	

연호	시기 간지	재해 지역	발생 원인	주요 재해 및 기근 상황	아사자	주요 대책, 기타	비고
				연포 목장의 말 80여 마리가 아사하고, 죽은 사람이 수는 알 수가 없는데 넉넉히 원산 포구에 떠내려온 시체가 수체가 수없이 쌓여 있다"고 설명(윤 7/21). 함경 감사, 수재로 죽은 사람이 1천여 명이며 또 많은 기민들이 집을 떠나 유랑하고 있다고 보고(8/15). 함경도에 전염병이 유행하여 500여 명이 사망(10/1). 제주도(전라도)에도 흉년.		재해가 심한 고을은 대동과 신포를 감면하고 다음으로 심한 고을은 3분의 1을 감하라고 하명(8/30). 흉년이 든 제주도에 보리 종자 500석을 보냄(8/23).	
영조 6	1730 경술	경기도 함경도	역병	함경도 안집어사 이종성, "지난해의 수해로 함흥에서 북청에 이르는 들판이 모두 물무더기로 덮여버려 수십 냉 내로 개간할 가능성이 전혀 없고 수많은 백성들이 유랑하고 있다"고 수재의 참혹상을 보고(3/26). 함경도에 영남에서 보내준 1만 석의 식량이 아직 아격까지 함경도에 도착하지 않았다고 하자 경상 감사 박문수 과직됨(3/25). 서울의 5부에서 역병으로 사망한 사람이 1만 명에 달함(1/21). 경기도 여주, 이천에도 역병이 크게 유행(2/6).	역병 사망자 1만여	諸道에 여제를 지내도록 조치(1/21).	

연호	서기 간지	재해 지역	발생 원인	주요 재해 및 기근 상황	아사자	주요 대책, 기타	비고
영조 7	1731 신해	함경도 황해도 충청도 전라도 경상도	가뭄 수재 역병	三南은 5월까지 가뭄으로 농사를 망쳤는데 6월에 큰 비가 쏟아져 충년이 됨(7/11). 그 가운데 전라도와 경상도가 피해가 혹독하고 전염병까지 유행함(비 8/2). 함경도에는 가뭄이 들고 황해도는 충재가 심함. 미변사, 쌀값이 오르자 각 감사와 고을 수령이 자기 경내에서 쌀과 곡식이 밖으로 나가는 것을 마음대로 금지하고 있으니 이를 금지하는 동시, 쌀 상인들이 쌀을 구하여 서울로 가져오는 것을 막지 말아야 한다고 주청(10/7).	충청도 전라도 아사자 발생	비변사의 堂上 8인에게 각기 담당 도를 지정하여 진휼을 담당토록 함(6/4). 京倉에 비축된 곡식이 별로 없어 남은 쌀은 우선 賣買를 지원하는데 사용함(7/11). 경기는 도성의 쌀백성들이 살아가는 데 중요한 역할을 함. 8도에 제향이 심한데 경상에 비축된 곡식이 없자 진흌곡으로 鑄錢하기로 결정(9/20). 진휼자금으로 경상도에 2만 꿰미, 호남에 1만 5천 꿰미, 충청도와 경기도에는 각각 1만 꿰미를 배정(10/6). 각 도에서 가을에 받아들일 穀藏은 우선 해당 도에 유치하였다가 진구하는데 쓰고 남은 것은 경창으로 수송하기로 함(7/11). 제주도의 구휼을 위해 설치한 羅里鋪倉의 쌀 2천 석을 제주로 보냄(12/7).	
영조 8	1732 임자	경기도 충청도 전라도 경상도	가뭄 역병	지난해의 가뭄으로 인한 기근과 전염병이 4월부터 三南과 경기도에 급속히 확산되어 경상도 영덕에서 64명이 죽고 제주에서도 다수 병사자 발생. 이 사망자 발생, 서울에서도 1천 500명이 병에 걸렸는데 전염병 환자의 절반이 유랑하는 기민으로 파악됨(4/11).	병사자 발생	경상도의 賑救을 위하여 함경도의 곡식 1만 석을 영남으로 보냄(3/21). 재해가 큰 고을은 가을 대동미와 신포의 절반을 감면하고 다음 심한 고을은 3분의 1을 감면함(8/20). 충년이 심한 도에 공명첩을 내려보냄(11,16).	

연호	시기 간지	재해 지역	발생 원인	주요 재해 및 기근 상황	아사자	주요 대책, 기타	비고
				삼남에서 기근으로 죽은 자가 매우 많고 유랑하는 백성들도 많음(3/5). 가뭄이 계속되어 작황도 흉년이라 북도로 보내는 목화의 양을 반감함(7/4). 전라도 康津에서 기민이 사람의 시체를 먹은 변고가 일어나 강진현감을 파직시킴(12/10). 충청도 結城에서 아들이 집에서 쌀 되를 몰래 가져가려는 아버지를 때밀어 죽인 사건이 일어남(12/21). 上番하는 군사가 춥고 배고파 죽었다는 보고가 매일 올라온다고 병조참이가 보고(12/18). 지난해 전총청이 당상이 된 조복양은 겨무와 파로로 죽고 민정중은 病幕을 돌아다니며 진휼을 감독하다가 역병에 걸림(7/4).		경기와 삼남의 재상이 심한 고을에 환곡의 수납을 일시 정지함(12/3). 버려진 고아를 데려다가 기우면 노비로 삼을 수 있도록 정함(10/6). 백관의 녹봉을 감함(12/10). 삼남의 좋은 밭에 담배의 재배를 금함(7/21). 일선 수령들이 지역의 부자들에게 勸分을 강요하고 식량을 거의 빼앗아 가는 폐해를 방지하기 위해 미변사에 명하여 勸分하는 부자들을 표창하는 節目을 만듦(7/5).	
영조 9	1733 계축	경기도 강원도 충청도 경상도 전라도	역병 가뭄 수재	지난해부터 유행하기 시작한 전염병으로 많은 사망자가 발생. 3월부터 6월까지 각지에서 사망한 사람이 1만 1천여 명으로 집계됨. 충청도 가뭄으로 흉년이었기 때문에 기근이 심함. 이 한 동안 기민은 18만 7천 500여 명, 아사자는 1천 326명으로 보고됨(5/25). 대열을 지키는 上番 군사들 가운데 아사자가	아사자 방지자 1만 수용명	진휼청 堂上 宋寅明, 숙종 17년(1691)이후 還穀이 남아 있는 것이 없어 기민 구호를 할 수 없으니 장시를 통해 남는 돈으로 쌀을 구입, 환곡의 밑천으로 삼을 것을 제안. 또 軍門이 가지고 있는 軍布의 일부를 덜어 도움을 받든고, 또 평안도와 황해도의 감사로 하여금 柵門에 가서 銀貨를 주고 청나라의 목면을 사다 팔	

연호	시기 간지	재해 지역	발생 원인	주요 재해 및 기근 상황	아사자	주요 대책, 기타	비고
				계속 발생하자 병조에서 쌀과 醬을 보내달라고 진휼청에 요청함(2/13). 함경도 8읍의 농지는 큰비와 바람으로 바닷물이 넘쳐 모래와 자갈밭으로 변모함(8/17). 전라도는 기근과 여질, 수해로 2천 100명이 사망함(7/25). 가뭄이 이어지다가 7·8월에는 장마가 계속되어 각지에서 수해 피해가 심함(7/26, 8/12, 8/26).		아서 남는 돈으로 쌀을 구입하여 환곡을 마련할 것을 제안하여 실현됨(6/3). 영남에서 강화도와 남한산성에 보낼 군량미 1권 석을 제주에 보냄.(1/4) 호조에서 백관에게 주는 녹봉과 군병에게 주는 급료를 흉년으로 인해 減함(4/20). 각 도의 환곡에 대한 결손(포흠)을 감면(10/1).	
영조 10	1734 갑인	전국	가뭄 수해 충해	지난해의 역병과 흉작으로 세궤 초부터 飢民 발생. 봄철에 가물더니 4월에 들자 경상도와 충청도 등 각지에 눈과 서리·우박이 내림(4/11, 5/16, 6/10). 5월 하순 현재 전국의 기민 7천 2천 명(5/29). 6월부터 함경도를 비롯하여 전국에 약 2달 동안 장마·계속됨(8/23). 중청도와 함경도·경기도·황해도·경상도에 충해가 우심(7/30).	아사자·병사자 다수	경기 및 삼남에서 재해가 심한 고을의 세금 감면(1/5). 전라도 기근이 심한 9고을의 전 가족 사망자의 신포와 환곡을 모두 면제함(9/5). 효조와 진휼청에서 도 10만 냥을 三南에 나누어 주고 그 돈으로 쌀을 무역하여 별도 돈으로 진휼하게 함(10/16). 전라도의 수해로 못쓰게 된 전답 2천 700결에 세금을 견감해 줌(12/21).	『農歌集成』을 인쇄하여 보급할 것을 지시.

연호	서기 간지	재해 지역	발생 원인	주요 재해 및 기근 상황	아사자	주요 대책, 기타	비고
영조 13	1737 정사	함경도 충청도 경상도 전라도	가뭄	삼남과 함경도 지방 오래 가뭄, 특히 충청도의 내포 지방 18개 읍과 함경도의 북관 6진 지역이 심하여 농사를 망침(8/27, 9/19, 윤9/15). 삼남 지방은 가뭄 끝에 심한 무우로 거둘 것이 거의 없음 충남과 함께 기근이 시작됨(9/19). 가을철이 되자 함경도 6鎭에 식량이 더 떨어져 아사자가 나오기 시작함(11/21).	함경도 아사자 발생	지난해 우의정 宋寅明이 건의하여 평상시에 각지의 수령들로 하여금 私賑穀을 모으도록 지시하였엿느데 1년 만에 10여만 석을 모음(9/23). 강원도의 국사 6천 석을 함경도 북관으로 수송하고 경상도 포항창의 구제곡 1만 5천 석을 강원도로 옮기는 릴레이식 수송을 하도록 조치함(9/15, 11/21). 이 당시 국식을 이송하느라고 배가 파선하여 죽은 선원이 많았음(9/16). 박사창을 安集御史로 파견(8/27). 재해를 입은 충청도 18개 고을의 군역과 신포를 반감함(9/19).	
영조 16	1740 경신	전국	가뭄 역병	함경도와 강원도는 기근으로 나머지 지역은 전염병이 돌아 많은 사람이 죽음. 관동에 기근 흉년에 들어 아사한 사람이 않고 굶주린 백성들이 무리를 지어 도둑이 됨(8/30, 12/12, 12/26). 경상 감사 정익하, 못쓰게 된 堤堰을 없애고 그 많을 백성들이 경작할 수 있게 하라고 계 청(3/27). 上, 제언은 수리하여 물을 담을 수 있도록 하라고 거절.	강원도 함경도, 아사자 발생, 전염병 사망자	역병으로 수십만 명이 죽어 수군과 육군의 조련을 정지(7/16, 8/5). 함경 감사 박문수, 함경도에 보관하고 있는 銀으로 영남의 국식을 무역하여 진구할 수 있도록 해달라고 요청(10/29). 강원도의 기근이 심각하여 홍상한을 安集御史로 파견(12/17).	

연호	시기 간지	재해 지역	발생 원인	주요 재해 및 기근 상황	야사자	주요 대책, 기타	비고
영조 17	1741 신유	경기도 황해도 강원도 함경도 평안도	가뭄 역병	함경도의 기근이 계속되는 가운데 경기도 이북에 심한 흉년으로 유랑하는 백성이 매우 많아짐. 경기·강원·황해 3도의 유민으로 도성에 들어온 자가 1천 400명에 넘음(3/6). 날씨가 더워지면서 전염병이 다시 창궐. 평안도에서만 사망자가 3천 700명이 나옴(5/30). 전라도와 충청도 연해에 비바람으로 홍수와 해일 피해 심함(7/18). 호남·호서지방에 기민들이 유랑하고 있는 상태라고 장령 이제담이 보고(10/19).	함경도 아사자 전염병 사망자 수만명	영조, 함경도에 기근으로 사망자가 사망자가 속출하자 영남의 곡식 4만 斛(곡)을 수송하여 진구할 것을 지시(9/6). 진휼청 당상 박문수가 영남에서 환곡으로 곡식을 운반하면 그 비용이 많이 소요되어 보낸 수량이 절반도 도달하지 조운을 담당하는 영남의 백성들이 많이 죽는다며 난색을 표명(9/6). 북도로 과견된 감진어사 홍계희, 영남에서 보내는 11만 斛으로는 아사의 위기에 처한 28만 기민을 구제하기 위해서는 턱없이 부족하니 기민들을 곡식이 있는 평안도로 보내자고(移民) 요청(10/23). 영조는 이 주위에 백성들을 연 길을 가게 하는 것은 불가능한 일이라며 거절하고 박문수를 함경도 진휼어사로 임명, 남부의 곡식을 운반하는 일과 賑政을 주관하도록 함(10/27).	
영조 18	1742 임술	전국	역병 가뭄 수재	지난해 흉년의 여파가 계속되는 가운데 함경 감사 운송, 지난 연말에 보내준 영남곡 10만 斛으로는 飢民 30만을 구제할 수 없다며 추가 원조를 요청(1/4). 강원 감사, 영남의 모든 구호곡이 함경도로만 가고 있어 강원도 백성들은 더 죽게 생겼다고 호소.	함경도 아사자 전염병 사망자 수만명	함경도의 긴급 주가 구제 요청에 대하여 정부는 영남의 곡식 1만 斛을 더 주기로 하고 영남과 관동의 배에 실어 보내라고 지시(1/4). 함경도 전출어사 박문수가 평안도의 곡물 1만 5천 斛을 함경도로 보내줄 것을 요청하여 승낙을 받음. 이 곡물은 대동강을 통해 성천까지 자기서부	

연호	시기 간지	재해 지역	발생 원인	주요 재해 및 기근 상황	아사자	주요 대책, 기타	비고
				흉소(2/3). 함경·강원의 기민들이 도성으로 쏟아져 들어옴(2/13). 평안도에서 시작한 전염병이 전국으로 확산되어 죽는 자가 몇 십만 되는지 모를 지경(4/18). 도성으로 들어온 기민들이 기아로 죽은 역병으로 쓰러져 죽은 자가 많아 미처 치우지 못하는 상황(6/19). 황해·강원·평안도 지방에 가뭄(5/11, 5/23). 충청·경상·전라·황해도에 수재(8/19, 9/10, 9/14). 연말에 전국 각지에서 여역으로 죽은 사람이 수만 명이 되어 숫자를 파악할 수 없을 정도(12/30).		단 함경남도는 4, 5일 거리이므로 북도의 백성들로 하여금 지고 가도록 하면 어렵지 않다는 것(1/6). 함경 감사 윤용과 감진어사 홍계희, 함흥이나 덕원에 새 주진소의 설치를 요청, 여기서 만든 돈으로 미곡상들이 쌀을 사들여 기민을 구제하겠다고 하자 上이 허락함(1/10). 함경·강원·경상도 감사에게 구물 수송선이 난파하지 않도록 海舶에게 제사를 지내도록 지시(1/20). 영남의 무사들을 함경도로 이송하느라고 배가 파선하여 죽은 사람이 많았음. 우의정 조현명, 遂安에 동광이 있으니 돈을 주조하여 구용에 쓰자고 건의(1/10). 이주 부윤 조명리, 진세로 받은 쌀을 팔아 남긴 이익으로 이주 부민을 진구하자고 상소하여 윤허를 받음(1/14). 예산이 부족하여 동전을 더 주조함(6/19, 6/30).	
영조 19	1743	전국 재해	역병 가뭄	가뭄이 혹심하여 여러 차례 기우제를 지냄(4/29). 임금이 태묘에서 친행 기우제를 지내고, 춘당대에서 蜥蜴童子 동자 기우제를 지내게 함. 3일간	역병 사망자 6, 7만		

연호	시기 간지	재해 지역	발생 원인	주요 재해 및 기근 상황	야사자	주요 대책, 기타	비고
				숭례문을 닫고 수장문을 열게 함. 함경도와 강원도를 비롯한 전국에 한재(윤4/17, 5/16). 이 해에도 역병이 수그러들지 않아 사망자가 6, 7만에 이름(12/29).			
영조 22	1746 병인	강원도 충청도 전라도 경상도 평안도	가뭄 역병	제주와 강원도에 가뭄으로 큰 흉년(1/13, 2/27). 큰 기근이 든 제주에 賑救御使를 과견(1/13). 경상좌도에 흉년(1/18). 경상도와 충청·전라도에는 전염병이 유행함. 특히 전라도 6월까지 전염병으로 죽은 사람이 950명, 충청도는 1천 700, 경상도의 사망자도 1천 600명으로 보고됨(4/16). 역질이 치성하여 제도에서 사망자가 잇따름(6/16). 평안, 강변 지방에 흉년이 들자 해서의 상정미를 보내줄 것을 청함(12/6). 평안도 지방에 큰 흉년이 들자 임박을 관서 위유어사로 과견(12/27).	전염병 수천명 사망	제주의 흉년을 구제하기 위해 연해읍의 곡식 2천 600석을 획급하고 각사 노비 신해청 응남미를 감함(1/1). 관동지방의 재해를 입은 농가에 대동미를 감면하고 호남 바닷가 창고의 곡식 2백 석을 제주에 보냄(4/27). 경상좌도의 흉년 구제를 위해 저치미 7천 석, 군작미 3천 석을 대여함(1/18). 제주에 보리 쌀 6천 석을 획급하고 奴婢身貢을 반으로 줄임(6/23). 재해지역에서 훈련도감이 내는 保布를 감면하여 주었는데 이를 보충하기 위해 통영에서 새로 주조한 동전 1만 냥과 호남의 別備錢 1만 냥을 도감으로 보내 줌(윤3/5).	
영조 23	1747 정묘	경기도 전라도	가뭄 역병	평안도에 역질과 함께 소의 전염병이 유행, 많은 사람과 소가 죽음(5/8).	역병	관서지방 위유어사 임박이 곡식 3만 석을 구휼미로 청하자 좌의정과 우의정은 이미 5만 석을 보냈	

연호	시기 간지	재해 지역	발생 원인	주요 재해 및 기근 상황	아사자	주요 대책, 기타	비고
		황해도 평안도		가뭄이 들어 가벼운 죄인을 석방함(5/24). 경기도와 전라도의 연해 고을이 해일로 피해(9/20).	사망자 다수 발생	으니 상황을 더 관찰한 다음 보내자고 반대(2/5). 양서지방에 구휼미를 더 보내기로 결정(3/10). 경기·전라도와 가뭄 피해를 입은 고을에 상평청과 진휼청의 쌀을 염가로 방매함(12/7). 전라도 피해지역에 신역에 대한 미포를 감면(12/7).	
영조 25	1749 기사	황해도 강원도 평안도 함경도	냉해 여병	4월 전국 각지에서 눈과 서리·우박이 내려 보리가 얼어 죽어 보리농사가 흉작이 됨. 경기도 포천·양지·사냥에 서리와 우박(4/11, 4/12). 황해도 배천·황주·해주·수안·신계·은율·문화·재령·서흥에 서리, 우박 또는 눈이 내림(4/4, 4/11, 4/12). 충청도 공주·천안·직산에 우박(4/11). 경상도 상주·선산·창원 등 14고을에 우박 피해(4/6, 4/11, 5/10). 평안도 영원·정주 6고을에 눈과 서리(4/12, 4/14). 함경도 맹산·삼수·갑산 등지에 눈과 서리(4/25). 함경도 6진이 기근에 시달림(10/4)	전염병 사망자 50~60만	강원·황해·평안·함경도가 흉년이므로 방물과 물선의 상납을 면제함(9/2). 제주도의 기민 구휼을 위해 전곡 3천 석을 급히 보냄(12/30).	

연호	시기 간지	재해 지역	발생 원인	주요 재해 및 기근 상황	아사자	주요 대책, 기타	비고
				평안도에서 시작한 역질이 전국을 휩쓸어 연말에 사망자가 거의 50, 60만이 됨(12/4). 함경 감사 장익화, 기근으로 함경도 백성이 다 죽게 되어 염냠의 구식을 청했는데 묘당은 사신만 묻고 결정을 하지 않다고 있다고 임금에게 고변(12/10).			
영조 26	1750 경오	전국	역병	연초부터 각 도에 역질이 크게 유행하여 3월 현재 사망자가 10여 만을 넘음(3/23). 영의정 조현명, 역질로 죽은 사람이 30여 만은 될 것이라고 보고(5/15). 영조는 연초부터 백성들의 부담을 줄이기 위해 良役制도의 개선에 몰두했는데 논의의 초점은 良人에게 부과하는 軍布를 戶布나 結布로 바꾸자는 데 있었음. 신하들은 현재 역질이 크게 번져 호구 수가 계속 줄고 있으니 호포는 채택할 시기가 아니고, 농토에 세금을 더 부과하는 결포는 백성을 더 어렵게 한다는 점을 들어 반대. 영조, 현재 시행하고 있는 良役 당 2필의 布를 1필로 감해 주고 그 대신 均役廳을 신설하고 魚·鹽·船 등에 과세하여 얻는 수입으로	역병 사망자 40만 추정	해를 넘기며 맹위를 떨치는 전염병에 대한 대책은 없었고 신하들은 임금의 恐懼修省과 厲祭만을 재촉함(5/10). 함경 감사 이철보, 함경도의 기근이 심하다며 영남의 곡식 수 만석을 이전해 줄 것을 요청(9/25).	均役法 제정, 均役廳 설립

연호	시기 간지	재해 지역	발생 원인	주요 재해 및 기근 상황	아사자	주요 대책, 기타	비고
				제수의 부죽을 메우는 均役法을 제정하기로 결정(5/29, 6/2, 6/19, 12/11). 9월에 전국에서 역병으로 15만 7천 명이 죽음(9/30).			
				이 해 전염병으로 전국에서 40여만 명이 사망하여 농사를 제대로 짓지 못하여 흉년이 됨.			
영조 27	1751 신미	함경도 황해도	역병	함경 감사 이철보와 부평사 이이장이 함경도에 심각한 기근이 와 백성들이 서로 잡아먹기 일보 직전이라고 書啓(2/21). 이들은 交濟倉에 구석이 없으니 영남의 즉시 석을 보내주되 절반은 북관으로 직접 수송하고 나머지 석을 관동에 지급하게 해달라고 啓聞. 정부, 부평사 이이장을 함경도 감진어사로 임명(2/21). 황해 감사 조명제, 흉년이 심하니 황해도에 설과 굶을 무상으로 획급해달라고 요청(4/11).		부평사 이이장, 賑資로 쌀과 콩 각각 1만 석을 주가로 요청 또 종자용 2만 석과 농우를 보내 달라고 요청(2/25, 2/29). 함경도 감진어사 이이장, 3월 17일 영남에서 첫배가 도착한 후 수송선이 순조롭게 운행하여 8월에 무사히 진정을 끝냈다고 보고(8/19).	
영조 28	1752 임신	전국	역병 수제	함경 감사, 또다시 함경도의 진구를 狀請(1/4). 함경도로 수송하는 진구곡 경상 감사가 차일 피일 愛船을 지연시켜 伸縮이 되도록 응하지		영의정 김재로가 함경도의 진구방안을 마련함. 영남에서 진구 1만 7천 斛을 순비하되 1만 斛은 경상도 연해 고을에서 배동미와 군자곡으로 순비하고, 7천 斛은 포항창과 연해의 상진곡을 보내도록 함.	

연호	시기 간지	재해 지역	발생 원인	주요 재해 및 기근 상황	아사자	주요 대책, 기타	비고
				않아 독은아이를 보내 경상 감사를 주고함 (2/5). 함경 감사, 북도 백성이 다 죽게 되었으니 진구 추가를 달라고 청함(3/25). 어린이를 포함한 수많은 함경도의 기민이 도성으로 들어옴. 진휼청에서 돌아가기를 한하는 사람에게는 식량을 주어 돌아가게 하고 어린이는 믿을 만한 사람에게 맡겨 구제한 후 노비를 삼도록 하가함(3/11). 영조 7년(1731) 흉년 때 쌀 5, 6두에 자신을 노비로 판 良人이 10년이 지났는데도 주인이 풀어주지 않고 그 사이에 출생한 아들 딸까지 노비로 삼고 있으니 억울하다고 판결사에게 청원(8/27). 심한 흉년에는 자신을 노비로 파는 일이 다반사였음.		강원도는 9천 구을 보내되 연해의 고을에서 거두는 것으로 하고 수송할 배는 함경도와 해당 도에서 절반 씩 동원하는 것으로 결정(1/4). 경상도에서 함경도 북관으로 진곡을 수송하던 배가 풍랑에 침몰하여 8명이 아사하고 900斛의 곡물을 수장시킴(3/2).	
영조 29	1753 계유	경기도 황해도 경상도 전라도	가뭄	영조, 2월부터 5월 말까지 가문이 계속되자 가우제를 지낸 후 가뭄의 원인에 대해서 신하들에게 물음. 영부사 김재로, 억울한 기운이 응처서 그러니 여죄를 지내야 한다고 대답함 (5/29).		上, 경기도는 구역이 많은데 흥년까지 당했으니 한곡을 받아들이는 것을 정지하라고 지시(12/3). 다른 도도 흉해의 정도를 조사하여 심한 곳은 목을 한곡을 받는 것을 정지하도록 함(12/14).	

연호	시기 간지	재해 지역	발생 원인	주요 재해 및 기근 상황	이사자	주요 대책, 기타	비고
				지평 이성운, 수년 전 동성을 개축할 때 동문에서 서구문까지 역역으로 죽은 수천 명이 시체를 그가이에 그대로 묻어서 비가 그렇다고 상서. 시체를 발굴하여 개장한 후 비가 내림(6/11). 황해도 감사, 봄과 여름 사이에 가뭄과 장마 피해가 겹치고 중해까지 디하여 씨를 뿌리지 못한 곳이 태반이라고 보고(10/4). 경가·경상·전라도에도 가뭄으로 흉년.			
영조 31	1755 을해	전국	수제	영조, 제언 당상관을 불러 경시부터 諸道의 제수지와 보 관리에 대해 검측을 설하고 주의를 기울일 것을 당부(4/23). 장마가 계속되어 4문에서 기청제를 지냄(7/8). 여름부터 가을까지 장마비가 그치지 않아 극심히 벼들고 결실하지 못함. 북쪽도 두과 언덕이 무너져 전답이 행패를 잃은 것이 절반이나 되어 밭농사도 수확이 없고 무죄는 빈 열매만 달림(9/14). 흉으로 제주 백성들이 굶주리고 있다고 진구를 청함(9/24). 수제로 흉년이 들자 각지에서 도성으로 덥인	이사자 발생	제주도에 常賑穀 6천 석을 보내줌(9/24). 흉년으로 8도의 마남된 남부를 연기(10/12). 제해 지역에 災結 11만 9천 900結을 줌. 남한산성의 군향미 12만 석이 6년 사이에 절반이 없어지고 6만 석만 남아있다는 보고(4/19). 군향미를 기민들을 위해 환곡으로 발려주었는데 환자와 모곡이 모두이 회수되지 않은 탓. 鳥嶺아래 영남 5개 읍의 전세를 돈으로 받기로 함(11/28). 이로써 주민들이 田稅를 조령을 넘어 충주까지 陸運하는 고생이 없어짐.	서울의 쌀값, 1두에 11냥까지 오름(9/14).

연호	서기 간지	재해 지역	발생 원인	주요 재해 및 기근 상황	아사자	주요 대책, 기타	비고
				들이 물린을. 이듬 가운데 아사하는 사람이 생기자 한성부의 부관을 구속(12/28).			
영조 32	1756 병자	전국	역병 수재	지난 가을 흉년의 여파가 확산 됨. 전염병까지 극성을 부려 전국에서 사망자가 속출함. 유랑하는 백성들이 급속히 늘어나고 도성에 굶어 죽은 사람의 시체가 널려 있음(2/12). 경기와 5개 도 전염병 유행, 1만 8천 명이 사망(6/16). 함경 감사, 기근의 참혹함을 보고하고 포항창의 국식을 이전할 줄 청함(2/5). 경상 감사, 경상도의 상황도 급하다며 반대하였으나 영조는 함경도의 흉년이 더 심하다며 포항창의 국식을 함경도로 수송할 것을 지시. 영남·강원 등 여러 도에 대동수. 특히 강원도는 안동·강원 등 33개 읍에서 수백 명이 아사하고 농작물이 죽음(8/12, 8/16, 9/1). 김제·만경 평야의 벼가 해일로 물에 잠김(8/1).	아사자 병사자 수만명	충청도, 전라도에 각각 2만 석의 진휼곡을 배정하고 영남은 대동미의 절반을 감면(2/5). 각 도에서 廬祭를 지내도록 지시함(5/1). 훈년으로 유객과 수군의 훈련을 정지(1/10). 포항창의 국식을 함경도로 운반하던 배가 과선하여 2천 800석의 국식을 잃음(4/4). 각 도의 봉진과 방물을 정지시킴(9/1). 서울에 들어와 떠도는 가지 아이들에게 주인을 정해 주어 살리도록 진휼청에 지시함(10/5). 각 도의 유민들이 서울로 몰려들어 진휼청에서 설죽소를 차림(11/14).	
영조 33	1757 정축	충청도 강원도	수재 역질	충청도 감사, 호서에 심한 흉년으로 기민들 가운데 스스로 소금물을 마시고 죽는 자도 있고 부자 서로 시로 보며 죽는 자도 있다고 발생	아사자 다수 발생	호조 판서 민백상, 저축이 다 떨어져 진휼곡을 분배할 수 없다고 보고하고 호남청의 묵은쌀 1만 석과 각 청의 減穀米를 모두 모아 진휼청으로	

연호	서기 간지	재해 지역	발생 원인	주요 제해 및 기근 상황	아사자	주요 대책, 기타	비고
				보고하자 영조, 대동의 수납을 정지시킴(1/4). 정언 朴琿壽가 흉년의 참상을 설명하고 배성을 안집시키라고 상소. 그는 지난달에 고향으로 가는 중 충청좌도에 이르렀는데 처하 두 자네를 배리고 매달던 기민이 "우리 식구가 끝메 살아갈 길이 없고 규주림과 추위에 절박하니 빨리 절단을 내라는 길이 최선의 길이다"며 먼저 자녀의 목을 매고 잇따라 그의 처의 목을 매고, 마지막으로 자신의 목을 매어 4구의 시체가 나무에 매달려 잇다"고 보고, 박가 수는 오가는 길에 죽은 사람들이 서로 잇따라 잇는 것을 보았으며 기민들이 어린아는 이끌고 노인을 부축하며 배도는데 규주림과 추위에 울부짖는 모습은 차마 볼 수 없었다고 부언. 그가 고향에 이르러 보니 열집 가운데 아홉 집이 비었고 온 마을이 전부 비 굿도 여기저기 있었다고 기근의 참상을 설명(1/9).		이승하고 양호의 지쳐미 1만 석을 빨리 배로 수송하도록 지시(1/29). 호서와 관동을 비롯한 여러 지역에 안접아사를 파견, 진휼청으로 하여금 기민들에게 섬주슬룸 차려 죽을 주거나 진량을 지급하라고 지시(2/19).	
영조 37	1671 신사	경기도 충청도 전라도 경상도	가뭄	오랫동안 비가 내리지 않아 경기와 삼남의 농사가 흉작이 됨.		L. 진명문에 나아가 기민을 만나보고 환곡 1만 석을 백성들에게 나누어 줌(5/22). 서울의 5부 관원들로 하여금 도성 안의 기민들을 배령로 배리고 들어오도록 하여 진휼청에서 구휼	

연호	서기 간지	재해 지역	발생 원인	주요 재해 및 기근 상황	아사자	주요 대책, 기타	비고
						하고 지방에서 온 유랑민은 식량과 노자를 주어 고향으로 돌아가게 함(6/18). 경기도에 곡물 1천 석을 주어 7고을의 기민들에게 무료로 나누어 주게 함(6/21). 제주 목사가 요청한 구휼미 2천 석 외에 400석을 더하여 2천 400석을 지급함(6/3). 삼남의 還子 모곡의 절반을 탕감해 줌. 영남과 제해가 심한 곳은 2만 석의 구휼미를 지급하고, 충청도는 환곡의 절반에 대해 납부를 연기해 줌(10/14). 제주에 구휼미 1천 석을 더 주되 봄을 기다려 운송하도록 함(12/30).	
영조 38	1762 임오	경기도 충청도 전라도 경상도	가뭄	지난해 겨울부터 경기도와 3남에 심한 가뭄이 계속됨. 여러 차례 왕이 주제하는 기우제를 지냈으나 효과가 없었음. 5월 하순까지 비가 오지 않자 왕이 숭현문 앞에서 친히 양주와 고양의 백성들을 만나보고 가뭄의 정도를 파악함(5/26). 영남 지방에 가뭄이 계속되자 김응순을 湖南 祈雨御使, 이경옥을 영남 기우어사로 임명하여 양 도의 사직단 및 산천에 기우제를 지내		전라도에 鹽販穀 1만 5천 석을 賑資로 방출(1/4). 충청도에도 영진구 5천 석을 때의(1/13). 경기도에 영진구 700석과 남한산성의 쌀 300석을 진자로 회급(5/21). 羅里舖의 환곡 가운데 미수된 것이 많자 臨陂縣의 감을 정배함(1/26). 各營倉의 營販穀 각 곳가 시전에 진 외상을 모두 값게 함. 各廛과 各司가 諸道에서 올리오는 방물과 물선을 정지함(6/2). (6/5).	영조가 한제로 일제히 정시를 과하게 제하고 고기음식에절 곧 물리고 있느니비 사도세자의 비행 사건이 터짐. 사도세자가 뒤주에 간혀 있다가 사망함(윤5/21).

연호	시기 간지	재해 지역	발생 원인	주요 재해 및 기근 상황	아사자	주요 대책, 기타	비고
				개 함(윤5/10). 6월에도 임금이 노천에서 밤새워 비를 비는 등(6/7), 몇 차례 친행 기우제를 지냈으나 효과를 보지 못함(6/18). 경기와 황해, 3남 지방에 심한 충냐이 듬(10/11).		영조, 감선과 철야을 명하고 求荒 전교를 내림(6/16). 推奴와 戱債를 충냐이 듬 때까지 중지시킴(6/18). 삼남과 경기의 충냐이 심한 고을의 신여과 환구의 절반을 연기함(11/9). 교제창의 미곡 1만 석을 전라도에 주고 진세와 대동미를 줄여줌(11/24). 백재의 금류을 충냐이 듬 때까지 줄임(11/29). 충냐의 진자를 마련하기 위해 鑄錢을 지시함(11/29).	
영조 39	1763 계미	경기도 강원도 충청도 전라도 경상도 함경도	가뭄	가난해 충냐 때문에 연초부터 진출을 시작, 영남에 진휼사를, 兩湖에는 조운 감독을을 파견 함(1/4). 전라도감사, 기민의 중두가 48만 3천 700인이고 아사한 사람이 450명이라고 보고(3/28). 함경도의 신부으로 하여금 북관의 交濟倉에 있는 곡식을 경상도와 전라도로 운송하라고 지시(3/3, 3/3). 3남의 기민을 위하여 경기·3남·강원·함경도의 신부에게 진휼곡을 운반하라고 지시(4/16). 영조, 5도의 신부이 릴레이식으로 선운하기	아사자 수백명	救賑穀이 수송 기일을 단축하고 신원들이 노고와 희생을 줄이기 위하여 전라도 경상·충청·강원도의 바닷가에 관숙의 船을 역참을 하는 濟民倉을 몇 개 설치, 긴급 시 가까운 倉에서 바로 수송할 수 있도록 지시함(4/17). 암행어사 이계진, 충주에 있는 楊津倉에 6권 석이 쌓여 있어야 하는데 16서 밖에 없다고 보고 될 올린다(4/17). 監運御使 김종정, 영남·호남 간 곡식을 운반하는 신가는 현재 100석당 13석을 받고 있는데 15석으로 올려주기를 상신, 하락 받음(5/10).	일본통신사 趙曮, 대마도에서 고구마 종자를 가져옴.

연호	시기 간지	재해 지역	발생 원인	주요 재해 및 기근 상황	이사자	주요 대책, 기타	비고
				나 또는 기근지역과 최단거리의 창고에서 구호곡을 선정하는 모습을 한 눈에 볼 수 있도록 그림을 그려오도록 지시. 이를 바탕으로 下三道의 교제창인 濟民倉의 설립을 구상(4/17). 영조, 羅里舖倉은 전적으로 제주를 위한 것이니 평시에 곡물이 비지 않도록 하라고 지시(4/28). 호남에 우역이 발생 소 1만 두가 죽음. 제도에 소를 도살하지 말 것을 명함(12/2).		戶曹, 지금 경창에 남아 있는 곡식이 모두 3만 여 석 뿐이라 10월부터 백관·군병의 급료을 지불할 수 없다고 보고(6/10). 서울로 들어와 거지 생활을 하는 유민들에게 옷과 식량을 주어 귀향시킴(12/17).	
영조 40	1764 갑신	경기도 충청도 전라도	가뭄 수해	4월부터 심한 가뭄으로 들판이 타들어 감. 여섯 차례 기우제를 지냈으나 효험이 없자(5/29), 친행 기우제를 두 차례 더 지냄. 영조 친히 雲漢篇(임금이 비를 비는 글을 지어 8도에 반포함(6/4). 비가 흡족히 내리자 憂察를 냄(6/11). 7월부터 비가 계속되자 4대문에서 禜察를 냄(8/11). 전라도에서 200여 명 익사하고 가옥 1천여 채가 표몰됨(8/18). 경기도와 충청도에도 큰 수재(8/20).		호서의 국식 4천 석을 경기도에 보내 중자로 쓰도록 함(4/8.) 호서와 경기도의 재해를 입은 지역에 진휼청의 쌀도 1만 냥씩을 보내줌(8/20). 영의정 홍봉한, 삼남에 濟民倉을 만들었으니 신해정으로 하여금 이번 가을에 1만 斛씩을 만들어 저축하였다가 이번 흉년에 대비할 것을 주청(10/13).	三南에 濟民倉을 설치.

연호	시기 간지	재해 지역	발생 원인	주요 재해 및 기근 상황	아사자	주요 대책, 기타	비고
영조 43	1767 정해	경기도 충청도 황해도 경상도	수제	늦가을에 거센 비바람이 몰아쳐 곳곳에 수제, 비가 쓰러지고 상당 기간 물에 잠겨 경기도 등 4개 도에 큰 피해를 줌(9/4, 9/18, 9/28, 19/5, 10/10).		경기도, 수제를 입은 1천 500결에 면세(9/28). 충청도, 수제를 입은 5천 결에 면세(10/5). 황해도, 수제를 입은 1천 500결에 면세(10/ 10). 경상도, 수제를 입은 4천 500결에 면세(10/ 25). 제주도 흉작으로 사선을 내던 여름까지 반으로 줄이고 貢馬를 정지함(12/9).	
영조 46	1770 경인	강원도 전라도 경상도 함경도	역병	전염병이 만연하여 사망자가 잇따름. 경상·강원·함경도가 심하여 10점 가운데 7, 8호에 환자가 발생(1/15.) 여제를 지내도록 지시함(1.15.) 역병이 치성하여 경상도 진주 등 37읍에서 3천 400명이 사망하고 경기도 수원 등지에서 580여 명, 전라도에서는 400여 명이 사망함(2/3). 함경도 안변 등지에서도 역병으로 816명이 죽음(2/4).	병사자 수천명	8도의 묵은 通欠 4만 석과 貢人의 묵은 공물 값 2천 석을 탕감함(11/4). 各 읍에 환자의 규정 수량을 조과한 대출을 음 하도록 지시함(1.4). (나리포창을 전라도 나주로 이전)	상평청과 진휼청이 주관하는 목음을 常賑穀으로 통함
영조 49	1773 계미	경기도	가뭄	지평 이서취, 의주의 창고의 국식이 한 톨도 없는데 정부상으로는 수만 석이 있는 것으로 되어 있으니 조사가 필요하다고 상소(2/10). 영조, 비변사에 각도의 제언을 수리하도록 조치할 것을 지시(4/26). 경기도에 가뭄(7월).		上, 황해도에 보관 중인 중쌀 1만 석을 풀어 정세 침을 준설하도록 지시(8/8). 上, 내년의 진곡은 정부에서 조달할 것이니 부자들에게 강제로 모금하지 말도록 지시(10/26). 上, 8도의 舊還을 정지하고, 제새가 심한 고을의 결전과 상인들에 대한 요역도 탕감하도록 지시.	기민들에게 식량을 주고 죽 청제전 준설을 실시

연호	서기 간지	재해 지역	발생 원인	주요 제해 및 기근 상황	아사자	주요 대책, 기타	비고
영조 51	1775 을미	전국	가뭄 역병	영의정 신회, 堤堰의 관리와 저수에 대한 조사를 요청하여 해당 낭반으로 하여금 제도의 저수를 관리하게 함(1/3). 함경도 端川의 交濟倉을 梨津으로, 洪原의 교제창을 直津으로 이전함(1,19). 평안도와 경상도에 전염병이 창궐하여 여제를 지냄(7/19). 8도에 혹심한 가뭄(10,19).		또 각도의 推奴와 徵債를 금년에 한하여 금지할 것을 지시(9/26). 토지의 소유권 없이 宮房에 수화권을 주어 과도하게 전세를 거두어 가는 궁방의 無土免稅를 금지하고 호조에서 전세를 징수하여 궁방에 주기로 함(1, 4). 折米(싸라기) 2만 석을 賑資로 삼음(10/19). 8도의 가뭄 피해를 입은 고을에 給災함(10.19). 각 도의 감사들이 환곡을 마련한다며 鹽穀을 여러 고을에 배정하니 백성들에게 폐가 되었다가 비싸게 파는 廛斷(錢還)을 중지시킴(10/1).	
정조 즉위년	1776 병신	함경도 강원도	수재 역병	늦가을 수해로 함경도와 강원도 실농(9/7). 정부는 함경 감사가 賑政을 지휘하기에 너무 늙었다고 보고 신응현을 北關監賑御史로 파견(10/15). 영조 13년(1737), 17년(1741), 31년(1755)에 버금가는 규모로 인배에서 중성까지 2천 리에 기아가 극심하다며 영남 포항창의 곡물을 수송해 달라고 상소(9/27). 영남의 곡물을 북관으로 해운하는 것이 너무	아사자 다수	함경도의 교체창의 총쌀 1만 석과 콩 5천 석을 보내도록 비변사에서 관리하는 과목 1만 석과 조 3천 석을 획급했으나 기근의 규모가 의외로 큰 것으로 봐야함. 정부는 포항창의 녹식 3만 석을 경상도 도사 김제인을 수송 책임자로 임명하고 봄을 기다려 영남의 배로 해운하게 함(12/10). 함경도 감영과 병영에 공명첩 1천 장을 보내고 각 고을의 月課米를 감면함(9/8).	

연호	서기 간지	재해 지역	발생 원인	주요 재해 및 기근 상황	아사자	주요 대책, 기타	비고
				함흥이 함흥·남흥 정평과 문천 사이에 交濟倉을 추가로 건설하기로 결정(8/11).			
정조 1	1777 정유	경기도 강원도 충청도 경상도	가뭄 수재 역병	4월부터 6월까지 2개월 간 비가 오지 않음(6/9). 충청도와 경기도를 비롯 4도에 한재(12/10). 가을에는 장마에 폭우가 쏟아져 강원·경상도가 큰 수재를 입음(9/14, 9/24, 10/13). 이해는 경기도 등 4개도가 흉년.	역질 사망자 다수	지난해 재해를 입은 함경도의 진휼은 당년 1월에 시작하여 6월에 끝남. 진구 4만 7천 석을 투입(9/29). 경기도 광주 등 7읍에 진휼청을 설치하고 경기도 감영의 진제곡과 상진곡 6천 석을 진대(12/10). 충청도 재해 20고을에 대해서는 감영의 진휼 및 상진곡 4만 석을 방출(12/10). 경상도는 私賑·備荒·貼價米 2만 석을 사용하여 구진(12/10). 함경도 북관의 교제창 곡식을 위한 강원도에 내해서는 차비로 운반해가도록 조건부 허가(12/10). 충청 감사, 가뭄으로 모를 심지 못한 논에 잡곡을 대파하라고 독려하였으나 농민들이 따르지 않는 다며 잡곡을 대파한 논에는 면세를 요청 (6/21). 영남과 강원도의 수재를 입은 고을에 환곡과 신포의 납부를 연기(9/14, 10/13). 諸道의 가을 군사훈련을 정지함(7/11).	

연호	시기 간지	재해 지역	발생 원인	주요 재해 및 기근 상황	아사자	주요 대책, 기타	비고
정조 2	1778 무술	경기도 강원도 충청도 경상도 함경도 평안도	수해	6월부터 두 달 가깝게 비가 그치지 않아 농작물이 썩는 피해를 입자 기청제를 지냄(안 6/7). 오랜 비에 날씨마저 서늘해져 가을 곡식의 열매가 제대로 등숙하지 못함(8/4). 경기도를 비롯한 6도에 흉년(10/10).		지난해 경기를 비롯한 4도의 흉년으로 발생한 기민 약 10만 7천 구(口)를 위해 진곡 약 4만 2천 석을 사용한 賑濟사업이 정월 초부터 시작하여 5월 초에 끝남(5/5). 경기도: 광주·수원 등 8개 고을의 기민 4만 4천 구, 진곡 4천 225석. 충청도: 예산·당진 등 30읍·진의 기민 2만 9천 300, 진곡 2만 4천 석. 경상도: 대구·안동 등 21개 읍의 기민 1만 3천 500인, 진곡 9천 500석. 강원도: 인제·고성의 기민 790인, 진곡 100석. 8도에 오대리 환곡 10만 석을 당감시킴(5/4). 경상도에 賑資穀·비축곡·帖價穀 7천 석을 획급함(10/10). 北關 鏡城에 진곡 1만 석을 주고 공명첩 1만 장을 보냄(12/20).	
정조 3	1779 기해					지난해 피해를 입은 경기도 등 6도의 기민 총수 약 84만 2천 500구(인)에 대해 정월 초부터 5월 하순까지 設賑 실시함(5/29). 경기도: 기민 3만 9천 400구, 진곡 6천 550석. 강원도: 기민 1만 800명, 진곡 6천 500석.	

연호	서기 간지	재해 지역	발생 원인	주요 재해 및 기근 상황	아사자	주요 대책, 기타	비고
						충청도: 기민 1만 3천, 진구 8천 900석. 경상도: 기민 74만 1천 500, 진구 13만 5천 100석. 함경도: 기민 4만 8천, 진구 3만 5천 석. 평안도: 기민 5천 500, 진구 6천 300석 공급(5/29). 제도의 군자훈련을 정지함(1/9). 8도의 묵은 환곡 10만 석을 탕감(5/4).	
정조 5	1781 신축	전라도 경상도 함경도	가뭄 수재	7월 조순까지 가뭄, 여러 차례 기우제를 지냄. 경기·충청 가뭄 황충이 번져 포제를 지냄(6/2). 7월부터 황충이 번져 포제를 지냄(7/25). 8월 초 전국에 큰 비바람, 영·호남에 큰 홍수(8/6). 경상도의 함천과 고령 등지의 피해가 혹심(8/16). 한 읍의 무시도 수확할 수 없는 곳도 많음(12/18). 경상도에서만 표몰한 집이 1만여 호, 물에 빠져 죽은 사람 400여 명, 수백 척의 선박이 파괴됨(9/3). 함경도의 피해도 상당했는데 서리까지 내려 작물이 거의 다 죽었음(8/18).		정조, 재해 지역의 백성을 위로하는 윤음綸音을 발표. 오래된 환곡還穀이 미납분을 연기, 일부는 면제(9/29). 영남의 진휼을 위해 공명첩 3천 장, 호남에는 1천 500장을 보냄(12/18). 한남 權儼, 수레를 없는 곳은 모두 나무가 없는 민둥산이 있는 곳이며 재해의 원인은 산림 황폐에 있다고 상소. 그는 재해의 원인을 비바람으로 돌려서는 안 되고 각 고을에 지시하여 별목을 금하고 나무를 심게 하며 제방을 쌓고 티진 둑을 수리하도록 진의(10/22).	

연호	시기 간지	재해 지역	발생 원인	주요 재해 및 기근 상황	아사자	주요 대책, 기타	비고
정조 6	1782 임인	경기도 강원도 충청도 황해도 전라도 경상도	가뭄 수재	봄부터 가뭄이 계속됨. 행별이 타는 듯 하여 보리 이삭은 시들고 아직 패지 않은 보리는 말라 죽음. 경기·충청·강원·황해도의 보리농사가 흉년으로 판명 (5/11). 代播를 지시함 (6/3). 강원도 백성들이 유망하기 시작하여 800여 가구가 서울로 들어옴(3/21, 6/3). (6월 중순부터 장마가 계속됨. 기몽나기 큰 비가 내려 가을 수확을 기대하기 어려울 정도, 경기·영남·호서·전라도가 흉년으로 판정됨(8/13). 경기도와 삼남이 흉년이 크게 됨(6/8).		지난해 재해에 대한 구휼을 정월부터 시작하여 6월에 끝냄. 경상도는 기민 약 1백 36만 5천 명에 대해 9만 5천 석의 진휼곡을 보내고(6/4), 전라도는 기민 약 6만 6천 900인에 진휼곡 3만 7천 석을 배분한 것으로 집계됨(5/24). 경기도 농사가 흉년이 되어 쌀값이 오르자 평안도의 田米 3만 석과 황해도의 전미 1만 석을 수송하여 販資로 삼고 도성에서 판매하기도 함(6/8). 도성의 백성들이 굶주리자 가난한 백성들을 뽑아 진휼청이 쌀을 싼값으로 판매함(11/2).	
정조 7	1783 계묘	경기도 충청도 강원도 전라도 경상도 함경도	가뭄 수재	봄부터 7월 초까지 가뭄이 계속 내냄(7/2). 7월 초부터 8월까지 큰비가 계속 내려 많은 논밭이 유실됨(7/27). 이 때문에 경기·충청·강원·전라·경상도의 가을 농사가 흉작, 그중에서 함경도의 재해가 우심(9/30). 쌀값이 오르자 호남 등지의 감사들이 자기 도의 식량부족을 염려하여 타지의 상인들이 도내의 곡식을 구입하여 반출하는 것을		지난해 가을 흉작으로 인한 경기도와 삼남의 피해를 위한 선진을 1월 조부터 시작하여 6월에 종료함(6/23). 경기도: 기민 약 55만 구에게 진휼곡 2만 5천 석 충청도: 기민 약 40만 7천 명에게 진휼곡 2만 4천석 지급. 경상도: 기민 63만 명에 진휼곡 5만 2천 700석 전체. 쌀을 동냥하려는 중의 도성 출입을 금지시킴(1/2).	字恤典則을 반포 (11/5)

연호	시기 간지	재해 지역	발생 원인	주요 재해 및 기근 상황	이사자	주요 대책, 기타	비고
				금지하는 防彙 현상이 만연. 영의정 정존겸, 흉년을 구제하는 요체는 서로가 무역하고 통상하여 상호 의존하는 것이라며 船稅를 당분간 면제하여주고 통상의 길을 넓혀야 한다고 주장(10/18). 正租, 지방관들이 防彙을 하지 못하도록 대책을 강구 하라고 지시(10/19).		함흥에서 쌀 1석 값이 36냥으로 폭등(10/20). 수어청과 총융청의 諸色軍校가 납부하는 쌀을 돈으로 내게 함(9/22). 경기·강원·충청·전라도의 上番을 정지함(9/13). 浦項倉 및 경상도 沿海의 곡물 1만 석을 강원도로 이송(10/19). 涸川 灘民倉의 곡식 2만 5천 석을 중청도로 보내줌(10/19). 함경도의 기민 구제를 위하여 강원도의 쌀을 가저오고 공명첩 1천 장을 발행(10/20). 脈資가 부족하여 주전하기로 함(11/29).	
정조 8	1784 갑진	제주도		정조, 刑曹에 흉년에 감옥에 있는 사형수들에게 糧米를 공급하라고 지시(3/8). 정조, 市廛상인과 貢人들을 불러 흉년에 화폐유통의 便否와 폐단에 대해 물음(3/20). 도성 내의 쌀값이 폭등하자 어느 쌀 상인들이 누간에 비밀된 것이라 보고 都賈 행위를 금지 시킴(4/30). 제주도의 흉년 소식이 거의 반년 만에 조정에 전해짐(11/29).		흉년 대책으로 시전 상인들에게 동전 7만 냥을 이자 없이 대여해 줌. 또 貢人들에게 1만 8천 냥, 훈련도감·금어영·어영청·수어청의 군사들에게 도 무이자로 1년간 2만 6천 냥을 빌려줌(3/20). 제주도 흉년으로 진상품 物膳과 朔膳·방물·노비신공·약재의 진상을 감면하고 監賑어사를 파견함. (11/29)	흉년 대책으로 처음 상인과 군인들에게 돈을 대부해 줌.

연호	서기 간지	재해 지역	발생 원인	주요 재해 및 기근 상황	이사자	주요 대책, 기타	비고
정조 10	1786 병오	경기도 강원도 충청도 전라도 경상도 함경도	가뭄 수해 역병	이른 봄부터 역병(홍역)이 유행하여 厲祭를 지냄(4/10). 왕세자, 역병으로 사망함(5/11). 모내기철을 넘기고 6월 중순까지 비가 오지 않음. 기우제를 여러 차례 지냄(6/15). 6월 하순부터 장마비가 그치지 않아 평안·충청·경상도에 수재 발생(8/9). 호남에 병충해가 심하여 酺祭를 지냄(윤7/2). 가뭄과 수재로 경기·충청·경상·전라·강원·함경도 등 6개 도가 심한 흉작으로 판명(9/25, 12/25).	역질 사망자 다수	
정조 11	1787 정미					지난해 6개 도의 흉년에 대한 設賑은 정조 11년 정월부터 시작하여 5월 중순에 끝남(5/23). 경기도: 公賑. 수원 등 10고을, 낙적 등 2鎭의 기민17만 3천 900명에 진곡 1만 3천 444석을 분배. 私賑, 강화부 기민 4천 232구에 대해 진곡186석, 도 624냥으로 진제. 경상도: 公賑. 남해·웅천 등 53고을, 좌우병영·좌수영관할의 당포 등 6鎭, 진주·울산 산방場의 기민 108만 8천 300인에게 8만 3천 531석을 진제.	구휼미의 조달을 私賑으로 도 구분하여 敎에 나서기 시작함. 公賑은 정부에서 마련한 私賑으로이고 구휼미이고 私賑은 지여의 수령과 부자가 개인적으로 마련한 것.

연호	시기 간지	재해 지역	발생 원인	주요 재해 및 기근 상황	아사자	주요 대책, 기타	비고
						전라도: 公賑, 나주·남원 등 25고을, 좌우수영·병영의격포·방답 등 26鎭, 진도·흥양 등 4牧場, 목사驛의 기민 155만 6천 439구에 진제곡 8만 6천 171석을 획급. 私賑, 전주·광주 등 10고을의 기민 27만 5천438구에 1만 6천 900석을 주어 진제. 충청도: 公賑, 공주·부여·신창 등 23고을, 마량·서천 등 5진, 성환·이인驛의 기민 27만 9천 877구에 진곡 1만 7천 75석을 주어 진제. 私賑, 은진·연산 등 4 고을과 금정역의 기민 3만 2천 657인에 진곡 2천 383석을 공급. 강원도: 公賑, 고성·울진 등 6고을의 기민 1천 603구에 진곡 994석을 주어 진제. 함경도: 公賑, 안변·북청 등 14고을의 기민 1천 603구에 진곡 2천 414석을 사용하여 구휼. 환곡과 身貢·軍保의 납부를 연기(9/29). 경상도에 각곡 7천 석을 획급(10/5).	식량을 의미.
정조 12	1788 무신	충청도 경상도 전라도 함경도	수재 역질	충청·경상·전라도에 역질이 유행하여 많은 사람이 죽음, 특히 제주에서 사망자 많이 발생(9/30). 하삼도의 관찰사가 역병의 발생과 사망자 수를 발생.	아사지 및 병사자 다수	제주에 세금과 물선을 감면해줌(9/30). 함경도 북관에 흉년이 들어 쌀 1만 5천석을 전급(9/26). 함경도의 진곡을 모두 정지시키고 환곡의 3분의	

연호	시기 간지	재해 지역	발생 원인	주요 재해 및 기근 상황	아사자	주요 대책, 기타	비고
				제대로 보고하지 않아 문제당함(6/22, 9/30). 8도 가운데 유독 함경도만 흉년, 북관 이북 1천 리에 벗단이 하나도 보이지 않을 정도의 흉년(10/15). 장대응을 함경도 북관의 위유어사로 임명(9/6). 장대응의 건의로 남관의 곡식 식을 북관의 진출에 대비하여 미리 획급함(10/3).		1읍 남짐 연기시킴(10/4). 상, 함경도에 내탕을 모두 털어 도 2권 민, 면포 1백 필, 호조 30두를 보내니 곡식을 구입하여 죽을 쑹이라고 지시(10/5). 상, 경상 감사에게 함경도 북관의 구휼을 위하여 곡식 2만 5천 석을 마련하여 영남의 배로 북관으로 시급히 수송할 것을 지시(12/20). 도 선단이 출항하기 전에 海神에게 무사 항해를 비는 제사를 지내도록 당부하고 선단이 강원도와 함경도의 경계를 지날 때도 제사를 지내라고 지시함(12/20).	
정조 13 1789 기유		함경도 평안도 황해도	수해	장마가 두 달 동안 계속되어 농사에 큰 피해를 까침(6/6). 홍수로 대동강이 범람하여 평양 민가 수백 호 유실(6/6). 황해도 신천·재령 등지에서 민가 160여 호 표몰되고 인명 피해도 발생(6/15). 함경도 홍수로 명천·이원·단천·길주 등지에서 610여 명이 익사하고 500여 결의 농토가 토사에 묻힘(7/26, 15/8/5). 함경·평안·황해도의 가을 농사가 홍수의 뒤		재해를 입은 도에 災結 중 11만 815결을 給災함.	

연호	서기 간지	재해 지역	발생 원인	주요 재해 및 기근 상황	아사자	주요 대책, 기타	비고
				(9/29). 기아로 많은 유민들이 서울로 들어옴.		진휼청, 도성에 들어온 3도의 유민 445명에게 성인 1인당 쌀 5두 씩을 나누어주고 노약자에게는 별도로 가응곳과 연포 45필을 나누어 줌(2/6). 지난해 흉년이 든 평안·함경·황해도의 기민 약 156만 3천여 구에 대한 구휼을 정월부터 시작하여 5, 6월에 마침(6/29). 평안도: 소진: 송천·서주 등 21고을과 정성·유원 등 41鎭의 기민 80만 8천 500인에 대해 8천 572석을 공급하여 진제.	
정조 14	1790 경술	황해도	역병	황해도의 谷山 농민들이 谷山府使의 탐욕적 운영에 항의하기 위하여 吏屬들을 上京, 한부 운영에 항의하기 위하여 이미 서울에 감노성을 나들들을 시켜 농민들을 잡아다 가두어 놓고 刑訊을 한 사건이 일어남(3/24). 이즈음 전국 각지에서 수령과 향리들의 사복을 채우기 위하여 공공연하게 환곡을 불법적으로 운영, 백성들의 원망을 사는 일이 증가하기 시작함. 평안도와 함경도에 역병이 돌아 많은 사망자 발생(5/2).	전염병 사망자 다수	私賑: 평양·안주 등 13읍과 민포·노강 등 4진의 기민 22만 8천 800인에 7천 440석을 주어 진제. 함경도: 私賑: 남관: 안변·덕원 등 14고을과 이동·쌍청 등 7진의 기민 24만 6천 700인에 진곡 1만 9천400석을 주어 진제. 함경도: 北關: 私賑: 길주·명천 등 10고을과 성진·고령 등 12진의 기민 12만 5천 600인에, 진두 1만 9천 400석 배정 구휼. 황해도: 소진: 수안·곡산 등 9읍 기민 15만 3천 400인에 6천 932석을 주어 진제.	

연호	시기 간지	재해 지역	발생 원인	주요 재해 및 기근 상황	아사자	주요 대책, 기타	비고
						私賑穀을 모으는 데 기여한 수령과 개인을 표창(6/29).	
정조 15	1791 신해	전국	수재 역병	6월에 시작한 장마비가 두 달 동안 계속되어 전국의 농사에 큰 피해를 줌(8/2). 특히 경기·충청·평안·경상·전라도에 피해가 컸는데 목화를 포함한 밭곡물도 모두 흉작 졌느네(8/22). 8도에서 장마로 유실된 가옥이 모두 5천 750호로 집계됨(10/29).		평안도의 진휼을 위해 공명첩 400장을 내림(1/15). 수해를 심하게 입은 고을이 신·구 환곡과 신조의 당분 모두 연기를 지시함(8/2, 9/8). 8도에서 수재로 집이 떠내려가거나 무너진 家戶에 恤典(구호금)을 지급함(9/29). 경기도: 942호에 대해 벼 637석. 충청도: 698호에 벼 388석. 전라도: 2천 169호에 쌀 1천 22석. 경상도: 1천 638호에 벼 1천 10석. 강원도: 138호에 쌀 63석. 평안도: 181호에 쌀 85석. 함경도: 33호에 쌀 15석. 황해도: 31호에 쌀 14석. 전염병이 돌아 금위영의 入番한 군사들을 모두 집으로 돌려보내줌(5/1).	辛亥通共 壯勇營 설치
정조 16	1792 임자	충청도 전라도 경상도	수재	충청도 연산·문의·정산 등 10여 고을에 홍수, 민가 400여 호 유실되고 59명 익사(5/30). 경상도 지방에 큰 홍수, 영천 등 50여 고을에 서 민가 2천여 호가 유실되고 51명 익사		지난해 가을(정조 15) 충청도와 평안도 지방의 흉작으로 정월부터 5월 조까지 設賑함(5/28). 충청도: 소賑, 공수 등 7고을의 기민 2만 5천 82명에게 진곡 2천 250석을 지원.	

연호	서기 간지	재해 지역	발생 원인	주요 재해 및 기근 상황	아사자	주요 대책, 기타	비고
				(7/14). 경상도 영해 등 39읍에서도 민가 2천 600여 호가 유실되거나 전파되고 약 360명이 사망함(8/22). 전라도 전주 등 47읍에도 경상도에 버금가는 흉수가 발생. 비가 붇난 후 충희 만연(7/24). 전라·경상·충청도 지방에 큰 흉년이 듦. 제주도에도 기근이 듦(12/1).		평안도: 소賑. 철산·선천·용천 등 5고을과 자령 등 9鎭의 기민 23만 8천 8천 300명에게 구휼곡 7천 823석을 획급. 私賑, 초산·곽산·정주 16고을과 창주 등 16鎭의 기민 20만에 6천 400석을 주어 진제. 평양 감영에 진휼을 위해 공명첩 400장을 첩급(1/15). 전라도의 환곡 가운데 10분의 1을 停退함(9/1). 제주의 진구를 위해 전라도의 묵미 1만 석을 수송하도록 지시함(12/1). 安瀾島의 風落松을 쭾아 진자에 보비도록 함(9/5).	
정조 17	1793 계축	충청도 전라도 경상도 황해도	가뭄 역병	정조부터 호서·호남·영남에서 역병이 유행하여 많은 사람이 죽음. 각 도의 감사들이 사망한 사람의 수를 보고함(1/22, 6/30). 황해도 연안의 그 못한 지방이 가뭄이 모를 심지 못한 곳이 많았는데 가을에 우부어 쓸어져 거주 심은 모아거 상해 버릴 수확할 수 없는 곳이 많았음(9/27). 삼남 지방과 황해도에 기근이 듦(12/1).	전염병 사망자 다수	진휼청에서 삼남의 구휼을 위하여 내탕고의 동전 4천 민(緡)과 주주 500즘을 해당 도에 분배(1/1). 자녀(정조 16)의 흉년을 구휼하기 위해 정월부터 5월 조가지 設賑함(5/19). 전라도: 소賑. 병마절도영과 右道水軍절도영 관하의 나주·영암 15읍과 고금도·녹도 등 27개 鎭, 진도 등 5개 목장의 기민 약 103만 9천에 대해 6만 400석의 묵식을 공급하여 진제(5/19). 私賑, 좌도수군절도영의 전주·남원 등 27고을과 법성 등 2驛의 기민, 심해 등 2驛의 7개 고을과 172명에게	

연호	시기 간지	재해 지역	발생 원인	주요 재해 및 기근 상황	아사자	주요 대책, 기타	비고
						1만 3천 200석의 무물을 지급(5/19). 충청도: 公賑, 충청수군절도영 관하의 온양·아산 등 15고을과 서천·마량 2진, 성환 역 등지의 기민 20만 1천 500명에게 약 1만 6천 석의 진곡을 획급하여 구휼. 私賑, 공주·청주 등 40고을과 안흥·소근등 3진, 이인·금정 등 4역의 기민 약 25만 5천 900명에게 2만 9천 600석을 주어 진제(5/24). 경상도: 公賑, 경상좌·우도 병마절도영과 좌도 수군절도영관하의 경주·상주 등 50읍과 부산·기덕 등 30鎭, 금오·성현 등 8驛, 진주·울산의 牧場과 私賑 및 緊急 구호, 안동 등 21개 고을, 유곡 등 驛의 기민 282만 9천 600인에게 진곡 20만 5천 756석 배분하여 진제(6/1). 황해도에 돈 1만 5천냥을 빌려주어 이 돈으로 곡식을 구입하여 기민을 구제하도록 함(9/27). 호남에서 올라올 금위군의 상번을 정지시킴(1/13). 심하게 수해를 입은 동가에게 환곡의 절반을 연기하고 절반은 돈으로 내게 함(9/30). 三道의 금위영과 어영청 上番 군사는 내년 여름까지 상번을 중지. 삼도의 方物과 物膳을 정지하	
정조 18	1794 갑인	충청도 경상도 전라도	수재	봄부터 7월까지 타는 듯한 가뭄(7/21). 8월 27일~28일 이틀 동안 세찬 비바람이 온 아래 돌이 나뭇잎처럼 구르고 국식이 모두 짓밟힌 듯 쓰러짐.			

연호	시기 간지	재해 지역	발생 원인	주요 재해 및 기근 상황	아사자	주요 대책, 기타	비고
				삼남의 바다에 가까운 농토는 바닷물이 넘쳐 벼와 목화 등이 절어 못하고 쓰러진 무슨을 낳을 땔 수 없을 지경이 됨(9/20). 삼남에 홍자와 기근이 듦(9/30). 충청도 수군절도영 관내의 비인·보령·서천·결성·남포·태안·서산 등 10고을에서 8월의 폭풍우로 1백 18명이 익사(10/11). 제주 목사, 풍수해로 농사를 망쳐 2만 석의 식량이 없으면 월겨울을 날 수 없다며 긴급 지원을 요청(9/17).		고, 賈臟고 피해 정도에 따라 지등 감면함(9/30). 피해 고을에 대한 給災結은 12만 2천 1백 80결. 제주에 진휼미 5천 섬을 보내줌(10/2). 영남 23개 고을의 조세를 견감(11/2).	
정조 19	1795 을묘	충청도 전라도	가뭄	지난해 가을 삼남의 흉작으로 서울의 쌀값이 급등(2/10). 제주도 정의 현감, 섬 백성들이 잇따라 아사하고 있으니 긴급히 구휼해 달라고 요청(2/14). 호남 암행어사 이희갑, 나주 목사 조시순이 진휼에 힘쓰지 않아 아사자가 10여 인이 발생했다고 복명(4/28). 나주목사는 또 관내에 아사자가 다수 발생하였는데도 숨기고 또 관내의 富豪가 진출을 위해 내놓은 私穀을 자기가 마련한 것이라고 속여 정부에 포상을 요	아사자 1백 명	지난해(정조 18)의 재해를 위한 진휼은 1월부터 시작하여 4월에 끝남. 경상도: 51개 고을과 32개 鎭, 7개 驛의 기민 1백 42만4천 口에 10만 5천 400석의 곡물을 공급하여 진제(5/8). 전라도: 公賑, 전주 등 28개 고을, 32진 등지의 기민 2백 20만 800인에 진출구 11만 석을 들여 구제. 私賑, 남양 등 7음의 기민 6천 200에 3천 500석의 진곡을 배분하여 진제(5/21). 충청도: 公賑, 아산·예산 등 33음, 안흥·소근포 등 4진, 성환 등 2역의 총 62만 6천 500명의 기민에게	전라도에서 제주도의 기민을 위해 해 쌀 1만 1천 석을 싣고 가던 배 100여 척이 파선됨(윤2/2).

연호	서기	시기 간지	재해 지역	발생 원인	주요 재해 및 기근 상황	아사자	주요 대책, 기타	비고
					청했다고 고발(5/22). 지난해에 이어 전라도와 제주에 또 흉년이 듦(10/2). 충청도 연해지역의 면천·예산 등 11고을이 심함. 호남의 기민들이 유리하여 충청도로 몰려들고 있다는 보고(12/13).		4만 5천 300석의 진곡을 제공하여 구휼(5/21). 私賑, 연산 등 4읍 2천 명에 1천 500석. 응급구제: 충주·공주 등 17읍과 이인 등 4여의 기민 약 8만 5백 구에 5천 석의 진곡으로 진제. 진휼청에서 쌀 1만 냥을 전라도에 보내 호남에서 곡식을 구입하여 제주도 보내게 함(2/14). 충청도 11 고을에 대한 진휼은 정조 20년 1월부터 4월까지 11만 8천 명을 진제(20/5/2).	
정조 21	1797	정사	황해도 충청도 전라도 경상도	가뭄	三南에 가뭄이 들어 벼농사에 차질이 생김(8/1). 경상도와 황해도의 목화 농사도 전라도·경상도 흉년으로 판정(9/10). 가뭄으로 충청도와 전라도 흉년(8/27). 황해도 장인·송화 등 9고을에 큰 수해 발생(8/20). 지평 박대덕, 전 광양현감 한사진이 흉년을 이용하여 남녀 기민 50여 명을 종으로 삼았다고 고발(9/10).		호조와 진휼청이 만성적 경비 부족을 보충하기 위해 매년 호조에서 10만 냥을 주조하도록 함(9/28). 가뭄으로 송이버섯이 나지 않아 봉진을 중지함(7/29). 묵화 흉작으로 경상도와 황해도의 군포를 돈으로 납부하도록 함(8/27). 제도의 가을철 군사훈련을 중지(7/16). 경상·전라·황해도의 묵은 환곡의 일부를 정퇴(9/18). 永濟를 다시 高原의 옛터로 옮김(6/1). 경상도에 상진곡 5천 석과 보리 5만 석 획급(11/29). 전라도에 진휼곡 4만 석을 방출(12/22).	

연호	시기 간지	재해 지역	발생 원인	주요 재해 및 기근 상황	아사자	주요 대책, 기타	비고
정조 22	1798 무오	충청도 경상도 전라도		5월 하순까지 심한 가뭄(5/24). 모 심는 시기가 지난 삼남 지방에 代播을 지시. 중청지방은 代播은 면적이 1만 결이 넘음(9/21). 삼남 지방의 농사가 흉작으로 예상됨(7/27). 정조, 전국의 수령들에게 農書를 구하는 輪音을 내림(11/30).		갑녀(정조 21)의 재해에 대한 設賑을 정월에 시작하여 5월에 끝냄(5/7, 5/12). 경상도: 公賑. 창원·상주 등 20읍과 제포·안골 등 8진, 송라역의 기민 36만 478명에게 진곡 2천 6천 190석을 주어 진제. 私賑. 김해·밀양 등 11읍, 부산·다대포 등 6진, 자여역의 기민 8천 2천 153명에게 진곡 5천 361석을 지급. 응곡구조. 경상좌·우병영, 좌·우수영 관내의 경주·안동 등 30읍, 가덕·서생 등 24진, 유곡·김천 등 5역, 울산·진주의 목장의 기민 12만 2천 200인에게 8천 760석을 궁급하여 진제(5/7). 전라도: 公賑. 고부·옥구 등 11읍, 목포·위도 등 20진, 흥덕목장의 기민 46만 9천 72명에 진곡 2만 7천 504석을 주어 구제. 私賑. 전라좌·우수영의 나주·장흥 등 14읍, 가리포·방답진과 나주·진도 목장의 기민 25만 3천 651명에 진곡 1만 4천 967석을 획급하여 진제. 兵營 관내는 배인·목성 등 3읍과 군산·금모포진과 순천 목장의 기민 2만 2천 744명에 진곡1천 23석을 보내 진제(5/12).	

연호	서기 간지	재해 지역	발생 원인	주요 재해 및 기근 상황	아사자	주요 대책, 기타	비고
정조 23	1799 기미	경기도 충청도 전라도 경상도	역병	심한 가뭄으로 여러 차례 기우제 지냄. 8도에 역병이 창궐. 전국에서 사망자 12만 8천여 명으로 보고됨(1/13). 전라 감사 이득신, 토호들이 저수지 제방 안을 불법 경작하는 冒耕을 금지하고 저수지를 수리한 지역에서는 모내기 면적이 2배로 증가하였다고 보고됨(6/26).	아사자 병사자 13만	충청도: 임천·부여 등 9읍과 서천·진의 기민 2만 8천 308명에게 진곡 2천 115석을 획급하여 진휼(5/12). 제도의 가을 군사훈련을 중지(7/12). 산남의 홍수의 예상되어 북부지역의 구휼을 무역해서 산남으로 보내는 방법에 대해 논의함(7/27). 충청도 지방의 방물과 사선을 모두 면제함(7/27). 정조, 진휼청에 명하여 굶주리고 병들어 자력으로 살아갈 수 없는 자와 가난하여 장사를 지내지 못하는 백성들에게 휼전을 주게 함. 정조, 도성의 백성들이 병사자들을 매장할 곳을 구하지 못하여 시체를 제대로 처리하지 못하자 금위영과 어영청에 지시, 도성 밖의 民間을 매일 순라하여 가난한 백성들이 그곳에다 장사지낼 수 있도록 함(1/29).	
순조 5 을축	1805	전라도	미상	諸道에 災害. 전라 감사 심상규, 전라우도 12고을의 10만 백성이 기아로 위기에 처해있다며 긴급 구조를 요청(12/21).		우의정 이경일, 조적법(환곡은 원래 백성을 구하기 위해 만든 제도였는데 지금은 백성을 가장 괴롭히는 법이 되었다)의 개탄. 그는 개선할 방도가 없다면 예전의 社倉制度로 돌아가야 한다고 주청함(12/10). 우의정의 제안을 논의한 결과 몇 개 도에서 시험적으로 社倉을 설치하기로 결정함(12/10).	순조 연간 재해 및 아사자 기록 부실

연호	시기 간지	재해 지역	발생 원인	주요 재해 및 기근 상황	이사자	주요 대책, 기타	비고
						경상 감사 김희순이 과거 및 군비 사용을 설치하여 본 결과에 대한 문제점을 보고(4/10). 그는 社倉를 만들어 보아야 이름만 사창이지 관리가 운영하고 耗穀을 받으면 환곡보다 나을 것이 없고, 각 고을이 유지들이 운영을 받으면 맛대로 糶糴를 걷고 분배하는 폐단이 더하여 백성들에게 큰 피해를 준다고 정함을 진술. 황해 감사도 백성들이 사창의 의심을 갖고 있어 시행하기 어렵다고 보고(4/3). 조정에서 다시 노의한 결과 영남·호남·황해도에서의 社倉 실험을 취소하기로 함(4/15). 호남의 전주 3만 석을 전라우도에 획급(6/1/4). 諸道에 災結 약 4만 4천 69점을 분배(10/30).	
순조 7 1807 정묘	경상도		기근	봄철 가뭄으로 여러 차례 기우제를 지냄. 한재로 산남이 흉작이었으나 경상도가 가장 심함(5/20). 전자가 모자라 호조와 선혜청에서 30만 냥을 급히 주선하기로 결정(1/13). 의주상인 백대현·이사집이 淸國에 흉년이 들어 쌀값이 매우 비싸다는 소문을 듣고 청산에서 쌀 2석을 빌려 쌀 150석과 총쌀 70석을 청에 밀수출. 이들은 쌀 판도으로 중국의 단목·		경상도 경주 등 27개 읍·진·역의 기민 약 8만 9천 30명에게 1개월 또는 3개월간의 設賑을 통해 設賑함(5/20). 모두 6권 360석의 식량을 사용하여 진제함(5/20). 경상도 경주 등 27읍·진·역의 기민 8만 9천 30명에게 6권 360석의 목식을 주어 진제(5/20).	

연호	시기 간지	재해 지역	발생 원인	주요 재해 및 기근 상황	아사자	주요 대책, 기타	비고
순조 8	1808 무진	충청도 경상도 전라도	가뭄	백반·비단·자기 등을 사 가지고 평양에 와 밀매하더다 적발됨(9/21). 조선은 청의 금령을 어긴 이들의 처벌을 상신하는 咨文을 청의 禮部에 보냄(9/21). 오래 동안 비가 오지 않아 한재가 심함(7/10). 충청도·경상도·전라도가 가뭄이 심하여 흉년(10/29). 충청도 19고을에 전염병 창궐(7/20).		충청도 아산 등 10고을에 새 환곡 및 신역에 따른 米·布·錢을 모두 정퇴함(10/29). 삼남에 약 3만 7천 186겁을 給災(10/29).	
순조 9	1809 기사	경기도 황해도 강원도 평안도 충청도 경상도 전라도	가뭄 기사	심한 가뭄으로 6월 조순까지 삼남에서 는 빈 적이 3분의 1이 모내기를 못 함(6/5). 6월 11일에서야 비가 내리자 이앙은 늦었으나 代播를 하도록 하고 대파할 논에는 제조을 감면토록 지시(6/12). 함경도를 제외한 전국이 흉년, 경기 등 7도에 기근 상황. 대사간 안쳄, 서북지방의 감사들이 흉년에 쌀 값이 오르는 것을 막기 위하여 타지의 상인들이 자기 지역에 와서 쌀을 사가는 것을 금지(防穀)하고 있으니 이를 막아 달라고 상소(7/18). 전라도 광주·함평·부안 등 10여 명의 지방관	다수	備邊司, 미곡 상인들이 쌀을 숨기고 내놓지 않아 도성의 쌀값이 오르고 있다며 米商을 단속할 것을 요청(6/12). 순조가 대신들에게 미상 단속 문제의 처반 음음. 좌의정 김재찬, 서울의 백성들은 지방에서 쌀값이 올라고 는 식량으로 살아가는데 江商들이 이지의 쌀값이 비싸다고 서울의 쌀을 매다 관다면 서울 백성들은 살아갈 방도가 없으니 도성에 들어온 쌀의 반출을 금지하자고 주장(6/14). 호조 판서 이만수, 흉년이라고 일단 도성으로 들어온 곡식이 밖으로 나가는 것을 금지해서는 안 된다며 균역청에 있는 돈으로 외지의 곡식을 사들여 도성에서는 염가로 판매하는 것이 좋고 江	중신들의 경제상식이 부족하여 방곡이 전체 경제를 위해 이로운지 또는 해로운 지에 대한 견해가 일치 되지 않음.

연호	시기 간지	재해 지역	발생 원인	주요 재해 및 기근 상황	이사자	주요 대책, 기타	비고
				이 연명하여 호남이 극심한 한재로 논·밭에 수확할 것이 거의 없고 유랑하는 사람들이 줄을 있고 있으며 길가에 굶어 죽은 아사한 시체를 즐비하다고 보고하면서 전곡을 보내주고 환곡과 신포 등을 면제해 줄 것을 요청함(12/4).		商의 潛賣를 금지하는 것은 해결례이 아니라고 반대(6/14). 도승지 심상규, 병판 김희순, 형조 참판 김명순 등은 江商의 쌀 반출을 금지하자는 안에 찬성하여 결국은 미상들의 자유매매를 금지하는 것으로 가락된 듯(防穀의 하음). 錢荒을 막기 위해 내수사의 돈 2만 냥을 시전의 貢人들에게 대여(12/7). 諸道에 제갱 19만 4천 382점을 給災(11/29). 이 해 각지의 환정 창고가 텅 비어 있었음(12/7).	
순조 10	1810 경오	경기도 전라도 평안도 함경도	수해	지난해(순조 9) 가을의 흉작 여파가 새해에도 계속됨. 도성의 쌀값이 올라 백성들이 살아가기 힘들자 진휼청이 가난한 집 약 6천 400호를 뽑아 쌀 3천 500석을 發賣함(1/4). 장령 한계이, 금년 농사의 중자와 농량도 모두 환곡에서 마련해야 하는 실정인데 환곡의 양이 부족하니 현지의 富蓄들에게 권하여(勸分) 조달하고 이들에게 벼슬을 주거나 상을 주자고 제안(1/24). 7월에 큰비로 각지에서 홍수. 서울에서만 한자 한치의 강우량을 기록(7/5).		전라도의 기민 구제를 위하여 광안도의 쌀과 잡곡 6만 석을 전라도로 이송하고, 황해도의 쌀과 잡곡 4만 석을 충청도로 보내게 보내기로 함(1/13). 겨울철에 광안도와 황해도의 쌀을 전라도와 충청도로 해상 수송하는 문제가 쉽지 않아 다시 논의한 결과 쌀 대신 돈을 보내주기로 함(2/2). 그러나 쌀이 없이 돈만 보내서는 실질적 구호 대책이 되지 않으므로 매를 兩湖지방에 운행하여 마음대로 쌀을 매매하도록 허가하여 문제를 풀도록 결정(2/2).	

연호	시기 간지	재해 지역	발생 원인	주요 재해 및 기근 상황	아사자	주요 대책, 기타	비고
						과거 응시를 위해 전국의 선비 수천 명이 상경하느데 이 때문에 도성의 쌀값이 오르면 빈민들이 살기 어려움으로 과거를 명 넣으로 연기(2/24).	
순조 11	1811 신미	평안도 황해도 함경도 경기도 강원도	가뭄 홍수 병화	평안도에서는 홍수로 1천여 명이 익사하고 민가 1천 900호가 유실됨(7/14). 함경도와 전라도의 피해도 우심(8/19, 8/25). 4월부터 5월 말까지 비가 오지 않아 경기 등 5도가 흉작. 특히 평안·황해도와 東北지방이 심한 흉년. 기근의 정도가 순조 9년(1809)과 같을 정도로 급박함(8/8). 순조, 備局의 건의에 따라 마리 진휼을 준비하기 위해 영남에서 진곡 10만 석, 호남에서 7만 석, 호서에서 5만 석을 준비하도록 지시(9/9). 평안도 황해도 숨山에서 배성들이 국산부사 박종신의 방부와 인신을 뺏고 관청에서 찾아낸 사진이 발생(윤3/16). 국산 부사는 창고에 있어야 할 쌀이 부족하다며 배성들에게 부족한 환곡을 받아들이면서 심하게 매정하여 10여 명을 죽였다는 제보가 옴. 평안도 嘉山 다복동에서 반란이 일어나 가산 군읍 점령하고 군수 정시를 살해했다는 급보가 옴라음(12/18, 12/22) "홍경래의 난"이 시작됨.	아사자·전사자 다수	흉조의 비용이 부족하여 함경도가 쌀 4만 석, 영남 우병영의 군량미 1만 석, 평안도의 軍餉木 200 동을 가져다 보충하기도 함(8/3). 순조, 북도의 기민을 위해 내탕금 1만 냥, 단목 4천 근, 후추 200두를 내림(11/28). 홍경래의 난에 대처하기 위해 병조참관 정만석을 關西慰撫使 겸 監賑史로 임명하여 평안도로 파견 (12/23). 이요헌을 兩西慰撫使 임명 훈련도감과 금위영에서 군사를 선발하여 평안도 가산으로 급파(12/23). 평안도와 황해도·함경도의 금위 設賑할 것을 지시(12/23).	홍경래의 난 일어남.

연호	서기 간지	재해 지역	발생 원인	주요 재해 및 기근 상황	아사자	주요 대책, 기타	비고
순조 12	1812 임신	평안도 황해도 경기도 강원도 충청도 전라도 경상도	가뭄 兵禍	副護軍 吳淵常, 홍경래 난의 배경에 대해 상소, "관서지방에 2년 연속 흉년이 들자 기민들이 집을 버리고 유랑하는 자가 많았는데 이번에는 들판 벌판까지 들어 길거리에서 아사하는 사람이 이어졌습니다. 불쌍한 자들이 이 기회를 이용하여 소를 노략질하여 기민들에게 먹을 것을 나누어주니 어리석은 백성들이 반란군에 가담하였습니다"(2/4). 반군이 청주·신천·철산 등 7개 군을 점령하여 관곡을 마음대로 꺼내 군량으로 삼고, 관군도 다른 창고의 쌀을 먹어치우니 기민을 구제할 곡식이 남아 있지 않음. 4월 19일 관군이 정주성 밑에 굴을 파고 폭약을 터트려 4개월 만에 반란을 진압함. 난을 진압하기 이후에 京軍과 鄕軍 8천 800여 명과 의병 1천여 명이 동원됨. 관군이 사용한 군량은 쌀만 6천 5백 70석(4/21). 평안도는 난리가 났을 때 흉년이 들고 역병이 돌아 굶어 죽은 시체들이 길에 낭자하게 쌓여 있었는데 道臣(관찰사)가 지시를 받고 죽은 지역 수령들이 묻어 주었다고 조야되었음(9/15).	아사자 전사자 다수	홍경래 난이 진압되자 從軍한 의병과 향군들이 모두 귀향함. 이들은 그동안 반군과 싸우느라 진흙과 화재를 받지 못하여 당장 목전의 생활도 할 수 없게 되자 별도로 진휼구제 환자를 주고 모 다종 身役을 면제해 줌(4/25). 上, "기근이 든 끝에 군대가 일어났으니 백성들이 먹을 것은 이미 탕진되고 관의 저축도 바닥났다. 불쌍한 생령들이 돌이 쌓는 배 안에 타고 있는 적으로 경자지간에 의사할 것은 중년이 늘 때까지 모두 停止하고 환곡 중에서 빚것으로 停損될 것이 있다면 모두 탕감하라. 의병과 향군들이 병장기를 들고 죽음을 함을 다해 싸웠느니 군포를 받을 수 없다. 일제 받지 말도록 하라"(2/4). 各司·各營의 도 10만(민)을 균여청에 빌려주어 군여청의 곡물을 매되, 평안도를 진휼하게 함(증보 1). 한성의 빈민들에게 쌀·콩을 발매함(3/3). 홍경래 난 3남과 양서·관동에 各穀 18만 6천 석을 주어 구휼(증보 12). 이해의 給災는 11만 3772결(10/30).	

연호	시기 간지	재해 지역	발생 원인	주요 재해 및 기근 상황	아사자	주요 대책, 기타	비고
순조 13	1813 계유	강원도 충청도 경상도 전라도 황해도 함경도	가뭄 수재 냉해	3월부터 초복 때까지 비가 오지 않아 모내기가 늦어짐. 함경 등지에서 가뭄을 지냄(6/10). 황주에 달걀만 한 우박이 반자나 내렸는데 넓이는 7, 8리 지나간 곳의 길이는 50리나 되었다고 황해 감사가 보고(5/27). 순조, 봄·여름의 가뭄과 장마 피해가 있더니 나중에는 서리와 우박 피해로 이어져 온갖 곡식이 죽고 전국에 흉년이 들었는데 특히 강원·중청·경상·전라·황해·함경도가 심한 흉년이었다고 6도의 관찰사에게 윤음(11/11).		지난해(순조 12) 흉·정해 난으로 피해를 본 황해도와 평안도를 비롯한 7도의 기민을 위한 設賑을 정월 중에 시작하여 5월에 마침(1/11, 5/29). 황해도: 해주 등 22읍·진의 기민 30만 9천 990구에 각곡 1만 2천 58석을 공급하여 진제. 평안도: 안주 등 32읍·진의 기민 23만 6천 583구에 쌀미 8천 530석을 주어 구제. 강원도: 철원 등 5읍 12만 4천 816인에 각곡 1만 240석을 주어 진제. 경상도: 대구 등 101읍·진, 기민 92만 806명에게 진제. 각국 7만 5천 371석으로 구휼. 중청도: 충양 등 35읍·진, 기민 18만 7천 845인에, 각곡 1만 7천 296석으로 진제. 전라도: 영광 등 36읍·진, 기민 69만 4천 737명에 각곡 4만 5천 8석을 공급하여 진구. 제주도: 기민 2만 200명을 위하여 쌀미 625석을 획급. 강화: 제민 부족으로 함경도에서 돈전 6천 5천 냥 주조(11/20). 강원·황해의 제해 농가에 환곡을 연기하고 경기와 삼남의 절전 2만 2천 냥도 연기(10/30).	

연호	서기 간지	재해 지역	발생 원인	주요 재해 및 기근 상황	아사자	주요 대책, 기타	비고
순조 14	1814 갑술	경기도 충청도 황해도 평안도 함경도 경상도	가뭄 수재	이른 봄부터 비가 오지 않아 조·보리까지 가뭄이 계속됨. 각 도에 모내기를 하지 못한 논은 代播하도록 지시함(5/29). 여름에 긴 장마가 계속되다가 7월 중에 폭우가 쏟아짐. 경기와 서부의 3도, 경상도의 피해가 큼. 특히 경상도는 안동 등 39개 읍에서 익사한 사람이 94명, 유실된 가옥이 5천 600여 호나 되는 피해를 입음(7/30). 가을에는 이른 서리와 우박의 피해가 심하여 경기와 3남, 관동 등지에 흉년임(11/11).		흉서의 심한 고을의 군포와 보미 등을 정퇴(10/30). 제도의 재해 농가에 6만 4천 282결을 給災(10/30). 흉년이 든 함경도로 진휼곡을 운반하던 경상도의 배 40여 척이 영해의 죽산포에서 비바람을 만나 침몰, 약 1천 3천 석의 쌀을 수장시킴(윤2/9). 흉년으로 도성 내에서 쌀값이 크게 오르자 호조와 선혜청, 시전에 貢米를 줄 때 값을 싸게 하여 공급하고, 때時들는 뿌時黙는 미곡상을 단속하도록 함(6/5). 경기·중청·강원·경상의 기민 80여 만에게 진제곡 8만 석을 분배(5/8). 진휼청은 영남 백성을 구조하기 위하여 함경도 交濟倉의 곡식 2만 5천 석, 호조에서 준비한 2만 석을 영남으로 보내 주고(8/13), 금위영과 어영청은 停番錢 6만 냥을 경상도에 주어 구식을 구입하도록 조치함(10/20). 강원도에는 2만 석을 진급(8/13). 경기·중청 등 각도의 금년 재해에 대하여 모두 19만 5천 777결을 給災하고, 賑資를 마련하기 위하여 공명첩 3천 700장을 발행(10/3).	

연호	시기 간지	재해 지역	발생 원인	주요 재해 및 기근 상황	아사자	주요 대책, 기타	비고
				영의정 김재찬, 근년에 자주 흉년이 든 이유를 水源이 없는 곳에서의 移秧농법 때문이라고 주장. 上, 수원이 없는 논에서의 이앙을 금지시키라고 각도의 감사와 수령에게 지시 (2/20).		함경도에서 경상도로 진휼곡을 신고 가던 배 84척이 강원도 간성에서 폭풍으로 침몰, 진곡 2만 석을 잃고 사공 29명이 익사(2/30).	
순조 15	1815 을해	경기도 강원도 충청도 전라도 경상도	역병 수재	경기도와 도성에 전염병이 크게 번져 사망자가 속출(4/20).	아사자 방시자 다수 발생	역질에 대처하기 위해 활인서와 혜민서는 환자를 치료하고 진휼청에서는 구호양곡을 지급토록 함(4/20). 진휼청에서 서울의 기민에게 쌀 8천 600석을 發賣함(4/26).	
				충남에 역질이 크게 유행(5/16).		쌀값이 오르는 것을 막기 위하여 미곡상이 쌀을 감추어두는 것을 단속(5/25).	
				경상도 함안 등지에 대 홍수, 570여 명이 죽고 민가 2천여 호가 유실됨(8/19).		지난해(순조 14)의 관동과 삼남지방의 기민을 위한 設賑이 정월에 시작하여 7월에 종료됨(7/29). 강원도: 광강 등 6개 읍의 기민 5천 2천 200명에 각곡 4천 400석을 내어 진휼. 충청도: 공주 등 61읍·鎭의 기민 약 53만 6천 명에 곡물 5만 8천석을 진급,	
				전라 감사 김계온, 호남 연해의 고을에 계속 비는 흉년으로 땅은 배성들이 죽고 유리하여 진폐상태에 있다고 보고, 그는 이 지역에 月數가 얼마 남지 않아 각종 세금과 부역 등을 남부할 상황이 아니므로 모두 감면시켜달라고 요청(10/12).		전라도: 전주 등 83읍·진의 기민 226만 3천 400인에게 곡물 16만 8천 석을 줌, 경상도: 대구 등 108읍·진의 기민 2백 53만 4천 명에(곡물 20만 9천 석을 진제(7/29). 경기도: 광주와 강화의 기민 14만 8천에 쌀 5천	

연호 간지	서기	재해 지역	발생 원인	주요 재해 및 기근 상황	아사자	주요 내역, 기타	비고
순조 16 병자	1816	강원도 함경도	수재	호조 판서 정만석, 근년의 계속된 홍수으로 세입이 크게 줄었는데 금년에 받아들이 호조의 수입이 쌀 8만 석, 돈 14만 냥, 목면이 600동에 불과, 예상 지출의 3분의 2의 지나지 않는다고 보고(4/20). 한달 동안 계속된 장마로 강원도와 함경도 여러 고을이 실농(8/5).		800석을 주어 구휼함.(7/29). 각 도에 10만 7천 500결을 給災(10/30). 경상도 김해 등 5고을의 기민 9만 739명에 대해 전곡 8천 179석을 공급하여 진제(5/19).	
순조 17 정축	1817	경기도 충청도 강원도 전라도 경상도	수재	장마가 여러 달 계속되어 호서·호남·영남·경기·관동지방에 수재가 발생. 그 가운데서도 삼남의 피해가 더욱 심함. 삼남에서 물에 떠내려간 집이 6천 969호, 익사한 사람이 206명(7/20).		당년의 재해로 7만 1천 75결을 급제 함(10/29). 봄철 군사훈련을 정지함(1/11).	
순조 19 기묘	1819	충청도 전라도	수재	5월 하순부터 계속된 비로 충청도와 전라도에 큰 수해. 충청도는 공주 등 10고을에 유실된 민가 1천 982호, 익사자는 177명(7/24). 전라도는 전주 등 19읍 637호의 민가가 유실 되고, 43명의 익사자 발생(8/1). 충청 감사, 수재로 흉년이 예상된다고 보고 (7/24).		호서 위유사를 파견하고 내탕에서 돈 1천 5백 냥, 단목 1천 근, 백반 200근을 내림(7/27). 재해 농가에 제결 6만 5천 336결을 給災(10/29). 호조 판서 김이양, 호조의 경비고갈을 보충하기 위해 금위영과 어영청의 일번군에 대해 1년간 上番을 정지하고 그 대신 이듬해부터 番錢 4만 8천 냥, 쌀 5천 석을 거두어 사용하기로 함(12/20).	

연호	시기 간지	재해 지역	발생 원인	주요 재해 및 기근 상황	아사자	주요 대책, 기타	비고
순조 21	1821 신사	전국	수재 역병	6월 초부터 3개월 동안 전국에 비. 각지에 수해와 흉작을 초래(10/18). 전국에서 익사한 사람 181명, 유실되거나 무너진 민가는 5천 수백 호에 달함(8/21). 수해가 심한 평안도에서부터 怪疾이 유행, 10일 동안 1천 1백 명의 사망자를 냄(8/13). 이 돌림병은 전국에 빠른 속도로 번져 서울에서도 사망자의 시체가 길가에 널림(9/1). 역병으로 전국의 수십만의 사망자를 냄, 이 중에는 2품 이상의 대신도 10명이 포함됨(8/22).	역병 사망자 수10만	각지에서 여러 차례 여제를 지냄. 돌림병으로 죄질이 가벼운 죄수를 석방(8/16). 충남·경기·황해도의 재해가 심한 고을의 새 환곡에 대한 수봉을 연기해 줌(10/30). 경기·평안·함경도에 진휼곡 1만 3천 섬을 주고 공명첩 300장을 보내줌(10/30).	
순조 22	1822 임오	경기도 강원도 황해도 전라도 함경도	역병	강원도 일대의 흉년과 전염병으로 수많은 기민이 도성으로 유입됨. 서울을 들어온 기민들이 연이어 기아와 괴질로 사망함(4/28). 함경도에서 1만 명 이상 전염병으로 사망(8/2). 제주도에서 역질로 수천 명 사망자 발생(10/19).	아사자 병사자 1만 수천	전염병 사망자가 많은 도성과 전라도, 황해도에서 別厲祭를 지냄(7/11, 7/22). 제주도에 위유사를 파견함(10/19). 역질이 심한 다른 도에도 慰諭御使 파견. 흉년을 맞은 諸道에 8만 1천 44점을 급대(10/29).	
순조 25	1825 을유	경기도 황해도 충청도 전라도 경상도	가뭄	諸道에 가뭄이 심하여 모내기를 못 한 지역에 代播를 짓시. 대파한 논에는 전례에 따라 전세를 면제함(5/26). 충남으로 서북 도의 유생과 무사들이 상경하여 지르는 과거를 명년으로 연기(9/3).		6월까지 기우제 지냄(6/8). 한발로 가을 군사훈련을 정지(7/15). 경기·충청도와 강화·수원 등 4都의 한곡을 정퇴(10/30). 賑資로 경기도의 折米 1만 2천 석, 공명첩 700	

연호	시기 간지	재해 지역	발생 원인	주요 재해 및 기근 상황	아사자	주요 대책, 기타	비고
						경·충청도에 절미 1만 2천 석, 강화·수원 등 4邑에 各穀 6천 500석과 공명첩 200장을 배부함 (10/30). 경기·충청·전라·경상·황해도의 재해 농가에 7만 6천 83結을 給災(10/30).	
순조 27	1827 정해	전국	수해	6월부터 7월 초까지 비가 그치지 않아 서울을 비롯 함경도에서 전라도에 이르기까지 8도에 수해(7/7). 평안도 鐵山 백성들이 천 리길을 걸어서 상경, 경복궁 앞에서 시위를 함. 이들은 조잔부사 徐萬修가 백성들에게 악형을 가하여 수만 냥의 재물을 빼앗고 그 과정에서 7명을 죽였다고 호소(3/11). 안핵사를 파견하여 조사한 결과, 서만수는 재임 2년 동안 부유한 사람은 잡아다가 주리를 틀고 곤장을 쳐 돈을 갈취하고, 또 환곡을 안영하면서 모곡을 받은 집에서 다시 받고, 한 곡을 주지도 않고 모곡을 받아내고, 私穀으로 모곡을 받아내는 등 환곡을 불법 운영하여 취득한 재산이 2만 4천 200냥으로 밝혀짐(3/30).		수재로 가을 군사훈련 중지(7/4). 강원도 16개 읍의 大同稅를 돈으로 대납케 함(7/11). 牙山倉의 미수전 1만 3천 냥을 탕감(7/11). 재해를 입은 제도의 농가에 재결 4만 4천여 결을 급재(10/29).	

연호	시기 간지	재해 지역	발생 원인	주요 재해 및 기근 상황	아사자	주요 대책, 기타	비고
순조 28	무자	중청도 전라도 경상도 함경도	가뭄 수재	가뭄 끝에 진 장마와 충재로 충청도 등 4개 도가 흉작.		재해를 입은 제도의 농가에게 10만 6천 652결을 給災(10/30).	
순조 29	기축	전라도 함경도 경상도	수재	上, 계속되는 재해로 재정이 바닥나자 대책 마련 지시. "근래 흉년 구제를 위한 賑貸은 小賑處에서 하기도 하고 혹은 私賑救急處에서도 하였다. 정부에 있는 곡식은 바닥이 나고 錢貨마저 당진되었다. 진정을 계속하려 해도 아무 것도 없는데 어떻게 할 수 있는가. 備局에서 이를 헤아려 구물과 돈을 마련할 수 있는 방안을 찾아보라"(1/3). 上, "근래 수령들은 흉년을 당하면 고을 안의 부자들을 찾아가 勸分이란 미명하에 위협하고 공갈하여 곡식을 빼앗는다고 한다. 앞으로는 자발적인 것 이외의 권분은 금지한다"(1/3). 兩南과 함경도의 근비, 함경도의 煮濟會이 수제로 전과됨(8/1). 경기·충청·황해도에 심한 가뭄, 하지까지 비가 오지 않음(5/22).		지난 해(순조 28)가을의 흉년을 수제로 흉년을 맞은 충청·전라·경상·함경도의 기민들을 위해 1월 초부터 5월까지 設賑하여 救濟(5/29). 충청도: 충주 등 47 읍·진·역의 기민 33만 7천 500 명에게 각곡 3천 석을 주어 賑濟. 경상도: 창원 등 74 읍·진·역의 기민 1백 52만 600 명에 각곡 12만 3천 300석을 주어 진제. 전라도: 옥구 등 60 읍·진·역 기민 67만 8천 300 인에게주국 5만 400석을 주어 진구. 함경도: 경원 등 4 읍의 기민 5만 8천 명에 겸미 1천900석을 보내 구제. 봄철과 가을철 군사훈련 정지(1/3, 7/1).	
						영의정이 금년 농사는 흉황이 될 것이니 진구를 미리 준비할 것을 진이하였으나 정부의 가용 재	

연호	시기 간지	재해 지역	발생 원인	주요 재해 및 기근 상황	이사자	주요 대책, 기타	비고
순조 32	1832 임진	경기도 황해도 충청도	가뭄 수재	6월에 들어서 시작한 장마가 7월 초까지 그치지 않아 전국에 큰 피해를 줌. 경기와 서울의 피해는 민가 유실과 붕괴가 약 1천 400호, 익사한 사람은 38명; 충청도 민가 유실이 2천 600호, 경기도 익사자가 57; 경상도 1천 500호 유실, 94명 사망; 전라도 700호, 50명; 황해도 600호 유실; 평안도 300호, 24명; 강원도 560호, 30명이 사망한 것으로 집계됨(7/5).		땅은 거의 탕진된 것으로 밝혀짐(8/7). 도성의 쌀값이 오르자 畿內의 船商들이 모두 쌀을 구입하러 호남과 영남으로 내려갔으나 양도의 道臣들이 쌀을 막지 못하도록 防殺을 지시함. 비변사, 가을철 도성 내의 쌀 부족이 예상된다며 방구을 철화하도록 해야 한다고 보고(윤9/21). 제도의 가을 군사훈련을 정지(7/12). 한발이 심한 경기·중앙·황해도에 환곡과 군포 등을 정퇴함(윤 9/24). 3도의 진상과 물선 증가(10/28). 충주이 심한 3도의 賑資로 경기도에 折米(싸래기) 2만 8천 300석, 공명첩 800장, 내탕금 3천 냥; 황해도에 折米 1만 석, 돈 3만 냥, 공명첩 400 장; 충청도에 좁쌀 1만 석, 공명첩 800장 등을 배정함(10/30). 諸道의 가뭄과 수해 피해에 대하여 8만 9천 400 결을 給災함(윤9/30).	
순조 33	1883 계사	경기도 충청도 경상도	가뭄 기근	지난해 흉년으로 쌀값이 폭등하자 도성 안의 인심이 흉흉해 짐. 영의정 남공철은 나라에 저축이 없기 때문이라고 왕에게 설명. 그		지난해 경기·황해·충청도의 흉년으로 생긴 기민 약 265만 명에 대한 설진이 1월부터 시작, 5월에 끝남(5/29).	영의정 이상황. 한구의 목숨은 황정에 대비하여 제

연호	서기 간지	재해 지역	발생 원인	주요 재해 및 기근 상황	이사자	주요 대책, 기타	비고
				는 최근 수년 동안 흉흉와 신혜정 및 각 영문의 1년 수입이 지출에 비해 턱없이 부족하여 賑貸을 제대로 할 수 없다고 부언(1/19). 도성 한가운데서 전매미문의 쌀 폭동이 일어남(3/8). 쌀값이 며칠 사이에 배도 뛰었는데 그나마 쌀가게가 모두 문을 닫자 분노한 시민들이 쏟아져 나와 생매의 쌀가게에 불을 지르고 저장긴 리에서 폭력을 휘두르며 나치는 대로 부시고 빼지에 쌓인 이들은 쌀이 공급을 중이 배후를 쌀을 도매하는 江南으로 보고 이들이 소유하는 마포 강변 쌀 창고에 불을 지르고 상인들을 무차별 구타함. 쌀 폭동은 한 사람이 呼唱하면 백 사람이 따라 그 기세를 저지할 수 없었음. 좌·우포도청에서 모든 군관과 포졸을 풀고 이영청과 금위영 군사의 지원을 받아 막으려 했으나 그 세를 당할 수 없었음. 할 수 없이 마구잡이로 7명을 잡아 참수하고 나서야 그 세가 꺾임(3/10, 3/12). 가뭄으로 경기·충청·경상도 충녀으로 관정됨(10/29).		경기도: 양주 등 30고을에서 기민 82만 7천 800명에 전구 5만 5천 400석을 주어 구제. 충청도: 공주 등 62읍 鑛이 기민 86만 4천 200명에 전구 6만 4천 200석으로 진제. 황해도: 42읍·진의 기민 48만 2천 300명에 전구 2만 4천 800석을 분배. 廣州: 기민 16만 6천 200명에 전구 4천 300석으로 진제. 송도: 기민 7만 300인에 전구 2천 석 석 으로 진제. 수원: 기민 13만 1천 200인에 전구 4천 800석을 주어 진제. 목화도 흉년이라 중청·전라·경상도의 大同木을 드으로 대두토록 함(12/16). 내탕고에서 乔木 2천 근과 후추 100두를 경기·충청도에 보내고 기근이 심한 고을에는 내둥미의 절반을 남겨 연기(12/8).	코의 절반만을 빈민에게 대여해 주고 모두을 받는 것인 는 근년에는 정부 자기 관의 운영비용을 마련하기 위하여 창고에 있는 것을 모두 대여하기 때문에 정작 흉년을 맞아 빈 민에게 대여해을 환구이 없는 정이라고 왕에게 보고(11/25).

연호	서기 간지	재해 지역	발생 원인	주요 재해 및 기근 상황	아사자	주요 대책, 기타	비고
순조 34	1834 갑오	경기도 경상도 강원도	역병 수재	경기도와 서울에서 전염병이 유행하여 2천 300여 명이 사망함(1/24). 흉년으로 무늬 있는 비단의 수입을 금지하고 무당을 도성 밖으로 추방함(2/10). 경상도와 강원도의 홍수 피해 우심(7/19).	전염병 수천명 사망	지난해 경기·충청·경상도의 흉년 기민 약 172만 명에 대한 설진이 1월에 시작하여 6월에 끝남(6/24). 경상도: 상주 등 56읍·역의 기민 51만 9천 700여 명에게 진두 4만 4천 700석을 주어 진제. 충청도: 대흥 등 65읍·역·진의 기민 68만 1천 400인에게 진두 44만 1천 600석을 주어 구휼. 경기도: 양주 등 30읍·진의 기민 29만 4천 400인에게 2만 2천 5천 석을 보내 진제. 광주·강화·수원·개성 4都: 기민 22만 명에게 각 주 1만 6천 6천 석을 주어 진제함. 진휼청, 도성의 기민 구호를 위해 쌀 3천 352석과 좁쌀 2천 400석을 염가로 발매(4/29). 당년 재해 농가에게 3만 8천 800결 급재(10/30). 정산군에 환곡의 납봉을 연기(11/5).	

부표 E. 조선시대 주요 흉황 및 기근연표: 헌종~순종(1834~1910)

연호	시기 간지	재해 지역	발생 원인	주요 재해 및 기근 상황	아사자	주요 대책·기타	비고
헌종 2	1836 병신	강원도 경상도 함경도	가뭄	전라도 능주에 큰 홍수, 민가 291호가 유실되고 97명 익사함(7/5). 좌의정 홍석주, 금년 농사는 다섯 달이나 가물어 백곡이 모두 손상되었으니 미리 구휼 대책을 강구해야 한다고 임금에게 주달(8/20). 備局에서 금년 영남의 농사가 대흉이라며 소賑을 배둘이야 할 고을이 34읍으로 양곡 8만 석과 공명첩 5백 장을 획급 하자고 품의(12/14). 이 해 영남과 관동·관북의 기근이 심함(12/29).		함경도에서 바치는 蔘布을 돈으로 내게 함(11/7). 경상도에 각곡 8만 석과 공명첩 5백 장을 보냄(12/14).	헌종은 8세에 왕위에 올라 순조비가 수렴청정을 함. 제위 기간 동안 기록이 부실하여 기근의 진모를 파악하기 어려움.
헌종 3	1837 정유	경기도 충청도	가뭄	지난해 경상도에 흉년이 들고 전염병까지 유행, 사망자가 급증하고 있는데 창고가 팅 비어 진구를 제대로 하지 못함(3/10). 전라도와 충청도에서 국물의 他道 유출을 막느다며 防穀을 하는 곳이 많아 경상도의 상신이 비 배로 들이오는 경우가 많이 발생(3/10). 우의정 박종훈, 방곡을 하지 못하게 관찰사들에게 영을 내려 달라고 대왕대비에 요청(3/10). 하지를 지나도록 날씨가 가묾(6/1).	역병 사망자	대왕대비, 함경도의 기민을 구제하기 위하여 경상도의 대동미 2천 석을 함경도에 보내라고 하교(1/19). 각 도의 묵은 환곡 10만 석의 모곡과 공물과 요역의 일부를 탕감해 줌(3/25). 작년에 앓은 경상도의 흉년을 구제하기 위해 公·私賑을 함께 기민 104만 5천 口에게 각종 구식 14만 석을 풀어 설진(7/1).	

연호	시기 간지	재해 지역	발생 원인	주요 재해 및 기근 상황	아사자	주요 대책. 기타	비고
헌종 4	1838 무술	경기도 충청도 경상도	가뭄	경기도와 충청도 5월부터 6월까지 가뭄이 심하여 모를 심지 못하고 대파한 곳이 많음. 代播한 후 비가 충분히 내리면 대파 작물을 갈아엎고 이앙을 하는 사람들이 많았음. 이 문제에 대해 대사헌 徐有榘는 水源이 없는 논에 벼를 심거나 대파하는 것은 위험한 도박이며, 중국에서 6월에 늦게 파종해도 60일 후에 수확할 수 있는 60일 벼가 있는데 이런 종자를 구해다가 보급하자고 제안. 그는 흉년을 구제하는 제일 좋은 방법은 기민을 모집하여 저수지를 건설하는 것이며 기민들에게 진휼곡을 주고 수리시설을 만드는데 賑政과 擾政을 동시에 하는 것이라고 주장(6/10).		영종 등 5고을의 금년 대동미의 납부를 탕감시켜 줌(2/30). 경기·충청도의 재해가 심한 고을의 대동미를 명년 봄가지 납부 연기(10/11). 경기·충청의 賑資로 내탕고에서 은 2천 냥, 단목 300 근, 백반 3천 근을 내줌(12/3). 지난해 경기도와 충청도의 기민 구제를 위한 設賑이 1월에 시작하여 5월 중에 끝남(6/4). 경기도: 과주 등 16고을, 기민 24만 5천 냥; 인천 등 15읍·진에 기민 4천 800명에게 진곡 2만 3천 500석으로 설진. 충청도: 각 고을과 영·진·역의 기민 58만 5천 명에게 각곡 7만 5천 석으로 진제.	
헌종 5	1839 기해	경기도 충청도 경상도 전라도 황해도 평안도 함경도	수해	오랜 장마로 각지에 수해 발생. 강원도를 제외한 7도가 흉작으로 판정됨.		지난해의 경기·충청·경상도의 설눙의 대한 設賑이 정월에 시작하여 5월에 끝남(6/4, 7/1). 경기도: 公賑, 과주 등 16읍의 기민 24만 4천 900배, 인천 등 15읍 등의 기민 5만 4천 800구를 위해 각곡 2만 3천 439석을 사용하여 설진. 충청도: 각 음·영·진·역의 기민 58만 5천 5천 구를 구룰 내 상으로 각곡 각곡 7만 2천 300석, 쌀 2천 740석, 돈 5	

연호	서기 간지	재해 지역	발생 원인	주요 재해 및 기근 상황	아사자	주요 대책. 기타	비고
헌종 6	1840 기해	경기도 충청도 황해도 평안도 함경도	가뭄	봄철 평안도의 쌀값이 석당 27냥에서 50냥으로 폭등(4/2). 광풍창의 쌀을 훔친 최석린과 漕運하는 쌀을 훔쳐 평안도는 김기태을 효수(3/27). 경기·충청·평안·황해도 등지의 흉작으로 인한 기민이 약 45만으로 과다함(5/26). 도성에 들어온 유랑민을 원적지로 추방함(5/20).		만 4천냥을 사용하여 진제. 경상도: 기민 111만 4천 900구에 내해 각곡 13만9천 600석 사용하여 설진. 지난해 가을의 평안도 등 5도의 흉년을 구제하기 위한 設賑은 정월부터 시작하여 7월에 종료됨. 경기도: 양천 등 20고을의 勸歸으로 6만 6천 800두를 위해 각곡 4천 67석으로 설진(5/26). 충청도: 연기 등 10고을 饑戶 3만 1천 400호에, 절미 3천 석, 折米 7천 500석으로 진제(5/26). 황해도: 公賑 8읍, 私賑 2읍, 긴급 10읍·진. 기민 35만 1천 500구를 위해 설진, 진자로 각곡 8천 465석, 도 4만 8천 500냥 사용(5/28). 평안도: 公賑 12읍 기민 34만 8천 700명에 折米 2만539석, 도 12만 8천 냥을 사용 진제. 私賑, 11읍의 기민 29만 5천 명에 절미 9천 700석을 사용(7/7). 함경도: 안변 등 10고을의 기민 7만 3천 300인에 각곡 5천 900석과 부자들의 도 1만 2천 냥 사용(7/5). 황해·평안도의 구휼을 위해 內帑에서 은 1천 500냥, 단목 2천 근, 백반 2천 근을 내림(12/23).	

연호	서기 간지	재해 지역	발생 원인	주요 재해 및 기근 상황	야사가	주요 대책. 기타	비고
현종 7	1841 신축	충청도 경상도	수재	충청도와 경상도에 수재(7/4). 慶州에 사는 백성 수백 명이 떼지어 상경, 대궐문 앞에서 억울함을 호소하는 사태를 전개함(9/7). 이들은 慶州府의 창고에 마땅히 있어야 할 還子穀 약 7만 석이 부족 하자 경주부사가 백성들에게 강제로 받아내려는데 반발, 그 실정을 임금에게 알리기 위하여 천 리 길을 걸어온 것.			
현종 8	1842 임인	전국	가뭄	6월 조순까지 비가 오지 않아 전국에 가뭄 피해(6/6). 가뭄의 피해의 원인을 묻는 왕에게 영의정 조인영, "수원이 충부한 논에서 이앙을 하는 것이 제초작업을 크게 줄이기 때문에 좋은 일이나, 수원이 부족한 곳에서는 진파하는 것이 옳은 농법인데도 요행만을 바라는 무리가 많아놓고 이앙을 한 후 비만 기다리다가 가뭄을 낭패를 보기 때문"이라고 설명. 그는 또 "화전을 일구기 위해 숲을 불사르는 자가 날로 증가하여 수원을 옮기 때문이며 또 저수지의 물을 무너뜨리고 그 안을 논으로 사용하는 冒耕에 심하기 때문"이라고 부언(6/5).		영의정 조인영, 지난가을 경주 백성의 상경 사위의 원인이 된 慶州府의 환곡량 부족은 좌향진 등 3명이 좌복한 2만 8천 318석과 경주부의 아전 및 명이 좌복한 3만 7천 784석 등 모두 6만 6천 102석의 부족량 때문이라고 보고(11/5/27).	

연호	시기 간지	재해 지역	발생 원인	주요 재해 및 기근 상황	아사자	주요 대책, 기타	비고
헌종 11	1845 을사	평안도	수재	평안도 청천강 이북에 큰 수재. 유실된 가옥이 4천여 호에 달하고 물에 빠져 죽은 사람이 500명이 넘는다고 평안도에서 급보(7/14). 평안 감사 조병헌, 평안도의 수재 상황에 대해 "청천강 이북은 산세가 높고 골짜기가 깊어 한번 큰비가 내리면 龜城에서부터 넘쳐흐르는데 둑을 무너뜨리고 돌을 굴리는 수세가 급하여 배성들이 손을 쓸 새가 없습니다. 물산이 모래발을 만드느데 메워집니다. 구성과 태천이 가장 심한 피해를 입고 정주·선천·가산·박천도 큰 피해를 입었습니다"라고 보고(8/5).	이사자 500명	헌종, 평안도의 수재민을 위하여 내탕금 3만 냥을 내리며 救荒 대책을 세우라고 조정에 지시함 (11/19). 조정에서는 급히 평안도에 慰諭使를 파견함. 조정에서는 慰諭使를 파견하는 것 외에 재원이 없어 별도의 救荒 대책을 세우지 못함.	
헌종 13	1847 정미	경기도 충청도 전라도 경상도	수재	비가 익을 무렵 센 바람과 함께 폭우가 쏟아져 삼남과 기호지방에서 수많은 인명 피해가 나고 가옥이 유실됨. 많은 농지가 물에 잠기고 가을 농사도 큰 피해를 입음.		익사한 사람에 대한 휼전만 있고 救荒은 없었던 것으로 보임.	
철종 2	1851 신해	경기도 충청도 황해도 평안도	수재	5월까지 가뭄이 심하다가 6월부터 긴 장마. 전라도와 경상도는 7월부터 비 피해가 발생하더니 8월부터는 경기·충청·황해·평안·함경도에 심각한 피해가 발생함(7/4, 7/22, 윤8/1, 윤		성천 부사 조연흥을 慰諭使로 파견(7/14). 올해의 환곡과 신포를 모두 탕감(7/5). 災民 구제를 위해 내탕금에서 평안도에 동전 3천 3천, 황해도에 2천 민을 보내고(12/7), 제주에 1천	철종 대에는 『실록』기록이 매우 부실하여 이 흉황의 규모와 賑

연호	서기 간지	재해 지역	발생 원인	주요 재해 및 기근 상황	아사자	주요 대책. 기타	비고
		경상도 전라도		8/11).		냥을 내림(12/29). 평안도와 황해도의 흉년 구제를 위하여 전라도·경상도·충청도의 곡식을 해운하여 보냄(12/7).	왔에 실상을 파악하기 어려움.
철종 3	1852 임자	평안도 함경도	수재	지난해의 흉년으로 유랑민 다수 발생. 봄이 되면 아사자가 발생할 염려 있다고 영의정 김흥근이 임금에게 보고(2/10). 도성의 거지가 많이 증가함(2/10). 평안도와 함경도에 장마가 한 달이 넘도록 그치지 않아 큰 홍수 피해 발생(6/8). 함경도에 큰 화재(哲宗 誌文).		경비 부족으로 호조에 주전을 명함(6/10). 평안도의 기민 구제를 위해 선혜청의 도 5만 냥과 사역원의 돈 6만 냥(상포세)을 평안도에 대여(12/25).	
철종 4	1853 계축	경상도	가뭄	연초부터 쌀값이 오르자 각 지방에서 防穀 행위가 만연함. 議政府, 각 도의 방곡 행위를 금지시키도록 지시(1/6). 7월 중순까지 가뭄에 한발 피해 심함(7/17). 양반의 고리대와 邸債이 금전을 대여하는 행위 금지(4/5). 전국에 아사자 다수 발생(증보 4).	아사자 다수 발생	경상도의 기민 구제를 위해 각곡 12만 석 획급(11/19). 上, 경상도의 기민을 위해 내탕금에서 은 1천 냥, 단목 2천 근, 백반 3백 근을 하사(12/25).	
철종 5	1854 을묘	충청도 전라도 경상도	수재	5월까지 심한 가뭄 끝에 매우. 충청도와 전라도에 홍수로 가옥 3천 3백여 호가 유실되고 1천여 명의 인명 피해 발생, 특히 전라도의 구례·구성·순천의 3읍에서 아사자가 명	수재 사망자	가뭄으로 여러 차례 기우제를 지내고 7월에는 비가 계속되어 기청제를 지냄.	

연호	시기 간지	재해 지역	발생 원인	주요 재해 및 기근 상황	야사자	주요 대책. 기타	비고
				800명을 넘음(윤7/27). 충청도와 경상도의 여러 고을에 홍수가 계속 되어 민가 1천여 호가 표몰되고 90여 명이 익사함(8/9).			
철종 7	1856 병진	경상도 황해도 평안도	수제	봄 가뭄 끝에 여름 홍수, 경상·황해·평안도에 큰 수제. 황해도 평산·은율·문화 등 5고을에서 5천여 호의 민가가 유실됨(7/27). 경상도는 27개 고을이 큰 수제를 당함(7/27). 경상도와 황해도에 큰 수제(哲宗 誌文). 철종 5년의 수재보다 피해 규모가 감절이나 크다고 보고(9/27).		황해도 평산 등 5고을의 기민을 위해 내탕금에서 은자 1천 냥, 단목 1천 근, 호초 300근을 하사함(8/27). 영남의 수재 피해를 입은 고을에 대해서는 은자 2천 냥, 단목 2천 근, 호초 200근을 하사함(8/27).	
철종 8	1857 정사	충청도 전라도 경상도	수제	충청도 공주·청주·문의 등 10고을에 폭우가 쏟아져 민가 500여 호가 떠내려가고 많은 인명이 희생됨(6/26). 전라도 흥양·남평 등지의 고을이 완전히 침수되고 농작물에 큰 피해(8/13). 경상도는 밀양·기장·창원·합천 등지에도 수해가 겹침(8/24, 9/15).		장마가 그치지 않자 가벼운 죄수를 석방함(4/13). 매매에서 酺睛祭를 지냄(7/21). 호남의 수재민을 위유하기 위하여 순찰부사 이승업을 호남 위유사로 임명(8/14). 수재로 흐트러진 민심을 주스르기 위해 각도에 암행어사를 파견함.	
철종 9	1858 무오			지난해의 홍수로 쌀값이 크게 오르자 여러 고을에서 수령들이 자기 지역의 쌀값이 오르		우의정 조두순, 여러 고을에서 防穀을 하고 있으니 이 폐단을 막아야 한다고 왕에게 건의.	

연호	서기 간지	재해 지역	발생 원인	주요 재해 및 기타 상황	아사자	주요 내책. 기타	비고
				는 것을 막기 위해 임의로 防殺을 함(3/20).		철종, 수령 된 자가 자기 고을만 생각하고 이웃 고을이 굶주림을 방지하는 것은 왕정을 선양하는 비도가 아니라며 방곡을 철저히 금지시킬 것을 하유(3/20).	
철종 10	1859 기미	미상	수재 역병	6월 하순부터 비가 계속 내려 논두렁이 무너지고 곡식이 물에 잠김. 선전관을 보내 수해가 심한 곳을 조사함(6/28). 평안도 배동군과 양덕현이 극심한 수해를 입어 많은 민가가 유실되고 많은 희생자 발생(8/1). 장마 끝에 전염병이 치성, 많은 사람이 사망(10/9).	역병 사망자 많음		
철종 11	1860 경신	강원도 충청도 함경도	수재 역병	함경도와 강원도에 큰 산불(3) 가뭄 끝에 충주, 충청도와 함경도의 피해가 큼 (7/28). 충청도는 공주·청주·진천 등지, 함경도는 함흥·단천·부령 등 10고을에 큰 장마 피해(8/12). 장마와 함께 전국에 돌림병 창궐. 많은 사망자 발생(6/23).	역병 사망자 많음	함경도와 강원도의 피해자를 구출하기 위하여 내탕에서 은자 1천 냥, 단목 3천 근, 백반 5백 근을 내림(4/21). 전염병으로 가을에 실시할 과거를 내년 봄으로 연기(7/25).	
철종 12	1861 신유	황해도 충청도	수재	7월에 내린 폭우로 황해도 평산·서흥·곡산 등 여러 고을에 수재, 곡산에서만 민가 5백여 호		황해도 금천·신계·곡산 등지 수해 이재민에 휼전 (7/4).	

연호	시기 간지	재해 지역	발생 원인	주요 재해 및 기근 상황	아사자	주요 대책, 기타	비고
		전라도 경상도		유심(7/7). 7, 8, 9월에 공주·순천·선산 등 충청·전라·경상도에 많은 비가 내려 대규모 수해가 발생하고 농작물이 유실·침수 등으로 4계 도가 흉년이 됨.		충청도 공주·정산·예산 등지 수계 이재민에 출진(7/9). 경상도 선산·함천 등지의 이재민에게 출진(7/21). 전라도 순천 등지의 이재민에게 출진(9/5).	
철종 13	1862 임술	경기도 황해도 충청도 전라도 경상도 함경도 평안도	민란 가뭄 수재	진주에서 민란이 일어나 백성들이 慶尙兵營을 점령하여 右兵使를 인며을 살상했다는 급보(2/29). 민란의 원인은 경상우병사 백나신이 부족한 한국의 수량을 제으다는 구실로 관내 백성들에게 약 6만 냥의 돈을 강제로 거두려 한 것이 발단(4/4). 경상도 開寧에서 수천 명의 백성들이 들고일 어나 감숙을 부수고 한국 장부를 불바르는 사건이 일어남(4/17). 전라도 함평 백성들이 주창을 들고 동인으로 난입, 현감을 끌어내고 구타(4/21). 충청도 회덕 백성들이 관아를 습격(5/12, 公州에서도 마찬가지의 소요가 일어남(5/16. 은진과 연산에서도 폭동이 일어남(5/19, 5/20). 전라도 부안과 장흥·순천에서도 민란이 일어	수제 사망자 대단히 많음	민란이 발생한 三南과 함경도에 안해사와 宣撫使를 파견하여 사정을 조사하고 백성을 안무시킴(4/8). 안해사 朴珪壽, 진주민란의 원인은 三政(還政, 田政, 軍政)의 문란에 있으며 특히 한곡제도의 잘못된 운영에 있다고 보고(5/22). 정부, 민란의 원인으로 지적된 三政을 바로잡기 위하여 이정청(釐整政廳을 설치함(6/12). 서정쇄신 방안을 찾기 위하여 절종, 각 관리를 백성들에게 策文과 求言교서를 내림(6/10). 삼정을 개혁하기 위하여 내탕전 5만 냥을 하사, 각종 세금을 견감하는데 필요한 자금에 보비 쓰도록 함. 좌의정 조두순, 문제를 해결하기 위해서는 한국을 폐지해야 하고 한국을 폐지하려면 한국을 통하여 얻던 재임을 토지에 분배하지 않으면 안 되고 그	진주민란이 일어남. 민란 전국으로 확산.

연호	서기 간지	재해 지역	재해 종류	발생 원인	주요 재해 및 기근 상황	아사자	주요 대책. 기타	비고
					나 각종 환곡 장부를 불태움(5/21, 25, 29). 소요사태는 함경도, 제주 등 전국으로 확산됨. 이해에도 6월까지 기몰다가 여름부터 폭우가 쏟아짐. 경기·황해·충청·전라·경상·함경·평안도에 대규모 홍수가 일어나 많은 사람이 죽고 수천 채의 제외 민가와 많은 면적의 표물 됨(7/1, 8/4). 평안도에만 유실된 가옥이 2천 2백여 호.		ㅎ계 하기 위해서는 量田이 필요하다며 환곡 폐지의 어려움을 진언(8/27). 정부, 세금을 화보하기 위한 대안을 찾지 못하자 새로 만든 이정청을 폐지하고 三政을 다시 엣 제도에 의해 운영하기로 결정(10/29).	
철종 14 재해	1863	경기도 황해도 충청도 평안도 함경도		수재	오랜 가뭄 끝에 경기·황해·평안·함경·충청도에 폭우가 쏟아져 큰 피해를 냄, 5개도 홍수 이사(7/1, 8/30).			이 해 철종 사망하고 고종 등극(12/13).
고종 1 감자	1864	전라도		수재	홍수로 전라도에서 430여 호 유실, 30여 명이 익사(증보 1). 정부, 각 道의 독자적 防穀令 실시로 국가가 오는도 폐단을 없애기 위하여 전라·경상·강원도 감사에게 防穀令을 엄금하라고 시달(3/13). 稅穀이 잘 걷히지 않자 세금을 받으러 지방에 파견되는 호조·선혜청 및 各營·各司의 京差人들의 작폐를 금지하도록 지시(4/22).		충청도의 虛留 還穀 19만 석을 탕감시킴(9/19). 정부, 각 관서의 세미를 착복한 김한주·최철식·이권주 등을 보내기로 처형함(10/5). 시은 설값을 조리하던 좌·우포도청의 상행위를 금지시킴(10/5).	흥선 대원군 집정. 備邊司를 폐지하고 議政府에서 그 기능을 담당하게 함. 高宗 연간도 재해 기록이 부실함.

연호	서기 간지	재해 지역	발생 원인	주요 재해 및 기근 상황	이재자	주요 대책, 기타	비고
고종 2	1865 을축	경기도 황해도 경상도 평안도 전라도	수제	경기·황해·평안·경상도 등지에 폭우가 쏟아져 많은 인명과 재산 피해 발생(6/19, 7/11). 폭우로 仁陵 등 8개 능이 사초·담이 무너짐(7/9). 7월 21일의 비바람으로 전주 등 22개 고을과 營·鎭에서 2백여 명이 죽고 가옥 2천여 호 유실, 전복 880여이 파괴됨(9/2). 제주 목사 양헌수, 7월 21일 비바람에 걸이 무너지고 나무가 뽑히고 곡식은 모두 절단나서 온 섬이 하하별판이 되었다고 보고, 그는 10만 제주 백성이 다 굶어 생겼으니 시급한 구호를 바란다고 狀啓(9/12).	수해 사망자 수배	議政府, 삼남과 황해도에서 防穀을 하고 있어 쌀을 구입할 수 없는 타지역 사람들이 소요를 일으킬 가능성이 크다고 보고 방무 행위를 금지시킴 것을 고종에게 건의(9/2). 포도청이 국가 조석을 다시 임금함(7/30). 大王大妃, 내탕금 2천 냥을 제주에 하사(9/12). 각 곡 1천 석을 제주에 보냄(9/13).	
고종 3	1866 병인	충청도 경상도 전라도 평안도 함경도	수제	최근 몇 년 동안 세수의 부진, 환곡의 미납, 서양 오랑캐를 물리치기 위한 전쟁 준비와 경복궁의 營建 등으로 나라의 재정이 몹시 궁구해짐. 고종, 지방에서 세곡을 바칠 때 현물을 보내지 않고 돈을 가져와 京江에서 상인의 쌀을 구입하여 바치는 防穀이 성행하여 서울이 쌀값이 오른다며 방납 행위를 엄하게 단속하라라고 포도청에 지시(3/26).	수제	내탕금 30만 냥을 각 도에 분배하여 환곡의 출납을 보수하고 이름 內黃 別備穀이라 칭함(5/12). 국가의 경비 부족으로 當百錢의 주조를 결정함(10/20). 새로 주전한 당백전을 상평통보와 2:1의 비율로 통용케 함(12/2). 충청도의 연화와 모사가 흉년이므로 세금을 布 대신 돈으로 내게 함(9/8). 진휼청, 충청도 21개 읍·진의 11만 6천 400호에 벼 9천 500석을 賑仟함(5/15).	병인 별비곡 창설

연호	서기 간지	재해 지역	발생 원인	주요 재해 및 기근 상황	아사자	주요 대책. 기타	비고
				7월부터 쏟아진 비로 각지에서 수해. 특히 경상·평안·충청·전라도의 피해가 큼. 평안도는 7월 12일 내린 비로 정주·영변·박천 등지에서 민가 485호가 유실되고 33명의 인명이 희생됐다고 보고. (7/30). 조선인 문해룡과 강아범이 몰래 황해도 해안에서 중국 배에 쌀을 판매한 죄로 검거되어 사형당함(9/12).			
고종 4	1867 정묘	전국	역병 수재	가뭄이 심한데 역병(마마)이 전국적으로 창궐함. 호조 판서 김병국의 건의에 따라 경기·삼남·황해도에 社倉을 설치하기로 하고(6/6), 節目을 만들게 함(6/11). 호조에서 전라도 남평현에 보내는 돈 8천 255냥을 천안에서 강도들이 탈취해감(9/25). 전염병이 성행하여 중죄인을 포함하여 수감자를 모두 석방(7/29).	역병 사망자 다수	여제를 지내고 기우제를 지냄(5/9, 5/25). 호조는 새로 주조한 당백전 가운데 영남에 60만 냥, 호남에 40만 냥, 호서에 30만 냥, 해서에 12만 냥을 주어 환곡의 밑천을 만들게 함(6/3). 의정부, 각도에 금년의 재결로 1만 5천 878결을 급제(12/30).	호조 별비곡 창설. 호조는 별비곡을 별비곡과 호조 社倉 곡식으로 운영하기로 함.
고종 5	1868 무진	평안도 황해도	수재	평안도가 6월 상순에 내린 비로 심각한 피해를 입음(6/29). 황해도 역시 수재로 많은 사람이 죽고 논밭이 유실되고 지붕로 덮임(6/29).		경주 목사 선우염을 평안도 위유사로 파견하고 봉산 군수 제동술을 황해도 위유사로 보냄(6/29). 평안도에 돈 3천 냥, 단목 2천 근을 보내고 황해도에는 돈 2천 냥, 단목 1천 근을 보냄(7/8).	

연호	시기 간지	재해 지역	발생 원인	주요 재해 및 기근 상황	아사자	주요 대책. 기타	비고
고종 7	1870 경오	경기도 충청도 전라도 함경도	가뭄	봄철부터 6월 조가지 가뭄있는데 7월부터 한 달 동안 비가 오지 않음(6/2, 7/23). 賑饌使 정기원, 금년 농사가 흉작한 흉년이니 賑資를 확보할 방도을 강구해야 한다고 啓請함(윤10/18). 경기 감사 박영보, 흉작으로 판명된 通津 등 8읍의 구휼을 요청(윤10/22). 함경 감사, 경흥 등 세 고을에 흉년, 流民들이 값지 못한 환곡과 관속들이 사용한 환곡을 면제 또는 연기해달라고 요청(11/26).		경기도 통진 등 8읍의 진휼을 위해 선혜청이 쌀 2천 석을 획급(윤10/22). 경기 감사, 진휼 계획에 대한 임금의 질문을 받고 경기 8읍의 기민은 1만 5천여 구인데 내달 3일부터 진휼을 시작하여 설 전에 2회, 설 후에 6회로 계획하고 있으며 1회에 20일을 기한으로 구휼한다고 답변(11/16). 경기도에 災結 3천 결을 획급(12/29). 함경도 경흥 등 세 고을의 유민과 관속들이 포흠한 환곡을 면제 또는 연기해 줌(11/26).	
고종 8	1871 신미	황해도 평안도 충청도 전라도	수재	경상 감사 김세호, 경상도 鎭海에 도적 떼 수백 명이 밤중에 들이닥쳐 부사 이정호 죽이고 印信과 兵符를 빼앗아 이정했다고 보고(3/18). 평안도와 황해도에 큰 수해, 1백 수십 명이 사망하고 많은 농작물과 농지가 유실됨(7/1). 충청·전라도의 목화도 흉작(9/14).	수재 사망자 1백 수십명	지난해(고종 7) 가을 흉년이 든 함경도 경흥 등 3개 읍에 1만 2천 석을 주어 진구하고 나머지 경성 등 5개 고을에 대해서는 묵삭이 없어 도 2만 냥을 보내 구휼케 함(1/28). 지난해 발생한 충청·전라도의 기민을 위해서는 賑稅를 받감(1/6). 강화부의 기민 구제를 위해 선혜청이 쌀 1천 석을 획급(윤 10/1).	
고종 10	1873 계유	황해도 평안도	수재	황해·평안·함경도에 목우로 가옥 유실 천 호, 인명 피해 약 90명 발생(윤 6/21).	익사자 다수	20년 이전의 未收租는 모두 탕감하고 이후의 것은 모두 납입하도록 함(1/20).	

연호	서기 간지	재해 지역	발생 원인	주요 재해 및 기근 상황	아사자	주요 대책. 기타	비고
고종 11	1874 갑술	함경도		전구에 폭우, 이사자 수백 명, 가옥 피해 수 천 호(중보 윤 6월).	발생		
		황해도 충청도 전라도 경상도 평안도	수재	충청도와 전라도, 5월 초부터 시작된 장마와 폭우로 큰 피해(5/17, 6/15, 6/28, 6/29). 경상도, 창원 등 15고을 수제(7/18). 평안도에도 10개 고을에 수해(7/27). 황해도 서흥·장연·장단·황주 등지에도 장마 후 때 이른 우박으로 농작물 피해함(7/29). 서울에서의 쌀값 폭등으로 각 도의 買占과 防穀 행위를 금지시킴(1/29).		수해 피해가 큰 충청도 아산·예산·대흥 등 6고을의 陳結에 10년간 停稅(9/20). 충청·전라·경상·평안도에 내탕금 2만 2천 2천 냥을 내리고 적절히 나누어 주도록 함(6/25, 7/18). 이사자의 환곡과 신포를 모두 탕감해 줌(6/29). 이해 재해를 입은 농가에 대한 제결로 6천 1백 92결 給災함(12/29).	
고종 12	1875 을해	경기도 강원도	수재	경기·강원지방에 폭우로 인명 피해 100여 명. 가옥 유실 5백여 호(중보 6). 호조 판서 민치상, 근래 연간 정부 세입은 50여만 냥이나데 지출은 1백 50만 냥으로 만성적 적자 상태임을 왕에게 보고(10/25). 도고(都賈)들이 쌀값 조작으로 물가가 폭등한 나머지 각 포구와 場市에서의 도고 폐지령을 내림(12/5).	이사자 다수		적자 재정 심각한 수준
				경기·충청·경상·전라도, 가뭄에 이른 서리가지 겹쳐 곡식이 거의 다 죽는 흉년을 맞음		경상도에 社還米 3만 석을 시기에 방출(9/21). 경기·충청·경상·전라도에 각각 내탕금 1만 냥을 냄.	조일수호조약

연호	시기 간지	재해 지역	발생 원인	주요 재해 및 기근 상황	야사	주요 대책, 기타	비고
고종 13	1876 병자	경기도 중청도 전라도 경상도	기근 냉해	(9/22). 황해·평안도 지방은 다른 지역에 비해 작황이 좋으므로 예년에 드으로 받던 각종 조세를 현물로 내도록 하여 해당 읍에 두었다가 다른 지방이 흉작으로 쌀값이 독등하자 여러 도에서 防穀을 실시함(10/6). 이정부, 방곡을 금지하도록 하였으나 지켜지지 않자 다시 전국에 방곡 금지령을 내림 (10/6, 증보 7).		하사(9/22). 중청도 각 읍·진에 社倉 別備米 4만 8천 석을 방출(10/1). 전라도에 社倉 別備米 4만 석을 방출(10/14). 진휼청, 한성의 빈민들에게 미곡을 염가 발매 (12/20).	제결 개항
고종 14	1877 정축	중청도 전라도	수재	이정부, 서울의 각 관청과 지방관청의 경비가 다 떨어져 기민들에게 나누어 줄 곡식이 없으니 公錢을 사용하여 三南과 兩西에서 식량을 각각 1만 석씩 사들여 시급인 기민을 구휼해야 한다고 왕에게 진언(5/16). 이정부, 조세의 상납 기일을 어기는 수령을 암행하도록 상신(6/4). 가을걷이가 한창일 때 중청도 공주 등 38고을에 수해, 민가 1천 850호 표몰, 42명 사망 (8/6). 전라도 함평·장성 등지에 수해(8/24).		진휼청에서 한성 5부의 饑戶 1천 500여 호에 쌀 640석을 나누어 줌(1/21). 도성 안팎에서 유랑 걸식하는 사람들을 진제청이 집합시켜 도읍 나누어 줌(2/6). 황해도의 社倉穀 5천 석을 수원·강화·광주의 기민들에게 발매함(2/29). 중청도 수재민에게 身役과 환곡을 당감(8/6). 훈련도감 군사들이 수개월 동안 급료를 받지 못했다고 傷을 붙이는 사건이 발생(8/10). 제국선이 제 때에 올리오지 않아 각급 관청의 곡식이 바닥남. 경비 지출을 할 수 없는 지경에 이름.	근년에 지방에서 올라오는 漕船을 고의로 난파시키고 쌀을 빼돌리는 일이 자주 발생하여 정부가 예산을 제대로 집행할 수 없는 지경에 이름.

연호	서기 간지	재해 지역	발생 원인	주요 재해 및 기근 상황	이사자	주요 대책. 기타	비고
				영의정 이최응, 충청도와 강원도에서는 道臣(감사)이 앞장서서 방곡 금지령을 무시하고 방곡을 하고 있다고 보고(2/25). 근년 구휼자원의 확보는 거의 勸分에 의존하고 있어 販政은 道臣과 守令의 개인적 역량에 맡겨진 상태.		부가 왕의 허락을 얻어 금히 삼남과 양서의 시장에서 쌀과 보리 등 1만 5천 석을 돈을 주고 매입하여 오도록 각 도의 감사에게 지시(5/15). 금년 재해를 입은 농지에 3천 562결 給災(12/30).	
고종 16	1879 기묘	전국	역병 수재	세금의 납부가 연체되어 국가·경영을 제대로 할 수 없는 제읍을 물어 충청도 청주 등 10고을, 전라도 나주 등 11을이 수령을 보낸가도 과면시킴(2/21). 고종, 세곡을 마련하고 있는 수령은 내녀 3월 까지 완납하지 못하면 모두 과직시키고 구속하라고 의정부에 지시(8/29). 장마가 한 달 이상 계속되어 전라·경상·충청·경기·강원에 수재(6/26, 6/30, 7/12, 7/29). 전국에 전염병이 창궐하여 옥에 갇힌 죄수 중 중병을 제외하고 모두 죄인을 석방하고 특별 厲祭를 지냄(7/28, 증보 6).	병사자 매우 많음	제주의 진휼이 끝난 후 제주 목사가 요청한 移轉 米의 還納을 돈으로 대신하게 해달라는 요구를 특별히 당감해줌(5/25). 의정부, 전라도 나주·함평 두 고을의 3년간 미납 조세를 詳定價로 5년간 나누어 납부하게 해 달라는 전라 감사 요청을 나타 실림이 어려워 절반만 돈으로 내되 분할은 안 된다고 결정(6/11). 의정부, 각 도에 모두 1만 2천 366결의 제결을 주기로 결정(12/29).	
고종 18 신사	1881	경상도 평안도	수재	장마가 한 달 넘게 계속되어 각지에 수해(윤 7/18). 평안도에 수재로 120명이 익사하고 민	익사자	평안도 수재민의 신역과 환곡·군포를 탕감(윤 7/29).	

연호	시기 간지	재해 지역	발생 원인	주요 재해 및 기근 상황	이사자	주요 대책. 기타	비고
		함경도		가 650여 호 유실(윤7/29). 경기도 풍덕과 함경도 함흥 등 네 고을에서 전답 2백 50결이 매몰됨(9/16, 10/4). 경상도 정주·밀양 지방에 폭우, 인명 피해 133명, 가옥 유실 1천 5백 수십여 호(8/3). 統理機務衙門이 신해정에 주전소를 설치하고 주전(11/3).	다수	함경도와 경기도의 유실된 전답에 대해 3년 동안 조세를 견감(10/4). 전라도의 漕稅를 群山倉에서 4천 800석이 虛留穀으로 적발되었는데 이는 漕卒들이 횡령한 것으로 밝혀짐(12/28). 의정부, 각 도의 금년도 제결을 8천 800결로 결정(12/29).	
고종 19	1882 임오	전국	가뭄	4월부터 계속 가뭄이 가우제를 이행 변이나 지냈으나 비가 없자 특별기우제를 포함 제 순의 기우제를 지냄(6/8). 13개월째 급료를 받지 못한 훈련도감 군사들이 최근 받은 1개월분의 쌀이 정량에 부족하고 그 나머지 모래 등 많이 섞여 재문, 신해청 제조 민겸호를 살해하는 등 난동을 일으킴. 임오군란이 일어남(6/5). 임오군란과 을미사변, 청군에 의한 대원군의 피납 사건(7/13) 등으로 궁중 상황 계속됨. 서울의 쌀 부족 상황 계속됨.		필요에 따라 各 司마다에서 수행하던 주전을 금지시키고 典圜局에서 전담하기로 함 (6/22). 都賈制를 다시 개설시킴(6/22). 신해청 별창에 주전소를 설치((9/1). 의정부, 각 도의 총 3만 8천 637결의 제결을 給災함(12/30).	임오군란 일어남. 조미 수호통상 조약. 훈련도감을 폐지함(10 /2).
고종 20	1883 계미	황해도 함경도	가뭄 수제	만성적 재정났음을 타결하기 위해 當五錢을 주조함(2/24). 봄철 한 달간 가뭄나다가 여름철 목우가 쏟아져		재정 부족으로 주지 못하고 있던 군량미 대금, 貢價, 각 衙門의 미봉으로 등을 새로 주조한 當五錢을 7전 낭을 주어 임부를 해결(5/4).	當五錢 발행. 이 무렵부터 자연제해와

연호	시기 간지	재해 지역	발생 원인	주요 재해 및 기근 상황	야사자	주요 대책. 기타	비고
				흉년이 됨. 황해도 해주·장연·옹진 등지에 큰 흉수 피해 (6/20). 경상 감사 조강하, 금년은 가뭄과 수재로 흉년이 될 것이 분명하니 공납전 30만 냥을 들여 미리 곡물을 구입하여 흉년에 대비할 것을 狀啓(8/14). 좌의정 김병국, 시장에서 당오전의 가치가 떨어져 잘 통용되지 않는 현상을 보고함(8/8). 의정부, 지방에서 독하면 防穀을 하여 상인들이 쌀을 사지 못해 식량난이 가중되고 있으니 방곡을 금지한다는 명령을 다시 내달라고 왕에게 건의(10/29).		의정부, 각 도에 금년도 災結로 약 4만 5천 600결을 배분하기로 결정(12/30).	흉년에 관한 구체적인 기사가 실록에 거의 나타나지 않음
고종 21	1884 갑신	전라도 함경도	수재	장마가 계속되어 호남과 함경도에 큰 수재(8/8). 서울에서 쌀값이 금등함. 도성에서는 돈이 있어도 쌀을 사기가 어려워짐. 지방에서의 방곡이 원인이라고 본 정부는 경기도와 황해도, 삼남에 지시하여 방곡을 철회하도록 시달함(9/18). 감신정변이 일어남(10/17). 김옥균 일본으로 망명.		수해 지역에 환곡·신역·군포를 탕감함(8/8). 내탕금에서 3천 냥을 호남에 보내줌(8/8). 의정부 각도에 총 5천 650결의 給災를 승인(12/30).	감신정변

연호	시기 간지	재해 지역	발생 원인	주요 재해 및 기근 상황	아사자	주요 대책. 기타	비고
고종 22	1885 을유	충청도 전라도 경상도 강원도 평안도 함경도	수재	황해도 토산 백성들이 관리들의 토색질에 항의, 관아에 난입하여 불을 지르고 관속들을 구타함(1/4). 전국에 홍수, 민가 5천여 호 유실, 인명 수백 명이 희생됨(증보 6). 한 달 넘게 장마가 계속되어 영남에 수재(7/16). 충청·전라·강원·평안·함경도에도 수재(8/15).		함경도 安撫使 조병직, 지난해 흉년이 든 함경도 10개 고을의 긴급 設賑을 위하여 영남과 호남의 쌀 5만 석의 이획을 요청(1/8). 의정부에서 영호남에 쌓이 있으니 안무사가 諸品이 수량과 상의하야 사체 해정하라고 회답(1/8). 경상도의 제미값에 내탕전 3만 냥을 내림(7/20). 전라·강원·평안도의 내탕금 1만 5천 냥을 보냄(8/15). 둥가가 나무 올라 각종 貢物이 제대로 공급되지 않아 내탕금 15만 냥을 호조와 선혜청에 주어 해결하도록 지시(7/14). 당오전이 나무 많아 시중에서 거의 유통되지 않음(7/26). 의정부, 각도에 제럼 1만 1천 900경을 획급(12/30).	
고종 23	1886 병술	전국	역병	전국에 전염병 만연, 사망자 속출(5/15, 6/23, 6/29). 강원 감사, 춘천·원주 등지의 흉년으로 백성들이 굶주리고 있으니 전세·대동·삼수미 등을 모두 詳定價로 쳐서 돈으로 납부하게 해달라고 요청(4/28).	전염병 사망자 속출	親軍營의 군량미가 다 떨어지고 다른 곳에서 가져올 곳이 없다 하자 의정부, 황해도의 군당미 1만 석을 변통해 줌(5/13). 의정부, 한성부는 역병 환자를 위해 성 밖의 조용한 곳에 病幕을 짓고 환자를 치료할 것을 지시(6/29).	

연호	시기 간지	재해 지역	발생 원인	주요 재해 및 기근 상황	야사자	주요 대책. 기타	비고
				경상 감사, 밀양의 전답 320결이 홍수에 휩쓸려 행체가 없어졌으니 금년에 내야 할 전세·대동세 등을 감면시켜 달라고 요청(4/21). 전라 감사, 나주의 여러 섬이 수 차례 흉년을 만나 조세를 정수할 길이 없으니 전세·대동세 등을 상정가로 대납하게 해달라고 요청(4/21). 우의정 상인, 물가가 너무 올라 정부에서 주는 수매가로는 몇 배의 손해를 보아 장사를 계속할 수 없다고 호소하고, 貢匠人들도 현재의 貢價로는 부채가 점점 쌓여 현상 유지가 안 된다며 대책을 호소(11/11, 12/10).		전염병이 극성하자 감옥에 있는 경범죄인을 모두 석방함(8/1). 의정부, 각 도에 금년도 災結 9천 532결을 획급(12/29).	
고종 24	1887 정해	전국	가뭄	4월 초부터 5월 중순까지 가뭄이 계속되어 보리가 말라 죽고 벼가 자라지 않음(5/17). 當五錢의 값이 떨어져 시중에서 거의 通用되지 않자 간사한 관원들이 백성들에게 제급을 받을 때는 엽전(상평통보)으로 받고 중앙에 바칠 때는 전부 당오전으로 바꾸어 납부하는 향폐이 되었다고 掌令 池錫永이 상소(3/29). 당오전은 엽전으로 부세를 내리오고 관리들은 엽전으로 장사치들을 통해 당오전을 시중으로 보내는 구조가 만들어 짐.		內務部, 재장이 요즈음처럼 이러움 때가 없느니 해결책은 동전을 주조하는 김뿐이나 銅이 있는 창원 마산포에서 주조하고 典圓局을 통해 관리하자고 제안. 임금이 승인을 받어 동을 주조함(4/18). 전라 감사, 해남이 가뭄된 흉년으로 세금을 내지 못할 형편이니 정춘된 이후 지난 10년 간의 세금을 5년에 걸쳐 감면해 달라고 요청하여 승인받음(6/17). 경상 감사, 機張은 을유년(고종 22)에 흉년을 만나 田結과 戶數가 모두 줄어들었는데 조세를 그대	

연호	시기 간지	재해 지역	발생 원인	주요 재해 및 기근 상황	이사자	주요 대책. 기타	비고
						로 받아 백성들이 계속 유리하고 있으니 지난 3년 간의 세금을 詳定價로 납부하도록 요청(10/4). 의정부 각도에 총 1만 4천 결의 給災 승인(12/30).	
고종 25	1888 무자	충청도 경상도 전라도	가뭄 수재	봄부터 여름에 걸쳐 큰 가뭄(증보 7). 평안도 의주·안주·창성 등지에 수재. 이주에 시만 민가 1천 927호가 표몰 되고 300여 명이 익사함(8/12). 삼남 지방은 가뭄으로 흉년이 듬(9/14, 증보 9). 창녕 김우용, 심한 가뭄으로 三南地方이 들판 에는 수확할 무식이 없고 백성들은 餓死 직전 이라고 보고(9/22). 정부의 제장 부속으로 市廛에 대금을 지급하 지 못하여 상인들이 영락해가고(5/22), 貢人들 에게도 오랫동안 貢價의 지급이 밀려 수급하 기 어려울 정도가 됨(2/8). 정부의 백관과 군사들에게 祿俸料도 오랫동안 지급하지 못함(4/13).	평안도 3백명 이사.	경상도에서 흉년 구진을 위해 30만 냥을 보내달 라고 요청하자 전라도에서도 구휼에 필요한 돈 30만 냥을 요구(9/21). 이에 대해 영남에 유지해도 전국 가운데서 경상 도에 1만 석, 전라도에 1만 석을 이획(9/22). 충청도에 대해서는 환곡 1만 5천 섬을 대여하고 도 5천 냥을 발라주고 동년에 갈게 함(10/29). 평안도의 제곡 고을에 신역과 환곡·군포를 탕감 해 줌(8/22). 貢價와 市價의 지불을 위해 내탕금에서 10만 냥 을 내려 줌(2/8). 의정부, 災結로 각 도에 총 14만 1천 100결의 給 災 승인(12/29).	
고종 26	1889 기축			5월에 가뭄, 8월에 수재가 있었으나 재해의 수준은 아님.		지난해의 흉작으로 인한 三南 백성의 救濟를 위 해 영남과 호남에 각각 1만 냥, 호서에 5천 냥이 내탕전 보냄(1/13). 전라 감사, 제해지 5만 9천 9천 600결에서 바칠 조세	

연호	시기 간지	재해 지역	발생 원인	주요 재해 및 기근 상황	아사자	주요 대책. 기타	비고
						를 특별히 詳定價로 낼 수 있도록 요청하자 1천 겹을 더 급제해주는 선에서 충정(1/29, 2/6). 충청도 진전한 지난 3년간 내지 못한 세금 쌀 1천 400석을 상정가로 내도록 하락함(2/7). 함경 감사 조병식, 쌀값이 오르자 防穀令 발동(9/24). 일본 대리공사 고노 신스케, 방곡령으로 일본 상인들이 손해를 보았다며 防穀令의 철폐와 일본의 미곡상을 위한 손해배상을 조선 정부에 청구(10/15). 의정부, 각 도에 총 1만 6천 800겹을 급제(12/30).	
고종 27	1890 경인	함경도	수제	함경 감사 한장식, 함경도 여러 고을에 산이 무너지고 강둑이 터지는 수제로 논밭이 모래밭이 되고 농작물은 다 죽거나 떠내려가 올가을에 수확할 것이 없다고 장계(10/16).		영흥부사 김우성 함경도 위유사로 파견하고 내탕전 1만 냥을 내림. 죽은 사람의 한곡과 군포는 탕제하고 모레로 떠내려간 땅을 다시 개간하면 3년간 탕제하겠다는 조처를 내림(10/16).	
고종 28	1891 신묘	경상도 전라도 강원도	수제	경상도에서 홍수로 민가 5천여 호가 유실되고 170여 명이 익사, 전라도는 2천 700호가 떠내려 가고 6명이 익사, 강원도에서는 600여 호가 유실되고 30여 명이 익사(증보 28).	아사자 2백 명	경상도의 이재민을 위해 내탕전 2만 냥을 보냄(8/30). 수해를 입은 지역의 이사자에 대해서 일체의 身役(侵·遷穀·軍布)을 면제함(8/30). 의정부, 각 도에 총 2만 342결을 給災를 승인함(12/30).	

연호	시기 간지	재해 지역	발생 원인	주요 재해 및 기근 상황	아사자	주요 대책. 기타	비고
고종 30	1893 계사	전국	수재	장마가 계속되어 전국이 침수, 흉작(6/30, 9/5, 11/2).		충청 감사 조병식의 요청으로 충청도의 征還米가 운데 6권 석을 賑貸로 회급(1/22). 경상도에 사원곡 중에서 1만 석, 상납전 중에서 10만냥을 주어 진휼 바용에 보대게 함(11/2). 日本의 防穀 손해배상청구, 11만 圓에 해결(증보 4). 1차분 배상금의 지불을 위해 淸으로부터 銀 3만 5천 냥 차관(6/18). 조선, 각국 주재 공사에게 흉년으로 한 달 후부터 방곡을 실시한다고 통고(9/9). 부산과 원산 두 항구에서 방곡령을 해제함(10/24). 각도에 총 2만 4천 500겹이 災結을 승인(12/30).	
고종 31	1894 갑오	전국	병화 기뭄	전라도 古阜를 비롯한 각지에서 백성들이 궐기하여 동학란 일어남(2/25, 4/2). 정부는 홍계훈을 초토사로 임명하고 관군을 파견하여 전압에 나섬. 경상도 심한 기뭄으로 수확하기도 전에 흉년(8/1). 전라도 심한 흉년(9/17). 동학란이 전국으로 화산되자 세금을 쌀로 거두어 수송할 수 없게 될 정부는 각도의 모든 세금을 돈으로 받을 것을 지시(9/16).	병화로 많은 사람이 실상됨	지난해 영남에서 흉년으로 飢饉하였느데 제원이 부족하여 내탕에서 1만 냥을 내림(2/15). 전라 병사 홍계훈을 임명(4/2). 청나라에 구원병을 요청병을 아산만 도착한 淸軍(5/1). 아산만에서 청일전쟁 시작됨(7/25). 기뭄으로 심한 흉년이 든 경상도와 전라도에 각각 5만 냥과 3만 냥의 내탕전을 보내줌(8/1, 9/17). 제해가 심한 고을의 수선, 방물, 물선을 정지(9/17).	이 해에 동학란 일어남. 청일전쟁 시작. 갑오경장 발표. 환구제도 폐지됨. 조운제도 폐지됨.

연호	서기 간지	재해 지역	발생 원인	주요 재해 및 기근 상황	아사자	주요 대책, 기타	비고
						의정부, 백성들의 힘이 다하여 세금을 받기 어렵고 또 진휼 제대로 전혀 세울 수 없다고 보고됨(10/28). 公州 우금규에서 동학군 패퇴(12/4).	
고종 32 을미	1895 을미	전국	역병	황해 감사 조희일, 平山·瑞興·봉산·황주·금산군에 일본군이 주둔하자 늘란 백성들이 흩어져 지난해 농사가 폐기되었고, 수아·곡산·신계·토산군은 보리농사가 흉년이 되었으니 세금을 면제하거나 감해달라고 요청(2/10). 전라 감사, 지난해의 가뭄과 난리로 농사를 제대로 짓지 못한 전주·나주 등 15개 읍·전라 기타 지역의 총 6만 4천 결에 대해 조세가 감면을 요청함(2/27). 국고의 고갈로 日本銀行을 통해 日本에서 3백만 원의 차관을 얻음(6/13). 전국에 전염병(호열자) 만연.	병사자 약 4천 명	社還條例를 공포하여 還穀을 社穀으로 고치고 度支衙門에서 운영조례를 만들어 지방관이 마음대로 관여하지 못하게 함(3/12, 윤 5/26). 지난해 흉작은 흉년으로 농사를 망친 경상도의 농민들에게 벼 종자 4천 석을 보내줌(4/13, 4/19).	종래대신을 수상으로 하는 新內閣官制 반포(3/25). 을미사변 발생(10/15). 처음으로 세입 세출 예산표를 만듦(11/15).
고종 34 정유 (광무1)	1897 정유	전국	가뭄	국호를 大韓으로 변경함. 고종, 大韓帝國의 皇帝가 되고 연호를 光武로 정함(양 10/13). (이하 양력). 小暑까지 비가 오지 않아 전국의 심한 가뭄으로 흉년이 됨. 특히 경기·충청·강원·함경도의 흉작이 우심(7/2).		재해를 입은 논지 1만 8천 785결에 대해 세금을 감면(양 2/9)(이하 양력).	대한제국 선포. 陰曆을 폐지하고 陽曆을 사용함. (이하 양·일은 양력)

연호	서기간지	재해지역	발생원인	주요 재해 및 기근 상황	아사자	주요 대책, 기타	비고
고종 35 (광무2)	1898 무술	함경도 충청도 전라도 경상도	가뭄 수재	고종황제, 지난 가을이 흉작으로 春窮期에 백성들이 굶주리고 도성의 쌀값이 폭등하고 있으니 의정부는 시급히 진휼 대책을 마련하여 보고하라고 지시(4/6). 의정부, 현재 나라에 곡식이 없어 賑政을 수행할 수 없으므로 各부와는 백성들에게 돈을 주는 방법밖에 없다고 보고하고 탁지부의 예비금에서 구제비용을 마련할 것을 주청(4/7). 의정부, 탁지부에 요청하여 예비비에서 기민 구제비용으로 경기 6천 원, 충남 2천 원, 충북 2천 원, 강원 2천 원, 함북에 1천 원을 배정함(4/10).		황태자가 기민을 위해 은화 2만 냥을 기부(4/10). 황제, 詔令을 내려 지금부터 5개월 동안 각 항구에 들어오는 (외국산)곡물에 대해 세금(수입관세)를 면제하라고 지시(5/26, 증보 6). 탁지부, 함경도의 재해를 입은 元田 144결과 續田 127결에 대해 조세를 감면줄 것을 上奏하여 하락을 받음(6/16). 淸商, 면세조치를 이용하여 6월 말까지 약 80만 인 상당의 淸國米와 우수수를 수입함.	
고종 36 (광무3)	1899 기해	충청도 경상도 전라도	수재	고종황제, 새로 지은 圜丘壇에서 祈穀大祭를 지냄(2/12). 고종, "요즈음 상하가 막혀 사방에서 문난린가 나고 또 가뭄이 들었다는데 보고가 없다. 남쪽의 세 도에서 해임이 있으나 눈발이 바다로 변하고 사람이 많이 죽었다는데 늘랍고 참혹한 일이다"라며 정부내 의사소통이 되지 않음을 지적 (2/23). 쌀값이 오르자 충청도의 군수들이 마음대로 방곡령을 발동(11/30).		고종, 재해가 심한 三道의 관찰사를 慰諭使로 파견하고 탁지부에서 도 1만 원을 구휼비로 지출하도록 함(2/23).	

연호	시기 간지	재해 지역	발생 원인	주요 재해 및 기근 상황	이상자	주요 대책. 기타	비고
고종 38 (광무5)	1901 신축	경기도 충청도 경상도 전라도 황해도 평안도	가뭄	고종, 봄부터 심한 가뭄으로 이앙을 하지 못한 곳이 많자 금년은 흉년이 명백하니 의정부는 진휼 대책을 세우라고 지시(6/20, 9/29). 고종, 갑오경장으로 환곡제도가 폐지되자 이를 대체하기 위하여 서울에는 總惠民社를 설치하고 지방에는 分惠民社를 두어 상호 연계하여 운영하되 지역의 신망 있는 백성들로 하여금 이 기구를 운영하도록 지시함(12/4). 上이 내탕에서 1만 원, 동궁이 5천 원, 영친왕이 3천 원을 총혜민사에 운영자금으로 기부(12/4). 議政府 議政 尹容善, 勅任官을 을 12월부터 내년 5월까지의 월급의 3분의 1을 해민사에, 판임관는 분해민사에 기부할 것을 결의하고, 각 군의 社還米는 모두 해민사에 넘겨주겠다고 황제에게 보고(12/6). 충청도 오천 군민, 결성·보령·광천 등지에서 防穀을 하여 섬으로 이루어진 오천 군민이 아사지경에 이르렀으니 방곡을 풀어달라고 內部에 호소(황성신문, 1901. 9. 4.).	아사자 발생	고종, 가뭄으로 수행 생활이 어려운 옥중의 노약자와, 죄질이 가벼운 자를 석방하도록 法部에 지시(6/20). 황제의 조서에 따라 外部, 쌀을 항구로 실어 내가는 것을 당분간 금지하는 防穀令을 내리도록 이와 함께 수입 양곡에 대한 면세조치를 발표(7/23). 의정부 의정 윤용선, 황제의 총녀 대책 지시에 대해: 국고가 텅 비어 믿을 수 있는 것은 민간의 구식뿐인데 외국인들이 무역해가고 관리들이 억탁해가 나라 안에 곡식이 없으니 조세를 감해줄 것; 각 도에 보낸 시원관과 捧稅官을 소환할 것; 도과 쌀로 배성들을 진구하는 것보다 善政을 통해 진구할 것 등을 건의(10/10). 정부는 값싼 安南米를 상해와 사이공에서 수입하기로 하고 李容翊을 시켜 大昌洋行의 무역상 은도과 안남미 30만 석의 수입계약을 체결(황성신문, 1901/8/14). 안남미 1차 선적분 9월 중순 인천 도착. 안남미 2차 선적분 11월 3일 인천 도착. 안남미 3차 선적분 1만 5천 석, 11월 상순 인천 도착.	없어진 환곡제도를 대체하기 위한 惠民社 설치.

연호	서기 간지	재해 지역	발생 원인	주요 재해 및 기근 상황	아사자	주요 대책, 기타	비고
고종 39 (광무6)	1902 임인	전국	기근 역병	여름철 혹열자로 보이는 급성 전염병이 만연으로 사망자 속출, 감옥에서 역질 사망자가 계속 발생(증보). 가뭄으로 전국적인 흉년이 계속됨. 충남에 기근으로 인한 유랑자가 계속 발생. 10호 중 8, 9호가 빈집이 됨. 유랑인이 길가기를 남극을 먹고 죽는 자가 많음(황성신문, 광무 6/2/12). 서울이 미곡상, 쌀이 부족하여 쌀을 구입할 수 없게 되자 남세 가부하며 철시(9/20). 타지후, 각 都의 조세의 남부 기한을 다섯 번이나 연장해 주었는데도 대부분 남부하지 않자 미남한 군수는 모두 파면시키기고 구속해야 한다고 주장(11/14). 정부, 기민 구제를 위해 값선 安南米를 더 임곡기로 결정.	역병 사망자 다수	제주 안남미 수입 1만 7천여 포 영국 기선 간세호 편으로 인천항 도착(고종시대사 5권, 광무 6/3/9, 황성신문, 광무 6/3/12). 남양 군주 이강녕, 공주라는 군인들 위하여 내장원경에 연락하여 안남미 500석의 구입을 절정(황성신문, 1902/3/29). 지난해 가뭄 피해들 심하게 입은 경기·충남·전북·황해도에 해당 도의 驛屯田稅를 賑資로 사용하도록 하송함(4/29). 고종, 당년 농사가 또 흉작이 되자 內藏院卿 李容翊에게 쌀 무역에 관한 사무를 처리하도록 명함(12/27). 李容翊, 淸國에서 安南米 10만 苞의 수입허가를 얻기 위하여 北洋大臣 李鴻章을 만나러 旅順으로 향발(황성신문 1902/12/18).	
고종 40 (광무7) 계묘	1903	함경 남·북도	수재 냉해	함경도, 오래 장마와 냉해로 五穀이 모두 죽음. 기민들이 늙은이와 어린이들을 부족하여 이끌고 淸國으로 들어가는 사람이 매우 많다는 보고(8/21). 탁지부대신 김성근이 현재 국고가 텅 비어 있고		지난해 각 도의 재해를 입은 농지 중 2천 890경에 대해 금제 조치함(3/24). 함경남·북도에 흉년이 들자 경상도와 전라도의 조稅米 2만 석을 함경도에 移劃함(2/23). 安南米 2만 6천 포 인천항 도착(황성신문 1903/	

연호	시기 간지	재해 지역	발생 원인	주요 재해 및 기근 상황	아사자	주요 대책. 기타	비고
				각 那에서 내야 할 세금이 연체되어 국가의 재정을 운영할 방도가 없다며 사격을 청함(3/11). 흉년으로 서울과 3甫을 비롯한 전국 각지에서 화적떼와 도적이 출몰(7/1).		10/10). 安南米 2만 782포 인천항 도착(황성신문 1904/7/3).	
고종 43 1906 병오 (광무10)		경기도 충청남 충청북 전라북	수재	가뭄이 계속되다가 9월에 폭우, 특히 충남·충북, 전북, 경기도에 피해가 집중됨(9/24). 4도의 수재로 익사자 311명, 표몰 된 가옥 6천 91호, 유실된 논지 1만 2천 137결모 과어늄(12/11). 탁지부, 수리조합조례 공포(3/20). 일본인 미곡상, 부산에 구포원흥사장 개설. 농상공학교 농과가 농림학교로 확대 개편됨.		수계를 당한 4도에 慰諭使를 보내고(9/24), 탁지부에서 賑資로 1만 2천 800환을 지출(44/3/15). 고종황제 수계민을 위해 내탕금에서 2천 환을 내림(12/11).	
순종 1 1908 (융희2)		경기 충남	가뭄 역병	순종황제가 금년의 농사형편을 묻자 농상공부대신 조중응, 가뭄이 심하여 경기도는 이미 보리농사가 흉작인데 이앙을 하지 못한 실정이고 충남은 보리농사가 흉년이라고 대답(6/27). 경기도는 작년에 이어 연속 흉작. 서울에서 설없이 목등(6/27). 전국에 역질(호열자) 사망자 속출(9/15)	역질 사망자 다수	순종, 비가 올 때까지 減膳을 지시(6/27). 농상공부대신 조중응, 산림이 황폐화되어 명지에 도 사내부 못이 말라 있어 한계가 자주오니 산림과 수리 대책에 만전을 기하겠다고 황제에게 보고(6/27).	

연호	시기 간지	재해 지역	발생 원인	주요 재해 및 기근 상황	아사자	주요 대책. 기타	비고
순종 3 (융희4)	1910 경술			순종황제, 의친왕 이강을 비롯한 왕자들과 각부 대신들을 대동하고 東籍田에서 親耕儀式을 거행하고 올벼와 늦벼를 심음(5/5). 황제, 이달 이식을 배려하고 지원과 생도들에게 "그대들은 親耕하는 뜻을 본받아 하염을 부지런히 성취하여 있으로 농업과 임업을 발전시키는 데 이바지 하라"고 유시. 조선황제가 자를 좌우의 전통 의식으로 식 달 후 나타가 망함. 조선의 통치권을 일본에 양도하는 한일병합조약 체결(8/22). 순종, 일본국 황제에게 한국의 통치권을 양도한다는 조서를 발표(8/29).			

출전: 『朝鮮王朝實錄』; 『增補文獻備考』, 시거고, 脹㾗. 『備邊司謄錄』.

자료의 대부분은 『朝鮮王朝實錄』에서 발췌. 기근 난은 자연재해로 인한 흉년 또는 전염병이 유행으로 2개 도 이상이 심각한 기근에 배정거나, 1개도 일지라도 아사자가 다수 발생했던 해를 의미함. 기근이 있었던 때로는 첫째 간 향방 다음에 아라비아 숫자로 표시. 기사 다음에 나오는 괄호 안의 (월/일)은 사건이 있었던 날자가 아니라 『양조실록』에 기록된 날자다. 해당 일이 윤달일 경우 (윤월/일)로, 특정 양내의 수정실록의 월일은 (수정 월/일)로 나타냄. 『備邊司謄錄』의 양 연도는 『양조실록』과 같이 숫자로 나타내고, 월일이 없을 경우 (증보)로 나타냄. 월 일는 모두 음력이나 광무 1년(1897) 이후부터는 양력임. 조선 8道의 명칭은 재해 당시의 도명이 아니고 조선 말기의 것으로 통일하였음. 즉 서해도는 황해도로, 동북면 또는 영안도는 함경도로 표기함. 공충도·중청도·중청도와 같이 여러 개의 도명이 있는 경우는 후기의 명칭인 충청도로 통일함. 이하 부표 A·B·C·D·E도 같은 요령으로 나타냄.

참 고 문 헌

年代記, 古典과 古書

『高麗史』,『朝鮮王朝實錄』『經國大典』,『朝鮮經國典』.

『續大典』,『大典會通』,『備邊司謄錄』,『六典條例』.

『增補文獻備考』,『承政院日記』,『日省錄』,『訓局謄錄』.

『萬機要覽』,『戶口總數』,『穀簿合錄』,『度支志』,『祈雨祭謄錄』.

『鰲整廳謄錄』,『穀總便攷』,『各司謄錄』.

『度支田賦考』,『備邊司謄錄事目節目類集成』.『賑恤謄錄』.

『救荒撮要』,『新補受敎輯錄』,『救荒撮要』.

『周禮』,『管子』,『漢書』,『淮南子』,『鹽鐵論』.

『萬曆大明會典』,『聖祖仁皇帝實錄』.

『明史』食貨志,『文淵閣 四庫全書』.

『淸史稿』食貨志; 朝鮮列傳.『淸史稿』列傳, 屬國.

鄭道傳,『三峯集』.

李珥,『栗谷全集』.

柳成龍,『西厓先生文集』.

丁景達,『盤谷日記』.

崔晛,『一善志』.

張顯光,『避亂錄』.

崔晛,『一善志』.

朴遂一,『健齋逸稿』.

王士禎,『居易錄』.

金堉,『潛谷先生遺稿』, 疏箚.

申洬,『新刊救荒撮要』

李重煥,『擇里志』.

趙顯命,『歸鹿集』.

金昌漢,『圓譜譜』.

李玄逸,『葛庵集』.

李肯翊,『練藜室記述』.

李圭景, 『五洲衍文長箋散稿』.
吳宖默, 『嶺南救恤日錄』.
丁若鏞, 『牧民心書』, 『經世遺表』, 『詩文集』.
朴趾源, 『課農小抄』, 「限民名田議」.
黃玹, 『梅泉野錄』.

논문과 저서

고동환, "18·19세기 서울 경강지역의 상업 발달", 서울대학교 박사학위논문, 1993.
고동환, "19세기 부세운영의 변화와 그 성격", 『1894년 농민전쟁연구』, 역사비평사, 1991.
국사편찬위원회, 『한국사』 22, 30, 33, 1997.
권연웅, "朝鮮前期 經筵의 災異論", 『歷史敎育論集』 13·14, 1990.
권태환·신용하, "朝鮮王朝時代 人口推定에 관한 一試論", 『東亞文化』 14, 1977.
김건태, 『조선시대 양반가의 농업경영』, 역사비평사, 2004.
김기성, "대한제국기 흉년과 미곡수급", 『사학연구』 128, 2017.
김덕진, 『대기근, 조선을 뒤덮다』, 푸른역사, 2008.
김무진, "조선사회의 유기아 수양에 대하여", 『계명사학』 4, 1993.
김문기, "17세기 중국과 조선의 기근과 국제적 곡물유통", 『역사와 경계』 85, 2012.
김문기, "17세기 중국과 조선의 소빙기 기후변동", 『역사와 경계』 77, 2010.
김석우, 『자연재해와 유교국가, 한대의 재해와 황정연구』, 일조각, 2010.
김성우, "17세기 위기와 숙종대 사회상", 『역사와 현실』 25, 1997.
김성우, "임진왜란 시기 구미지역의 참상과 전쟁의 극복 양상", 『역사학보』 320, 2016.
김성우, "임진왜란과 1593~1594년 계갑대기근 - 경상도 성주 도세순 집안을 중심으로 -", 『한국사연구』, 188, 2020.
김수환, "효종조 행전사목과 행전책, 성과와 한계", 『동양고전연구』, 74, 2018.
김영제, "당송대 상공의 중대과정, 특히 송대의 常平倉·和買·和糴 등을 대상으로", 『동양사연구』 36, 1991.
金玉根, 『朝鮮王朝 財政史硏究』, 一潮閣, 1992.
김옥근, 『韓國經濟史』, 경인문화사, 1994.

金容燮,『조선후기농업사연구(1) - 농촌경제·사회변동 - 』, 일조각, 2005.

김용섭,『朝鮮後期 農業史硏究 (2) - 농업과 농업론의 변동 - 』, 일조각, 1969.

김재호,『대체로 무해한 한국사』, 생각의 힘, 2016.

김재호,『전통사회의 기근과 그 대응: 1392-1910", 『경제사학』 30, 2001.

金鐘洙, "17세기 훈련도감의 군제와 도감군의 활동", 『서울학 연구총서』 8, 1998.

김준형, "18세기 里定法의 전개 - 촌락의 기능 강화와 관련하여 - ", 『진단학보』 58, 1984.

김호종, "17세기 진휼청과 진휼정책에 관한 연구", 『국사관논총』 57, 1994.

李光麟,『李朝水利史硏究』, 韓國硏究圖書館, 1961.

문광균,『조선후기 경상도 재정연구』, 민속원, 2019.

문용식, "18세기 군작미의 설치와 운영" 『전주사학』 4, 1996.

문용식, "조선후기 상진곡의 설치", 『사총』 46, 1997.

문용식,『조선후기 진정과 환곡운영』, 경인문화사, 2000.

박권수, "승정원일기속의 천변재이기록 - 인조 원년이후 240년간의 기록", 『사학연구』 100, 2010.

박극채, "조선봉건사회의 정체적 본질-전결제 연구", 勞農社, 1946.

박기주, "19·20세기 초 재촌 양반 지주경영의 동향" 『맛질의 농민들』, 일조각, 2001.

박성래,『과학사상사』, 책과 함께, 2012.

박성래, "이태진 교수의 소빙기 천체의 현상적 원인 - 조선왕조실록의 관련기록 분석", 『역사학보』, 149, 1996.

박성준, "대한제국기 진휼정책과 내장원의 곡물 공급", 『역사학보』 218, 2013.

박소은,『조선후기 호조재정정책사』, 혜안, 2008.

박시형,『조선토지제도사』(中), 신서원, 1961.

박이택, "17·18세기 환곡에 대한 제도론적 접근", 『조선후기 재정과 시장-경제체제론의 접근』, 서울대학교 출판문화원, 2010.

박평식, "조선전기 양계지방의 회환제와 곡물유통", 『학림』 14, 1992.

방기중, "17·18세기 전반 금납조세의 성립과 전개", 『동방학지』 45, 1984.

방기중, "조선후기 군역세에 있어서 금납조세의 전개", 『동방학지』 50, 1986.

변주승, "조선후기 유가아·행걸아 대책과 그 효과", 『한국사학보』 3·4, 1993.

손병규,『조선왕조 재정시스템의 재발견: 17~19세기 지방재정사 연구』, 역사비평사, 2018.

송찬섭, 『조선후기 환곡제 개혁연구』, 서울대학교 출판부, 2002.

양진석, "17세기 후반 재실분등과 환곡의 환수책" 『규장각』 25,

양진석, "18·19세기 환곡에 관한 연구", 『한국사론』 21, 1989.

오기수, 『조선을 망친 대동법』, 보림, 2019.

吳英敎, "朝鮮後期 地方官廳의 財政과 殖利活動", 『學林』 8, 1986.

오일주, "조선후기 재정구조의 변동과 환곡의 부세화", 『역사와 실학』 3, 1992.

오호성, 『농본주의 사상과 경제개혁론』, 경인문화사, 2009.

오호성, 『임진왜란과 조·명·일의 군수시스템』, 경인문화사, 2017.

오호성, 『조선시대의 미곡유통시스템』, 국학자료원, 2007.

元裕漢, "朝鮮時代의 貨幣史期間 區分論", 『홍대논총』 13, 1981.

원재영, "조선시대 재해행정과 17세기 후반 진휼청의 상설화", 『동방학지』 172, 2015.

이규근, "조선후기 질병사연구 – 조선왕조의 전염병 발생기록을 중심으로 – " 『國史館論叢』 96, 2004.

李珉洙, 『朝鮮前期 社會福祉政策 研究』, 혜안, 2000.

이상배, "18~19세기 자연재해와그 대책에 관한 연구", 『국사관논총』 89, 2000.

이세영, 『조선시대 지주제 연구』, 혜안, 2018.

이영구·이호철, "朝鮮時代의 人口規模推計(2) – 17·18세기 人口增加率推計를 중심으로 – ", 『경영사학』 3, 1988.

이영훈, "17세기 후반~20세기 전반 수도작 토지생산성의 장기추세", 『經濟評論』, 51·52, 2012,

이영훈, 『조선후기 사회경제사』, 한길사, 1988.

이영훈·朴二澤, "農村米穀市場과 全國的 市場統合 1713-1937", 『朝鮮時代史學報』 16, 2001.

이영훈·전성호, "米價史자료의 현황과 해설" 『고문서연구』 18, 2000.

이우연, "18·19세기 산림 황폐화와 농업 생산성", 『경제사학』 34, 2003,

李煜, "儒敎 祈禳儀禮에 관한 研究" 서울대학교 박사학위논문, 2000.

이정수, "조선전기의 미가변동", 『부대사학』 17, 1993.

이태진, "16세기 연해지역의 언전개발 – 척신정치의 경제적 배경 – ", 『한국사회사연구』, 1986.

이태진, "소빙기(1500-1750) 천변재이 연구와 조선왕조실록", 『역사학보』 149, 1996.

이태진, "소빙기와 조선중기의 자연재해", 『한국사』 30, 국사편찬위원회, 1998.

이헌창, "조선왕조의 경제통합체제와 그 변화에 관한 연구", 『조선후기 재정과 시장: 경제체제론의 접근』, 서울대학교출판문화원, 2010.

이헌창, 『한국경제통사』, 법문사, 2003.

이호철, "조선시대 도작농업의 발전과 인구증가", 『경북대 농학지』7, 1989.

이호철, 『조선전기 농업경제사』, 한길사, 1986.

임성수, "조선후기 녹봉제 연구", 『동방학지』169, 2015.

임성수, "『度支田賦考』를 통해 본 호조의 재원 파악과 재정구조 변화", 『민족문화연구』59, 2013.

장동표, "18·19세기 이액증가 현상에 관한 연구", 『부대사학』9, 1985.

전성호, 『朝鮮後期米價史研究』, 성균관대학교 박사학위논문, 1998.

정성일, "조선의 기근과 일본쌀 수입 시도(1814~15년)", 『韓國民族文化』31, 2008.

정수환, 『조선후기 화폐유통과 경제생활』, 경인문화사, 2013.

鄭勝振, "19·20세기 전반 농민경영의 변동양상", 『經濟史學』25, 1998.

정약용(송재소 역), 『茶山詩選』, 창작과 비평사, 1981.

정치영, 『지리지를 이용한 조선시대 지약지리의 복원』, 푸른길, 2021.

정형지, "조선시대 기근과 정부의 대책", 『이화사학연구』, 30, 2003.

정형지, "조선후기 교제창의 설치와 운영 – 18세기 나리포창 사례를 중심으로", 『이대사원』28, 1992.

정형지, "조선후기 진급운영에 대하여", 『梨大史苑』26, 1992.

정형지, 『조선후기 진휼정책연구: 18세기를 중심으로』, 이화여자대학교 박사학위논문, 1992.

조광, "19세기 민란의 사회적 배경", 『19세기 한국전통사회의 변모와 민중의식』, 고려대민족문화 연구소, 1982.

조규환, 『16세기 구황정책의 변화』, 서울대학교 박사학위논문, 1996.

조지형, "17세기 소빙기 그리고 역사 추동력으로서의 인간", 『이화사학연구』43, 2011.

차명수·이헌창 "우리나라의 논가격 및 생산성 1799-2000", 『경제사학』36, 2004,

車文燮, 『朝鮮時代軍制研究』, 檀大출판부, 1973.

최완기, "조선 중기의 무곡선상 – 곡물의 매집 활동을 중심으로 –", 『한국학보』30, 1983.

최윤오, "18·19세기 서울 부재지주의 토지집적과 농업경영" 『한국고대·중세의 지배체제와 농민』김용섭교수 정년기념 한국사학 논총 2, 지식산업사, 1997.

최윤오,『조선후기 토지소유권의 발달과 지주제』, 혜안, 2006.

최익환(송찬섭 역),『조선사회정책사』, 1947(동문사, 2013).

최종성,『기우제등록과 기후의례』, 서울대출판부, 2007.

하원호 "개항후 방곡령실시의 원인에 관한 연구",『韓國史研究』49·50·51, 1985.

한영국, "조선왕조 호적의 기초적 연구"『한국사학』6, 1985.

한영우, "조선전기 호구 총수에 대하여"『인구문제와 생활환경』서울대 인구발전 문제연구소, 1977.

遠行霈,『中華文化史』3卷, 4卷, 동국대출판부, 2017.

小野武夫,『日本近世飢饉志』, 學藝社, 1935.

菅野修一, "朝鮮初期における倉制の開始－國家の賑恤政策と煙戶米法",『朝鮮學報』153, 1994.

宮嶋博史, "李朝後期における朝鮮農業の發達",『朝鮮史研究會論文集』18, 1981.

宮嶋博史,『朝鮮土地事業史の研究』, 東京大東洋文化研究所, 東京大出版會, 1991.

峰岸純夫,『中世災害·戰亂の社會史』, 吉川弘文館, 2011.

荒川秀俊,『饑饉の歷史』, 至文堂, 1967.

菊池勇夫,『飢えと食の日本史』, 吉川弘文館, 2019.

菊池勇夫,『飢饉から讀む近世社會』, 校倉書房, 2003.

Homer B. Herbert(신봉룡 역),『대한제국멸망사』집문당, 1999.

Carlo Rossetti(서울학연구소 역),『꼬레아 꼬레아니』, 숲과 나무, 1996.

Isabella Bird Bishop(이인화 역),『한국과 그 이웃나라들』, 살림, 1994.

William F. Sands(신복룡 역),『Undiplomatic Memories』(조선비망록), 집문당, 2019.

기타 문서와 자료

『朝鮮民俗資料』, 牧民篇.

『朝鮮田制考』

『凶年警戒之策』(日本農商務省編)

『分類記事大綱』, 對馬島宗家文書(국사편찬위원회).

『通商彙纂』, 第2號, 第4號, 第5號, 第6號, 第9號(日本領事報告).

『駐韓日本公使館記錄』, 12卷.

『忠淸報告』 6冊, 1902년.

『京畿報告』 6冊, 1903년.

황성신문, 1901년 7월 27일, 8월 14일, 9월 4일, 10월 29일; 1902년 2월 12일;
        1905년 9월 2일; 9월 20일일 "신병주 역사의 창".

NAVER, 지식백과.

위키백과.

찾 아 보 기

바 ...

사...

다...

차 ...

오호성 吳浩成

서울대학교 농경제학과 졸업
미국 University of Hawaii 대학원 경제학박사
조선일보 기자 / 한국농촌경제연구원 수석연구원
성균관대학교 경제학과 교수
성균관대학교 명예교수(현)

저서
『경제발전과 농지제도』, 한국농촌경제연구원, 1981.
『자원·환경경제학』, 법문사, 1989.
『환경과 경제의 조화』, 조선일보사, 1995.
『환경경제학』, 법문사, 2002.
『조선시대의 미곡유통시스템』, 국학자료원, 2007.
『조선시대 농본주의사상과 경제개혁론』, 경인문화사, 2009.
『일제시대 미곡시장과 유통구조』, 경인문화사, 2013.
『임진왜란과 조·명·일의 군수시스템』, 경인문화사, 2017.

朝鮮飢饉史 조선기근사

초판 1쇄 발행 2022년 10월 19일
초판 2쇄 발행 2023년 10월 13일

지 은 이 오호성
발 행 인 한정희
발 행 처 경인문화사
편   집 김지선 유지혜 한주연 이다빈 김윤진
마 케 팅 전병관 유인순 하재일
출 판 번 호 406-1973-000003호
주   소 파주시 회동길 445-1 경인빌딩 B동 4층
전   화 031-955-9300 팩   스 031-955-9310
홈 페 이 지 www.kyunginp.co.kr
이 메 일 kyungin@kyunginp.co.kr

ISBN 978-89-499-6663-2 93910
값 47,000원